La representación de las místicas:
Sor María de Santo Domingo en su contexto europeo

REBECA SANMARTÍN BASTIDA

Prólogo de Dámaso López García

London

La representación de las místicas: Sor María de Santo Domingo en su contexto europeo de Rebeca Sanmartín Bastida

Los derechos de Rebeca Sanmartín Bastida como autora de este trabajo han sido aceptados por ella de acuerdo a Copyright, Designs and Patents Act, 1988.

© Rebeca Sanmartín Bastida, 2012.

Toda reproducción no autorizada está desde ahora prohibida. Este libro está protegido por la ley. No debe ser duplicado ni distribuido de ninguna forma, ni en parte ni en su totalidad, sin el consentimiento previo y el permiso condicionado de la editorial SPLASH Editions.

Publicado primero en España por la Real Sociedad Menéndez Pelayo en 2012. Esta reedición, con un nuevo prefacio de la autora, se ha publicado primero en Gran Bretaña por SPLASH Editions en 2017.

© Ilustración de la cubierta: Diana Sanmartín Bastida, 2017.

Reservados todos los derechos.

ISBN 9781912399000

Índice

5		*Palabras preliminares*
9		*Prólogo. Sobre representación y santidad*
17		*Introducción: Un movimiento europeo*
17		Sor María de Santo Domingo en Europa
27		Otra perspectiva comparatista
37	01.	**La mujer vigilada**
38	1.1.	Una mirada sancionadora
60	1.2.	La sombra del diablo
83	02.	**Reconstruyendo el modelo**
89	2.1.	La identidad performativa
106	2.2.	El privilegio de ser mística
115	2.3.	Las estrategias de la imitación
123	03.	**La maternidad y el deseo**
123	3.1.	La deseada maternidad
148	3.2.	El deseo amoroso
164	04.	**La puesta en escena del dolor**
165	4.1.	El ejercicio de la Pasión
186	4.2.	El modelo de la Magdalena
191	4.3.	El cuerpo sufriente
209	05.	**En torno a la comida**
209	5.1.	El ayuno recreado
227	5.2.	La cena que enamora
241	06.	**La palabra y el teatro del trance**
245	6.1.	Sobre la escritura, la lectura y la palabra mística
271	6.2.	El teatro del trance
290	07.	**La representación de Sor María en su contexto europeo**
290	7.1.	Contextualizando su vida
318	7.2.	La actuación mística de Sor María
349	7.3.	Las palabras de la representación
398		**Final: Las desviaciones de la imitación**
398		La categoría cuestionada
403		Las otras desviaciones: España y Europa
420		El ejemplo de Sor María
431		**Bibliografía citada**
455		**Índice de nombres**

Palabras preliminares

Dentro de la política de reimpresión de obras agotadas que lleva a cabo SPLASH, le ha caído en suerte a *La representación de las místicas* reaparecer de la mano de esta nueva editorial, en un momento en que las visionarias medievales están siendo recuperadas desde diversos frentes. Algo que, sin duda, me alegra porque este libro fue la puerta que me permitió abrir una investigación más amplia, refrendada por dos proyectos I+D del MINECO ("La construcción de la santidad femenina y el discurso visionario [siglos XV-XVII]: Análisis y recuperación de la escritura conventual", Ref. FFI2012-32073, 2013-2015; "La conformación de la autoridad espiritual femenina en Castilla", Ref. FFI2015-63625-C2-2-P, 2016-2019), que han ampliado la línea de análisis que aquí se propone. Ciertamente, tras la aparición de esta monografía (en 2012, aunque se cerró en 2011) se ha publicado nueva bibliografía que me llevaría a replantearme algunos aspectos que aquí se discuten, pero creo que, aun así, esta obra tiene vigencia por imbricar a unas mujeres con dones carismáticos de finales del XV y comienzos del XVI en un contexto más amplio europeo y en una tradición de la que después beberá Santa Teresa, algo que hasta entonces solo se había tenido parcialmente en cuenta.

La bibliografía aparecida desde 2012 coincide con un interés conjunto por la hagiografía y los estudios de género. Eso sí, ya no se parte mayoritariamente del feminismo para abordar los textos (en búsqueda constante de estrategias de autorización de la voz o de subversión argumentativa) sino que también interesan otras prácticas sociales y culturales que estos dejan patentes, así como los contextos de producción y recepción, las convenciones retóricas de los géneros adoptados o las espiritualidades disidentes. Estas mujeres visionarias despiertan así interés en distintas disciplinas y campos de investigación: la historia literaria; la historia social, política y religiosa de las mujeres; la historia de la lectura y de las mentalidades; la historia de la religión; la crítica textual; la historia de la alimentación; o la teoría de la performatividad de los géneros. Y sin duda lo más positivo en los últimos años es que ya no se estudian en "compartimentos estanco" pues cada vez se subraya más el concepto de continuidad en el que ya hacía hincapié este libro: ahora no solo las abordan los investigadores del Medievo o los que se ocupan del legado teresiano, sino que el interés por estas mujeres recorre, con menos paradas, un camino que se traza desde el siglo XII al XVII, con interrupciones y desvíos, sí, pero con manifestaciones paralelas también.

En cuanto a mi recorrido, en los años posteriores a la aparición de este libro desarrollé aspectos en él apuntados, entre otros los siguientes: la "interacción" mencionada entre estas mujeres y Santa Teresa de Jesús (*Analecta Malacitana*, XXXVI.1-2, 2013: 275-287); la imitación de Catalina de Siena (*Ciencia Tomista*, 140.450, 2013: 141-159); el interés del Duque de Alba por María de Santo Domingo (*Letras en la celda: Cultura escrita de los conventos femeninos en la España moderna*, 2014, 99-114); la performatividad del modelo de santidad a partir de Judith Butler (*Arquiteturas do Gênero: Questões e Debates*, 2015, 178-198); la relación entre el arte y las visionarias (*Medievalia*, 18/2, 2015: 355-365); o la importancia de la representación del género en el establecimiento de categorías (*Cahiers d'Études His-paniques Médiévales*, 39, 2016: 183-208), con un nuevo apoyo argumentativo en la edición de *Las Revelaciones* de María de Santo Domingo que publiqué con María Luengo en 2014 (Queen Mary University). Además, en el libro *La comida visionaria: Formas de alimentación en el discurso carismático femenino del siglo XVI* (que salió a la luz en 2015 en la editorial CCCP) pude explorar más profundamente la visión maternal de Dios y la relación conflictiva con el alimento que en *La representación de las místicas* se apuntaba en los capítulos tercero y quinto. No obstante, los trabajos mencionados han sido investigaciones más focalizadas y menos comparatistas que las que presenta este libro, en cuanto que no he tenido tan en cuenta el marco continental como en este primer estudio, donde la teoría de la performatividad es el eje fundamental que lo sustenta, y solo en el capítulo séptimo me centro en el modelo que representa con poca fortuna la castellana María de Santo Domingo, plena de influencias aunque con características propias. Precisamente, una de las claves de *La representación de las místicas* es mostrar cómo una pequeña variación del modelo oficial aceptado podía conllevar graves problemas a la visionaria que lo escenificara.

Años después de publicado este libro, puedo decir que sigo trabajando en aspectos que requieren todavía de análisis, ahora en proyectos colectivos y con el apoyo de un catálogo de santas vivas (en www.visionarias.es), donde intentamos que los textos del pasado que nos hablan de ellas se pongan al alcance de todos. Y también, cómo no, por medio de una red académica con investigadores que han realizado fundamentales contribuciones en este tema, con quienes he contactado durante estos años y que me han ayudado en ocasiones a matizar posturas y enriquecer datos, como Pablo García Acosta, Alessandra Bartolomei, Jodi Bilinkoff, Jessica Boon, Victoria Cirlot, María del Mar Cortés Timoner, Antonella Degli' Innocenti, Blanca Garí, María del Mar Graña Cid, Tamar Herzig, Susan Laningham, Ana Morte Acín, Elizabeth Petroff, Elizabeth Rhodes, Alison Weber o Gabriella Zarri. Una red que se ha ampliado con los participantes en los I+D mencionados –el último en coordinación con María Morrás sobre la intersección corte/convento–, quienes han desarrollado caminos interdisciplinares y de los que sigo siempre aprendiendo.

Volviendo atrás y hablando de redes académicas, me gustaría aprovechar para agradecer la generosa presentación que hizo Nieves Baranda de *La representación de las místicas* en la Biblioteca Histórica Marqués de Valdecilla de la Universidad

Complutense, o la que encabezó Dámaso López en el Centro de Acción Social y Cultural de Caja Cantabria en Santander en 2012. Y ya puestos, cómo no, quiero agradecer a Macdonald Daly, editor de SPLASH, la oportunidad de que este estudio vuelva a salir a la luz más de cinco años después de su primera aparición; y a Raquel Gutiérrez Sebastián, Directora de Publicaciones de la Real Sociedad Menéndez Pelayo, que haya visto con buenos ojos esta segunda edición de una monografía que ellos impulsaron. Confío en que, pese a los años transcurridos y los nuevos caminos trazados, este libro todavía pueda iluminar un poco a unas mujeres visionarias que, sin duda, el pasado aún nos devuelve para fascinarnos.

Madrid, abril de 2017

Prólogo
Sobre representación y santidad

La espiritualidad de las religiones monoteístas ha revestido a lo largo de la historia, en ocasiones, en lo relativo al sexo de los creyentes, el ropaje de lo equívoco y ha entrado, también en ocasiones, en el territorio de lo polémico y aun de lo incomprensible. Quizá podría argumentarse que esto es consecuencia del hecho cierto de que las mujeres mantienen una relación difícil con un dios personal, masculino. Esa dificultad se manifiesta de muchas formas. Por ejemplo, impide la identificación de las mujeres con esa representación de la divinidad y daña, para ellas, la esfera de lo afectivo y de la expresión de los afectos. El caso extremo tal vez sea el de las mujeres bajo ciertas manifestaciones rigoristas del Islam. Algunas de aquellas, en una representación material de la metáfora de su aniquilación, se convierten apenas en un par de ojos que hay que adivinar bajo la celosía de un tupido velo. Pero la cómoda representación de esta imagen material no debe permitir suponer que entre judíos y cristianos, salvadas las distancias, las cosas hayan de ser muy diferentes. La identificación de la mujer con la divinidad en el Cristianismo no deja de ser problemática. Esto es tanto más visible cuanto para los hombres no hay semejante obstáculo. Más aún, a través de la relación de Jesucristo con la Virgen María, los hombres tienen una relación con esta más fácil que las mujeres. Los hombres siempre pueden conjugar la figura de su propia madre con la imagen de la Virgen María. Lo hace posible la relación de la Virgen María con su hijo. Es un ejemplo sencillo. Las mujeres carecen dentro del Cristianismo de un personaje divino de la importancia o relevancia de las personas de la Santísima Trinidad o de la Virgen María sobre el que establecer una proyección semejante. Téngase en cuenta que la relación de la Virgen María con Jesucristo es una relación materno-filial. La Virgen María no puede mostrar una relación semejante con nadie del sexo femenino. Está mejor regulada, posee mejores cauces en la religión cristiana, la expresión del afecto masculino que la del femenino. No debe de ser, pues, ajena a esta circunstancia la dificultad de la expresión de la espiritualidad para las mujeres que querían transcender el sentido ordinario del deber y de la piedad religiosos. Las que querían algo más, durante los siglos XII-XVI, en Europa o en España, más allá de la piedad y de la devoción, más allá del ingreso en una orden religiosa, se hallaban en una situación poco cómoda en la que lo más probable era que su testimonio fuese recibido por parte de las autoridades religiosas con indiferencia, cuando no con hostilidad. ¿Fue este el caso de Sor María de Santo Domingo? Apagados los ecos de su notoriedad, olvidados los juicios y las polémicas relacionadas con la mística abulense, perdidos los testimonios que pudieran hacer comprensible la personalidad de los actores y sus intenciones, sus dudas y sus decisiones o indecisiones, es muy difícil poder entender lo que significó en su momento la aparición de la Beata de Piedrahíta. Puede intentarse una reconstrucción que atienda a lo particular y propio de Sor María de Santo Domingo, pero ha de ser una reconstrucción que también tenga en cuenta los testimonios y la interpretación de aquellas condiciones materiales y personales de las mujeres que pasaron por iguales o parecidas circunstancias.

El trabajo de Rebeca Sanmartín Bastida, *La representación de las místicas: Sor María de Santo Domingo en su contexto europeo*, trata sobre la naturaleza y dificultades de la compleja expresión de la espiritualidad femenina durante la Baja Edad Media y los albores del Renacimiento. Además, la investigación describe minuciosamente todo un conjunto de fenómenos rela-

Sobre representación y santidad

cionados con la expresión de aquella espiritualidad. Esto último debe tenerse en cuenta porque acaso no sea muy visible, en un primer momento, una conexión directa entre la dieta alimenticia y la práctica religiosa. Sin embargo, desde el vestido hasta la alimentación, pasando por la maternidad, el ayuno, la gestión de los tiempos de ocio o la expresión del afecto, todo puede someterse a escrutinio desde el punto de vista de la fe y de las exigencias de esta. Pero la descripción que expone la investigadora no es la que podría esperarse de quien despieza una secuencia cronológica. En esta obra no se contemplan los acontecimientos como estáticos, dados de una vez para siempre en su irrevocable puntualidad histórica. Es cierto que en esta obra el curso de los acontecimientos se tiene en cuenta y también es cierto que se comentan oportunamente los hechos en su relación con el complejo gobierno de la Iglesia Católica y en lo relativo a la cambiante sociedad de España, de Europa, durante los siglos XII-XVI, pero el curso de los acontecimientos se tiene en cuenta para apresarlo en su fluidez, en su mudable fenomenología de normas, reacciones y consecuencias sociales, en lo que explica sobre la inestable condición del individuo. Marcelino Menéndez Pelayo podía decir de Sor María de Santo Domingo, la *Beata de Piedrahíta*, que era "fanática e iluminada", podía pensar de ella que incurría en un exceso de piedad, que la sobreabundancia de su fe la movía a cometer actos fuera de todo orden natural y de todo sentido del decoro, pues la Beata, nos dice, "diose con tal fervor a la oración y a la vida contemplativa, que llegó a creer que tenía coloquios con nuestro Señor Jesucristo y que iba siempre acompañada de María Santísima" (Menéndez Pelayo, 1947: 215). Podía el estudioso santanderino afirmar que "los más la tenían por santa; algunos pocos la llamaban ilusa. La examinaron muchos teólogos, y hubo entre ellos discordia de pareceres". Todo un siglo de evolución en el análisis y en el modo de enfrentarse con la investigación histórica y literaria se interpone entre las palabras de Menéndez Pelayo y el estudio de Rebeca Sanmartín Bastida, porque en el siglo XXI lo que se desea conocer, lo que propone este estudio, es algo diferente. En esta obra no solo se pretende familiarizarse con un conjunto de datos, se desea, asimismo, entender el modo en que los acontecimientos ocurrieron, se propicia la cercanía del lector al momento único e irrepetible de la representación de la santidad: "En esta escena casi podemos oír el ruido de las mujeres corriendo y vociferando, que nos hace muy bien la Beata imaginar, un énfasis en el presente bíblico que no encontramos en la predicación homilética, al menos de manera tan visual". Puede que Sor María fuera una "alumbrada, fanática o pseudomística". Puede ser. Nunca se sabrá. Es relativamente poco importante saberlo. La santidad es un reconocimiento, es una acreditación social e institucional. Ambas pueden negársele a cualquiera: "la interpelación de una mujer como santa no resulta siempre exitosa: si la autoridad no reconoce la marca hagiográfica, la actuación adecuada, no se puede conferir la identidad de santa a la mística en cuestión". A Sor María de Santo Domingo le faltó ese reconocimiento. Alcanzó la santidad *in péctore*, solo entre sus amigos, aunque no sin polémicas, pero se le negó la posibilidad de subir a los altares.

La representación medieval tiene muchos escenarios: el de la conciencia, el del espejo, el del confesor, el de la familia, el de las amigas y amigos, el de la comunidad, el de la sociedad, el de las autoridades eclesiásticas, etc. La historia recoge estas representaciones de forma fragmentaria, incompleta, acaso engañosa. Tirando del hilo de este ovillo puede tejerse buena parte de la imagen dinámica del individuo, de sus diferentes perspectivas. La esperanza es que el conjunto de las proyecciones recomponga una imagen creíble. Cada una de estas representaciones se sirve de una tecnología descriptiva diferente, pero el conocimiento de la psicología moderna, de las ciencias sociales, de las retóricas particulares y del análisis del discurso puede permitir actualizar una imagen adecuada, una imagen que traduce la cinética de un complicado proceso. Rebeca Sanmartín Bastida ha sabido presentar un retrato de Sor María de Santo Domingo en el que están todos los detalles que forman la expresión de la espiritualidad femenina de su tiempo. Pero no se trata de detenerse en los detalles. Lo que es significativo en esta obra es el proceso, los procesos que recogen la energía social que fundamenta y favorece ciertos acontecimientos, condiciona unos e impide otros. Todo esto se refleja en un estudio que, sin invocar las a veces remotas referencias del neohistoricismo, alcanza sus objetivos: asistir a la representación en su tiempo de las inquietudes religiosas de una mujer o de muchas mujeres, apreciar las reacciones contemporáneas ante aquellas representaciones y, por último, mostrar ante los ojos del lector interesado los procesos tal y como fueron, como pudieron ser, mediante los testimonios que en las playas de la erudición y del análisis han ido dejando las diferentes investigaciones que a estos estudios se han consagrado. Acompañar a la autora a lo largo de las páginas en las que se demora en la frecuentemente difícil expresión de la espiritualidad femenina medieval y de comienzos de Renacimiento equivale a asistir a una representación completa del ciclo de lo místico y de lo espiritual en Europa y, especialmente, en España, entre los siglos XIII y XVI. El viaje merece la pena, pues de él volverá el lector más sabio y mejor conocedor de las muchas implicaciones que en los procesos religiosos de los siglos XV y XVI apasionaban a los españoles. También el propio libro es un proceso, el proceso de una razón que se construye ante los ojos del lector, pues su autora, en no pocas ocasiones, dialoga consigo misma a través de las notas a pie de página. Por ejemplo: "¿Realmente quieren estas mujeres escapar de su género? ¿O desean zambullirse en él para aprovechar sus posibilidades? Aunque no trate aquí este tipo de cuestiones, creo que deberíamos continuar planteándonos estas preguntas". El lector aprende en este libro que algunas de las mejores investigaciones lo son no solo por los hallazgos que nos muestran y que son prueba tanto de talento cuanto de un trabajo riguroso, sino por todos aquellos rincones del saber que aparecen bajo una nueva luz y que solicitan de nosotros una nueva mirada, que despiertan en los lectores el apetito por saber más. Esta clase de libros no solo instruye, también estimula. A esta categoría pertenece el libro de Rebeca Sanmartín Bastida.

Dámaso López García
RSMP

La representación de las místicas:
Sor María de Santo Domingo en su contexto europeo

A Amanda,
a la que contaré todas estas cosas,
y a Helena,
compañera de tribulaciones

A Dámaso López,
que me animó
a ponerlo por escrito

Y a Óscar

Introducción:
Un *movimiento europeo*[1]

> Teoría e historia serán, por lo tanto, "mis maneras"
>
> (Compagnon, 2008: 19)

Sor María de Santo Domingo en Europa

Hace ya tiempo que Sor María de Santo Domingo (1480/86-1524), visionaria castellana que vive a caballo entre el Medievo y el Renacimiento, despierta la atención de la crítica académica. Interesa por su condición de mujer, por los textos suyos que se conservan, y por reflejar su caso la problemática religiosa de la época, que vive precisamente tiempos de cambio. No obstante, creo que ha faltado una mayor contextualización en la creciente bibliografía de que disponemos sobre esta figura: un marco continental, de raíz medieval, que ha sido apuntado en ocasiones, pero no suficientemente desarrollado.

A Sor María se la puede explicar por el movimiento reformista de la primera mitad del siglo XVI, pero también a tra-

---

[1] Este trabajo se encuadra dentro del Proyecto de Investigación del MEC «De la biblioteca particular al canon literario en los Siglos de Oro (XVI y XVII)» (Proyecto I+D; FFI2009-07862), y de los Grupos de Investigación "Sociedad y literatura hispánicas entre la Edad Media y el Renacimiento" (Comunidad de Madrid-Universidad Complutense, 941032; CCG07-UCM/HUM-2699) y "Literatura, Art i Representació a la llarga Edat Mitjana" (Grup de Recerca Reconegut i Finançat SGR 258).

vés de unos códigos que solo pueden entenderse estableciendo paralelismos con otras figuras religiosas, con otras cotidianidades y comportamientos que se desarrollan allende los Pirineos. Esta comparación resulta fructífera precisamente por la singularidad del personaje que abordo –y hablo de *singularidad* porque la mayoría de las monjas europeas no fueron ni místicas ni rebeldes contra la autoridad masculina, como bien advierte Jeffrey F. Hamburger (1998), situándose frente algunos excesos de la crítica (cf. Mecham, 2004: 7-10).

También Sor María es estudiada como autora de un texto místico: que Santa Teresa de Jesús tuvo precursoras es ya un lugar común en la historia de la literatura española de los últimos años, especialmente después de la magnífica monografía de Ronald E. Surtz (1995), cuyo título alude explícitamente a ello. Antes de nuestra santa, hubo mujeres españolas que escribieron sobre asuntos religiosos, y algunas que disfrutaron de vivencias místicas. Y uso aquí el término "misticismo" para referirme a unas experiencias de unión con Dios expresadas en prosa afectiva[2]. Así, en esta monografía me referiré indistintamente a místicas y visionarias porque ambas comparten una fusión con lo divino en su más alto grado: ya sea a través de arrebatos, visiones o por la habitación de la gracia. En palabras del experto en Teología Bernard McGinn (2006: 310): "Despite the variety of uses of vision, contemplation, and ecstasy in the mystical tradition, there is an inner connection among these themes"; ahora bien, las mujeres medievales se alejaban del sentido originario de la mística como unión intelectual, pues al conocer lo divino se convertían más en visionarias y profetas que en teólogas especulativas (Voaden, 1999: 17; cf. Surtz, 1995 n104).

La escasez bibliográfica de estudios sobre místicas o visionarias peninsulares del Bajomedievo (que desde hace

---

[2] Hago esto reconociendo que la palabra "misticismo" no era de uso medieval: "Although the word *mysticism* is fairly recent, created in the seventeenth century and not popular until the nineteenth century, the adjective *mystical* («hidden» in Greek) has been widely used among Christians since at least the late second century CE" (McGinn, 2006: xiv; cf. 3-5). Cf. Caciola, 2003: 20, n52.

Introducción: Un movimiento europeo

dos décadas se empieza a paliar, bien es cierto) ha sido debida seguramente a que no hubo santas (ni escritoras) tan tempranas como en otros países europeos, o al menos no nos queda testimonio de ellas: las visionarias existentes antes de Teresa de Jesús no fueron declaradas santas. Además, estudios sobre la mística peninsular como el temprano de Pedro Sainz Rodríguez (1927) olvidaron en su momento dar la importancia debida a la vivencia de estas mujeres: para este autor, la mística se asimila en España hacia 1500-1560 con los *precursores* Hernando de Talavera, Francisco de Osuna, Alonso de Madrid o Bernardino de Laredo. Es cierto que cuando escribe Sainz Rodríguez se desconocía el *Libro de la oración*, descubierto y editado veinte años después, pero ahora ya no tenemos esa excusa. Hoy conocemos mejor la existencia de mujeres como María de Ajofrín o María de Toledo, aunque no poseamos su testimonio directo (véase Muñoz Fernández, 1994a: 112).

El problema de aproximaciones como las del pionero y meritorio libro de Surtz es no hacer suficiente hincapié en que estas *precursoras* actúan dentro de un amplio contexto europeo. Además, el término "precursoras" debe despertarnos ciertas precauciones, como advierte el propio Surtz (1995: 19), pues hace demasiado dependientes a estas mujeres de la figura de Teresa de Jesús, limitándolas a una cualidad de *anunciadoras* y enfocando más lo que siembran que lo recogen. Si en el título de su libro Surtz considera a sus religiosas (y hablo de "religiosas" en sentido amplio) como madres de la santa abulense, su trabajo nos anima a buscar en la obra de esta los rasgos que comparte con las primeras, a quienes sucede. Estos elementos comunes serán destacados en nuestra monografía aun sabiendo que la mística de Santa Teresa se diferencia de la de Sor María o Sor Juana de la Cruz: no obstante, las primeras visionarias españolas nos interesan por sí mismas, más allá de las influencias o consecuencias que dejan, entre las cuales se encuentra la obra de la Doctora de la Iglesia[3].

---

[3] Pese a esta afirmación, me mantengo al margen de la polémica sobre los orígenes e influencias de la supuestamente primera escritura mística española del XVI (la de San Juan y Santa Teresa), que tan bien resume

Las místicas peninsulares de finales del Medievo y comienzos del Renacimiento no están aisladas en su época: tienen muchos lugares adonde mirar, pues, sea de manera oral o escrita, las vidas de algunas famosas visionarias no debían de serles desconocidas. Aunque Surtz tiene en cuenta a estas religiosas europeas en la monografía mencionada (como también en la dedicada a Sor Juana, de 1990), no podemos estar de acuerdo con estas palabras de su epílogo:

> Thus, Teresa's forerunners worked in isolation; they were probably unfamiliar with the works of one another. They had no female precursors, if by precursors we mean women writers whose works were familiar to them. Instead, they had only "fathers" to look back on: the Bible, the Church-Fathers, and the medieval clerical writers that made up the male-dominated bookish culture of the Middle Ages. But these nuns did have "mothers" –strong biblical women– and they believed that Christ himself inspired them directly. The nuns lacked role models for female authors, yet they had paradigms of female strength and authority in the examples of Judith, the Virgin Mary, and Mary Magdalene [...]. (1995: 129; cf. 19-20)

Claro que Surtz trata en su libro autoras que no considero místicas (caso de Teresa de Cartagena o Constanza de Castilla), pero habría que preguntarse si fue únicamente estimulante el ejemplo de las mujeres bíblicas, tan lejanas a la cotidianeidad de su época, o si Sor María de Santo Domingo solo puede contextualizarse, siguiendo otras aproximaciones críticas de las que haré mención en este libro, haciendo referencia a su papel en la reforma religiosa o a la influencia que Savonarola ejerció sobre ella.

Si bien es cierto que las escritoras abordadas por Surtz (y otras que también mencionaré, como Isabel de Villena) al tiempo que se identifican con el sufrimiento de Cristo prestan bastante atención a la Virgen, a María Magdalena y a otras figuras femeninas de la Biblia como Judith, su existencia y escritura no

Helmut Hatzfeld (1955) en su obra. Seguramente, varias tradiciones, entre ella las de las místicas medievales, influyeron en la santa abulense. En este sentido, rasgos que estudiosos de Teresa como Dámaso Chicharro (2006: 81-88) atribuyen a la cualidad barroca de su obra, creo que son perfectamente encuadrables dentro de la tradición mística femenina medieval que aquí comentaremos.

constituye algo aislado porque disponían de posibles modelos coetáneos en las actitudes que adoptan. Precisamente, se pueden establecer muchas y claras conexiones entre visionarias como María de Ajofrín, María de Santo Domingo o Juana de la Cruz con otras religiosas continentales: entre otros rasgos, el énfasis en determinados estados del cuerpo, la importancia de la eucaristía, la exaltación maternal, la performatividad del trance o el conflicto con el poder clerical. Desafortunadamente, pese al esfuerzo de revalorización del objeto de su estudio que hace Surtz, todavía en una reseña reciente de su obra, siguiendo viejos prejuicios de una crítica anterior a él, se considera a estas mujeres como *curiosidades* que pueden resultar incluso *hipócritas*[4].

Resaltando entonces el enorme mérito de Surtz al fijar nuestra atención sobre algunas visionarias españolas, y, sobre todo, al rescatar del olvido textos como la manuscrita *Vida de María de Ajofrín*[5], me gustaría combatir cierto desinterés del hispanismo académico hacia el fenómeno místico continental, a pesar de muy laudables y recientes excepciones como, por ejemplo, la monografía de Victoria Cirlot y Blanca Garí (2008), o los trabajos de María del Mar Graña Cid y María Milagros Rivera Garretas[6]; un descuido que tiene su paralelo en esos estu-

---

4 "Unfortunately, mystics such as Maria de Ajofrin and Maria de Santo Domingo are not really writers but are known principally through the works of their confessors, and are more interesting as character studies of beatas, tending towards the hypocrites so often portrayed on stage rather than creative visionaries in themselves —all of which works to undercut Surtz's admirable project of rescuing the doubly marginalized. Although Maria de Ajofrin, Maria de Santo Domingo and Juana de Santa Cruz may be powerful examples of self-construction, their visions remain, essentially, curiosities. They are most interesting, perhaps, when read as a counterpoint to the Archbishop of Toledo's *Corbacho*" (Taddeo, 1997; obviamente, se refiere a la obra del Arcipreste de Talavera).

5 Surtz también rescata en este libro, y en los de 1982 y 1990, el manuscrito del *Libro del conorte*, unos años antes de que fuera publicado por Inocente García de Andrés.

6 Graña Cid, como se verá, se ocupa de visionarias peninsulares como Beatriz de Silva, Juana de la Cruz y algunas figuras andaluzas, relacionándolas con rasgos de la religiosidad europea medieval. Rivera Garretas ha estudiado la escritura femenina continental encuadrando su rama espiritual en una teoría general feminista. Hay que decir, por otro lado, que en su estudio

dios anglosajones sobre místicas continentales que no incluyen a las españolas: los ensayos europeos sobre las visionarias del Bajo Medievo se ocupan de personajes de Inglaterra, Francia, Países Bajos o Italia, pero ignoran bastante la situación peninsular[7]. Es esta una muestra palpable del aislamiento en que muchas veces caen los estudios hispánicos, aunque Mary E. Giles (1990), Jodi Bilinkoff (1992), Ángela Muñoz Fernández (1994a, 1994b, 2000b), María del Mar Cortés Timoner (2002, 2004b) o el mismo Surtz no dejen de relacionar a María de Santo Domingo con otras visionarias europeas, abriendo una puerta a la literatura comparada. No obstante, contextualizan sobre todo a nuestra beata con Ángela de Foligno, Catalina de Siena o Lucía de Narni, sin insistir en ese paradigma fabricado de manera progresiva por unas místicas que forman parte de una larga cadena de mujeres continentales.

Por lo demás, tanto Giles y Cortés Timoner como Lázaro Sastre Varas (2004) o el completísimo estudio historicista de Vicente Beltrán de Heredia (1939) se centran especialmente en encuadrar a Sor María dentro de la corriente de renovación espiritual de los últimos años del siglo xv y de comienzos del xvi, sin obviar la disputa sobre su posible agrupación entre los alumbrados[8]; y algunos la relacionan también con otras predi-

de la autobiografía espiritual femenina de los Siglos de Oro, Isabelle de Poutrin (1995: 71-76) no se olvida de la influencia de la mística medieval, especialmente de Santa Catalina. Además, hablo de cierto desinterés del hispanismo hacia el misticismo femenino del Medievo continental, que no hacia los textos medievales escritos por mujeres, de los cuales (sean o no peninsulares) se han ocupado ampliamente los críticos: y valga como ejemplo Rivera Garretas (1990); para una completa bibliografía en torno a las escritoras españolas medievales en su marco europeo, véase Mérida Jiménez (2000).

7 Si hacemos un recorrido por la bibliografía anglosajona sobre místicas y visionarias de los siglos xii-xvi, hay muchos estudios de orden comparativo sobre Hildegarda de Bingen, Margarita Porete, Matilde de Hackeborn, Brígida de Suecia, Margery Kempe, Catalina de Siena o incluso Elizabeth Barton; pero no incluyen a las tempranas místicas españolas. Una excepción la constituye la antología de Elizabeth Avilda Petroff, que recoge a Leonor López de Córdoba (1986a: 329-334), a quien parece considerar una autora visionaria, al igual que Rivera Garretas (1993: 57), opinión que no comparto.

8 Su no inclusión en este movimiento fue demostrado de manera pionera por Beltrán de Heredia (1972: 447-461), quien alega que la actuación

cadoras vigiladas por una Inquisición silenciadora: Isabel Ortiz, Isabel de la Cruz y María de Cazalla, o bien con visionarias *exitosas* coetáneas como Sor Juana de la Cruz. Si Surtz en el epílogo a su libro nos recuerda la persecución que siguió a este *renacimiento místico*, Giles y Cortés Timoner parten de la magnífica monografía de Marcel Bataillon, *Erasmo y España*, para elaborar el contexto histórico-cultural del Quinientos que dio lugar a los grupos heterodoxos investigados por la Inquisición. Un contexto en el que cumplen un papel fundamental la figura animadora del Cardenal Cisneros y el movimiento de la *devotio moderna*, alentada por Isabel la Católica, quien, en su inclinación hacia la reforma, resultó crucial "a la hora de favorecer la circulación de obras que reflejaran esos ideales" (Salvador Miguel, 2004: 82). Después de Cisneros, la represión limitó la participación femenina en la vida religiosa, especialmente de místicas y visionarias, en un paréntesis que dura hasta Santa Teresa, fenómeno bien explicado por los historiadores de la heterodoxia.

Si bien no hablaremos del papel de la mujer en estos intentos de reforma y en el movimiento alumbrado, no cabe duda de que fue importante, y que durante muchos años se ha ligado frecuentemente a Sor María de Santo Domingo con este fenómeno, aunque fuera para negar su participación y su adhesión a unas creencias heterodoxas, o para comprenderla como una figura manejada por los dominicos reformadores[9].

Por otra parte, Muñoz Fernández se interesa por nuestra figura en el marco del fenómeno de los beaterios femeninos, y Bilinkoff (1989) analiza especialmente los intereses políticos que impulsan la actividad devocional de esta mujer. Lo interesante de estas propuestas es la incorporación del estudio de algunas devotas contemporáneas de Sor María, y también de las que siguen su camino, porque sobre sus *descendientes* en siglos posteriores se ha escrito bastante: ahí están los fascinantes trabajos en torno a Lucrecia de León, Francisca de los

---

de Sor María es anterior a la explosión del fenómeno del alumbradismo y contradice con convincentes razones la tesis de Bernardino Llorca (1980: 37-64).

[9] Un enfoque ejercitado por Beltrán de Heredia (1939), Sastre Varas (2004) o Giles (1990; 1999b: 289-290).

Apóstoles o las beatas y falsas místicas condenadas por la Inquisición, que aquí se mencionarán. Estos análisis tienen todos muy en cuenta el asunto del género, sea por la problemática del agenciamiento de autoridad, sea por la interpretación de estas actuaciones como rebeldías frente al patriarcado. Pero nosotros nos encaminaremos por otros derroteros.

Aunque es obvio que de la mística de la época no se pueden extrapolar las circunstancias históricas, teológicas y sociales que la rodean, he pretendido no reducir el discurso femenino a un intento de intervención activa sobre los intereses religiosos o políticos de su tiempo, ni tampoco a una genuina experiencia psicológica o corporal. En los orígenes de las palabras de Sor María (que también nos llegan mediadas por quienes se encargan de su transcripción) pesan tanto esas circunstancias coetáneas como el ejemplo de otras figuras femeninas que destacaron en la Edad Media europea: de ahí la importancia que concedo a la mística medieval, y de ahí que esta monografía dedique a ella igual atención que a la Beata de Piedrahíta. La base de las vivencias de esta visionaria se imbrica en el presente, con proyección reformista hacia el futuro, pero también se enraíza en el pasado. La actuación del Cardenal Cisneros nos ofrece un indicador de esto, con su interés por la difusión del mensaje de las visionarias medievales continentales. Y precisamente porque creemos que Sor María tuvo familiaridad con la vida y obra de estas mujeres, a ellas (y a otras que plantean modelos parecidos) seguiremos especialmente durante esta monografía. Además, la Beata pudo también conocer la existencia de otras místicas italianas que, como ella, se dedicarán en su tiempo a prodigar profecías en la corte: tampoco este contexto continental, aun contando con la ayuda del magnífico estudio de Gabriella Zarri (1996), ha sido suficientemente explorado[10].

Para este análisis comparativo, me centraré así en un intervalo tan extenso como diverso: desde el siglo XII, cuando se inicia el movimiento de mujeres visionarias, hasta comienzos

---

10 Empleo en este libro el famoso estudio de Zarri traducido al inglés: el original italiano, "Le sante vive: Per una tipologia della sanctità femminile nel primo Cinquecento", apareció primero en 1980.

Introducción: Un movimiento europeo

del XVI: unas centurias que muestran aspectos comunes en lo que a la devoción femenina se refiere. Abordaré así una época previa y otra coetánea a la de Cisneros o las *santas vivas* italianas, sin dar por hecho que la experiencia visionaria o la representación de la santidad fuera en las mujeres españolas una opción más tardía que en sus compañeras europeas: nos faltan datos (y santas), y no hay que olvidar casos como el de Mari García (o María García), de finales del siglo XIV. Delimito, de esta forma, mi perspectiva con respecto a Surtz: no me ocuparé de las mujeres *escritoras* medievales, y tampoco de las que carecieron de fama de santas y no fueron *visionarias*: quedan fuera de mi objetivo, por tanto, Teresa de Cartagena, Isabel de Villena o Constanza de Castilla, quienes no acuden a modelos místicos ni sufren visiones[11]. No obstante, como importa encuadrar a Sor María en el fenómeno general de la piedad y devoción femeninas puestas por escrito, a Teresa, Isabel o Constanza las traeremos en ocasiones a colación, porque ayudarán a realizar este recorrido.

Esta monografía pretende completar, pues, una visión histórica ya bien trabada de Sor María. Gracias a que en los terrenos descritos se han realizado estudios importantes y clarificadores es posible mirarla ahora desde otras atalayas que arrojarán una luz diferente. Mi comprensión de la Beata enmarcada en la mística europea es *complementaria* de estos estudios, y no un sustituto de los mismos. Para establecerla, me serviré de una perspectiva teórica que trataré de explicar en el capítulo segundo, y de la ayuda de ciertas disciplinas de las Humanidades, como puede apreciarse en el espectro de la bibliografía manejada. Es esta mi pequeña contribución a la colaboración necesaria entre los historiadores de la religión y los de literatura o arte en la Universidad española, ahora que las Humanidades abogan por una interdisciplinariedad practicada con éxito en asuntos como la historia de la muerte, con el precedente, por

---

[11] Por otro lado, no sé si es apropiado hablar de Constanza o Teresa como escritoras con conciencia literaria, y menos aún como *literatas* (véase Hutton, 1967: 8, quien afirma que Teresa fue "la primera mujer en la historia de la Península Ibérica que escribiera en defensa del derecho de la mujer a ser literata"; cf. Gómez Redondo, 2002: 3070-3071).

supuesto, de la Escuela de los Anales francesa. Es también mi contribución a la demostración siempre pendiente de que España no es un caso particular, ni siquiera en la historia de la devoción. Aunque, como en cualquier país, existan diferencias intra- y extrapeninsulares (ahí está el menor interés de la Iglesia peninsular por las brujas), en el fin del Medievo y la primera mitad del XVI España fue, en cuanto a la piedad religiosa, más continental que nunca, hasta la llegada del *cerrojo* de Felipe II y la Contrarreforma.

Para ocuparme de la contextualización europea de Sor María, y para entender sus estrategias de comportamiento, he tenido muy en cuenta los estudios, mayoritariamente anglosajones, que se han realizado sobre el movimiento religioso femenino de la Edad Media, abordado enriquecedoramente desde hace treinta años, cuando se produjo la explosión de interés por la espiritualidad de la mujer medieval (véase Voaden, 1999: 1)[12]. Como mi principal propósito es situar a María de Santo Domingo (junto con otras autoras españolas) dentro de una larga tradición de místicas europeas en un tiempo en el que el concepto de modelo y de imitación eran fundamentales en las vivencias religiosas, dejaré otros aspectos sin tratar, sean las posibles influencias árabes en la devoción española medieval o la conformación de la identidad femenina en el Medievo, sobre los que también contamos con bibliografía[13]. Como en

12 Como bien resume Cristina Mazzoni (2005: 11): "historians have discovered in mystic writing precious evidence for alternative religious views through the centuries; feminists have perceived in mystic texts the audible presence, in the past, of women's voices; psychoanalysts have recognized in mystic writers kindred spirits, because of their in-depth exploration of the human soul; linguists have identified some veritable masterpieces of rhetoric among mystic books; theologians have been humbled by the intellectual and experiential complexity of these seemingly unlearned writers". La propia Mazzoni enfocará su libro desde la crítica literaria.

13 Además, no me detendré especialmente en la lectura hagiográfica de las mujeres ni en la figura de la *santa* tal como la transcriben las numerosas *vitae* medievales, de larga tradición desde el inicio del Cristianismo. De ahí que no emplee en este trabajo una abundante y bien documentada bibliografía en la que contamos con los estudios fundadores de André Vauchez (1981, 1989, con respecto a la canonización de los santos) o Fernando Baños (2003, en relación con los santos en la literatura española).

Introducción: Un movimiento europeo

todo, ocuparse de unas lagunas da pie inevitablemente a la formación de otras.

Otra perspectiva comparatista

> Our readings will change because we change, both as individuals and as a culture. (Bynum, 1991: 23)

Considero relevante aclarar que este libro no parte de una visión *esencialista* de la condición femenina, para que no se echen de menos aspectos que, en este caso, no he considerado pertinente tratar. Siguiendo a Simone de Beauvoir en *El segundo sexo*, más bien me inclino a considerar que la mujer aquí no nace, sino que se hace, como explicaré en el segundo capítulo de esta monografía, y así me pregunto no solo por el *porqué* de la actuación de las mujeres sino, sobre todo, por el *cómo* desarrollaron sus estrategias vitales.

Lo cierto es que se tiende a buscar en los escritos de nuestras místicas aquellos temas que más interesan a parte de la crítica académica, quizás por estar todavía candentes: la misoginia, la relación anoréxica con la comida, la restricción sexual, el intento de liberación de la mujer o su búsqueda de un lugar en la literatura, entendiendo principalmente su discurso como un reverso del masculino[14]. También se persiguen las diferencias, como las que se establecen entre hombres y mujeres en el discurso devocional y teológico, y, sobre todo, en la aproximación mística a Cristo[15]. De este modo, gran parte de la crítica

---

14 En su mayoría, los estudios críticos sobre nuestras místicas han tenido especialmente en cuenta la estereotipación medieval negativa de la mujer o los modos femeninos de compensar la falta de poder y de autoridad eclesiástica. Aunque agradezco una investigación feminista que ha estimulado, durante las dos últimas décadas, el interés por la historia y la cultura de las mujeres tardomedievales, considero peligroso reducir la voz mística a la de la resistencia, incluso a la de la heterodoxia, si no se aclara previamente que no se busca una lectura historicista de los textos y tampoco bucear en una concreta experiencia religiosa.

15 Esta diferenciación lleva a Petroff (1994: ix-x) a deducir que los textos místicos escritos por mujeres están fuera de la noción tradicional de la literatura occidental por derivar de una distinta experiencia del cuerpo, la

se ha dedicado a comparar la religiosidad masculina (tomada como modelo) con la femenina que aquí trataré, y algunos han hablado incluso de la existencia de una específica "female vernacular theology" (Renevey & Whitehead, 2000b: 1)[16]. Se han explorado asimismo las maneras en las que la mujer busca expresar su Otredad a través de la escritura[17], aun reconociendo que, como dice Roger Ellis (1996: 90), "problems facing women visionaries in the Middle Ages differ in degree but not necessarily in kind from those facing their male counterparts".

Estableciendo otro camino, no trataré aquí cómo se independiza del hombre la mujer de la que hablo –la mujer religiosa vigilada, sujeto colectivo que incluye a casadas, mon-

epistemología y la relación con el lenguaje. Petroff contempla los textos estudiados "as windows onto a lost world of experience of thousands of women from late antiquity until just before the Renaissance [...] the experiential and philosophical base of those writings is profoundly other", y apuesta por no canonizarlos, pues esto supone una *normalización* engañadora. Pero, ¿no corremos también entonces el riesgo de formar una suerte de gueto con la espiritualidad femenina?

16 Denis Renevey y Cristina Whitehead (2000b: 2-3) proponen el uso del término "female vernacular theology" cuando investigan la relación de esta devoción femenina con la cultura latina medieval en general, y con la teología latina en particular. En este marbete engloban la literatura escrita o representada por mujeres, compuesta para ellas o que habla de ellas.

17 En esta dirección encontramos muchos libros y tesis doctorales estimulantes, como la de Catherine Müller (1996) sobre el sentido del espejo (revelador de la escritura femenina) en Margarita Porete y en Margarita de Oingt. Müller parte de la teoría de Luce Irigaray de que el espejo es el espacio único donde la mujer habla y actúa públicamente en la cultura occidental, y estudia el modo en que es empleado por las mujeres mencionadas como un medio de afirmación de su ser femenino y de rechazo de la imaginería masculina. En España, dentro del análisis feminista de la religiosidad femenina medieval, destaca desde hace tiempo la labor de Cristina Segura Graíño, Rivera Garretas, Graña Cid, Cirlot, Garí y Muñoz Fernández; fuera de España, escritoras como Constanza de Castilla han sido también objeto de interpretaciones feministas (véase, por ejemplo, Baldridge, 2001; 2004). Finalmente, para una recientísima revisión de la mística en las mujeres (focalizando autoras como Juliana de Norwich o Teresa de Jesús) desde una teoría feminista totalizadora, que incluye la propuesta de entender el cuerpo de la mujer como texto místico, véase Lanzetta (2005); cf. la diferente visión del cuerpo místico femenino en Chiaia (2004); también véase el ensayo de Muraro (2006), que interpreta a Dios como vía de revelación de una esencia femenina.

jas y terciarias[18]–, pese a que las místicas pertenezcan al escaso grupo de mujeres en la historia que consiguen una influencia social importante con su actuación pública (cf. Mazzoni, 2005: 5)[19]. Precisamente porque estudio figuras históricas que resaltaron por algún tipo de cualidad excepcional o considerada excepcional, las conclusiones de este libro no pueden ser extrapolables a la vida de todas las mujeres religiosas medievales[20]. Joan W. Scott (1986) advirtió ya sabiamente, en un muy completo artículo, contra las limitaciones de emplear el género como categoría única para el análisis del pasado, especialmente si está descontextualizado de otras consideraciones como la raza o la clase social; y Caroline Walker Bynum (1991: 108, 169, 175) nos pone en guardia contra generalizaciones *actualizadoras* al mostrarnos cómo nuestras místicas emplearon la imaginería sexual de una manera más fluida y menos literal que los hombres, y que su devoción carecía de una organización de opuestos en torno a las categorías sexuales[21]. No estudiaré así la feminidad

18 Las terciarias son mujeres pertenecientes a la Tercera Orden de una congregación religiosa, como es el caso de Sor María. Aunque no hacen votos, siguen la regla de la orden a la que pertenecen, a diferencia de las beguinas, de las que trataré en el capítulo primero. La palabra "religiosa", como ya he dicho, será empleada en este libro en un sentido amplio, y en ocasiones "beata" y "terciaria" serán utilizadas como sinónimos, de acuerdo con la tradición de la época que estudiamos: es una puntualización que creo es importante establecer para evitar malentendidos.

19 Una influencia que llega hasta la actualidad, hasta el punto de que, como señala Voaden (1996b: ix): "It is now even something of a cliché in academic circles to comment on the blossoming of female spirituality which emerged in the thirteenth and fourteenth centuries". En las últimas décadas Hildegarda de Bingen se ha convertido en una figura famosa en determinados círculos culturales y la figura de Brígida de Suecia se ha hecho tan familiar que no es infrecuente encontrarla en productos comerciales europeos.

20 Soy consciente de que también hace falta estudiar la espiritualidad femenina de mujeres que no son terribles pecadoras ni santas porque, como dice Mecham (2004: 2): "historical studies of female monasticism and female spirituality have focused primarily on the institucional and the excepcional. [...] Such an approach [el estudio de místicas o santas] has led to the characterization of female spirituality as somatic, emotional, and often intensely physical".

21 Aunque, como se verá en el capítulo tercero, esta lectura de Bynum ha sido contestada, nos recuerda que debemos evitar buscar siempre

del verbo literario de Sor María de Santo Domingo otorgando sentido fisiológico a su palabra[22]; su texto místico no resultará para mí palimpséstico ni disperso[23]; y evitaré hablar de una *espiritualidad afectiva* exclusiva de la mujer[24].

Esto no quiere decir que no tenga en cuenta, dentro de unas coordinadas históricas, la importancia del género en la problemática de las místicas, como se apreciará especialmente en el primer capítulo de este libro. Pero mi intención es moverme entre los terrenos de las prácticas espirituales y textuales femeninas (contando con estimulantes precedentes como el de Giles [1990: 91-109; 1999]), para abordar determinadas construcciones de identidad, respuestas a modelos, imitaciones conscientes: estrategias todas que responden a una concepción performativa de la realidad cultural o literaria desde la que creo

en la devoción femenina una oposición a lo masculino. Suscribimos, pues, estas palabras de Bynum (1991: 377 n66): "Although it is clearly true that religious women responded both to personal deprivation and to the patriarchal structure of society, which denied to them many social roles available to men, religious imagery cannot ever be read simply either as compensation or as projection".

22 Habría además que recordar que los escritos de Sor María *no le pertenecen del todo*, en el sentido de que han sido transcritos y volcados al papel por hombres mediadores.

23 La corriente crítica que comienza a considerar los textos de las mujeres como productos que encierran mensajes ocultos y transgresores se inicia especialmente con el sugerente libro de Gilbert y Gubar (1979), quienes demuestran que el psicoanálisis puede dar buenos resultados para el estudio de la literatura (para una introducción al feminismo psicoanalítico, véase Elliot, 2002: 125-155).

24 Aunque pueda ser estimulante señalar una religiosidad *sentida de manera más íntima*, con una vivencia *más aguda* de la Pasión, o un sentimiento *más somático* del amor (o de la literatura, si seguimos al feminismo francés) junto a un deseo de maternidad reprimido o proyectado, en mis lecturas no partiré del texto femenino como proyección de la constitución biológica de la mujer. Me refiero a las muy sugerentes propuestas de Luce Irigaray o Hélène Cixous, que apuestan por la existencia de una textualidad femenina o de una escritura del cuerpo que se caracterizaría por ser plural, dispersa y múltiple: propuesta que produce interesantes resultados, como demuestra Petroff (1994: 204-224). En este libro tendré en cuenta la sexualidad de Sor María (y por ello la estudiamos en paralelo con otras escritoras, no siempre visionarias), pero privilegiaré su contextualización textual desde la imitación.

Introducción: Un movimiento europeo 31

que pueden entenderse los siglos tratados. Para analizar estas estrategias me serviré, entre otras perspectivas, de la teoría de Judith Butler, siendo consciente de que el feminismo posmoderno, que supuestamente lidera, ha sido acusado de ahistórico (Salih, 1992: 43, 142). Pero, en nuestro caso, el estudio de la terciaria Sor María obligará, más allá de aspectos literarios, al análisis de los factores sociales que rodean sus peripecias intra- y extratextuales.

Independientemente de si las visiones de Sor María fueron realidad vivida y sus escritos respuestas necesarias a esa realidad, entiendo su mística, por tanto, como un *performance* repetido y necesario para su definición de la santidad: una definición previamente sujeta al devenir histórico y consecuentemente modificada. Continúo así con este libro un proyecto que me ha ocupado los últimos siete años, desde que publiqué *Teatralidad y textualidad en el "Arcipreste de Talavera"* (Sanmartín Bastida, 2003): el análisis de la puesta en escena de la palabra medieval en el texto literario, para la que importan tanto las actuaciones de los protagonistas como los guiones previamente fijados en una cultura de tradición y fuentes perpetuadoras[25]. Pero en esta ocasión ya no se trata de un texto en contra del amor mundano, ni de un tratado que enseña a abrazar la muerte y la codifica (Sanmartín Bastida, 2006b), sino de escritos de mujeres tan autónomas como vigiladas, o por lo menos interpretadas como tales en esta monografía.

Si, como he dicho, no exploraré lo que tienen de reivindicativo los textos abordados, sí analizaré en cambio la cualidad afirmante de las letras (indirectas) de Sor María y sus compañeras, lo que edifican en común y las máscaras que fabrican. Fray Hernando de Talavera habló de una "religión de la mujeres" en su prólogo a *Suma y breve compilación de cómo han de vivir y conversar las religiosas de San Bernardo*[26], y yo me propongo abordar

---

25 Este análisis era el propósito del Proyecto de investigación "Ramón y Cajal" que el entonces Ministerio de Ciencia y Tecnología me concedió en el año 2004.

26 Hernández de Talavera comentará que no todas las doctrinas que han escrito los santos se pueden adaptar a la "religión de las mujeres": véase

esta religión desde la *forma de actuar* más que a partir del modo de *sentirse* como tales. Sin duda, la presencia del cuerpo fue importante en la vivencia de las místicas, al ser estas conscientes de pertenecer a un género, pero mi propósito es plantearme esta presencia/conciencia como *actuación*, especialmente desde la mirada sancionadora que se dirige hacia ellas. ¿De qué modo esa mirada limita y refuerza los acercamientos a la experiencia religiosa? ¿No será que lo que distingue la espiritualidad de los hombres de la de las mujeres es, más que el contenido, la forma de expresarla? Bynum (1982) nos ha mostrado que rasgos de la mística femenina como la visión maternal de Dios pueden ser encontrados en la teología masculina, aunque planteados de distinto modo.

Y entra aquí entonces en juego la palabra "representación" que encabeza el título de este libro. Hablaré de una representación que implica una doble dirección, pues las místicas serán objeto y sujeto de aquella.

1. Representación en el sentido de "hacer presente algo", de referir un estado: en este estudio vamos a ver cómo se presentan a su público las místicas del Medievo y de la primera mitad del XVI.
2. Re-presentación en el sentido mimético de la palabra, de interpretar y repetir un papel previamente fijado, ¿cómo lo ejecutan nuestras místicas?

Lo interesante es que ambos entendimientos de la palabra "representar" nos permiten jugar con su raíz etimológica: *re-presentar*, volver a presentar algo, y así las visionarias renuevan sus intenciones sobre unas tablas imaginarias, frente a un espectador ante el que se jugarán el título de santidad. Asistiendo a sus múltiples y bellas estrategias, no he podido evitar sentirme parte de ese público fascinado por la compleja actuación de estas mujeres. Para entender mejor su *performance*, he traba-

---

Bertini (1971: 173). A partir de ahora, casi todos los datos que dé sobre la *Suma* de Hernando de Talavera provendrán del capítulo que a ella dedica Gómez Redondo en su obra sobre la prosa en la época de los Reyes Católicos (2012: 813-818; agradezco al autor el haberme permitido leer estas páginas todavía en pruebas).

jado en este libro con textos de místicas cercanas a Sor María, en el tiempo o en la concepción de las visiones y sus relaciones con el poder: tal es el caso, entre otras, de Ángela de Foligno, las monjas de Helfta, Catalina de Siena, Cristina de Markyate, Juliana de Norwich o Brígida de Suecia[27]. Asimismo, además de a la española María de Ajofrín o a su coetánea Juana de la Cruz, presto atención a figuras como la inglesa Margery Kempe, no porque Sor María pudiera conocerlas sino porque, como trato de demostrar, comparten una ambigüedad que les impedirá alcanzar los altares. Desde otro punto de partida, reproduzco parcialmente la Relación (o acusación) contra los alumbrados de Llerena, texto de la segunda mitad del XVI que nos muestra la delgada frontera entre la ortodoxia y la heterodoxia en la imitación del modelo (Santonja, 2000: 387-392)[28]. Empleo además fuentes secundarias que se encontrarán mezcladas en la bibliografía final con las primarias señaladas, permitiendo que el presente se entrelace con el pasado.

Un punto de llegada de este análisis comparativo será el principal legado que nos dejó Sor María: su *Libro de la oración* (que cuando lo usemos como referencia bibliográfica se llamará LO), y, en menor medida, sus bastante desconocidas (y menos místicas) *Revelaciones*. Para la citación de fragmentos de la primera obra nos basaremos en la edición facsimilar que Juan Manuel Blecua hizo en 1948 del impreso encontrado en los archivos de la Universidad de Zaragoza, y cuya existencia había desconocido la filología moderna hasta entonces. Seguiré

---

27 En el caso de las visionarias inglesas Juliana de Norwich y Margery Kempe, empleé ediciones filológicas; en el de otras santas, fue más fácil hacerme con traducciones modernizadas al ser consideradas más como teólogas o místicas que como escritoras. Por otro lado, como se verá, he castellanizado el nombre de teólogos, santas, beatas o místicas que tienen su correlato en castellano y cuya traducción es reconocida y empleada. En cambio, he dejado en su idioma original aquellos nombres que, quizás por ser sus dueñas más desconocidas, no han circulado traducidos, y también he respetado, en las citas que recojo, los nombres que emplean otros críticos.

28 Para contextualizar a los alumbrados de Llerena es fundamental el trabajo de Llorca (1980: 103-121), aunque en los argumentos que empleemos aquí no lo tendremos especialmente en cuenta.

unos criterios conservadores en su transcripción, respetando la variación gráfica *u/v/b, c/ç, qu/cu* y las consonantes geminadas, aunque desarrollaré abreviaturas, estableceré mayúsculas, comillas y apóstrofos, desuniré aglomerados y puntuaré y acentuaré el texto[29]. Los mismos criterios servirán para citar las manuscritas *Revelaciones*, que se encuentran en la Biblioteca Colombina de Sevilla y de cuya edición me ocuparé en un libro que espero aparezca en un futuro cercano[30].

Para acceder a los escritos de otras mujeres que precedieron o acompañaron a Sor María, además de los textos citados he consultado interesantes antologías como la de Catarina M. Wilson (1984) y la también muy útil de Petroff (1986a), donde se presentan obras (varias de difícil acceso) de veintiocho figuras femeninas, algunas de ellas poco conocidas y otras tan lejanas en el tiempo como Santa Perpetua o Santa Macrina (siglos III y IV d. C.)[31]. Sin duda, faltan unas recopilaciones semejantes en castellano que se dediquen a textos de y en torno a las místicas peninsulares, aunque sean pocos frente al gran corpus perdido –los escritos de muchas mujeres castigadas por la Inquisición se hicieron desaparecer sin dejar testimonio–; de publicarse, en nuevos estudios sobre el misticismo europeo de los siglos XII-XVI se tendría más en cuenta el modelo español.

Con estos materiales, he construido un estudio del que describiré ahora, brevemente, el armazón. El primer capítulo

---

29 Este texto está también accesible ahora en la red en http://www.uned.es/bieses/libros-pdf/M-Sto_Dom.pdf. Aunque varios críticos han hecho una transcripción parcial del *Libro*, manejo una propia al haber encontrado varias lecturas erróneas y elipsis –por ejemplo, en el texto incluido en el apéndice de Cortés Timoner (2004b: 58-88). En cambio, cuando reproduzco fragmentos de ediciones de textos realizadas por otros críticos, respeto en general su puntuación y acentuación (o la falta de estas), así como los criterios conservadores o modernizadores que utilizan.

30 En las *Revelaciones* respeto la grafía del grupo *np*. Próximamente, me dedicaré a la edición de este texto junto con mi doctoranda María Luengo Balbás. Los criterios de edición que aquí empleo son independientes de los que usaré en la publicación completa de las *Revelaciones* de Sor María.

31 Varios fragmentos forman parte de autobiografías o cartas dictadas: y, ciertamente, es inquietante percibir el sentimiento de aislamiento o alienación que desprenden muchos de los escritos.

establece el paradigma de la visionaria observada con sospecha: abordaré aquí el surgimiento de la vigilancia sobre unas mujeres que se hacen cada vez más inquietantes. El segundo capítulo abandonará el estudio historicista para presentar una elaboración teórica desde la que analizar estas actuaciones, que se estudiarán en los capítulos siguientes. En el tercer capítulo, abordaré el modelo maternal y erótico que representan nuestras místicas; en el cuarto, estudiaré cómo se expresa públicamente el dolor que conlleva su experiencia de la Pasión de Cristo; en el quinto, me centraré en su relación con la comida y con la eucaristía (la comida y la bebida sagradas). En el sexto capítulo hablaré de la vivencia performativa de estas religiosas, de esa escritura del trance que, bajo la mirada atenta de su público, alguien como Sor María traza para ser sancionada. Por último, en el capítulo séptimo mostraré a través de datos históricos y comparaciones con otras visionarias cómo Sor María realiza su imitación-construcción de la identidad mística, a lo que seguirá un capítulo final donde reflexionaré sobre las razones de por qué esa representación no llegó al puerto canonizador, relacionándola con otros casos semejantes.

Precisamente, esta es una de las cuestiones (¿por qué no se convirtió en santa?) a las que se tratará de responder en esta monografía: en qué falló, en qué fracasó la copia de sus modelos, en qué se desvió de la norma, voluntariamente o no. Para llegar a estas respuestas, veremos en paralelo una serie de testimonios españoles y europeos que podrán iluminar nuestro entendimiento de la actuación de Sor María. Como demuestro en mi empleo de ciertas perspectivas hermenéuticas en este trabajo, la teoría literaria puede enriquecer la lectura de estos textos; y acometo esta tarea parafraseando a Barbara Newman (1995: 17), es decir, reconociendo que la complejidad de la experiencia humana, y especialmente de la religiosa, es tal que cualquier reconstrucción histórica (en este caso, histórica, religiosa y literaria) no puede ser más que parcial y provisional. Espero, no obstante, haber sugerido la riqueza que pueden entrañar las actuaciones femeninas desde una perspectiva interdisciplinar.

No quiero cerrar esta introducción sin agradecer a Dámaso López García, Decano de la Facultad de Filología en la Universidad Complutense, el impulso recibido para la escritura de esta monografía, por creer en ella aun sin verla y por su paciencia para esperarla; a mi marido, Óscar Urra, por encontrar el tiempo, entre cuidados familiares y sus novelas, para leer el manuscrito de este libro; a mi familia, por permitirme recorrer, durante dos estancias cerca de Harvard, las librerías universitarias buscando material, y especialmente a Diana Sanmartín y Kevin Maguire; a Fernando Gómez Redondo, por algunos datos necesarios sobre traducciones de santas, adelantados a la publicación de su último trabajo; a Chet Van Duzer, como siempre, por el acceso a artículos y tesis americanas; a María Luengo Balbás, por facilitarme la lectura de las *Revelaciones* de Sor María; a Lázaro Sastre Varas, por la amabilidad con la que me ha permitido acceder a su erudición; a Sara Olmos, por su atenta e inspirada labor como editora; y a Rosa Vidal y Alan Deyermond (que falleció durante el proceso de escritura de este libro), la ayuda prestada para avanzar en esta investigación durante mi estancia en Queen Mary University of London en el verano de 2008. Finalmente, podría nombrar a otras muchas personas que me han proporcionado asistencia en el camino de esta escritura: lo que pueda tener de bueno este libro debe mucho a su presencia; los fallos, en cambio, corren solo a mi cuenta.

01. La mujer vigilada

> I believe it is time for historians to rethink the way we appropriate medieval categories about religious identity. (Caciola, 2003: 22)

En la monografía que escribí sobre el *Arcipreste de Talavera* estudié una mirada escalonada: el reflejo de una sociedad de la vigilancia a través de una estructura circular en la que uno es permanentemente observado (véase Sanmartín Bastida, 2003: 27, 78). Pues bien, las mujeres de las que me voy a ocupar dan cuenta también de esta conciencia de la observación. Precisamente esto será lo que las conduzca a la estrategia mimética, que analizaré en el capítulo siguiente: la reconstrucción del modelo de santidad tiene su raíz en esa mirada vigilante, representación del ojo divino y controlador sobre la identidad visionaria. Esto no quiere decir que las expresiones místicas que se estudien en estas páginas se empleen solo para escapar o encauzar con éxito la vigilancia: puede haber otras razones como la creencia y vivencia genuinas (aspectos estos que se escapan a los propósitos de mi libro), o que el motor de la representación sea un deseo de poder. Pero lo que me importa aquí de esta vigilancia coercitiva es el apercibimiento de la mirada y sus consecuencias, la conciencia de ser espectáculo juzgado por los otros.

Creo que es fundamental considerar el contexto que describiré en este capítulo para entender las cautelas que despierta el comportamiento de Sor María y las actitudes que adoptan muchas mujeres religiosas de la época. Un contexto en el que la quietista Margarita Porete será quemada por su escritura de *El espejo de las almas simples* y donde, especialmente desde inicios del siglo XIV, la herejía, junto con la posesión diabólica o la brujería, se convertirá en una cuestión acuciante (Newman, 1995: 13).

1.1. Una mirada sancionadora

> The history of Christianity suggests that such tensions, conflicts, and denunciations for heretical error are not purely accidents, but that they reflect certain explosive tendencies in the interaction between mysticism and religious authority. (McGinn, 2006: 482)

La mirada desconfiada sobre la identidad de la mística comienza a hacerse patente cuando se consolida un movimiento europeo de mujeres santas, religiosas y visionarias en torno al siglo XIII, aunque el inicio de este *muliebre tempus* podría retrotraerse al año 1100, si hacemos caso de Hildegarda de Bingen[32]. Esta *era afeminada* implicaba el declinar del liderazgo moral masculino y por tanto la senectud de los tiempos, según la visionaria alemana, pues la inversión de los roles iba en detrimento de la civilización al hacerse los hombres más débiles (Caciola, 2003: 55). Quizás por ello esta *era* fue contemplada por muchos (y especialmente por el estamento clerical) con cierto recelo, a la vez que se confiaba en ese retorno al orden viril que había profetizado también la famosa monja alemana. Así, Bynum (1982: 143) advierte que el incremento de grupos de mujeres religiosas y de seguidoras de predicadores (heterodoxos u ortodoxos) se acompañó de una importante resistencia

---

[32] Hablaremos aquí de Hildegarda de Bingen como visionaria, pero la condición mística de sus visiones es todavía discutida (McGinn, 2006: 331). Para un estudio y una edición en español de la vida y la obra de Hildegarda, que incluye una antología de sus composiciones musicales, es imprescindible Cirlot (1997). Como señala Peter Dronke (1996: 202): "The 120 years that followed her death saw an astounding proliferation of writings by religious women, Latin and vernacular, prose and verse".

La mujer vigilada

masculina y de regulaciones que reforzaban la prohibición del estatus clerical a las mujeres. Y es que en la Baja Edad Media el número de mujeres santas, incluyendo las casadas, se había incrementado *alarmantemente*, y se podía hablar por primera vez de influencias específicamente femeninas en el desarrollo de la piedad (Bynum, 1987: 14). En contraste con los comienzos del Medievo, en el periodo que abarca entre 1215 y 1500 hubo más santas que santos entre los laicos y el número de mujeres canonizadas creció. Los hombres del Bajomedievo mostraron entonces su miedo por lo que percibían como un nuevo fenómeno en que el las mujeres podían adoptar roles religiosos al lado o por encima de ellos: la aseveración de Hildegarda será así ratificada por algunos escritores que se aperciben de la difusión de una corriente devocional femenina en Europa entre mediados del siglo XII e inicios del XVI[33]. En este periodo, el siglo XIII será el momento de la inflexión, como se ha señalado, pues Matilde de Magdeburgo, Hadewijch de Amberes, Ángela de Foligno y Margarita Porete marcan una nueva etapa al inaugurar una corriente de místicas escritoras dentro de lo que McGinn (2006: xi, 202) ha llamado "Nuevo Misticismo".

Aunque la visionaria con pretensiones de santidad era ciertamente manejable en determinados terrenos, el apoyo eclesial a esta labor religiosa no será entusiasta, especialmente porque se trataba de un fenómeno con una gran capacidad de convocatoria. El prolegómeno a la narración de la vida de María de Ajofrín de Fray José de Sigüenza, escrita en 1599, "poco mas de cien años despues de la muerte desta santa" (Sigüenza, 1909: 380), demuestra que este nuevo papel de las mujeres se apreciaba como una revolución en la Iglesia, y también que despierta desconfianza entre los clérigos, e incluso entre los hagiógrafos de las visionarias, que temen ser acusados de crédulos o engañados[34]. Este fraile confiesa echar de menos aquella

---

33 Algunos críticos, como Caciola, cierran su estudio de esta etapa visionaria en el siglo XV, pero creemos que puede extenderse al siglo XVI, como demostraremos en los capítulos siguientes.

34 Aunque este fraile declara en un principio no ser "de los muy incredulos, ni de aquellos que se rien de todas estas visiones y revelaciones,

"feliz era" en la que florecieron los mártires "y Dios tenia poblados los desiertos de tan admirables hombres", ahora que todo ha cambiado: un cambio que él sitúa hacia finales del siglo xiv, cuando en España empezamos a tener constancia de testimonios de mujeres místicas.

> De docientos años poco mas a esta parte ha auido algunas mugeres santas, con quien parece que nuestro Señor ha querido (digamoslo ansi, aunque con miedo y reuerencia) mudar estilo, facilitarse tanto con ellas, y allanar el trato de suerte, que no aya sino encoger los hombros y dexar el juicio y determinacion dello a la Iglesia que como a su Esposa querida no le encubre los secretos de su pecho. Junto con esto (que tambien aprieta mucho) parece que ha querido hazer excepcion de la regla de su Apostol, que no permite que las mugeres enseñen en la Iglesia. Y ha permitido (como algunos dizen) que dexen estas santas muchas epistolas y libros grandes de reuelaciones y doctrinas para enseñamiento de los fieles, cosa que en ninguna de aquellas santissimas hembras que florecieron de mil años arriba, nunca la vimos ni tenemos, sino es de alguna cosa de ingenio, que ya saben los que algo han leydo que son. Todas estas razones hemos de tragar, y atrauesar por todo, con sumision de la regla que he dicho, y dezir que no se ha abreuiado la mano del Señor. (357-358)[35]

Las visiones en los fieles no eran un fenómeno nuevo, y seguramente se incrementarían con la enfatización progresiva que desde el siglo ii pone la Iglesia en la visión contemplativa de Dios, pero lo cierto es que hasta el siglo xiii los místicos apenas hablan sobre sí mismos sino sobre el modo de conseguir el contacto directo con la divinidad. Por el contrario, nuestras místicas expondrán sus experiencias más íntimas y cotidianas en sus escritos (exceptuando a una más impersonal Porete)[36],

---

especialmente en mujeres, que por su flaqueza estan tan sugetas a recibir engaños", asegura precauidamente que tampoco pertenece al grupo de los que se creen todo. Cf. Muñoz Fernández, 1994a: 121.

35 Transcribo tal cual de la edición que hace Juan Catalina García del texto de Sigüenza, paleográfica y sin acentuación (aunque incluye alguna excepción aleatoria que aquí elimino).

36 En esto les acompaña San Bernardo en su sermón sobre el Cantar de los Cantares, donde introduce una relación autobiográfica: pero aquí pudo imitar a San Pablo, quien habló de su experiencia personal cuando creyó que ayudaría a sus lectores (McGinn, 2006: 222). En cuanto a Porete, Cirlot y Garí (2008: 39) la consideran una excepción por la ausencia de visiones en sus textos: "En la facultad visionaria se cifraba gran parte de su carisma [el de

La mujer vigilada

consolidando además, en torno al siglo XIV, un nuevo género literario: el de las revelaciones, donde, según Bynum (1991: 191), no se trataba tanto de probar la existencia de unos dones carismáticos femeninos sino de comunicar y compartir una piedad centrada en una experiencia somáticamente espiritual[37]. En el siglo XIII, la proporción de fenómenos paramísticos como trances, levitaciones y estigmas era mayor entre la población femenina[38]. Aún más importante: estas místicas eran las responsables de propagar y animar los aspectos más distintivos de la piedad medieval, es decir, la devoción por el Cristo humano (en la infancia o en la cruz) y por la eucaristía, frecuentemente enfocada desde la exaltación del cuerpo herido y el corazón de Jesús (Bynum, 1982: 137, 172; cf. 1991: 60).

En esta época (siglos XII-XV), las religiosas todavía no *morían* al mundo como lo harán centurias más tarde: la esfera temporal y espiritual se encontraban más unidas, y hasta finales del XV e inicios del XVI numerosas mujeres combinaban el claustro con su posición secular[39]. Quizás en parte debido a ello

las místicas] y es muy posible que su ausencia en una mística como la Porete justificara su terrible fin en la hoguera": además, en su *Espejo* se aprecia una concepción bastante negativa de visiones y milagros. También la reciente tesis de Jennifer Schuberth (2008) destaca la condición diferente de su *Espejo* por no tratar el cuerpo como lugar de la experiencia religiosa, frente a la corporeidad que privilegia el misticismo femenino.

37 "Moreover, whether they denigrated, admired or used the experiences of mystical women, men such as Albert the Great, Eckhart and Gerson spoke explicitly of somatic and visionary experiences as peculiarly female" (Bynum, 1991: 191). Se esperaba así que esta devoción tuviera expresiones somáticas, algo que debemos encuadrar en el contexto de la creencia en un Dios hecho carne, que hacía entender los eventos del cuerpo (por ejemplo, las heridas de los mártires o los estigmas) como manifestaciones posibles de la gracia (235).

38 Y especialmente en los Países Bajos, donde se dieron las más tempranas muestras de estas experiencias (Bynum, 1987: 119).

39 Un buen ejemplo de esto lo tenemos en Constanza de Castilla: una religiosa que, por su parentesco con Pedro el Cruel, combina su faceta de monja con el poder temporal, que le hacía estar al tanto de los asuntos políticos. Para el conocimiento de esta escritora, a la que volveremos, ha sido fundamental la labor de Ana Huélamo (1992, 1993). Constanza, aun siendo mujer de descendencia conflictiva, conservó cierta autoridad, como ha demostrado Wilkins en sus trabajos: la reivindicación de su linaje, del que se

varias de estas mujeres ejercerán una influencia importante en el mundo ascético, místico y teológico de la época: Matilde de Magdeburgo y Hadewijch de Amberes, junto con el Maestro Eckhart y *El espejo de las almas simples* de Porete, ayudarán a precipitar una discusión sobre la relación entre Dios y el alma –una discusión que después de 1300 se popularizó y que estaba relacionada con el neoplatonismo del Pseudo Dionisio, es decir, con la mística negativa (Voaden, 1996b; véase McGinn, 2006: 281-289)[40]. Esta divulgación del pensamiento femenino venía ayudada por el hecho de que en el XIII y el temprano XIV los conventos europeos formaban redes espirituales donde las influencias circulaban, y las vidas y visiones de religiosas se leían con frecuencia en las comunidades de ambos sexos como una forma de instrucción espiritual (Bynum, 1987: 16).

sentía heredera, fue una de sus preocupaciones fundamentales. Véase Rábade Obradó (2003), en torno a la religiosidad y memoria política reflejada en las constituciones de Constanza de Castilla. La vida de Constanza es, así, una buena muestra de que en la Edad Media, a diferencia de siglos después, los mundos de dentro y fuera del convento no estaban tan separados. Precisamente, sobre la combinación del universo religioso con el secular en las monjas de la Península Ibérica trata, entre otras cosas, la tesis doctoral de Elizabeth A. Lehfeldt (1996). De todos modos, incluso en la segunda mitad del siglo XVI encontramos en España a Teresa de Jesús viajando por Castilla y habitando en casas de mujeres nobles por temporadas, sin vivir una clausura exclusiva; y también hay que decir que el poder legal y material femenino dependía mucho de los lugares donde habitaran las mujeres, como muestra el trabajo de Dillard (1976: 71) sobre los tempranos fueros asturleoneses.

40 Para un ejemplo del Amor concebido como negación en Hadewijch, véase Cirlot & Garí (2008: 81). Por otro lado, Dronke (1996: 221) explica que Margarita Porete estaba familiarizada con las paradojas del Pseudo Dionisio sobre el amor de Dios cuando expone su doctrina de la coincidencia del todo y la nada, el mal y el bien, y, dentro de ella misma, de la plenitud y la necesidad sin fin. Margarita declarará estar aniquilada en la nada divina, y considerará que las virtudes del espíritu cristiano son solo sombras del pasado que estorban cuando se alcanza la experiencia de ser uno con lo divino (véanse los hermosos versos que hablan de esto: "Vertuz, a tousiours je prens / de vous congé..." [275]). En este sentido, se la puede considerar como precursora de la herejía del Libre Espíritu, en tanto que esta hablaba de una unión con Dios aniquiladora de la voluntad, que permitía no seguir atado a las leyes de la Iglesia (véase nota siguiente). Para una interpretación distinta de la teología de Porete, entendida como indagación personal a través de la escritura, véase Muraro (2000, esp. 84-86).

Indudablemente, este factor acrecentaba la cautela con que las visionarias eran miradas. Como muestra Dyan Elliot (2004: 1), en la nueva vigilancia que se establece sobre la mujer será muy importante el IV Concilio de Letrán (1215), que, preocupado por el movimiento cátaro, se plantea la amenaza de la herejía, y decide implantar la regulación de la santidad, un nuevo énfasis en los sacramentos (sobre todo en la confesión y la eucaristía), y la introducción de un procedimiento inquisitorial que diferenciará a santos de herejes. Estos aspectos estaban asociados con la nueva lucha que se establece por la ortodoxia: el antisacramentalismo herético de movimientos como el del Libre Espíritu (que defiende una salvación del alma bastante independiente de la intercesión de la Iglesia[41]) se contrarresta con la importancia mayor que a los sacramentos otorga ahora el estamento clerical. Estos ritos se constituyen así en los pilares de la ortodoxia, y los fieles deberán centrarse en ellos para alejarse de doctrinas y prácticas desviadas[42]. En la Cristiandad de los

---

41 "Beginning in the early fourteenth century, the Free Spirit heretics were accused of claiming that they had achieved such deep indistinction with God that they were no longer bound by the laws of morality or the commandments of the church. [...] Historians today doubt that the Free Spirit ever constituted a distinct movement or large group. What is clear is that there were growing fears of dangerous mysticism in the late Middle Ages and that these fears set many of the criteria used in subsequent centuries for the investigation and condemnation of what was seen as mystical heresy" (McGinn, 2006: 444, 490). Los miembros de esta herejía deseaban alcanzar un estado de perfección en la identidad con la divinidad que les permitiera quietud e indiferencia para todo lo que no fuera Dios (véase 489-494). Curiosamente, un influyente teólogo místico, el Maestro Eckhart, sostendrá posiciones cercanas a las de este grupo (por ello, Menéndez Pelayo [1947: 213] le considerará "principal fautor del quietismo y panteísmo", y le achará malas influencias en las lecturas de los españoles).

42 Bynum (1987: 80) señala cómo Jacobo de Vitry, Tomás de Cantimpré, Juan Tauler o Juan Gerson utilizaron el énfasis eucarístico de la piedad femenina (del que hablaremos en el capítulo quinto) para su polémica contra los herejes. Visionarias como Ángela de Foligno, que se muestran independientes del poder clerical, por ejemplo, en el entendimiento de las Escrituras, son muy respetuosas con los sacramentos: cuando la beata duda de que sea necesario recibir la eucaristía porque "el Todo Bien" está ya en ella, oye una voz que le dice: "Una cosa no excluye la otra" (1991: 97): y es que la comunión hace pura al alma, la santifica, la hace fuerte y la alimenta (125).

siglos XII y XIII la autoridad y la mediación clericales crecieron en importancia mediante estas elaboraciones de la ley canónica y de la burocracia eclesiástica, a las que se sumará el desarrollo del sistema penitencial (Bynum, 1982: 250). Y así en la Baja Edad Media, con la ayuda de la teología del Pseudo Dionisio se defiende una estructura jerárquica en la Iglesia (paralela a la que supuestamente conformaba el Reino de los Cielos) donde los laicos adoptan un rol puramente pasivo y subordinado (véase Vauchez, 2005: 66). De modo que en la época de Catalina de Siena, Brígida de Suecia o Juana de Arco, las visionarias dependían casi totalmente para su éxito de las políticas eclesiales, las cuales, a la vez que las animaban en sus actividades, las temían.

El inicio de este énfasis en los sacramentos se produce en la edad de las beguinas, mujeres que rechazan el modelo social de la familia y se refugian a menudo en una reclusión individual, con frecuentes ayunos y subsecuentes éxtasis y revelaciones[43]. Algunas se llenarán de estigmas, despertando la desconfianza de los franciscanos, quienes celosamente preferirán tener como único caso de este fenómeno al hombre San Francisco, pues como orden les confería una importancia excepcional. Este recelo hacia los estigmas femeninos, tan frecuentes entre nuestras místicas, hará que en el Medievo solo los invisibles de Catalina de Siena redunden en su canonización (Caciola, 2003: 56, 71, 119).

Frente a las ermitañas que se refugian en la soledad y huyen de la compañía del mundo, las beguinas se mueven bastante en sociedad, mantenidas por la generosidad de patronos o por el comercio textil, pues se trata de grupos urbanos[44].

[43] Para un primer acercamiento al tema de la autoridad femenina conseguida por las beguinas, véase Botinas Montero, Cabaleiro Manzanedo y Durán Vinyeta (1994).

[44] Alain Guerreau (1979: 334) propone entender a las beguinas como "une manifestation de l'indépendance urbaine à l'égard de l'ordre féodal". La lucha de la Iglesia contra las beguinas se enmarcaría así en la reestructuración del sistema feudal para integrar las categorías urbanas. Por supuesto, hay que tener esto en cuenta a la hora de entender la problemática de estos grupos, así como, según propone Juan-Claude Schmitt (1978), la polémica contra las beguinas en las tierras del Rin, que fue una manera de atacar a las órdenes mendicantes por parte del clero secular.

Newman (1995: 12) destaca la amenaza que este tipo de mujeres podía suponer para la Iglesia por su posición ambigua en la frontera entre lo religioso y lo secular, una posición atractiva como opción de vida al disponer de estructuras más fluidas para su espiritualidad, aunque suponga renunciar a las buenas oportunidades para el liderazgo o la enseñanza que proporcionan los conventos (Petroff, 1994: 7). Su correlato en España será la figura de la beata, y, bajo la vigilancia masculina, tanto esta denominación como la de "beguina" pronto se convertirán en sinónimos de "hipócrita" en francés y en castellano (Caciola, 2003: 11, 92)[45]. Las beguinas, precisamente por ser difíciles de controlar debido a su falta de organización (y por no someterse a la autoridad del matrimonio o el monasterio), acabarán siendo suprimidas por el Concilio de Viena en 1311-1312, aunque el decreto permanecerá sin aplicación durante muchos años[46], y en 1317 Juan XXII (en las constituciones *Cum de quibusdam* y *Ad Nostrum*) impondrá la asimilación de beguinas y begardos con los frailes y hermanas del Libre Espíritu, mientras se aprueban las órdenes terciarias, mejor vistas (por estar más controladas) que las beguinas (véase Schmitt, 1978; Guerreau, 1979: 332).

    Entre las filas de las beguinas pronto comenzarán a proliferar las visionarias. Este grupo de mujeres usan las visiones como argumento de autoridad, unas visiones cargadas de lenguaje afectivo (como veremos en los capítulos tercero y cuar-

---

45 En este libro se hablará de "beatas" en dos sentidos: el que designa a las féminas de países mediterráneos que desarrollan una vida paralela a la de las beguinas; y el que se refiere a las mujeres que han alcanzado un estadio anterior al de la santidad: la Beatificación, como en el caso de Ángela de Foligno o Lucía de Narni.

46 No obstante, su fama se vio afectada por esta mirada desconfiada: Claudia Opitz (2003: 406) señala que gran parte de la sociedad se inclinaba a considerar a las beguinas, por su existencia desorganizada y nómada, más como prostitutas que como santas. En cuanto a su heterodoxia, Schmitt (1978) ha mostrado cómo los casos probados de herejías entre las beguinas fueron escasos. Por otro lado, el primer concilio que decreta resoluciones contra las beguinas fue el de Lyon de 1274, aunque los ataques continuarán en el concilio de Narbona de 1299 y el de Tarragona de 1317 (véanse Botinas Montero, Cabaleiro Manzanedo y Durán Vinyeta, 1994: 286; Cirlot & Garí, 2008: 23).

to de esta monografía), donde el éxtasis, el deseo o la aniquilación son expresados en discursos con tintes eróticos[47]. Esta forma de religiosidad se constituirá en un modelo femenino poderoso capaz de oponerse al papel de las mujeres en el seno de la secta cátara (Cirlot & Garí, 2008: 20), y este argumento lo esgrimirán autores como Jacobo de Vitry para defenderlas, algo que no impide que las visionarias vivan una sensación de peligro continua por miedo a sonar como heréticas: un verdadero problema para las escritoras de los siglos XII-XVI.

Las polémicas en torno a la nueva espiritualidad surgieron sobre todo a partir del Doscientos, cuando comienzan los primeros procesos y condenas, de los que habla Hadewijch de Amberes en sus escritos (Cirlot & Garí, 2008: 101). Más que inventar, como dice Petroff (1986b: 44), estas mujeres debían emular un lenguaje muy preciso con el objeto de expresar adecuadamente las visiones sin ser malinterpretadas. Para sentirse protegidas en esta emulación, será fundamental, como veremos, el papel del confesor o del copista de sus visiones, encargados de sancionarlas. Y precisamente con la aquiescencia y participación activa o pasiva de estos directores espirituales, a mediados del siglo XIV el movimiento femenino empezará a reducirse a un ámbito monástico y cerrado, permitido solo desde el claustro[48]. Aunque este cambio (de la santa terciaria a la santa monja) podría ilustrarse ya en el XIII con las vidas de Beatriz de Nazaret o Ida de Lovaina, educadas o próximas a las beguinas y después monjas cistercienses, fue una centuria más tarde cuando se obligó a la religiosidad femenina a adquirir un tono conventual que muchas mujeres no deseaban, pero que asumirán al encontrar sus labores de caridad dificultadas (Bynum, 1991: 77). Este encerramiento se acentúa al llegar el siglo XVI, momento en que

[47] Aunque los hombres místicos usen un lenguaje parecido al de las mujeres (por ejemplo, Bernardo de Claraval o el Maestro Eckhart en los siglos XII y XIII respectivamente), en general tienden a ser menos visionarios que su correlato femenino (Mazzoni, 2005: 88).

[48] Cf. con el estudio de Joanna Ziegler (1993), quien, contrariamente a la visión extendida de las beguinas, opina que estas aspiraban a imitar la vida conventual lo más posible, aunque comenzaran como movimiento laico, y señala que en esto fueron apoyadas por el clero.

las autoridades eclesiásticas declaran su total preferencia por la vocación monástica de la santa (véase Zarri, 1996: 253).

En cuanto a la Península, Muñoz Fernández (1994a: 50-87) ha descrito las estrategias y polémicas que se dieron en torno a la institucionalización o cese de los beaterios castellanos, fenómeno asimilable a lo que sucedía en las comunidades de beguinas: no olvidemos que entre los siglos XV y XVI la capacidad de moverse fuera del ámbito del convento permitió a mujeres como María de Ajofrín, María de Toledo o María de Santo Domingo convertirse en una suerte de predicadoras públicas e incluso, en el caso de las últimas, de consejeras de la corte[49]. Pero el señalado y forzado encerramiento y persecución contribuyó a que, según Bynum (1987: 22-23):

> The spiritual friendships and networks of thirteenth- and early fourteenth-century women attenuated as the fourteenth-century wore on. Collective biographies of women by women disappeared[50]. Fewer holy wom-

---

[49] María de Toledo es un caso ilustrativo de este enclaustramiento regulador de la mujer, pues pasó de ser una beata que hacía obras de caridad a convertirse en monja enclaustrada, mientras que con Sor Juana de la Cruz las beatas del convento de Cubas se hicieron monjas encerradas (véase Muñoz Fernández, 1994a: 108-119, 134). En cuanto a María de Ajofrín, beata vinculada a la Orden Jerónima, no fue una consejera de la corte, pero sí consiguió sembrar la paz entre algunos miembros pertenecientes a esta institución a través de sus oraciones, y visionó el cautiverio de un importante conde en el Reino de Granada (Sigüenza, 1909: 370). Sobre la vida de esta mujer contamos con los datos que nos suministró su biógrafo y confesor, Juan Corrales, y la narración de José Sigüenza del siglo XVI, quien se basará en su "mayor parte" en la relación escrita por el primero, aunque pudo haber otras fuentes (Sigüenza, 1909: 358). Parece que además existe otra obra que no citan investigadores como Surtz, pero que debió de circular: la *Pasmosa vida de Santa María de Ajofrín* de Juan Loperráez, tal vez el miembro de la Real Academia de la Historia de finales del siglo XVIII autor de algunas obras eruditas. En Fernández Duro (1889: 382), entrada 31, se cita esta *Vida*. Está marcada con una *d*, que significa que la censura era desfavorable (*f* indicaba censura favorable; *d*, desfavorable; y *r*, que había reparos [369 n1]): quizás por eso no tenemos más noticia de esta obra. Finalmente, sobre la institucionalización de las beatas y el fin de este movimiento, véase Miura Andrades (1991: 159-163).

[50] Esto no quiere decir que algunas monjas no siguieran consignando los dichos y hechos de sus compañeras supuestamente santas, caso de Sor María Evangelista con Sor Juana de la Cruz. Por otro lado, véase Muñoz Fernández (1996a) para valorar los aspectos positivos que con respecto a la

en wrote. Male suspicion of visionary women was articulated in a series of influential works, by John Gerson and others, on the testing of spirits. In late-fourteenth- and fifteenth-century hagiography, holy women appear more and more isolated and male-oriented. Their stories are now usually told by their confessors, whom they dominate as spiritual mothers and cling to as vulnerable advisees, needful of a guarantee of orthodoxy.

De modo que al final del Medievo, aunque las terciarias podían residir en el mundo y tener movilidad geográfica, estaban bastante sujetas al escrutinio masculino, que, reproduciendo el modelo de comportamiento mostrado con las beguinas, las considera sometidas a un mayor peligro de herejía o, más tarde, como veremos, de brujería. Entre el siglo XIII y el XV, la posibilidad de reconocer santas en mujeres seglares (ya escasa) se revierte, y estas se convierten en seres cada vez más sospechosos. Así, aunque algunas mujeres (beguinas o terciarias) tendrán sus hagiógrafos medievales, no alcanzarán cultos públicos porque no lograrán la canonización (véase Caciola, 2003: xi), como es el caso de Sor María.

Pese a la obvia importancia de la edad *afeminada*, que vio emerger múltiples figuras con gran influjo sobre los fieles de pueblos y ciudades, y con cierto poder político cuando estas se permitían aconsejar a papas o gobernantes a través de profecías bien anudadas, muy pocas mujeres serán canonizadas, y solo dos laicas visionarias llegan a convertirse en santas en el cierre del Medievo: Brígida de Suecia y Catalina de Siena[51]. En ambos casos su canonización fue, no obstante, objeto de discusiones y disensiones, y Catalina de Siena sufrirá exámenes de espíritu (como le sucederá a María de Santo Domingo) en el Capítulo General de los dominicos, celebrado en Florencia en 1374 (Salvador y Conde, 2007: 29)[52].

realización personal de las mujeres ofrecía el monacato, especialmente por su invitación a establecer un parentesco espiritual entre ellas.

51 Sobre las discusiones en torno a la santidad y profecía femeninas, véase Vauchez (1987: 189-202, 239-249 y 277-286). Una valoración más reciente de estos aspectos, junto a una extensa bibliografía, también se puede encontrar en Elliot (2002).

52 Los exámenes se llevaron a cabo ante los curiales de Gregorio XI y por parte del franciscano Maestro Lazarini. Sobre la examinación de Sor María ante tribunales eclesiásticos hablaremos en el capítulo séptimo.

La mujer vigilada   49

Sin duda, uno de los elementos que más inquietaban de estas mujeres era el poder que alcanzaban justificadas por sus visiones, una autoridad que muchas veces las conducía a un estatus semiclerical[53]. Por ejemplo, todas las místicas de Helfta, excepto Matilde de Magdeburgo, se arrogaban en sus visiones poder y autoridad sacerdotal como mediadoras o confesoras (cf. English, 2006: 203)[54]. Un episodio sucedido a Gertrudis de Helfta nos indica que este era un estatus deseado, especialmente en el momento de la eucaristía, porque les concedía el poder más codiciado, el de disponer de la Forma. Esta santa mostrará entre sollozos su frustración porque los sacerdotes la precedan en gloria al poder comulgar todos los días, pero el Señor le asegurará que lo relevante es el amor con que se le recibe, y que no habrá importantes recompensas para el clérigo que solo oficie por rutina. En otro momento, Cristo distribuirá de su propia mano la Forma salvadora a las monjas de su congregación, "limitándose el sacerdote a hacer el signo de la Cruz sobre cada hostia" (Gertrudis de Helfta, 1999: 162, 165; Bynum, 1987: 174). Es decir, la deseada relación con el Señor se hará en este tipo de ejemplos más directa, sin necesidad de un clérigo intermediario en el sacramento de la eucaristía: Cristo mismo alimentará también a Catalina de Siena o Liduvina de Schiedam (Bynum, 1987: 174; 1991: 62)[55].

53 Una enferma Isabel de Schönau alcanza una especie de estatus sacerdotal (del que también, cómo no, participa la Virgen) en las numerosas visiones que le sobrevienen cuando se le niega la comunión (Petroff, 1986a: 141). Matilde de Hackeborn se contemplará tanto a sí misma como a la Virgen ejerciendo prácticamente de diaconisas (Bynum, 1982: 224). Finalmente, Mary Elizabeth Baldridge (2004: 205) propone leer en los escritos de Constanza de Castilla una intención de autoridad independiente del estamento clerical, lo que le permite un acceso a Dios sin intermediarios; y Graña Cid (2004; 2008: 60-64) destaca el papel sacerdotal que adquiere Juana de la Cruz en su predicación mística, un papel que justifica a través de la figura de la Virgen.

54 "Gertrude of Helfta, Angela of Foligno, and Lukardis of Oberweimar, among others, receive from Christ in the eucharist the power to preach, teach and criticize, to hear confessions and pronounce absolution, to administer the eucharist to others" (Bynum, 1991: 45). Aunque, al tiempo, el hecho de que este poder se les arrogue a través de la eucaristía las integra más profundamente en las estructuras clericales (46).

55 Liduvina rechazará la Forma que le trae un sacerdote insistiendo en que Cristo mismo le imparte la comunión; Agnes Blannbekin verá la eu-

Precisamente, la piedad eucarística (de la que hablaremos en el quinto capítulo) expresaba una necesidad de contacto directo con Dios, sobre todo a través del culto al Sagrado Corazón, y autorizaba a las místicas a actuar como mediadoras de otros[56]. Su unión con lo divino, que se manifestaba en frecuentes visiones de sí mismas como sacerdotes, les permitía hacerse canales de los sacramentos, un papel que de otro modo la Iglesia negaba tanto a la mujer como a los laicos[57]. Y, cuando no podían tener acceso a la comunión por negativas masculinas, mostraban una preferencia por la comunión mística, como Ida de Lovaina o Lukardis de Oberweimar, cuyos éxtasis sobrevenidos mientras se alimentan del pecho de la Virgen o descansan en los brazos de Cristo les ayudan a no necesitar de la Forma (Bynum, 1987: 231). La experiencia mística les acabará otorgando así independencia y acercando a las funciones masculinas, abriéndoles la posibilidad de contravenir las reglas: como en el caso de Brígida de Suecia, quien, aunque a las mujeres se les prohibía vivir en el monasterio de Alavastra, consiguió ir para allá con el permiso del prior: "para Brígida se hizo una excepción, gracias a su rango y a la conciencia de sus extraordinarias dotes espirituales, que hicieron callar a los descontentos" (Giovetti, 2004: 44-45). También a Sor María se le autoriza a

caristía volar de las manos de un sacerdote corrupto directamente a su boca; e Ida de Lovaina recibe milagrosamente la Forma mientras el capellán a quien había criticado no se percata de su presencia, o durante una misa en la que nadie podía comulgar excepto el cura que la oficiaba –Ida establece así una clara alianza con Cristo que desafía directamente la autoridad sacerdotal y la disciplina monástica– (véase Bynum, 1991: 139). Como asegura Bynum, "there are hundreds of visions in which Christ himself gives the chalice or the host to a nun or a beguine or lay-woman who is unable to receive, either because of illness or because the clergy prevent it" (136).

56 A veces las místicas hacen de mediadoras entre el clero y los fieles, como nos muestran las peticiones que les dirigen algunas almas del Purgatorio para que transmitan a los sacerdotes la necesidad de oficiar misas por ellas (véase McNamara, 1993: 25).

57 Las mujeres alcanzaban este rol no por la ordenación sino por la inspiración, no por la identificación con Cristo sacerdote sino imitando al Salvador sufriente. "Women's charismatic, prophetic role was an alternative to, and therefore a critique of and a substitute for, the characteristic male form of religious authority: the authority of office" (Bynum, 1987: 233).

La mujer vigilada

realizar una estancia en un monasterio de frailes reformados, un hecho que en principio podría haber producido escándalo (Sastre Varas, 2004: 177).

Llegados a este punto, convendría recordar asimismo esos episodios en los que algunas místicas delatan al sacerdote que les da la comunión, por considerarlo inmerecedor de administrar el sacramento o por no haber consagrado la Forma que reparte[58]. Ejemplos paralelos de mala función sacerdotal nos los muestran también las visiones de María de Ajofrín, en las que a causa de no haber bautizado a un niño un sacerdote es atacado por una serpiente de dos cabezas; la Forma sangra durante la misa al ser entregada a un enfermo herético; y el espíritu de su primer confesor pide perdón por no haber creído enseguida en esta beata (Sigüenza, 1909: 366, 376, 371-372)[59]. María de Ajofrín denuncia asimismo el comportamiento deshonesto o hereje de algunos clérigos, a quienes la Virgen destina azotes, fuego y espada impartidos por un Ángel (360-361, 376; véase Surtz, 1995: 68-84)[60]: escenas que se enmarcan en la tendencia de las visionarias hacia la crítica anticlerical, una práctica que, por ser común entre ellas, era de alguna forma esperada, aunque a veces conviniera interpretarla como posesión demoníaca (cf. Bynum, 1991: 136). El hecho de que estas mujeres se confiesen y tomen el sacramento de la comunión no les impedirá, así, ser críticas con sus administradores, gracias a una autoridad que por venir de Dios no debería ser discutida.

[58] El milagro del sangrado de la Forma por ser sostenida por un clérigo inmoral tiene una extensa tradición en las vidas de santos y santas (véase Bynum, 1987: 329 n135), y este hábito de la denuncia divina cuando consagra el sacerdote corrupto se extiende hasta el siglo XVI, como demuestra Teresa de Jesús (2004: 408-409). Esto no quiere decir que las místicas no defiendan el oficio sagrado del clero, así como la necesidad de someterse a la obediencia de quienes al consagrar se hallan en el lugar de Cristo (Catalina de Siena, 2007: 270-271).

[59] Ya en vida de este capellán, María de Ajofrín le reprende enojada "llamandole pertinaz y cabeçudo, pues a tan evidentes cosas no assentia" (Sigüenza, 1909: 362).

[60] Para un estudio de cómo María de Ajofrín y otras beatas posteriores se agencian autoridad en sus discursos, véase Muñoz Fernández (1994b), y para una comparación de aquella con Teresa de Cartagena a partir de las mismas estrategias discursivas, véase el trabajo de Majuelo Apiñániz (2004).

Ángela de Foligno (1991: 55), por ejemplo, transmitirá un duro juicio divino hacia los clérigos porque "si bien conocen las palabras de Dios a través de las Escrituras, las desprecian". También Matilde de Magdeburgo será implacable con los curas corruptos, por los cuales se sentirá, además, perseguida. De igual modo, María de Oignies, Margarita de Cortona o Ida de Lovaina cobrarán la autoridad suficiente como para señalar los pecados de los sacerdotes: las dos últimas, en concreto, poseerán además esa habilidad mencionada de captar la poca valía o falta de castidad en aquellos que celebran la eucaristía. En esta línea crítica podremos situar la actuación de Sor María de Santo Domingo, que llegará a reprimir al prior de su orden (véase Bilinkoff, 1992: 33). Y en el mismo siglo XVI, especialmente severo será el juicio que transmita el Señor a Sor Juana en su sermón del Buen Pastor, fragmento que reproduzco porque ilustra muy bien la autoridad que aporta la visión divina:

> son algunas veces los súbditos buenos y razonables y humildes y pacientes y dan buenos ejemplos, y los prelados y pastores y señores son, algunas veces, tan malos y crueles para con sus ovejas, que más cuidado tienen de allegar riquezas y de darse a vicios y deleites que no de procurar lo que conviene a la salvación y provecho de las ánimas que tienen a su cargo, y, que no solamente les dan malos ejemplos con los pecados que ellos hacen y obran y los dejan sin proveer de bienes espirituales y temporales, como algunas veces podrían hacer si quisiesen, mas que aun son tan crueles que descomulgan las ánimas y no tienen cuidado de hacerlas absolver, y, por su causa, se finan así algunas personas descomulgadas y se van al infierno, lo cual, dijo el Señor, pagarán gravemente delante su acatamiento divino, los pastores y regidores, porque no tienen cuidado, pues llevan las rentas y los dineros de hacerlas soltar y de soltarlas ellos mismos cuando las descomulgan por lo que toca a ellos. (*El Conhorte...*: 726; cf., para otras críticas semejantes, 728, 318, 1423)[61]

Recordemos, asimismo, que Sor Juana otorga características sacerdotales a la Virgen (véase 1428, 1431), al igual que en una de sus visiones hará también María de Ajofrín (Sigüenza, 360-361); y que muchas de las críticas anticlericales vendrán

---

[61] Ante este discurso, no podemos estar de acuerdo con las siguientes palabras de Muñoz Fernández (1994b: 310): "Lejos de su intención quedaba reconducir la moralidad de los curas de su época", aunque es verdad que mostró una actitud más cautelosa hacia el clero que otras místicas.

La mujer vigilada

de boca de la Madre de Dios en sus apariciones a las místicas[62]. Precisamente, las preguntas de la Virgen podrán situar a las visionarias incluso como jueces del estamento sacerdotal: así, la que dirige a Brígida de Suecia en una revelación, indagando su opinión sobre un abad: "¿Qué te parece que hay que reprocharle a este abad?" (Giovetti, 1999: 77)[63].

A este *justificado* motivo de recelo que el estamento clerical siente con respecto a este movimiento de mujeres se sumará el hecho de que a varias de ellas se las considere maestras o se las llame "madres", caso de Santa Catalina de Siena o de la mística del Quinientos Paola Antonia Negri, a quien incluso se la apoda "Madre divina" (Zarri, 1996: 281 n91). La imagen de la mujer espiritual como madre de sus seguidores revertirá la estructura tradicional padre-hijo propia de la confesión (Dillon, 1996: 128), y además sabemos que algunas mujeres ejercerán prácticamente de confesores, haciendo de mensajeras de Cristo cuando aconsejan incluso a clérigos.

Esta actividad, junto con el don de profecía, les proporcionará una especial autoridad, con la salvaguardia de que las admoniciones se hacen en el nombre de esa voz interior o visión, y por tanto no se trata de ideas propias. Profecías lanzará Hildegarda de Bingen en su amenazadora carta al

62 Por ejemplo, a María de Ajofrín le dice la Virgen estas duras palabras: "Mas ay de los Perlados de la Iglesia, a quien el Señor hizo pastores de su grey, y de las almas que compro tan caras, que traen vestidos de oueias y corderos, y son dentro rabiosos robadores, que no tratan sino de beuer la sangre de los subditos: procuran con toda su ansia honras y dignidades, no para seruir con ellas a Iesu Christo, mas para sus gustos y deleytes" (Sigüenza, 1909: 360; cf. 361-362). De todos modos, como nos recuerda Surtz (1995: 77-78), la visión sacerdotal de María, aunque podría valer para estrategias de defensa del rol eclesiástico femenino, también fue empleada por hombres como el Pseudo-Alberto Magno o Juan Gerson. Y Bynum (1987: 399 n48) apunta que el motivo de la Virgen como sacerdote, que aparece bastante en la iconografía medieval, no es una reclamación de poder sacerdotal para las mujeres sino que evoca el paralelismo entre la consagración y la Encarnación; no obstante, cf. 409 n41, donde Bynum reconoce que María como símbolo de sacerdocio es una idea controvertida. Cf. también Bynum, 1991: 101, 212.

63 En otra ocasión, Brígida de Suecia realiza una severa crítica al arzobispo y señor temporal Juan Visconti, a quien ve "como una tortuga sobre cuya dura coraza los golpes rebotan" (Giovetti, 1999: 153).

Emperador Frederick[64]; Brígida de Suecia o Catalina de Siena, involucradas en el asunto político del Papado de Aviñón; y también mujeres españolas como María de Toledo o María de Santo Domingo. Es este un don, el de la adivinación, que en las vidas de las santas de los siglos XII-XVI podía servir para ayudar a altos cargos políticos o eclesiásticos, pero que a veces se volvía peligroso por las ideas que transmitía, y especialmente por la predicción de muertes que hacían algunas místicas (Giovetti, 1999: 79; cf. Bynum, 1991: 137-138) junto con el discernimiento de qué almas serían salvas y cuáles no y la descripción de las condiciones de la Otra Vida[65]. Además, asociado a la crítica anticlerical, este don daba pie a inquietantes injerencias políticas por parte de la población femenina. Si Hildegarda de Bingen echaba la culpa a los prelados negligentes del rápido crecimiento de la herejía cátara, reconociendo que el movimiento disidente se alimentaba del caos vivido entonces en la Iglesia Romana (Feldmann, 2009: 241-249; Newman, 1998b: 20), Santa Catalina y Santa Brígida serán especialmente duras con los manejos de la institución eclesiástica dos siglos más tarde (véase, por ejemplo, Catalina de Siena, 2007: 255, 257-234, donde, en "El cuerpo místico de la Iglesia", critica bastante duramente a los malos ministros). En sus *Revelaciones*, Brígida de Suecia ataca a los benedictinos y se mete claramente con la política sueca, italiana o chipriota, desvelando datos íntimos sobre los monarcas (Giovetti, 1999: 76-77, 83-85, 94-96, 110-111)[66].

64 Hildegarda, como Sor Juana de la Cruz, se considerará "a small trumpet note" (reprod. en Dronke, 1996: 149).

65 Un don que se extiende hasta Santa Teresa, como vemos en su *Libro de la Vida* (Teresa de Jesús, 2004: 361). De todos modos, también un patriarca como Gregorio el Grande tendrá una visión del alma del obispo Germano de Capua ascendiendo al Cielo (véase McGinn, 2006: 324-326). Por otro lado, en su control sobre el Más Allá, María de Ajofrín, Santa Catalina y Santa Brígida intercederán por algunas almas en tormento y se asegurarán de la salvación de otras, y la santa sueca contribuirá a una visión cuantitativa de la religión con la importancia que otorga a las indulgencias (Watt, 1996; Sigüenza, 1909: 372-373).

66 El Señor, por ejemplo, *incita* a Brígida a escribir a la reina Juana de Nápoles y a transmitirle su amenaza: "Si no me escucha, la trataré no como

Otra actitud *arriesgada* en las experiencias místicas de estas mujeres era su tendencia a contestar adoctrinando (en una especie de usurpación del saber) a las difíciles preguntas o advertencias teológicas que el clero les hacía: caso, por ejemplo, de Cristina de Markyate, María de Santo Domingo, o Brígida de Suecia en su *Libro de las preguntas*[67]. Aunque muchas visionarias desconozcan las Escrituras, la experiencia mística y piadosa les garantizará sabiduría. Así, la inglesa Cristina de Markyate otorga a los pasajes sagrados una lectura distinta a la que realiza un prior que la quiere convencer de que se case diciéndole que no hace falta ser virgen para ir al Cielo; Cristina interpreta la palabra y el conocimiento sagrado del clérigo en beneficio suyo:

> I do not know the passages of Scriptures you have quoted but I will reply to you, my Lord Prior, in accordance with their meaning. [...] What I do, I do on the invitation of him whose voice, as you say, is heard in the gospel, "Everyone who leaves house or brothers or sisters or father or mother or wife or children or possessions for my name's sake shall receive a hundredfold and possess eternal life." Nor do I think that it is only virgins who will be saved. But I say, as do you, and it is true, that if many virgins perish so all the more do married women. And if many mothers or families are saved, as you likewise say, and it is true, certainly virgins are saved more easily. (*The Life*...: 17-18)

También Margery Kempe contestará con excesiva *suficiencia* a las preguntas sobre doctrina que le harán algunos clérigos malintencionados (*The Book*...: 90). Es más: acusará al arzobispo de York de pervertir a los fieles, llamándole "wicked man", mientras alega, ante su prohibición de que enseñe a la gente de su diócesis, que en el Evangelio, cuando se alaban el vientre y los pechos de la mujer que engendró a Cristo, Este responde que el bienaventurado es quien escucha la Palabra

---

a una reina sino como a una ingrata, y la fustigaré de la cabeza a los pies" (reprod. en Giovetti, 1999: 96). En otra ocasión, Cristo asegura a la santa que el Papa Gregorio es como un enfermo paralítico (122).

67 El género de las preguntas sobre teología contestadas por las místicas estimuló opiniones contrarias como la del franciscano Lamprecht de Ratisbona, quien hacia finales del siglo XIII constataba con sorpresa que "hoy en día incluso las mujeres opinan en materia de teología, y algunas saben más de las cuestiones religiosas que los hombres más doctos" (cit. en Opitz, 2003: 407).

de Dios y la cumple: "And therefore, sir, I think that the gospel gives me leave to speak of God". Por supuesto, este gesto de desafío de Margery, además de ser quizás uno de los motivos por los que no acabará entrando en el canon de las santas, será la causa de que los clérigos piensen que "she has a devil within her, for she speaks of the gospel" (93).

Ángela de Foligno irá asimismo lejos, al decantarse claramente por un saber que va más allá de la interpretación de las Escrituras, pero el reconocimiento de su ortodoxia será otorgado por un clérigo. Su sabiduría será ensalzada por el anónimo autor de la tercera parte del Libro de Ángela, quien, como también hará el prologuista del Libro de la oración de Sor María, se presenta como su defensor:

> ¡Oh sabiduría de la celestial perfección evangélica, con la ayuda de Dios tú has mostrado lo necio de la sabiduría de este mundo! Y tú, oh eterno Dios, en ella has querido suscitar contra los varones una mujer, contra los soberbios una humilde, contra los astutos una simple, contra los doctos una ignorante, contra la hipocresía religiosa el santo desprecio y la condenación de nosotros mismos [...]. Así en una mujer fuerte se puso de relieve lo que había quedado sepultado en tantos hombres, encandilados por los atractivos carnales. (Ángela de Foligno, 1991: 247)

Estos *defensores*, que solían ser sus confesores, promulgarán la santidad de sus penitentes ensalzando su sabia ignorancia. Pero incluso ellos pueden ser prescindibles: Brígida de Suecia no necesita a un hombre que transcriba sus visiones, pues directamente relata en su lengua materna todo lo que sale de la boca del ángel que se le aparece casi a diario (Giovetti, 1999: 143-144). Aunque luego sus *Revelaciones* sean traducidas al latín, Brígida suprime así la figura del intercesor, si bien reconoce la labor de quienes después adornan o reescriben sus revelaciones (146) –al contrario que Ángela de Foligno, quien, como veremos, no está satisfecha con los resultados alcanzados por su transcriptor[68]. Precisamente, esta mística italiana se posicionará para mostrar la independencia última de la mujer visionaria:

---

68 Parece que Ángela sabía leer y entendía el latín, pero no podía escribirlo (Miglioranza, 1991: 9); como veremos, será Fray Arnaldo el encargado de traducir su dialecto umbro al latín.

Desde entonces se me dio el deseo de despojarme de todo bien con tal voluntad, que, si bien fuera acometida y a menudo tentada por el demonio para no hacerlo, *y si bien me fuese prohibido por los frailes, y por ti mismo* [Fray Arnaldo] *y por todos aquellos a los que pedía consejo, de ninguna manera hubiera podido resistir,* cualquier fuese el bien o el mal que me pudiera acaecer. (Ángela de Foligno, 1991: 32; cursivas mías)

Una independencia interior que también encontramos en una *tardía* Santa Teresa, cuando asegure que más allá de los que le digan sus consejeros espirituales no puede creer que sus experiencias no vengan de Dios[69].

Esto no quiere decir que visionarias y místicas solo constituyeran un problema o un peligro para el clero. Aunque parezca plantear una sustitución o una disminución del estatus sacerdotal, sabemos que la espiritualidad de estas mujeres apoyaba (más que recortaba) el poder de la institución eclesiástica, pues enfatizaba los elementos a los que cada vez esta daba más importancia: la sacramentalización del culto, la persecución de la herejía, y la importancia de los mediadores, fomentando la práctica de la confesión (véase Bynum, 1987: 253; cf. Petroff, 1986a: 210)[70]. Además, hombres y mujeres medievales com-

[69] En *Las Relaciones* leemos: "Mas cuando estoy en oración, y los días que ando quieta y el pensamiento en Dios, aunque se junten cuantos letrados y santos hay en el mundo y me diesen todos los tormentos imaginables y yo quisiese creerlo, no me podrían hacer creer que esto es demonio, porque no puedo. Y cuando me quisieron poner en que lo creyese, temía viendo quién lo decía, y pensaba que ellos debían de decir verdad, y que yo, siendo la que era, debía de estar engañada; mas a la primera palabra o recogimiento o visión era deshecho todo lo que me habían dicho; yo no podía más y creía que era Dios" (Teresa de Jesús, 2004: 1137).

[70] En cuanto al segundo punto, sabemos que, como su protegida y compañera profeta Isabel de Schönau, Hildegarda de Bingen animó (o más bien urgió) a que se llevara a cabo una acción pastoral rigurosa contra los cátaros, a quienes denunció en visiones y sermones no mucho después de que varios fueran quemados en Colonia en agosto de 1163 (Newman, 1998b: 20). Surtz (1995: 131) también nos recuerda que María de Ajofrín actúa como colaboradora de la Inquisición y sus visiones sirvieron como un estímulo para extirpar la herejía con más vigor. Véase también Jo Ann McNamara (1993), quien argumenta que la herejía fue un arma de doble filo: sirvió a las mujeres para salir reforzadas por su apoyo a la autoridad eclesial (con su exacerbado sacramentalismo), pero también fue un factor que contribuyó a su silenciamiento al fin del Medievo.

partían aspectos comunes en su devoción, como la visión de un Cristo que combinaba el ser juez del universo con confortar suavemente a los suyos (Bynum, 1982: 184)[71].

No obstante, aun contando con estos elementos y beneficios de la piedad femenina, la vigilancia no cesa, especialmente sobre quienes experimentan visiones. Y que cada vez estas se veían con más desconfianza nos lo muestran las muchas pruebas a las que se somete a una intencionadamente discreta y disimulada María de Ajofrín, quien oculta sus experiencias místicas a unos clérigos que recelan continuamente de que sus arrebatos sean ilusiones del Enemigo y que la reprenden "diziendo que eran burlerias, antojos y fantasias de cabeças flacas de mugeres" (Sigüenza, 1909: 361); un recelo que en España aumentó a partir de 1525, cuando la Inquisición condena el movimiento alumbrado, como nos muestra la Relación de las proposiciones *castigadas* de los alumbrados de Llerena, publicadas en un auto de 1575. Estas proposiciones, con acusaciones que recuerdan a las que aparecían en el decreto *Ad Nostrum*, elaborado en el Concilio de Viena como un rechazo a las actividades de Porete y las beguinas y llevado a la ley canónica en 1317, nos enseñan que dos siglos y medio después de este decreto se seguían viendo peligros acuciantes en cierto tipo de místicas que se declaran elegidas[72]. En la Relación de Llerena, en la proposición 17 se critica a:

> las dichas mugeres por tener asi visiones revelaciones conocimientos vivos y otros sentimientos tan malos y otros tan dulces tiernos y llenos de lagrimas y por ser tanta novedad de cosas que les vienen haciendo aquella oracion y exercicios tienen buen credito de los dichos sus maestros y tienen aquel por nu [¿sic?] nuebo y cierto camino para salvarse. (reprod. en Santonja, 2000: 390)[73]

71 Algunas religiosas, curiosamente, perciben el lado más duro de un Dios castigador y justiciero, caso de Gertrudis de Helfta, o, en menor grado, de Matilde de Hackeborn, como bien observa Bynum (1982: 189, 213).

72 La espiritualidad de los alumbrados de Toledo, Sevilla o Llerena provino, según McGinn (2006: 501-502), de formas sospechosas de misticismo emparentadas con las del Libre Espíritu, o al menos a los ojos de sus oponentes se parecían ambas sectas. Se trataba, pues, de un entendimiento de la iluminación interior con origen en la Edad Media, aunque se hizo herético en España en el siglo XVI.

73 Reproduzco, aquí y más adelante, la transcripción de la edición de Santonja.

Y en la siguiente proposición se nos dice que "Los dichos maestros alaban y tienen por mas santa a la que tiene mas sentimientos destos" (390). Precisamente, lo que viven las alumbradas de Llerena no se alejará de algunas actitudes que iremos viendo en esta monografía, aunque desde luego en muchos otros aspectos se distancien de unas creencias ortodoxas.

En este sentido, entrados en las variedades del entendimiento del hecho religioso, hay que tener en cuenta que a finales de la Edad Media el cambio en los hábitos de lectura tuvo unas consecuencias en la manera de vivirlo. Primero, los laicos acceden más ampliamente a la adquisición de importantes instrumentos intelectuales, "instrumentos que, como la lectura o la contemplación, dotaría [sic] a estos y a las mujeres religiosas de unas capacidades interpretativas e, incluso, exegéticas inaccesibles o poco comunes con anterioridad" (Cátedra, 2005: 449). Pero esta oración y meditación en aislamiento, estimuladas por una *devotio moderna* que daba más prioridad al encuentro personal que al comunitario, y que responden a la necesidad (creada o espontánea) de una experiencia espiritual individualizada, podían alimentar "incertidumbres respecto al valor de la fe y la devoción individuales" (Saenger, 2001: 259; cf. Sánchez Herrero, 2004: 334-335), y, probablemente, acabaron estimulando el interés por la reforma religiosa. En el siglo XV, muchos defensores de la reforma en las órdenes mendicantes pertenecían a familias aristocráticas o de comerciantes urbanos que leían silenciosamente manuscritos de temática religiosa[74]. Y aunque no sea este el caso de Sor María de Santo Domingo, quien provenía de una familia de aldeanos, sí lo era el de algunos frailes reformadores de Piedrahíta, con quienes se asocia esta visionaria.

El movimiento místico femenino será, pues, considerado en líneas generales como "sospechoso", y tanto la santidad de Catalina de Siena como de Brígida de Suecia aparecerá muy debatida al final del Medievo, mientras que la de otras místicas como Margery Kempe ni siquiera se planteará (y a esto volvere-

---

[74] Las beguinas del Rin, al menos hasta finales del siglo XIV, pertenecían asimismo a familias aristocráticas (Guerreau, 1979: 331).

mos en el último capítulo). Así las cosas, teniendo en cuenta el tipo de actuaciones y visiones controvertidas que se han señalado, no nos debe extrañar que la canonización de Brígida, pese a los muchos milagros atribuidos a ella y aun realizándose solo dieciocho años después de su muerte, presentara dificultades. Y es que, como advierte Mazzoni (2005: 5), el reconocimiento oficial de la "santidad", que no fue formalizado hasta el siglo XIII, lo llevó a cabo el mismo papa, Gregorio IX, que instituyó la Inquisición.

1.2 La sombra del diablo

> la mística deja un cuerpo que [...] se convierte en el lugar de la posesión, en el receptáculo del demonio, en el teatro –literalmente– de lo *abyecto*. (Ossola, 2006: 360; cursivas del texto)

En la Baja Edad Media la religiosidad medieval ya no solo la administra una élite que vive separada de *lo mundano*, sino que se inserta en la vida de la ciudad a través de unas órdenes mendicantes que se dedican a la predicación y cada vez se hacen más numerosas, además de mediante la presencia de beguinas y begardos en el centro y norte de Europa, y de las órdenes terciarias en las regiones mediterráneas[75]. Los últimos grupos desarrollan una vida de devoción y caridad manteniéndose en gran parte gracias a la generosidad ajena: son grupos poderosos, aunque las terciarias no mostraran el mismo empuje que las beguinas de Centroeuropa.

Sea como sea, beguinas y terciarias harán gala de una independencia que, como sabemos, motivará una mirada de desconfianza por parte de altos prelados y teólogos, especialmente porque se trataba de grupos difíciles de controlar y que cada vez sumaban más adeptos. ¿Cómo asegurarse de su orto-

---

[75] Las órdenes mendicantes colaboraron en establecer los estatutos y las devociones de los nuevos grupos de beguinas y beatas, que como hemos visto ocupaban un territorio fronterizo entre los laicos y los religiosos conventuales (Renevey & Whitehead, 2000b: 11).

doxia o de que guarden la obediencia debida a los sacerdotes, sobre todo cuando en muchos casos estos grupos llevan una vida nómada? La desconfianza que suscitan se acrecentará por el simple hecho de que "males were granted more integrity and responsibility for their ideas, whether good or evil, whereas women more often were perceived as conduits for supernatural spirits, whether good or evil" (Caciola, 2003: 17, 19).

Tras un periodo en que, como he señalado, aumenta considerablemente el número de nuevos santos, el miedo por la aparición de falsos Cristos (Anticristos), apóstoles o profetas se extiende y desembocará en el mencionado decreto *Ad Nostrum*, con la lista de errores que el Concilio de Viena achaca a begardos y beguinas (supuestamente próximos a lo que se llamará la herejía del Libre Espíritu, en tanto se les acusa de atribuirse un grado de perfección que les impide pecar). Se produce así una reacción sintomática ante lo que se entiende había sido una confianza excesiva en la independencia religiosa femenina, reacción que conducirá, a partir del siglo XIII, a un auge de la teorización sobre el demonio y el Apocalipsis.

Pero incluso antes, en la centuria previa, el Papa Inocencio III había decidido fomentar la investigación de quienes, supuestamente, se arrogaban poderes o hacían milagros, por lo que su papado constituyó un importante punto de inflexión: los poderes sobrenaturales podían ya no tener un origen divino (Caciola, 2003: 14), el demonio trabajaba de muchas formas. En el fondo de todo esto se hallaba el deseo de la Iglesia de Roma de controlar un sector de la vida religiosa, el femenino, donde las iniciativas locales y la voz popular habían desempeñado un papel preponderante (véase Vauchez, 1981): las mujeres podían ser malas docentes porque carecían de educación teológica (y sin embargo respondían a las preguntas de los *sabios* empleando la doctrina) y se escapaban del control eclesiástico por su vida más o menos vagabunda (Bynum 1982: 249). Ejercían un apostolado activo (con obras de caridad y predicando) y no se conformaban con vivir una unión mística con Dios, pese a que Jacobo de Virtry, el biógrafo de María de Oignies, las intente dibujar como recipientes pasivos del amor divino (véase Bynum, 1987: 13).

Para evitar males mayores, se hizo *necesario* el discernimiento de espíritus. Un discernimiento que consistía en averiguar si la mujer visionaria en cuestión experimentaba una posesión divina o demoníaca: si su poder procedía de la Verdad o del engaño. Y la creciente importancia que adquiere por esto el diablo trajo consigo, como demuestra Nancy Caciola (2003), una mayor demonización de la mujer. En esta progresiva cautela que se adquiere con respecto a las visionarias influirán también las teorías humorales, pues la habitación demoníaca se relacionará con cualidades humanas inherentes: las mujeres, por su mayor corporeidad, que las haría más lujuriosas, se asociarían íntimamente con el demonio (Matter, 2001: 5-6; véase Elliot, 1997)[76].

Estaba claro: las mujeres atraían al demonio y viceversa, y este fenómeno era especialmente patente en las más femeninas. Uno de los grandes teólogos del siglo XV, Juan Nider, en su famoso tratado *Formicarius*, especulará que los diablos se sienten atraídos hacia mujeres con largos y lustrosos cabellos, dando a entender que el cuidado por la ornamentación y la imagen indicaba necesariamente un exceso de vanagloria (Caciola, 2003: 40). No obstante, aunque influyentes, este tipo de asertos, que tanto abundarán al fin del Medievo, hay que tomarlos con cierta precaución, sobre todo si recordamos que el cabello largo era también un signo de fuerza interior o de capacidad milagrosa[77]: parece que Sor María, al igual que las pinturas y esculturas de María Magdalena que invaden el siglo XV (habla-

---

76 E. Ann Matter (2001) añade una nueva consideración al debate sobre la caracterización de formas de misticismo masculinas o femeninas: la teoría de los humores del cuerpo, pues esta, "with the strong distinction between male and female essences, emphasized the bodily nature of female mystics in contradistinction to their male counterparts" (4)

77 Ilse I. Friesen (1999) nos habla del poder de aliviar la agonía en el terreno físico y espiritual que para algunos creyentes tenían las santas velludas y con pelo largo. No obstante, hay que decir que la flotante cabellera de la Magdalena servía para cubrir su penitente desnudez, con lo cual no solo era indicativo de su santidad sino también de la naturaleza sexual de su pecado (Hugues, 2003: 203). Sobre el cabello suelto y abundante en la hagiografía femenina se puede consultar Gómez Moreno (2008: 144, 159), y en cuanto a la relación entre santos y hombres/mujeres salvajes (que, como sabemos, tenían largos cabellos), véase López-Ríos (1999: 50-51).

La mujer vigilada 63

remos de la importancia de esta figura) y contradiciendo en cambio la imagen estereotipada y *sospechosa* de la beata (véase Moncó Rebollo, 2004: 194), dispondrá de cabello abundante; sin embargo, no será atacada por este flanco y sí por la ornamentación (joyas) que llevaba sobre sí.

También en España contaremos con teólogos que diabolizan a la mujer. A menudo nos olvidamos del importante tratado de Alfonso de Espina *Fortalitium fidei*, obra escrita alrededor de 1460 en contra de judíos y conversos, pero que dedica su libro quinto precisamente a los demonios y a lo diabólico. Para Espina, que cree en la existencia de las brujas y en su adoración del cabrón, el diablo ha conseguido muchos objetivos a través de las mujeres, empezando por Eva, y por eso los demonios suelen allegarse más a ellas que a los hombres; de este modo, "cuando el diablo quiere engañar a una mujer y convertirla en delusa", se presenta a ella en forma o figura de un ángel de luz (véase Mackay & Wood, 1991: 192, 195; cf. Caciola, 2003: 34-35; Zarri, 1996: 295 n172)[78].

Caciola encuentra una conexión entre el aumento de exorcismos a partir del siglo XIII y el auge de mujeres que dicen estar invadidas por Dios: la feminización de la vida religiosa desde el siglo XII apuntada por Hildegarda condujo así a la feminización de la imagen del demonio al final de la Edad Media[79]. Y esto produjo una desconfianza hacia la figura de la mística.

78 Precisamente, empleando este repetido motivo, la *Crónica de Olmeda* asegura que de Sor María de Santo Domingo unos dicen que es buena y otros que es más bien un ángel de Satán transformado en un ángel de luz (véase Beltrán de Heredia, 1939: 131). Cf. con la visión del demonio que nos da Teresa Cartagena (1967: 78) adquiriendo la figura de "perlados o pontífiçes". Como en una inversión de la *discretio spirituum* para mujeres, Sor Teresa avisa de que también habría que desconfiar de algunos hombres. Por otro lado, en general, como asegura Zarri (1996: 281 n90), por su supuesta credulidad, falta de razonamiento y facilidad para la emoción "Women's greater susceptibility to diabolical illusions is a commonplace in demonological literature".

79 Caciola (2003: 251-252) demuestra cómo, en exorcismos litúrgicos del Bajo Medievo, para tratar al demonio cada vez se emplea más el sustantivo femenino, lo que tendrá un correlato en las pinturas o ilustraciones de diablos con formas femeninas (presentes, por ejemplo, en los famosos grabados del *Ars moriendi* del XV).

> Thus reports of demonic possession began to proliferate at precisely the same moment that reports of women claiming divine possession first appeared. [...] Although much recent work has emphasized the potentially empowering aspects of feminine religiosity in the "effeminate age" of the later Middle Ages, in fact few of these women achieved purely positive reputations as a result of their claims. In sum, we must adjust our view of the "typical" inspired woman of the later Middle Ages. She may be described as an urban laywoman, socially isolated by her own choice and pursuing a life of harsh asceticism, subject to trance states in which she received prophetic visions and occult knowledge... and considered highly suspect by her community precisely because of these characteristics. (Caciola, 2003: 76-78)

Con el tiempo, el exorcismo cada vez cobrará más auge, y si al comienzo demostraba el poder de los santos, a lo largo del siglo XV vendrá a subrayar el de la institución eclesiástica. Las mujeres consideradas sospechosas serán vistas como seres sexualizados, ángeles caídos que llevan la potente semilla del pecado y el desorden, representantes de la unión de Eva con la serpiente[80]. Se entiende entonces que hay una asociación entre la mujer y su cuerpo y la concupiscencia y lo delusorio (Voaden, 1999: 9). En los manuales de exorcismo y en los testimonios del Cuatrocientos que conservamos de estos ritos se conjuran repetidamente todas las partes del cuerpo por separado mostrando un triunfo eclesiástico sobre otras fuentes alternativas de poder (las del Maligno), así como la condición carnal de la posesión, la incorporación física de lo Otro (Caciola, 2003: 227, 256, 267)[81]. A través de la celebración de estos rituales, las mujeres europeas supuestamente habitadas por espíritus extraños y que exhibían transformaciones físicas serán iden-

---

80 Muchas santas, especialmente las italianas, serán visitadas por diablos con aspecto de serpientes que implican una tentación sexual. Véase Petroff, 1994: 102-105. A esto volveremos en el capítulo séptimo.

81 Como se puede apreciar no solo en los manuales de exorcismo, sino también en los de confesión (por ejemplo en el *Breve confessionario* impreso junto al *Ars moriendi* por Pablo Hurus en Zaragoza [Real Biblioteca del Monasterio de San Lorenzo de El Escorial, 32-V-19 4°, fols. 28v-29r]; véase Sanmartín Bastida, 2006b: 158-159), el cuerpo en el Medievo se concebía como un conjunto articulado de partes, cada una con su pecado a cuestas. Para un ejemplo del cuerpo considerado de forma fragmentada en un exorcismo, véase Caciola (2003: 260).

La mujer vigilada

tificadas cada vez más con sujetos endemoniados, hasta que, finalmente, se abandone incluso el discernimiento sobre si el espíritu posesor es divino o demoníaco. Ya en el xv, teólogos como Heinrich Kramer, en su *Malleus maleficarum*, rechazarán el carácter incorporativo de la posesión divina.

Hasta llegar a Kramer, la sospecha se extiende. La posesión demoníaca existía en el Evangelio, pero no sucedía así con la divina, y por tanto podía ser claramente fantaseada, un fraude para el público receptor. Y, cuando no era un engaño, era más fácil que fuese obra de Satán: si ya en el siglo xiii mujeres como Cristina la Maravillosa eran capturadas y encadenadas por un comportamiento físico errático que podía indicar presencia diabólica, en el xv esta habitación del cuerpo se achacará mayoritariamente al demonio.

> Over the course of the fifteenth century, the texts thus helped to engender a definition of the possessed female body as exclusively demonic, whereas the alternate pole of representation for possessed women –the divinely inspired visionary– increasingly was marginalized and questioned. Within the economy of competing representations about the origins of individual spirit possessions, the balance was shifting toward an emphasis upon the demonic character of the possessed body. (Caciola, 2003: 272-273)

Como muestra Caciola, de aquí a la consideración de la mujer visionaria de comportamiento *extravagante* como bruja solo hay un pequeño paso, que se da en muchos casos en esas postrimerías de la Edad Media (en la transición al Renacimiento) en que la teorización sobre el discernimiento deja de hacerse tan necesaria, o más bien se ha convertido en un hecho familiar (cf. Graña Cid, 2001: 740-741)[82]. Al tiempo, una nue-

---

[82] "This rejection [de la posibilidad de una posesión divina], in turn, laid the foundation for an exclusivist interpretation of women who displayed extreme behaviors as demonically motivated. From there, it was but a short step –both chronologically and conceptually– to the formation of the witchcraft stereotype" (Caciola, 2003: 277). No obstante, aunque hablemos aquí conjuntamente del *peligro* que suponen las beguinas y del discernimiento de espíritus relacionado con endemoniadas y, más tarde, con brujas, creemos como Guerreau (1978: 333) que hay que diferenciar el fenómeno de las beguinas de la problemática de las brujas, "catégorie fort différent". En mi opinión, del segundo grupo se podría hablar más como de una invención eclesiástica

va definición de santidad se va estableciendo: en los próximos tratados se definirá como incorpórea, no incorporativa. Recordemos que los únicos estigmas que contribuyen a la canonización de una mujer en la Iglesia medieval serán los invisibles de Catalina de Siena[83].

Quizás de la conciencia de este vigilante escrutinio provenga el miedo de algunas visionarias a contar sus visiones a otros —como le sucede a Ángela de Foligno, a las monjas de Helfta o a María de Ajofrín— así como la desconfianza hacia lo que experimentan, sobre si es o no engaño del demonio[84]. La persona poseída era un misterio, un enigma que convenía intentar descifrar, pero no solo para los sacerdotes: aparentemente, también para sí misma, o al menos estaba bien visto que manifestara sus propias dudas, como nos muestra el caso de Hildegarda de Bingen, quien "is in a kind of limbo of unease till she and her gift are approved and accepted by the «greater» masculine world" (Dronke, 1996: 147; cf. Caciola, 2003: 79-125). Como asegura Newman (1995: 8), la mística medieval: "Golden

o, si se quiere, inquisitorial, la cual, desde luego, tuvo mucho éxito, como prueban, entre otras cosas, obras literarias tan curiosas como el drama atribuido a Anna Bijns (en danés, del siglo XIV o XV) *Mary of Nijmeghen*, que trata de modo familiar el tema de la brujería, con una protagonista que reconoce haber tenido trato carnal con el demonio (reprod. en Petroff, 1986a: 355-372).

83 Estigmas sangrantes como los de Lucía de Narni despertaron sospechas (especialmente cuando desaparecieron) y se le preguntó a la visionaria Columba de Rieti por su opinión sobre ellos. También habría que preguntarse si en la beatificación de Osanna de Mantua influyó que había recibido estigmas invisibles. De todos modos, incluso los estigmas de Francisco de Asís tuvieron sus detractores (véase Zarri, 1996: 287-288 n126).

84 También Yvetta de Huy le dirá temerosa a su biógrafo que no quiere confesar gran parte del conocimiento secreto que se le transmite en sus visiones (McNamara, 1993: 13). Las místicas, vigiladas, se autocensuran. No obstante, hay que decir que las monjas de Helfta son más asertivas en sus enseñanzas y experiencias que Ángela de Foligno, Cristina la Maravillosa, Lutgarda de Aywières o María de Oignies, pues a diferencia de estas no dan importancia a su ignorancia en la interpretación de las Escrituras, y, en el caso de Gertrudis de Helfta y Matilde de Hackeborn, tampoco resaltan su condición femenina débil e inferior. Véase Bynum, 1982: 251-252. Cf. Surtz (1995: 132), quien afirma que las visionarias españolas apenas manifiestan dudas sobre si sus experiencias sobrenaturales son sugestiones diabólicas hasta Santa Teresa.

in her chastity, a pure vessel of heavenly grace, she was nonetheless suspect. For beneath the gilt was there not a fragile feminine body, a glass deeply flawed with the fissures of her sex?".

Ciertamente, aun siendo religiosa, la mujer no podía abandonar su condición femenina, y por ello su espiritualidad podía ser una amenaza sustancial para la Iglesia y la sociedad, que a veces respondía criminalizándola (Elliot, 2004: 1) o demonizándola. Elliot demuestra en su documentada monografía cómo los procesos de inquisición y de canonización corren paralelos el uno junto al otro, produciéndose trasvases que, a nuestros ojos, muestran lo frágil de las diferencias. El mismo tipo de mujeres visionarias que habían sido admiradas en el siglo XIII son sujeto de un hostil escrutinio dos centurias después. Como Caciola, Elliot confirma que la persecución desembocará en una auténtica y literal caza de brujas.

En esta línea se situarán teólogos como Juan Gerson, autor fundamental dentro de la tratadología sobre el discernimiento de espíritus (ahí está su *De probatione spirituum* de 1415), quien, al tiempo que constata que "des laïcs détestent les clercs" (cit. en Vauchez, 2005: 65), en su *De examinatione doctrinarum* pondrá en guardia contra unas mujeres que son tan fácilmente seducibles como seductoras obstinadas. Por ello, como la sabiduría divina no se puede adecuar a ellas, ni está probado que hayan sido testigos de la gracia, toda enseñanza de las mujeres resulta sospechosa y debe ser examinada por otro. Gerson nos recuerda, asimismo, que la mujer tiene prohibido enseñar con autoridad a menos que lo haga en público. Para este clérigo, hay que tener cuidado con cierta arrogación femenina del poder, pues se escapa de la regulación de los confesores: Gerson, defensor de Juana de Arco pero crítico con Brígida de Suecia, se muestra especialmente preocupado por el engaño de las mujeres que claman estar poseídas por Dios, como se aprecia en las anécdotas o *exempla* que expone en sus textos, que subrayan la falsa inspiración de las féminas. La vigilancia debía ejercerse sobre unas mujeres que podían transformarse en sujetos de autoridad, las que revelaban la palabra divina y de quienes este teólogo desconfía: esa palabra no podía estar en sus labios porque su sensibilidad extrema y su ignorancia imaginativa hacía que tendieran demasiado a la heterodoxia. De este modo, Gerson avisaba del peligro de las hijas de Eva que querían hacerse pasar por hijas de María o de Cristo: no había que olvidar su código oculto, especialmente su carnalidad, cualidad que atraía, como sabemos, los ataques del demonio[85].

Para teólogos como Gerson ya no era válido el argumento de que Dios hablaba a través de los seres débiles, como jóvenes, ignorantes y mujeres (argumento que, como veremos, aún emplea el prologuista del *Libro de la oración* de Sor María): a estos seres débiles había que mirarlos con desconfianza pues no eran conscientes de la compañía del diablo y arrastraban a muchos a través de la seducción, especialmente las mujeres, con su excesiva tendencia a mirar, hablar y tocar (véase Caciola, 2003: 304-305, 312)[86].

El mismo tipo de advertencias, en lucha contra el creciente número de población femenina que se creía inspirada, planteaban Pedro d'Ailly y Enrique de Langenstein. Para este, la proliferación desordenada de nuevos santos y observancias religiosas resultaba un reflejo de un apocalíptico mundo al revés; y en cuanto al primero, gran parte del segundo tratado de d'Ailly sobre los falsos profetas avisará contra la fácil creencia en quienes adoptan una apariencia humilde, vistiendo pobremente, como lobos con pieles de corderos: podían vivir en

---

85 Estos ataques, como en el caso de Ángela de Foligno o de Sor María de Santo Domingo, podrán ser especialmente violentos, y era tan esperable que los vivieran las místicas que el hecho de que los relataran podía contribuir a liberarlas de sospechas: al fin y al cabo, se presentaban como vencedoras.

86 Si realmente Gerson fue una fuente primordial del *Corbacho* de Martínez de Toledo, esto nos hablaría de una sociedad castellana de la primera mitad del XV donde ese miedo misógino aún no ha proliferado. No obstante, aunque el Arcipreste se ocupa sobre todo de la falsía en el amar y el hablar de las mujeres, la desconfianza hacia su supuesta falta de auténtica religiosidad se aprecia, por ejemplo, en este fragmento del *Corbacho*: "Todas estas cosas fallaréis en los cofres de las mugeres: Horas de Santa María, siete salmos, estorias de santos, salterio en romançe, ¡nin verle del ojo! Pero canciones, dezires, coplas, cartas de enamorados e muchas otras locuras, esto sí" (Martínez de Toledo, 1998: 159). A lo que sí dedica bastante atención el Arcipreste es a la hipocresía devota de los begardos.

La mujer vigilada

pobreza, macerar su carne, ayunar, rezar, pero imitaban con engaño la santidad[87]. Precisamente, d'Ailly relaciona los falsos profetas con las órdenes mendicantes, y con grupos fomentados y supervisados por estas órdenes de manera doméstica, predominantemente terciarias y beguinas, pues muchos falsos profetas engañaban a las mujeres ignorantes y a los hombres afeminados (Caciola, 2003: 286, 295, 300, 302; Schmitt, 1978).

Gerson, que fue alumno de d'Ailly, también ilustra los peligros del comportamiento excesivamente penitente. Ya antes de que en 1415 cuestione la canonización de Brígida en el Concilio de Viena, en 1410 asocia a las mujeres con una inmoderada y peligrosa tendencia al ascetismo (véanse Bynum, 1982: 136; Surtz, 1995: 10; Voaden, 1999: 7; cf. Caciola, 2003: 284). En general, en la línea del entendimiento del *muliebre tempus* de Hildegarda, deja patente que percibe la *plaga* de visionarias como parte de una amplia abdicación que hacen los hombres de sus deberes: critica así a mujeres como Catalina de Siena que llaman a sus confesores y devotos *sus hijos*, y a los curas que permiten que estas adopten un rol dominante (Caciola, 2003: 306). Prefiere a una mujer como Juana de Arco porque no realiza un ascetismo penitencial histriónico, ni entra en estados de conciencia en que ve visiones, ni clama intimidad directa con Dios, sino que únicamente oye voces. No como Brígida de Suecia o Catalina de Siena, a quienes, especialmente por su causa, costó canonizar[88].

---

[87] Estas advertencias nos pueden hacer recordar las que imparte Martínez de Toledo con respecto a los begardos. No hay que olvidar que estos son la rama masculina del grupo de las beguinas, ya por entonces con muy mala fama: beguinas y begardos serán considerados tanto causantes de problemas como objeto de sátira por dominicos como Juan Nider o Juan Mülberg (Guerreau, 1979: 332). Siguiendo tal vez a Gerson (que para algunos críticos es el "dotor de París" al que se refiere Martínez de Toledo [1998: 64]), quien pudo a su vez inspirarse en la obra del obispo de París Guillermo de Auvernia (cf. Caciola, 2003: 33-34), el Arcipreste tacha a los begardos, en tanto seguidores e imitadores de las mujeres, de afeminados e hipócritas, pues alzan los ojos al cielo pero tienen pensamientos desviados (véase Martínez de Toledo, 1998: 258-268, esp. 259).

[88] Pero, finalmente, como sabemos, se canoniza a quien él no prefiere mientras que Juana es quemada por herética (véase Caciola, 2003: 310-

Toda esta desconfiada argumentación dio paso a un discernimiento de espíritus que maneja una serie de claves constantes[89]. Para comenzar, habría que decir que el signo relevante y revelador para dilucidar si un mensaje o visión venía de Dios o del diablo era la alegría que dejaba de fondo la invasión del primero, más duradera que el miedo o el pánico, que se consideraban signos del diablo. Aunque era factible que aparecieran estos últimos sentimientos al comienzo de una aparición celestial, luego debía venir el consuelo, prueba necesaria que divulgarán predicadores como Vicente Ferrer en sus sermones. Así, la paz contenta descartaba que la visita fuera del demonio, pues, aunque este se presentara al espíritu en forma de luz y el alma se alegrase en el momento, "cuánto más tiempo permanece, más pierde esa alegría, y llega el tedio, la oscuridad, el desasosiego de espíritu y la ofuscación interior" (Catalina de Siena, 2007: 178). De este modo se lo explica el Señor a Catalina de Siena en *El Diálogo*:

> La señal de proceder de mí es la alegría que persiste en ella después de la visita, el hambre por la virtud, ungida especialmente por la verdadera humildad y el arder en el fuego de la verdadera caridad. [...] De modo que no te podrás fiar de la sola alegría, aun suponiendo que durase mientras tienes la consolación y aún más largo tiempo. El amor ignorante no reconocerá el engaño del demonio en ella si no anda con prudencia; pero, si la tiene, se dará cuenta si la alegría va acompañada del afecto a la virtud o no. En esto conocerá si la visita que recibe en su espíritu procede de mí o del demonio. (251)

Este criterio lo tendrán en cuenta los confesores o editores de vidas de santas que promuevan su causa tras su muerte, como fue el caso de Fray Raimundo de Capua con Catalina de Siena, o de Alfonso Pecha de Vadaterra (antiguo obispo de Jaén y devoto discípulo de la santa sueca) con Brígida de Suecia.

---

311). Sobre estos argumentos, el discernimiento de espíritus, y los textos de Gerson que los sustentan, es especialmente recomendable el trabajo reciente de Elliot (2002).

89 Desde la perspectiva de los últimos estudios de Foucault (1999a y 1999b), se podría decir que con el discernimiento que expondremos a continuación se asedia al alma, se estudian los efectos de su actividad interior en su exposición pública.

Pero con el fin de justificar la validez de la visión de la mujer que quieren canonizar, los clérigos defensores añaden otras estrategias incluidas en el discernimiento oficial. Por ejemplo, la alusión a la tradición, a los precedentes femeninos del Antiguo Testamento, a sibilas y madres del desierto[90]. Y si ante una revelación Gerson proponía preguntarse: a quién se le hace, qué significa, a quién aconseja, qué vida lleva la visionaria en cuestión, dónde se origina la visión, etc. (véase Voaden, 1999: 54-56), estos defensores esgrimirán como marca de santidad la vida virtuosa de la mujer, la obediencia, la humildad, la paciencia, la castidad, la prudencia y la sumisión al director espiritual, así como el tiempo del arrebato, que, como veremos, suele coincidir con la recepción eucarística.

Otro argumento a favor de la visionaria (y que vimos no convence a Gerson) será la predilección de Dios por lo débil e inapropiado, que prueba su poder absoluto y lo inescrutable de sus decisiones. Y un nuevo criterio, o elemento de control, lo constituirán los gestos que emplee esa mujer: para probar la posesión demoníaca o la habitación divina en los cuerpos, es decir, para el discernimiento de espíritus, hay que fijarse en sus movimientos. Y con mucha cautela, revisando los posibles trucos de los espíritus llevados por el demonio: recordemos la obsesión que hacia los llamados hipócritas se siente en la Baja Edad Media (Caciola, 2003: 34). El ascetismo no es garantía por sí solo de santidad: se debe mirar por el engaño del diablo, que muchas veces adopta la apariencia del ayuno o de la disciplina, como hemos visto advertían d'Ailly o Gerson.

Así, un dato para el discernimiento era observar si el movimiento de dolor en el cuerpo era o no controlado. El control era un signo positivo de presencia de la gracia, pero su ausencia implicaba la sombra del demonio, aunque en ocasiones esta lectura se prestara a ambigüedad: en el caso de Cristina la Maravillosa, sabemos que algunos hombres interpretaron sus

---

90 Como muestra Surtz (1995) y señalamos en la introducción, la autocomparación con figuras del Antiguo Testamento es una estrategia asumida por las religiosas de la Península, y también la podemos hallar en santas como Gertrudis de Helfta (Bynum, 1982: 208).

gestos involuntarios como posesión demoníaca, mientras su biógrafo veía en ella la santidad[91]. Lo interesante es que, dos siglos después, el tipo gestos que hacía Cristina conllevará la acusación de estar endemoniada.

Rosalynn Voaden (1999), tras señalar algunas de estas claves que se barajan en el discernimiento de espíritus, muestra su ejemplificación en la manipulación discursiva hecha a la figura histórica de Brígida de Suecia. Además de aplicar algunos de los criterios citados, el obispo Alfonso declarará, para justificar a su protegida, que las visiones de Brígida eran *intelectuales*, lo que sin duda las confería más autoridad y rango *místico* a la antigua usanza –aunque las visiones de la santa sueca sean más bien de carácter *espiritual*. Este amigo y confesor de Brígida construye una imagen humilde de ella que, si bien es consistente, parece diferir del carácter seguro y un tanto autoritario de la santa. Aceptando las restricciones de la *discretio spirituum*, Alfonso la dibuja como una visionaria ejemplar, incluso en su vivencia de la maternidad: en algún momento sugiere que hubo un embarazo místico (signo milagroso de la presencia real de la gracia, que trataremos en el capítulo tercero) por haber ella percibido un movimiento maravilloso de un cuerpo en su corazón, como si un niño estuviera allí dentro. Alfonso da veracidad y testimonio visual de esos movimientos, dando peso a una experiencia que podría haberse considerado de otro modo como *ficción de mujeres*[92].

[91] Sobre la ambigüedad del estatus de Cristina la Maravillosa en su época, véase Newman (1998c). Jacques Le Goff (1999: 42, 45) ha señalado que en el Medievo hay un gesto de connotaciones negativas que hace pensar en la posesión diabólica y convierte al hombre en sospechoso. Jérôme Thomas (2003: 17) distingue, en este sentido, entre un positivo *gestus* y las negativas *gesticulationes*, "les gestes associés aux excès, aux dérèglements, aux troubles, à l'orgueil et aux vices".

[92] Ejemplos de algún que otro embarazo místico los veremos más adelante. No obstante, este hecho también era objeto de discernimiento de espíritu porque podía llevar a engaño: Mackay y Wood (1991: 193) nos recuerdan que Magdalena de la Cruz (condenada en 1546 por la Inquisición) dijo haberse quedado "preñada por el Espíritu Santo", pero la Inquisición interpreta que pudo tratarse de un *incubus*. Su caso fue tan famoso que de él se hacen eco en tierras italianas (véase Zarri, 1996: 302 n205).

Alfonso presenta a Brígida como una voz asexuada, sin corporalización concreta, cuya única función resulta ser la de pronunciar las palabras de Cristo, convertirse en el recipiente que lo contiene. Siguiendo la doctrina de la *discretio spirituum*, muestra que Brígida, puesta en correlación con otros grandes antecedentes femeninos y aplaudida su interpretación de las palabras divinas y clericales, cumple con la autoridad; también ejerce el *conocimiento debido* (proporciona una justificación de sus visiones); y ostenta el comportamiento esperable en una persona habitada por Dios: virtuosidad, humildad y sumisión. En cuanto a esta última cualidad, Brígida es modelo de ella al intentar siempre reformarse tras cometer errores, y en esto la ayuda Cristo, quien le recuerda su obligación cuando ella le confiesa ser reacia a la obediencia alegre de su confesor: la santa sueca se verá así corregida por Dios o la Virgen cuando se equivoca (Giovetti, 2004: 35, 77). Es la del obispo Alfonso, en fin, una interesada narración de sus cualidades en la que Brígida se nos aparece como un ser pasivo, sumiso tanto al hombre como al marido celestial (como esposa del Señor), cumpliendo con la posición subordinada del papel femenino tradicional. Alfonso comenta que San Juan Evangelista había enseñado a la santa, además, a discernir el espíritu, a distinguir el malo del bueno, y que ella había aplicado la lección convirtiéndose en discernidora de sí misma: como buena discípula, recibía la enseñanza de los seres celestiales, abrazaba lo que predicaba, y aprendía. Para no dejar, finalmente, ni una sombra de duda sobre una santidad bendecida desde lo alto, el obispo Alfonso declara que a Cristo no le importaba su falta de virginidad, pues le había asegurado a Brígida que casada, viuda o soltera, para Él lo importante era el deseo de la mujer de ser solo suya[93].

Este tipo de argumentos que maneja el discernimiento eclesiástico de los espíritus no solo ayuda a canonizar a una santa, también puede justificar actuaciones como la crítica anticlerical, que pasaría a ser entendida como un signo de que el demonio no se esconde tras las visiones de una mística: en

---

93 Un tratamiento más completo de la argumentación del obispo Alfonso la encontramos en Voaden (1999: 86-105).

el caso de María de Ajofrín, se nos dice que las faltas de los prelados son "cosas que el demonio no auia de procurar se enmendassen" (Sigüenza, 1909: 361). No obstante, y pese a este criterio a su favor, sabemos que a esta beata toledana se le da un tiempo largo de prueba, y en eso su vida cumple con otra característica del relato hagiográfico, donde hay numerosos ejemplos de cómo desde muy temprano se testa a la mujer, no ya con tentaciones venidas de Dios (también compartidas por famosos santos como el ermitaño San Antonio) sino con pruebas planteadas por los religiosos que las controlan, por los propios escribas, confesores o hagiógrafos que las apoyan. Es el caso, por ejemplo, del P. Geoffrey con respecto a su compañera espiritual Cristina de Markyate, con quien emplea un truco (aparecer por sorpresa) para averiguar si puede profetizar realmente su venida (*The Life...*: 62-63; cf. Petroff, 1994: 29-31, 144)[94]. Este tipo de prueba permite desenmascarar la hipocresía, terreno supuestamente habitado por el género femenino, y así, en el Libro de Margery Kempe, se nos cuenta que un clérigo, al verla llorar copiosamente, "purposed himself to prove wheter it was the gift of God, as she said, or else her own feigning hipocrisy, as the people said" (*The Book...*: 61): finalmente, será Dios mismo quien oriente al clérigo en su discernimiento[95].

De todos modos, constatar cómo una mujer, realizando los mismos actos, podía ser clasificada como santa, engañadora o endemoniada es darse cuenta de los límites vagos de la clasificación, de las fronteras difusas en los acontecimientos: un mismo fenómeno tenía la posibilidad de ser entendido/leído de una u otra forma. El episodio de la *entrada* de la Trinidad en Ángela

[94] Muchas veces estas pruebas procedentes de religiosos cercanos a las santas muestran su inseguridad con respecto a estas. Veremos enseguida que tanto Raimundo de Capua como Fray Arnaldo no se convencen de inmediato de la santidad de Catalina de Siena o de Ángela de Foligno, respectivamente.

[95] En otras ocasiones, quien discierne es una mujer, como Juliana de Norwich, que explica a Margery cuándo una visión/experiencia proviene de Dios y no del demonio (la condición principal es que no le mueva a hacer nada contra la caridad). Véase *The Book...*: 32. Como vemos, hasta en asentar una autoridad femenina es novedoso, o rebelde, el Libro de la mística inglesa.

La mujer vigilada

de Foligno (sucedido en el año 1291) es muy revelador al respecto: en la basílica de San Francisco de Asís la mística siente la habitación de Dios en su alma, y el cuerpo, invadido por lo sobrenatural, se ve sacudido por fenómenos como crisis de llanto, espasmos y gritos. Peregrinos y frailes se indignan y el propio Fray Arnaldo (su futuro confesor) se avergüenza y duda de ella: ¿estaría endemoniada? Esta pregunta se la planteará a su devota hasta convencerse de que sus manifestaciones psicosomáticas vienen de Dios, para lo que no duda en tomar testimonio a la compañera de la mística (Ángela de Foligno, 1991: 51-52)[96].

También Raimundo de Capua reconoce haber dudado de Catalina de Siena al comienzo, sobre todo porque ha encontrado, "especialmente entre las mujeres, muchas personas de fantasía desbordante, cabezas que se trastornan con facilidad..." (cit. en Salvador y Conde, 2007: 19), un prejuicio este sobre los "muchos delirios de las mujeres" y su propensión "a la vaciedad y juegos de fantasía" que se extiende a los censores de los escritos de Sor Juana (véase García de Andrés, 1999: 150-151). Y siglos antes, el monje Volmar debe cerciorarse asimismo de que en Hildegarda de Bingen no hay orgullo o ilusión demoníaca, tras lo cual se convierte en su secretario (Dronke, 1996: 148). Todavía cuatro centurias más tarde, la misma duda sobre si lo que uno experimenta viene de Dios o del demonio (si es sueño o engaño) la podemos encontrar contagiada a Santa Teresa por parte de sus confesores, como nos indica esta en algunos momentos de *Las Relaciones* (véase Teresa de Jesús, 2004: 1135-1137). No hay que olvidarse de que en esta centuria

---

96 "Como me quedé estupefacto y consideré que la cosa era sospechosa, en el temor de que en el asunto entrare algún espíritu maligno, mucho me esforcé por hacérselo aparecer sospechoso", nos dice Fray Arnaldo en su *Memorial* (Ángela de Foligno, 1991: 42). Y, efectivamente, pasa sus dudas a su discípula-maestra (la relación es reversible, como la de casi todos los confesores y visionarias que tratamos en esta monografía): la propia Ángela en varios momentos de su Libro se pregunta sobre la verdad de sus revelaciones. Por ejemplo, en el *Memorial* leemos: "cuando la gente me decía que estaba endemoniada, porque no podía retener los gritos, sentía mucha vergüenza y convenía con ellos en que quizás estaba enferma y endemoniada" (36; cf. 47, 52, 62, 73, 244): Ángela teme siempre llevarse a engaño. Cf. *The Book*...: 4.

y en la siguiente las supuestas falsas místicas seguían proliferando (y a esto volveremos en el último capítulo), y también los avisos contra sus engaños, que debían transmitirse incluso a los laicos, como sabemos pedía Vicente Ferrer en sus sermones (véase Voaden, 1999: 61-66).

Precisamente, este dominico predicador valenciano, en su *Tractatus de vita spirituali*, denunciaba los arrobamientos como una forma de locura. Allí hablaba de las tentaciones que surgían por sugestión diabólica y recomendaba, para no incurrir en orgullo o vana curiosidad, no desear tener visiones ni revelaciones: es más, advertía de que se debía evitar la compañía de personas que esgrimieran haber tenido tales experiencias, especialmente si estas parecían contradecir las Escrituras o las enseñanzas de la Iglesia (Surtz, 1995: 9)[97].

Esto nos lleva a recordar el potente sentido de indeterminación que había en la mente medieval: la mejor apariencia podía esconder capas de decepción, motivaciones privadas, colisiones, mentiras (Caciola, 2003: 1): y ahí estaban los guardianes de la fe para asegurarse de la autenticidad de los fenómenos. En el Medievo existía además la creencia generalizada de que la mujer no era lo que parecía ser y por tanto resultaba difícil conocerla bien. Como propone Petroff (1994: 26), "it may be that the only consensus about woman in the Middle Ages concerned her unknowability"; y, en este sentido, su intento de desenmascaramiento se puede considerar una manifestación de la casi institucionalizada misoginia de la Edad Media (27). El mundo medieval se mostraba muy ambivalente con la naturaleza femenina y la mujer era considerada a menudo como actriz de la que había que desconfiar, pues gestos y palabras no se correspondían con intenciones (véase Sanmartín Bastida, 2003: 48-52; 2008).

[97] Precisamente, los capítulos donde comentaba este tema fueron suprimidos en la versión castellana impresa en 1510 y auspiciada por Cisneros (estudiada por Álvaro Huerga, 1980), lo que permitió adjuntar este tratado como un apéndice de la traducción del Libro de Ángela de Foligno (Surtz, 1990: 219 n9; Giles, 1990: 55; 1995: 11), traducción a la que volveremos en el capítulo séptimo. Este tratado de Ferrer dejará su huella en los dominicos del siglo XVI, orden a la que pertenece Sor María.

Además, el cuerpo femenino se concebía como maleable, impresionable y muy receptivo a los cambios espirituales que provenían de fuera: su identidad estaba, en principio, menos definida que la del hombre, y así, resultaba más fácil que cayera presa de influencias externas y de invasiones: algo en lo que también creían las mismas mujeres, pues contamos con numerosos ejemplos de religiosas que intentan impedir la entrada de la influencia demoníaca (Caciola, 2003: 130, 159). Junto con el sello de la virginidad o la ayuda de la eucaristía, servía como fundamental aliado de este propósito el ayuno, que no solo consistía en una imitación de la actuación de Cristo en el desierto, sino que era una forma de cerrar el cuerpo a los demonios, que a través de la comida o de la bebida podían lograr entrar[98]. Si la mujer era identificada con un cuerpo lleno de brechas en las fronteras, y con falta de forma o definición, con aberturas, exudados y derramamientos, al ayuno le acompañaba a veces un cese de la menstruación, el sudor, la orina y la evacuación: fenómenos que se dieron en muchas mujeres y que algunos críticos actuales han relacionado con la anorexia (volveremos a esto en el capítulo quinto). La consecuencia es que, de algún modo, las mujeres se desfeminizan en ese control de la fronteras del cuerpo para rechazar al demonio, implicado de modo simbólico en lo sucio. Debido a esta concepción negativa de la mujer (a la cual, no hay que olvidar, se califica en innumerables ocasiones de *imago diaboli*), patente en normas que demonizan la corporalidad femenina, la visión de su físico como lugar habitado por la divinidad acabará resultando transgresora, contraria al pensamiento vigente en la cultura tadomedieval (Caciola, 2003: 175; cf. Bynum, 1991: 109).

98 Cf. el entendimiento del ayuno femenino medieval por parte de McNmara (1993: 16): "Fasting became a vehicle for transmitting the body's purity to the unclean world". De todos modos, hay que decir que el cierre corporal puede ser de partes no específicamente femeninas: la castellana Teresa de Cartagena (1967: 44) resaltará la importancia del cierre de las orejas (recordemos que se quedó sorda). Que cierren los sentidos corporales es lo que también pedirá Fray Hernando de Talavera a las monjas en su *Suma* mencionada (véase Cátedra, 2005: 106).

En el siglo XV aparecen así nuevas formas de leer el cuerpo que fuerzan a crear nuevos modos de visibilidad/invisibilidad. Los mismos comportamientos que una vez se consideraron misteriosos, que eran causa de discernimiento, ahora algunos los entienden únicamente como pistas de habitamiento de malos espíritus. Los actos del ascetismo penitencial, como el ayuno prolongado, serán entonces redefinidos, y empiezan a leerse como una orgullosa y demoníaca ilusión. Muchos trances se revelan como falsos, se duda de que haya nuevas revelaciones de Dios, y el don de las lágrimas, antes visto como empatía con el sufrimiento de Cristo, es contemplado como un modo histórico de comportamiento en los tratados de teólogos como Gerson o Langenstein. Los milagros podían venir también del Anticristo, y el Gran Cisma acabará demostrando la falta desastrosa de discernimiento cuando el liderazgo pertenece a las mujeres (Caciola, 2003: 313). Incluso Brígida o Catalina, aun siendo canonizadas, inician un debate que limita la adquisición del rango de santas a otras mujeres visionarias. Como veremos, este fenómeno afectará en la primera mitad del siglo XVI a Sor María de Santo Domingo.

Caciola concluye que al final del Medievo las mujeres que tienen un *comportamiento extraño* (en el sentido de fuera de lo cotidiano, aunque sabemos que tenían antecedentes en otras santas) acaban siendo entendidas como endemoniadas y luego como brujas[99]. Lo cierto es que en el tratado de Nider (1436) o en el muy famoso *Malleus maleficarum* (impreso hacia 1486, poco después de que el Papa Inocencio VIII dictara una bula contra las prácticas mágicas[100]) se nos dice que hay que establecer una vigilancia sospechosa ante todos los fenómenos sobrenaturales. El siglo XV adopta así una mirada negativa hacia

---

[99] En su inteligente estudio, Caciola tal vez generaliza estas conclusiones: sabemos que hay excepciones durante el XV y el XVI, por ejemplo las reconocidas *santas vivas* italianas, de las que hablaremos más adelante y en las que se apoyará Sor María.

[100] Me refiero a la bula *Summis desiderantes affectibus*, de 1484. A partir de esta publicación y la del *Malleus*, el debate sobre la brujería se animó progresivamente, moviéndose entre la reflexión teórica y la práctica inquisitorial (Zarri, 1996: 291 n156).

La mujer vigilada

un determinado tipo de actitudes/aptitudes, sobre todo cuando son exhibidas por mujeres seglares que no están casadas y que tienen ya a su disposición una larga tradición de lenguaje corporal que denota la incorporación divina. La santidad pasa entonces a definirse en términos metafísicos, un ámbito al que ellas no siempre pueden llegar: la posesión o unión divina se revela como demasiado ambivalente, y, como consecuencia de ello, el movimiento femenino iniciado en los siglos XII-XIII ayuda paradójicamente a crear una conexión más exclusiva entre la mujer y el demonio al final del Medievo (Caciola, 2003: 314-315).

De modo que, para finalizar este capítulo, podemos decir que si Hildegarda de Bingen inaugura en el siglo XII la percepción de que el mundo entra en una edad afeminada en la que mujeres como María de Ajofrín o Liduvina de Schiedam (Bynum, 1987: 129) usurpan vías masculinas de autoridad y cuestionan, desenmascaran y prueban a sacerdotes, esta percepción producirá una mirada sancionadora que tendrá una serie de consecuencias en la devoción femenina. Y hablamos de una edad que se prolonga hasta el XVI, cuando Juana de la Cruz, en uno de sus sermones, todavía imagina a la Virgen con una suerte de poder clerical, o cuando Sor María es acusada de tomar la hostia sagrada de las propias manos de Jesús sin necesitar las del sacerdote, o de realizar confesiones a otras personas.

Y esta época, al animar a una intensificación de la vigilancia sobre esas mujeres laicas que no estaban encerradas en conventos –aunque la cautela se extendía ante toda expresión pública femenina, existía un mayor recelo hacia aquellas que no portaban un hábito religioso (Jordán Arroyo, 2007: 155)[101]– y que eran supervisadas por teólogos y curas por ser fuentes de influencia maligna, estimulará en ellas la estrategia de la imitación que veremos en el capítulo siguiente, iniciada desde el comienzo de la era visionaria. La mujer busca una aceptada y apropiada imagen para defenderse: Sor María conoce a Santa Catalina y quiere imitar a María Magdalena; otras religiosas se

---

[101] Para Giles (1999b), el hecho de que Sor Juana (pese a ser terciaria) estuviera encerrada en un convento cuando pronuncia sus sermones fue el motivo de que se la aceptara mejor que a Sor María.

proyectan en la Virgen. Es importante entender en este contexto las vivencias visionarias femeninas, y no como, hasta hace relativamente poco, se habían entendido: resultado de la pasividad natural de la experiencia mística, supuestamente más adecuada a la condición femenina por su sumisión receptiva (cf. Bynum, 1991: 48)[102].

Así pues, teniendo en cuenta la vigilancia constreñidora de la que hemos hablado en este capítulo (y nuestro punto de partida antiesencialista), quizás debamos seguir los consejos de Caciola (2003: 22) y volver a pensar las categorías medievales sobre la identidad religiosa femenina: en este caso, las categorías de santas/visionarias, o de heréticas/endemoniadas (cf. Bynum, 1991: 17). Más que poner marbetes, habría que intentar comprender cómo varios conceptos se complementan o coexisten en disonancia: estudiar cambiantes interpretaciones en el Medievo, no solo productos fijos, pues sabemos que a medida que avanzan y terminan los siglos medios la *religión de las mujeres* se considera menos peligrosa cuanto más institucionalizada, y más a salvo encerrada en un convento que en círculos políticos o doctrinales (a los que tendían beguinas y terciarias). ¿Por qué no ocuparse del espacio que media entre las devociones internas y las representaciones que llevan a cabo las mujeres y las evaluaciones externas de sus actos que realizan las comunidades y los representantes de la Iglesia?

La vigilancia se prolongará varios siglos después, aunque se acepte la santidad de nuevas visionarias: todavía de ella se queja Teresa de Jesús en su *Camino de perfección*, en unas líneas que luego fueron tachadas:

> ¿No basta, Señor, que nos tiene el mundo acorraladas... que no hagamos cosa que valga nada por Vos en público, ni osamos hablar algunas verdades que lloramos en secreto [...]? No lo creo yo, Señor, de vuestra

---

102 No estoy de acuerdo con Fiona Maddocks (2001: 57) en que la razón por la que se está abandonando este entendimiento de la mística femenina como algo pasivo sea su conversión en algo políticamente incorrecto: estudios como los de Bynum han contribuido a poner en evidencia lo simplificador que resultaba esta concepción.

bondad y justicia, que sois juez justo y no como los jueces del mundo, que –como son hijos de Adán y, en fin, todos varones– no hay virtud de mujer que no tengan por sospechosa. (Teresa de Jesús, 2004: 463 n9)[103]

En otra ocasión, también señala Santa Teresa cómo la tienen "por poco humilde y que quiere enseñar a de quien había de deprender, en especial si es mujer" (Teresa de Jesús, 2004: 202-203). Y Fray Francisco de Sosa, que revisa los escritos de Sor Juana a comienzos del siglo siguiente, ve peligro de errores en sus revelaciones "por la gran experiencia que se tienen de casos en que transformándose Satanás en ángel de luz, ha engañado no solo a personas vanas y viciosas, pero a muchos espirituales" (reprod. en García de Andrés, 1999: 45)[104]. Recuérdese que avisaba de lo mismo Alfonso de Espina, y que la falsa mística del siglo XVI Magdalena de la Cruz reconocerá haber tomado al diablo por un ángel.

Esta vigilancia, de todos modos, era elemento necesario para el mantenimiento de una doctrina sostenida por un discurso eclesial masculino. Como señala Newman (1995: 16), la experiencia religiosa es parte de culturas dinámicas y complejas que son siempre lugares de lucha entre fuerzas que compiten, sin importar lo inamovible de sus ideologías. Esto no quiere decir que no hubiera amplias áreas donde convergieran la práctica y las creencias de grupos sociales como caballeros y mercaderes, teólogos escolásticos y beguinas. Pero, para responder a esa lucha adecuadamente, las visionarias medieva-

---

103 Los puntos suspensivos de la cita son del editor, al haber un apunte ilegible en el original. En este párrafo tachado Santa Teresa no solo se queja de esa incomprensión hacia las mujeres, sino que defiende que Dios halló en ellas "tanto amor y más fe que en los hombres", y afirma ver los tiempos "de manera que no es razón desechar ánimos virtuosos y fuertes, aunque sean de mujeres".

104 No obstante, el obispo Sosa sabe situar a la terciaria toledana junto con otras santas visionarias continentales como "Santa Brígida, Santa Hildegarda, Santa Matilde, Santa Isabel de Esconangia o Santa Ángela de Fulgino... cuyas revelaciones han sido muy estimadas de todos los hombres doctos y espirituales del mundo" (cit. en García de Andrés, 1999: 48; cf. 34, con las parecidas comparaciones que establece el P. Daza). Por otro lado, la propia Sor Juana contrarresta las dudas de Sosa cuando afirma que por muchas tentaciones o engaños que Satanás haga contra una criatura, si tiene verdadera fe esta no se le irá (*El Conhorte...*: 510).

les debían adoptar una serie de comportamientos codificados, ejemplificados en Sor María y en sus antecedentes europeos: ahora nos interesa conocer cuáles fueron estos. El caso es que, pese a la vigilancia, que continuará renovándose en el XVI y con la Reforma Protestante, muchas místicas conseguirán pasar a la posteridad y sobrevivir a un ambiente receloso hacia las palabras femeninas[105].

---

105 Zarri (1996: 231) nos hace ver que el debate sobre la santidad provocado por la Reforma "led the Catholic Church to exercise greater caution in approving local cults and reopened the discussions about canonization procedures that would find their definite solution in the creation of the Congregation of Rites". En su estudio de las visionarias de la primera mitad del XVI, aprecia por parte de la Iglesia mucha cautela a la hora de asegurarse de que los raptos no fueran diabólicas ilusiones. La viligancia se incrementa hacia mediados de la centuria, cuando se multiplican los recelos en torno a los fenómenos místicos y las estigmatizaciones, después de que savonarolianos y alumbrados cayeran en desgracia (véase 238, 252; véase también, para las deliberaciones sobre posesiones demoníacas en el XVI español, Weber, 1993). Cf. la visión de Zarri con Matter (1993: 72), quien asegura que la imitación femenina de Cristo pasó de ser la "radical, form-breaking type of self-expression" del final del Medievo a una "more conformist and less expressive manner of self-interpretation" en el siglo XVI: "This form of female piety came to be carefully regulated by the patriarchy of posttridentine Catholicism". Graña Cid (2001: 776), por su parte, achaca a un distanciamiento progresivo entre la Iglesia jerárquica y la masa de los fieles la ralentización de los procesos de canonización y el hecho de que las *santas vivas* que estudia no consigan la palma del santoral.

02. Reconstruyendo el modelo

> la construcción científica se eleva a menudo sobre las ruinas de teorías que pasan por indestructibles (Ramón y Cajal, 1991: 36)

En las últimas décadas del siglo XX se inaugura una nueva óptica de estudio de la cultura como proceso, que complementa su consideración documental. Como antecedentes teóricos de esta nueva perspectiva, se pueden señalar los análisis realizados por las escuelas formalistas y por el Posestructuralismo desde los años sesenta, que cuestionan el sistema de representación dominante en la tradición occidental para situar a las Humanidades ante una comprensión del hombre y de la cultura como objeto en vías de producción, antes que como el producto natural y fijo de la filosofía esencialista. A partir de entonces se difuminan las fronteras canónicas entre disciplinas al ponerse de relieve la necesidad de abordar el fenómeno literario desde nuevas perspectivas. Una constelación de conceptos en torno a la idea de "teatralidad" ofrece ahora nuevas atalayas para el estudio de la cultura de una época. Fenómenos como la política, la religión o la estética se revelan como ejercicios de puesta en escena cuando se focaliza su carácter performativo. Comienza así a hablarse de *representación* en la literatura, entendiendo esta tanto como mimesis o reproducción de la realidad, como, sobre todo, en su dimensión dramática de re-presentación, puesta en escena de algo que se adivina autónomo, porque los signos dejan de ser únicamente referenciales cuando se advierte su peligrosa circularidad metalingüística.

Este acercamiento da lugar a un nuevo tipo de análisis que supone, entre otras cosas, una revisión de los modelos de construcción literaria y del debate sobre la identidad individual (cómo se presenta el *yo*) y colectiva (cómo se conforman los grupos sociales: hombres, mujeres, religiosos, laicos, etc.). Stephen Greenblat (1980, 1988) ha despuntado en esta línea con sugerentes trabajos sobre la autorrepresentación renacentista, donde la nueva relación del escritor con su obra se verá plasmada en la manera de descubrirse ante el lector, algo calificado por Greenblat como *self-fashioning* o *staging the self*. Cobrará entonces relevancia el papel que cumplen *las maneras* en la construcción de los textos, que dejan de ser considerados transcripciones directas de la observación del autor. Se intentará captar al menos esa segunda dimensión de toda representación que señalaba Louis Marin (1989): es decir, no la dimensión transitiva en la que *representa algo*, sino la reflexiva (o de opacidad enunciativa) en la que esta *se representa como representando algo* (véase Chartier, 2000: 76)[106].

La literatura comienza entonces a entenderse como un proceso material en desarrollo, como acción "escritural" (Barthes, 1970), y en el universo social, los marbetes que clasifican géneros sexuales o sujetos ideológicos van desenmascarando una construcción performativa, un carácter artificial y discursivo (Foucault, 1998a, 1998b). El sujeto ya no se considera como una entidad preexistente y esencial porque las identidades son construidas o *reconstruidas*. Desde los parámetros de estudio de la performatividad de Erving Goffman (1956) y Marvin Carlson (1996), las prácticas sociales se entienden como representaciones cotidianas que se ofrecen en espectáculo. Y Judith Butler (1993), en cuya propuesta nos centraremos en el siguiente apartado, desarrollará, dando un paso más allá, el concepto de sexualidad como actuación desde un modelo fijado por el lenguaje y la sociedad, partiendo de la teoría de los actos de habla de J. L. Austin (1990).

---

106 Agradezco a Óscar Cornago Bernal el haberme llamado la atención sobre estas referencias de Marin y Chartier.

Teniendo como base estos estudios inspiradores, he tratado de demostrar en varios trabajos que la consideración de las obras como una suerte de puesta en escena se revela especialmente fructífera para el corpus medieval[107]. Si hacemos una relectura metafórica de los códigos de la escritura de la Edad Media y consideramos el fenómeno escénico como metáfora del funcionamiento de sus textos, la materialidad de la voz, la escenificación del cuerpo, la gestualidad, la mirada del Otro o la organización espacial pueden ser entendidos como elementos de la literatura que definen su estrategia de construcción. El funcionamiento del texto a través de la evocación sensorial (oralidad, gesto, escenario), y no únicamente desde la abstracción conceptual, nos permite iluminar el momento de su producción, recreando el instante de la acción/enunciación en detrimento de la línea argumental o de un sentido discursivo único. Este aspecto performativo está presente en diferentes niveles en obras del Medievo, tanto en lo enunciado como en la enunciación. Cuando el texto se presenta abierto para que el espectador/lector lo complete con su participación, descubrimos la característica intrínseca de su teatralidad: el juego de la imitación, para el cual autor, público y texto se vuelven cómplices. Y es que la presencia escénica de la voz y el cuerpo del personaje/actor se construye por la existencia de un receptor que escucha y mira, sin el cual esa representación carecerá de sentido (cf. Fischer-Lichte, 1999: 26).

Haciendo coincidir la propuesta de Marin y la de Norbert Elias (1987) sobre la civilización de los cuerpos con la puesta en escena literaria de la identidad individual o grupal podríamos asegurar, siguiendo a Roger Chartier (2000: 80), que la supuesta pacificación del espacio social "ha transformado, entre la Edad Media y el siglo XVII, los enfrentamientos sociales abiertos y brutales en luchas de representaciones cuya

[107] Para ejemplos de aplicaciones de esta perspectiva de estudio en el corpus bajomedieval, véase Sanmartín Bastida (2003; 2004a; 2004b; 2005; 2006b; 2008). Un planteamiento de partida del entendimiento performativo de la literatura de los siglos medios lo encontramos en Sanmartín Bastida (2006a).

apuesta es el orden del mundo social". Dependiendo del crédito acordado (o negado) a las representaciones que un grupo social propone de sí mismo, crecerá su autoridad o prestigio, y por tanto, incluso a efectos extratextuales, estas estrategias se juegan mucho en su puesta en escena, pues una figura o un grupo se definirán a través de la percepción que de ellos tengan los demás (véase Chartier, 2000: 85).

En el caso que aquí estamos estudiando, el de las mujeres místicas, hemos visto en el capítulo primero cómo estos sujetos tendrán que ser descifrados. A las místicas les importa mucho alcanzar ese crédito que les confiera autoridad y prestigio. Ante la pregunta ¿son santas o endemoniadas?, se pondrán en cuestión la alegría que experimenten, las palabras que pronuncien, los sonidos que emitan, la percepción sensorial que expresen con su cuerpo... (por ejemplo, la insensibilidad, propia del éxtasis, que estudios recientes han atribuido a la anorexia). El confesor-transcriptor exigirá de estas mujeres unos gestos y unas palabras, y en ese supuesto desnudar de su pensamiento, en esa exposición pública que implica toda confesión, se jugará su suerte[108]. Para analizar los efectos que esta presión de la percepción del Otro tiene sobre ellas no se pueden olvidar tampoco los discursos claves del control social corporal: las reglas del vestir, la literatura de conducta, los Libros de Horas (comparados por Claire Sponsler [1997] con *performances* teatrales del Medievo).

Teniendo esto en cuenta, en esta monografía nos interesa abordar las principales estrategias de representación de la identidad mística: la maternidad, el erotismo, el ayuno, la vivencia del dolor y la escritura performativa: aspectos todos que creo ofrecen una idea adecuada del modo en que esta concreta actuación del cuerpo y la palabra (los de la mística) expresa los modelos ideológicos y estéticos de la cultura que encarna. De este modo, si en más de una ocasión he señalado cómo en una sociedad dominada por la mirada del tercero, la

---

[108] Se trata de una mirada escudriñadora sobre los pensamientos del fiel, muy bien descrita por Foucault (1999a, 1999b) en el caso de la confesión, como se ha señalado ya en el capítulo anterior.

del Dios cristiano, no debe asombrar que la escritura emplee la puesta en espectáculo como mecanismo de expresión (véase Sanmartín Bastida, 2003: 27; 2006a), añadiré ahora que la vigilancia disuasoria de la Iglesia Romana resulta fundadora de una suerte de *panopticon* de ecos y miradas en el que la voz de la visionaria cristiana quedará permanentemente examinada. Recordemos cómo Hildegarda veía el Temor de Dios como una figura personificada sembrada de ojos (véase Cirlot & Garí, 2008: 57).

En su magnífica historia de la prosa medieval, Gómez Redondo considera acertadamente al texto como una estructura destinada a funcionar dentro de un contexto social más amplio y en condiciones muy concretas de comunicación[109]. En nuestro caso, la circunstancia determinante será ese lector clerical o inquisitorial que juzgará a la mujer según cumpla o no unos parámetros que está obligada a desarrollar. Es importante no olvidar, por tanto, el horizonte de expectativas del lector/clero, ante el cual mujeres como Sor María deben cumplir su papel.

Si hoy en día parece bastante claro que la ideología medieval sobre el género influyó en la naturaleza de la espiritualidad femenina, creo que no ha sido suficientemente demostrado de qué manera afecta a la identidad de la mística[110]. Y soy consciente aquí de la problemática de hablar de identidades cuando nos encontramos con el modo de percepción medieval,

---

[109] El primero de sus volúmenes se abre con una crítica a una concepción abstracta de la literariedad: Gómez Redondo defiende entender la literatura como reflejo de unos mecanismos articuladores de un contexto social, expresión de unas necesidades que dan entrada a unos procesos de textualidad (1998: 9-13).

[110] Quizás por ello, como ya se adelantó en nuestra introducción, Bynum (1991) propone estudiar la mística medieval desde otras perspectivas que las de la misoginia, pues las nociones del Medievo sobre el género "seem vastly more complex than recent attention to the misogynist tradition would suggest. In the period from the twelfth to the fifteenth century, in contrast to the early Middle Ages, positive female figures and feminine metaphors took a significant place in spirituality alongside both positive male figures and misogynist images of women" (152).

tan diferente del nuestro[III]. Seguramente los escollos críticos posibles se salvan si concebimos la identidad, en la línea de lo que venimos planteando, no como *esencia* sino como *construcción*. La conformación social e individual se mostrará entonces en rituales donde el personaje (en este caso la mística) edifique su identidad pública.

Dentro de las técnicas del sometimiento del cuerpo que esta llevará a cabo en su discurso, la repetición y la estrategia mimética se constituirán en mecanismos para el modelado ideológico y estético de su condición. La obra y la historia de Sor María se pueden considerar así no como la respuesta de una psicología única e individual sino como una actuación imitadora, como un discurso que pone de manifiesto su condición performativa en el acto de reproducción. Quizás es la manera más práctica de abordar un personaje histórico cuyo conocimiento completo, por la naturaleza misma del pasado, se nos escapará siempre: solo podremos juntar fragmentos (datos positivos relacionados con su historia, textos suyos llegados a través de intermediarios), evitando la utopía de la totalidad presente en cualquier proyecto biográfico[112]. Es decir, reconstruiremos aquí fragmentos de la identidad mística para entender su funcionamiento. Así, Sor María formará parte de una comunidad de mujeres que entenderemos no tanto a partir de una influencia mutua en su expresión espiritual o de un modo de unirse y fortalecerse (cf. Voaden, 1999: 17), sino más bien dentro de una cadena de imitaciones de la que ella resultará ser un eslabón más.

---

[111] Además, la palabra "identidad" tiene todavía todas las connotaciones de su acuñación en la época *moderna*, y de sus detractores de la *posmoderna*.

[112] Ese conocimiento *total* de los personajes que prometen las biografías históricas me parece un proyecto fallido, influenciado por ese intento hegeliano de la Modernidad de construir historias unificadas. A Sor María no podremos acabar de conocerla históricamente, aunque realicemos suposiciones sobre su carácter del estilo de las que formula Giles (1990: 38), al defender que la Beata creía genuinamente en la misión que cumplía y en sus visiones, mostrando con ello una gran fortaleza (cf. 56, 112, 115-116).

2.1. La identidad performativa

> Entre Hildegarda de Bingen, naturalmente, y nuestra franciscana Juana de la Cruz hay un abismo, pero el "espíritu" de ambas mujeres está condicionado por idénticos fundamentos y parecidos métodos. (Cátedra, 2005: 35)

La razón de que haya elegido esta propuesta de lectura se basa en que no tenemos mucho material que provenga directamente de la pluma de las místicas, pero es rica la documentación que poseemos sobre ellas –sea a través de intermediarios coetáneos o de historiadores. Lo más apropiado, entonces, sería no tanto hablar de la experiencia directa que viven estas mujeres, sino de las representaciones de esta experiencia, que es realmente lo que nos queda[113]. En este sentido, en su más amplia perspectiva teórica, mi estudio no parte de la nada, pues, como señala June L. Mecham (2004: 18)[114]:

> Drawing on sociological theories concerning ritual, performance, and sacred space proposed by authors like Arnold van Gennep and Victor Turner, Richard Schechner, Émile Durkheim, and Mircea Eliade, performance studies scholars have begun to re-evaluate the devotional practices of female mystics and visionaries in terms of social and sacred performance. Indeed, performance played a critical role in determining the success of medieval female mystics and visionaries.

En la línea de lo señalado al comienzo de este capítulo, se ha reconsiderado la espiritualidad femenina como un proceso en el que las religiosas, más que ser objetos pasivos del favor divino, lo construyen, y se ha hablado también de un *habitus* fe-

---

113 Una propuesta semejante plantea Kathleen Biddick (1993: 413) basándose en el libro de Miri Rubin (1991). Cf. Bornstein, 1996: 12.

114 La tesis de Mecham la descubrí avanzada la investigación de este libro y fue un placer comprobar la similitud de algunos acercamientos, aunque Mecham se ocupa de las funciones teatrales religiosas y de los actos de las monjas considerados como femeninos (tales como vestir las estatuas de santos o coser), aspectos que aquí no trato porque no estudio la documentación de un convento, como sí hace esta investigadora. Además, Mecham no relaciona su entendimiento de la performatividad con el discernimiento de espíritus; no obstante, comparto su punto de partida.

menino específico que les garantiza esa posibilidad agencial de construir su propia experiencia personal (Mecham, 2004: 19). Los rituales de celebración de la Navidad o de la Pasión de Cristo, estudiados en España, por ejemplo, por Pedro Cátedra con respecto al Cancionero de Astudillo, son analizados como actos que elaboran una devoción distintiva, mediante los cuales las religiosas manifiestan su piedad. Y es a este conjunto de actos (entre los que incluyo visiones, éxtasis y oraciones) y escritos religiosos a los que considero performativos. Actos que suelen incluir una demostración visual y auditiva de la devoción por lo divino ante una audiencia. Actividades rituales que combinan repetición, identificación genérica e imitación. Una devoción performativa que puede ser calificada de dramática o teatral si apreciamos también la mímica implícita en los discursos de Sor María ante un público formado por nobles y eclesiásticos, y, de manera indirecta, por los jueces que más tarde decidirán cómo calificar sus acciones.

Enmarcado, pues, mi análisis en los estudios performativos, de entre los modelos posibles para abordar la historia de los arrebatos de Sor María no he escogido, como hace Giles (1999b), las productivas teorías de Wilhelm Dilthey (1976), Arnold van Gennep (1986) o Victor Turner (1982), o la posible y sugerente comparación con el teatro posmoderno de un autor como Jerzy Grotowski. En este capítulo mi punto de partida (que no el de llegada) son, en cambio, algunas formulaciones de Butler de su teoría sobre la performatividad del sexo[115]. No porque haya querido centrarme en cuestiones de política de género (tan importantes para Butler), como ya he aclarado en la introducción, sino porque su radical posicionamiento sobre la identidad actuada me permite explicar el concepto de imitación

115 Para un más completo estudio de las teorías de Butler, de las que aquí haremos un breve esbozo y selección, véase la presentación de Sara Salih (2002). Aunque en ocasiones Salih tiende a reiterar las ideas explicadas, traza un muy útil resumen de las propuestas de Butler y plantea de manera honesta los posibles problemas que presentan sus teorías. Para una aplicación previa, aunque con distintos matices y fines que los de esta monografía, de las teorías de Butler a un texto medieval, véase Sanmartín Bastida (2006b: 120-121, 178-180).

que ilumina algunos aspectos de Sor María y sus compañeras europeas. Aun empleando su teoría descontextualizada, Butler me interesa porque deseo dejar fuera de la noción de "imitación" la posible *verdad* de la experiencia mística de la mujer[116]. No me interesa aquí si la mística analizada en estas páginas, o Sor María en particular, experimentó lo que describe, ni si su escritura es una respuesta a necesidades interiores antes que de carácter artístico o didáctico, como sostuvo Dronke de las autoras medievales (1996: x), sino cómo estas mujeres se ajustan a un canon último establecido de antemano, de la misma manera que lo están el del género, la raza o el estamento social.

Como Butler, no hablaré de si existe una diferencia última y referencial entre la mujer y el hombre, sino de cómo se establece la identidad mística a través de ecos o citaciones de una pronunciación/actuación primera, que es la que será sancionada sucesivamente (hay variaciones en el canon) por los clérigos que escriben *Formicarum* o discuten como Juan Gerson en torno a Juana de Arco. Así, no creo que el modelo que aquí se repite, se imita y se actúa sea el de la "mujer", sino el de la "santa", "mística" o "visionaria". En este sentido, Bynum (1987, 1991) demuestra que la visionaria tendrá un concepto bastante difuminado de las diferencias de género, y sustituirá la antítesis u oposición entre hombre y mujer establecida por los teólogos por otra entre la divinidad y la humanidad (simbolizada en la mujer), es decir, entre Dios y ella, como nos muestra Catalina de Siena (2007: 499) en sus *Oraciones y Soliloquios*: "Eterna

---

[116] Hablo de una descontextualización de Butler porque esta investigadora se interesa sobre todo por cuestiones contemporáneas, relacionadas con la política del discurso, y por una noción de género definida desde el tabú a lo homosexual y la parodia del travesti; no se ocupa de la interpretación de obras literarias del pasado, exceptuando, por ejemplo, su análisis de *Antígona*, aunque en este caso le sirve para explicar su desarrollo de la confesión foucaultiana. Véase Butler, 2004: 166-171; cf. Sanmartín Bastida, 2006b: 178-180. Biddick (1993: 415), al contrario que mi propuesta, sí utiliza el contenido político de la teoría performativa del cuerpo, especialmente a Butler, en su revisión crítica de la monografía de Bynum (1987). Cf., por otro lado, mi opción de no dilucidar fingimientos, ficciones o engaños, en el sentido de invención de realidades no vividas, con Jordán Arroyo (2007: 178).

Deidad: tú eres vida, y yo muerte; tú, sabiduría, y yo necedad; tú, luz, y yo tinieblas; tú, rectitud perfecta, y yo tortuosidad; tú, médico, y yo enferma".

Todos los libros de Butler plantean cuestiones sobre la formación de la identidad y de la subjetividad, sobre los procesos mediante los cuales los *sujetos* se construyen y adquieren existencia. Las identidades, más que surgir desde el nacimiento, se hacen con el discurso, que contextualiza cualquier tipo de clasificación esencialista. Butler, apoyándose en las teorías de Michel Foucault (sobre la diseminación del poder) y de Jacques Derrida (sobre la citacionalidad) entiende el género como una propuesta performativa, en constante formación. No hay un sujeto último detrás de una categoría, sino que se constituye actuando o hablando. El proceso de formación del sujeto debe así situarse dentro de contextos históricos y discursivos específicos para ser entendido, unos contextos que se refuerzan con la sanción del tiempo.

> If a performative provisionally succeeds (and I will suggest that this "success" is always and only provisional), then it is not because an intention successfully governs the action of speech, but only because that action echoes prior actions, and *accumulates the force of authority through the repetition or citation of a prior, authoritative set of practices.* [...] In this sense, no term or statement can function performatively without the accumulating [...] historicity of force. (Butler, 1993: 226-227; cursivas de la autora)

No obstante, no entendemos la actuación de la categoría de santa o mística como una citación forzada de la norma en lugar de como una elección, como Butler hace con respecto a la femineidad[117]. Pero tampoco nos planteamos si hay una elección porque no estudiamos las *intenciones* de esta imitación (y sobre esto volveré en el capítulo final), aunque es cierto que la santa se encontrará, como la mujer, compelida a citar la norma para resultar cualificada y permanecer como un sujeto categorizado. Si Butler investiga sobre las implicaciones políticas de

---

117 "Feminity is thus not the product of a choice, but the forcible citation of a norm, one whose complex historicity is indissociable from relations of discipline, regulation, punishment" (Butler, 1993: 232).

Reconstruyendo el modelo 93

categorías asumidas de "mujer" u "homosexual", en nuestro caso interesa indagar de qué manera la definición de "santa" (que solía implicar en la historia del Medievo las categorías de "visionaria" y "mística" y cuya inestabilidad he mostrado en el capítulo anterior) estaba sujeta a las fluctuaciones del discurso, esto es, hasta qué punto estaba historizada, y cuáles eran las condiciones del discurso aceptado (sentimiento maternal, búsqueda del dolor, pasión eucarística, etc.) desde la Edad Media hasta comienzos del XVI, que es cuando Sor María vive. Intentamos aquí analizar con qué actos la categoría de santa se produce y se restringe vigilada por las estructuras de poder, antes que buscar cómo se emancipa de las mismas la mujer (algo ya planteado desde el feminismo, como se ha dicho).

En este sentido, al igual que a Butler, nos importa más la actuación que el agente que la lleva a cabo: por ello, aunque hablaremos de varios nombres, no los situaremos particularmente en el tiempo ni nos detendremos en sus biografías: sus actuaciones son parte de un *continuum* que nos permite entender la identidad mística de la época. Sus experiencias dejarán además de ser *esenciales*, intrínsecas a un modo de vivir o de ser, para ser entendidas como construcciones a través de discursos. No obstante, a diferencia de Butler, no sostendremos que estas experiencias no existen fuera del discurso performativo (véase Butler, 1990: 25)[118]: los juicios hechos a Sor María exigen estudiar las circunstancias materiales que la rodean; pero sí las interpretaremos como actuaciones imitadoras.

Como hemos visto en el capítulo primero, las categorías de las que hablamos se estaban transformando entre los siglos XIII-XVI, no existía una definición cerrada[119]. No eran nue-

---

[118] Precisamente, la negación de Butler (1990) en *Gender Trouble* de la existencia de la identidad fuera del discurso (que la constituye), su entendimiento de que detrás de la máscara no hay un sujeto último, ha sido bastante criticado. No voy a entrar en estas discusiones. Para todo ello, véase Salih (2002: 68-71).

[119] El problema de la teoría de Butler es que algunos lectores han entendido su propuesta como actuación de cerradas categorías binarias: femenino/masculino, una generalización que no parece aceptable en nuestro caso, vistos los *lugares intermedios* que defiende Bynum (esa androginia de la

vas (la santidad venía de siglos atrás), y por tanto la estrategia mimética podríamos encontrarla mucho antes de este periodo, pero, en mi opinión, esta se intensificaría con la acuciante desconfianza de la institución eclesiástica. A más vigilancia, más imitación: menos improvisación peligrosa. Y si la demonización de la mujer obedece a una estrategia de una Iglesia asustada por el acuciante prestigio femenino, por el llamado *muliebre tempus*, la consecuencia será que la sanción de *santidad* acabará ambiguamente mezclada con la de *brujería*.

La noción de santidad anterior al siglo XIII, vistos los peligrosos resultados posteriores, demandaba un cambio en su historicidad constitutiva. La nueva definición de santa, productora de esta cambiante categoría, hará que, cuando los órganos correspondientes pronuncien la frase "Ésta es una santa", se desencadene un proceso de afirmación de la norma modificada, a través de la reiteración de rituales por parte de quien es objeto de la observación[120]. No hay que olvidar que el poder, como en la teoría de Butler, "simultaneously acts on and activates the subject by naming it" (Salih, 1992: 130): es necesario el reconocimiento de la autoridad para que la interpelación de la mujer como santa le confiera esta identidad. La conciencia y la experiencia de la mística medieval se constituyen así a partir de unas leyes que ponen en marcha las estructuras de poder que la vigilan y cercan.

Estas estructuras actúan y reconocen *discerniendo*. Caciola (2003: 84), recordemos, ya nos advierte de la importancia del discernimiento para sancionar a las figuras femeninas que dicen tener experiencias divinas. En el siglo XV será fundamental

> the availability of particular identity roles, such as "visionary woman" or "demoniac", transmitted through texts, legends, conversations, images,

religión de las mujeres: sobre esto, véanse las matizaciones de Bynum, 1999: 252, a Butler).

120 Salih (1992: 102) destaca la historicidad del acto de habla parafraseando a Butler: "A speech act does not take place in the isolated moment of its utterance, but is the «condensation» of past, present and even future unforeseen meanings".

and sermons. [...] Individuals come to regard certain of their own (and others') actions as conforming to a pattern, one that is recognizable through association with one of these roles. [...] Presumably, the women whom I discuss throughout this book were aspiring to the role of a divinely possessed woman, or even to the role of a demoniac, and were structuring their lives through traditional cultural ideas of these roles. [...]

Hagiography subjects, too, attempted to fashion themselves as saints by conformity to conventional religious idioms, such as that of the divinely possessed visionary.

En este sentido, al irse definiendo los criterios de aceptación del nuevo modelo de santidad se hace asequible un patrón cultural que podría ser imitado por cualquier aspirante a santa, y desde este punto de vista, como afirma María V. Jordán Arroyo (2007: 155), "la cultura forja la articulación del discurso profético y visionario femenino", al tiempo que la conquista del atributo de santidad requiere un proceso arduo de negociación con el público (véase Muñoz Fernández, 1994b). Si Margery Kempe, por ejemplo, es mirada con desconfianza por sus frecuentes lágrimas y gemidos en su contemplación de la Pasión, el clérigo que escribirá luego su Libro y a quien le cuesta un tiempo creer en ella, tras leer la vida de María de Oignies reconoce en esta los mismos rasgos que posee la visionaria inglesa y decide entonces que la actitud de Margery procede de la gracia divina:

> he read of a woman called Mary of Oignies and of her manner of living, of the wonderful sweetness that she had in hearing the word of God, of the wonderful compassion that she had thinking of his Passion, and of the plenteous tears that she wept, which made her so feeble and so weak that she might not endure to behold the cross, nor hear our Lord's Passion rehearsed, so she was resolved into tears of pity and compassion. [...] Then he believed well that the good woman [Margery], whom he had before little affection toward, might not restrain her weeping, her sobbing, or her crying and felt much more plenty of grace than ever he did, without any comparison. [...] Also, Elizabeth of Hungary cried a loud voice, as is written in her treatise. (*The Book...*: 112-113)[121]

[121] Este clérigo también leerá a San Buenaventura y al ermitaño Richard Hampole para cerciorarse de la buena procedencia de las experiencias de Margery, aunque en estos casos no hablamos de vidas de místicas sino de tratados. Como es natural, era más importante la comparación de Margery con otras mujeres santas para darle el visto bueno.

Partiendo de esta *negociación*, podemos hablar entonces de un intento de acoplarse a la norma (aunque Margery no siempre será fiel a ella), de la importancia de la lectura y de la previa fijación de vidas de santas que se va trazando al tiempo que se extiende y estimula la imitación, o referirnos a las discusiones sobre si se realiza con éxito la empresa, discusiones que especialmente afectan a juicios inquisitoriales o procesos de canonización. Si la visionaria que aspira a la santidad se define a partir del principio de la imitación y de la actuación, también el testimonio de su devoción, su obra, debe ser contemplado desde este ángulo.

En ese intento por adquirir una identidad deseada, pero no nueva (según la teoría de Butler, no existe una primera y originaria), estas mujeres se convertirán en la Virgen María (por la maternidad) y en Cristo (por la Pasión), en una larga cadena de imitaciones donde se siguen unas a otras, y enmarcadas en una cultura donde la veneración de los santos era central (como demuestran peregrinaciones y liturgias). Un proceso mimético que empieza ya desde que Santa Perpetua o Santa Macrina delimitan las posibilidades de la noción de "visionaria" o "santa" en narraciones tempranas, y que la *Vida* de Hildegarda no hace sino acentuar convirtiéndose en modelo de la nueva ola hagiográfica mística de los Países Bajos (Cirlot & Garí, 2008: 65), pero que sufre una importante inflexión a raíz de la intensificación de la vigilancia de la que he hablado en el capítulo primero. Si Margery Kempe se inspira en el comportamiento de Brígida de Suecia y visita a su admirada Juliana de Norwich, Catalina de Siena, que luego se convertirá en el principal modelo de aspirantes a santidad reconocidas y no reconocidas por la Iglesia (Zarri, 1996; Bornstein, 1996: 6), se fijará en Santa Inés de Montepulciano, fundadora de un convento de religiosas dominicas que muere en 1317 y cuyo sepulcro visita en varias ocasiones[122]. Así, además de oír hablar las unas de las otras, y de

---

122 En sus visitas a la dominica, el Señor fomenta esta imitación al presentarle, en un momento de *El Diálogo*, el ejemplo de Inés de Montepulciano (Catalina de Siena, 2007: 377): pero sin duda en esto también influiría su confesor, Raimundo de Capua, pues antes había sido el director espiritual

recibir ejemplos de santas a través de la liturgia, los Libros de Horas o las artes visuales, muchas visionarias se educan en las lecturas hagiográficas, con un nuevo ejemplo en Santa Catalina, que lee las vidas de los santos anacoretas y la *Legenda aurea* (Salvador y Conde, 2007: 6), en Brígida de Suecia, quien *devora* en su infancia muchas vidas de santos (Obrist, 1984: 227), o en Santa Teresa dos siglos después, la cual reconoce cuánto le aprovecha y anima esta clase de lecturas (Teresa de Jesús, 2004: 307)[123]. Asimismo, Margery Kempe perfilará su modelo de mística inspirándose en la *Legenda aurea* (Kukita Yoshikawa, 2000: 179, 181).

Habría, además, que tener en cuenta el material del cual dispondrían indirectamente, esos manuales místicos que se hicieron populares en el Bajo Medievo, compilaciones hechas para sus directores espirituales o confesores (McGinn, 2006: 184), a través de los cuales se verían influidas y guiadas. Cátedra (2005: 94-95) advierte de que el aluvión de literatura espiritual y manuales que se acumula con el tiempo en las bibliotecas de los conventos produciría unas importantes consecuencias intelectuales y devocionales, y subraya el hermanamiento femenino en la formación espiritual refiriéndose a un inventario de la biblioteca cisterciense de la Abadía de San Clemente, de 1331:

> No se debe olvidar que en otras comunidades femeninas más o menos coetáneas se estaban fraguando líneas del profetismo femenino de la Edad Media, como las presentadas por la benedictina Gertrudis de Helfta o la cisterciense Brígida de Suecia, que sabemos a ciencia cierta usufructuó las obras que quizá poseían también sus hermanas de orden en Toledo. (2005: 70)[124]

del monasterio dominico de Montepulciano, fundado no hacía mucho por Santa Inés, de quien también había compuesto una hagiografía (Salvador y Conde, 2007: 10, 20).

123 Con respecto a los Libros de Horas y a la población iletrada, señala Naoë Kukita Yoshikawa (2000: 180): "it was possible for the unlettered who sought a private devotional experience to substitute the reading of books with meditation upon the pictures contained in them. Jean Gerson was amongst the writers who advocated such a practice [...] the scenes from the lives of saints illustrated in Books of Hours are designed to inspire the devout to acts of piety and devotion".

124 Es muy interesante el capítulo que Cátedra dedica a la lectura de las monjas, aunque reconozca las limitaciones de su estudio: como las

En esa cultura de lectura de vidas de santos (el *Flos sanctorum* tiene presencia continua en las bibliotecas de los conventos: véase, por ejemplo, Cátedra, 2005: 97, 99-100), de tratados espirituales y guías de mística, la estrategia de la imitación resulta convincente. En Castilla, en obras como la *Suma* mencionada de Fray Hernando de Talavera, de la época de Isabel la Católica, se animaba ya a las monjas a leer y oír con atención[125], y Cátedra ha puesto de manifiesto cómo en el ámbito monástico la lectura (y no solo del Oficio divino) se fomentaba especialmente a la mesa (véase Cátedra, 2005: 89-90). La lectura hagiográfica la cultivaban también hombres, pero podía tener una consecuencia más definitoria en las mujeres en tanto les proporcionaba ejemplos de poder, escape o realización[126]. Y en cuanto a otras lecturas espirituales, Surtz (1995: 13) señala cómo hay constancia de que en los siglos XIV y XV las obras de San Gregorio, San Jerónimo o San Agustín, junto a la *Vida de Nuestro Señor Jesucristo* de Francesc Eiximenis, se leían en castellano en refectorios de conventos, y otro tanto sucede a comienzos del XVI con la *Vita Christi* del

propiedades personales de las religiosas no han quedado consignadas en las actas conventuales no puede tener en cuenta en sus conclusiones los libros propios que pudieran tener en sus celdas. Véase, para un análisis de algunos inventarios medievales de conventos españoles, Cátedra (2005: 31-126). En principio, Cátedra señala la existencia de un amplio repertorio de libros litúrgicos y no tanto de espiritualidad, pero advierte que estos últimos serían más bien de uso personal. También muestra las diferencias entre unas órdenes y otras: mientras las monjas franciscanas de la Visitación se inclinan hacia una piedad más cristocéntrica, las monjas santiaguistas de Salamanca prefieren la hagiografía y la monición ejemplar. Finalmente, Cátedra reconoce la peculiaridad de la vida conventual femenina frente a la masculina, y el imperio en sus lecturas de la lengua romance.

125 "La hagiografía está representada en todas las variedades disponibles entonces en romance, desde las *Vitae patrum* hasta la *Legenda aurea*, el *Flos Sanctorum*, de Varazze, con todas las variedades capitales en las narraciones hagiográficas de la Edad Media" (Cátedra, 2005: 115; se refiere aquí a las recomendaciones de lectura que da Hernando de Talavera).

126 En cuanto a los hombres, la vida de Pedro de Luxemburgo, por ejemplo, nos presentará al vástago de una familia aristocrática que pasa las noches leyendo sermones, vidas de santos y textos patrísticos (Saenger, 2001: 258).

Cartujano, el *Contemptus Mundi*, el *Floretus* de San Francisco y el *Espejo de la Cruz* de Domenico Cavalca. Y si bien la traducción de la Biblia al castellano se prohibió después de 1492, episodios del Evangelio podían circular en la traducción del Cartujano de Ambrosio Montesino.

Pero además tenemos constancia de que habría una corriente oral y escrita (y hablaremos en este libro de traducciones y epístolas) que haría circular la vida de las mujeres que aquí tratamos, más allá de las de los santos de siglos más lejanos. Para Sor María habría relatos hablados, si no escritos, de religiosas castellanas con loor de santidad: la *Vida* que conservamos de María de Toledo, compuesta en el siglo XVII por el cronista Pedro de Salazar en forma de hagiografía, sin duda recogería una tradición difundida por Castilla o tendría su base en un texto previo[127]. Además, existían tratados espirituales como los mencionados, ya sobre todo al fin del Medievo, que orientarían la formación espiritual de las mujeres seglares, para quienes los paradigmas que aquí comentaremos también tendrían atractivo (en esta monografía hablamos de un colectivo femenino compuesto por monjas y laicas, no hay que olvidarlo). Así, ya en la segunda mitad del XVI Diego Pérez de Valdivia, en su *Aviso de gente recogida*, que se propone la *corrección* de las beatas, recomendará la lectura de Ángela de Foligno, Catalina de Siena "y otros a este tono", junto con vidas de santos y las grandes autoridades Fray Luis de Granada, Francisco de Osuna y el P. Ávila (Cátedra, 2003: 22).

Finalmente, como se ha dicho, la iconografía de santos (en esculturas y pinturas) y los sermones proporcionarían otras

---

127 Pedro de Salazar nos habla de María de Toledo en su *Crónica e Historia de la fundación y progreso de la Provincia de Castilla de la Orden Bienaventurada del Padre San Francisco*, publicada en Madrid en 1612. Para los datos que suministre sobre María de Toledo en este libro me basaré tanto en el fundamental estudio de Muñoz Fernández (1994a: 108-117) como en la transcripción parcial que de su crónica ha realizado María Luengo Balbás en un trabajo inédito de doctorado sobre esta beata. La narración de Salazar recoge gran parte de los tópicos que conforman las vidas de santas, tal vez basándose en lo transmitido por el fraile franciscano confesor de la beata, un tal Pedro Pérez.

fuentes de información y paradigmas[128]. A través de todas estas lecturas e imágenes la mística será inspirada por mujeres que la preceden y que a su vez invitan a otras a seguirlas, como es el caso de la virgen y mártir Margarita, quien anima en sueños a una mujer de Canterbury a que vaya a ver a Cristina de Markyate (*The Life*...: 49), y siglos después refuerza a Juana de Arco en su etapa batalladora[129].

Para esta cadena de imitaciones, debo retomar de nuevo a Butler. En su comprensión de la importancia de la repetición de modelos previos, Butler se basa en la teoría de Derrida (1989) sobre la citacionalidad. Según Butler, una enunciación performativa es una cita en tanto las palabras están en un contexto de citación, es decir, se pueden identificar con un patrón de enunciación, pues el lenguaje depende de unos usos previos: y esto sucede con las visiones místicas, con toda una tradición de encuentros con la divinidad que iremos viendo en esta monografía. Siguiendo a Butler, se puede decir entonces que el poder (o capacidad de éxito) de la performatividad de una figura o un acontecimiento social se ve reforzada por su citacionalidad. Y si antes aludimos a Chartier para advertir la necesidad de que las representaciones en juego tengan un crédito previamente acordado, este crédito cobrará su sentido por la repetición, la citación de un modelo primero, aquel que ha alcanzado la sanción positiva[130].

Derrida señala que "Todo signo lingüístico o no lingüístico [...] puede ser *citado*, puesto entre comillas", y por tanto es vulnerable a la reiteración y a la reapropiación. Esta citaciona-

---

128 Surtz (1995: 16) nos recuerda que Catalina de Siena tuvo una visión en la que se le aparecían San Pablo, San Juan y San Pedro tal como los había visto pintados en las iglesias.

129 Sobre Santa Margarita como modelo de santa para la mujer medieval, véase Echevarría Arsuaga (1989).

130 Esta es la línea de investigación por la que apuesta William Egginton (2003: 16) en su estudio de los cambios entre el teatro medieval y el renacentista: "it is from this repetition of a history of performances that performativity derives its power to shape and fix bodies and selves. Each time the body in question repeats its performance, it simultaneously reiterates and reinscribes the norms dictating that performance".

Reconstruyendo el modelo

lidad es una duplicación o duplicidad, una iterabilidad de la marca (por ejemplo, en nuestro caso, podría serlo el signo que permite distinguir a la mística: el estigma o la flagelación). Esta repetición no es un accidente o una anomalía, sino que indica un funcionamiento normal de la marca (1989: 361-362). Derrida defiende así la importancia de la citación para el éxito del *performance*:

> la cita [...] ¿no es la modificación determinada de una citacionalidad general –de una iterabilidad general, más bien– sin la cual no habría siquiera un performativo "exitoso"? [...] Un enunciado performativo ¿podría ser un éxito si su formulación no repitiera un enunciado "codificado" o iterable, [...] si por tanto no fuera identificable de alguna manera como "cita"? (1989: 367-368)

Para Judith Butler, al ser en-sociedad es el acto de habla el que le precede y le hace ser. Pero este acto de habla, y la dimensión performativa de la construcción de una persona o categoría, hay que entenderlos no solo como citación, sino como reiteración de un conjunto de normas (Butler, 1993: 94): de este modo, añadiendo el concepto de norma, el empleo que Butler hace de la citacionalidad le permite ir más allá de una representación de carácter teatral.

> I would suggest that performativity cannot be understood outside of a process of iterability, a regularized and constrained repetition of norms. And this repetition [...] is what enables a subject and constitutes the temporal condition for the subject. This iterability implies that "performance" is not a singular "act" or event, but a ritualized production, a ritual reiterated under and through constraint [...]. (Butler, 1993: 95)

Esto es importante, porque para Butler no hay un referente detrás de la imitación, como sí sucede en el teatro: "Does this mean that one puts on a mask or persona, that there is a «one» who precedes that «putting on,» who is something other than its gender for the start?" (Butler, 1993: 230). No, para Butler la impersonación precede y forma la persona, no se trata de un artificio dramático.

La mujer visionaria trata de adquirir categoría de "santa" repitiendo el modelo que la antecede: conoce las oraciones y los pensamientos que debe formular porque hay un paradigma ante ella, y este patrón performativo es el que la delimita y condiciona. Pero es un paradigma creado a través de sanciones eclesiásticas tanto como de figuras históricas, según hemos visto en el capítulo anterior, y no tiene un modelo último en el siglo II o en el XIII. La visionaria se construirá a través de una repetición que la constriñe y la hace ser, y que podría entenderse como la reiteración de una "cita": Sor María debe acomodarse a un modelo previo de actitudes (con respecto a la comida, a la vivencia del dolor, la maternidad o el erotismo) para responder al horizonte de expectativas de los espectadores clericales y fieles. Si se desvía demasiado de la repetición y de la cita, no será reconocible, y entonces comenzará el periodo de la sospecha y del sometimiento a juicio, entrará en juego el discernimiento del que hablaba Caciola (2003). Una desviación puede implicar no adoptar uno de los rasgos esperados: aparición de estigmas, visiones maternales, ayunos extremos, etc., pero también no someterse a la autoridad masculina del modo deseado por otros.

Sor María y una larga cadena de místicas se deben acomodar así a un modelo creado (o hablado, para emplear la terminología de Butler) colectivamente, ajustándose a los actos codificados que lo representan, si quieren que el reconocimiento del *performance* como algo sagrado tenga éxito. Si el guión performativo de la visionaria es productivo, se debe, según Butler (1993: 227), a que "that action echoes prior actions, and accumulates the force of authority through the repetition or citation of prior, authoritative set of practices".

La historicidad de la autoridad que subyace al acto performativo es lo que le confiere fuerza, de modo que cuantos más ejemplos se den en el tiempo, más sanción tendrá la actuación en sí: ya he señalado que la historia del discurso de la mujer visionaria condicionará sus usos posteriores. En suma, la performatividad tal como la entiende Butler implica que el discurso tiene un pasado que no solo antecede sino que condiciona sus usos actuales, una fuerza de autoridad que puede descentrar incluso la noción del sujeto como origen exclusivo de lo que dice. Esta propuesta ha merecido algunas críticas por ser demasiado determinista, ya que no deja espacio a la voluntad individual. En nuestro caso, esta noción resulta útil porque permite apreciar la continuidad del discurso místico femenino, unos signos compartidos y repetidos, que serán desgranados en los capítulos siguientes. Sor María tiene así precedentes fundamentales. Considerar su identidad como proceso y situar su persona en el espacio y el tiempo en el que los discursos místicos son pronunciados permite atender mejor a los detalles de su actuación única.

A la visionaria no le pertenecerán entonces del todo las palabras, en tanto son eco de otras y parte de un discurso anterior: la mujer iluminada hace suyos en el éxtasis los vocablos previamente fijados para ella en una repetición que da esencia a su personaje. La representación de la mística consiste en esta corporalización de un código, con una reiteración procesual que la funda a través de palabras preexistentes, las cuales, de algún modo, la enajenan. "This not owning of one's words is there from the start, however, since speaking is always in some ways the speaking of a stranger through and as oneself, the melancholic reiteration of a language that one never chose" (Butler, 1993: 242)[131]. Además, y por medio de esta imitación performativa, la mujer habitada por Dios se convierte así siempre en otra, adopta una nueva identidad en cuanto el ser santo está destinado a un público, que decidirá si cumple el rol o no (Caciola, 2003: 81, 84; cf. Ossola, 2006: 361)[132]. En la construcción de su identidad participan entonces tanto las místicas como la institución a la que se adhieren, que dicta las normas y claves hagiográficas para distinguir a la mujer con posesión divina de la mujer endemoniada.

[131] Para una buena contextualización de esta idea véase Salih (2002: 95-97). Por otro lado, en ese repetir su actuación las místicas se desindividualizan: por eso puede resultar problemático aseverar que la escritura mística otorga una voz personal al género femenino.

[132] Como se ha dicho en el anterior capítulo, Caciola percibe en esa nueva identidad unos deseos transgresores, situándose en la línea de la crítica de género. Aunque esta visión es fácilmente contextualizable empleando la teoría de Butler (1990) sobre, por ejemplo, el travestismo, no es una línea que me interese aquí desarrollar porque no trato el problema de la búsqueda de independencia de la mujer.

Esa enajenación de la palabra pronunciada permite a la visionaria, en su relación con Dios, quitarse responsabilidad en cuanto al discurso dictado: Ángela de Foligno dudará varias veces, como he señalado en el capítulo anterior, sobre si está viviendo o no un engaño, pero "me fue ordenado que te lo dijera a ti", es decir, a Fray Arnaldo (Ángela de Foligno, 1991: 73): de modo que Dios ordena a la beata y esta lo único que hace es obedecer. No es suya la última palabra. Es de otros: de la institución que delimita el modelo y del Dios que la dicta, a través de quienes consigue nada menos que la autorización para hablar.

No obstante, esta representación no solo será *pronunciación*: fundamental resulta la actuación del cuerpo, implícita en todos los aspectos que estudiaré en este libro. La mayoría de la población, analfabeta, que vive en el Medievo entiende la realidad no como los letrados, analizando las palabras pronunciadas por las mujeres, sino fijándose en el comportamiento de los miembros del cuerpo femenino: una visibilidad esencial para un público escaso de lecturas.

En la larga cadena especular los gestos se cargan de significado, y las normas se hacen distintas a lo largo de los años y de los exámenes meticulosos de quienes defienden la institución sancionadora: la pantomima del dolor, por ejemplo, ya no es criticable al final del Medievo cuando es exagerada y exhibicionista: frente a las antiguas leyes y normas que limitan los rituales femeninos plañideros o las contorsiones peligrosas, las mujeres del Bajomedievo que desean el martirio enseñan sus sufrimientos. De este modo, "the norms were different. Fortitude no longer meant hiding one's pain; rather, the public exhibition of suffering became a new virtue. Unless the pain and wounds were there for all to see, the impact and efficacy of the living saint was lost" (Cohen, 2000: 63). Como vemos, también la noción del dolor resulta así historizada, al igual que el modelo a imitar.

La mística está entonces sujeta a una ley que la constituye y le otorga su categoría. De forma que gestos considerados peligrosos o dudosos modos de expresión, al ser actuados por ella, pueden perder el estigma del comportamiento inadecuado

Reconstruyendo el modelo

ante un público necesario: llorar copiosamente tiene un significado distinto cuando una mística recurre a ello, aunque, como veremos en el cuarto capítulo, si hay desconfianza hacia la mujer, caso de Margery Kempe, no siempre será bien visto. Aquí la santa *cita* algo existente pero otorgándole una significación distinta en un contexto que lo hace aceptable. Llorar, gritar, contorsionar el cuerpo o llevar estigmas son bienvenidos e incluso esperables cuando se trata de la santidad: pero esa santidad debe ser reconocida por quien escribe sobre ella, por esos biógrafos fundamentales que trataremos en el capítulo sexto y que constituyen el primer peldaño de la vigilancia sobre la mujer.

Quizás la ductilidad de su cuerpo, del que tanto han hablado Bynum o Petroff, les permita trascender el género, pero, a diferencia de Petroff (1986b: 52), no creo que quieran escapar de este, sino sobre todo, como iremos viendo, aprovecharlo[133]. Y lo aprovechan para agenciarse la identidad de místicas, no la identidad de mujeres, que en este caso era *políticamente* menos rentable.

El control exterior del cuerpo y de su presentación pública se convertirá así en un modo de control de la identidad. Y si la realidad del género es, como asegura Butler, "fabricated as an interior essence", se podría decir que en la identidad mística "that very interiority is an effect and function of a decidedly public and social discourse" (Butler, 1990: 136). La audiencia establecerá unos juicios sobre el *performance* realizado que no se encuentran libres de intereses ideológicos o del ejercicio del poder, y que autorizan a una interpretación particular del cuerpo poseído, otorgando un significado a ese "cipher" o enigma presentado ante la institución eclesiástica, al que ya nos hemos referido en el capítulo primero (Caciola, 2003: 14). No hay que olvidar que las experiencias divinas se hacen públicas, y que las mujeres rechazan comer y beber porque, entre otras razones, supuestamente se mantienen de alimentos celestiales en sus trances.

---

133 ¿Realmente quieren estas mujeres escapar de su género? ¿O desean zambullirse en él para aprovechar sus posibilidades? Aunque no trate aquí este tipo de cuestiones, creo que deberíamos continuar planteándonos estas preguntas.

La fuerza performativa del discurso constituye al ser, que elabora su propia identidad mediante la tecnología (un concepto foucaultiano) de la imitación. Se trata de una imitación de lo excepcional, de unos pocos iniciados. Como dice Bynum (1987: 7), estas místicas son únicas, y por eso son peligrosas: "medieval hagiographers pointed out repeatedly that saints are not even primarily «models» for ordinary mortals; the saints are far too dangerous for that".

2.2. El privilegio de ser mística

Como hemos visto, las místicas europeas tenían medios a su alcance para enterarse del paradigma de santidad. Voaden (1996c) demuestra, en el caso de Inglaterra, que se leían ampliamente en los conventos las revelaciones de Brígida, *El Diálogo* de Catalina de Siena o los escritos de Matilde de Hackeborn: estas obras aparecían incluso juntas en forma de compilaciones, y desde luego constituían un manual de imitación. Y si bien Bynum (1987: 94) afirma que las mujeres medievales toman como modelo de abstinencia y penitencia a María Magdalena y de sabiduría y unión estática a Catalina de Alejandría, y Surtz (1995), como he comentado ya, muestra cómo las religiosas españolas se proyectan en figuras femeninas del Antiguo Testamento, en mi opinión, como me gustaría ahora demostrar, pesarían más sobre las nuevas místicas los ejemplos más cercanos de sus antecesoras.

Así, aunque Sor María no supiera leer ni viviera siempre en un convento, podría tener acceso oral, a través de sus confesores, a las traducciones de Catalina de Siena o de Ángela de Foligno que se producían por esas fechas (asunto al que volveremos más adelante)[134]. Y, por otro lado, alguna de las numerosas copias de la carta-tratado en la que el Duque de Ferrara,

---

[134] A pesar de tener ellas estos paradigmas, según Bynum (1987: 94; cf. 269) los hagiógrafos "usually claimed that both pious men and pious women imitated male models". Pero no es este el caso del prólogo del *Libro de la oración*, donde sobre todo se arguye como modelo a Catalina de Siena, algo que demuestra el prestigio de la santa pese al complicado proceso de canonización que sufre tras su muerte (no tan lejano de la vida de Sor María).

Ercole d'Este, defendía hacia 1500 la santidad de Sor Lucía de Narni, religiosa de vida y obra comparable con la de Sor María, llegó seguramente a España, e incluso a Aldeanueva, donde vivía la Beata[135]. De hecho, esta aseguró haber tenido visiones de Lucía de Narni, con la que se sentiría identificada por haber sufrido también la beata italiana un examen de sus llagas para evitar un fraude, llevado a cabo por el médico de Alejandro VI (el certificado del examen, de 1502, se conserva en el archivo del convento de Ávila sucesor de la comunidad de la Beata en Aldeanueva [Bilinkoff, 1992: 26 n18]). Con este ejemplo y otros en mente, y con el apoyo del Duque de Alba (semejante al de Ercole d'Este), Sor María "may have been, to some extent, enacting an already established role, that of «handmaid of God» or «living woman saint»" (1992: 26).

La tradición de santas más inmediata permitía así ese modelo último de citacionalidad que otorgará una identidad mística a Sor María al tiempo que nos la enajena: su imitación de Santa Catalina o de Sor Lucía (quienes a su vez imitarían, modificando el paradigma, a las místicas de siglos anteriores) nos impide conocer su psicología última tanto como las limitaciones de los testimonios que nos lega la historia. A la vez, esta mímesis del modelo resulta también un buen modo de discernir si estamos hablando de "místicas". Aunque, como veremos en esta monografía, Teresa de Cartagena o Constanza de Castilla comparten rasgos de la extendida piedad femenina, en su época nadie las compara con otras visionarias porque no trataron de ser místicas: Teresa de Cartagena no pretende estar iluminada, sino enseñar teología desde el pupitre de su intelecto; Constanza de Castilla escribe rezos para su comunidad de monjas: no hay visiones, relaciones de uniones altas con Dios, diálogos correspondidos. Ni Teresa de Cartagena ni Constanza de Castilla intentarán entrar en la cadena de imitaciones de la que nos ocupamos aquí: quizás en otra, pero no en esta[136].

135 Una copia de la carta de Ercole d'Este la encontramos, por ejemplo, en el Archivo de San Pablo de Burgos (Beltrán de Heredia, 1939: 13).

136 Teresa de Cartagena buscará su reflejo en Judith, el personaje bíblico, y no en otras santas. Pienso que la razón reside en que Sor Teresa

Lo que está claro es que el ambiente favorecía la imitación. El prologuista del *Libro de la oración* se queja en el "Sumario de su vida virtuosa y perfecta" de que comparen a Sor María con una embaucadora concreta (no sabemos de qué personaje histórico habla) que, al parecer, "era tenida por sancta, y después hallaron e vieron que como engañada de enemigo sus cosas fueron malas y acabaron mal" (LO, fol. b 1v)[137]. No porque alguien con determinados comportamientos sea hereje, dirá el prologuista (entendiendo la presencia del demonio como causa de la heterodoxia), cuando otra realice actos semejantes también lo ha de ser. Y ahí lanza su argumento:

> Muchas mujeres huuo que hizieron lo que esta haze, y menos que esta, y las aprueua la Yglesia e tiene por sanctas, porque lo son en verdad. Pues, ¿por qué para prouar que esta [Sor María] es buena no las traerán en argumento y consequencia como traen para prouar en consequencia que es mala una golondrina que no haze verano? (LO, fol. b 2r)

Es decir, se nos pide ya que posicionemos a Sor María en la larga cadena de santas, en una imagen especular que ella misma repite. Lo mismo hará Martín de Herrera en sus *Historias de la divinal conquista de Orán* (1510) con la monja Marta de la Cruz y tal vez con la misma Sor María, situándolas en un contexto paralelo a Ángela de Foligno o Brígida de Suecia (véase Cátedra, Valero Moreno & Bautista Pérez, 2009: 81 n169, 83). El deseado término de comparación se establecerá entonces con la santa, no con la endemoniada, pero es importante recordar que el discernimiento debía ser penetrante (y por tanto, los detalles del *performance*, cuidados) por las se-

nunca fue una mística, y por eso le interesa el ejemplo de Judith con su "yndustria o entendimiento" (Teresa de Cartagena, 1967: 119-120). En este caso, se podrían aducir sus orígenes conversos para justificar su identificación con este personaje judío del Antiguo Testamento y no con una santa cristiana, aunque en mi opinión esto puede resultar simplificador. Por otro lado, Surtz (1995: 127) también hará una distinción entre la piedad afectiva de místicas como María de Santo Domingo, Juana de la Cruz o María de Ajofrín y la espiritualidad intelectual de Sor Constanza o Sor Teresa.

137 El prologuista se fía de la demostración del fraude de esta embaucadora porque "se halla ser verdad por aucténtica scriptura", y no hace caso de otros ejemplos que le argumentan para compararlos negativamente con la Beata (LO, fol. b 1v).

mejanzas de actitudes entre posesiones divinas y posesiones demoníacas.

Que mereciera la pena someterse a este arduo discernimiento nos indica que, en la cultura religioso-medieval y para una mujer que pueda elegir desempeñar un papel, el de la mística tendría un indudable atractivo. Según Bynum (1982: 82-109), esta conciencia de elección y de seguir un modelo proviene del siglo XII.

> A new sense of self, of inner change and inner choice, is precipitated by the necessity to choose among roles, among groups. A new sense of becoming part of a group by conforming one's behavior to an external standard is necessitated by a new awareness of a choosing and interior self. If twelfth-century authors were more aware of their motives for acting, of the process of making a choice, of interior change, it was not only because there were in fact a wider variety of social roles and a new diversity of religious groups that made choice necessary; it was also because people now had ways of talking about groups as groups, roles as roles, and about group formation. Therefore they could be conscious of choosing. Moreover, their understanding of spiritual growth as growth toward likeness made models necessary –the apostles, the early church, Moses and Aaron, the saints, and Christ in his earthly life. Therefore, for twelfth-century writers, change of self had to take place in the context provided by other Christians. (107)

En el caso de las místicas, esta elección no fue, en mi opinión, únicamente un modo de independizarse ni de fortalecerse frente a los hombres. Precisamente, fueron los biógrafos de las santas, quienes, según Bynum (1987: 269), subrayaron la imitación que hacían las místicas de la Virgen y de otras mujeres. Así, Tomás de Celano hace a Santa Clara paradigma femenino, y el autor de la *Vida* de Beatriz de Nazaret la propone como un modelo para sus hermanas (410 n47; cf. Bynum, 1991: 166-167)[138]. Sabemos también, y a ello volveremos, que una *vita* prototípicamente femenina, como la de Catalina de Siena, desde el siglo XV será a menudo el modelo a partir del

---

138 Sin embargo, según Bynum (1991: 153) las mujeres tienden a ignorar el modelo femenino para dedicarse directamente a la imitación de Cristo (cf. 1987: 410 n47). En esto no puedo estar de acuerdo, visto el papel que juegan en nuestras místicas la Virgen o María Magdalena, y en Santa Catalina la imitación expresa de Inés de Montepulciano.

cual los biógrafos escriban la vida de las mujeres que dirigen espiritualmente.

Además, no se puede perder de vista que aquí no hablamos solo de los comportamientos (que nos pueden parecer más o menos bizarros) de las mujeres místicas, sino también de las expectativas de los hombres medievales, que conforman y delimitan ese comportamiento, que esperan una serie de patologías en la psique y en el cuerpo de estas mujeres. En este sentido, Bynum, en su estudio sobre una serie de místicas obsesionadas con recibir, rechazar y convertirse ellas mismas en comida, demuestra la correspondencia entre las historias estereotípicas de santas (las *vitae*) –que supuestamente expresan las expectativas de lectores y autores antes que las esperanzas o miedos de quienes las protagonizan– y los escritos personales de las mujeres tratadas: ambos indican una misma fijación por la comida. Es decir, hemos de suponer que expectativas y comportamientos no se encuentran demasiado separados (véase Bynum, 1987: 146, 149) ante un público sancionador y un hagiógrafo de la Baja Edad Media a quienes interesaba una santidad femenina manifestada en ayunos, penitencias, virtudes, milagros y profecías (Salvador y Conde, 2007: 20).

No hay por qué hacer proceder entonces a la mística femenina de una necesidad de independización, o de comunicación urgente de una experiencia personal de trascendencia, de esa visión que la pone en contacto directo con Dios (cf. Petroff, 1994: 4). También se puede hablar, como he empezado a hacer en este capítulo, de una cadena de imitaciones, de una necesidad de muy variado origen de imitar un *performance* exitoso, aun cuando este pueda caer progresivamente bajo el ojo de la sospecha. En este sentido, dudo mucho de que sea posible mostrar, como característica *esencial* de este misticismo, una constante textualidad visual y afectiva que provenga de una experiencia femenina somática, o bien una única forma de sentir el mundo a través del cuerpo (cf. Petroff, 1994: 6). Siempre cabría decir que su afectividad o visualidad existe porque es lo que se espera de las religiosas en el mundo de los hombres, es decir, que es más *construida* que *esencial*. Quizás las místicas también pretendan alcanzar el beneplácito del otro sexo, o sacar el máximo provecho posible de unas palabras y una fisiología que ya les vienen dadas, y no son solo esos sujetos que viven la lucha entre su ideal y el poder masculino que nos presentan los estudios que parten de perspectivas exclusivamente feministas. Hombres y mujeres contribuyeron a perfilar el modelo (ciertamente, un modelo de mística somática), algo en lo que insistiré a lo largo de esta monografía.

Lo que sí creemos es que, con los rasgos que iremos exponiendo, la experiencia visionaria merecía la pena como *estrategia*, independientemente de su veracidad, que aquí no nos planteamos. No debemos olvidar que muchas de las mujeres abordadas se convierten en respetables líderes de los fieles cristianos por unas visiones que les confieren autoridad, por unas profecías que las convierten en ambiciosas consejeras y despiertan el interés de los poderosos, y por unas obras de caridad que las vuelven excepciones entre la presumible inferioridad femenina de la sociedad medieval. Y esto se puede lograr sin necesidad de plantearlo como una lucha de géneros: para ejercer este poder buscaron aliados en los confesores, pues un confesor leal podía proteger a una mujer que vivía su existencia fuera del convento, sin estructura regular, y además esta unión con el confesor la proveía de una conexión con la Iglesia que la definía como válida (Petroff, 1994: 6, 140).

Inevitablemente, una de las razones de la imitación sería el privilegio que otorgaba. Dios era el que autorizaba y hacía fuerte a estas religiosas, cuya voz sabemos que no les pertenecía del todo: en parte, por ser imitación de otras; en parte, porque viene del Señor y, en muchos casos, es escrita por el hombre. La responsabilidad de lo escrito y hablado no es entonces del todo suya, es del Otro. Un Dios que es capaz de cambiar su débil naturaleza, como le dice en un determinado momento a una Brígida de Suecia que se siente vieja y enferma: "Yo puedo hacer a la naturaleza fuerte o débil, del modo que me plazca" (Giovetti, 1999: 108). En el terreno de Dios, las categorías pueden tener reversos, mutaciones.

La visionaria o mística, con su espiritualidad más bien inmoderada (tanto en su búsqueda de autohumillación como en algunas atribuciones de poder), se siente única para Dios (véase Bynum, 1987, 241). Debía de ser atrayente, sin duda, la sensación de sentirse especial y seleccionada entre mujeres y hombres, y también que en estas visiones Cristo afirme cobrar sentido por la existencia de la visionaria. Donde se aprecia esto particularmente es en el Libro de Ángela de Foligno: en numerosas ocasiones encontramos referencias al amor único y excepcional que Dios siente por ella. En primera persona, Cristo asegura que la elige entre todos los seres, e incluso la hace sentirse superior a los teólogos que interpretan las Escrituras o administran los sacramentos —en declaraciones que, de haberse dicho en otro contexto, la hubieran llevado a una acusación de quietismo. "Yo me encuentro por encima de todo", sostendrá ella cuando describa cómo su alma es introducida en los secretos divinos, algo que le permite comprender cómo se han formado las Escrituras (Ángela de Foligno, 1991: 130)[139].

Además, Dios le promete hacer más cosas por ella que por San Francisco; le asegura que ella siente de una manera que no pudieron experimentar los apóstoles y que la quiere más que a cualquier mujer de la ciudad; por ello, en el futuro habrá hombres "que pensarán en ti u oirán nombrarte"; pero no se queda ahí, le susurra también, como un enamorado: "Toda tu vida, tu manera de comer, beber y dormir, y tu vivir, todo me gusta" (Ángela de Foligno, 1991: 46, 49, 55, 77)[140]. Y Ángela se

[139] Con el tema de las Escrituras y su capacidad para entenderlas parece estar especialmente obsesionada la beata italiana en su Libro. Ángela dirá que los comentarios del Evangelio no le dicen nada porque ella ve "cosas aún mayores" (1991: 94). Recordemos que Dios le hace entender directamente una epístola (32-33), aunque también le recuerda que debe volver siempre a la Sagrada Escritura cuando ella se pregunta si el alma puede recibir de Dios la seguridad de la salvación en esta vida (100). Ángela deja muy claro que son bienaventurados no tanto los que leen la Escritura, sino los que la ponen en práctica (125): es decir, evita que el no poder leer directamente la Biblia sea un factor excluyente para las mujeres.

[140] En otro momento, Dios le dice: "Obraré en ti maravillas delante de los pueblos; y en ti seré conocido; y en ti mi Nombre será glorificado por muchos pueblos" (Ángela de Foligno, 1991: 55), prometiéndole una extensa

Reconstruyendo el modelo

guarda todas estas cosas para ella, exclusivamente: "¡Mi secreto para mí, mi secreto para mí!" (177), aunque será Dios quien le ordene predicarlo. En otro momento muy teatral,

> el Hijo de Dios y de la bienaventurada Virgen María se había inclinado delante de mí y decía: "Si todo el mundo viniera ahora a ti, tú no podrías de ningún modo hablarle, porque a ti ha venido todo el mundo". Y para asegurarme acerca de mi duda, decía: "Yo soy el que ha sido crucificado por ti, y tuve hambre y sed por ti, y derramé mi sangre por ti, porque te amaba mucho". Y recordaba toda la pasión y decía: "Pídeme cualquier gracia que deseas para ti y tus compañeros y para quienquiera tú desees, y prepárate a recibirla". (46)

Igual de privilegiada se sentirá Margery Kempe cuando oiga a Dios en su interior:

> I shall never be angry with you, but I shall love you without end. [...] I would rather suffer as much pain as ever I did for your soul alone rather than you should part from me without end. [...] there was never a child so buxom to the father as I will be to you, to help you and keep you. (*The Book...*: 23-24)[141].

Lucía de Narni descubrirá en sus visiones que Jesús le guarda uno de los cuatro asientos celestiales (véase Matter, 2001: 7). En el caso de Matilde de Magdeburgo, será su compañera de convento y de experiencias místicas Gertrudis quien corrobore su calidad de elegida por el Señor, por considerarla "la más fiel"; y a Beatriz de Nazaret le promete Dios que permanecerán unidos con amor y fidelidad confirmados perpetuamente entre ellos (véase Cirlot & Garí, 2008: 111, 132). Esta confianza

---

fama. Además, le asegura que "todos los santos tienen por ti un amor especial" (59); precisamente, la superioridad de esta beata sobre los santos se explica porque Dios concede a un alma sin malicia gracias aún mayores que las que dio a los santos del pasado (61) –la supremacía del presente no se limita, pues, a ella. En cuanto a las alusiones comparativas con San Francisco, encontramos otra en un nuevo pasaje en el que Ángela se encuentra en "un grado más elevado que estar al pie de la cruz, como estuvo el bienaventurado San Francisco" (95).

141 A Margery también le dirá más adelante Dios: "You are to me a singular love, daughter, and therefore I promise you shall have a singular grace in heaven [...] God loves you specially [...] and therefore you shall be worshipped for my love" (*The Book...*: 38-39). Se podrían poner otros muchos ejemplos del sentimiento de ser *únicas* que embarga a las místicas, pese a la labor de autohumillación que ejercen sobre sí mismas.

en ser seleccionadas sin duda daría mayor fortaleza interior a la mística, que se sabe parte de una comunidad salvaguardada por su prestigio. Como afirma Bynum (1987: 28):

> however querulous and apologetic some medieval women occasionally seem (and this quality becomes more pronounced in the fifteenth and sixteenth-centuries), they differed from one another relatively little in self-image, and their vulnerability seldom inhibited the confidence with which they approached God. [...] And while it is true that nuns were more likely to use imagery androgynously and to advise others with self-confidence, tertiaries and laywomen in fact castigated, counseled, and comforted others just as eagerly and effectively.

De todos modos, la imitación del modelo no tuvo por qué tener igual interés para todas las religiosas europeas. Dense L. Despres (1996) demuestra cómo las mujeres inglesas se dedican menos al apostolado y a *performances* llamativos, y prefieren una existencia callada de oración pese a su conocimiento de las visionarias europeas contemporáneas –antes de 1520 los textos de Brígida o Catalina eran ya razonablemente accesibles, al igual que en España (Watt, 1996)[142]. De este modo, las brígidas del convento inglés de Syon no se hicieron visionarias al leer (en las primeras décadas del siglo XV) *El Diálogo* de Catalina de Siena, o el *Liber Celestis* y las *Revelaciones* de Brígida de Suecia que un clérigo adaptó para ellas al inglés de entonces[143]. Estas lectoras, aunque se inspiraron en la devoción, castidad, llanto espiritual y contemplación de sus modelos, no imitaron su vida visionaria y política: hicieron un tipo de oración más privada. Lo interesante es que las místicas, transformadas también así en materia de lectura, pueden ser heroínas cuyo lugar no siempre se desea ocupar: Cecilia de York, que vive en el siglo XV, pide que le lean durante la comida a Brígida de Suecia, Matilde de Hackeborn o Catalina de Siena, pero no sigue sus pasos (Despres, 1996: p. 149).

[142] También, a pesar de la influencia profunda que las *Meditationes vitae Christi* tuvieron en la oración privada del siglo XIV en Inglaterra, y sobre todo en los laicos, este texto no produjo tantos terciarios franciscanos allí como en otras partes (Despres, 1996: 144).

[143] Con respecto a Brígida de Suecia, Diane Watt (1996: 168) nos dice que "by the end of the [fifteenth] century, records of lay women's ownership of books of life and revelations of the former Saint provide just one indication of a flourishing Brigittine cult in England".

Reconstruyendo el modelo

Sea como sea, las mujeres de los siglos XII-XVI tenían un abanico de posibles roles de actuación, así como de experiencias expuestas a su imaginación, para trascenderse y convertirse en Otras más plenas, con más poder y autoridad, una aspiración tan atrayente como la de fundirse con (o imitar a) las figuras de Cristo o la Virgen (cf. Petroff, 1986b: 52). Pero incluso para esto último también se harán *una* con las místicas que las van precediendo, en su vivencia de la maternidad o de la Pasión, ayudadas por confesores y teólogos en una lenta reconstrucción del modelo de santidad. Seguramente, a la altura de siglo en que vivió Sor María el papel de las mujeres visionarias sería todavía una magnífica opción para representar. La imitación que les hacía sentirse privilegiadas les otorgaría esa confianza en la representación que a lo largo de este libro iremos desbrozando.

2.3. Las estrategias de la imitación

> One might well ask whether it is possible to construct a typology of sanctity. Since sanctity is connected to principles based on the Bible and ecclesiastical tradition, it has not changed significantly in theological doctrine and many of its modes of expression have remained constant. Nevertheless, it seems important to analyze historically any variations in these modes of expression, since they indicate changes in the relationship between the social, cultural, and religious contexts and representations of sanctity. (Zarri, 1996: 255 n3)

> En cuanto a la explicación de la santa Escritura, la hicieron los doctores por la ciencia [...]. Las vírgenes, con el afecto de la caridad, la pobreza y la obediencia. (Catalina de Siena, 2007: 203)

En esta monografía veremos una serie de rasgos que ponen en juego el modelo de la mística medieval: el erotismo, la maternidad, la relación compleja con la comida, y la escritura y el trance performativo. Todos ellos entran en acción durante la puesta en escena de Sor María de Santo Domingo, unos más y otros menos, y dependerá de ellos, en parte, el éxito de la empresa. Está claro que si todavía es productivo reproducir el modelo de mística es porque, aunque vigilada, sigue teniendo prestigio. Solo que a partir del siglo xv se controla estrechamente que el modelo, más delimitado, se cumpla de modo estricto, que la mística no se salga del guion...

En toda esta propuesta de entendimiento performativo de la mística como imitadora veremos que no abordo este comportamiento como una elaborada escapatoria, pues habría que recordar, con Newman (1995: 2), que en una cultura prefeminista (la expresión es suya) la adaptación de estas mujeres religiosas "were far more often improvised or oblique than deliberate and direct". No estoy proponiendo, pues, un pensado plan de acción, sino estrategias concebidas en momentos en que aún se repiten los consejos paulinos contra la predicación de las mujeres, a quienes se encomienda permanecer calladas (I Timoteo 2: 11-12; I Corintios 14: 34-35)[144].

Ya he dicho, al comienzo del primer capítulo, que varias pueden ser las razones para que la mujer mística actúe como lo hace (y la percepción que transmita dependerá de su público: sea creyente, teólogo o crítico feminista), pero a mí me interesa estudiar aquí cómo se comporta desde la conciencia de su *puesta en espectáculo*. Indudablemente, la actuación del modelo puede incluirse en una de esas estrategias que "furnished alternatives to mainstream femininity, that is, to silence" (Newman, 1995: 3). Sin embargo, no es pertinente referirme aquí a las nuevas formas de ser mujer de las que habla Newman (7), porque lo que nos concierne es la construcción de la identidad mística, una vez inventado y fijado su imaginario, que evoluciona según las nuevas exigencias de los poderes sociales

[144] No hay que olvidar que en el siglo xiv se produjo un resurgimiento del estudio de San Pablo tanto en la teología académica como en la mística (McGinn, 2006: 184). Ya en el xvi, este argumento paulino servirá para desacreditar a Isabel de la Cruz (véase Muñoz Fernández, 1996b), y, en la segunda mitad de la centuria, lo aprovechará el nuncio Felipe Sega para lanzar una crítica contra Santa Teresa (véase Chicharro, 1999: 19-20).

y eclesiásticos. Igualmente, no me preguntaré si la duda sobre sí mismas (o sobre su actuación) tan constantemente expresada por las religiosas estudiadas aquí es sincera o se trata de una condición más del modelo: lo importante es que es un rasgo común en varias de estas místicas.

Por lo pronto, trazaremos en este libro ese nuevo modelo de mujer religiosa, reverenciada y sospechosa a la vez, que se va conformando entre los siglos XII y XVI y que resume muy bien Caciola (2003: 15):

> We know that these women exhibited a particular set of behaviors that constituted a startlingly new idiom of religious devotion. A profile of the "typical" medieval religious woman has emerged as deeply ascetic, highly ecstatic, and devoted to meditation upon the events of Jesus' life on earth. The result of such devotional practices was an experience of identification with the suffering body of the human Christ so intense that it often was said to be somatically manifested in the woman's own body. Paramystical transformations such as immobile and insensible traces, reception and stigmata, or uncontrollable fits and crying (the "gift of tears") were commonly reported of women visionaries, and were understood by them as physical side effects of their spiritual union with the divine. However, these forms of devotion inspired heated controversy as well. For this new cultural idiom –with its emphasis upon union with God through the interior penetration of his spirit into the body– provided a uniquely apt parallel to the already existing concept of demonic invasion and possession.

A partir de ese modelo sancionado, la visionaria tendrá, pues, que adquirir una serie de comportamientos para lograr una visibilidad aceptada y sustraerse del concepto de lo demoníaco. En esta tarea, la labor del hombre resultará fundamental, pues podrá dedicarse a limar las posibles asperezas de la aspirante a santa, como hacía el obispo Alfonso con Brígida de Suecia. Acabaremos este capítulo señalando entonces las condiciones primarias de la imitación (algunas de las cuales parten de la exigencia del discernimiento de espíritus, como se verá), para luego desarrollar en esta monografía esos otros aspectos bastante más complejos que hemos dicho se ponen en juego en la representación mística.

Para empezar, y como condición mayoritariamente extendida en todas las hagiografías (y no olvidemos que estas se encuentran entre "the earliest and most important ways of communicating models for the pursuit of God" [McGinn, 2006: 49]), la mística será célibe, y de este modo su vocación le permitirá adoptar características masculinas, librándola (parcialmente al menos) de la acusación de *debilidad femenina* o de corromper al hombre. Además, el celibato alterará su estatus, haciéndole ascender a una posición de potencial autoridad (Petroff, 1986b: 5; cf. Bynum, 1987: 20). La virginidad la convierte así en una especie de *mujer viril* (véase Newman, 1995: 3-7).

La castidad facilita principalmente unirse con Dios y triunfar en el mundo espiritual, por lo que varias mujeres casadas lucharán por desasirse de sus obligaciones y por alcanzar esa virtud poderosa, caso de Margery Kempe, que negocia con su marido la liberación de sus funciones de cónyuge; de Catalina de Génova, quien convence a su disoluto esposo para que se reforme, la ayude y tengan abstinencia mutua; o de Ángela de Foligno, que reza por la muerte de su familia directa[145]. También una de las figuras que, como veremos, más pudo inspirar a Sor María, su contemporánea Sor Lucía de Narni, estuvo casada y se separó de su marido para ser terciaria dominica[146]. Margery Kempe, por su parte, necesitará de Dios para que resuelva sus dudas con respecto a unos votos conyugales que parecen bloquear su pureza total: "A, Lord, maidens dance now merrily in heaven. Shall not I do so? For, because I am not maiden, lack of maidenhood is to me now great sorrow" (*The Book...*: 38). Dios le contestará reasegurándola y prometiéndole una gracia especial en el Cielo. Un desasosiego por no poder ser célibe que se traspasará, en el sermón de la Encarnación de Sor Juana, a la Virgen, a quien la terciaria franciscana presenta llena de "gran

---

145 La beguina María de Oignies y la santa Brígida de Suecia lo tienen más fácil: la primera consigue al poco tiempo de casarse un voto de castidad de mutuo acuerdo, y ambos se van a trabajar a la colonia de leprosos de Willambrouk. En cuanto a Brígida, el marido, Ulf, ingresa de novicio cisterciense tras varios hijos y años de matrimonio, aunque muere antes de acabar el noviciado.

146 Como muchos de los maridos *abandonados* de estas mujeres, que acaban abrazando también la vocación religiosa, el de Sor Lucía se hizo franciscano.

angustia" por tener que unirse a José y perder así su deseada vida de castidad (*El Conhorte...*: 236). De este modo, algunas de estas mujeres intentarán llegar a acuerdos con sus maridos para salvaguardar una forma de celibato, y pocas lamentarán la viudedad o el abandono de los hijos. Ciertamente, aunque la vida matrimonial era la vocación más frecuente en un momento en que la religiosidad seglar era bastante apreciada en Europa, el premio esperado por dejarlo todo era asegurarse el Cielo, como vimos en las palabras que en el anterior capítulo pronunciaba la virgen Cristina de Markyate. Precisamente, esta santa constituye el ejemplo más extremo de esta tendencia *antimatrimonial*, al batallar denodadamente durante gran parte de su narración hagiográfica contra un proyectado plan de matrimonio que acabaría con su promesa de castidad[147].

En cuanto a la Península, como en el caso de Ángela de Foligno o Brígida de Suecia, María de Toledo, apodada la Pobre, se siente incómoda en el matrimonio: para ella, al igual que para la italiana, la muerte de su marido constituye una bendecida liberación; por su parte, la visionaria portuguesa Beatriz de Silva también rehuirá los lazos conyugales (Graña Cid, 2000b: 122). Habrá que esperar entonces a San Francisco de Sales para ver desarrollada en Europa la espiritualidad del matrimonio: mientras tanto, el estado conyugal no es un valor positivo para llegar a la perfección, pues la vida familiar no suele contar para la fama de santidad (Muñoz Fernández, 1988: 47).

Encuadrados en esta exaltación de la castidad, debemos entender los escritos doctrinales medievales que focalizan cada vez más la virginidad de María al tiempo que hacen hincapié en su imagen de madre (véase Dalarun, 2003: 52-54); o, entrando en el terreno peninsular, el poder que la castidad tiene también

---

147 Los avatares de esta santa son especialmente interesantes en cuanto ilustran hasta qué punto en las familias se abusaba de las hijas, plenamente sometidas a la voluntad paterna. Y cómo esto las alienaba de sus progenitoras (véanse las escenas en que la madre maltrata a Santa Cristina en *The Life...*: 23-25), algo que también le pasó a Catalina de Siena, aunque en menor grado. A este asunto de la relación madre-hija volveremos brevemente en el siguiente capítulo.

en el ámbito político: en medio del proceso de santificación que, ya en su propia vida, se llevó a cabo de Isabel la Católica, la castidad (pese a su condición de madre y esposa) era la virtud destacada por muchos de los escritores contemporáneos (Gómez Moreno, 2008: 149)[148]. De todos modos, una exaltación exagerada del celibato también podrá resultar peligrosa, como se deduce de la Relación contra los alumbrados de Llerena, cuyo punto 27 les acusa de persuadir a las mujeres de que no se casen y hagan voto de castidad (véase Santonja, 2000: 391).

Por otro lado, además de su celibato, que generalmente representa una continuidad respecto a su infancia (aunque también pueda adquirirse por muerte o separación del cónyuge, como hemos visto[149]), confiere asimismo poder a la potencial santa su capacidad de recibir visiones, de sufrir arrebatos y raptos místicos y de adivinar el futuro. Esto le proporciona una voz y una categorización de *elegida*, la libera de otras labores que tenían achacadas las mujeres y le otorga fortaleza para intentar realizar reformas (como solucionar la falta de pobreza de la Iglesia), llevar la iniciativa en obras de caridad e identificarse como figura religiosa que se lanza a predicar.

Con respecto a esta última actividad, casi todas las visionarias esgrimirán un mensaje doctrinal que, si es aceptado, les permitirá dar un paso hacia la canonización, y, si no, alejarse de ella (caso de Sor Juana de la Cruz) e incluso ser condenada a muerte (Na Prous Boneta o Margarita Porete). Pero, ¿cómo podrían predicar la doctrina sin saber leer? Seguramente porque estas mujeres, aun siendo iletradas, escuchan sermones diarios, asisten a oficios, oraciones y representaciones religiosas, y están rodeadas de un arte esencialmente didáctico. Además, ya hemos dicho que muchas de ellas conocerían la vida y

---

[148] Para el modelo de religiosidad femenina fijada por esta reina se puede consultar Muñoz Fernández (1989b).

[149] En cuanto a este tipo de acontecimientos, Bynum (1987: 25, 293; 1991: 27-51) no parece tenerlos en cuenta cuando señala que las vidas de santas presentan un *continuum* sin cambios bruscos, a diferencia de los giros radicales que hacen los santos. Cf. Cirlot & Garí (2008: 32), donde se habla de la importancia de las rupturas respecto a una vida anterior en las místicas. A este asunto volveremos en el capítulo séptimo.

Reconstruyendo el modelo

la obra de las santas que las preceden, y esos serían sus principales modelos, con el apoyo de confesores que les presentarían estos personajes reconocidos. Ahí está la leyenda de María de Venecia o la *vita* de Columba de Rieti, donde sus confesores, Tommaso Caffarini y Sebastiano Perusinus, establecen paralelismos entre sus protagonistas y Catalina de Siena, a la que conscientemente parece imitar Columba[150]. Perusinus comparará asimismo a Columba con Margarita de Hungría, Inés de Montepulciano, Juana de Orvieto y Margarita de Castelo a partir de una de las actuaciones místicas que trataremos seguidamente: la de convertirse en espejos de la Pasión de Cristo mediante una levitación realizada con brazos y cuello extendidos, y una pérdida de los sentidos que Columba experimenta repetidamente (Bynum, 1987: 365 n214; véase Sorelli, 1996).

Partiendo de estas condiciones: castidad, sabiduría infusa y don místico, visionario y de profecía (que no todas las santas poseen, aunque sí se puede decir que son rasgos extendidos en la santidad femenina del Medievo), y de otras como humildad u obediencia (que en las místicas que no las cumplen serán causa, como veremos, de fracaso), analizaré en este libro las estrategias de su imitación, las cuales, si no son todas tan constitutivas como los rasgos señalados, resultan esenciales para distinguirlas como verdaderas místicas, santas o visionarias en la cultura medieval y en su herencia posterior. Nos detendremos especialmente entonces en lo que las une, no en sus diferencias, que por supuesto existen teniendo en cuenta las distintas latitudes, épocas y circunstancias personales en las que se encuadran.

---

150 El estudio de Fernanda Sorelli de la *Leyenda de María de Venecia*, mística que muere en 1399, poco después, por tanto, de Catalina de Siena (la cadena de imitaciones se inicia rápido), es sumamente interesante y demuestra cómo se modelan las vidas póstumamente para responder al paradigma de santidad, que en este caso es el establecido por la terciaria dominica. En cuanto a Columba, Zarri afirma: "Famous during her lifetime for her mystical and prophetic gifts and commonly known as «the second Catherine», Colomba of Rieti was the first of a whole parade of devout women who, inspired by Catherine of Siena's example, led religious life affiliated with the Third Order of St. Dominic".

De este modo, varias mujeres europeas comparten una devoción y una vivencia de lo divino que, dependiendo de cómo se adopten las estrategias que describiré, unas veces será considerada *extravagante* –y, por tanto, no conducirá a su canonización, sino en ocasiones a su consideración de heréticas o brujas al fin del Medievo–, y otras resultará exitosa. La representación de Sor María se situará entre las primeras, aunque las desviaciones de la norma común, en su caso, traerán difíciles, pero no tan desastrosas consecuencias. Será en el último capítulo donde pueda establecer algunas conclusiones sobre este asunto.

03. La maternidad y el deseo

Algo en lo que todos los críticos que han estudiado la espiritualidad y la mística femenina de la Edad Media han coincidido es en la importancia de la presencia del cuerpo en los escritos de estas místicas. Esta presencia se constata a través de unos discursos somáticos que denotan, enmarcados en su época, unas preferencias devocionales centradas en la humanidad de Jesús, especialmente en su nacimiento y crucifixión. Unas preferencias expresadas en clave amorosa que, en su imitación del modelo, las visionarias repetirán modificando sus ecos.

3.1. La deseada maternidad

La obra de Catalina de Siena, a quien sus discípulos llamaban "la Mamma" (Salvador y Conde, 2007: 29), contiene hermosos pasajes donde se nos refiere la relación entre el alma y un Cristo con rasgos maternales. Precisamente, será Dios quien, en su diálogo con la santa italiana, emplee imágenes de lactancia:

> El alma recibe el fruto de la quietud de espíritu, la unión lograda por la percepción de mi dulce naturaleza divina. En ella gusta la leche, como el niño reposa tranquilo en los pechos de la madre, y, teniendo en su boca la teta, extrae la leche a través de la carne. Así, el alma, llegada a este último estado, descansa en los pechos de mi divina caridad, de Cristo crucificado, es decir, siguiendo su doctrina y sus ejemplos. [...] Vosotros no podéis andar sin sufrimientos, pero con mucho esfuerzo podéis llegar a las virtudes reales; por eso, el alma se pone a los pechos de Cristo, que es la caridad, y saca de él la leche de la virtud, en la que halla la vida de la gracia, gustando en mi naturaleza divina la dulzura de todas las virtudes. Por eso es verdad que las virtudes, no siendo dulces en sí, han llegado a

serlo por estar unidas a mí, Amor divino [...]. Considera ahora, hija mía, cuán dulce y glorioso es el estado del alma que por tan gran unión ha llegado a los pechos de la divina caridad. Su boca no se siente a gusto sin el pecho, ni el pecho sin la leche. [...] ¡Oh, quién viese cómo se sacian las potencias de aquel alma! (Catalina de Siena, 2007: 228-229)[151]

En la misma línea que la italiana se moverá dos siglos después Santa Teresa en su *Camino de perfección* para explicar el amor divino:

> Y advertid mucho a esta comparación, que me parece cuadra mucho: está el alma como un niño que aún mama cuando está a los pechos de su madre, y ella, sin que él paladee, échale la leche en la boca por regalarle. Así es acá, que sin trabajo del entendimiento está amando la voluntad, y quiere el Señor que, sin pensarlo, entienda que está con Él y que solo trague la leche que Su Majestad le pone en la boca y goce de aquella suavidad; que conozca le está el Señor haciendo aquella merced y se goce de gozarla; mas no que quiera entender cómo la goza y qué es lo que goza, sino descuídese entonces de sí, que quien está cabe ella no se descuidará de ver lo que le conviene. (Teresa de Jesús, 2004: 585)

Insistirá también en esta comparación en sus *Conceptos del amor de Dios*, en una variante que encierra el mismo grado de belleza:

> [El alma] No sabe más de gozar, sustentada con aquella leche divina que la va criando su Esposo, y mejorando para poderla regalar y que merezca cada día más. [...]
>
> Porque así como un niño no entiende cómo crece ni sabe cómo mama, que aun sin mamar él ni hacer nada, muchas veces le echan la leche en la boca así es aquí, que totalmente el alma no sabe de sí ni hace nada, ni sabe cómo ni por dónde (ni lo puede entender) le vino aquel bien tan grande. Sabe que es el mayor que en la vida se puede gustar, aunque se junten juntos todos los deleites y gustos del mundo. [...] No sabe a qué lo comparar, sino al regalo de la madre que ama mucho al hijo y le cría y regala. (Teresa de Jesús, 2004: 1252)[152]

---

[151] En la vida de la santa que nos cuenta Raimundo de Capua también encontramos imágenes de Catalina bebiendo de los pechos de Cristo o de su Madre (Bynum, 1987: 172, 375 n129).

[152] Surtz (1995: 139-140) aduce este ejemplo de un Cristo maternal como muestra de que únicamente pudo Santa Teresa dar rienda suelta a una mística centrada en el cuerpo femenino en estas meditaciones, por ser un escrito de difusión cerrada, mientras que en el resto de su obra se cuidó de evitar el imaginario presente en sus antecesoras debido a los peligros que se cernían sobre las mujeres místicas. La cita anterior de *Camino de perfección*

La maternidad y el deseo

La sentimentalización de la maternidad y este "amar por vía suave" del alma-niño (Teresa de Jesús, 2004: 292) que se plantea en la escritura de Santa Catalina y Santa Teresa como punto de comparación con el amor divino será un elemento recurrente en la mística femenina. Este modo de explicación teológica se puede relacionar con la feminización de las figuras de Dios y (sobre todo) de Cristo que se dio en la espiritualidad femenina de la Edad Media, especialmente en visionarias como la anacoreta Juliana de Norwich, y que historiadores como Bynum (1982) han estudiado en profundidad. Un Dios madre, y un Cristo madre y hasta "nodriza" (véase Catalina de Siena, 2007: 86), que responden a un nuevo énfasis teológico en el estereotipo maternal[153]. La feminización de Dios tendría su primer origen en la tradición exegética que sostiene que la materia viene de la mujer, y el espíritu, del hombre (Adán y Eva vistos como espíritu y carne); y así, cuando en la Baja Edad Media se resalte la humanidad de Cristo, la carne/materia cobrará importancia en su dimensión femenina, idea que será aprovechada en la espiritualidad de las místicas (véase Bynum, 1987: 217, 294)[154]. Dios adquiere entonces las características que en

desmiente esta aseveración de Surtz, y la propia santa *defiende* este símil en otra ocasión: "esto del conocimiento propio jamás se ha de dejar, ni hay alma, en este camino, tan gigante que no haya menester muchas veces tornar a ser niño y a mamar (y esto jamás se olvide, quizás lo diré más veces, porque importa mucho)" (Teresa de Jesús, 2004: 131).

153 Para algunos críticos, este énfasis se relaciona con un entendimiento más positivo de la mujer en la sociedad medieval, pero Bynum (1982: 139-140), sabiamente, nos pone en guardia frente a asunciones demasiado fáciles que demuestran contradicciones. Por ejemplo, al tiempo que esto sucede, la Iglesia se clericaliza y vigila de manera más estrecha el comportamiento de cierto tipo de mujer religiosa, de la que desconfía, como hemos podido apreciar en el capítulo primero de esta monografía. Por otro lado, las imágenes de lactancia no siempre tendrán connotaciones igual de positivas que las que aquí presentaremos: una visión de este acto completamente burlesca y negativa aparece, por ejemplo, en un *exemplum* del *Corbacho*, donde la mujer emplea la leche de sus pechos para engañar a su marido (Martínez de Toledo, 1998: 188).

154 Según la teoría aristotélica de la concepción, mantenida por algunos científicos y teólogos medievales, la madre otorgaba al feto la materia, y el padre su forma, vida o espíritu (Bynum, 1991: 214); a partir de esta noción

el Medievo se otorgaban a la mujer como madre: es generativo, amante y tierno, y alimenta y cuida al hijo (Bynum, 1982: 131). Algunos críticos sugieren que este imaginario podría encerrar una estrategia retórica para exaltar y defender la figura de la mujer, paralela a esas revelaciones de santas contempladas en roles sacerdotales (véase Surtz, 1995: 140), aunque, como veremos, su empleo no se limitó a las visionarias. Aun así, como elevación de la condición femenina podríamos interpretar esa contemplación de Isabel de Schönau de la humanidad de Cristo corporalizada en una hermosa joven virgen sentada al sol (cf. Mazzoni, 2005: 6; Bynum, 1991: 210)[155]. También en otra

de la carne como femenina y de la *imitatio Christi*, Bynum (1987: 263) sugiere que la mujer se pudo contemplar a sí misma como símbolo de la humanidad. Contrarrestando algunos matices de la tesis de la feminización de Cristo que expone Bynum, Caciola (2003: 137), que se apoya en Steinberg (1983), aduce que al final del Medievo en las representaciones artísticas se da un mayor énfasis a la anatomía masculina de Cristo, quien aparece con un miembro viril más pronunciado. Para Caciola, el hecho de que a partir del siglo XIII se extienda la teoría reproductiva de que la carne/forma proviene de la mujer y la fuerza generativa, del hombre, no impide que se contemple la masculinidad de la humanidad de Cristo (como por otra parte comprobaremos en la segunda parte de este capítulo) ya que, si no, habría que aplicar la feminización de Cristo a todos los hombres del Medievo, pues también provienen de mujer, y, por tanto, en cuanto a poseedores de un cuerpo podrían encontrarse asimismo feminizados. Cf. Bynum (1987: 307 n3; 1991: 79-117), donde, arguyendo que Cristo-madre no está sexualizado y que su pene se relaciona más con la circuncisión que con el sexo, responde a Leo Steinberg. Por otro lado, para una discusión de las consecuencias de la visión cristiana de la mujer como cuerpo y el hombre como espíritu, véase Finke (1993).

155 En esta visión Cristo-mujer desprende una luz brillante oscurecida por el pecado, y el ángel de Isabel le explica que con esta figura Cristo deliberadamente desea ejemplificar la inclusión de la mujer en su humanidad. No obstante, muchos críticos, que hablan de esta aparición como un ejemplo de feminismo, olvidan la segunda parte: su hermano Ekbert, abad cisterciense a quien transmite sus visiones, le obliga a rectificar esta interpretación cuando le pide que considere si Cristo se puede aparecer como una mujer, lo que lleva a Isabel a *darse cuenta* de que la mujer era verdaderamente la Virgen María. Por ello, McNamara (1993: 13) aduce este ejemplo como modelo de censura impuesta a la visionaria. Por otro lado, para la idea de Cristo visto simbólicamente como femenino en lírica y prosa, véase Boklund-Lagopoulou (2000: 147-148). En esta intención feminizadora del Cristianismo pudieron participar monjas españolas como Constanza de Castilla, según trata de demostrar,

La maternidad y el deseo

visión feminizada de Cristo del sermón de la Creación de Sor Juana, la mujer sale bien parada (en cuanto a sus cualidades intelectuales):

> Por cuanto el hombre significa y representa a la persona del Padre celestial. [...]
> Y la mujer es figurada y significa a la persona del Hijo. Porque, así como la mujer es más humilde y obediente y piadosa y mansa que el hombre, así, la persona del Hijo fue tan humilde y obediente al Padre que hasta la muerte de la cruz le obedeció. [...] Y que así como las mujeres, si son discretas, son naturalmente mansas y piadosas y perdonan las injurias antes que los hombres, así nuestro Señor Jesucristo perdona muy presto [...]. Y así como la mujer tiene ingenio y agudeza, así por semejante, Nuestro Señor Jesucristo es la sabiduría del Padre. (*El Conhorte...*: 1456)[156]

Bynum (1982: 110-169) nos recuerda que asimismo otras pudieron ser las raíces de este tipo de devoción, fuertemente enraizada en el siglo XIII y desarrollada especialmente durante el XIV. En primer lugar, no fueron mujeres sino hombres quienes iniciaron el discurso maternal de lo divino: monjes cistercienses que ponen en circulación estas imágenes de Dios como madre que amamanta y acaricia en su seno a sus hijos. En segundo lugar, este tipo de lenguaje maternal se encuadra dentro de unos cambios en la piedad y teología de la Alta Edad Media. Bynum sitúa la devoción por Jesús como madre dentro de la creciente espiritualidad afectiva propiciada por teólogos

---

en una tesis tan sugerente como controvertida, Baldridge (2004). Tras un estudio paralelo a tres bandas entre Catalina de Siena, Constanza de Castilla y Teresa de Cartagena, Baldridge sacará la conclusión de que solo de las dos primeras "can truly be said to be involved in the feminization of Christianity" (2004: vi), atribuyendo ese rasgo común al hecho de su pertenencia a la Orden de Predicadores.

[156] Sobre este pasaje, véase también, Surtz (1990: 37): el investigador americano subraya la importancia de la androginia de Cristo en Sor Juana, destacando fragmentos como este: "Y todos los que me quisiéreis en Padre, en padre me hallaréis y los que me quisiéreis en madre, en madre me hallaréis, y los que me quisieren en esposo, en esposo me hallarán y los que me quisieren en esposa, en esposa me hallarán" (*El Conhorte...*: 1300; Surtz, 1990: 112-130, 150). Para la feminidad de Jesucristo y sus implicaciones eclesiales en la predicación visionaria de esta terciaria franciscana, véase Graña Cid (2009).

como Anselmo de Canterbury o Guillermo de Saint-Thierry, así como en el contexto de la ambivalencia cisterciense hacia el concepto de autoridad: entendido como corrección, pero además, y aquí entra en juego la maternidad, como protección y cuidado del otro. Bernardo de Claraval es uno de los teólogos que más frecuentemente convierte el acto de la lactancia no solo en un símbolo del amor de Dios, sino también del afecto del abad por su comunidad, respondiendo así a la necesaria formación de una nueva imagen de autoridad[157].

De este modo, desde el surgimiento en el siglo XII de una piedad emocional y lírica que focaliza la humanidad de Cristo (una piedad que, contra lo que comúnmente se ha afirmado, no es única del fin del Medievo o de la *devotio moderna*, aunque esta hizo aún más hincapié en estos aspectos), la descripción de Dios como mujer comienza a extenderse en imágenes que subrayan su accesibilidad y su capacidad amorosa. Esto llevó consigo una feminización del lenguaje religioso (sobre este asunto, véase Bynum, 1982: 129-146), centrado en torno a un Dios madre, un creador compasivo que se hace presente en el cuerpo físico de Cristo y en la carne y sangre de la eucaristía. Así, como le dice Dios a Catalina de Siena (2007: 179), Él da de probar al alma "la leche de mi dulzura y el apetito de la doctrina de Cristo crucificado"[158], y entonces las masculinas imágenes de guerra que dominaban en la espiritualidad del temprano Cristianismo (con el ejemplo de Santa Perpetua, quien sueña que es un guerrero) y de la época carolingia serán sustituidas por otras de ternura y confortación (Bynum, 1982: 139). Ahora el ideal es otro. Dios se hace a la vez padre/madre y esposo, y por

---

[157] Sin duda, donde San Bernardo hace gala de un uso más complejo de la imaginería maternal es en su homilética sobre el Cantar de los Cantares. Para estos sermones, San Bernardo podría haber bebido de Orígenes, quien comienza su comentario de esta obra bíblica empleando los términos "leche" o "carne", aunque no los aplica a una visión de Cristo como madre (véase Bynum, 1982: 128; cf. McGuinn, 2006: 6-12). Más adelante volveremos al empleo que del imaginario maternal hace Orígenes.

[158] No obstante, el alma que se encuentra en perfecta oración ya no necesita esos dones, porque ama a Dios por sí mismo y no "en atención" a sus dones, según nos matiza este interesante pasaje de *El Diálogo*.

La maternidad y el deseo

tanto le puede decir a Ángela: "Hija y mi dulce esposa" (Ángela de Foligno, 1991: 46).

A diferencia de los monjes cistercienses, las místicas no emplean la dual descripción de Dios como padre y madre para crear una nueva (y más suave) imagen de autoridad[159]. Este asunto no era relevante para el imaginario de sus revelaciones, en el que seguramente influiría más la convivencia primera (de niñas) con otras mujeres dedicadas a la lactancia y crianza de los hijos, oficio exclusivamente femenino en el Medievo. ¿Cómo expresar mejor la accesibilidad y ternura de Dios que mediante este símil?[160] A partir de este recuerdo (porque las descripciones lactantes parecen más memorias que estrategias retóricas), se fabrican imágenes de sello particular y único, que se convierten finalmente en un elemento más del horizonte de expectativas del público de estas visionarias. La única excepción, por tener un sesgo más próximo a la teología masculina, la constituyen, quizás, las visiones de Juliana de Norwich, donde Dios es una madre deseosa de ayudar pero también, si fuera necesario, de imponer disciplina, en la línea del abad cisterciense[161].

---

[159] Seguramente porque, a diferencia de los hombres, no delimitan tan distintivamente las funciones de cada sexo (Bynum, 1987: 282): por poner un ejemplo, el único momento en que Hadewijch emplea una clara distinción entre el padre como imagen de autoridad y disciplina y la madre como ejemplo de cuidado y afecto es precisamente cuando toma prestada esa dicotomía de un autor masculino, Guillermo de Saint-Thierry (Bynum, 1987: 414 n12). No obstante, esto no quiere decir que las visionarias no vean en Dios a un padre con autoridad, pero la reelaboración de este concepto no era una necesidad crucial para unas místicas que se sienten tanto alumnas como profesoras, tanto seguidoras como líderes (Bynum, 1982: 159). Un ambivalente sentimiento que explica la dependencia que viven con respecto a sus confesores y consejeros, que las guían espiritualmente y ante quienes tienden a ser dóciles y humildes (con excepciones, como la de Margery Kempe).

[160] Como se ha señalado, de aquí podríamos sacar nuestras conclusiones sobre la noción de maternidad y la actuación de la *madre* en el Medievo, que, en el fondo, no ha cambiado mucho en nuestros días, cuando aún se la asocia con la compasión o la dulzura.

[161] Precisamente, según Bynum (1982: 168) el tema de la maternidad de Dios "is a minor one in all the writers of the high Middle Ages except Julian of Norwich". Habría que matizar, de todos modos, que la existencia de Juliana, que vive entre 1342 y 1416, pertenecería más bien al Bajo Medievo.

Aun así, Juliana comparte con otras místicas su contemplación de Cristo como la madre de todos, un Cristo que entra en el vientre de María con el objetivo de confortarnos y que incluso, en su cualidad maternal, supera a la Virgen. En esta sofisticada noción de su maternidad, Jesús es fértil durante su acción salvífica al proporcionar a los fieles un nuevo nacimiento a través de la cruz (cf. McGinn, 2006: 239), de modo que la maternidad no significa en Él solo amar y alimentar, sino también crear y salvar (véase Bynum, 1991: 96-97).

> Thus oure lady is oure moder, in whome we be all beclosed and of her borne in Crist. For she that is moder of oure savioure is mother of all that ben saved in our saviour. And oure saviour is oure very moder, in whome we be endlesly borne and never shall come out of him. [...]
>
> Thus Jhesu Crist, that doth good against evil, is oure very moder [...]. As verely as God is oure fader, as verely is God oure moder. [...] And thus is Jhesu oure very moder in kind of oure furst making, and he is oure very moder in grace by taking oure kinde made. (Juliana de Norwich, 2006: 305, 309-311)[162]

Juliana de Norwich (2006: 313) desarrolla también una teoría de Dios-Cristo como madre de cuyos pechos todos bebemos, y que no quiere que sus hijos mueran. Un Cristo-madre que cuida y alimenta a sus hijos, a quienes ha llevado incluso en su vientre como una mujer embarazada (313, 321). Propone entonces un nuevo tipo de relación con Dios sustituyendo el rezo del Padre Nuestro por otro más particular:

> So will he that we done as the meke childe, seyeng thus: "My kind moder, my gracious moder, my deerwothy moder, have mercy on me. I have made myselfe foule and unlike to thee, and I may not nor canne amende it but with thine helpe and grace." And if we feele us not than esed as swithe, be we seker that he useth the condition of a wise moder. (317)

Al final, Cristo ya no es solo madre por analogía con el parto en la cruz, sino también en el seno de la acción trinitaria

---

[162] Cito de la edición de Watson y Jenkins señalada en la bibliografía, que respeta el inglés antiguo. Cf. Petroff (1986a: 279), que recoge una idea parecida formulada por Margarita de Oignt en una de sus meditaciones, donde califica a Cristo como su verdadera madre "and more than my mother" porque, mientras su madre le dio a luz en un día concreto, Cristo vive en la cruz un parto más difícil y largo con la humanidad entera.

sobre el mundo: en la creación, redención y glorificación final. Desde una perspectiva semejante, Margarita de Oignt, en una de sus meditaciones, considerará que Jesucristo es la madre auténtica porque toda su vida es como un embarazo, y su muerte en la cruz, el parto; y Beatriz de Nazaret comparará también el sufrimiento de Cristo crucificado con el de una mujer al dar a luz (véase Cirlot & Garí, 159-161, 258-259, 279; cf. Bynum, 1987: 266, 1991: 205-206). De esta idea provendrá la iconografía medieval de la Iglesia saliendo del costado de Cristo, como en un parto, donde, una vez más, se enfatiza así la feminización de Jesús: no solo estará formado por carne y materia que provienen de la mujer, sino que su propia carne actuará como la del género procreador: sangrará, alimentará y dará a luz (véase Bynum, 1991: 101, 215).

Al mismo tiempo, en esta exaltación de la maternidad espiritual podremos encontrarnos unas visiones distintas de las comentadas hasta ahora, las de un Jesús lactante antes que madre: unas visiones que no convencerán al teólogo Alberto Magno, poco comprensivo con la devoción femenina y que también se opondrá a la comunión diaria de las mujeres (Bynum, 1987: 85)[163]. Pese a estas críticas, el recuento de estas imágenes basta para reseñar su éxito. Se puede decir que a finales del siglo XIV Cristo es, tanto como el crucificado, el niño divino que se pasea por los claustros de los monasterios femeninos, donde podemos encontrar incluso cunas[164]:

> Una monja de Adelshausen no cesó de gemir de día y de noche durante años, inconsolable por no haber encontrado nunca más al niño

---

[163] Hay que recordar que en 1272 Alberto Magno había escrito un tratado escolástico sobre la llamada herejía del Ries, en la cual las "mujeres religiosas" supuestamente abrazaban teorías panteístas y traducían sus experiencias místicas de Cristo en tonos de dudosa ortodoxia (Cirlot & Garí, 2008: 101). Por otro lado, y en una línea parecida, David de Augsburgo consideraba que algunas visiones femeninas "were merely indulgence of erotic «ticklings»", y Tauler avisaba de que, aunque Dios se podía aparecer a las mujeres piadosas, las visiones no debían ser la manera normal de relacionarse con Él (Bynum, 1987: 86, 241).

[164] Para profundizar en la espiritualidad del Niño Jesús entre monjas véanse, por ejemplo, Rublack (1994) y, en el campo del arte, Hamburger (1998), quien argumenta que arte y textos funcionan de modo distinto.

que había visto una vez. Más afortunada, Umiliana dei Cerchi conserva durante largo tiempo el recuerdo alucinado de la visita del *bambino*. E Inés de Montepulciano se niega por las buenas a devolverle a la Virgen el recién nacido que esta le ha confiado durante una hora; conservará de la aventura una crucecita que el niño llevaba al cuello. La identificación con la Virgen, gracias a los solícitos cuidados prestados a simulacros reales, muñecos de madera o de estuco, o a criaturas de ensueño, halla su fuente en una enseñanza devocional basada en la participación en la historia bíblica. El contacto visual con las imágenes sagradas transmuta, mediante una manipulación imaginaria, las frustraciones de algunas jóvenes monjas. Margaretha Ebner tenía en su celda una cuna, imaginando a un Niño Jesús que se negaba a dormir a fin de que ella lo tomara en sus brazos. (Braunstein, 2001: 640)

Hay que recordar también que fue una mujer, María de Oignies, quien inventó el belén, y muchos de los nuevos objetos devocionales de los siglos XIV y XV que sentimentalizan al Niño Jesús o la relación Madre-Hijo fueron pagados por patronas o comunidades de mujeres (Bynum, 1991: 56). Esta costumbre de establecer un simulacro-reproducción de la maternidad de la Virgen, más allá de ejercicios visionarios, se extiende desde fines del Medievo al siglo XVII, cuando se funda una fraternidad para cuidar, lavar, acunar y acariciar al muñeco de Cristo-niño (Surtz, 1995: 60-61), pues este tipo de devoción no solo afectó a las místicas[165].

Podemos imaginarnos la interacción de María de Ajofrín con una de estas esculturas del Niño (la que estaba en el altar de la Virgen de su beaterio) como una muestra de la piedad afectiva diaria que desarrollarán muchas religiosas de la época (claro que la escultura no haría siempre esos movimientos milagrosos...):

> Tenía el niño vna ropita larga, que le auian hecho las Religiosas. Traxosele, y tomole ella con grandissima deuocion; pusole encima del libro, y alli le estaua adorando con grandissima ternura, derramando gran copia de lagrimas a sus pies. Fue la santa a cabo de vn grande rato a alçar la ropilla pa [*sic?*] bessarle los pies, y el Niño alço el pie como si fuera viuo, para que pudiesse bessarselo: bessosele ella con grandissima

---

[165] La hallamos, por ejemplo, en Constanza de Castilla (1998: 4), quien en su *Oración sobre la Vida y Pasión de Cristo* nos ofrece, en una descripción tierna del capítulo segundo, la visión de Jesús "puesto en el pesebre sobre seno resfriado chiquito en poca ropa enbuelto".

ternura, y quedose el pie ansi alto, que jamas se torno a baxar [...]. (Sigüenza, 1909: 376)

Se podrían señalar otros muchos ejemplos de la relación de las místicas con un Cristo-niño de carne: a la misma María de Ajofrín la Virgen le pasa a su hijo para que, envuelto en un paño plateado, busque con él asilo por Toledo (Sigüenza, 1909: 359-360)[166]; y el biógrafo de María de Oignies, Jacobo de Vitry, nos relata cómo esta visionaria hace descansar a Jesús entre sus pechos, como a un bebé, besándole de cuando en cuando mientras lo sostiene en su regazo[167]. Liduvina de Schiedam y Gertrudis de Delft o Gertrudis van Oosten sienten tal deseo maternal por el Niño Jesús que fluye leche por sus pechos (Bynum, 1991: 190), y a esta última se le llenan de tal modo los senos cuando medita sobre la Natividad que el demonio se le aparece como un niño sollozante[168]. Por su parte,

---

166 No obstante, para Surtz (1995: 76-77) María de Ajofrín no destaca por su vivencia de la maternidad, que, según él, es más bien fría. Habría que matizar este aserto, contradictorio con la intensa relación/identificación con la Virgen que mantiene la beata y con sus muchas visiones de Cristo-niño, además de con su vivencia del Sacramento como un pequeño cordero vivo (que veremos en el capítulo quinto).

167 "Sometimes it seemed to her that for three or more days she held Him close to her so that He nestled between her breasts like a baby, and she hid Him there lest He be seen by others. Sometimes she kissed him as though He were a little child and sometimes she held Him on her lap as if He were a gentle lamb. [...] Thus he showed Himself at the Nativity as though he were a baby sucking at the breasts of the Virgin Mary or crying in His cradle, and then she was drawn to Him in love just as if He had been her own baby" (reprod. en Petroff, 1986a: 182).

168 También Cristina la Maravillosa llegará a lactar y levitar en el encuentro místico con Cristo (Bynum, 1991: 236). Este deseo de dar de mamar a Cristo-niño se puede relacionar con la cualidad cuasi-sacerdotal de alimentar a los otros que muestran muchas de estas mujeres, aspecto que trataremos en el capítulo quinto (Bynum, 1987: 123): precisamente, en su estudio Bynum muestra varios ejemplos artísticos de santas alimentando a personajes históricos. Para una crítica de la supuesta reducción de la mujer a su función reproductora y maternal en esta monografía de Bynum (1987), cuyo método estructuralista se critica, véase el agudo artículo de Biddick (1993; especialmente, 397-401), quien contextualiza las ideas de Bynum en una concepción de la "historical fantasy of the feminine as maternal" (416). Cf. Wiethaus, 1991: 40.

Margery Kempe, que ya había recibido la gracia de cuidar en sus visiones a la Virgen María de niña (tras pedirle permiso a Santa Ana, su madre) "with good food and drink, with fair clothes and white kerchiefs", tiene luego la oportunidad (con imágenes igual de hermosas que muestran la crianza cotidiana de un bebé) de "swaddle her son when he was born [...] with bitter tears of compassion, having in mind the sharp death that he should suffer" (*The Book...*: 15)[169]. Esta unión del Nacimiento con la Pasión (que apreciamos en ese muñeco del Niño Jesús que poseía al parecer Constanza de Castilla, colgando de una cinta del cuello con la insignia de la Pasión [Surtz, 1995: 60]), y el énfasis en el papel compasivo y consolador femenino se repetirá en lecturas y representaciones litúrgicas, donde se nos muestran en el pesebre los signos de la cruz[170]. Así, la Virgen de Sor Juana consuela a su circuncidado niño, que viene hacia ella desnudo, llorando y sangrando como un anticipo de su suerte futura, "y ella lo envolvió y curó derramando muchas lágrimas y le halagaba dándole a mamar" (*El Conhorte...*: 295).

Otro ejemplo de sentimiento maternal lo encontramos en Santa Gertrudis de Helfta, quien en una revelación experimenta un instante de fusión con la Madre de Dios, hermosamente descrito.

> En la noche secretísima, en la que los cielos destilaron por todo el mundo el dulce rocío de tu divinidad [...] la Virgen dio a luz a un Hijo, Dios y hombre verdadero, y conocí, como en una rápida y momentánea visión, que lo presentaban a mi alma y que ella recibía en el lugar en donde se encuentra el corazón un Niño tierno recién nacido [...]. Mientras lo tenía en mi alma, repentinamente pareció que [mi alma] se mudaba

169 Cf. *The Book...*: 152, donde la Virgen muestra a su Hijo Jesús a Margery Kempe, envuelto en un pañuelo blanco. También el Libro de Margery ofrecerá un ejemplo del Jesús maternal de Juliana de Norwich, cuando esta ermitaña a la que visita le dice: "Daughter, you suck even on Christ's breast" (*The Book...*: 14). Por otro lado, la identificación maternal de Margery con la Virgen se extenderá, como en tantas místicas, a la Pasión (véase, sobre esto, Garí, 2001: 71-73).

170 En cuanto a la condición compasiva de la mujer, será lo que espere el propio Dios-hombre de Margery: "When you weep and mourn for my pain and for my passion, then you are a true mother to have compassion of her child" (24).

en el mismo color que Él tenía, si se puede llamar color lo que no puede compararse con ninguna figura visible. (Gertrudis de Helfta, 1999: 59)

Y en otra ocasión expresa una vivencia parecida, un fenómeno que se repetirá en años sucesivos y que es descrito en un bellísimo texto dirigido directamente a Cristo:

> El día de tu sacratísima Navidad, yo te tomé en el portal, tierno niñito envuelto en pañales, impreso en mi corazón, con el fin de coger para mí un manojito de mirra de todas las amarguras y necesidades de tu niñez y ponerlo en mi pecho para que, estrujándose el racimo de tu divina suavidad, propinara un regalado licor a mis entrañas. [...] El año siguiente, en efecto, el mismo día, durante la misma *Dominus dixit* (la de medianoche), te recibí del seno de tu madre virginal bajo la forma de un niñito eternamente tierno y delicado, que guardé un rato sobre mi pecho [...]. De alguna manera puse todo mi empeño y esfuerzo en abrazarte con amorosa ternura [...]. Finalmente, apareció más claro que la luz que no puedes detener la abundante corriente de tu dulzura, porque al año siguiente, en la misma sacratísima fiesta de tu Nacimiento [...], tu madre inmaculada me entregó con sus manos sin mancha a ti, Hijo suyo virginal, amable niñito, y parecía forcejeabas cuanto podías por venir a abrazarme. Y yo, ¡ay de mí!, aunque indigna te recibí, niño tierno, y apretabas tus pequeños brazos a mi cuello y del aliento de tu dulce respiración me sentía fortalecida [...]. Procurando tu beatísima madre envolverte en los pañales de la infancia, pedía con todo mi corazón que me escondiera contigo, para que ni por medio de un delgado pañal te separaras de mí, pues tus abrazos y besos aventajan a los panales de miel y así parecía que eras envuelto en blanquísima sábana de inocencia [...]. (Gertrudis de Helfta, 1999: 70-73[171])

También en un nuevo conmovedor ejemplo, Ángela de Foligno recibe, como sabemos hará años más tarde María de Ajofrín, al Niño Dios de manos de la Virgen:

> Y la Virgen dio al alma gran certeza de sí y tendiendo hacia mí a su Hijo, dijo: "Recíbelo, oh enamorada de mi Hijo". Y mientras hablaba extendió sus brazos y puso entre los míos al Hijo suyo que tenía los ojos cerrados, como si durmiera: estaba envuelto en pañales y en fajas. [...] A menudo dirigía mis miradas para contemplar al Niño, al que estrechaba entre mis brazos [...]. Y de improviso, el Niño quedó completamente desnudo entre mis brazos, abrió sus ojos, los alzó y me miró. [...] Acerqué mi rostro a su rostro hasta posar mi mejilla en su mejilla. Y fui penetrada por un fuego al ver que se abrían y se alzaban los ojos de Aquel que había quedado desnudo entre mis brazos. (Ángela de Foligno, 1991: 232)

---

171 Suprimo las referencias bíblicas (que aparecen acompañando algunas frases, entre paréntesis) de la edición manejada.

Este texto es una muestra más de esa vía mariana para vivir la experiencia maternal (metafórica o místicamente) que encuentran las visionarias[172]. Hay que recordar que si María era al comienzo de la Edad Media una mediadora entre las almas y Dios, representada como Reina de los Cielos, desde el siglo XII su importancia se acrecienta y su imagen esculpida pasa a ser de manera generalizada la de una madre sosteniendo a un niño[173]. La Virgen se convierte así ante todo en madre de Cristo-niño, y en esta calidad será constantemente resaltada, aunque luego sus caricias maternales las pueda extender a otras almas de adultos convertidas en niños. De este modo, Brígida de Suecia, para convencer a Gregorio IX de que lleve el papado a Roma, le comunicará en una carta que la Virgen desea levan-

---

[172] No obstante, la relación con la Virgen no siempre es fluida para visionarias como Santa Gertrudis. En un momento dado, Gertrudis teme haber caído en desgracia ante la Madre de Dios hasta que el Señor le muestra que esta puede tener celos de la devoción única que siente hacia Él. También otras místicas como Cristina de Markyate o Isabel de Schönau ven cómo la Virgen desvía su mirada de la de ellas para indicarles que desea que se comporten de manera distinta y no olviden la devoción que le deben (*The Life...*: 26; para Schöanu, véase la reproducción de un fragmento de sus *Visiones* en Petroff, 1986a: 163). Quizás por esta relación ambigua las visionarias se refieran menos frecuentemente a la Virgen María que los monjes, y se concentren más en el Cristo niño o adolescente, según Bynum (1982: 173); cf. Bynum (1987: 269), donde sostiene que la devoción a la Virgen tiende a ser un preludio de la del Niño Jesús (véase también 317-318 n57 y 409 n45). Pero, aunque, como dice Surtz (1995: 52), las mujeres se identifican más con Cristo y su humanidad sufriente (y femenina) que con su madre, parece claro que en la exaltación mística de la maternidad tienden a volver su mirada a esta, a su papel tanto en los momentos del Nacimiento como en los de la Pasión. Cf. Petroff (1986b: 19), para quien las místicas otorgan a María un papel central, "with attributes that relate her to more ancient Great Mother divinities".

[173] Su labor intercesora había adquirido un carácter éticamente irracional: bastaba con rezarla para convertirse en sus favoritos y ser defendidos o salvados por ella aun sin el arrepentimiento o la penitencia necesarios (véase Bynum, 1982: 137, o, para un ejemplo español, su papel en las *Cantigas de Santa María*). Por otro lado, en cuanto a las esculturas marianas, esta forma de arte ayuda a los fieles del Medievo a memorizar los misterios y a imprimirlos en la memoria, de modo que no les pase como a Aldobrandesca de Siena, quien se entristece porque una visión del infante Jesús se le desvanece justo cuando va a abrazarle tras mucho desearlo, y luego no consigue recordar cómo era ni retenerle en su imaginación (véase Frugoni, 1996: 137).

La maternidad y el deseo

tarle de la tierra "como a un niño desnudo y tembloroso de frío" que llora desconsoladamente por el deseo de caricias, además de calentarle con su pecho y de nutrirle con su leche: si bien, para recibir esas delicias maternales, tiene que obedecer e ir a Roma (Giovetti, 1999: 105).

Precisamente, la santa sueca nos ha legado una de las más bellas imágenes del parto de la Virgen: un parto rápido, sin dolor, del que se recupera al instante perdiendo su vientre hinchado, que se vuelve "fino y de maravillosa belleza" (Giovetti, 1999: 117; cf. Frugoni, 1996: 148)[174], como el parto sin derramamiento de sangre o de explícita apertura corporal que describe, por ejemplo, Sor Juana de la Cruz (*El Conhorte...*: 1999: 261); o la limpia salida de Cristo del vientre materno en el texto de Isabel de Villena (1986: 34), la *Infancia Salvatoris*, la versión castellana de las *Metitationes vitae Christi* y la *Vida de Jesucrist* de Eiximenis, obras sobre las que volveremos en el capítulo próximo (véase Cátedra, 2005: 569-572, 577-578, cf. 495-496)[175]. Tanta fama tuvo la visión de Brígida que no está claro si sus meditaciones sobre el Niño Jesús influirán en las pinturas de la época que representaban el Nacimiento o viceversa (Friedman, 1996), y lo mismo sucede con su revelación de la Pasión[176]. Esta

---

[174] Un tupido velo se corre sobre el momento *más concreto* del parto por esa rapidez del acto señalada: "no pude observar ni distinguir exactamente de qué manera y con qué parte del cuerpo parió ella", dirá Brígida (reprod. en Giovetti, 2004: 117). Sobre esto, véase también Selman (2000: 72-73), donde se nos muestra que en el tratado *Speculum devotorum* (siglo XV) esta descripción del Nacimiento por parte de la santa sueca es un trabajo conjunto entre ella y la Virgen María (a este texto volveremos en el capítulo sexto). Por otro lado, la obsesión con la visualización del parto la podemos encontrar también en una mística como Margarita de Castelo, quien, aunque estaba ciega, tenía siempre en su mente la alumbración de Cristo por parte de la Virgen (Frugoni, 1996: 139).

[175] También María de Ajofrín tendrá una visión del Nacimiento y de la Adoración de los Reyes (Sigüenza, 1909: 369). Lo cierto es que no solían faltar en las vidas de las místicas las experiencias del principio y el fin terrenal del Salvador.

[176] Las visiones de Brígida se acercan a la pintura en su detallismo y concreción plástica. Por ejemplo, se pueden aducir las gráficas descripciones de escenas de tortura en su visión del Infierno, donde proliferan los cuerpos deformados. Su obsesiva y enfática manera de enfocar de cerca las figuras

ambigüedad se encuentra en más visionarias: la devoción y el arte, tanto en la vivencia de la maternidad como de la Pasión de Cristo, se mezclaban prestándose sus imaginarios: ahí está la conversión de María de Ajofrín mientras observa una pintura de la Virgen con el Niño o la visión de Gertrudis de Helfta de una María embarazada que probablemente se inspiró en el grupo escultórico de la Visitación del convento de Katharinental (Surtz, 1995: 69; Bynum, 1991: 198)[177]. Pero en las revelaciones de la maternidad de María o de Cristo influirá también, probablemente, la tradición visionaria de las místicas (cf. Cirlot & Garí, 2008: 161).

En medio de esta imitación maternal, y de la importancia de la actuación mariana, las visionarias recrearán con sus cuerpos la experiencia gestacional de la Virgen. Así, varias mujeres, como el Cristo de Juliana de Norwich, vivirán una suerte de embarazo psicológico a la par que María, y algunas sufrirán incluso un crecimiento del útero al llevar dentro a un Cristo que se asemeja, en el milagro, a un feto vivo, a quien Dios desea que se dé a luz en el alma de la mujer. Incluso alguna visionaria clamará tener dentro un Niño Jesús que se mueve, unos movimientos fetales de los que otorgará fe su director espiritual (Caciola, 2003: 61): recordemos el caso de Santa Brígida mencionado en el capítulo primero. Es también la experiencia de Dorotea de Montau, apasionada devota de la eucaristía, quien desarrolla repetidamente un tipo de embarazo físico y místico antes de tomar la comunión[178]; o de Ida de Lovaina, quien *se*

---

podría compararse con la pintura y la escultura de la Baja Edad Media, sobre todo las de los países del norte de Europa.

[177] Según Ziegler (1993), la Iglesia apoyaría este imaginario maternal estimulándolo sutilmente mediante el arte iconográfico, que se convertirá, por ello, en un modo de control sobre las místicas.

[178] La idea de llevar a Cristo en el vientre como una embarazada aparece en diversos tipos de texto: Boklund-Lagopoulou (2000: 144-145) nos muestra versos medievales ingleses en los que se recoge esta imagen, que también aparece en otras obras de la época como *Book to a Mother* o el eremítico *Ancrene Wisse*. Un caso paralelo es el habitamiento del Espíritu Santo dentro del corazón, como le sucedió a Ida de Lovaina. Cf. Bynum, 1987: 236: "women saw their act of receiving, of eating, as pregnant with salvation".

La maternidad y el deseo

hinchará con la eucaristía (Bynum, 1987: 136; 1991: 44, 146). Este embarazo del Niño Jesús muestra la esencial corporeidad de la devoción femenina, la incorporación literal de lo divino, lo exterior reflejando lo interior, la marca hagiográfica a la que nos referiremos en más ocasiones.

> In sum, the external body was regarded as a fluid representation of the individual's internal state, a highly expressive material aggregate of her spiritual transformation. From the medieval perspective, the somatic miracles so frequently reported of such women merely made visible a hidden truth: the Holy Spirit dwelt within that body. (Caciola, 2003: 63)

Pero también la visionaria puede proyectar su vivencia gestacional al mundo exterior, como le pasa a Angela de Foligno (1991: 79; cf. 56), que siente que el universo está *embarazado* de Dios, una divinidad que, como el niño en el útero de la madre, llena todo. El embarazo se evoca así como la conexión entre Dios y el mundo (véase Mazzoni, 2005: 93).

No obstante, no solo en la devoción femenina de la Baja Edad Media encontramos la visión de un Cristo que se incorpora al alma individual como el feto a las mujeres que se embarazan. Se trataba en el fondo de un símil que provenía del pensamiento patrístico, aunque será el Maestro Eckhart el que le otorgue el mayor empuje: se habla así del nacimiento de la Palabra (dentro de la Trinidad) en el alma del hombre: de un Cristo que nace en el corazón de la Iglesia o de cada fiel devoto, quien será a la vez amante y madre del Salvador, según declara Origen. En su Comentario sobre Mateo, este afirmará que toda alma virgen e incorrupta invadida por el Espíritu Santo es la madre de Jesús. Y ya en el siglo XII místicos como Ruperto de Deutz abordarán explícitamente esta metáfora para explicar la exégesis bíblica, convertida en un modo de embarazo espiritual en el cual el monje, cual una nueva Virgen, da a luz al preciado objeto, al significado cristológico del texto bíblico. También Guerrico, el abad cisterciense de Igny, parece fascinado por imágenes de embarazo y de matriz femenina: y así los monjes deben aspirar, según él, a parir a Cristo en su alma durante su vida terrenal, y después en sus cuerpos cuando venga la resurrección (véanse McGinn, 2006: 402-403; Bynum, 1982: 120-122)[179].

Así pues, las mujeres no fueron las únicas que imaginaron llevar a Cristo dentro del útero como a un feto sagrado, aunque, eso sí, en sus discursos esta imagen es más recurrente y somática, como parte de su identificación con la figura de la Virgen. Esto último es algo que se puede apreciar en las representaciones litúrgicas del Nacimiento de Cristo, desarrolladas sobre todo en los conventos. En algunas de ellas, que podían transformarse en pantomimas danzadas cercanas a las pastoriles, las monjas terminan representando a una tierna y alegre Virgen que canta nanas a su niño nacido (véase un ejemplo en Cátedra, 2005: 303). También en su oración a los tradicionales gozos de la Virgen, en los cuales, según Surtz (1995: 59-60), Constanza de Castilla enfatiza de manera original la labor maternal de María, aparece un séptimo gozo que engloba este imaginario conventual: "Señora María, te demando por el gozo que tú reçebiste con el Fijo de Dios, tratándole en forma de chiquito, enbolviéndole, faxándole, mamantándole, falagándole, arrullándole, besándole commo verdadera madre" (Constanza de Castilla, 1998: 82-83).

En el *Cancionero de Astudillo*, descubierto y editado por Pedro Cátedra y que sin duda es representante de un tipo de "ceremonias" acostumbradas en los conventos, encontramos asimismo varias canciones dedicadas a la Virgen y a la maternidad, donde se anima a las religiosas a sentirse partícipes de los sentimientos de María, quizás con el objeto de estimular la actividad contemplativa: "la Virgen ¿qué sentía/por el Niño?",

179 La metáfora la lleva Guerrico hasta límites insospechados: "I behold that by your gift you make pregnant not just one, but unnumbered souls of the faithful with such a noble offspring. Protect your work, so that not one of them may abort the divine child they have conceived and expel it dead or disfigured" (reprod. en McGinn, 2006: 406). Bynum (1991: 146) señala el caso de un sacerdote que vive una suerte de embarazo durante la consagración. Para una discusión sobre la finalidad de estos "symbolic reversals", es decir, del hombre que adquiere características femeninas o de la mujer que se atribuye funciones masculinas (en el capítulo primero vimos a místicas arrogándose labores sacerdotales), véase Bynum (1987: 279-281).

La maternidad y el deseo 141

se preguntará una de las coplas (Cátedra, 2005: 221, cf. 271)[180]. Pero las más interesantes composiciones para lo que aquí nos concierne son la X y XI, donde las religiosas asumen la voz de la Virgen. Especialmente hermoso es, en este sentido, el estribillo de "Alia cantica", la número XI del *Cancionero*, donde las monjas, como las místicas mencionadas, podrán también sentirse embarazadas[181]. Lo reproduzco junto con la primera estrofa, en la cual Cristo se convierte a la vez en hijo y amante:

> *Preñada soy, preñada,*
> *de un alto Enperador,*
> *amada e guardada*
> *de Dios, el mi Señor.*
> Como fuese donzella
> de linaje rreal,
> graçïosa e bella,
> a Dios syenpre leal,
> su Fijo e su ygual
> prisome con amor;
> en el mundo non ay
> atán lyndo amador.
> (Cátedra, 2005: 242-243; cursivas de la edición)

Estas canciones tenían sin duda una enjundia teatral, "no solo por su relación con la homilía dramatizada que estaba presente como lectura en el oficio de maitines, sino por la relación con los monólogos dramáticos en los que la Virgen da su versión de los hechos" (Cátedra, 2005: 327); y, seguramente, esta naturaleza dramática favorecería la identificación mencionada entre la religiosa y la Madre celestial, que también se

---

180 Para la dependencia de este *Cancionero* de obras como la *Infançia Salvatoris* o la traducción de la *Vida de Jesucrist* de Eximenis, a las que volveremos en el siguiente capítulo, véase Cátedra (2005). Los apéndices que adjunta su libro, con reproducciones de fragmentos de dichas obras en las que las monjas pudieron inspirarse para la asunción de las voces y opiniones de María y José, son sumamente útiles y sugerentes.

181 Responsorios como los que figuran en el manuscrito editado por Cátedra se recitarían seguramente en procesiones desarrolladas en el interior de los conventos o en los maitines. Cátedra señala cómo varios de estos textos (y especialmente se refiere a los relacionados con la Anunciación) mezclan los relatos evangélicos con la tradición apócrifa (véase Cátedra, 2005: 188, 319).

daba, como hemos visto, en el acto de la lactancia, un acto con el que tanto Cristo como la Virgen o la mística contrarrestan la relación de autoridad con el Padre. La única diferencia que se establece entre estos diversos cuidadores es el objeto del cuidado: mientras que Cristo/Dios amamanta a sus fieles y amados (ya hemos visto al comienzo de este capítulo dos sugerentes textos de Catalina de Siena y de Santa Teresa), las visionarias dan de comer al bebé-Cristo, y la Virgen, por su parte, alimenta a todos de sus pechos: al Hijo y a los fieles.

No obstante, desde los siglos XIII y XIV, junto con un mayor énfasis en la Pasión y en la eucaristía (y por tanto, en el pecado y en el padecimiento-sacrificio de Jesús), el parto de Cristo-Madre que hemos mencionado anteriormente comienza a cargarse de dolor físico (a diferencia del de la Virgen, como prueba la visión de Brígida de Suecia comentada), y la lactancia conllevará sangre –en la teoría médica medieval la leche del pecho materno es su sangre procesada. Estas visiones de Cristo pariendo en los estertores de la crucifixión o dando de beber la sangre de su costado son imágenes más oscuras que las que lo presentaban gestando o amamantando, y vienen a ser cada vez más numerosas en el Bajo Medievo, cuando la crucifixión y el sufrimiento se convierten en motivos obsesivos de una devoción que roza lo macabro (cf. Bynum, 1991: 158).

Así, encontramos imágenes de Cristo ofreciendo su costado a una santa como Ángela de Foligno (1991: 32; cf. Petroff, 1994: 215), que sorbe la sangre que brota viva y purificante de su herida; a Gertrudis de Helfta (1999: 172) recibiendo una cena sabrosa mientras se alimenta de igual forma (véase también Bynum, 1982: 151-153); y a Osanna de Mantua, mística del siglo XVI, tratando de esconderse durante sus raptos en ese costado sagrado, donde depositará sus labios y desde donde se verá inundada por ríos de sangre (véase Zarri, 1996: 239). También en la misma centuria, en un sermón de Sor Juana la llaga de Cristo se abre para que mane de él "una caño de agua muy clara y olorosa; y, por semejante, caía en todos los cálices y tazas, y aguaba el vino y templábalo" (*El Conhorte...*: 343; cf. 116; Bynum, 1991: 102-108).

La maternidad y el deseo 143

   Este alimenticio costado, que aparece en el arte plástico abierto como un gran ojal, y que será contemplado largamente por Lutgarda de Aywières (véase Cirlot & Garí, 2008: 193), será ofrecido por Jesús tanto para la lactancia[182] como para el beso —hemos visto el caso de Osanna—, estableciendo en el ósculo distintas jerarquías en las que las místicas suelen sentirse privilegiadas (véase Ángela de Foligno, 1991: 175, cf. 178; cf. Juliana de Norwich, 2006: 201-202, 313[183]). Es la renovada feminización de un Jesús que actúa en paralelo con su Madre (a quien cada vez se parece más en este tipo de imágenes, con quien se podrá fundir), pues en la visión de Ángela la Virgen también a todos "besaba sobre el pecho, a algunos más, a otros menos; y a otros, además de besarlos, los apretaba entre sus brazos" (1991: 179), como si los absorbiera dentro de su seno[184].

   182 Ahí está el ejemplo del sermón sobre las Diez Vírgenes de Sor Juana, donde los bienaventurados "ponían las bocas en todas aquellas sagradas llagas [...] y se hartaban con tan gran dulcedumbre, como los niños cuando están mamando y les viene a su madre muy abundosamente la leche en tanto que los niños no paladean, mas abren las bocas y tragan la leche muy suavemente, en tanto que sus madres no sienten si maman ni si no. Y dijo el Señor que, así como los niños cuando están mamando con mucho sabor y deleite se caen dormidos algunas veces con la dulcedumbre de la leche, así, por semejante, todos los bienaventurados santos y santas, estando hartándose y recreándose de aquellas dulcedembres y manjares incomprensibles y divinos, a deshora, cayeron todos dormidos" (*El Conhorte...*: 1300; cf. Surtz, 1990: 116-117).
   183 En un pasaje escrito por Juliana encontramos una descripción particularmente hermosa de este motivo donde se establece una comparación con las madres terrenales: "The moder may ley her childe tenderly to her brest. But oure tender mother Jhesu, he may homely lede us into his blessed brest by his swet, open side, and shewe us therein perty of the godhed and the joyes of heven, with gostely sekernesse of endlesse blisse" (Juliana de Norwich, 2006: 313). También hay otro pasaje poéticamente evocador, con un Jesús que conduce a la criatura a través de su costado, que es un paraje maravillosamente dulce y delicioso (201-202; véase Boklund-Lagopoulou, 2000: 146).
   184 Para Bynum, hay una clara asociación, apoyada en la iconografía de la época, entre los pechos de la Virgen y el costado de Cristo, dentro del nuevo acercamiento de Jesús a la función de la mujer. Un estudio de esta iconografía en la que del pecho de la Virgen o del pecho y costado de Jesús sale leche o sangre que alimentan a otros lo podemos encontrar en Bynum (1991: 102-108).

Como en este tipo de imágenes lactantes el destinatario solía ser el alma del fiel, la leche podrá también provenir de una Iglesia metafórica. Hay que recordar que la *Ecclesia* se identifica con el cuerpo de Cristo, no solo con su esposa: si profesores y autoridades deben oficiar también de cuidadores, entonces la Iglesia y sus líderes se convierten en madres, como demuestra San Bernardo en su comentario al Cantar de los Cantares (Bynum, 1991: 93). Así aparecen en el extenso sermón de la Epifanía de Sor Juana de la Cruz, donde a los Reyes Magos se les dice que al Dios que buscan "le hallaréis entre las tetas de una mujer" (*El Conhorte...*: 524), y el Señor luego explica que esto se debe a que esos pechos son los de Iglesia y

> así como los hijos y la leche de las tetas es el fruto de la mujer, que así, por semejante, los cristianos y los santos sacramentos son el fruto y la leche de la Madre Santa Iglesia [...].
>
> Y las tetas de la mujer, entre las cuales hallarían a Dios, son las ánimas de los fieles cristianos, las cuales son hijos de la Madre Santa Iglesia y están mamando de la dulcedumbre de sus tetas. Y allí, entre medias de los que maman, está Dios [...].
>
> Y así como la mujer cuando pare, aunque tiene fruto de su hijo, si no tiene en las tetas dulzor de leche con que le críe no puede vivir el hijo ni ser criado, así, por semejante, aunque la Madre Santa Iglesia tenga mucho fruto, es a saber, muchas ánimas cristianas, las cuales son sus hijos, si no tuviese dulcedumbre de leche en sus tetas con que los criase, no podrían vivir ni haber vida eterna ni gozar ni recrearse con Dios. [...]
>
> Y así como el niño cuando mama está junto a la carona de la madre y puede bien verla y jugar con ella, así el Señor está muy junto entre las tetas, es a saber, entre los pensamientos y deseos del ánima fiel; y allí juega con ella, así como el niño con la madre y como el esposo con la esposa. (*El Conhorte...*: 327-328)

En *El Diálogo* de la terciaria italiana, serán los ministros de la Iglesia quienes se dediquen a repartir la leche que mana de sus pechos:

> Digo esto de mis ministros, que son quienes se alimentan y están a sus pechos [de la Iglesia]. Y no solo se alimentan, sino que tienen que alimentar y mantener a esos pechos el cuerpo universal de la religión cristiana [...].
>
> Mira con cuánta ignorancia, cuántas tinieblas y cuánta ingratitud es repartida por manos inmundas la leche y la sangre de esta Esposa y con cuánta presunción e irreverencia son recibidas por los fieles. (Catalina de Siena, 2007: 84; cf. 207)

La maternidad y el deseo 145

Curiosamente, esta aproximación alegórica o visionaria a la experiencia materna que estamos desentrañando no acercaba a nuestras místicas a sus madres de carne y hueso, sino (en general) todo lo contrario, como nos muestran los ejemplos de Cristina de Markyate o Catalina de Siena, cuya conflictiva relación con sus progenitoras ha sido documentada en sus respectivas vidas (*The Life...*: 24-25; Bynum, 1987: 167-168, 220-227). Claro que las madres de ambas obstaculizaron el libre desarrollo de su espiritualidad, y en el caso de Cristina incluso se llegó al maltrato; en general, como también les sucede a Lucía de Narni, Sor Juana o a María de Ajofrín, este choque con las familias viene motivado por un matrimonio que las místicas se niegan a llevar a cabo y que da lugar, en el caso de Sor Juana o de Santa Cristina, a la fuga del hogar (véanse Sigüenza, 1909: 358; Cortés Timoner, 2004c: 13; cf. Bynum, 1987: 222)[185]. La relación negativa de estas mujeres con sus controladores parientes podrá generar neurosis y desórdenes alimenticios, como ha argumentado algún crítico para justificar la difícil relación con la comida que, como veremos en el capítulo quinto, mantienen las místicas (Bynum, 1987: 197)[186].

Al tiempo, encontramos un cierto descuido en las visionarias hacia sus obligaciones maternales. En los siglos XIII y XIV muchas santas casadas se transforman en figuras sacrificantes que reemplazan la actuación de Abraham con su hijo Isaac: rechazarán a sus hijos reales como una prueba de su amor por Dios, como un requerimiento para cumplir su Palabra: se trata

185 Casi siempre sus familias desean que se casen, como les pasa a las citadas místicas, además de a Ida de Lovaina o a María de Oignies (véanse los fragmentos de su *Vida* que a esto se refieren en *The Book...*: 219). También la madre de Ángela de Foligno debió de poner impedimentos a su relación con Dios pues al comienzo de su Libro leemos: "En ese tiempo sucedió que, por voluntad de Dios, murió mi madre, que me era de gran obstáculo" (Ángela de Foligno, 1991: 29). En cuanto a Sor Juana, Surtz (1990: 225 n33) nos recuerda que huyó del hogar paterno al convento disfrazada de hombre.

186 Bynum (1987: 205) señala cómo Alpaïs de Cudot, Liduvina de Schiedam y Dorotea de Montau, que rechazaron comer y se sintieron culpables por sentir hambre, experimentaron desde temprano conflictos con sus madres. No obstante, también sufrieron otras enfermedades físicas que no tuvieron por qué tener que ver con problemas familiares.

de eso que Newman (1995: 77) llama "maternal martyrs", mujeres cuya santidad se demuestra en una predisposición para abandonar a sus hijos por el Señor, o, en casos extremos, consentir sus muertes, como hizo la Virgen con Cristo. En esta línea se sitúa Santa Perpetua, que prefiere el martirio a cuidar de su hijo recién nacido (reprod. en Petroff, 1986a: 70-74); y también Ángela de Foligno (1991: 29), quien ruega a Dios por la muerte de sus hijos y se alegra cuando sucede; o Brígida de Suecia, que será merecedora de críticas por no llorar la muerte de su hijo Karl (Giovetti, 1999: 109); y Margery Kempe, quien delega en otros el cuidar de su niño porque Dios le hace ver que dedica a este un tiempo excesivo (*The Book...*: 36)[187]. Asimismo la visionaria italiana Humildad deja a su familia, sin experimentar dolor ni remordimiento, para ingresar en un convento, y Margarita de Cortona descuida a su hijo ilegítimo con el fin de dedicarse al cuidado de los pobres, impulsada por su amor a Cristo[188].

No encontramos, pues, en las vidas de las visionarias ese espíritu maternal que muestran en su vivencia de la Nati-

[187] Perpetua, una santa de las primeras persecuciones romanas contra los cristianos, no hará caso de su padre cuando este le pida que se compadezca de él y de su hijo recién nacido (a quien amamanta en la cárcel) renunciando a la fe de Cristo para salvarse. Otras leyendas siguen esta línea, como la de Santa Julita gozándose de que su hijo de tres años muera como mártir (véase Gómez Moreno, 2008: 237-238). Ángela de Foligno (1991: 49) dirá que el dolor producido por una temprana experiencia mística fue mayor que el que sintió por la muerte de su madre y sus hijos; y en el siglo xv, a la visionaria fundadora del convento de Cubas, Inés, casada y con dos hijos, la Virgen se le aparecerá para que vuelva a la religión: al año, el marido y los niños se mueren e Inés se encuentra libre para hacerse monja (Cortés Timoner, 2004c: 14). Al mismo tiempo que se distancian de sus hijos, estas santas o visionarias derramarán muchas lágrimas por la Pasión del Hijo de Dios, identificándose con la Virgen madre. Sobre el tema del abandono de los niños por parte de mujeres religiosas medievales, véase Newman (1995: 76-107), quien incluye en su repertorio el caso de Eloísa, la amante de Abelardo. Cf. Benvenuti Papi, 1996: 87: "Most of these women [se refiere aquí a las místicas toscanas] lacked a stable family setting, whether in their family of origin or their family by marriage".

[188] De todos modos, actitudes parecidas parecen defenderse en tratados como *Castigos y dotrinas que un sabio dava a sus hijas* (2000: 93): allí, una mujer mostrada como modelo acepta matar a su hija para cumplir con la voluntad de su marido y la obediencia a él debida. En este caso, el marido sustituye al Dios posesivo. Cf. Archer, 2005: 48.

La maternidad y el deseo 147

vidad: por ejemplo, a Catalina de Siena y a Columba de Rieti supuestamente se les cayeron en el fuego unos bebés mientras vivían el rapto místico (Bynum, 1987: 221). De ahí que, como señala Claudia Opitz (2003: 369), muchas de las hagiografías femeninas de los últimos tres siglos de la Edad Media muestren un carácter "antimaternal"[189]. De este modo, aunque la experiencia del matrimonio y la maternidad de muchas de estas místicas puede explicar su preferencia por una piedad afectiva y por temas como los de Cristo-niño o los daños que la Pasión produjo en el cuerpo del Hijo (Frugoni, 1996: 135), no las impedirá desasirse de sus obligaciones terrenales.

Por otra parte, si bien no se ocupan de sus hijos biológicos, sí lo harán de los espirituales, imitando a la Virgen y despertando, como ya señalé, recelo en el clero, que no gusta demasiado de verlas llamadas *madres*. Así, la mística medieval podrá ser considerada como "a «mother of tears» whose renunciation of her children becomes a form of holy poverty, enabling her to identify with the grief of Mary at the cross" (Newman, 1995: 10). Pese a su castidad, las mujeres pueden vivir, entonces, una especie de fertilidad espiritual, preconizada por autoras como Hildegarda de Bingen, cuyo ideal del celibato femenino "united *virginitas* with *viriditas*, the gracious fertility that bloomed in both flesh and spirit" (1995: 6). Es esta otra dimensión de la maternidad, la de la visionaria que se siente progenitora de sus discípulos (caso de Catalina de Siena, o de Ángela de Foligno [1991: 143-144], quien escribe a sus hijos espirituales para alentarles en la tribulación), y en este sentido, su maternidad se vuelve parte de una gran cadena: Dios llama a Ángela continuamente "hija mía" y ella llama "hijos queridos" a sus discípulos (1991: 218)[190].

189 En su tesis doctoral, Jennifer Helen Carpenter (1997: 296-339) ejemplifica, en la figura de Juette de Huy, las dificultades de la mujer para conciliar las obligaciones familiares con las responsabilidades y devociones religiosas: en suma, Carpenter llega a la conclusión de que se da una "deep ambiguity" en los sentimientos de las santas que son madres hacia sus hijos (39).

190 Siglos más tarde, Santa Teresa apostrofará también como hijo al P. García de Toledo, al tiempo que le llama "Padre mío" (Teresa de Jesús, 2004: 159).

Finalmente, hasta aquí hemos hablado sobre la maternidad en relación con la figura del Niño Jesús o del fiel como niño, pero no hay que olvidar que se daban otra maneras de vivir la maternidad espiritual con la recreación del papel de la Virgen en la Pasión, que permitía una estrecha relación con el sufrimiento de Cristo a través de la experiencia de la compasión (véase Mecham, 2004: 333): Constanza de Castilla (1998: 16-17, 221-222), por ejemplo, dedica especial atención a la descripción de los sentimientos de la Madre de Dios ante el calvario, y lo mismo hará Sor María de Santo Domingo. No obstante, la diferencia radicará en que la maternidad asociada al útero era un símbolo de fertilidad, seguridad y unión, y por tanto se encontraba lejos de ser el símbolo de separación, sufrimiento o sacrificio que constituía la imagen maternal de la Virgen ante su Hijo en la cruz (cf. Bynum, 1982: 122).

3.2. *El deseo amoroso*

La maternidad implica placer, un tipo de placer que podríamos colocar en paralelo con el erótico-amoroso, donde el cuerpo está también plenamente presente. Este último placer, al que siempre precede un deseo, será, como el maternal, construido lingüística y culturalmente a partir de una mirada sancionadora que permitirá su existencia, pero también la limitará.

De este erotismo, que expresa la unión con la divinidad durante el rapto místico en los discursos de las mujeres visionarias, se ha ocupado largamente la crítica académica de las últimas décadas, y, por tanto, no me detendré particularmente en él: pero basta ojear cualquier poema de Hadewijch o leer la prosa de Gertrudis de Helfta para apreciarlo, por ser además un rasgo atemporal e intrínseco de la mística (y no tanto particular de aquellos tiempos), con ejemplos que podrían multiplicarse.

Ya Georges Bataille (2005: 231) señaló que existen similitudes flagrantes, equivalencias e intercambios entre los sistemas de efusión erótica y mística[191]. Ambas experiencias se

---

[191] No obstante, lúcidamente, Bataille evita ver simplemente como un "violento orgasmo venéreo" pasajes como el de la transverberación de

La maternidad y el deseo

encuentran cercanas porque tienen una intensidad extrema, y ambas implican una suerte de muerte y un tiempo de sacrificio. Además, al santo o santa le anima el deseo, y en eso se parece al hombre o mujer eróticos (258, 261, 263). Estas confluencias entre los dos sistemas serán también destacadas por el filósofo Michel Foucault (1996: 123):

> Nunca, sin embargo, la sexualidad ha tenido un sentido más inmediatamente natural ni ha conocido sin duda más "feliz expresión" que en el mundo cristiano del pecado y de los cuerpos caídos en desgracia. Toda una mística, toda una espiritualidad lo prueban, y estas no podrían desunir las formas continuas del deseo, de la embriaguez, de la penetración, del éxtasis y del desahogo que flaquea; sentían que todos esos movimientos se prosiguen, sin interrupción ni límite, hasta el corazón divino del que eran su último ensanchamiento y su fuente originaria de regreso.

La mística, según Michel de Certeau (1006: 14), es erótica porque "el cuerpo adorado, como el Dios que desaparece, también escapa. Acosa la escritura, que canta su pérdida sin poder aceptarla y que, precisamente por ello, es erótica". Para Certeau, en las obras de las místicas ya no hay autor, "sino un lenguaje entre mujeres que el amor permite comprender" y que se manifiesta en el momento "en el que se produce el cuerpo escrito. [...] el placer (como el dolor) es una marca del otro, la herida de su paso" (191-192, 197). En la mística hay una nostalgia del ausente como deseo de su regreso, se hace "legible una ausencia que multiplica las producciones del deseo" (Ossola, 2006: 365).

Este erotismo del que se carga la unión íntima con Dios coincide con un cambio importante en la retórica de entonces, ya que desde el siglo XII se emplean cada vez más personificaciones genéricas de conceptos y la literatura alegórica prolifera. El alma, entonces, deja de tener solo el género femenino para pasar a comportarse como una mujer de carne y hueso: ahora en el Cantar de los Cantares los teólogos identifican a la Esposa con el alma individual tanto como con la Iglesia –y, con el tiempo, se hace más frecuente esta primera comparación, aunque

---

Santa Teresa, y se distancia del análisis de la experiencia de los místicos que hacen algunos psiquiatras (Bataille, 2005: 230-231, 250).

data ya del patriarca Origen[192]. Así, San Bernardo empleará este texto del Antiguo Testamento para mostrar el recorrido de un alma hasta la unión amorosa con Cristo, la Palabra Encarnada (véase McGinn, 2006: 6, 27).

Pero, aunque también empleada por místicos, la relación del alma femenina con la figura de Cristo-Novio se hará particularmente popular en los escritos de las monjas o concebidos para ellas (véase Bynum, 1982: 138, 141)[193]. Este énfasis en el erotismo implicó en algunas visionarias, según Bynum, una menor atención hacia la concepción maternal de Dios estudiada en el apartado anterior[194]. Ciertamente, la vida de Cristina de Markyate confirma una cierta incompatibilidad entre los dos tipos de entrega corporal, pues cuando la santa inglesa se ve asaltada por los deseos carnales, y su "lascivious body" (es interesante que se emplee este adjetivo incluso para hablar del cuerpo de una santa: *The Life...*: 47) no puede soportar las

---

[192] Cirlot y Garí (2008: 144-145) muestran cómo Matilde de Magdeburgo traspasa el plano simbólico de la relación Cristo-Iglesia del Cantar de los Cantares para dejar traslucir cierta experiencia personal. Por otro lado, el alma será siempre la desposada de Cristo aunque pertenezca a un hombre: así, Sor Juana podrá representar las bodas del Señor con San Lorenzo en el tálamo, "como el esposo y la esposa en día de las bodas", y también en este contexto se pueden entender estas "palabras tan amorosas" del Señor a un mártir con quien baila en las fiesta de los Bienaventurados: "Llégate a mí y abrázame, lumbre muy alumbrante y clara" (*El Conhorte...*: 973; cf. 1245).

[193] Entre los místicos del Medievo, seguramente el que mostró una visión más apasionada (que incluyó la violencia y la locura) del amor a Dios sea Ricardo de San Víctor, quien vivió en el siglo XIII (véase McGinn, 2006: 155-161, para una interesante selección de sus escritos); pero es Enrique Suso (que también mostró otros rasgos de devoción femenina como el ayuno extremo y las visiones eucarísticas) quien destaca por su escritura sobre el alma que busca la unión con el Novio Divino (McGinn, 2006: 232).

[194] En el caso de Juliana de Norwich, por ejemplo, lo maternal cobra más peso que lo erótico; y en el de Sor María sucede lo contrario. Bynum, que estudia el caso de las monjas de Helfta, señala que "Bridal imagery is more common in women's writing than in men's in the thirteenth and fourteenth centuries, but there is no evidence that women were especially attracted to devotion to the Virgin or to married women saints" (1982: 140-141). Las místicas no siempre se sienten atraídas, pues, por un imaginario relacionado con las funciones reconocidas socialmente como femeninas.

La maternidad y el deseo

tentaciones que (estando lejos de él) le causa un clérigo con el que ha convivido, acude en su ayuda el sentimiento maternal.

> In the guise of a small child, he [Cristo] came to the arms of his sorely tested spouse and remained with her a whole day, not only being felt but also seen. The maiden took the child in her hands, gave thanks, and pressed him to her bosom. And with immeasurable delight she held him at one moment to her virginal breast, at another felt him in her innermost being. Who shall describe the abounding sweetness with which the servant was filled by this honour paid her by her creator? From that moment, the fire of lust was so completely extinguished that never after could it be revived. (48)

Por supuesto, esto no significa que el erotismo místico tenga nada de lascivo o lujurioso, pues el deseo amoroso se vierte hacia lo divino, no hacia un cuerpo material. Pero sí nos indica que en el mundo de las visiones el cuerpo femenino que se une con Cristo-hombre se implica de una manera prácticamente incompatible con el que pone en funcionamiento la lactancia maternal.

Precisamente, a Bynum se la ha acusado de fijarse más en los aspectos maternales femeninos que en los eróticos cuando afirma que la religiosidad de las mujeres se distingue de la de los hombres por su sentido agenérico. Según Bynum (1982, 1987), las místicas, al tiempo que rechazan la diferencia genérica, enfatizan lo físico y corporal a través de la comida, la maternidad o el sufrimiento, y no tanto mediante el erotismo; y si los hombres religiosos ven el género de manera dicotómica, relacionando lo masculino con el poder, la disciplina, el juicio y la razón, y a la mujer con la piedad, la debilidad, la lujuria y lo irracional, las religiosas (al menos aquellas de las que tenemos constancia escrita) tienen, según Bynum, un sentido más fluido del cuerpo y del género: lo femenino se hace así una categoría menos marcada, ya que su espiritualidad pone de relieve la continuidad y reconciliación entre la concreción de la vida terrena y el ámbito divino[195]. Frente a esta lectura de los textos

---

[195] Según Bynum, hay una sensación de *continuum* en los textos de las místicas entre el Otro (Dios) y ellas, y una concepción algo andrógina y vaga de su corporalidad. "Although men wrote about the nature of woman, women tended to write, not about gender (male versus female), but about the

femeninos medievales, Ulrike Wiethaus (1991: 36), para quien "Bynum's reading is a picture of medieval women mystics as linguistic peacemakers par excellence", afirma que el erotismo constituye en estas mujeres la manera positiva de reafirmar su género. Las místicas, según esta investigadora, distinguen más claramente de lo que sugiere Bynum entre la identidad masculina y la femenina, y optan por una especie de feminidad erótica (que no andrógina, como sostiene Bynum), aceptando y reutilizando símbolos e imágenes sexuados ya presentados por los hombres. Las mujeres no solo se proyectarían así en un universo con cunas y niños sino también en la interacción con el mundo adulto masculino, en un imaginario de esponsales cuya raíz más evidente es el Cantar de los Cantares.

En su trabajo, Wiethaus se ocupa del lenguaje del amor cortés empleado por Matilde de Magdeburgo, por Hadewijch de Amberes o por Beatriz de Nazaret, y demuestra que, al menos en Centroeuropa, las mujeres reutilizan para sus fines la visión generalizada (sexuada) del cuerpo de la mujer[196]. En estos tex-

---

soul or about humanity" (Bynum, 1987: 294); "Personal and social characteristics were more often shared by the two genders in women's writings. The female was a less marked category; it was more often simply a symbol of an almost genderless self" (Bynum, 1991: 175). No obstante, Bynum reconoce que las místicas aceptan los usos físicos del cuerpo femenino y que no hallamos sublimación de los actos sexuales en muchos recuentos de los éxtasis, sino unos deseos claramente realizados dentro del poderoso erotismo y el misticismo nupcial de las visionarias de los Países Bajos (1991: 133-134; cf. 184-185). Para una crítica de esta interpretación de la mística femenina, véase Wiethaus (1991), quien afirma que: "Psychologically speaking, women's rejection of gender categories implies also a rejection of their female identity and a rejection of the choice to develop a positive gender-affirming alternative to misogynist conceptions of femininity"; por eso, como seguidamente veremos, la tesis de Bynum no convence a esta investigadora, quien propone considerar "the importance of positive feminine imagery in women's texts" (37).

[196] Seguramente Wiethaus en este trabajo hace lo mismo que reprocha amablemente a Bynum: generalizar y sacar conclusiones sobre la escritura de la mujer medieval (en este caso de las beguinas) a partir de algunos ejemplos (véase, por ejemplo, Wiethaus, 1991: 45). Desde otro punto de vista, podemos apreciar cómo, frente a Margarita Porete, Hadewijch o Matilde de Magdeburgo creen posible describir su concreto encuentro erótico con Dios, es decir, no siguen la corriente mística de Dionisio Aeropagita.

La maternidad y el deseo

tos, Cristo es el Novio despojado de características patriarcales, y entra en el drama imaginario como un amante sensual, masculinizado, receptivo y deseoso de intimidad. En las místicas mencionadas, además de en Margarita Porete y antes en Hildegarda de Bingen, el Amor aparece personificado con la forma de una hermosa mujer, y Cristo podrá volverse un amante caballero prendado del alma humana (Dronke: 1996: 171, 219)[197]. Este tipo de imaginario se dará menos en España, donde habrá que esperar a Santa Teresa para encontrar pasajes de carácter intensamente erótico: como veremos, el deseo amoroso se manifiesta de modo atenuado en místicas como Sor María.

En el caso de las beguinas Beatriz o Hadewijch, son conocidos los pasajes que describen bellísimamente la unión intensa y somática con Dios y que expresan ese "emphasis upon a penetrative, interiorizing union with the divine" que constituye un elemento central en los textos de y en torno a estas mujeres (Caciola, 2003: 19). La espiritualización de la literatura trovadoresca que realiza Hadewijch es, en mi opinión, la más sugerente y sensual entre las dos autoras mencionadas por su deseo de experimentar "nada más que el dulce amor, las caricias y los besos" (cit. en Cirlot & Garí, 2008: 87). Así, Cristo será ahora no el niño, sino el prometido divino, aquel a quien la mística Gertrudis de Helfta contemplará siendo felicitado por la Virgen por haber elegido con un beso a Matilde de Magdeburgo como nueva novia (véase Cirlot & Garí, 2008: 133). Pero más místicas se sumarán a estas contemplaciones.

> Adèle de Brisach habla de una "unión con Dios que la viene a besar". Christine Ebner se abraza con Cristo "como se imprime el sello en la cera"; Adèle Langmann ve cómo Cristo penetra en su celda y le da de

---

[197] Dronke nos muestra cómo en el *Espejo* de Margarita Porete el alma imagina una serie de crueles pruebas que le impone su amante para comprobar cuán completa es su sumisión amorosa hacia Él. El amor desinteresado aniquila entonces la voluntad del alma. Solamente tras un rendimiento incondicional el alma consigue su premio: Margarita declara así aceptar toda clase de tormentos si es la voluntad de Dios. Quizás esta extravagante entrega llevada al extremo fuera una, entre otras muchas, de las razones para considerar su texto heterodoxo (véase Dronke, 1996: 219-220; cf. 217; y los hermosos versos que ilustran esta apasionada relación: "Amye, que voulez vous de moy?..." [275]). Véase también McGinn, 2006: 172-179.

comer un trozo de carne ("Esto es mi cuerpo..."); Margaretha Ebner ve al Crucificado inclinarse sobre ella, con los brazos dispuestos a abrazarla, y ella reposa sobre su seno como el apóstol Juan y se nutre de él. (Braunstein, 2001: 640[198])

Esta devoción con tintes eróticos, cuando se da a finales de la Edad Media puede tener elementos coadyuvantes como el cambio en los hábitos de lectura. Paul Saenger (2001: 256-257) señala que a finales del siglo XV la intimidad de la lectura silenciosa hace posible que la representación gráfica de la sexualidad humana penetre en la literatura religiosa a través de los dibujos de los márgenes, de las tentaciones explícitas de los Libros de Horas. Según Saenger, la libertad de expresión que la lectura privada da a las fantasías sexuales reprimidas hace, curiosamente, más intensa la experiencia religiosa de los laicos[199]. Sea como sea, esta vivencia erótica de la mística se debe principalmente encuadrar en esa tendencia de las visionarias del Bajo Medievo a sumergirse en su corporalidad, o, como diría Catalina de Siena (2007: 199), *hacerse carne* de Cristo crucificado y su doctrina. Esto no quiere decir que al tiempo no deseen desasirse del cuerpo para llegar a la unión y perfección espiritual, sino que todas las sensaciones somáticas procederán, según la italiana, de la fuerza del afecto del alma, que será la que impulse al cuerpo en su voluntad de alcanzar la unión con Dios, descrita por las místicas como una identidad total, sin diferencia o distinción, entre ellas y la divinidad.

Y hago aquí una breve pausa para señalar que este fundirse, en lenguaje figurado, de alma y cuerpo también se da en la experiencia de los hombres místicos de todos los tiempos

---

[198] Philippe Braunstein advierte aquí de que estas escenas ardientes se hallan bastante alejadas de las castas pinturas llevadas a cabo por Rafael o el Perugino (como la del matrimonio místico de Catalina de Siena) para un público que no admitiría representaciones turbadoras. No obstante, hay que recordar que estas escenas descritas por místicas, algunas de las cuales contienen incluso tintes lésbicos, hay que entenderlas en el contexto del sentido de la corporalidad y de la simbología medieval.

[199] Debo decir que no comparto la opinión un tanto moralista de Saenger (2001: 256) de que los efectos que trae consigo la nueva intimidad de la lectura religiosa sean "no del todo positivos sobre la espiritualidad laica".

La maternidad y el deseo

(basta leer a un contemporáneo de Santa Teresa: San Juan de la Cruz), con la diferencia de que las mujeres llevaban recorrido un más largo camino en su expresión al preferir como elemento de presentación desde el Medievo el *yo* confesional[200]. Tal vez para aparentar humildad, por la importancia de la humillación, o por la supuesta conciencia de la inferioridad de su sexo, las autoras parten en su escritura, más que sus coetáneos escritores, de la experiencia y, por tanto, del cuerpo. Si deben comportarse como mujeres (feminizarse) para que se acepte su escrito, no es extraño que lo somático cobre una importancia fundamental cuando se espera de ellas un especial contacto con este aspecto. En este sentido, sabemos que la espiritualidad del Bajo Medievo, fundada en la vivencia personal y emotiva de lo divino (cf. Cortés Timoner, 2004a: 13), favoreció que se dejara oír a las mujeres.

En parte seguramente por ello estos textos cargados de divino deseo amoroso estarán positivamente sancionados (siempre con el precedente del texto bíblico atribuido a Salomón), a no ser que se vean como una alternativa peligrosa a la unión proporcionada por los sacramentos: algo excepcional, ya que estas mujeres exaltarán el momento de la eucaristía como el de su encuentro más íntimo con Dios, y a veces hasta tal extremo que la Iglesia, como veremos en el capítulo quinto, decidirá conceder más énfasis a la consagración realizada por el sacerdote que a la comunión. Excepcionalmente, pues, de aminorar el poder sacramental se acusará al *Espejo de almas simples* de Margarita Porete, pues con la unión que allí se preconiza perdían efectividad no solo las misas o los sermones sino también la eucaristía –sacramento, a pesar de todo, bastante apreciado por la mística francesa.

---

200 Quizás no haga falta nombrar, por de sobra conocidos, los ejemplos de Leonor López de Córdoba o Teresa de Cartagena, o las suplicaciones de humildad del *yo* de Constanza de Castilla; fuera de España, son famosos los ejemplos del *yo* confesional de Hildegarda de Bingen o de Eloísa. Seguramente este uso de la confesión se deba a que "incita a la escenificación del individuo como protagonista de una aventura espiritual" (Braunstein, 2001: 558), ya que, según Jerry Root (1997: 13): "Confession makes possible the representation of a new kind of literary subject —indeed, more broadly speaking, it makes possible and feasible the very notion of self-representation".

Pero que el éxtasis arrebatado no se libraba de ser peligroso nos lo muestra el hecho de que, en España, a las alumbradas de Llerena se las acuse de mezclar los raptos místicos con los eróticos (cf. Burgos, 1983: 34) en el interesantísimo punto 8 de la Relación:

> Las que haçen esta oracion y se exercitan en ella sienten calores, ardores y dolores en partes determinadas del cuerpo en el coraçon en el pecho en las espaldas en el braço izquierdo y en los lugares de las llagas tienen desmayos arrobamientos ahogamientos de pecho cansancio regalos rabias saltos en el coraçon y otros estraños efectos y ellos [los clérigos alumbrados] les dicen que son de Dios y del espiritu santo. [...] les parece que Christo en quien estan contemplando les aparece en figura de hombre y con el vienen a tener grandes tentaciones de carne y realmente les parece que pasan con el tocamientos deshonestos hasta tener polluciones. A esto dan tambien ocasion lo que sus maestros les enseñan que lo contemplen hecho hombre y se ajusten con el poniendo boca con boca y los demas miembros y le digan palabras regaladas y amorosas como carne de mi carne hueso de mis huesos y mirando al crucifixo de bulto aunque sea en la yglesia les parece que ven que el mismo crucifixo las convida a deshonestidades lebantando sus verguenzas por debajo del paño y por esto dejan de lebantar los ojos al crucifixo, vienenles tentaciones de que San Juan tubo trato deshonesto con nuestro S. [...]. (reprod. en Santonja, 2000: 388)[201]

Por supuesto, esta relación denota un discurso de la obscenidad no presente en nuestras descripciones de los éxtasis visionarios, aunque, siendo estos más pasivos, resulten igual de intensos: para comprobar esto último basta con leer los apasionados suspiros y las languideces que rodean a María de Oignies y a sus compañeras en la *Vida* que sobre la primera escribe su confesor Jacobo de Vitry (reprod. en Bynum, 1987: 13). Por otro lado, lo interesante de esta larga cita sobre las alumbradas de Llerena es ver criticada esa imitación de la santa en éxtasis que llega hasta lo corporal en su unión con el Cristo sufriente. Aquí la experiencia mística mezclada con una gestualidad y un lenguaje eróticos será duramente sancionada por esa mirada vigilante. Además, como se aprecia en la cita,

---

201 Es interesante la insinuación de la homosexualidad de San Juan. Solo unos pocos años más tarde el dramaturgo inglés Christopher Marlowe será acusado por un contemporáneo suyo de sostener que San Juan Evangelista era compañero de lecho de Cristo (véase Santoyo, 2008: 13).

la relación entre el confesor y la mujer puede ser denunciada por demasiado cercana e implicar desviaciones, pues ayuda a la producción de malos pensamientos (o a tocamientos y poluciones, como se señala en el punto 10 de la misma Relación). Hay en este sentido un contacto íntimo entre mujeres y maestros que ya fue criticado por Gerson (Dillon, 1996: 127-128)[202]: no hay que olvidar que si el lenguaje de las revelaciones femeninas sugiere un deseo sexual sublimado, este discurso es generalmente el producto de la colaboración estrecha entre una mujer que habla y un hombre que escribe y transcribe sus palabras, como veremos en el capítulo sexto[203].

Así, el discurso de esas revelaciones que se aceptan (o disciernen) como de procedencia divina no está tan alejado del de las alumbradas del siglo XVI español, aunque implicara una gestualidad menos explícita y una no verbalización de ideas heterodoxas. De entre las numerosas manifestaciones de esta pasión amorosa que se podrían mostrar para ilustrar este parlamento místico sobre el deseo, entresaco un momento conmovedor en la vida de Gertrudis de Helfta. Como en una escena cotidiana entre dos esposos terrenales, se nos revela de esta santa:

> Enfervorizada con estas palabras, tomó el crucifijo y lo besó dulcemente, y lo abrazaba y acariciaba de muchos modos. Sintiendo cansancio después de largo rato por no haber dormido, dejó el crucifijo y dijo: "Adiós, Amado mío, y buenas noches; permite que duerma un poco para recuperar las fuerzas, totalmente agotadas por la meditación que he tenido contigo". Dicho esto, cambió de postura para intentar dormir, y cuando así descansaba extendió el Señor su diestra desde la Cruz sobre su cuello, como si quisiera abrazarla, y juntando sus labios rosados a su oído, con suave murmullo le dijo: "Escúchame, amada mía, voy a cantarte un poema de amor, pero no en versos mundanos". (Gertrudis de Helfta, 1999: 172)

---

202 En otros puntos de la Relación se acusa a las alumbradas de acostarse con sus confesores e incluso, bajo el auspicio de estos, con otras mujeres (véase Santonja, 2000: 391).

203 El lenguaje nupcial aparece más elaborado en los relatos de algunos biógrafos, que podrían tener variadas motivaciones para describir con metáforas eróticas a las mujeres que admiran y aman (véase Dillon, 1996: 127-128).

Este dormir acompañada y abrazada por Cristo tendrá poco que ver con las noches terroríficas que pasa Sor María temiendo al diablo, contra cuyos ataques veremos que se ayuda no tanto del Esposo divino sino de su propio confesor, que la acompaña velando en la celda.

Por otro lado, al igual que Gertrudis, otras visionarias hablan con Cristo mientras están en la cama, caso de Cristina de Markyate: "since she had heard that Christ was good, beautiful, and everywhere present, she used to talk to him at night and on her bed as if he were a man whom she could see" (*The Life...*: 4); o junto a Él sienten (cuando no imparten) ese abrazo íntimo: ya hemos mencionado el de Margarita Ebner a Cristo crucificado, y podríamos añadir otro gesto semejante que hace desfallecer a Beatriz de Ornacieux, la narración de cuya vida se atribuye a Margarita de Oignt (véase Cirlot & Garí, 2008: 170); esta nos presentará asimismo una escena parecida en su meditación sobre la crucifixión, pues, tras descolgarle, sostiene a Jesús entre sus brazos y al irse a la cama le besa tiernamente (Bynum, 1991: 168). También Ángela de Foligno, quien, como Sor María, mostrará en su obra escrita más amor erótico que maternal por Cristo, "veía y sentía que Cristo dentro de mí abrazaba mi alma con ese brazo con el cual fue clavado en la cruz" (1991: 85; cf. 55, 120). Ángela, por cierto, describe con frecuencia en la primera parte de su Libro (donde cuenta sus experiencias místico-vitales) cómo los miembros languidecen y parecen desencajarse, embriagarse y desligarse de placer en sus encuentros íntimos con Dios (48, 55, 66, 93), y destaca en otra ocasión la profunda impresión que le causa observar la belleza del cuello y de la garganta de Cristo (52). Ángela además se muestra especialmente apasionada en su primer ofrecimiento al Señor, cuando en el octavo paso de su camino místico el conocimiento de la cruz le daba tanto fuego que

> estando a los pies de ella, me despojé de toda mi ropa y me ofrecí toda al Señor. Y si bien con temblor, con todo le prometí guardar una castidad perpetua y no ofenderlo con ninguno de mis miembros. Acusé delante de Él cada uno de mis miembros. Y le suplicaba que me ayudara a guardar esa promesa, es decir la castidad de todos los miembros y de los sen-

La maternidad y el deseo 159

tidos. Por una parte temía prometer, y por otra ese fuego me constreñía a hacerlo. (28-29; cf. Dronke, 1996: 215)

En ese intercambiar castidad por amor a Cristo, el Señor parece concederle su colaboración cuando líneas después se nos cuenta que murió su marido (previa oración para ello y posterior consolación). Por otro lado, junto con Margery Kempe, Ángela será de las místicas que más abiertamente nos describe la tentación sexual, escenificada, en el paso sexto suplementario, como unos demonios que atacan su cuerpo y le provocan un fuego que solo podía apagar con otro fuego material, aunque el confesor le prohíbe hacerlo (1991: 111-112; cf. McGinn, 2006: 377-378)[204].

Precisamente, si en días importantes para la liturgia el encuentro con Cristo se hace más intenso para toda mística, será un Sábado Santo cuando Ángela, arrebatada en éxtasis, se encuentre en el sepulcro junto a Cristo (siempre esa atracción por el Cristo sufriente)...

> Y dijo que vio tendido el cuerpo de Cristo, con los ojos cerrados, como cuando yació muerto. Ante todo besó su pecho y luego su boca, que exhalaba un perfume de una dulzura admirable e inefable, que ella aspiraba. Después de una breve pausa, colocó su mejilla sobre la mejilla de Cristo y Cristo colocó su mano sobre la otra mejilla, y la estrechó contra sí. Y la sierva de Cristo escuchó estas palabras: "Antes de yacer en el sepulcro, así te guardé apretada a mí". (Ángela de Foligno, 1991: 92)

Pero estos momentos de placer se dan sobre todo, como se ha dicho, en el casi cotidiano instante de la eucaristía. Bien en el momento de la elevación de la hostia sagrada (por ese mayor énfasis que se da por entonces a la consagración), bien cuando la visionaria está tomando la comunión, como en el caso de Hadewijch. Para esta beguina, *comer* a Cristo significa fundirse con él en una unión erótica, pero también *embarazarse* de Él, dejar que crezca dentro del vientre (Bynum, 1987: 154): de hecho, el suyo es uno de esos ejemplos únicos de asociación

---

[204] De Margery Kempe, como de Ángela, se apodera un vicio innombrado desplegado por demonios, que seguramente tiene que ver con el deseo de satisfacción sexual (*The Book...*: 7). La diferencia reside en que Margery se verá más tarde afligida por el deseo carnal hacia un hombre real (12-13), cosa que no se nos dice que suceda con Ángela.

de maternidad y deseo carnal. En general, se puede decir que el éxtasis sucede cuando la santa consigue *entrar* en el cuerpo de Cristo, sobre todo en su costado, como le pasa, de nuevo, a Ángela de Foligno (1991: 85), que penetra "en Él hasta lo íntimo, con un gozo tan grande que jamás podrá ser descrito o narrado" (cf. Cirlot & Garí, 2008: 195).

Un gozo que cuando intenta ser explicado es susceptible de críticas, especialmente si se trata de palabras femeninas, inseguridad que nos transmite Santa Teresa al comienzo de su explicación del Cantar de los Cantares[205]. Que a veces estos amores terreno-divinales con el hombre-Cristo pueden dar lugar a ambigüedades lo deja ver esta santa en los *Conceptos del amor de Dios*, donde denuncia la mucha risa y mala interpretación que se da entre el público femenino de un sermón cuando un religioso declara los regalos que la Esposa *trata* con Dios. A Teresa de Jesús, espantada, no le parece mal departir de esta forma sobre el amor porque "es posible pasar el alma enamorada por su Esposo todos esos regalos y desmayos y muertes y aflicciones y deleites y gozos con Él" (Teresa de Jesús, 2004: 1224). Santa Teresa defiende así, ya en el siglo XVI, la proyección de la relación matrimonial en la espiritualidad mística (que hemos visto en el texto de Gertrudis de Helfta), aunque las risas de las monjas muestran que este modo de hablar aún puede dar pie al pensamiento de un cierto amor sensual. De todos modos, Santa Teresa también temerá en ocasiones que sus éxtasis vengan del demonio, por ser "tan grande el deleite y suavidad que sentía" (227).

---

205 "Pues tornando a lo que comencé a decir, grandes cosas debe haber y misterios en estas palabras [del Cantar de los Cantares] [...] Y si no fuere a propósito de lo que quiere decir, tómolo yo a mi propósito; que no saliendo de lo que tiene la Iglesia y los santos (que para esto, primero lo examinarán bien letrados que lo entiendan, que los veáis vosotras), licencia nos da el Señor –a lo que pienso–, como nos la da para que pensando en la sagrada Pasión, pensemos muchas más cosas de fatigas y tormentos que allí debía de padecer el Señor, de que los evangelistas escriben" (Teresa de Jesus, 2004: 1225-1226). Como vemos, Teresa da licencia para interpretar el texto atribuido a Salomón basándose en que también hay cierta libertad para imaginar los eventos de la Pasión. Sobre este último tema versará el siguiente capítulo.

La maternidad y el deseo 161

Esta relación esponsal con Cristo venía auspiciada por tratados como el mencionado que dedica a las religiosas de San Bernardo Hernado de Talavera, quien no solo las conmina a ser mártires y a emular los ejemplos de Cristo y María, sino, sobre todo, a convertirse en esposas de Cristo, o, en su nueva formulación, en viudas de Cristo. Que estos esponsorios entre Cristo y la mujer se pueden tomar literalmente lo mostrará Sor María cuando, como veremos, trate a la Virgen como si fuera su suegra; o la misma Santa Teresa, cuando sienta celos de otras mujeres que estuvieron cercanas a Jesús. En una de las Relaciones, la santa experimenta envidia por el mucho amor de Dios hacia la Magdalena, lo que lleva a Cristo a explicarle que si esta fue su amiga mientras estuvo en la Tierra, desde el Cielo, en cambio, es ahora a Teresa a quien tiene por su amiga (1189). Como Ángela de Foligno (1991: 55), a quien Dios le dice que ha puesto en ella "un amor más grande que en cualquier mujer de esta ciudad", Santa Teresa quiere ser única para Jesús. Y relatará en *Las Relaciones* cómo Dios le pone un anillo de prometida cual nueva Catalina de Siena para un matrimonio místico (Berrigan, 1984), o la señala, cuando le ha tocado compartir su Forma con otra hermana, como su única esposa, de quien depende su honra[206].

206 "Entonces representóseme por visión imaginaria, como otras veces, muy en lo interior, y diome su mano derecha, y díjome: «Mira este clavo, que es señal que serás mi esposa desde hoy. Hasta ahora no lo habías merecido; de aquí adelante, no solo como Criador y como Rey y tu Dios mirarás mi honra, sino como verdadera esposa mía: mi honra es tuya y la tuya mía». Hízome tanta operación esta merced, que no podía caber en mí, y quedé como desatinada, y dije al Señor que o ensanchase mi bajeza o no me hiciese tanta merced; porque, cierto, no me parecía que lo podía sufrir el natural. Estuve así todo el día muy embebida. [...] Estando un día en el convento de Beas, me dijo nuestro Señor, que pues era su esposa, que le pidiese, que me prometía todo me lo concedería cuanto yo le pidiese. Y por señas me dio un anillo hermoso, con una piedra a modo de amatista, mas con un resplandor muy diferente de acá, y me lo puso en el dedo" (Teresa de Jesús, 2004: 1191-1192, 1194). Como señala Monica Furlong (1996: 27), el anillo de desposadas fue un regalo que Dios hizo a varias místicas: "Women also sometimes showed what were known as espousal rings, marks on the wedding finger than indicated their intimate relationship to Christ". No obstante, cuando Cristo se casa con Adelheid Langmann en la eucaristía, le entrega la Forma en lugar del anillo de bodas (Bynum, 1991: 130).

También a Margery Kempe Dios la desposará en una ceremonia en la que se ve acompañada por el Hijo, el Espíritu Santo, los doce apóstoles, Santa Catalina de Alejandría y Santa Margarita junto con otros santos y vírgenes[207]. En el ritual esposorio Dios pronunciará las palabras que el marido dice en las bodas terrenas, y no olvidemos que lo hace uniéndose a una ya casada y madre (por tanto no virgen) Margery: "I take you, Margery, for my wedded wife, for fairer, for fouler, for richer, for poorer, so that you be buxom and obedient to do what I bid you do" (*The Book...*: 64).

Como señalamos en el capítulo segundo, la condición de elegidas por Dios puede devolver a las casadas a un renovador celibato a través de unas bodas místicas. Y en este matrimonio celeste-terrenal, no solo las visionarias desean ser únicas para Cristo, sino que, en dirección inversa, el Señor también puede ser celoso: por eso en su *Camino de perfección* Santa Teresa avisará a sus monjas contra los excesivos afectos de dirigirse entre ellas palabras como "mi vida", "mi bien", "mi alma", que deben dejar solo para la relación amorosa con el Esposo[208], un matrimonio espiritual que explicará más detenidamente en el segundo capítulo de las Séptimas Moradas de su *Castillo interior* (Teresa de Jesús, 2004: 835-841). Por este último ejemplo (y para finalizar con este salto en el tiempo), podemos decir que Santa Teresa formó parte de esa mirada sancionadora a la que me referí al principio, una mirada que delimita la expresión de

---

207 Kukita Yoshikawa (2000) estudia este episodio, y cómo Santa Catalina, Santa Margarita, Santa Bárbara y María Magdalena "articulate the significance of their identities as *sponsa Christi* in the context of Margery's pursuit of heavenly union with God" (179). Antes del episodio señalado, Margery ya había mostrado que la liturgia de Santa Catalina de Alejandría, Santa Margarita o Santa María Magdalena influye en sus visiones, cuando se imagina que acuden a su lecho de muerte (véase *The Book...*: 38).

208 Santa Teresa habla de "todas las ternuras que se pueden decir, que estas no se usan ni han de usar en esta casa, tal como «mi vida», «mi alma», «mi bien», y otras cosas semejantes, que a las unas llaman uno y a las otras otro. Estas palabras regaladas déjenlas solo con su Esposo, pues tanto han de estar con Él y tan a solas, que de todo se habrán menester aprovechar, pues Su Majestad lo sufre, y muy usadas acá no enternecen tanto con el Señor; y sin esto, no hay para qué" (Teresa de Jesús, 2004: 485-486).

La maternidad y el deseo 163

un deseo que debe dirigirse solo hacia Dios, y hacia un Dios masculino[209].

Como último apunte de este capítulo, podríamos alcanzar una consideración final sobre el empleo de las metáforas del matrimonio y de la maternidad aplicadas al amor divino: su uso nos da a entender la visión de un Cristo que comparte rasgos de los dos sexos: femenino en su faceta maternal, y masculino en la erótica. También, de algún modo (y con las salvedades señaladas en este capítulo), estos discursos implican una evaluación positiva y una asimilación gozosa de las dos funciones (hechas instituciones) de la mujer en la sociedad medieval (Bynum, 1982: 142; cf. 1991: 170)[210]. Y aportan, además, una ventaja: únicamente de esta manera nuestras místicas, espiritual o metafóricamente, viven unas experiencias vedadas debido al requisito de la castidad, señalado como condición primera de la imitación en el capítulo anterior.

---

209 Santa Teresa, en este sentido, es parte de ese juego de poder que describió Michel Foucault en gran parte de su obra: la abulense será víctima de un poder del que también participa, como sujeto y objeto de juicio. De Sor María, como veremos, podremos decir en el fondo lo mismo en su vigilancia de los conversos.

210 No obstante, Ziegler (1993) observa en el cultivo de la maternidad espiritual un aspecto negativo: que esta forma de piedad considerada específicamente femenina y que los clérigos apoyan no permitió fomentar la independencia espiritual, la autoridad y una alternativa al modelo femenino en uso.

04. La puesta en escena del dolor

La puesta en escena del dolor fue variando durante la Edad Media. Como señala Esther Cohen (2000), hubo una fluctuación en sus representaciones escritas o pictóricas: desde el pudor y la contención primera hasta la muestra desinhibida, exacerbada y obsesiva de los últimos siglos. Los gestos del dolor estaban condicionados culturalmente y no todos eran bien considerados en el cuerpo enfermo o doliente. Había movimientos corporales que se podían relacionar con lo demoníaco, con las posesiones heterodoxas, con un descontrol criticado por autoridades eclesiásticas y civiles pues, como Cohen (41-42) demuestra, el dolor se relacionaba con el alma tanto como con el cuerpo[211]. De hecho, el discurso eclesiástico del Bajo Medievo veía el dolor físico como una función del alma, y por ello los grandes castigos deparados por el Infierno se materializaban o dejaban su huella en la carne. No obstante, sobre otro tipo de formas de dolor giraba gran parte de la vida devota de santos y santas (61): Bynum (1987, 1991) ha mostrado que las místicas de esta época usaban sus cuerpos para buscar una experiencia espiritual antes que para rechazarlos o trascenderlos: de ahí la importancia que vamos a otorgar aquí a un sufrimiento tan exhibido por las visionarias.

La descripción de las penas de Cristo y de su madre (a menudo consideradas como un eco de las de su Hijo) empezó a alcanzar grandes proporciones desde el siglo XIII en adelante, cuando las instrucciones para su expresión en funciones

---

[211] "There is a distinction between gestures attributed to figures whose pain or grief is laudable and sympathetic and those of figures deserving condemnation" (Cohen, 2000: 53).

La puesta en escena del dolor 165

dramáticas religiosas aparecían más detalladas[212]. A estos dolores los caracterizaba su totalidad y expresividad: de acuerdo con Santo Tomás de Aquino, Cristo habría sufrido en todos sus sentidos una experiencia única que querrá ser revivida por los cuerpos de nuestras visionarias.

4.1. El ejercicio de la Pasión

> La espiritualidad femenina [...] se centró en Cristo como objeto de la mirada de su madre, primero como niño en la Natividad, y en segundo lugar como cadáver en la Piedad. (Camille, 2005: 128)

La meditación en la Pasión era un ejercicio frecuente desde los siglos XII-XIII: experimentar los sufrimientos de Cristo e incluso deleitarse con ellos (según proponía Enrique Suso: cf. Cohen, 2000: 46) indicaba toda una demostración de amor y de coherencia cristiana[213]. Partiendo de la lectura de la vida de Cristo, el fiel debía meditar sobre los últimos momentos del Salvador, usando los *ojos de su contemplación*, es decir, poniendo ante su mirada hechos y palabras (Saenger, 2001: 258)[214].

---

212 En el siglo XIII se empieza a desarrollar el vocabulario dedicado a los gestos de dolor en los rituales litúrgicos. "Eleventh-century plays contain no instructions for gestures. Two centuries later, the text instructs the players to display grief, but not how. By the fifteenth century, the exact vocabulary of the instructions is present and contains pain as well as grief. Drama mirrors the development of graphic arts, which evolve a much wider range of pain expressions" (Cohen, 2000: 55-56).

213 Como se dijo en el capítulo anterior, ya desde el siglo XII arranca una espiritualidad centrada en la humanidad de Cristo (lo que se conoce como la llamada "edad de Cristo"), pero será en el Bajo Medievo cuando se intensifique esa piedad patética que focaliza la Pasión (véanse, para una revisión de este tipo de espiritualidad en el medio rural o popular y sus orígenes tempranos, Sánchez Herrero, 2004, y Torres Jiménez, 2006). Esta devoción se asociará, pues, con la piedad afectiva promovida por los franciscanos (con un tipo de oración plena de visiones afectivas y sensuales), pero conectará con la *devotio moderna* del fin del Medievo (que luego sería más bien rechazada por los erasmistas).

214 Una meditación que se extiende hasta el XVI, como muestra Santa Teresa, quien se hallará muy a gusto acompañando a Jesús en el Huerto (de-

A esta meditación, que se incrementa en los siglos XIII-XV, contribuyó una devoción centrada en descripciones antropomórficas de Dios, que focalizaba su humanidad y sufrimiento frente a su anterior imagen más inaccesible y todopoderosa. Se pasa así de una atención hacia el Cristo triunfante en la Alta Edad Media a una preferencia por el sufriente en el Bajo Medievo[215]. Sin embargo, según Bynum (1982: 130), la concentración en la eucaristía y en los padecimientos del Redentor (con visiones y meditaciones que no distinguían entre su angustia física y espiritual) no priorizaba el sacrificio realizado para salvar el obstáculo entre el pecado y Dios, sino el reconocimiento de que Cristo había sido hombre como sus fieles. Por otro lado, la identificación imaginaria con la humanidad del Salvador, que subrayaban los predicadores de la Baja Edad Media y los manuales devocionales, era toda una respuesta, junto con la importancia teológica que se otorgaba a la Creación y a la Encarnación, a las herejías extendidas en los siglos XIII y XIV, por ejemplo la de los cátaros y la del Libre Espíritu.

Esta importancia otorgada a la Pasión de Cristo dio lugar, asimismo, al nuevo sentido que adquiere la eucaristía, que pasa de ser el pan bajado del Cielo en la Alta Edad Media al cuerpo roto, la sangre y la carne sufriente de Cristo, encarnados en la Forma y el vino sagrados del Bajo Medievo (véase Bynum, 1987: 48-69). Por lo tanto, tomar la comunión a partir de entonces consistirá en fundirse con la carne doliente del Salvador, imitarle en la cruz.

En todo este ejercicio piadoso, la crucifixión y sus aflicciones extremas se revivirán a través de las *Meditationes vitae Christi* del franciscano Pseudo Buenaventura y de una escuela

---

seando limpiarle el sudor) o a sus pies cuando está atado a la columna (Teresa de Jesús, 2004: 93). Voaden (1999: 12) opondrá este tipo de meditación a la mística negativa del Pseudo Dionisio, más intelectual.

215 Desde un historicismo materialista, Sarah Beckwith (1996) estudiará esta atención y meditación en el Cristo crucificado en un análisis que entiende la espiritualidad femenina como parte de una cultura más amplia de la que la Iglesia es solo parte. Según Beckwith, la última obsesión medieval con el cuerpo de Cristo en el madero desafió y transformó las relaciones sociales y políticas.

de tratados devocionales de los siglos XIII y XIV como el *Lignum vitae* de San Buenaventura y el *Specchio di Croce*, traducido por Alfonso de Palencia en España, o, ya en el XV y en la Península, la *Vita Christi* de Isabel de Villena, obras que animarán a la reconstrucción meditativa de los eventos de la Pasión atendiendo al más nimio detalle, especialmente al macabro. Pero también los dolores de Cristo se experimentarán durante esta última centuria a través de la lectura de libritos impresos que contendrán los extractos de los cuatro evangelios relativos a la Pasión, llamados por algunos inventarios conventuales castellanos las "quatro passiones" (Cátedra, 2005: 100)[216]. Y así, al final del XV, esta piedad afectiva e imaginativa que animaba a novelizar las Escrituras deja de ser mayoritariamente franciscana para hacerse práctica común en los fieles (Surtz, 1995: 15-16, 177 n23).

De modo que la meditación en la Pasión podía tener no solo un carácter intelectual –como la que propone Catalina de Siena (2007: 479-484) en sus *Oraciones y Soliloquios*– sino también, y sobre todo, imaginativo, y se ayudaba para ello tanto del arte plástico como de las representaciones religiosas a las que asistirían y participarían los fieles de entonces. En cuanto a lo primero, no hay que olvidar que las ilustraciones de los libros sobre la Pasión eran instrumentos de iniciación al lector en los misterios trascendentes (Cirlot & Garí, 2008: 161; véase Camille, 2005: 120-124) y por tanto punto de partida de muchas visiones, aunque a veces el material del arte fuesen los propios

---

216 Como ya apuntamos en el capítulo segundo, en la Península habría que destacar también la circulación que en los conventos de Castilla tuvieron la traducción de la obra de Eiximenis *Vida de Nuestro Señor Jesucristo* (*Vida de Jesucrist* en el original) y la *Infançia Salvatoris*, señaladas por Cátedra como fuentes de la narración/dramatización de la Pasión y del Nacimiento de Cristo en autoras como Isabel de Villena y Sor Juana de la Cruz; véase Cátedra, 2005: 80-81. Según Cátedra (2005: 81), la reiterada lectura de la obra de Eiximenis, "junto con algunos clásicos de la contemplación cristocéntrica, debió dejar un poso fecundo a la hora de diseñar el plano cultural y el mundo imaginativo –literario y espiritual– de las monjas de la Edad Media". La *Infançia Salvatoris* depende directamente de las *Meditationes* del Pseudo Buenaventura, que tuvo asimismo su correspondiente traducción castellana. Por otro lado, en el XVI circularía como lectura personal más individualizada la traducción del *Espejo* de Cavalca.

arrebatos de las místicas, como se señaló en el capítulo tercero[217]. Respecto a lo segundo, la tesis de June L. Mecham (2004: 305-319) sobre el archivo del convento de Wienhausen nos proporciona una buena muestra de la importancia de las representaciones del Vía Crucis del Salvador en las comunidades religiosas femeninas del siglo xv, un tipo de devoción que combina la devoción mental interior con las acciones exteriores[218].

En general, las representaciones religiosas eran especialmente enfáticas con el sufrimiento de Cristo. Relacionada con la implicación del cuerpo en la espiritualidad bajomedieval –una espiritualidad somática en la que la santidad se alojaba en un cuerpo con efluvios como sangre o lágrimas representantes de signos de la divinidad–, se desarrollaba en el recinto monástico una tecnología del tormento[219]. Como señala Sponsler (1997: 147):

> Reflecting the late medieval addition of graphic and sensationalistic details of cruelty not reported in the Gospels –such as stories in which Christ's body is burned with torches and hot irons; stretched beneath a table and beaten by drunken tormentors; and dragged through foul pits or thrown into a cesspool in acts of ritual degradation and violence– the cycle plays stress the technologies of torment.

Este tipo de representaciones teatrales pudo tener una influencia decisiva en las visiones de Sor María, como apreciaremos en el capítulo séptimo. Y contamos con el precedente

---

[217] Aldobrandesca de Siena, tras experimentar el sabor de la sangre de Cristo que sale del costado del Crucificado en una de sus visiones, comisiona una pintura de la Virgen sosteniendo a su Hijo mientras con su boca toca la herida de su costado. Como en el caso de María de Ajofrín (a quien recordemos la Virgen le pasa al Niño para que encuentre albergue en Nochebuena), esta mística intercambia papeles con la Madre de Dios. Véase Frugoni, 1996: 137.

[218] No me voy a detener en estas representaciones, pero aconsejo la lectura del capítulo séptimo de la tesis de Mecham, que merecería estudiarse en paralelo con las representaciones en solitario de Elisabeth de Spalbeek o, por ejemplo, con la *Vita Christi* de Isabel de Villena y la recreación de la Pasión de Constanza de Castilla, que enseguida veremos.

[219] Este somatismo del dolor se podría relacionar con el teatro del castigo del que habla Foucault (1998b) en su famosa obra *Vigilar y castigar*, para quien la pena impuesta sobre el cuerpo hasta el siglo xviii se hizo signo visible de la justicia de Dios.

La puesta en escena del dolor 169

de Ángela de Foligno, quien se deja conmover por formas de representación como el arte y los dramas en sus visiones: una le sobreviene cuando contempla en una basílica la escultura de un Cristo que aprieta entre sus brazos a San Francisco (quien habla a la santa), y la otra cuando asiste a la escenificación teatral de la Pasión del Señor (Ángela de Foligno, 1991: 48, 85-86). Y también tenemos el ejemplo de Brígida de Suecia, quien, de niña, tras haber escuchado en la Pascua de 1314 una predicación sobre la Pasión de Cristo ve en sueños a Jesús y asiste a la crucifixión como si el hecho se desarrollara en ese momento ante sus ojos (Giovetti, 2004: 22) –lo cual también nos recuerda el fundamental papel que en la devoción a la cruz desempeñaban las estrategias dialécticas de la predicación[220].

Asimismo, hay que traer a colación otras celebraciones o ritos relacionados con la Pasión que se dan ya al fin del Medievo, varios de ellos de influencia franciscana, como los significados pasionistas de la misa; la devoción a la Sangre y al Entierro; los disciplinantes; las cofradías de la Vera Cruz (la cruz se adorará también como árbol de la Vida y arma contra el diablo); la adoración de los instrumentos de la Pasión (que podían aparecer relacionados con el Nacimiento, como hemos visto, pero también con la consagración de la comunión); las formas colectivas de meditación sobre los sufrimientos de Jesús; o la fiesta del Corpus aprobada en el siglo XIII. Además, se difundieron ejercicios de devoción dedicados a los dolores de María como las estaciones de los Siete Dolores (que hasta el XIV fueron cinco), y, siguiendo obras como las *Meditationes*, se invitará a reflexionar sobre los "mil pasos" del Señor con la cruz a cuestas, o sobre sus "cinco mil quinientas heridas", sus "siete caídas", sus cinco "llagas", las "siete palabras" pronunciadas en la cruz, etc.; finalmente, a partir del siglo XV comienza a confi-

---

220 En sus *Revelaciones* (4. 70) encontramos la descripción del dolor de Jesús en la Pasión mostrada con detalle vívido en su característica simplicidad retórica (véase este texto recogido en Obrist, 1984: 239-241). No debe entonces extrañarnos que el tratado *Speculum devotorum* presente a una Brígida que muestra más autoridad en su descripción de la Pasión de Cristo que los evangelistas (véase Selman, 2000: 73).

gurarse el Vía Crucis o recorrido orante traído de los Santos Lugares (véase Torres Jiménez, 2006: 465-471; Sánchez Herrero, 2004: 332-334)[221].

Estas formas de piedad popular tendrán una importancia paralela al incremento de la iconografía pasionista, aunque en las visionarias el origen de su experiencia solía venir sin mediación, aun influido por estas prácticas o incluso arrancando de ellas: pero era sobre todo la propia unión con Dios la que proporcionaba esas imágenes vivísimas. El estadio máximo de esta fusión con el Señor, que la mística iniciaba con una imitación imaginativa (Furlong, 1996: 27), se alcanzaba a veces mediante milagrosos estigmas que, tras haberse iniciado en San Francisco de Asís, se habían prolongado en María de Oignies o Ida de Lovaina, despertando la compasión del público[222]. Aunque luego volveremos a este asunto, hay que recordar que en la *autopsia* del corazón de Santa Clara de Montefalco se encontraron los signos de la Pasión de Cristo, con el crucifijo entre ellos (Caciola, 2003: 177).

Esta estrecha unión con el Amado permitirá la famosa y terrible visión que en Tierra Santa tiene Brígida de la Pasión de Cristo y de los desmayos de la Virgen (reprod. en Giovetti, 2004: 112-115). Y Cristo mismo relata lo que sufre a Ángela, los tormentos que padece en cada uno de sus miembros, y el abandono que vivirá su Madre (Ángela de Foligno, 1991: 68): la mística se sumerge así en el dolor salvador con ayuda no solo de la obra artística o de la representación teatral, sino también a través de la propia descripción que le hace el Señor de su experiencia. En el décimo paso de su camino hacia Dios, Cristo le hace ver a Ángela "los pelos arrancados de la barba, de las cejas y de la cabeza. Y enumeraba los latigazos, subrayándolos uno

---

221 No obstante estos tempranos ejemplos de celebración popular de la Pasión que muestra en su trabajo, Raquel Torres Jiménez (2006: 477) sostiene que "hasta el XVII predominó el individualismo en la devoción a Cristo doloroso".

222 Estos milagros, calificados de imitación psicosomática por Furlong (1996: 27), se producirán con frecuencia los viernes o en la hora en que se produjo la crucifixión.

tras otro, y me decía: «¡Todo esto padecí por ti!»" (30). Cristo le muestra además que medita con antelación en su corazón todos los golpes de los martillos, las heridas de los clavos y los dolores de su Madre que va a presenciar y sufrir, es decir, revive cíclicamente, como las místicas, la representación redentora (153).

Quizás por todo ello Ángela no puede soportar ver un cuadro de la Pasión del Señor, pues le asalta la fiebre y cae enferma, lo que motiva que su compañera esconda lienzos para que no los vea (36). Hay que tener en cuenta que Ángela llega a contemplar el cuerpo de Cristo con todos los miembros desarticulados y disueltos a causa de la tensión y la contracción, y con los nervios y las junturas de los huesos distorsionados de su conexión natural: una dolorosa tensión muscular que hiere a la beata más que las llagas recién abiertas (174; cf. 178) y que nos recuerda esas imágenes macabras del arte gótico donde el cuerpo sufriente se hace centro del escenario, "un teatro del tormento, un lugar de increíble horror" (Camille, 2005: 159; cf. Cirlot & Garí, 2008: 194)[223].

> El cuerpo viviente era a menudo desgarrado por terribles e implacables dolores. Los artistas góticos registraron esas agonías representando el insoportable sufrimiento de los santos. [...] En sus grandes retablos, los pintores españoles del estilo gótico internacional eran especialmente aficionados a evocar las ricas texturas y brillantes superficies de la carne mientras era arrancada del hueso, y de la piel mientras era desgarrada por grotescos verdugos que reían burlonamente. [...] Mientras que el cuerpo desnudo sexual se relegaba a los márgenes, se dejaba el escenario principal al cuerpo desnudo sádicamente atormentado, ya fuera de Cristo o de los santos. (Camille, 2005: 158-159)

Así, las visiones de la Pasión pueden estar cargadas de detalles truculentos y dramáticos, como en el caso de algunas de Brígida de Suecia (Giovetti, 1999: 112-115) o de Ángela de Foligno (1991: 174) en las que participan la Virgen o San Juan

---

223 También el Cristo crucificado de Ángela puede tener el rostro "ensuciado con esputos" y "los ojos vendados y bañados de sangre" (Ángela de Foligno, 1991: 185). Sobre el cuerpo sufriente en la Europa del fin del Medievo, véase el muy interesante trabajo de María José Vega (2006), donde se nos habla del cuerpo enfermo enmarcado en la *miseria hominis* y el *contemptus mundi*.

(éste último solo en la de Brígida), quienes, por cierto, aparecerán asimismo en la primera visión de Sor María, y, con un papel extenso, en la *Vita Christi* de Isabel de Villena, de la que enseguida hablaremos[224]. En estas escenas la Virgen suele presentarse transida de dolor, entre lágrimas y temblores, como en las esculturas religiosas que estarían acostumbradas a observar nuestras visionarias, y, al igual que en su faceta maternal, se convierte en un sujeto de identificación para muchas místicas[225], un hecho favorecido por los monólogos dramáticos de la Pasión donde María ofrece su "versión de los hechos", no raros en la tradición de la *lauda* (Cátedra, 2005: 327).

Se trata, en fin, de una estética tremendista enfocada a la descripción lenta de los sufrimientos, con un claro antecedente en esas hagiografías de los primeros cristianos donde los martirios son narrados con detalle (véase Gómez Moreno, 2008: 235-249). Se podría afirmar, entonces, la existencia de una suerte de escrutinio fetichista del cuerpo ensangrentado de Cristo en imágenes y textos tardomedievales (Binski, 1996: 126), y, al tiempo, de un intento de identificación con el cuerpo sufriente del Otro, con una materialización plástica en los estigmas de los santos (véase Le Goff & Truong, 2003: 60)[226].

En todas estas representaciones visionarias, artísticas o dramáticas, la sangre de Cristo juega un papel fundamental. Parece que desde mediados del siglo XV existían ya en Castilla hermandades de la Preciosa Sangre de Cristo, la cual se había iniciado como gran objeto de devoción en el siglo XIII (Torres Ji-

---

224 En el papel de San Juan al pie de la cruz se fijarán también las monjas españolas en sus cantos, como muestra una de las composiciones del Cancionero de Astudillo (Cátedra, 2005: 222-229).

225 Y no místicas: Charity Cannon Willard (1984) propone que Christine de Pizan en sus *Heures de contemplation sur la Passion de nostre Seigneur* pensó en la muerte de su hijo en el exilio para evocar mejor el dolor de la Virgen María al pie de la cruz (lo que le sirve para datar esta obra en torno a 1425).

226 Recordemos que desde el siglo XII se da un nuevo énfasis a los milagros donde los cuerpos se convierten en mediadores entre la Tierra y el Cielo; además de las Formas que sangran, los ayunos milagrosos o los cadáveres incorruptos, en este grupo están incluidos los estigmas (Bynum, 1991: 13).

ménez, 2006: 450, 467). No hay que olvidar que en el Medievo se atribuía un especial poder espiritual a este efluvio corporal, como muestra Vicente de Beauvais en su *Speculum naturale* (véase Catalina de Siena, 2007: 62 n2)[227]. De todos modos, la sangre puede ser tanto un símbolo de dolor y expiación como de crianza y confortación, según hemos visto en el capítulo tercero, cuando conformaba la leche de los pechos de Dios-madre. Para nuestras místicas, será la "preciosa" sangre de Cristo la que cure al pecador o al enfermo, la que vertiéndose produzca el milagro (Ángela de Foligno, 1991: 63, 95), y, en la Pasión, tenga un papel protagonista; una sangre que en el arte y la devoción del Bajo Medievo se convierte en un símbolo cada vez más poderoso (Bynum, 1991: 101).

De todos modos, Santa Teresa, teniendo en cuenta reacciones tan afectadas como las de Ángela por el sufrimiento y desangramiento de Cristo, advertirá que hay muchas almas que aprovechan más en otras meditaciones que en las de la Pasión, pues si son tiernas de corazón se fatigan mucho pensando en ella: así, les permite pasar sin esta siempre que no dejen "muchas veces la Pasión y vida de Cristo, que es de donde nos ha venido y viene todo el bien" (Teresa de Jesús, 2004: 131). Lo interesante de este aserto es que a los alumbrados de Llerena, que ya he mencionado en otras ocasiones, se les acusará en 1575 de que "no pueden ver la imagen de Jesucristo crucificado

---

227 Juliana de Norwich o Catalina de Siena fueron exponentes destacados de la devoción por la sangre de Cristo, que en el caso de esta última sella su amor por Dios y su devoción a la Iglesia (véase Berrigan, 1984). En *El Diálogo* de Catalina de Siena la sangre redentora llega a convertirse en el símbolo central de su doctrina (véase, por ejemplo, 2007: 84, 87, 102-103, 115, 183-185, 189, 198, 289, 310). Esta sagrada sangre vertida ha de estar siempre en la memoria del fiel: "En cuanto la memoria se halle llena de la sangre, se enciende el alma en aborrecimiento del vicio y en amor a la virtud", "Como ha vivido con la memoria en la sangre, así en la muerte se embriaga y sumerge en la sangre" (Catalina de Siena, 2007: 313, 320). En más de una ocasión, subraya la santa el *gusto* de la sangre: el deseo de comulgar se da, por ejemplo, "por el afecto de la caridad que ha encontrado y gustado en la sangre" (167; cf. 170), y el poder curativo de este sagrado líquido se le revela constantemente en la vida diaria. Véase Petroff, 1986b: 240, 270; Bynum, 1987: 177-178, 380 n163. Cf. *The Book...*: 24.

de puro sentimiento y compasion" (reprod. en Santonja, 2000: 391), lo mismo que, en el fondo, les pasaba a esas monjas tiernas de corazón a las que disculpa la santa abulense. Detrás de toda esta nueva devoción importaba otra vez el discernimiento de la institución eclesiástica, que en unos casos aceptaba unas reacciones-actuaciones y en otros no.

Precisamente, esa difuminada línea entre lo ortodoxo y lo heterodoxo, lo aceptable y lo rechazable se muestra también en el don de las lágrimas, un don que se pondrá en juego en las visiones pasionarias. Estas muestras sensibles se encuentran más fácilmente en santas que en santos, aunque había hombres que también derramaban lágrimas en su piedad, si bien eran más frecuentes en los consejeros de las místicas (Bynum, 1987: 112), influidos, como estaban, por unas mujeres a quienes intentan siempre justificar. En varios ejemplos de mujeres visionarias, el don de las lágrimas (que tenía antecedentes lejanos[228]) se inicia con las meditaciones sobre el evento del Viernes Santo: es el caso de Ángela de Foligno o de Margery Kempe, y sus efectos les producen cierta vergüenza, a ellas y a los espectadores de sus arrebatos. La mística inglesa tendrá que argumentar que sus lágrimas son un signo de gracia y de regalo de Dios, pues su ruidoso llanto, supuestamente involuntario, perturba a los que la rodean (véase Ross, 1993)[229]. Cuando unos frailes en Jerusalén conducen a los fieles llevando una cruz por los pasos de la Pasión del Señor, en un Vía Crucis en el que se detienen a explicar los detalles, Margery experimenta una visión interior del dolor de Cristo que le hace llorar incontrolablemente molestando a la gente de su alrededor.

228 McGinn (2006: 125) nos muestra que en el *Discurso sobre el Abba Philimon*, de hacia 600 d. C., ya se nos habla del don de las lágrimas. No obstante, en el Medievo este don caracteriza principalmente a la devoción femenina.

229 A Margery Kempe le dirá Dios: "you win many souls from him [el demonio] with your weeping" (*The Book...*: 38); Ellen Ross destaca la dimensión profunda que adquiere el dolor en Margery y en Juliana de Norwich, un dolor que se hace testimonio del amor de Dios. Por su parte, Blanca Garí (2001) contextualiza el rechazo a la espiritualidad de Margery en el contexto de la herejía lolarda, situada en tierras inglesas.

> And the foresaid creature wept and sobbed as plenteously as though she had seen our Lord with her bodily eye suffering his Passion at that time. Before her in her soul she saw him verily by contemplation, and that caused her to have compassion. And when they came up onto the Mount of Calvary, she fell down so that she might not stand or kneel but wallowed and twisted with her body, spreading her arms abroad, and cried with a loud voice as though her heart should have burst asunder, for in the city of her soul she saw verily and clearly how our Lord was crucified. Before her face she heard and saw in her ghostly sight the mourning of our Lady, of Saint John and Mary Magdalene, and of many others who loved our Lord. And she had so great compassion and so great pain to see our Lord's pain that she might not keep herself from crying and roaring though she should have died from it. (*The Book...*: 50)[230]

A Catalina de Siena (2007: 356) se le aconsejará que procure no llamar tanto la atención con sus suspiros y lágrimas. Tal vez por estas reticencias que despiertan en su entorno, una figura querida y con quien se identificarán (como veremos enseguida) las místicas, María Magdalena, se presentará así en el sermón de la Resurrección de Sor Juana de la Cruz:

> las hermanas de Nuestra Señora le decían que no llorase y no diese aquellos gritos, que también lo sentían ellas y tenían gran dolor y traspasamiento, más [sic] que no daban tales gritos. Y la Magdalena les respondía, diciendo: Dejadme, señoras, que no puedo hacer otra cosa con el gran dolor e traspasamiento que dentro de mi corazón y en mi ánima siento. (*El Conhorte...*: 689)

Y es que las lágrimas, según señala Cohen (2000: 53), eran un signo un tanto ambiguo de devoción, especialmente si iban acompañadas por gemidos en voz muy alta y contorsiones que podían considerarse involuntarias[231]: por ello, incluso en la

---

230 Véase también la *realista* descripción que hace de la crucifixión de Cristo, prestando atención a los estragos del cuerpo, en *The Book...*: 51; o la escalofriante visión en la que un desconocido corta con una daga el pecho de un Cristo Yacente (152). Merecería la pena comparar este tipo de descripciones del crucificado con las también algo macabras de Constanza de Castilla o Isabel de Villena que veremos más adelante. Las semejanzas pueden deberse a una fuente común: las *Meditationes vitae Christi*, que fueron traducidas a los respectivos idiomas de estas mujeres, además de tener una deuda, como he señalado, con un arte de estética similar.

231 Gemidos y contorsiones son signos poco definidos que pueden indicar tanto locura como dolor, confundiendo a los observadores. Las contorsiones faciales y corporales se atribuían en el arte a las figuras que sufrían

Baja Edad Media se representaba a la Virgen llorando con cierta contención[232]. De este modo, si el dolor o la enfermedad se asocian positivamente a la virginidad, una virginidad que concede a las mujeres cierta independencia, autoridad y autosuficiencia (sin olvidar lo que implica de control del cuerpo y de la realidad del entorno: Petroff, 1986b: 34, 37; cf. Bynum, 1987: 5), pueden asimismo relacionarse con un comportamiento anormal o incontrolable: recordemos que había un padecimiento negativo, como dijimos al comienzo de este capítulo. Sospechosas resultarán las mujeres que hacen extraños sonidos guturales o dan vueltas sobre sí mismas (aunque en ellas confíen sus directores, como muestra el caso de Cristina la Maravillosa), o las que son dominadas por un arrebato, una sacudida o por gemidos incontenibles, mostrando un comportamiento antisocial (véanse Petroff, 1986b: 38-40; Caciola, 2003: 68-70). Esta falta de control expresada en gritos, desvanecimientos, lágrimas y espasmos puede indicar que algo que viene de fuera se apodera de la mujer, y esta presencia invasora, como sabemos, es mirada con cierta desconfianza a medida que avanza el Medievo, por si implicaba una posesión demoníaca. A las alumbradas de Llerena, por ejemplo, se las acusará de dar voces y gritos en la iglesia al tiempo de recibir el sacramento (véase Santonja, 2000: 190).

Parece, en fin, que este aspecto de la devoción femenina tampoco se libraba del escrutinio estrecho. Todavía en la segunda mitad del siglo XVI las lágrimas, al tiempo que gozosas y justificadas (Teresa de Jesús, 2004: 178), podían considerarse desafortunadas por excesivas y fáciles (292), y se hacen debido a

castigos divinos, de modo que merecían más condena que simpatía (véase Cohen, 2000: 55).

232 Este aserto de Cohen hay que tomarlo, de todos modos, con precaución, entendiendo que la contención no incluye la pérdida de conciencia y desmayo de la Virgen que sucede en varias ocasiones en las dos versiones castellanas de las *Meditationes vitae Christi* y en otras pasiones de la Romania (Cátedra, 2005: 351). Tampoco Vírgenes ni Magdalenas en el arte y en la literatura peninsular (acabamos de ver un ejemplo y veremos otro de Isabel de Villena) resultan especialmente *contenidas*.

ello objeto de discernimiento[233]. Si los gestos considerados más negativos eran la gesticulación y los gritos y, en cambio, en el nivel más alto, estaba la estigmatización, las lágrimas pertenecían a un territorio ambiguo: podían ser empleadas, por ejemplo, a la vez por santas y por campesinos, pero la diferencia radicaba en que los segundos expresaban dolor corporal a través de ellas mientras que en las primeras indicaban un padecimiento de origen espiritual. El llanto producido por el pensamiento del dolor de Cristo se reservaba para la santidad, frente al del sufrimiento físico, que se atribuía a la enfermedad del pueblo llano: entonces, como experiencia aparte de la vida cotidiana, el llanto de las místicas connotaba unas vivencias excepcionales.

Petroff (1986b: 40) sostiene que a las mujeres que llevaban una vida religiosa menos tradicional, como es el caso de beguinas o terciarias, las lágrimas de la Pasión les servían para no sentirse aisladas sino trascendidas en la humillación de la cruz, unidas y justificadas en Cristo: de hecho, quizás la gran iniciadora de la costumbre de las lágrimas sea la primera beguina María de Oignies: al menos eso se deduce de la vida que nos relata su defensor (y que le otorga su fama) Jacobo de Vitry (reprod. en Petroff, 1986a: 179; McGinn, 2006: 61-62; *The Book...*: 221). En el episodio en que María comienza a llorar el día de Jueves Santo un sacerdote le manda rezar en silencio y retener sus llorosos y entrecortados suspiros. Pero las místicas, frente a este mandato masculino, se alzarán como grandes defensoras del llanto: Beatriz de Nazaret se deshará en sollozos ante sus compañeras (véase Cirlot & Garí, 2008: 110, 117), y la importancia de estas lágrimas motivadas por la Pasión será subrayada por Catalina de Siena (2007: 209-233) en un apartado especial dedicado a ellas de *El Diálogo*: "La doctrina de las lágrimas", o también en sus "Invitaciones al llanto" (311-330).

[233] En esto coincide con Ángela de Foligno (1991: 105-106), pues, aunque la devoción de esta se caracteriza por su don de lágrimas y por sus manifestaciones externas, advierte del peligro de la seducción del mundo que se muestra en lágrimas, dulzuras, estremecimientos y gritos que brotan más del cuerpo que del alma: esta, viviendo el amor puro, no puede tener ningún aprecio de sí.

En otros momentos, Dios asegurará a la terciaria que recibe los "angustiados deseos de lágrimas y suspiros" de sus esposas espirituales como instrumento para aplacar su ira frente a los que le ofenden (79; cf. 108, 207).

Sea como sea, con lágrimas o sin ellas, para muchas visionarias el momento de la Pasión se convertirá en el centro de su doctrina y de su meditación, y el mejor ejemplo de ello es el caso de Juliana de Norwich, quien a la edad de treinta años (en 1373) experimenta una serie de quince visiones (o *showings*) de la Pasión de Cristo que le restauran la salud. Estas visiones, muy gráficas, se convertirán en la base de su meditación (a través de las *Revelaciones*) para el resto de su vida, y sin duda influirán en su vocación de anacoreta[234]. Precisamente, los pensamientos visionarios de Juliana se inician cuando comienza a sangrar la cabeza de una imagen esculpida de Cristo crucificado, que cuelga ante ella cuando yace moribunda sobre el lecho. Las escenas de la Pasión de Cristo se reproducen entonces ante la escultura sangrante en una escala ascendente de detallado horror, despertando en Juliana, durante un instante eterno, una inmensa compasión (Watson & Jenkins, 2006: 1; Juliana de Norwich, 2006: 77).

Casi igual de intensa es la experiencia de Gertrudis de Helfta, a quien Cristo en un momento determinado le asegura cuánto le agrada "la devoción que se hace a mi cruz" (Gertrudis de Helfta, 1999: 169). Como gran alentador de estos ejercicios espirituales, el Señor le recuerda que visitará a la amada que medite con devoción sobre su Pasión. En una de esas meditaciones ante el crucifijo, Santa Gertrudis se funde con el cuerpo de Cristo, según ella misma nos cuenta:

> En efecto, después de haber recibido el sacramento de la vida, fui a mi lugar en el coro y me parecía ver que salía del lado derecho del crucifijo pintado en una hoja, esto es, de la llaga del costado, como un rayo de sol, agudo a la manera de dardo, que, al parecer, estando extendido se encogía y luego se estiraba, y así durante buen rato, lo cual excitó tiernamente mi amor [...]. (Gertrudis de Helfta, 1999: 57)[235]

[234] Para la relación de la tradición anacoreta con la mística y la devoción femenina en Inglaterra, véase Renevey & Whitehead (2000a).

[235] Para la comparación de este episodio con algunos similares de

La puesta en escena del dolor 179

Este episodio, junto con uno parecido vivido por Beatriz de Nazaret (cuya alma es embestida por la lanza ardiente del amor de Dios: véase Cirlot & Garí, 2008: 111, 118), nos puede hacer recordar el famoso de la transverberación de Teresa de Jesús (2004: 294-295; cf. 764-765), con ese ángel que clava el dardo de oro en las entrañas de la santa y le produce lo que luego ella llama un "dolor amoroso" (765)[236]. Santa Teresa afirma que el sufrimiento que provoca este tipo de arrebato: "No es dolor corporal sino espiritual, aunque no deja de participar el cuerpo algo, y aun harto" (295). Este camino del dolor resulta el preferido por ser el de la cruz, y si el cuerpo en él pena, el alma goza y padece a la vez (197). Así, Santa Teresa conminará a meditar conscientemente sobre la Pasión, y a entender la enfermedad propia como una representación repetida del sufrimiento de Cristo, condición previa para poder disfrutar de su Resurrección salvadora. Santa Teresa coincidirá en esto con Juliana de Norwich o Margery Kempe, para quienes "the experience of illness is a stimulus which feeds the religious imagination and the life of faith" (Lawes, 2000: 234).

> Pues si todas veces la condición o enfermedad, por ser penoso pensar en la Pasión, no se sufre, ¿quién nos quita estar con Él después, de resucitado, pues tan cerca le tenemos en el Sacramento, adonde ya está glorificado, y no le miraremos tan fatigado y hecho pedazos, corriendo sangre, cansado por los caminos [...]? Porque, cierto, no todas veces hay quien sufra pensar en tantos trabajos como pasó. (Teresa de Jesús, 2004: 217)

Esa meditación sobre la Pasión permite a estas místicas, además, un acceso directo a las palabras del Evangelio sin mediaciones, una libertad meditativa que pedía Teresa de Jesús (2004: 1225-1226) para reflexionar sobre el Cantar de los Cantares, como hemos visto en el capítulo anterior. En este sentido, las místicas defienden su derecho a disfrutar y paladear las Escrituras; y como ferviente defensora de esta actividad se

---

unión con Cristo en otras místicas, véase Petroff (1986b: 13-16). Para otros momentos en que se nos encarece la devoción por la cruz en los escritos de Santa Gertrudis, véase Gertrudis de Helfta (1999: 166-172).

236 Para un paralelo heterodoxo y supuestamente falso de una herida producida por el rayo de Dios en una pseudomística, en este caso de la segunda mitad del XVI, Sor María de la Visitación, véase Irimizaldu (1978: 129).

alzará Ángela, quien medita y saborea la palabra del Evangelio y a quien Dios le ayuda a comprender bien una epístola. Así, el Señor le indica a Ángela que la comprensión del Evangelio constituye "una cosa tan superdeliciosa" que de alcanzarse permitiría olvidar los asuntos mundanos y a uno mismo, y para mostrárselo la guía y se lo hace probar (Ángela de Foligno, 1991: 34-35). No son necesarios, por tanto, intermediarios para acceder a las Escrituras, y a las mujeres no se les debe vedar el camino, que de otro modo es directamente facilitado por Dios. Recordemos que el Señor mismo les revela los pasos de su Pasión, mucho más detalladamente de como aparecen en el Nuevo Testamento, y el modo en que las místicas reescriben, por su parte, circunstancias que rodean a los hechos principales, como también hará Sor María con las escenas dramáticas llenas de emoción de la mañana de Pascua.

Dentro del "Nuevo Misticismo" femenino, ese revivir de la Pasión se puede convertir en una articulada representación ante el público, un fenómeno especialmente característico de los éxtasis de las dominicas en el Bajo Medievo alemán (Matter, 2001: 10). Elisabeth de Spalbeek acostumbrará actuar los eventos del Viernes Santo siete veces al día en un ciclo que sigue un predecible curso, dedicando su baile y su mímica a cada una de las estaciones de la cruz (Caciola, 2003: 115). Durante su *performance*, realizado dentro de la capilla de la iglesia, Elisabeth, que recibirá estigmas en brazos, piernas y costado, llevará a cabo sus danzas como si fuera un nuevo Cristo, golpeando su cuerpo en estado de trance (Rodgers & Ziegler, 1999: 312). Elisabeth imita el comportamiento del Señor y de sus enemigos y, a la vez, inicia famosamente una cadena de representaciones en solitario que desembocará, como veremos, en el *performance* de Sor María, pasando por el de la italiana Margarita de Cortona, quien reactuará la crucifixión de Cristo ante un público que asiste asombrado en la iglesia de San Francisco a su trance (Caciola, 2003: 105). Este tipo de representación o reescritura no surge desde la nada: el *De meditatione passionis Christi per septem diei horas libellum* del Pseudo-Bede, del siglo XIII, será una fuente importante para formar el ciclo pasional, un sugerente manual que insiste en mimetizar cada gesto de Jesús como en un recuento en el que, hora a hora, sigue el fiel el último día del Salvador[237]. Se trata de llevar finalmente a cabo la práctica devocional de imaginar detalladamente una escena del Nuevo Testamento y meterse dentro.

También Estefanía Quinzani, aunque no a través del baile, en sus raptos se estirará sobre el suelo con un crucifijo en sus manos, contrayendo sus miembros y sacudiendo todo su cuerpo como si estuviese sufriendo golpes terribles; Osanna de Mantua sentirá los dolores de la corona de espinas y de las heridas en manos y pies, mientras que Elena Duglioli padecerá mucho del pecho a imitación de Cristo; por su parte, a Catalina de Racconigi le aparecerán heridas que esconde ante su público y solo enseñará las marcas de la corona de espinas; y, finalmente, Catalina de Ricci y Arcangela Panigarola, uniéndose al resto de místicas italianas del Renacimiento, revivirán también el sufrimiento de la Pasión cada viernes (véase Zarri, 1996: 239-240). Una representación que convencerá a su público: en Inglaterra, a la mística Margery Kempe se la trata como a un nuevo Cristo al darle de beber una copa de vino durante una de sus experiencias pasionarias, cuando se la amenaza con ser quemada por hereje, y se la insulta e injuria (*The Book...*: 95-96; véase Garí, 2001: 56).

Esta recreación del Viernes Santo, cuya variedad y complejidad vamos descubriendo, no era, por supuesto, una actividad exclusiva de nuestras místicas, pero en ellas la encontramos unida a otros aspectos: estigmas, autoflagelación, ayuno, identificación con María Magdalena, teatralidad..., circunstancias que, como veremos, hacían de esta recreación una marca hagiográfica. Pero tanto en los hombres como en las mujeres que meditan sobre la Pasión la actividad se va adueñando de un mayor dramatismo (y milagro) a medida que avanza el Medievo. Acabamos de señalar el ejemplo de Elisabeth de Spalbeek en

---

237 Por este seguimiento de las convenciones de la Pasión no nos parece convincente el aserto de Rodgers y Ziegler (1999: 312) de que un aura de peligro e impredictibilidad caracterizaría el trance de Spalbeek, ni de que provocara tal escándalo su danza.

una representación que mezclaría teatralidad y patetismo. Este último rasgo, patente en una desmesurada exteriorización del dolor, estará presente en muchas visiones que nos hacen recordar las palabras de Dios a Catalina de Siena (2007: 253): "Gime con ansiedad sobre el cuerpo muerto del hijo del género humano [...]. Por este gemido y grito haré misericordia al mundo".

Otro ejemplo de patetismo lo encontramos en dos monjas escritoras (que no místicas): Isabel de Villena y Constanza de Castilla. En la Península la espiritualidad de la Pasión se cultivó intensamente: entre las nobles fue auspiciada por la reina Isabel la Católica en el entorno de la producción del Cancionero, y así numerosas poesías pasionarias tendrán como destinatarias a mujeres[238]. Pero también se fomentó en los conventos, donde, como he señalado, las representaciones de la Pasión eran bastante frecuentes. Inspiradas en ellas, en cuadros y en fuentes escritas, las religiosas españolas mencionadas componen obras en las que se detienen en este evento, y de las que, por su belleza y porque expresan bien el ambiente de devoción (en cierto modo específicamente femenina) que viviría Sor María, recojo aquí dos fragmentos bastante plásticos.

Isabel de Villena escribirá una famosa *Vita Christi*, donde, si no hay que buscar la originalidad (se basa en textos como el de Eiximenis citado más arriba), sí hay que destacar el importante papel que desempeñan las mujeres[239]. En esta

---

[238] Véanse García-Bermejo Giner (2004) y Bustos Táuler (2009: 77-87) para la poesía pasionista del siglo XV, especialmente de Juan del Encina y sus seguidores.

[239] Como veremos, aunque sobre todo es protagonista la Virgen, Isabel de Villena da gran importancia en su escrito al papel de la Magdalena, a quien Cristo le consiente que siga peregrinando y predicando la palabra evangélica: según Rivera Garretas (2003a: 611), la religiosa valenciana reivindica así para las mujeres el uso público de la palabra sagrada. Por otro lado, como afirma Lluïsa Parra (1986: 10), Sor Isabel no desaprovecha ocasión para hablar de las mujeres o para reivindicar la condición femenina por boca de Jesús o de los profetas. Véase también Papa, 1994; Graña Cid, 2000b: 124-125; Aichinger, 2003: 62; cf. Cátedra, 2005: 324. No obstante, no debemos perder de vista lo que advierte Bynum (1991: 149) frente a los estudios de género que resaltan el papel de la Virgen en la mística femenina: la reverencia por la Madre de Dios de muchas visionarias no se debe tanto a su significación de

La puesta en escena del dolor 183

obra de marca contemplativa las exhortaciones a la meditación cobran fuerza sobre todo en la parte donde se narra la Pasión de Cristo, especialmente dramática y en la que hallamos una atención particular al sufrimiento de la Virgen (cf. Parra, 1986: 23). También las penas físicas del Redentor se describen con trágica minuciosidad. La escena de la crucifixión es en este sentido bastante elocuente: Isabel de Villena muestra al público lector las rasgaduras y la mucha sangre que sale del cuerpo terriblemente dolorido de un Jesús atado al madero. En medio de los gritos de la Magdalena y de otras mujeres, el cuerpo se estira cruelmente en la cruz, y los ministros judíos dejan sus miembros descoyuntados, descritos con esa detención en el cuerpo desnudo atormentado que hemos señalado es propio del arte gótico (especialmente el español)[240].

> E, aprés que lo Senyor Jesús fon així estirat e turmentat, fon clavada aquella sua mà esquerra, no sens molta dolor, car los claus eren despuntats e no podien així passar prest, ans ab molta força, e portaren-se'n alguna partida de carn, metent-la dins los forats de la creu; de què lo Senyor soferí grandíssima pena. [...] E, mirant baixa en terra entre la gent, véu la una mà del seu tan amat Fill clavada, molt alterada, blava e inflada, los dits grossos tots arrunsats, brollant la sang en gran abundància, e, mirant una tan dolorosa vista, tornà's a esmortir la Senyora, no podent lo seu piadós cor soferir tanta dolor. [...] E, posada la creu en dret del clot que havien fet en la roca, deixaren-la caure dins de tot son pes; de què aquell santíssim cors de Jesús dona tan percudida, rompent-se les nafres de les sues precioses mans, llançant grans rius de sang, estant així tremolant en la creu, que ja paria volgués caure. E aquells ministres cruels prengueren los peus de Jesús per fermar-los en la creu; e, veent que no bastaven al forat que ells havien assignat, donaren una gran tirada, fent allargar lo seu turmentat cors e cames fins al lloc on ells volien. E posant la un peu sobre l'altre, clavaren-los abdui ensems, ab un clan despuntat que la carn se'n portava ab trossos ab la grossea de la punta, posant-la dins lo forat de la creu; de què lo Senyor soferí tanta dolor e pena que

"representative woman" sino a ser el conducto y recipiente de la Encarnación, y si solo algunas se desvanecen con María ante la cruz, todas en cambio lo hacen desde la cruz con el propio Cristo; véase también 153.

240 En esta obra las mujeres aparecen frecuentemente gritando y gimiendo, ya sea al pie de la cruz, o en el momento de la separación tras la Resurrección (la Magdalena). De modo que aquí la expresión explícita del dolor y de las lágrimas es considerada de manera positiva: no hay ponderación en sus muestras.

paria que ja volgués finir la vida [...]. E, alçant los ulls la piadosa Mare, mirava lo Fill crucificat, qui estava ab la cara afilada e morta per la sang que contínuament perdia ab la basca e pena de la mort, menejant lo cap deçà e dellà, no havent on lo reposàs sinó sobre lo seu propri muscle, lo qual reposar era a sa senyoria de molta pena, car les espines de la corona travessaven la sua carn turmentada; en manera que a les sues penes no era permés haver descans degú, ans augmentaven tostemps. (Isabel de Villena, 1986: 291-293)[241]

Sor Constanza, que por su linaje pertenecería a los ámbitos laico y religioso, desde su poder temporal y espiritual como abadesa elaborará una meditación sobre los clavos de Cristo, para uso personal o comunal de sus monjas[242]. Aunque no hay otros testimonios escritos de esta celebración en la Castilla de entonces (sí de otras relacionadas con los tormentos de Cristo), obras paralelas se llevaban a cabo en Europa, como muestra la meditación dedicada a la corona de espinas de Jesús de las monjas alemanas del convento de Wienhausen (véase Mecham, 2004: 350-389). Este tipo de devoción hay que encuadrarlo en la adoración de los objetos emblemáticos de la Pasión, de los que se conservan a veces reliquias (fragmentos de la Vera Cruz, la Santa Espina, la Corona, sudarios, ampollas con la Sagrada Sangre). En el texto de Constanza, como en nuestras místicas, se da también esa atención constante "a los detalles de abuso físico tan importante al procedimiento contemplativo" (Wilkins, 1998b: 345). Con el fetichismo propio de la época, Sor Constanza se dirigirá a los "Dulces clavos e amábiles", los cuales "con enpetuosos golpes cruelmente rasgaron

---

241 Isabel de Villena, que usa durante su obra un lenguaje lleno de afectividad y de diminutivos y se detiene en la descripción de la vida cotidiana (como demuestra la hermosa escena en que Dios regala a la Virgen ropa por su maternidad: cf. Parra, 1986: 24), da mucha importancia al lenguaje gestual en sus escenas. Por otra parte, la edición de Parra por la que citamos suprime fragmentos y capítulos de la obra, pero respeta especialmente la muerte de Cristo: en la cita, los saltos del texto son nuestros.

242 Constance L. Wilkins (1998a: xi) señala sobre esta meditación, escrita en castellano y latín, que "While celebrations of the Holy Cross and the instruments of the Passion, including the lance and the nails, were well known in the fifteenth century, there is no evidence of other celebrations dedicated solely to the nails". De hecho, según Wilkins, este oficio fue celebrado con un permiso especial del Papa.

e penetraron el cuero, carne, nervios e venas de las manos e de los pies" de Cristo (Constanza de Castilla, 1998: 67, 70). Pero es en la *Oración sobre la Vida y Pasión de Cristo* donde mejor encontramos ese patetismo propio del fin del Medievo con el que ponemos fin a esta sección. Por su belleza, hemos decidido reproducir una cita larga del texto, y también porque acierta en resumir lo característico de la meditación al pie de la cruz de Cristo: el escrutinio de los tormentos del Salvador, la fusión con el dolor de la Virgen; o la recreación de la compasión de quienes son testigos de la muerte del Señor. En este sentido, místicas y religiosas aprovechan la supuesta fragilidad psicológica de la mujer, capaz de conmoverse y atemorizarse más profundamente que el hombre, como instrumento para una intensa identificación piadosa con la Virgen y sus acompañantes en la Pasión (cf. Cátedra, 2005: 324)[243]. A Constanza solo le falta entonces el último toque de las místicas del que hablaremos en el apartado último de este capítulo: la asunción del cuerpo del dolor, que no parece desear[244].

> E con su favor escupieron tu cara, que es gloria santorum, mesaron tu cabeça gloriosa; unos dieron golpes en tu pescueço, otros palmadas en tu rostro [...].
>
> E la dolorosa tu madre, sus braços abiertos, su cuerpo encorvado [...] responder non podía porque su lengua era privada. Su espíritu tenía amortiguado, su corazón era fecho ovillo de dolores al pie de la cruz desque te vido desnudo enclavar e oyó las rezias martilladas que rasgavan tus manos e pies. Vido cómmo estava tu cuerpo colgado de dos clavos, la sangre corer de las llagas tanto abondosa, tu cuerpo e rostro tanto diforme que non ay seso humano que conoçerlo pueda, ansí mesmo cómmo eras escarneçido, blasfemado. E oyó el grant clamor con lágrimas que diste al Padre, diziendo que eras desanparado dél. Llena de dolores, te quiso fablar e allegarse a ti; non tovo fuerça nin sentido para lo conplir. Resçibía la sangre que de ti corría con grant reverencia. E acatando en ti con grandíssimo amor, su corazón fue rasgado, traspasado con cuchi-

---

[243] En este sentido, por ser la *compassio* algo que se estimulaba en todos los textos que tratan la Pasión, no sé hasta qué punto debemos destacar la identificación con la Virgen que propone Constanza, como hace Surtz (1995: 52-55).

[244] Por el contrario, Sor Constanza al pie de la cruz pide más bien el perdón y tener a la Virgen como antecesora a la hora de su muerte (véase Constanza de Castilla, 1998: 22, 25-26).

llo agudo, su ánima ensangustiada en tanto grado que la Señora reçibió martirio de dolores, ca ella sintió los tormentos que tú reçebiste propiamente contigo, así commo una mesma carne. E los dolores suyos multiplicaron a ti dolores sobre dolores.

E posumus credere que sant Juan, tu amado diçípulo, que presente fue a todos los tormentos que reçebiste, sufrió tan grant pesar que perdería todos sus sentidos, mesaría sus cabellos, daría fuertes golpes en su rostro e pechos con espesos gemidos, abondosas lágrimas, en tanto grado que aquel día fue mártir. La Madalena con sobrepujante amor, [...] todos con grandísimo amor e dolor mesarían sus cabellos; rasgarían sus caras, braços, manos e pechos; con agudos gritos lloraron amargosamente la cruel e desonrrada muerte que padesçías, timientes que la Gloriosa daría su ánima ese mesmo día. (Constanza de Castilla, 1998: 13, 21-22)[245]

4.2. El modelo de la Magdalena

La Virgen María no fue la única figura femenina que incrementó su popularidad en la Edad Media, como nos recuerda Bynum (1982: 137). La devoción por las mujeres santas aumentó paralelamente, sobre todo por una de las que supuestamente acompañó a Jesús en los últimos momentos de su vida. Acabamos de ver en el apartado anterior cómo Constanza de Castilla sitúa a María Magdalena al pie de la cruz (y se identifica con ella), si bien, como muchas religiosas de su época, en sus oraciones privilegia a la Virgen[246]: y es que serán precisamente las místicas quienes se centren en la figura de María Magdalena. Y, entre ellas, como veremos en el capítulo séptimo, lo hará Sor María.

De todos modos, ya en los siglos x y xi la devoción por la Magdalena, como la de San Jorge, patrono de los caballeros, conoció gran auge (Sánchez Herrero, 2004: 321), y muchas iglesias de los siglos xii y xiii se dedicaron a esta santa, patrona de ermitaños y de pecadores arrepentidos y (según el oficio que

---

245 Cf. este pasaje con la presentación también patética que hace Sor Juana del sufrimiento de la Virgen abrazada a la cruz y cegada por la sangre que derrama el cuerpo de su Hijo, y de los judíos que, burlándose de ella (la llaman "mala encantadora"), y viéndola llorar y desmayarse la apartan "arrastrándola y dándole coces" (El Conhorte...: 670-671).

246 Según Baldridge (2001: 35), Sor Constanza ve en la Magdalena una especie de alter ego (véase Constanza de Castilla, 1998: 25), aunque quizás esta afirmación toma demasiado en serio una identificación circunstancial.

La puesta en escena del dolor 187

se leía para celebrar su día) apóstol de apóstoles. En el siglo XV, los establecimientos que se especializan en recoger prostitutas arrepentidas bajo el nombre de la santa se multiplican en Europa (Dalarun, 2003: 69); y, de las vidas de Jacobo de Vorágine (las famosas *vitae*), fue la de María Magdalena una de las más reescritas y desarrolladas[247].

La santa penitente era famosa por su larga cabellera, con la que supuestamente había secado los pies de Jesús tras ungirlos llorando, y, como ya se señaló en el primer capítulo, con este atributo invade la pintura y escultura de la época. No obstante, la María Magdalena por la que se interesan nuestras visionarias es fundamentalmente la que vive al pie de la cruz, no la que se funde con la hermana evangélica de Lázaro y Marta y cuya existencia legendaria tiene una fase apostólica y otra eremítica desarrollada en Francia, como nos muestra la vida conservada en el ms. h-I-13 de la Biblioteca del Monasterio de El Escorial (reprod. en Walsh & Bussell Thompson, 1986: 28-35; véase Baños Vallejo, 2002: 1014)[248]. Aun así, la etapa que vive

[247] Como se puede comprobar por los manuscritos medievales que nos hablan de ellas, las historias de María Magdalena o de María Egipcíaca se encontraban entre las hagiografías favoritas de santas del pasado. Sobre el culto de la Magdalena en el Medievo europeo es imprescindible la monografía de Victor Saxer (1959), y para su difusión en la literatura castellana, véase Walsh & Bussell Thompson (1986), donde se hace un recorrido por su tratamiento desde el *Libro de buen amor* o Berceo hasta Lope de Vega.

[248] Aunque la confusión afecta a toda Europa, en España las *Vida de Santa María Magdalena* y de *Santa Marta*, relatos traducidos del francés al castellano en el siglo XIV que aparecen en el citado manuscrito, "proporcionan una de las muchas muestras de la antigua confusión de María Magdalena con la hermana de Marta y Lázaro, y con la anónima pecadora que bañó con sus lágrimas los pies de Cristo" (Baños Vallejo, 2002: 1014). Hay que recordar, así, que la figura de María Magdalena surge de la fusión de tres personajes femeninos del Evangelio: María de Magdala, de la que Jesús expulsa siete demonios, que le sigue al Calvario y que es el primer testigo de la Resurrección; María de Betania, hermana de Marta y Lázaro; y la pecadora anónima que baña llorando los pies de Cristo. Véase Dalarun, 2003: 58-60. La confusión de María Magdalena con la hermana de Marta también se da en Juana de la Cruz, quien dedica todo un sermón ensalzador a esta santa, a la que suele presentar llorando (ya vimos un ejemplo) desde una visión positiva de las lágrimas; al final, tras ser acogida por la Trinidad, este personaje entra en el Cielo cantando (*El Conhorte...*: 1001-1013). La Magdalena también aparecerá

Magdalena en el desierto gustará de ser recordada por nuestras místicas, principalmente por constituirse en modelo de ayuno (asunto del que hablaremos en el capítulo siguiente), pero también de predicación elocuente (tal como nos muestran, por ejemplo, las recopilaciones inglesas de vidas de santas: véase Johnson, 1996: 195). De este modo, Hadewijch la colocará dentro de los veintinueve primeros de su lista de perfectos, es decir, entre aquellos que alcanzaron la madurez en el amor (véase Cirlot & Garí, 2008: 76).

Sin duda, un atractivo de María Magdalena radicaba en esa virginidad recuperada que permitía a muchas santas casadas o viudas confiar en los valores de su renovada castidad[249]. En la hagiografía de la pecadora arrepentida Margarita de Cortona, Cristo le revela la increíble redención: Magdalena es acogida en el coro celeste de las vírgenes detrás de la Madre de Cristo y de Catalina de Alejandría. Lo que Jerónimo o Pedro Damián no aceptaban sino con grandes dificultades se había realizado plenamente en su visión: la omnipotencia divina restauraba la virginidad a quien la había perdido (Dalarun, 2003: 69). Quizás en esta asombrosa restauración había un interés por promover modelos posibilistas para algunas mujeres, o tal vez se trataba de un nuevo medio de tenerlas bajo control, de estimular la imitación del celibato, una de las condiciones primeras (lo hemos visto) de la santidad.

Desde luego, la devoción por la Magdalena o la atención prestada a su papel también la podemos encontrar en clérigos y poetas. Esta santa será puesta de ejemplo femenino por religiosos como Fray Arnaldo, el confesor de Ángela de Foligno, quien nos dice en su *Memorial* que "toda alma que quiere buscar y poseer la divina misericordia, la puede alcanzar, como María

en conmovedoras y patéticas escenas de las fiestas del Miércoles y Viernes Santo y del Domingo de Resurrección (637-638, 667-668, 671, 689-692).

[249] Viudas como la italiana Vittoria Colonna se podrán identificar con la figura de María Magdalena, como nos muestra su amigo el pintor Miguel Ángel, retratándola ante la cruz de Cristo en un cuadro ahora perdido. Hay que recordar que esta autora contribuyó a la difusión de la oración y de la meditación interior, a las prácticas, en fin, contemplativas (véase su *Pianto sulla passione di Cristo*).

La puesta en escena del dolor 189

Magdalena"; y luego por Dios mismo, quien la ofrece de modelo a su pupila: "Esto experimentó María Magdalena: el dolor de hallarse enferma y el deseo de ser libre de la enfermedad" (Ángela de Foligno, 1991: 39, 63). Y el hagiógrafo de Margery Kempe, a quien supuestamente dicta su vida la propia mística, perfila a esta como una segunda Magdalena al hacer hincapié en su deseo sexual y en la superación de la tentación: conoce así la inglesa, como su predecesora, lo que el mundo le ofrece y a lo que renuncia (*The Book...*: 12-13; véase Fanous, 2000: 163-164; cf. Kukita Yoshikawa, 2000: 183-184, 188-189); además, como vimos en el capítulo anterior, Margery en su boda mística recupera una suerte de estatus de celibato (al igual que la Magdalena) al verse en compañía de vírgenes y santas como Margarita o Catalina[250].

Tal vez por esa atención que se la dedica, y especialmente por lo mucho que la había amado el Salvador, María Magdalena despierta la envidia de Santa Teresa (quien leería su vida en el *Flos sanctorum*) en un pasaje que ya señalamos en el capítulo tercero (Teresa de Jesús, 2004: 1189). La santa abulense se declara siempre muy devota de esta figura, y muchas veces –confiesa en su autobiografía– piensa en ella, sobre todo al comulgar, cuando se pone interiormente a los pies de Cristo y llora como ella: "Y encomendábame a aquesta gloriosa Santa para que me alcanzase perdón" (93; cf. 839)[251]. Teresa parece envidiar también a la Magdalena lo rápido que pasó de su vida de pecadora al amor perfecto (algo que a ella le cuesta más) y cómo Dios la llevó desde sus pies al desierto (222, 224). En este sentido, cuando siente su alma en "destierro", piensa siempre en la Magdalena, "en quien tan crecido estaba este fuego de amor de Dios" (209).

250 Kukita Yoshikawa (2000: 188-189) resaltará la obsesión por la pureza sexual que asedia a Margery Kempe en las continuas visiones en las que se presenta en compañía de otras vírgenes o de santas que, como María Magdalena, han superado su pecado. A la identificación de Margery con la Magdalena también apunta Garí (2001: 73).

251 Una actitud semejante más de un siglo antes había mostrado Constanza de Castilla (1998: 25), quien, al tiempo que dirigiéndose a Cristo se califica de "gusano de vil materia que se te ofreçe e rinde por cativa", "se lança delante tus pies commo la Magdalena pidiéndote perdón e merced".

Tanto en su condición de preferida de Cristo como de la místicas, María Magdalena sabrá corresponderlas. Al igual que la Virgen, interviene activamente para salvar a sus protegidas. En la vida de Cristina de Markyate se nos cuenta que la Magdalena se aparece en sueños a un clérigo que procuraba tentar (casi exitosamente) a Cristina, y le amenaza bastante efectivamente:

> Mary, whom the priest particularly revered, glared at him with piercing eyes and reproached him harshly for his wicked persecution of the chosen spouse of the most high king. At the same time, she threatened him that if he harassed Christina any further, he would not escape the anger of the Almighty nor eternal damnation. (*The Life...*: 47)

En la Península, contamos con narraciones de la Pasión que también focalizan esta figura, como es, de nuevo, el caso de la *Vita Christi* de Isabel de Villena, quien resalta a la santa pecadora por encima del resto de las mujeres que habían amado a Cristo, y que merece todos los parabienes de Este por su humildad:

> "[...] E si totes les dones, generalment, per ésser piadoses i amables tenen molts privilegis, quant més havem a creure és exalçada aquesta excel·lent Magdalena e privilegiada sobre totes, car en amor ha preceït a totes les altres! Car aprés la santíssima Mare de Déu, a la qual criatura nenguna comparar no es deu, aquesta sentí més de l'amor divina que nenguna altra; [...] Oh, benaventurada ànima, que tal protecció has meritada! La qual cosa, d'aquesta perfectíssima Magdalena pot molt verdaderament ésser dita, car ella ab profundíssima humilitat ha confessat la culpa sua, acusant e condemnant si mateixa; per què mereix ésser justificada e ab Déu reconciliada e per ell guardada e molt defensada". (Isabel de Villena, 1986: 175, 186)[252]

---

[252] Más adelante, Jesús le anuncia a María Magdalena que su amor por ella no decaerá nunca y la pone como ejemplo de mujer única que desmiente los defectos que se dicen de las mujeres. Cristo, asimismo, le promete que no morirá pronto sino que se transformará en "exemplar de penitència a tots los que en mi creuran, car mirant a vós coneixeran que al qui molt ama no li és res impossible" (Isabel de Villena, 1986: 262). Además, aquí el Señor valora positivamente las abundantes lágrimas de la Magdalena, prometiéndole primacía en sus apariciones de resucitado, y le asegura una larga peregrinación junto con un gran consuelo: de modo que, aunque huérfana de la Virgen acabe huyendo en soledad, por su fuerte penitencia será acompañada de multitud de ángeles, y vendrá luego Jesús a buscarla para portarla a la Glo-

La puesta en escena del dolor

De modo que, como se ha señalado, el papel que juega sobre todo la Magdalena en las meditaciones de místicas y santas (y el más envidiado) es el que realiza al pie de la cruz. Visionarias como Juliana de Norwich (2006: 63) reviven cual testigos la Pasión de Cristo y se sitúan al lado de María Magdalena "an with othere that were Cristes loverse, that I might have sene bodilye the passion of oure lorde that he sufferede for me, that I might have sufferede with him as othere did that loved him". Como veremos en el capítulo séptimo, Sor María se detendrá tanto ante la cruz, donde también la Virgen es protagonista, como en el encuentro de la penitente con el Resucitado, celebraciones litúrgicas ambas representadas con frecuencia en los conventos europeos.

4.3. *El cuerpo sufriente*

> A focus on women as oppressed or as outsiders obscures the extent to which women —particularly in the late Middle Ages— were the actual creators of some of the distinctive features of mainstream Christian piety.
> (Bynum, 1991: 57)

El cuerpo sufriente suele tener en la Edad Media un sentido religioso positivo (cf. Sponsler, 1997: 147) y, sobre todo, a imitación del de Cristo, redentor. Así, al final del Medievo emular a Jesús (el tema central de la espiritualidad y el misticismo cristianos) significaba revivir la Pasión del Salvador. Y nuestras místicas modelarán (mirándole y mirándose unas a otras) esa primera imitación que es la del sufrimiento del Hijo de Dios con el objeto de fundirse en Él.

Por ello, el ascetismo del Bajo Medievo, que se veía como una preparación para la unión extática, estaba más directamente centrado en la re-actuación de la Pasión de Cristo que el de la Antigüedad. Ahora las mujeres emergen como los

---

ria donde nunca perderá su compañía (263-264). Villena hace así hincapié en esa predilección tradicional de Cristo por esta figura: me he detenido en este texto por ser especialmente explícito y extenso entre los conservados sobre el tema en la Península.

principales exponentes de formas extremas de autodisciplinas en el seguimiento del Señor crucificado (McGinn, 2006: 60) y pueden, como María de Ajofrín, pedir que sus hermanas las pisen cuando entren o salgan del capítulo (Sigüenza, 1909: 374). Según Bynum (1987: 25, 114):

> Women more often used their ordinary experiences (of powerlessness, of service and nurturing, of disease, etc.) as symbols into which they poured ever deeper and more paradoxical meanings. [...] And both men and women saw female saints as models of suffering and inner spirituality, male saints as models of action. [...] In a fierce imitation of the cross that included self-flagellation, self-starvation, and acute illness, women became the macerated body of the Savior, the bleeding meat they often saw in eucharistic visions.[253]

Esta recreación imitadora cobra nuevos matices si consideramos, en la estela de Freud y como hace Judith Butler, que este cuerpo femenino es un efecto psíquico: en concreto, la proyección de un ego producido por los discursos místicos que lo muestran en espectáculo, a la vez que limitado por las leyes que lo cercan[254]. Con todo, no hay que olvidar que se necesita un signo visible sobre el cuerpo de la visionaria para considerarlo manifestación de lo divino, un tipo de función que los estigmas desempeñan perfectamente. En este sentido, el castigo del cuerpo o el deseo del padecimiento físico no se relaciona tanto con una concepción dualista cuerpo/alma, sino con una continuidad que refleja externamente las experiencias internas, y así, la tortura del cuerpo no implica siempre un rechazo de este sino una elevación que lo convierte en medio de acceso a lo divino (véanse Bynum, 1987: 294-296; 1991: 182, 194)[255].

---

[253] También Petroff (1986a: 235) afirma que los actos de penitencia y ascetismo de las mujeres son más visibles y prominentes que los de los hombres.

[254] Para una crítica de la visión de Butler del cuerpo como efecto psíquico (por negar supuestamente la realidad del sufrimiento), véase Salih (2002: 143-144).

[255] Esto se debe a que las imágenes medievales del cuerpo tienen, según Bynum (1991: 182), menos que ver con la sexualidad que con la fertilidad y la decadencia, aunque habría que matizar este aserto en vista de lo que hemos tratado en el capítulo anterior.

La puesta en escena del dolor 193

Este sufrimiento tenía, además, una vocación implícitamente sustitutiva: se trataba de tomar el lugar de Cristo, hacerse Él recibiendo heridas semejantes a las suyas, o de asumir a través del dolor (para redimir) el sufrimiento y el pecado del Otro, de cargar con sus pesadillas[256]. Como señala Newman (1995: 12) en relación con el amor místico de la beguina Hadewijch de Amberes, "the mystic challenged God to damn her, and her alone, if he could thereby free the rest of the human race from hell". A este respecto, la voluntad redentora de las místicas podía hacer mucho por salvar a las almas del Purgatorio (véase McNamara, 1993: 20-22), que visualizan mujeres como María de Ajofrín (Sigüenza, 1909: 366) o Catalina de Génova[257]; y esta vocación purgativa se extiende especialmente a las almas de los sacerdotes, sus preferidos en materia de intercesión, a quienes desean sustituir en sus sufrimientos: de ahí, en parte, ese recelo masculino que se despierta ante la autoridad que se arrogan algunas mujeres visionarias (véase Bynum, 1987: 129, 171)[258].

[256] Liduvina de Schiedam, por ejemplo, toma sobre sí misma el castigo que se merece un hombre malvado, en nombre de quien también se confiesa (Bynum, 1987: 127).

[257] Para la visión del Purgatorio de Catalina de Génova, véase McGinn (2006: 67-71), pero, sobre todo, Von Hügel (1908: 230-246), quien establece una comparación entre la visión y el entendimiento del Purgatorio en el tratado de Catalina de Génova y otras concepciones anteriores, como las expresadas en la Patrística. El análisis que hace Friedrich von Hügel de la vivencia mística de la italiana es muy útil para entender la concepción teológica de la época y las novedades aportadas por esta visionaria. Para la idea del Purgatorio que tenían las místicas medievales, véase Bynum (1987: 235); visionarias como Sor Juana creerán que sus muchas enfermedades y sacrificios (como acostarse sobre guijarros) ayudan a que las almas sean liberadas de este estado (Surtz, 1990: 54-59, 179-189; 1995: 120). Por otro lado, las místicas Matilde de Magdeburgo o Brígida de Suecia describirán con detalle sus visiones del Cielo, el Infierno o el demonio (véase Howard, 1984: 171-177). Sobre el sueño y las visiones cristianas del Más Allá, en las que se mezclan lo pagano y lo cristiano, véase Merino Castrillo (2009), que se centra en las letras españolas.

[258] Para un desarrollo más amplio de cómo viven algunas místicas medievales la idea del sufrimiento con el objeto de salvar a los otros, véase Carpenter (1997: 218-295), y para una posterior exploración de la piedad del Purgatorio en las *vitae* femenina, véase More (2000: 59-93).

De todos modos, frente al énfasis que Bynum otorga a esa búsqueda del cuerpo del dolor en la piedad femenina, a efectos de la imitación de Cristo, Wiethaus (1991: 42) destaca que si bien el sufrimiento está presente en los escritos femeninos, en el imaginario del amor cortés de místicas como Hadewijch, Matilde de Magdeburgo o Beatriz de Nazaret el dolor no es "as willingly as a sought-for experience; it is a mourning for the absence of the beloved and the desire for union. Often suffering is also described as the result of persistent persecution and harassment by outsiders". En este sentido, el énfasis en el sufrimiento no sería buscado, ni, como algunos proponen, *masoquista*, sino una condición necesaria para la reunión con ese amado ausente a través del deseo insatisfecho y del recuerdo del éxtasis[259]. De todos modos, las posturas de estas dos historiadoras no son irreconciliables: lo que sucede es que Bynum se centra en el sufrimiento material del cuerpo, en la enfermedad física de contenido espiritual, mientras que Wiethaus habla del dolor místico de la ausencia.

En general, y como vamos viendo, creo que se puede afirmar que la devoción religiosa femenina del Bajo Medievo implicaba una experiencia profundamente somática, donde el padecimiento de Cristo dejaba sus huellas en el cuerpo de la mujer. Trances, estigmas, arrebatos, arranques de lágrimas o éxtasis se ponían en escena ante fieles que contemplaban con tanto fervor como admiración semejantes manifestaciones visibles, las cuales demostraban la penetración de Dios tanto en el espíritu como en el cuerpo de las iluminadas. La unión con lo divino tenía así, claramente, unas llamativas consecuencias físicas. Y esto afectaba a las fundaciones religiosas que establecían algunas mujeres: el hábito de la regla de Brígida de Suecia estará marcado por el recuerdo del dolor: sobre su cofia las mujeres, y sobre su sayo los hombres, llevarán cinco llamas de tela roja que simbolizan las llagas de Cristo (Giovetti, 1999: 53).

---

259 Cf. Certau (2006: 11, 13), quien, como vimos en el capítulo anterior, habla de la experiencia mística como una carencia que empuja a escribir, como una nostalgia motivada por la progresiva desaparición de Dios como único objeto del amor.

Por otro lado, la visión de la Encarnación y de la Pasión de Cristo resultaba muy importante para nuestras místicas porque, si de las mujeres se destacaba que eran principalmente cuerpo, Cristo lo resaltaba con su humanidad. De hecho, Él le dice a Ángela de Foligno que si los hombres se detuvieran delante de la cruz encontrarían siempre "sangre casi fresca" (Ángela de Foligno, 1991: 70). En las visionarias, alma y cuerpo no son tan fervientes enemigos como pudiera parecer porque viven una suerte de inmersión en esa carne sufriente (véase Bynum, 1991; cf. 1999: 251), y si las mujeres eran por definición más corporales que los hombres (a quienes sabemos que correspondería la parte espiritual de la naturaleza humana), entonces, como asegura Matter (2001: 5), "by this very embodiment, they are predisposed to participate mystically in the passion of Christ".

Incluso, según la citada beata italiana, el cuerpo adquiere seguridad y dignidad recreándose y participando de los bienes que disfruta el alma unida a Dios, y así esta, "con mucha dulzura", muestra al cuerpo la gracia que le otorga (Ángela de Foligno, 1991: 104)[260]. No se trata entonces, como se ha señalado muchas veces, de macerar o despreciar la carne por la separación alma/cuerpo sino de un deseo especialmente intenso de esa *imitatio Christi* promulgada años más tarde por Tomás de Kempis[261]. Una fusión con el Salvador en el dolor que puede ser tan literal como la de la monja Lukardis de Oberweimar, quien se aparece a un monje como si fuera Cristo en la cruz, con los dos ladrones (uno, por cierto, mujer) a cada lado (Bynum, 1991: 155), y una fusión a la que, en cualquier caso, ayudarían las imá-

---

260 Encontramos en este pasaje un interesante diálogo entre el alma y el cuerpo que merecería la pena estudiarse a fondo en paralelo con otros medievales.

261 Precisamente, en el siglo XVI, cuando desarrolla su actividad Sor María, recordemos que se había convertido en lectura personal imprescindible en los conventos la *Imitatio* de Kempis, junto con la *Vita Christi* del Cartujano traducida por Ambrosio Montesino (Cátedra, 2005: 90-91). Esta última lectura permitía acceder a las religiosas a pasajes del Evangelio en lengua vernácula, algo de otro modo difícil pues tras 1492 se prohibió la traducción de la Biblia al castellano (Surtz, 1995: 14).

genes privadas de los Libros de Horas en los que rezarían las religiosas[262].

El cuerpo dolorido de las místicas les acercaba así a la humanidad de Dios (Bynum, 1987: 196; Petroff, 1994: 164; cf. Bynum, 1982: 191), aunque a la vez, como veremos, se hiciera el objeto adecuado para canalizar la insatisfacción o el rechazo que hacia sí mismas sienten visionarias como Catalina de Siena (2007: 57)[263]. En este sentido, las místicas experimentan más que los hombres la necesidad de purificar el cuerpo y de controlarlo por medio de austeridades físicas extremas, como veremos en el siguiente capítulo al tratar el tema del ayuno. Por supuesto, hubo variaciones en esa focalización en el cuerpo sufriente: de entre las famosas monjas de Helfta que estudia Bynum (1982: 170-262), Matilde de Magdeburgo se muestra más inclinada a enfatizar el sufrimiento que sus compañeras más jóvenes Santa Gertrudis y Matilde de Hackeborn, y, curiosamente, aquella muestra una imaginería más lírica, erótica y nupcial (al tiempo que más apocalíptica y crítica con la corrupción clerical) que estas: como si el cuerpo sufriente de la mujer, y el erótico que vimos en el capítulo anterior, estuvieran indisolublemente unidos[264].

262 "Éstas eran estímulos para acciones como la autoflagelación y otras formas de automortificación con las que estas mujeres buscaban hacer de sus propios cuerpos lugares para la realización de la Pasión de Cristo" (Camille, 2005: 124).

263 Catalina le dirá en algún momento a Dios: "¿Por qué no me liberas de la servidumbre de este cuerpo miserable?", "Sometedlo a todos los tormentos que en esta vida se pueden sufrir", y le recuerda su promesa de que la quería conformada con Él, para lo que iba a imprimir en su cuerpo sus dulcísimas llagas (Catalina de Siena, 2007: 513, 514 & 526).

264 En todo esto, según Bynum, influyó en Matilde su dificultosa y dolorosa vida de beguina desarrollada antes de meterse en el convento de Helfta (un pasado que la hacía más vulnerable); no obstante, para una leve crítica de la visión que tiene Bynum de las monjas de Helfta, véase Petroff (1986a: 210-211). Para Bynum (1982: 185), las mujeres que crecían en monasterios estaban menos marcadas por la concepción imperante de la mujer como moral o intelectualmente inferior, y así Gertrudis de Helfta o Matilde de Hackeborn no dan tanta importancia a su género ni a la consideración de su debilidad. En el caso de Sor María, tampoco parece darse la autodepreciación de su sexo que sí encontramos en Matilde de Magdeburgo.

Esta asociación la explica muy claramente una mística bastante posterior: Santa Teresa. Si, por una parte, el autoaborrecimiento que a veces siente le hace abominar de su cuerpo "flaco y ruin" (Teresa de Jesús, 2004: 436) y agradecer los dolores y enfermedades que Dios de continuo le manda, por otro lado, es el cuerpo el que le permite explicar los deleites que le proporciona el Señor, según se ve en su apasionada explicación del Cantar de los Cantares y apreciaremos más adelante cuando recojamos ejemplos de los efectos de su arrobamiento[265]. Como dice la propia Teresa en el *Libro de la Vida*, animando a pensar en la humanidad de Cristo: "nosotros no somos ángeles, sino tenemos cuerpo" (220). Y es este cuerpo el que, unido al alma, permite degustar la mezcla de dolor y placer que hace que el erotismo (metafórico) y la crucifixión sean dos modos complementarios de unirse al Señor (recordemos ese momento en que Ángela de Foligno se desnuda ante la cruz, que vimos en el capítulo anterior). Las llagas serán interiores, pero su precisión metafórica provendrá del cuerpo.

> No se puede encarecer ni decir el modo con que llaga Dios el alma, y la grandísima pena que da, que la hace no saber de sí; mas es esta pena tan sabrosa, que no hay deleite en la vida que más contento dé. Siempre querría el alma –como he dicho– estar muriendo de este mal. (293)[266]

Dolor y amor van así inexorablemente unidos porque, como le aseguraba Dios a Catalina de Siena (2007: 64), "cuanto mayor es el amor, tanto más crece el dolor y el sufrimiento: a quien le crece el amor, le aumenta el dolor". Además, en el marco de la nueva espiritualidad del Bajo Medievo, y especialmente dentro del ámbito de la reforma, donde tanta importancia cobra San Bernardo, hay que recordar sus palabras de que la dolencia llaga el cuerpo y cura el alma, bien argumen-

---

[265] Podemos imaginar a la santa abulense como entusiasta del cilicio por el modo en que admira a las personas que lo usan: por ejemplo, en *Las Fundaciones*, a la ermitaña Catalina de Cardona (Teresa de Jesús, 2004: 1065), de quien también destaca el ayuno.

[266] En otro momento (y se podrían multiplicar los ejemplos), hablando del arrobamiento también dirá que el tormento que padece "es tan sabroso y ve el alma que es de tanto precio, que ya le quiere más que todos los regalos que solía tener" (Teresa de Jesús, 2004: 197).

tadas por Teresa de Cartagena (1967: 80; cf. Cortés Timoner, 2004a: 71, 74).

Pero, sobre todo, el cuerpo sufriente se constituye en marca hagiográfica, en recuerdo de esos primeros mártires cristianos tan celebrados: por ello, una desafiante Cristina de Markyate podrá afirmar ante un clérigo: "I will not merely take the oath but I am prepared to prove it by carrying red hot iron in these my bare hands" (*The Life*...: 19). Y Margery Kempe se alegrará de ser objeto de burla por hablar de la virtud y del amor de Cristo aprendido en los sermones, y deseará la muerte, aunque, bastante ingenuamente, reconozca que teme su dureza: uno de los rasgos que la apartarán de una buena imitación, y que tendrá sus consecuencias, como veremos en el capítulo final[267]. Y es que el deseo de sufrir es lo que distinguía a los santos de los condenados: el dolor positivo de los primeros era muy distinto del sufrimiento involuntario y negativo de los segundos[268].

El cuerpo sufriente resultaba ser entonces una prueba de santidad, de veracidad y de valía, y por ello otorgaba a los testigos confianza en las místicas: además, según Bynum (1987: 217), esta tortura de la carne expresaba un esfuerzo por elevarse espiritualmente al nivel masculino. Las místicas desearán y darán la bienvenida a ese sufrimiento físico que las señala como prometidas de Cristo: nada que ver, por cierto, con la reacción a su sobrevenida sordera que muestra Teresa de Cartagena, quien se debate en argumentos racionales para aceptar su desgracia[269]. En este último caso, aunque, como en las místicas, el

---

267 "She imagined to herself what death she might die for Christ's sake. She thought she would have been slain for God's love, but dreaded the point of death, and therefore she imagined for herself the softest death, as she thought, for dread of her lack of endurance –that was to be bound by her head and feet to a stock and her head to be smote off with a sharp axe for God's love" (*The Book*...: 23). Más adelante, Dios la conmina a tener más en mente su Pasión que el dolor que sufrirá cuando se muera (38).

268 Recordemos que el deseo pertenece al campo del alma, aunque será el cuerpo el que exprese su resultado. Esto justifica, según Cohen (2000: 68) –y he ahí la propuesta de su magnífico artículo–, que "Pain, in the later Middle Ages, belonged far more in the soul than in the body".

269 Véanse los ambivalentes argumentos con los que Teresa de Cartagena (1967: 41-47) afirma que Dios le manda la sordera para mejorar como

La puesta en escena del dolor 199

dolor de Sor Teresa es redentor e implica una doble visión del cuerpo espiritual y material, en cambio, a diferencia de ellas, no es un padecimiento buscado.

Si, según Newman (1995: 3), las visionarias llevan a cabo una imitación de Cristo con inflexiones específicamente femeninas, reexperimentar la Pasión, como hemos visto, era uno de sus objetivos más ambiciados porque ayudaba en el proceso de fusión con el Amado. En este proceso, ya hemos señalado que varias de ellas sufrirán los estigmas de Cristo a la manera de San Francisco (y por esto serán miradas con desconfianza por hombres y franciscanos), y entre ellas Sor María: unos estigmas cuya autenticidad había que atestiguar. Esta demostración externa de estigmas era muy importante porque, como demuestra Elliot (2004: 119-179) tras comparar en detalle casos particulares de religiosas declaradas impostoras o santas con los procedimientos de la Inquisición y de la canonización, las mujeres a las que se les confiere santidad consiguieron a menudo este reconocimiento mediante milagros somáticos[270].

persona y su intento de aceptación. Teresa no puede ocultar su enojo ante la incomprensión del prójimo de su incapacidad para oír (47), pero, finalmente, consigue que su deseo sea "ya conforme con mi pasyón, y mi querer con mi padecer son asý abenidos" (43). Teresa negocia así con su dolor (más espiritual que corporal), adoptando diferentes estrategias racionales; en este sentido, a diferencia de las místicas, en su obra no cobra tanta importancia la tentación del demonio. Yonsoo Kim (2008: 155) destaca la inserción del discurso de Teresa dentro de la tradición de la *imitatio Christi* (que, desde luego, hace hincapié en los aspectos del dolor), pero no considera a Sor Teresa, al igual que nosotros, como mística: esta monja intelectual no imita la tradición señalada en esta monografía, aunque dé importancia a la devoción interior. Cf. Cortés Timoner (2004a: 44), quien afirma que la obra de Sor Teresa se enmarca en los intereses de la *devotio moderna* y que esta se preocupa más "por el ascetismo y la piedad personal y práctica que por el intelectualismo o los éxtasis místicos", aunque –al igual que Rivera Garretas (2000: 100-101)– la considere mística, principalmente por la influencia indirecta de Ramón Llull. Finalmente, en las citas de la obra de Sor Teresa sigo la edición de Hutton, si bien se ha realizado una importante revisión de esta en la tesis de Clara Esther Castro Ponce (2001).

270 Seguramente por esta presión de lo visible Lukardis de Oberweimar, tras recibir internamente, como Catalina de Siena, las heridas de Cristo, se indujo estigmas visibles enterrando convulsivamente sus dedos en su propia carne (véase Bynum, 1987: 132). No obstante, sabemos que en el Medievo solo los invisibles de la citada santa italiana contribuyen a su canonización.

Así, uno de los modelos de Sor María de Santo Domingo, la beata Lucía de Narni, recibió unos estigmas en 1496 que el mismo Papa atestiguó y verificó: y no solamente él, sino también médicos y teólogos. En general, las místicas que exhibían y sufrían estigmas los habían pedido a Dios o los deseaban: como en teoría no podían inflingírselos, a diferencia de otras marcas como las causadas por la flagelación o el cilicio, su presencia era una prueba bastante veraz de la presencia divina. El estigma se hacía así un signo visible y pasivo del poder del santo y de su especial relación con Cristo (Cohen, 2000: 65). El cuerpo, observado como algo negativo según la vieja dualidad tradicional, contemplado como el enemigo (recordemos ese cuerpo abierto de la mujer por donde entra más fácilmente el demonio, que vimos en el capítulo primero), ahora por el dolor "bear the imprint of the spiritual –it is Christ's body on the cross that is contemplated, and it is the mystic's body that gives visible evidence of her ecstatic experiences" (Petroff, 1986b: 36).

Los estigmas materializan así un deseo de vivir la Pasión en cuerpo y alma, una aspiración que Juliana de Norwich (2006: 65-67) expresará, y que Dios le mandará en forma de una enfermedad física que la mantendrá tres días y tres noches en cama, y a través de la cual experimentará como testigo el dolor de Cristo[271]. De este modo, la enfermedad se constituye en otra muestra palpable de la condición de ser *elegidas* y en rasgo mayoritario en las vidas de las santas (cf. Bynum, 1987: 199-200, 209; 1991: 188)[272]. El deseo de sufrir derivará a veces

271 Un deseo de sufrir parecido, esta vez dirigido hacia su propia salvación, tuvo Santa Liduvina, una bella joven que pide al Cielo enfermedad y deformaciones en su cuerpo para alejarse más fácilmente del pecado y hacerse merecedora de la gloria eterna; o Santa Petronila, a cuyos probablemente similares deseos Dios se adelanta (Gómez Moreno, 2008: 150). Pero estas torturas del propio cuerpo para mantener la castidad (ahí está también el famoso ejemplo de María Coronel) no son las que nos interesan aquí, sino las que expresan un deseo de sufrimiento para igualarse a Cristo.

272 Por ello tampoco faltará en las vidas de visionarias españolas como Sor Juana de la Cruz o Sor María. "Y dijo el Señor, hablando a la misma a quien daba gracias y por cuya boca hablaba las cosas susodichas: – Y tú, también, no quedarás sin penas corporales ni espirituales, pues tiempo vendrá que serás enferma y aborrecible, en alguna manera o maneras, de

en un exacerbado ascetismo, como el que por ejemplo despliega Beatriz de Nazaret, quien no deja de meditar sobre la Pasión de Cristo y en sus escritos constata cómo tortura su cuerpo con flagelaciones, y mediante actos como dormir sobre piedras, caminar sobre hielo, poner pinchos entre sus pechos y alrededor de sus caderas e, incluso en la enfermedad, comer solo pan seco (Bynum, 1987: 161; cf. Cirlot & Garí, 2008: 103-104)[273]. Y ahí también está Cristina de Markyate, quien desde pequeña suele azotar su carne tierna con látigos cuando piensa que ha hecho algo prohibido (*The Life...*: 4). Santa Catalina, por su parte, que repetidamente pide sufrimientos a Dios (Catalina de Siena, 2007: 78), se autodaña como una reacción ante el "odio y disgusto de sí misma" que experimenta (57), sentimientos que, junto con la fusión con Cristo y el deseo redentor, la mueven a hacer penitencias de las que se considera simplemente instrumento (76). En sus *Oraciones y Soliloquios*, Catalina de Siena (2007: 447, 450) orará así:

> Tengo un cuerpo. Te lo doy y ofrezco. He aquí la carne, he aquí la sangre. Si es tu voluntad, te pido que se abrasen y destruyan mis huesos por aquel a quien te encomiendo. [...] Tengo un cuerpo, que doy y ofrezco con la carne y con la sangre, con los nervios y con las venas, para que lo hagas destruir y quebrantar a favor de aquellos por los que te suplico, si es tu voluntad. Haz triturar los huesos y su médula por tu vicario en la tierra, único esposo de tu esposa.

Catalina pide entonces a Dios en un par de ocasiones que haga triturar sus huesos y su médula (447, 450), en ofre-

---

algunas gentes" (*El Conhorte...*: 1477). Efectivamente, Sor Juana sufrirá al final de su vida una enfermedad degenerativa de los huesos. No obstante, no creo que esta *imitatio Christi* llevada a su propio cuerpo sea muy distinta de la de otras santas medievales, como parece indicar Surtz (1990: 90), pues casi todas ellas van más allá del "mero padecer por la almas del Purgatorio" para fundirse con el Amado asumiendo su Pasión. Véase también Surtz, 1990: 112-113, 195-198.

273 A Bynum le interesa la figura de esta santa porque la eucaristía será el centro de su piedad (véase Bynum, 1987: 161-165); por otro lado, señala: "And because the pain of God's bodiliness is the instrument of salvation, imitation of that God is through the wounds, laughter, tears, suffocation, and hunger that occur in the self (body and soul) of the mystic struggling toward ecstasy".

cimiento por los pecadores: la santa se entrega por ellos y por la Iglesia en sacrificio, imitando el comportamiento de Cristo y demostrando que la intención redentora era una motivación principal en la búsqueda del dolor.

También María de Toledo vestirá un saco de sayal y dormirá sobre unas pajas cubriéndose con pieles de oveja, y pasará las noches en oración hasta la hora de maitines cuando, tras haber dormido un poco, salga a limpiar los servicios de los enfermos, según nos cuenta Pedro de Salazar. Además, se autoimpone determinados castigos físicos como ser abofeteada por su fiel amiga Juana Rodríguez, con quien se irá también a mendigar, imitando en este llevar compañía a Ángela de Foligno. Esta actitud, por cierto, provoca el rechazo de los familiares y el desagrado de su madre –de nuevo nos encontramos con relaciones conflictivas entre santas y madres, aunque no lleguen al nivel de crueldad de la historia de Cristina de Markyate, comentada en el capítulo anterior.

En este autolacerarse, a veces hay algo de exhibición propia, como muestra en varios momentos Ángela de Foligno, quien, en el paso duodécimo de su conversión, tras varias duras penitencias, decide que si es menester morir de hambre, frío, desnudez y vergüenza por voluntad de Dios, arrostrará esas penalidades (Ángela de Foligno, 1991: 31). Hay que recordar también el famoso pasaje en el que se pone a gritar con estrépito a la entrada de la iglesia de Asís, al sentir humillación por estar llena de pecados al tiempo que invadida por Dios, un acto que tanto avergüenza a Fray Arnaldo (41-42). Y en el paso decimocuarto de su conversión afirmará:

> Deseaba que todos mis miembros padecieran la muerte, si bien distinta de la suya, y mucho más humillante. Imploraba y suplicaba que, si pudiera hallar a alguien que me matara –con tal que me fuera concedido morir por la fe, por el amor de Cristo– le pediría que me concediera esta gracia: a diferencia de Cristo crucificado en un madero, que a mí me crucificaran en una roca o en un lugar sórdido, y con un instrumento vil. Yo no me sentía digna de morir de la misma muerte de los santos, por esto le pedía me hiciera morir más míseramente y con una muerte más larga. Pero no podía imaginar una muerte tan abyecta como la que deseaba, y sufría mucho por no hallar una muerte tan infame [...]. (32)

La puesta en escena del dolor 203

Ángela de Foligno experimenta fuertes arrobamientos al observar la carne de Cristo clavada en la cruz, y desea las penalidades infligidas a su Amado, quien le envía "un dolor tan grande" que no le deja sostenerse en pie, y le obliga a doblarse y sentarse inclinando la cabeza sobre los brazos que extiende hacia el suelo (52). Esta descripción minuciosa de las posturas corporales (a las que volveremos) nos hace entrever, de nuevo, la importancia de los gestos del cuerpo místico sufriente. Ángela, con estos deleites, desea constantemente morir, como nuestra Santa Teresa, "pero con una muerte cargada de todo suplicio corporal": es decir, que la muerte le llegara con toda clase de torturas, mientras "gozaba en rogar a Dios por todos los que me causaran estos males" (57-58).

Como el cuerpo de Cristo, el de las visionarias es así flagelado, forzado a arrodillarse durante horas y a vivir ayunos completos. No es de extrañar que con estos comportamientos les sobrevinieran a las visionarias importantes problemas de salud. Por estos sacrificios, y por las enfermedades que les manda Dios, se hacen físicamente débiles, algo que se asocia a su fuerza espiritual y las aísla de los otros: Hildegarda de Bingen o Isabel de Schönau nos describen emotivamente su sensación de sentirse diferentes y vulnerables en sus enfermedades, como muestra bien Petroff (1986b: 41-42).

Este deseo de dolor, que se extiende a la Virgen en un sermón de Sor Juana donde aquella al pie de la cruz quiere encontrarse desnuda y llagada padeciendo lo que su Hijo padeció (*El Conhorte...*: 895)[274], llegará a ser criticado o mirado con desconfianza a medida que termine el Medievo en Europa y comience el difícil proceso del discernimiento, cuando la Iglesia empiece a cuestionar los excesos en el ayuno (que afectarán a Sor María), la penitencia y la autoflagelación, o las exageradas señales de dolor *contemplativo*[275]. De este último se acusa, en la

---

274 Más tarde nos explica Sor Juana que el deseo de la persona contemplativa de ser crucificada y llagada y muerta en el lugar de Cristo es *contado* en el Cielo "por obra", es decir, se considera un mérito para alcanzar la salvación (*El Conhorte...*: 895).
275 Por ejemplo, el hecho de que nuestra primera beguina, María de Oignies, se corte un trozo de carne para castigarse por haber comido con

Relación de 1575, a los alumbrados de Llerena: "Que estan en la yglesia cabisbajos y çerrados los ojos como dormidos" (reprod. en Santonja, 2000: 391), y que ayunan, traen cilicio y comulgan a menudo hasta que "tienen sentimientos" y se les quita la disciplina (388)[276]. Además, se recriminará que se mande a las mujeres "penitencias necias e indiscretas" como el "traer vestida sobre las carnes una cota de mallas y estar dias sin comer y muchos dias sin hablar" (391).

Los fluidos, daños y actos del cuerpo que resulten extraños deberán entonces justificarse para que la mirada censora no los catalogue de peligrosos. Ya señalamos al comienzo de este capítulo la defensa de sus lágrimas que debió elaborar Margery Kempe. También sabemos que Sor María explicaba ciertas heridas y sangre que salían de su cuerpo como un efecto de los golpes que le propinaba nocturnamente el demonio; claro que otras veces las dolorosas marcas físicas provendrán de favores celestiales del Esposo, como en el caso de María de Ajofrín (Sigüenza, 1909: 366).

Igualmente, si los cuerpos quedan inmóviles e insensibles en los arrebatos, especialmente en la contemplación de la Pasión, la inquisición eclesiástica deberá asegurarse de su ortodoxo origen. Braunstein (2001: 639-640) señala cómo la parálisis provocada en ocasiones por la evocación de los dolores de Cristo, e incluso por el solo enunciado del nombre de Jesús, se traducía en una pérdida del uso de los miembros y

demasiado placer no hace sentirse cómodo a su biógrafo, Jacobo de Vitry (McGinn, 2006: 61, 63; véase Petroff, 1986a: 7, 180).

276 Asimismo, el punto 6 de la Relación advierte: "Enseñanles que se recojan a la mañana y de noche en oracion y contemplacion un ora u dos donde recen cinco *paternoster* y cinco avemarias cada uno dellos a una de las llagas de Jesucristo y contemplen en cada una dellas lo que padecio y en la que les diera mas gusto que alli paren. Esto enseñan con grandisima fuerça y conato dando a entender que en esto consiste y encierra la perfeccion y lo principal de su doctrina y que es necesaria para salvarse y ansi enseñan a contemplar a todas sus discipulas" (reprod. en Santonja, 2000: 388). Como vemos, esta forma de meditación no se aleja del tipo de devoción explicada en este capítulo. En este sentido, hay que decir que no es cierto que los alumbrados rechacen siempre poner el pensamiento en la humanidad de Jesús y en la Pasión (cf. Cortés Timoner, 2004a: 233; Beltrán de Heredia, 1972: 459).

de la palabra (pérdida que este investigador califica, desde una perspectiva moderna, de catalepsia). Bynum (1987: 203-205), por su parte, sugiere que esta inmovilidad extática (junto con la hiperactividad, el insomnio, la euforia o la sensación de volar) puede deberse a una consecuencia del ayuno prolongado que vivían estas mujeres, a una suerte de anorexia. El éxtasis acerca entonces a la muerte de los sentidos porque el espíritu abandona el cuerpo: como dice Petroff (1986b: 41), "The descriptions of ecstasy as a form of illness are sometimes related to accounts of mystical death, for certain trance states involve a similar kind of rigidity and insensibility of the body". Esta manifestación externa de la ausencia de toda sensibilidad corporal la encontraremos en Beatriz de Nazaret, a quien se le incapacitan miembros y sentidos (Cirlot & Garí, 2008: 117-118); o en Santa Catalina de Siena, según podemos apreciar en la *Vida* que sobre ella escribe Raimundo de Capua:

> Millares de veces hemos sigo testigos de ello: hemos visto y tocado sus brazos y manos tan fuertemente contraídos que era más fácil romperlos que hacerles cambiar de posición. Tenía los ojos completamente cerrados, sus oídos no percibían los sonidos, por grandes que fuesen, y todos sus demás sentidos corporales cesaban en su función natural. (reprod. en Salvador y Conde, 2007: 14)

También Ángela de Foligno, además de dar gritos incontrolables, se desvanecerá y perderá la palabra al sentir el *consuelo* de Cristo. Ángela, en un momento dado, suma a sus miembros desligados "una grandísima hambre" y un deseo de no ver ni sentir a ninguna criatura: "No hablaba, y tampoco sabía si hubiera podido hablar exteriormente. En cambio, interiormente hablaba, gritando a Dios que no la hiciera languidecer de tal muerte, porque para ella la vida era una muerte" (Ángela de Foligno, 1991: 93). Y María de Ajofrín, tras un largo periodo de enfermedad (que no podía faltar en la vida de una santa), será arrebatada en espíritu quedando como muerta "espacio de tres horas"[277]. Su caso ilustra otros muchos parecidos:

---

[277] Los arrobos de María de Ajofrín son especialmente violentos. En una de sus vivencias de la Pasión de Cristo siente constantes y fuertes golpes en el corazón y se le forma una herida de cuchillada en la frente.

para cerciorarse de que aquello no era fingimiento o, según su hagiógrafo, despertarla, manda el médico "que le diessen algunos garrotes, y le hiziessen mal, para boluerla de aquel paroxismo. Hiziéronle llagas en los pies y en las piernas, y en otras partes" (Sigüenza, 1909: 361). Algo semejante le sucede cuando se queda enajenada y sin sentir nada durante cuarenta horas: las hermanas "porfiaron de tornarla en acuerdo, dandole muchos tormentos en las manos, pies y narizes, y hizieron tanta fuerça por abrirle la boca, que le quebraron vna muela" (363). Un éxtasis, y unos tormentos semejantes en respuesta, vivirá el cuerpo de Sor María.

La inmovilidad del trance podemos achacarla, pues, al arrobamiento, tal como años después lo describiría Teresa de Jesús en *Las Relaciones*:

> La diferencia que hay del arrobamiento a ella [la suspensión], es esta: que dura más y siéntese más en esto exterior, porque se va acortando el huelgo de manera que no se puede hablar, ni los ojos abrir. Aunque esto mismo se hace en la unión, es acá con mayor fuerza, porque el calor natural se va no sé yo adónde; que cuando es grande el arrobamiento, que en todas estas maneras de oración hay más y menos, cuando es grande, como digo, quedan las manos heladas, y algunas veces extendidas como unos palos; y el cuerpo, si toma en pie, así se queda, o de rodillas. Y es tanto lo que se emplea en el gozo de lo que el Señor le representa, que parece se olvida de animar en el cuerpo y le deja desamparado, y si dura, quedan los nervios con sentimiento. (Teresa de Jesús, 2004: 1162)

O en su *Libro de la Vida*:

> Estando así el alma buscando a Dios, siente con un deleite grandísimo y suave casi desfallecer toda con una manera de desmayo que le va faltando el huelgo y todas las fuerzas corporales, de manera que, si no es con mucha pena, no puede aun menear las manos; los ojos se le cierran sin quererlos cerrar, o si los tiene abiertos, no ve casi nada; ni, si lee, acierta a decir letra, ni casi atina a conocerla bien; ve que hay letra, mas, como el entendimiento no ayuda, no la sabe leer aunque quiera; oye, mas no entiende lo que oye. Así que de los sentidos no se aprovecha nada, si no es para no la acabar de dejar a su placer; y así antes la dañan. Hablar es por demás, que no atina a formar palabra, ni hay fuerza, ya que atinase, para poderla pronunciar; porque toda la fuerza exterior se pierde y se aumenta en las del alma para mejor poder gozar de su gloria. El deleite exterior que se siente es grande y muy conocido. [...] [El arrobamiento es] tan excesivo, que el sujeto le puede mal llevar, y así algunas veces se me

La puesta en escena del dolor 207

quitan todos los pulsos casi, según dicen las que algunas veces se llegan a mí de las hermanas que más lo entienden, y las canillas muy abiertas, y las manos tan yertas que yo no las puedo algunas veces juntar; y así me queda dolor hasta otro día en los pulsos y en el cuerpo que parece me han descoyuntado. (174-175, 196)[278]

De este modo, si la santa describe todos estos efectos del fenómeno místico es porque hay una mirada vigilante, y porque existe también un testigo o un público (esas "hermanas que más lo entienden") que informa a la santa de las operaciones de su cuerpo, que verifica la marca de santidad: ya que ella, en experiencias como sus levitaciones, no puede observarse desde fuera. El espectador de estos arrebatos deberá estar *formado* porque será el que luego decida su autenticidad; de ahí que en un proceso de canonización se le pregunte a una testigo por la definición del rapto, y que en la *Vita Christina Stumblensis*, de Pedro de Dacia, un observador pueda dudar de la autenticidad del trance porque el cuerpo hace contorsiones extrañas y no está rígido (Caciola, 2003: 65-66). El último paso de este proceso será la validación escrita por parte de la autoridad de los arrebatos y las heridas o estigmas adquiridos durante el trance, validación que se convierte en un testimonio notarial, como muestra el caso de María de Ajofrín (véase Surtz, 1995: 75-76)[279].

Pero tampoco nos debe extrañar que Teresa de Jesús tuviera mucho cuidado en aclarar el tipo de arrobamientos que sentía cuando a los alumbrados se les acusa de arrebatarse en secreto y de estar absortos durante mucho tiempo (véase Santonja, 2000: 386): además, uno de los puntos que aparecen en la Relación de los alumbrados de Llerena es que "Estando orando se an de quedar como ligados y presos en la imaginacion y sentido sin oyr ni sentir" (reprod. en Santonja, 2000: 392). Habría también que recordar que en la segunda parte del *Malleus*

---

278 Cf. con la explicación que del arrobamiento hace el P. Daza en el prólogo a la primera edición de su biografía de Sor Juana (1610), recogida en García de Andrés (1999: 32). Allí también se señala que en los raptos, éxtasis o arrobamientos el alma se abstrae de los sentidos corporales.

279 "Thus, the sign inscribed in the female body is insufficient evidence until it is validated by the male written word" (Surtz, 1995: 76).

maleficarum se nos proporciona algún ejemplo de cómo por la brujería el demonio hace perder al cuerpo femenino el uso de sus miembros (véase Kramer & Sprenger, 1975, II: 12, 37). Y así, una vez más, constatamos que las fronteras entre ortodoxia y heterodoxia se vuelven estrechas al final del Medievo. Algo que debemos tener muy en cuenta para comprender el caso de Sor María.

05. En torno a la comida

> "Quiero que en esta vida tengas hambre y deseo de mí, y que desfallezcas por mí".
> (Ángela de Foligno, 1991: 60)

Una grandísima hambre sentía Ángela de Foligno, quien suele encontrarse, como hemos visto en el capítulo anterior, "sedienta y hambrienta" de Dios (1991: 184). Precisamente, en la mística femenina el ayuno será un elemento central junto con la devoción por la eucaristía, esa "cena que recrea y enamora", en expresión feliz de San Juan de la Cruz, que mueve a santas como Gertrudis de Helfta o a terciarias como Sor María de Santo Domingo a entrar en el éxtasis divino.

5.1. El ayuno recreado

> ¡Oh hijas, si supieseis el grande mal que aquí está encerrado! El cuerpo engorda, el alma enflaquece; que si la viésemos, parece que va ya a expirar. (Teresa de Jesús, 2004: 1235)

Sobre la relevancia del ayuno en la vida de estas visionarias han tratado, desde diferentes perspectivas, Rudolph M. Bell (1985) y Caroline W. Bynum (1987) en, sin duda, los dos estudios más importantes e influyentes sobre el tema hasta el momento. Bell enfoca el ayuno de ciertas místicas y religiosas (centrándose en las italianas, por ejemplo en Catalina de Siena, Margarita de Cortona o Ángela de Foligno) como una suerte de anorexia, la llamada *anorexia nerviosa*, que implica una pérdida de apetito y peso acompañados de una visión distorsionada de la comida (Bell, 2004: 2; cf. Cirlot & Garí, 2008: 13). Se trata de una enfermedad que este investigador entiende como marcada por el género, pues abunda más en la mujer que en el hombre[280], e implica un deseo de trascender el cuerpo (sus impulsos y materialidad) para alcanzar una pureza no corpórea.

Bynum no rechaza este entendimiento del ayuno, pero para ella las actitudes hacia la comida son más complejas de lo que parecen indicar los conceptos modernos de anorexia nerviosa y de histeria; así, por ejemplo, señala las posibilidades positivas que el ayuno religioso otorgaba a la mujer (cf. Mazzoni, 2005: 8)[281]. Bynum argumenta que este sacrificio era un modo de control tanto como de renuncia: el control lo posibilitaba la involucración de la población femenina en la preparación y distribución de la comida, un ámbito de la vida al que la mujer tenía pleno acceso y que tradicionalmente constituía su ocupación principal y su tarea asignada[282]. En su estudio, Bynum ofrece una profunda visión de todas las implicaciones que podía tener este dominio culinario, tanto con respecto a la mujer misma como al entorno que la rodea: si preparar la comida era controlarla, renunciar a ella era el sacrificio más fácil y accesi-

---

[280] Bell se apoya para realizar esta aserción en estudios recientes: su monografía abarca desde la época de nuestras visionarias hasta la actualidad. La línea de Bell no solo ha interesado a los historiadores: también al ámbito de la psicoterapia, como muestra el artículo de Mario Antonio Reda (1997) sobre Santa Catalina de Siena y la anorexia. En el ejemplo de esta santa nos centraremos enseguida.

[281] Como apunta en su introducción, se propone refutar "the standard interpretation of asceticism as world-rejection or as practical dualism and of the standard picture of medieval women as constrained on every side by a misogyny they internalized as self-hatred or masochism. Rather, I argue that medieval efforts to discipline and manipulate the body should be interpreted more as elaborate changes rung upon the *possibilities* provided by fleshliness than as flights from physicality" (Bynum, 1987: 6; cursiva del texto).

[282] Recordemos cómo Walter Hilton, en su libro místico *La escala de perfección*, del siglo XIV, defendía que la razón inferior era femenina (frente a la superior, llamada masculina) y su función consistía en "to understand and control mundane things, to employ them with discretion as necessary" (reprod. en McGinn, 2006: 185).

ble al que se podían dedicar[283]. Además, permitía controlar a los otros, no solo a sus propios cuerpos: en palabras de Bynum (1987: 207, 237), a través del ayuno estas mujeres manipularán a sus familias, sus superiores religiosos y al mismo Dios, y conseguirán con sus prácticas alimenticias (renuncias, milagros o empleo de metáforas) alcanzar un papel espiritual distintivo y efectivo dentro de la Iglesia medieval.

De este modo, si la alimentación resulta tan imprescindible como denostada en el ideal monástico, y por ello se la podrá aislar en una ceremonia disimulada con el envolvente de la lectura comunitaria (Cátedra, 2005: 110)[284], en la vida religiosa de nuestras visionarias la comida se convertirá en una preocupación obsesiva, como muestra la escritura de y sobre ellas de los siglos XIII-XV, cuando se transforma en un símbolo poderoso de su espiritualidad. Y es que además la comida era principalmente *carne*, y la carne implicaba sufrimiento pero también fertilidad. Como el cuerpo de Cristo, la comida se rompe y se reparte para dar la vida; simboliza sacrificio y servicio. Las místicas conectarán así el ayuno con alimentar al hambriento, acción que al tiempo implica un tipo distinto de fertilidad, la espiritual: sabemos que muchas visionarias son consideradas *madres*, como señalé en los capítulos primero y tercero. De forma que alimentar al Otro se convierte en un papel maternal paralelo a dar a luz, y, como veremos, las santas combinarán el dar de comer con el sanar las heridas. Además, Hadewijch, Beatriz de Nazaret, Lukardis de Oberweimar, Margarita de Cortona o Catalina de Siena verán los sufrimientos causados por el ayuno como un modo de fundirse con la agonía del Crucificado y con las penas del Purgatorio, es decir, con salvar almas (Bynum, 1987: 171), tarea que, como hemos dicho, es fundamental para ellas[285]. Así, elaboran toda una compleja teología de la *sustitu-*

---

283 Como afirma su biógrafo Tomás de Cantimpré, Cristina la Maravillosa renuncia a la comida porque no poseía nada más a lo que pudiera renunciar por Cristo (Bynum, 1987: 193).

284 "Pensamos a veces que el tiempo de la comida, como perdido, quiere ser llenado con una actividad intelectual" (Cátedra, 2005: 110).

285 La obsesión por salvar almas del Purgatorio (junto con la cualidad cuantitativa y metódica de la religión medieval) llevará a Gertrudis de Helfta a

ción a través del hambre y la autohumillación. Es decir, los sufrimientos causados por estos sacrificios redimirán el mal del mundo del que se sienten también responsables, y les permitirán sumergirse más en su apasionado amor por Dios (Bynum, 1987: 389 n60).

Si, como propone Bynum (1987: 2), la religión de la época veía la glotonería como la forma mayor de lujuria, la abstinencia como la renuncia más dolorosa, y la comida como el modo más básico y literal de encontrarse con la divinidad, resulta comprensible que se asocien fenómenos religiosos y prácticas *comestibles* como la devoción eucarística, el ayuno, la multiplicación milagrosa de la comida y las visiones lactantes. Para Bynum (1987: 115-149), que hace todo un recorrido por la relación entre las visionarias y la comida en los Países Bajos, Francia, Alemania e Italia, la visión de Cristo como madre, que hemos visto en el capítulo tercero, influiría en la espiritualidad de la abstinencia[286]. Una abstinencia que se concibe como preparación para el verdadero alimento de Cristo: la eucaristía, y que, no cabe duda, tenía su halo de prestigio: el ayuno extremo era una marca de santidad, tanto en hombres como en mujeres, y, como tal, será practicado por muchas que desean transformarse en santas[287].

Además, el ayuno significaba identificación con el sufrimiento del Hijo, una unión afectiva, incluso erótica, con el Salvador; pero una unión que permitía también centrarse en el servicio de los otros. Hay que recordar que el sufrimiento en la Tierra suplía o mermaba el sufrimiento después de la muerte, y

---

pensar que Dios libraría del castigo al mismo número de almas que de migas en las que se dividía el pan eucarístico en su boca (Bynum, 1991: 74).

286 En este recorrido, como en tantas monografías sobre la espiritualidad europea, se deja de lado a la Península Ibérica.

287 El ayuno era en sí un fenómeno agenérico. McGinn (2006: 55) relacionará la restricción en la comida y la bebida (inculcada en los textos cristianos desde el principio) con la castidad, la pobreza y otras prácticas ascéticas asociadas al surgimiento del movimiento monástico y al apartamiento social de los ermitaños. Que el ayuno era también una cualidad *admirable* en los religiosos lo muestra Santa Teresa, quien destaca este rasgo en Fray Pedro de Alcántara (Teresa de Jesús, 2004: 272).

el padecimiento personal ayudaba a redimir al prójimo. Tampoco se puede dejar de tener en cuenta que María Magdalena —cuya importancia en la piedad femenina hemos constatado en el capítulo anterior— era una santa estrechamente relacionada con el ayuno, debido a esa larguísima abstinencia que había mantenido en un desierto cercano a Marsella según la leyenda medieval: de hecho, Raimundo de Capua nos dirá que esta santa era un modelo para Santa Catalina porque había ayunado durante treinta y tres años (Bynum, 1987: 120, 166).

El ayuno de las visionarias contribuiría, por otro lado, a la ligereza del cuerpo (ahí está la delgadez de María de Oignies, que la impedía dormir), lo cual, tanto como la falta de sueño, facilitaría (supuestamente) la levitación. Así, sus resultados son buscados en un proceso de espiritualización que libera a la carne de necesidades mundanas (cf. Caciola, 2003: 63). Además, si la posesión del espíritu se puede producir a través de la comida porque por ahí le es posible entrar al demonio, el ayuno posibilita ese necesario cierre del cuerpo del que hemos hablado en el primer capítulo.

Por otro lado, al ser el ayuno una marca hagiográfica sus efectos contribuirán a la visibilidad de la mujer, a su lectura como santa, al discernimiento en positivo del espíritu que la posee. Las huellas del ayuno en el cuerpo de la mujer, como las huellas de la penitencia autoimpuesta que vimos en el capítulo anterior, serán indicios de la presencia divina, formas de exteriorizar la intensa y privilegiada experiencia de Dios, aunque se comience a desconfiar de estos signos (de nuevo) a finales de la Edad Media.

En este sentido, Biddick (1993: 414) relaciona estas marcas con un género expuesto públicamente; pese a que no creemos que haya un intento de resaltar lo femenino, sí coincidimos en que las señales del ayuno se hacen signos textuales:

> Paradoxically, through their food practices holy women produced an exteriorized interior: the "invisible", interior, feminine, appeared on the exterior [...]. By rendering visible the feminine through the signs of bodily practices [...] the invisible feminine body transformed itself into an utilizable textual form [...].

El estudio de Bynum sobre estas huellas del ayuno y el papel de la comida en la vida de las místicas muestra que a este respecto no hubo grandes cambios entre 1200 y 1500 (pese a la vigilancia), ni entre el norte y el sur de Europa. Por eso es importante abordar este aspecto de la devoción femenina, pues esta particular espiritualidad *culinaria* surgida hacia finales del XII recorre no solo los siglos XIV y XV, sino que llega hasta el XVI, según nos muestra la propia Sor María de Santo Domingo. Una espiritualidad del ayuno que, por tanto, podemos encuadrar dentro de esa larga cadena de imitación de la que venimos hablando en este libro.

Con el antecedente de las Escrituras, especialmente del Cantar de las Cantares, el uso de imágenes comestibles para expresar el deseo del alma por Dios se convierte así desde el siglo XIII en hábito común en místicos/as medievales, pero especialmente en las mujeres[288]. Entre estas, las diferencias únicamente se establecen por el tipo de vida que lleva cada una: las terciarias y seglares del sur de Europa desarrollan la caridad activa, un alimentar a los otros que les otorga plenitud, mientras que las numerosas monjas contemplativas del norte de Europa se centran en sus éxtasis eucarísticos (1987: 129-130)[289]. No obstante, Bynum señala que si para Hadewijch, Beatriz de

---

[288] También hay alusiones a la mesa y el yantar espiritual en autoras no místicas como Teresa de Cartagena (1967: 38, 55-56), solo que no se emplea esta metáfora para hablar del deseo o de la unión con Dios sino de la devoción y el consuelo espiritual, o de los pecados como manjares dañosos (49; cf. Giovetti, 2004: 88-89). Este hablar de la lección espiritual como un manjar mejor que la vianda corporal tiene una larga tradición, y es metáfora empleada también por Fray Hernando de Talavera en su *Suma* mencionada (reprod. en Cátedra, 2005: 105). La idea de que el conocimiento y la sabiduría son sensuales y pueden ser saboreados estuvo ampliamente aceptada hasta el siglo XVII (Bynum, 1987: 366 n2): lo que sucede es que en la mística esta sensualidad se une a la que despierta el sentimiento de amor y fusión con Dios.

[289] De todos modos, como la misma Bynum (1987: 130) reconoce: "Withdrawal and action, prayer and service, thus tended to fuse as values in women's lives, despite their varying institutional frameworks and emphases"; cf. Bynum, 1991: 68-69. Petroff (1986a: 231) establece también una diferenciación entre la ajetreada vida de las místicas del sur de Europa y la calma de las de Helfta.

Nazaret, Matilde de Magdeburgo, Ángela de Foligno, Margery Kempe, Catalina de Siena y Catalina de Génova la comida es un símbolo central (y podríamos nosotros, como veremos, añadir en este elenco a Sor Juana de la Cruz), no lo es tanto para las místicas alemanas Hildegarda de Bingen, Isabel de Schönau, Gertrudis de Helfta, Matilde de Hackeborn, Juliana de Norwich y Margarita de Oignt, para quienes podría ser una metáfora útil, pero no esencial (véase 185-186). Además, esta división no quiere decir que los éxtasis eucarísticos (de los que hablaremos más despacio enseguida) no fueran fundamentales para las terciarias mediterráneas, como muestran Sor María o Catalina de Siena. En varios pasajes de *El Diálogo* de Santa Catalina, que podrían emplearse para corroborar la tesis mencionada de Bell, se hace hincapié en el manjar de la eucaristía y en el "hambre" que despierta el pan de gracia y la Verdad de Dios (véase, por ejemplo, Catalina de Siena, 2007: 103, 116, 187, 191, 226-228, 243, 252, 260, 263, 290, 293, 337-338, 354-355, 357[290]).

Precisamente, me voy a detener un momento en esta santa por ser muestra ilustrativa del empleo de metáforas culinarias y de la relevancia del ayuno en la vida espiritual, y también por su importancia como modelo de Sor María. El hambre se convierte en una suerte de obsesión para esta terciaria italiana, la cual, se cree, murió como consecuencia de sus prolongados ayunos: al final de su vida parece que prácticamente solo se alimentaba con la eucaristía, algunas hierbas y agua[291].

---

[290] Se podrían citar más pasajes, pero no señalo todos porque creo que el número de referencias recogido es ya bastante explícito. Para un estudio más intenso de las connotaciones que el ayuno obsesivo (y la subsecuente piedad eucarística) tenía en Catalina de Siena, en comparación con Catalina de Génova, véase Bynum (1987: 165-186). Bynum observa cómo el biógrafo de la primera, Raimundo de Capua, pone en su escrito más énfasis en el ayuno que la propia Catalina: es decir, el discurso del ayuno podía muchas veces ser más obra del confesor o director espiritual que de la santa.

[291] Raimundo de Capua nos informa de que se decía que Catalina comulgaba diariamente y se alimentaba solo de la eucaristía, pero esto último, según él, no era del todo cierto (Bynum, 1987: 372 n88). De todos modos, la palabra "hambre" y sus derivados salpican casi todas las páginas de *El Diálogo*, relacionada, claro, con el deseo de lo divino.

Santa Catalina elabora en *El Diálogo* extensas alegorías sobre el tema de la comida en relación con el amor de Dios: curiosamente, es el Señor quien le dicta las hermosas comparaciones. En una ocasión, Dios le explica que si el Espíritu Santo es el camarero que sirve la comida a la mesa, la comida es símbolo del Hijo, y la mesa, de Dios[292]. Y en otra ocasión le asegura que en la mesa de la cruz, donde está colocada "la mesa del santo deseo", "se comen almas" en honor a Cristo (2007: 403). El proceso de comer es comparado además con el tercer escalón del "puente santo" hacia Dios, el escalón en el que el alma sube a la boca: se tratan todas de estructuras alegóricas construidas con fragmentos de gran belleza.

> La boca habla y gusta con la lengua que está en ella, toma los alimentos y los empuja al estómago. Los dientes los trituran, ya que de otro modo no podrían tragarse.
> Así ocurre con el alma. [...] Digo que come tomando el alimento del alma, por amor a mí, en la mesa de la santísima cruz. De otra manera o en otra mesa no podría comer tan perfectamente. Tritura el alimento, pues, si no, no lo podría deglutir. Lo hace con los dientes, esto es, con el odio y con el amor, con dos hileras de dientes en la boca del santo deseo, que retiene la comida, triturándola con el odio de sí y con el amor a la virtud en sí mismo y en su prójimo. Por amor a las almas desmenuza toda injuria [...]. Después de haberlo desmenuzado, el paladar lo gusta [...]. Así llega este manjar al estómago que se halla dispuesto a recibirlo con amor cordial, deleite y dilección de la caridad con su prójimo, por el deseo y hambre de las almas, rumiando de modo que pierde la blandura de la vid corporal para tomar el manjar de la doctrina de Cristo crucificado en la mesa de la cruz. (185-186)

Como podemos apreciar, Catalina de Siena podía ver la comida como algo positivo[293], pero el hambre de Dios y de amor

[292] "Yo soy para ellos lecho y mesa. El dulce y amoroso Verbo es su manjar, tanto porque los reciben de este glorioso Verbo como porque Él es la comida que se os da. Su carne y su sangre [...] las recibís [...] para que no perdáis la memoria del beneficio de la sangre derramada [...]. Este dulce camarero trae y lleva: trae y me ofrece sus dulces y amorosos deseos y lleva al alma el fruto de la caridad divina y de sus trabajos, gustando y alimentándose de la dulzura de mi caridad" (Catalina de Siena, 2007: 191-192). Esta idea de la Trinidad como "mesa, comida y servidor" aparece de nuevo en las *Oraciones y Soliloquios* (Catalina de Siena, 2007: 505).

[293] Es, sin duda, interesante que esta cita provenga de una santa tildada siglos después de anoréxica, por no alimentarse normalmente y por las

que siente el alma parece encontrarse en un cuerpo espiritualizado: "el alma se alimenta y nutre de la caridad del prójimo, de que tiene hambre y deseo. Es este un manjar del que, nutriéndose, nunca se sacia, por ser incapaz de saciar; por eso le queda siempre hambre" (243; cf. 196). Para llegar a este hambre espiritual, el ayuno debe ser una penitencia medida: el Señor le enseña a Catalina más adelante que la perfección no consiste en ver y mortificar el cuerpo, sino en dar muerte a la voluntad propia. Además, Dios le conmina a que no imponga a los fieles un gran sacrificio porque no todos los cuerpos son iguales ni tienen la misma fortaleza en su complexión (247).

Ya he mencionado en el capítulo segundo la relación de imitación que tiene Catalina con Santa Inés de Montepulciano, y esta imitación será puesta como excusa por Dios (y por Catalina) en un determinado momento de *El Diálogo* para justificar el ayuno (cf. Bynum, 1987: 169).

> Una vez, entre otras, permití que durante tres días [Santa Inés y sus monjas] estuvieran sin pan; únicamente con verduras. Si me preguntases: "¿Por qué las tuviste de aquel modo, cuando acabas de decirme que jamás faltas a tus siervos que esperan en ti y sufren necesidad?" [...], te respondería que lo hice y permití para embriagarla[s] en mi providencia, [...] en aquella verdura, o en otra cosa, ponía, daba y doy una disposición para el cuerpo humano, de modo que se sentirá mejor con ella, y algunas veces sin nada en absoluto, que lo estaba antes con el pan o con otras cosas que se dan y están ordenadas a la vida del hombre. Sabes que es así, pues lo has experimentado en ti misma. (Catalina de Siena, 2007: 378)

"Y algunas veces sin nada en absoluto": ese es el milagro al que aluden todos los hagiógrafos y al que se referirá el prologuista del *Libro de la oración* de Sor María: esa capacidad milagrosa para subsistir casi de la nada.

En este sentido, santas y visionarias coinciden en no ver la comida *ordinaria* como algo necesario. Cuando, encon-

circunstancias de su muerte. No obstante, el caso más claro de relación entre la muerte de una mística y su incapacidad para comer es el de Columba de Rieti (imitadora, por cierto, de Santa Catalina), quien, pese a los intentos de disuasión y las críticas de algunos sacerdotes, acabará subsistiendo de la eucaristía, sin beber siquiera. Columba morirá por esto y defenderá su obstinación basándose en una visión que le ordena alimentarse solo con la hostia sagrada (véase Bynum, 1987: 147-148).

trándose en oración (esto es, en uno de esos éxtasis conversacionales con Dios), Este le avisa de que es la hora de comer y le anima a irse con todos, Catalina se queja de que le aleje de ella, afirmando que su cuerpo está para ser castigado, y que no le inflija la pena de estar separada de Él por cualquier motivo: "¿Qué tengo yo que ver con la comida? Yo tengo que comer lo que no saben estos cuya compañía me impones ahora. ¿Es que solo de pan vive el hombre?" (Catalina de Siena, 2007: 520-521). Como vemos, la santa emplea (o manipula) las palabras de Cristo para sus propios propósitos: ella está interesada en otro tipo de alimento. De este modo, Catalina hace muchas referencias al cuerpo eucarístico de Cristo en forma de pan, y a la sangre como bebida (por ejemplo, 258-259). No obstante, la sed aparece con menos frecuencia que el hambre y suele estar relacionada con la fuente de agua viva que es Cristo (150-153, 164), y con la leche que mana de los pechos de Dios (como hemos visto en el capítulo tercero), que le sirve para establecer una comparación con la Iglesia amamantando a sus ministros, incluso a los que son "malos" (256).

Pero, en general, en nuestras místicas se satisface la sed a través de la sangre (que puede ser alimento sólido) de la llaga de ese costado de Cristo que alimenta a santas como Gertrudis de Helfta por la noche, cuando acaba exhausta sus tareas diarias:

> Y he aquí que el Señor [...] se le apareció en sueños, y regalándola suavemente en su sueño, parecía que le preparaba una cena muy sabrosa en la suavísima llaga de su costado y con gran delicadeza le llevaba él mismo a la boca con su mano cada bocado para que recobrase las fuerzas. (Gertrudis de Helfta, 1999: 172)

Ya expliqué en el capítulo cuarto la importancia de este costado, reproducido o hecho visible en el cuerpo de visionarias como Sor María, y que aparecerá en bastante iconografía de la época: de ese torso herido, tanto como de los pechos de Cristo, fluirá una comida/bebida especialmente destinada a las místicas[294].

294 Con respecto a la iconografía de santos bebiendo del costado de Cristo que adjunta el estudio de Bynum (1987), Biddick (1993: 400-409) se-

Por otro lado, si la glotonería es vista como la forma mayor de lujuria, Catalina de Siena (volviendo a la terciaria italiana) sentirá especial rechazo por el vientre lleno (2007: 287, 298, 361, 379)[295]: un rechazo que comparte una visionaria bastante anterior, Hildegarda de Bingen, para quien la nutrición mala y desordenada afecta al mundo moral y a la armonía del mundo[296]. Asimismo, Ángela de Foligno considera la comida como símbolo de corrupción humana, de ahí su deseo de desfilar públicamente –para denunciar su antigua hipocresía– con comida y pescado podridos atados a su cuello (cf. Bynum, 1987: 143). Y la mística Hadewijch, a quien volveremos más adelante, rechazará la gula porque solo se debe *saborear* y desear a Dios.

No solo entonces Catalina emplea el "paladar del alma" para *saborear* con ardiente deseo los manjares del Señor (Catalina de Siena, 2007: 263; cf. 294)[297]. Muchas visionarias penitentes utilizan imágenes culinarias para describir

---

ñala la problemática que plantea y que parece olvidar la investigadora americana: cómo la sangre de Cristo se veía mezclada con la obsesión de la época por la limpieza de sangre y por la relación con otras razas y comunidades marginales. Aunque estas observaciones de Biddick me parecen acertadas, no resulta tan convincente su visión de la Forma sagrada como objeto híbrido que puede representar un cuerpo grotesco, aunque la encuadre en las procesiones del Corpus (véase 409-410).

295 Bynum (1987: 214) apunta cómo desde San Jerónimo los hombres advierten a las mujeres religiosas de que la comida es peligrosa porque excita la lujuria. Catalina identifica el vientre devorador con el *gusto* equivocado que "no ve al animal inmundo que alguna vez se coloca sobre la comida" (Catalina de Siena, 2007: 344). Como señala Mazzoni (2005: 9), "glut is, ironically, but typically, accompanied by a loss of connection, of meaning, of pleasure". Según Bynum (1987: 79), la glotonería era un tipo de comportamiento asociado especialmente a los hombres, frente a la abstinencia, la alimentación del prójimo o el fervor eucarístico, que se relacionaba con la piedad femenina.

296 Hildegarda de Bingen acusa a Adán de comer como un glotón en el momento erróneo (véase Maddocks, 2001: 156-157).

297 Dios le recuerda a Catalina que por su voluntad divina ella se quedó "con la fragancia de la sangre en la boca y en el paladar de tu cuerpo durante muchos días" tras recibir el Sacramento, o que concedió a su alma "el gusto, sabor y olor de la sangre y cuerpo de Cristo crucificado" (Catalina de Siena, 2007: 294, 356).

los placeres de la unión con Dios en términos cotidianos[298]. Como veremos, las místicas *saborean* el sacramento de la comunión, en un instante en que se despliegan todos los sentidos (Bynum, 1987: 59-61). Si el universo de la comida era un mundo familiar para estas mujeres, el empleo frecuente que hacen de ciertos vocablos obedece al manejo de ese universo tanto en la preparación como en su renuncia, convirtiéndose así en fuente de símbolos. Matilde de Magdeburgo y Matilde de Hackeborn insistirán en la relación entre visión y gusto y en la importancia del sabor: el gusto es el que dará al alma deseante el impulso que la transportará a la visión divina, en una globalidad sensorial que anima al cuerpo y el alma femeninos (Régnier-Bohler, 2003: 531). Las sensaciones espirituales se compararán entonces con sabores[299], de modo que para Hildegarda de Bingen, la preparación de la comida puede ser una excusa para conocer más a Dios y al mundo (véase Mazzoni, 2005: 37-44), y varios siglos después Teresa de Jesús (2004: 266) describirá la presencia de Dios en el alma como un manjar puesto en el estómago, "sin comerle, ni saber nosotros cómo se puso allí, mas entiende bien que está". Pero, en el camino de una a otra, ya Isabel de Schönau o Margarita Ebner sostenían que los amores de Dios eran tan dulces como la miel, el azúcar, la canela o las manzanas.

En numerosos pasajes de los sermones de Sor Juana, donde aparecen múltiples alusiones al pan y al vino de Cristo, durante algunas celebraciones festivas (de las muchas que se dan en su obra) salen roscas recientes y sabrosas, que pueden provenir de las llagas y azotes de Cristo o de "la masa de Dios" (*El Conhorte...*: 343, 839). La comida, que se hace símbolo espi-

---

298 En la monografía de Mazzoni nos encontramos con sencillas *recetas* descritas por santas o visionarias de la Edad Media como Catalina de Génova, Hildegarda de Bingen, Hadewijch de Amberes, Isabel de Schönau, Margarita Ebner, Ángela de Foligno o Margery Kempe (la lista continúa en siglos posteriores). Este interesante libro invita a que en la espiritualidad femenina no veamos el ayuno y el amor a la comida como una relación de opuestos.

299 Un ejemplo temprano de este tipo de comparación lo encontramos ya en Santa Perpetua (véase Petroff, 1986a: 71, quien reproduce el texto entero que recoge su vida, o, más bien, su pasión).

ritual y eucaristía, no puede ser contemplada en este contexto con mejores ojos: especialmente abundante se nos muestra en el sermón de la Santísima Trinidad, cuando los Bienaventurados ven en medio del mismo sol "una masa muy grande y blanca más que nieve y alabastro", de la cual comerán, pues es Dios: una eucaristía que Bynum (1991: 169) ha dado en llamar "symbolic cannibalism".

> de la cual masa tan maravillosa y linda y preciosa salieron a deshora infinitas hostias y rosquillas y panecicos mas [sic] dulces y blancos y sabrosos de alfeñique y azúcar y alcorzas, y más olorosos y preciosos que todos los olores y preciosidades del mundo ni del cielo, por cuanto eran manjares divinales que procedían del poderoso y eterno Dios. Las cuales hostias y rosquillas y panecitos tan sobreexcelentes manaban y procedían de la suavísima y purísima masa, y caían a las bocas de todos los Bienaventurados de la corte del cielo [...].
>
> Y estando así todos estos Bienaventurados comiendo y gustando y hartándose y embriagándose, con muy grande hambre y sed de su Dios y Criador, recibiendo tan grandes deleites, que olvidaban a sí mismos y se absorbían todos en Dios del cual estaban comiendo y gustando [...]. (*El Conhorte...*: 839-840)[300]

Sin duda, en esta sensibilidad hacia la comida, mostrada también en la comparación de su obra con un manjar que solo podrán gustar los que estén cercanos a Dios (*El Conhorte...*: 1472-1473; cf. Cortés Timoner, 2004c: 33), pudo influir que Sor Juana trabajara un tiempo como ayudante de la cocinera de su convento (véase García de Andrés, 1999: 64). Esta sabiduría práctica sobre el proceso de elaboración de la comida pasa también a ser, en los sermones de la franciscana toledana, posesión del Señor, quien empleará numerosos términos culinarios para que las monjas le entiendan en sus celebraciones (probablemente, un vocabulario más familiar

---

[300] Cf. *El Conhorte...*: 1200-1201, donde salen de las llagas y heridas de Cristo hostias consagradas, que se tornan en "alcorzas muy dulces y olorosas y confortables", o en "rosquitas y panecitos de azúcar y de pan muy blanco y floreado y sabroso", manjares con los que se embriagan y hartan los bienaventurados en mesas muy adornadas y enriquecidas con copas de oro y de piedras preciosas. Leyendo *El Conhorte...*, parece claro que para Sor Juana el Paraíso tenía que ver con comidas deliciosas y un cierto lujo en una mesa bien puesta.

que el que escuchaban en algunas homilías)[301]. Teniendo en cuesta todo esto, coincidimos, pues, con Mazzoni en que las místicas con frecuencia

> use culinary terms and images, to compare spiritual flavors with the sensations on their taste buds, to understand their preparation and ingestion of food as continuous with their spiritual training and sacramental gifts. [...] They are stories [los escritos de estas mujeres] of deprivation, but they are also stories of pleasure and desire, stories full of discernment and wisdom, stories flavored with memories and seasoned by grace. [...] All the holy women I know speak at some point or another, and usually throughout, of the divine sweetness that touches their taste buds and flavors their lives. Maybe this is, because, as women, they experienced God as a sensuous bridegroom. (2005: 2-3, 49)

Este empleo se combina con un profundo rechazo hacia la comida *material* (como muestra Isabel de Schönau en su *Primer Libro de Visiones*), ya que solo se tienden a referir con términos positivos a la espiritual. Aunque en los ejemplos citados el alimento, tanto como renuncia, significa también dulzura y éxtasis alegre, esto sucede cuando se asocia con la eucaristía (de la que hablaremos enseguida) o con algún tipo de experiencia mística, cuando de manera metafórica aparece incluso unido a imágenes llenas de erotismo. Algo que no impide que en ocasiones la comida se haga elemento tentador, como muestra la ayunadora Margarita de Cortona, torturada por el demonio con fantasmas y olores de alimentos delicados que nunca ha visto antes (Bynum, 1987: 142).

Su capacidad para disfrutar de la comida espiritual puede llevar a estas mujeres a tomar con gusto incluso alimentos repugnantes como el pus de los leprosos (Bynum, 1987: 172; Petroff, 1994: 165) o cualquier cosa que denote suciedad abyec-

---

301 Por ejemplo, leemos en el sermón mencionado: "Y dijo el Señor: Que, así como con la harina se encubre el agua para que la pueda masar y con la levadura la sazonan para que la puedan comer, así, bien masada la preciosa Humanidad tuvo por bien de se nos dar a conocer, porque le podamos gustar y entender. El cual gusto y entendimiento hace el Espíritu Santo, porque procede del Padre y del Hijo, como la levadura del agua y de la harina. / Y dijo el Señor, después de ser masada la masa, hace muchos panes y van todas tres cosas en un solo pan. Y dijo, que en esto podíamos entender ser tres en uno, encarnándose" (*El Conhorte...*: 834).

En torno a la comida 223

ta y que provenga de los Otros como enfermos: se trata de una comunión con la miseria humana, una actitud que se considera también marca hagiográfica[302]. Es el caso de Catalina de Génova, que no solo se alimenta de lo que considera repulsivo sino que intenta matar su sentido del gusto adulterando su comida, y durante el Adviento y la Cuaresma solo toma agua, vinagre y sal; y es que esta santa defenderá que alimentarse del dolor y alimentarse de Cristo son un sustituto de la comida ordinaria (véase Bynum, 1987: 182-183, 195; Mazzoni, 2005: 30)[303]. También Catalina de Siena sorbe de un cuenco con pus[304]; y Ángela de Foligno, imitando a San Francisco, bebe del agua empleada para lavar las manos podridas y purulentas de un leproso: "Y porque un fragmento de esa carne llagada se me había adherido a la garganta, yo me esforzaba por tragarlo, y tenía escrúpulo de escupirlo, como si hubiera comulgado, si bien no quería escupir para tirarlo, sino para desprenderlo de la garganta" (Ángela de Foligno, 1991: 71; cf. Cirlot & Garí, 2008: 198); mientras que Sor Juana, que según nos cuenta el libro de la *Vida*:

> hazía penitencia con la boca trayendo en ella ajenjos amargos [...] por el amargor de la yel y el vinagre que dieron a nuestro Señor... algunas vezes trayendo una piedra algo grande que le dava dolor; otras vezes tomava en la boca agua y teníalo tanto espacio de tiempo hasta que del dolor no la podía sufrir [...]. (cit. en Muñoz Fernández, 1994b: 312)[305]

302 Una marca o una prueba de santidad que también se puede dar en los hombres, como nos muestra la literatura medieval española en el cuento 44 de *El Conde Lucanor*, donde los vasallos del conde leproso Rodrigo el Franco le muestran su lealtad bebiendo del agua en la que han lavado sus heridas (cf. Gómez Moreno, 2008: 150). En este sentido, no estoy de acuerdo con Petroff (1994: 165) en considerar estos sacrificios como transgresiones o violaciones femeninas del orden propio de las cosas.

303 Esta postura llevada al extremo hará que Catalina de Génova sienta un hambre y una sed tan atroces que chupe tierra en su agonía, aunque clame no tener deseo de comer (véase Bynum, 1987: 182).

304 De Catalina además se nos cuenta que en un momento dado toca con los labios el absceso putrefacto del cáncer de pecho de una mujer (Undset, 1951: 81); Pedro de Ribadeneira, en su *Flos sanctorum*, comenta que, acto seguido, como para premiarla, se le aparece Cristo y le deja beber de su costado. Ángel Gómez Moreno relaciona esta imagen con la de Santa Lutgarda bebiendo del costado de Cristo, que considera "vampiresca" (2008: 235, 238).

305 Este tipo de abnegación autoinflingida continúa durante toda la historia de la santidad, como nos muestra en el siglo XVII Margarita María

También sabemos por Pedro de Salazar que la castellana María de Toledo, que se dedica a curar las llagas de los pobres, lavar sus pies y besarlos, se hace famosa porque, durante su completo encierro en la iglesia mayor de Toledo, no come ni bebe más que pan y agua en los días que no comulga (y lo hará cada tres días)[306]. No extraña entonces, vistas estas prácticas ascéticas, que muchas de estas místicas no puedan al final retener comida en el estómago y muestren incapacidad para tragar nada más que la Forma; que pierdan la percepción *normal* de su cuerpo y sientan que levitan o que se embarazan; o bien que experimenten frío extremo, convulsiones o rigidez en sus trances, como hemos señalado en el capítulo anterior: de hecho, varias de estas reacciones podrían ponerse en paralelo con las que produce la anorexia nerviosa o incluso la depresión si, abandonando el punto de vista teológico, medicalizáramos su comportamiento[307].

Como hemos visto, al tiempo que se privan de la comida estas mujeres ejercen labores de caridad, por lo que Bynum (1987: 114) establece una relación entre su labor de alimentar usando su propio cuerpo (subraya que "woman's body *is* food", y lo asocia con imágenes de lactancia y maternidad) y el hecho de que ellas mismas beban o coman del sufrimiento de

Alacoque, al forzarse a comer algo que le resulta repugnante: el queso, como un sacrificio de su gusto y su voluntad. Sería interesante estudiar más en profundidad el odio hacia determinada comida que muestran algunas místicas.

306 El caso de María de Toledo demuestra, por cierto, que también en la Castilla del siglo xv, como en la del xvi, había famosos ejemplos de mujeres que vivían como ermitañas o emparedadas (véase Muñoz Fernández, 1994a: 101-102): pero es en Inglaterra donde adquieren más reconocimiento. Sobre el fenómeno de eremitas y reclusas entendido como un deseo de buscar un espacio físico íntimo propio, véase Rivera Garretas (1991: 49).

307 "Despite the fact that some extended starvation seems better described as depression or hysteria, a psychological or psycodynamic definition of anorexia seems at first glance applicable to some medieval women [...]. These women went through intense periods of inability to eat, often beginning in adolescence. They ate and vomited until they damaged their throats and digestive systems. [...] Like modern anorectics, many of these saints lost «normal» body concept or perception" (Bynum, 1987: 203). De nuevo aparece este tema, por tratarse de un artículo reimpreso y anterior a *Holy Feast*..., en Bynum (1991: 139-142), y en otro trabajo publicado en 1989 (186).

los otros poniendo sus bocas en llagas putrefactas. Claro que también lactarán de los pechos, blancos y puros, de Cristo o de la Virgen, o incluso de alguna santa que las precede. Es decir, como en una estrategia circular, amamantan y se alimentan de las heridas del prójimo.

Asimismo, hay que decir que, aunque exaltado y recreado, algunas santas desconfían del ayuno extremo y contextualizan sus prácticas (ya hemos visto a Santa Catalina), por estar especialmente alertas a los peligros de confundir el orgullo, el exhibicionismo, el engaño o la enfermedad con la piedad. Recordemos que varios teólogos avisaban contra los pseudosantas/os que se dedicaban a hacer penitencias llamativas venidas del demonio. Catalina de Siena insistirá por ello en que su incapacidad para comer es más una enfermedad que una práctica ascética[308], mientras que Ángela de Foligno avisará contra la tentación de no comer, que, tal como comenta en el paso decimooctavo (cuando experimenta un gran deleite en la oración), puede implicar una desviación:

> me olvidaba de comer y hubiera deseado no tener necesidad de comer para poder quedarme en oración. Se insinuaba aquí una especie de tentación de no comer, o, si comía, de comer poquísimo. Por suerte reconocí que era un engaño. (Ángela de Foligno, 1991: 35)

Recordemos además que, independientemente de los casos de fingimiento, que podían ser denunciados –la supuesta santa comiendo a escondidas, como hacía la declarada falsaria Magdalena de la Cruz, quien reconoció que "comia por los rincones hasta que me hartava" (reprod. en Imirizaldu, 1978: 46)[309]–, llevado a un extremo el ayuno se convertía en una posible y sospechosa tentación del demonio, que podía servir prác-

---

308 Pese a esta alegación de Catalina de Siena, hasta el siglo XVI no encontramos el primer caso en que "the claims of a faster are unmasked, not as fraud but as disease" (Bynum, 1987: 92). Por otro lado, según Bynum, en el Bajo Medievo las enfermedades de las mujeres se veían como algo que debía ser soportado antes que sanado (199).

309 También parece que a Magdalena de la Cruz algunas compañeras suyas le llevaban la comida a escondidas (Graña Cid, 2001: 770). Que las mujeres pueden fingir el ayuno (y luego comer a escondidas) ya nos lo dice una vez más el *Corbacho* (véase el *exemplum* en Martínez de Toledo, 1998: 199).

ticamente de instrumento suicida a los *locos de amor*, que se vuelven inapetentes[310].

Aun así, será extensa la lista de las santas o visionarias que se sometan a un ayuno extremo, como Brígida de Suecia, que cinco años antes de morir decide no tomar ya "ningún alimento terrenal" (Giovetti, 1999: 126); o María de Ajofrín, quien, tras entrarle una turbación enorme rezando ante un libro con la imagen del Señor en el paño de la Verónica, jamás pudo comer carne "ni entro hasta que murio cosa della en su estomago, y su manjar fue passas, o alguna otra fruta con el pan" (Sigüenza, 1909: 361), y así vivió largas temporadas sin comer y con "evacuaciones de cámaras y sangre" (368). Pero la monografía de Bynum (1987) es, sin duda, la que más ejemplos nos proporciona de la pasión hambrienta de varias de estas visionarias, que se consuelan con la dulzura del Dios-amor y que rechazan la comida ordinaria utilizando en ocasiones el vómito[311]: es el caso de Santa Catalina, quien incorpora en *El Diálogo* la imagen de los vómitos positivos (paralela, en este sentido, con la del hambre espiritual): los servidores de Dios, "cuando comienzan a conocerse, vomitan la podredumbre de sus pecados, y así reciben el don de la gracia" (Catalina de Siena, 2007: 62; cf. Bynum, 1987: 377 n140)[312].

Y aquí podemos dar un salto temporal y llegar hasta la segunda mitad del XVI, cuando vive nuestra gran santa abulense, quien afirma que "el comer la mata" (Teresa de Jesús, 2004: 158), defiende el alimento espiritual, muestra una ambivalente pasión por el ayuno y su efecto en el cuerpo (la fatiga perpetua),

---

310 Aquí podríamos recordar que se han llegado a calificar de síntomas *anoréxicos* las actitudes finales de Leriano en la *Cárcel de amor* de Diego de San Pedro (véase Lacarra, 2007: 184).

311 Este hábito de comer y devolver los alimentos que muestran algunas místicas también se ha comparado, desde el punto de vista médico, con la enfermedad moderna llamada bulimia (Bynum, 1987: 204-205, 298).

312 En otros momentos de *El Diálogo* quienes se convierten vomitan a través de la confesión la podredumbre y el veneno que les emponzoña (Catalina de Siena, 2007: 142, 163). Sin duda, este vómito tenía características liberadoras.

En torno a la comida

y, como tantas de nuestras místicas, tiene un "vómito ordinario". Citamos del *Libro de la Vida* y de *Las Relaciones*:

> Algunas veces estoy fatigada de verme para tan poco en su servicio y de ver que por fuerza he de ocupar el tiempo en cuerpo tan flaco y ruin como el mío más de lo que yo querría. Estaba una vez en oración y vino la hora de ir a dormir, y yo estaba con hartos dolores y había de tener el vómito ordinario. Como me vi tan atada de mí y el espíritu por otra parte queriendo tiempo para sí, vime tan fatigada, que comencé a llorar mucho y a afligirme. [...]
>
> Es grandísima [pena] para mí muchas veces, y ahora más excesiva, el haber de comer, en especial si estoy en oración. Debe ser grande, porque me hace llorar mucho y decir palabras de aflicción casi sin sentirme, lo que yo no suelo hacer. (Teresa de Jesús, 2004: 436, 1141)

5.2. La cena que enamora

> At times he would fall silent, take some bread from a cupboard, and we would share it. This bread really had the taste of bread. I have never found that taste again.
>
> He would pour out some wine for me, and some for himself –wine which tasted of the sun and of the oil upon which this city was built. (Simone Weil, *The Notebooks*, reprod. en McGinn, 2006: 250)

Las pinturas medievales demuestran cómo en los siglos medios se asociaban la comida y el ayuno con la mujer, y la eucaristía con las santas. Bynum (1987: 100-101) destaca que la mayoría de los milagros eucarísticos les sobrevienen a las mujeres[313], y muestra que de los que realizó en su vida Clara de Asís,

---

[313] Sin embargo, como advierte Bynum (1987: 94), en los primeros siglos de la Iglesia se contaban más bien historias de hombres que sobrevivían con la eucaristía. En este sentido, Bynum (véase 94-112) establece una interesante comparación entre el ayuno de hombres y mujeres, haciendo hincapié en dos figuras con piedad supuestamente *femenina*: Enrique Suso y Francisco de Asís, así como en la devoción eucarística desarrollada por Tauler, Rolle y Ruysbroeck (para la feminización de algunos de estos místicos, véase también Cirlot & Garí, 2008: 34). Para ninguno de ellos la comida es una imagen básica; y, al tiempo que admiran la experiencia visionaria y ascética femenina, la consideran en general extravagante (Bynum, 1987: 112). Por otro lado, la

cuya espiritualidad contrasta esta investigadora con la de San Francisco, los más importantes (aparte de unas pocas curaciones milagrosas) fueron las multiplicaciones del pan y del aceite. La *vita* que de ella escribe Tomás de Celano hace hincapié en esta devoción por la eucaristía además de en su ascetismo culinario; frente a las *vitae* de San Francisco, la abstinencia representa un elemento fundamental en su catálogo de austeridades, pues la comida era para Clara lo que el vestido y el dinero para Francisco: un símbolo básico de sacrificio y de servicio.

Mientras que los milagros masculinos subrayan el poder sacerdotal, al menos la mitad de los femeninos enfatizan una visión de la comunión como comida: algo en lo que sin duda colaboran esos tratados y sermones que, dirigidos por el clero a las mujeres, versan sobre los temas de la eucaristía o la humanidad de Cristo. Esta intensa devoción eucarística femenina será así fomentada por los sacerdotes. Como señala Warren (1997: 3):

> the Eucharist became an ever more culturally central ritual as the Middle Ages progressed. The body of Christ as produced in the sacrament correspondingly became an almost limitless source of symbolic capital, the value of which helped guarantee the privileges and authorities of the clergy, the sole producers of this resource.

A partir de esta acendrada piedad, pronto se convierte este en un sacramento que se ofrece como carne o miel, afecta al gusto, sostiene la vida, y se vomita si no está consagrado. Muchas santas se alimentarán solo de la eucaristía, como Catalina de Génova, Columba de Rieti o Alpaïs de Cudot (quien supuestamente vivió así durante cuarenta años y a quien le era imposible excretar: Bynum, 1987: 84, 93; cf. 213), dentro de su política de búsqueda de un amor que implica dolor. Además, este sacramento representa la carne sufriente de Jesús pero, en su consagración, se asocia con la Encarnación, y se liga así al ya estudiado sentimiento de maternidad (77, 80-81, 144). Sin

---

feminización de la figura de San Francisco parece clara en el sermón que a él le dedica Sor Juana, donde el Señor le pide que le enseñe sus "tetas", Cristo le solicita en matrimonio, y el santo promete serle obediente como una mujer (*El Conhorte...*: 1245; véase también Surtz, 1990: 59-72; 251 n100).

duda, esto ayuda a explicar extrañas visiones como la de Colette de Corbie, quien comprenderá la reparación de los pecados del mundo al aparecérsele el sagrado niño en un plato, preparado como un trozo de carne para ser comido (véase 139). Una suerte de sacrificio culinario que intenta ser imitado por otras místicas como Margery Kempe, la cual se ofrece a sí misma como comida: "If it were your will, Lord, I would for your love and for the magnifying of your name be hewn as small as meat for the pot" (*The Book...*: 105; cf. Mazzoni, 2005: 110-111); sacrificio que el Señor acepta con alegría en un sermón de Sor Juana, en una de esas alegorías en las que esta emplea la comida de manera deslumbrante, pues Dios "quiere comer y cebarse de corazones muy bien guisados", con especias para dar buen sabor, y canela para proporcionar un adecuado olor, y, además, bien untados de grasa (*El Conhorte...*: 328)[314].

La eucaristía se relaciona, asimismo, con fluidos milagrosos: no solo la saliva se vuelve dulce al contacto con Cristo (ese manjar sabroso al paladar), sino que, materialmente, podía producir un sangrado violento de la nariz durante los arrebatos eucarísticos. Un sangrado en el éxtasis místico que Wiethaus (1991: 45) relacionará con una ruptura de los límites corporales en el caso de las beguinas.

> In the women's writings, we thus find the paradox of an abundance of sexual imagery and yet recurrent complaints about the inability of the body to endure ecstasy for long. [...] When describing the physical "symptoms" of their ecstasies, the women mystics used verbs that indicate the destruction of corporeal boundaries and the body's integrity: their hearts and blood vessels burst, the joints come loose, mouth, nostrils, and ears begin to bleed.

Al tiempo, el cuerpo ascético-místico es susceptible de ser *secado*: la menstruación se interrumpirá en ocasiones por el severo ayuno combinado con la comida eucarística, como de-

---

[314] Sor Juana establece aquí una interesantísima comparación entre un corazón bien centrado en Dios, lleno de caridad, virtudes y buenas obras, y los elementos culinarios citados. Esta visión positiva de Dios alimentándose del hombre contrasta con la que nos ofrece Juan Tauler en uno de sus sermones, en el que si comer a Dios es una imagen de unión con Él, que Dios coma al hombre significa en cambio castigo (véase Bynum, 1987: 4, 309 n17).

muestran los casos de Colette de Corbie y Columba de Rieti: una falta de fluido menstrual que los biógrafos califican de fenómeno milagroso, al desprenderse solo de sus cuerpos olores suaves (véase Bynum, 1987: 138, 148)[315]. En el caso de la segunda, los datos que el duque Ercole d'Este nos proporciona en esa carta-tratado que mencionamos anteriormente nos muestran la fama que Columba adquiere por mantenerse durante años tomando solo como alimento el sacramento eucarístico (Zarri, 1996: 237).

También afectada por la pasión eucarística y el ayuno encontramos a la visionaria Dorotea de Montau, quien siente por la eucaristía una devoción tan fuerte, un deseo tan intenso y ansioso, que no puede sino pensar que no volverá a tener hambre o a tragar por su boca ninguna otra comida. Su confesor debe intervenir, finalmente, para que se alimente, pues Dorotea está dispuesta a renunciar a una comida que le produce, por su vista u olor, profundas náuseas, en un rechazo que, sin duda, podría conducirla a la muerte; además, como director espiritual disputa con Dorotea su constante anhelo de recibir la comunión o al menos de ver la Forma una docena de veces al día (Bynum, 1987: 136; 1991: 62)[316]. Algo parecido pasa con María de Ajofrín, quien se niega a comer durante los cuarenta días en los que es sustentada solo por ese degustado y extraordinario dulzor del Cuerpo de Cristo (Sigüenza, 1909: 369)[317]. En una de

---

315 Bynum (1987: 211, 214) observa cierta fascinación del público hacia los fluidos de las mujeres visionarias (salgan o cesen de salir) y destaca la notoriedad que adquieren por dejar de menstruar (recordemos también a las mujeres que no excretan). Algunos teólogos medievales incluso llegan a debatir si la Virgen María alguna vez menstruó (véase 239).

316 Pienso que las náuseas de Dorotea de Montau también podrían ponerse en relación con ese embarazo místico del que hablamos en el capítulo anterior: recordemos que Dorotea desarrolla un útero espiritual donde da cabida a Dios-Hijo.

317 Este episodio será anunciado por sus modelos Santa Bárbara y Santa Catalina; y este sustentarse con la eucaristía viene más adelante ejemplificado con unas escasísimas colaciones entre comunión y comunión: "a la tarde por satisfazer a los ruegos dellas, comio vn poco de carne de membrillo, y sin tomar otra cosa alguna passo Lunes y Martes, y el Miercoles comio solamente un hueuo, donde se via harto claro que el manjar diuino la sustentaua

En torno a la comida

sus primeras vivencias de la comunión, la beata toledana, tras pasar la noche previa al día de Resurrección orando y llorando con las ganas de comulgar,

> recibio el santo Sacramento a su parecer en forma de vn corderito viuo; quando lo tenia en la boca, se bullia y meneaua. Tragolo con el mayor temor y reuerencia que pudo, y sintio luego que se le puso sobre las telas del corazon. Alli sintio tanta alegria, reposo, dulzura y consuelo, que en diez dias con sus noches no durmio, ni pego los ojos, destilando dellos continuas lagrimas de alegria; desde entonces las vezes todas que comulgaua se transportaua, o enagenaua de los sentidos, como se entraua alla dentro el alma, con todas sus potencias, a hazer estado a la Magestad de su Rey y Esposo, y junto con esto le quedaua vn dulzor extraordinario, y de otra quinta essencia en la boca, garganta y coraçon, que le duraua espacio de quarenta dias, que del supremo gusto del alma queria Dios le alcançassen aun en esta vida tales relieues al cuerpo. Certificaua la santa al Prior que si no fuera por euitar la singularidad, no comiera en todo este tiempo, ni a su parecer tenia necessidad dello. (359)

En esta exaltada vivencia de la eucaristía que experimentan las místicas, un rasgo devocional que su público espera de ellas —en su fallida imitación de la santidad, la pseudomística Magdalena de la Cruz reconocerá que "el grito que daba cuando me comulgaba le daba por devoción de las gentes" (reprod. en Imirizaldu, 1978: 46)–, fue fundamental el cambio que vivió este sacramento con el tiempo, estudiado por Bynum (1987: 31-47) y, en todas sus consecuencias sociales y culturales, por Rubin (1991). Así, de tomar el Cuerpo de Cristo de manera comunal se pasa en el Bajo Medievo a hacerlo en una ceremonia más individualizada, en la que aumenta el poder del sacerdote como intermediario. Contrarrestando este énfasis en lo clerical, sabemos que algunas mujeres se arrogarán funciones sacerdotales en visiones en las que entregan la hostia sagrada (o dan un papel semejante a la Virgen: *El Conhorte...*: 1428, 1431; cf. Bynum, 1987: 231), o bien toman, como Sor María, directamente la comunión de Jesús: tan relevante es la eucaristía en la espiritualidad de estas visionarias que harán lo que sea

---

contra toda la condicion de la carne" (Sigüenza, 1909: 370). Este afán por contar los días del ayuno también se aprecia en otras místicas, como en el caso de Ida de Lovaina, de quien sabemos que pasó once días sin comer nada más que las flores de un limero (McNamara, 1993: 16).

por agenciarse este sagrado y precioso elemento[318]. Pero además detectan Formas sin consagrar por fallos de los celebrantes (caso de Catalina de Siena o Margarita de Cortona)[319], y, como, Santa Teresa, desenmascaran a los sacerdotes indignos al ir a comulgar (Teresa de Jesús, 2004: 408[320]): como ya apunté en el primer capítulo, las mujeres solían descubrir la corrupción del clero en el momento de la consagración o la elevación (véase Bynum, 1987: 228). Así, aunque el clero se alza como administrador del placer suministrado por la comunión, también es el impedimento, la barrera innecesaria para culminar el éxtasis místico, como le sucede a Ángela de Foligno (1991: 54), a quien una consagración excesivamente breve le causa "un gran disgusto cuando el sacerdote demasiado pronto volvió a poner la hostia sobre el altar".

De modo que esta devoción por la eucaristía, que se había convertido desde el siglo XII en el sacramento de mayor importancia, se hace, por estas arrogaciones de poder, tan *peligrosa* en la Baja Edad Media que el clero se ve obligado a controlar

[318] McNmara (1993: 19) señala otro ejemplo de monja dominica a la que se prohíbe participar en los servicios por padecer epilepsia y que recibe entonces directamente la comunión de Cristo, junto con la promesa de la administración futura de sus últimos sacramentos.

[319] No obstante, según Bynum (1987: 230-231), "Both the visionary women and their confessors were acutely sensitive to the problematic implications of such visions. [...] Stories of women who received either communion or absolution in a vision are frequently glossed with assurances that they had recourse to a priest as soon as they were able". Por otro lado, como ya hemos comentado, las visionarias otorgan un gran poder a María, y su cualidad sacerdotal aparece reivindicada en varias de ellas (Petroff, 1986b: 21); incluso en la iconografía no es infrecuente ver relacionada la consagración con la Encarnación (Bynum, 1987: 81). En el sermón sobre la Purificación de la Virgen de Sor Juana, aquella dirá que supo "sacrificar", es decir, ofrecer a Cristo como sacramento, antes que ningún sacerdote: "Porque, desde la hora que yo le concebí en mis entrañas hasta que fue subido al seno del Padre, nunca otra cosa hacía de noche ni de día sino ofrecerle y sacrificarle al Padre por todo el humanal linaje" (*El Conhorte...*: 369). Estas palabras contesta a los clérigos cuando le piden que les dé a Jesucristo para poder ofrecerlo en la hostia consagrada.

[320] Santa Teresa ve a dos demonios cuyos cuernos rodean la garganta de un sacerdote que le ofrece la comunión: el Señor le advierte así de que este alma está en pecado mortal y es indigna de sostenerle en sus manos.

esos éxtasis apasionados durante la comunión que inundan las casas religiosas, y a contrarrestar la irrelevancia que adquiría el comportamiento del sacerdote en el altar (véase McNamara, 1993: 19). Recordemos que cuando Catalina de Siena recibe la eucaristía, su espíritu se eleva a Dios de tal modo que pierde el uso de los sentidos del cuerpo, y permanece absorta e insensible durante tres horas o más (Catalina de Siena, 2007: 438). Como señalamos en el capítulo tercero, las visionarias verán en la eucaristía la oportunidad de fundirse con un cuerpo de Cristo hermoso o doliente (véase, por ejemplo, Ángela de Foligno, 1991: 53), aprovechando esa corporeidad intrínseca atribuida a ellas frente a la mayor espiritualidad masculina. Estas mujeres contemplan literalmente el cuerpo de Jesús en la hostia sagrada: de ahí que sea fácil describir la unión con una suerte de lenguaje erótico o de deseo, expresión de un intenso placer espiritual en el que también participa la carne.

Este regodeo en el instante de la comunión con el tiempo será sometido a mayor vigilancia, mientras se advierte contra un comulgar excesivamente frecuente que rebaje un momento excepcional con el que se adquiere demasiada familiaridad (Bynum, 1987: 58, 238)[321]: estos impedimentos a una comunión diaria harán que Sor Juana, como no puede tomar el sacramento cada día y hora según su deseo, busque comulgar *espiritualmente*, según nos cuenta la biografía que de ella escribe Sor María Evangelista (García de Andrés, 1999: 204). Ade-

---

[321] Comulgar diariamente era un raro privilegio en el siglo xv, que consigue excepcionalmente una santa como Catalina de Génova. Entonces, y todavía en el xvi, se consideraba irreverente la comunión frecuente, más aún diaria, incluso en mujeres consagradas (García de Andrés, 1999: 204). Fray Luis de Granada aboga por una frecuencia no mayor que la semanal en la comunión, criticando los abusos implícitos en tomarla demasiadas veces (véase el texto reproducido en Imirizaldu, 1978: 253-257). Precisamente por ello, según Bynum (1987: 238) el ayuno y la pasión eucarística femenina podrían interpretarse como una reacción frente a la moderación que les conminan a seguir los líderes religiosos. Cf. Bynum (1991: 124), donde apunta textos tempranos que animan a las mujeres a tomar la comunión frecuentemente. Curiosamente, Bynum observa que en las órdenes en las que la comunión es infrecuente (como la franciscana), los éxtasis vienen en el momento de la elevación antes que en el de la recepción (1991: 128).

más, cuando la mística no pueda tomar la Forma, la consolará el mismo Dios, como hace con Gertrudis de Helfta (1999: 164), diciéndole que con sus oraciones y actos se siente "plenamente saciado de modo semejante a como si hubiese tomado platos exquisitos de abundantes manjares", en una inversión entre el que come y el comido bastante sorprendente, aunque ya la encontrábamos en Margery Kempe o Juana de la Cruz.

Para contrarrestar estos recreos peligrosos, sabemos que los poderes religiosos se esforzarán en dar mas importancia al momento de la consagración (progresivamente cargado de significado y de poder sacerdotal) y de elevación de la hostia sagrada, anunciada con un toque de campanilla especial, que al de la recepción del cuerpo y la sangre de Cristo (con el tiempo, esta última menos disponible)[322]. Además, enfatizarán la preparación de la eucaristía con atención escrupulosa y llena de reverencia. Ahora bien, la solemnidad que la Iglesia otorgará a esos actos solo contribuirá a destacar aún más el sacramento y los recipientes que lo contienen, y a que muchas místicas, entre las que incluiremos a Sor María, entren en trance con visiones de un Cristo hombre o niño durante la elevación del cáliz o de la Forma (cf. Bynum, 1991: 127). De este modo, el Jesús de Ángela de Foligno (1991: 54) oscila entre ambas apariencias cuando esta asegura verlo "con los ojos del cuerpo"[323];

---

[322] El obispo de París fue quien en el siglo XII mandó que el sacerdote después de las palabras de la consagración elevara la hostia, y tan alto que todos la pudieran ver: una novedad que iba a influir notablemente en el culto a la eucaristía. A partir de este hecho surgió la devoción popular de "Ver a Dios" (Sánchez Herrero, 2004: 328). Para un completo estudio de la conformación del ritual de la elevación y de la participación de los fieles en él, véase Rubin (1991: 49-63).

[323] En cuanto a las visiones de Ángela, en una determinada comunión fija la edad de Cristo como "de doce años" (Ángela de Foligno, 1991: 54), y, como Adelheid Langmann, se desposa con él en la eucaristía (véase Bynum, 1991: 130). Esta unión de Cristo niño y hombre sucedía también en las representaciones del Nacimiento, según dijimos en el tercer capítulo, como la de Sor Juana de la Cruz (*El Conhorte...*: 263), cuando los instrumentos de la Pasión son presentados por un ángel (cf. Cátedra, 2005: 481). Y Margarita de Oignt desclavará en una de sus meditaciones a un Cristo en la cruz que le pesará como si fuera un niño de un año (véase Cirlot & Garí, 2008: 163).

María de Ajofrín distingue el momento de la elevación porque recibe los estigmas de Cristo al oír el sonido de la campana, que le hace levantarse de la cama y arrodillarse ante un crucifijo (Surtz, 1995: 74); a Margarita de Cortona un cura vestido de negro (esto es, pecador y corrupto) se le aparece sosteniendo a un bebé en vez de la hostia; Isabel de Schönau ve la sangre de Cristo crucificado cayendo sobre el cáliz elevado (McNamara, 1993: 19); Beatriz de Nazaret acuna al niño Jesús que recibe en la eucaristía (Bynum, 1987: 361 n178; 1991: 40); y María de Oignies distingue entre las manos del sacerdote que alza la Forma "the corporeal form of a beautiful boy" (reprod. en Petroff, 1986a: 181), el mismo aspecto con el que perciben a Cristo sacramentado Lukardis de Oberweimar, Lutgarda de Aywières, Margarita de Ypres o Ida de Lovaina (Bynum, 1991: 130)[324]. Así, a través de la consagración, y no solo con la comunión, las místicas se relacionarán con el Esposo en imágenes teñidas de erotismo; con el Niño, sosteniéndolo o jugando con él, como Inés de Montepulciano o Margarita de Faenza; y con el Crucificado.

De esta guisa, las experiencias extáticas durante la comunión, que se habían iniciado hacia los siglos XII-XIII, como demuestra la descripción de este tipo de piedad que hace Jacobo de Vitry en su biografía de María de Oignies, seguirán produciéndose en un *continuum* hasta más allá del siglo XVI. La beguina María sufre de apasionados deseos por un cáliz sagrado que le sabe dulce como la miel, mientras que se alimenta del más duro y negro pan, apenas comestible incluso para los perros y que le produce heridas en la boca, recordándole ese

---

[324] Para este tipo de visiones, Bynum (1987: 268) señala el paralelismo que se establece entre el niño en el vientre de María y la Forma ofrecida en el altar. Por otro lado, Cirlot y Garí (2008: 170) nos recuerdan que la visión del niño pequeño entre las manos del sacerdote en la elevación constituye uno de los grados visionarios en el misterio del Graal, según la versión en prosa del *Lancelot*. De todos modos, quizás porque a medida que avanza el Medievo se hace más hincapié en el dolor que en el placer y hay más fijación en la Pasión de Cristo, las visiones de Cristo-niño en la eucaristía, más comunes en los siglos XII y XIII, irán siendo sustituidas en el XIV y XV por un Cristo torturado y sangrante (Bynum, 1987: 402 n3). Recordemos lo señalado en el capítulo anterior.

dulce sabor de la sangre de Cristo[325]; y, casi tres siglos después, su tocaya de Ajofrín, tras alimentarse del cuerpo de Cristo alcanzará un éxtasis que la deja inapetente y reacia a cualquier olor de comida (véase McGinn, 2006: 63-64; Sigüenza, 1909: 359, 369). Pero es en el siglo XIII cuando encontramos el más llamativo ejemplo de esta pasión por la eucaristía-comida, el de Hadewijch de Amberes, ya citado en el capítulo tercero. Los datos de la vida de Hadewijch nos son bastante desconocidos pero de ella se nos conservan, en cambio, bellísimos versos que, en la tradición trovadoresca, hablan de la unión con Dios y de los conflictos internos que esta despierta[326]: Hadewijch imagina el cuerpo como comida para expresar mejor una pasión tan intensa que se hace devoradora, pues desea "la plena fruición de mi Amado" (cit. en Cirlot & Garí, 2008: 87; véase McGinn, 2006: 102-104). El conocimiento en la unión con el Otro (Dios o el Amor que sustantiviza en sus versos) se hace a través de un místico comerse mutuamente, a través de un corazón que devora a otro, un alma que saborea a la otra. Así, Cristo *nos* come y nosotros *le* comemos, y el alma enamorada está siempre hambrienta, nunca se llena del todo (véanse Bynum, 1987: 153-160; Mazzoni, 2005: 45-46). Esta fusión de tintes carnales (donde ambos sienten los miembros del cuerpo del otro y se satisfacen mutuamente, en la Visión VII de su *Libro de Visiones*) se realiza durante la recepción física de Cristo a través de la eucaristía. Se trata de un erotismo de la ingestión con una fuerte intensidad afectiva que tiene su correlato en Beatriz de Nazaret, quien también vive el amor como un estado casi patológico con el alimento como imagen central: la locura amorosa y el acto de beber se convierten en formas físicas de la unión con el cuerpo torturado de Cristo (Régnier-Bohler, 2003: 537).

[325] María de Oignies se alimentará también durante un tiempo de hierbas y sopas hechas de vegetales que recoge ella misma (véase McNmara, 1993: 16).

[326] La visionaria de Amberes vivió en una época en que las beguinas se podían mover todavía bastante libremente, aunque se iba imponiendo una estructura más organizativa con normas institucionalizadoras en sus comunidades, como vimos en el capítulo primero: sus escritos aludirán a los conflictos que hubo de padecer por esto.

Esta pasión eucarística tan temprana continuará, como he dicho, durante el siglo XVI, según podemos deducir por la fundación de la Hermandad del Santísimo Sacramento de Torrijos por parte de Teresa Enríquez, mujer noble dedicada a actividades de caridad y ferviente devota de la comunión (a quien se la apoda: "la Loca del Sacramento": véase Graña Cid, 2000a); o por el apasionado canto que a la cena sagrada hace Sor Juana en su sermón del Corpus Christi, donde llama a una verdadera adoración a ese Sacramento del Altar que nos proporciona un manjar "sabroso y dulce y suave" (véase *El Conhorte...*: 845-878: 878; cf. 342). Pero, sobre todo, nos encontramos con el ejemplo de Santa Teresa de Jesús, quien de *lo mejor* preferirá *lo grande*, y por ello se resentirá si no comulga con Formas de gran tamaño.

> Estando en la Encarnación el segundo año que tenía el priorato, octava de San Martín, estando comulgando, partió la Forma el Padre fray Juan de la Cruz, que me daba el Santísimo Sacramento, para otra hermana. Yo pensé que no era falta de Forma, sino que me quería mortificar, porque yo le había dicho que gustaba mucho cuando eran grandes las Formas (no porque no entendía no importaba para dejar de estar el Señor entero, aunque fuese muy pequeño pedacico). Díjome Su Majestad: "No hayas miedo, hija, que nadie sea parte para quitarte de Mí"; dándome a entender que no importaba. (Teresa de Jesús, 2004: 1191)

En suma, Bynum (1987) muestra cómo la comida espiritual era más importante en la piedad femenina que en la masculina: asociadas al cuerpo como el hombre al espíritu, las mujeres encontraban en la humanidad de Cristo una unión con su propia carne y sangre, una carne hecha pan en la eucaristía y una sangre que podía hacerse leche a través de los pechos de la Madre o del mismo Salvador. Las místicas configuran muchos de sus símbolos básicos a partir de experiencias ordinarias, biológicas y sociales como el parto, la lactancia, el sufrimiento físico y la preparación y distribución del alimento[327], y al renunciar a la comida ordinaria y dirigir su ser hacia

---

327 Bynum (1987, 1991) demuestra cómo la religiosidad de los hombres se centraba, en cambio, más en los símbolos de transgresión o renuncia, que tenían que ver con hacerse débiles como las mujeres, abandonar el poder y prescindir de las riquezas. Biddick (1993), como hemos dicho, critica la importancia que otorga Bynum a lo maternal en su lectura de estas mujeres, pero creo que Bynum lo hace bastante convincentemente.

la vianda eucarística, sienten que se unen a Dios no solo mediante el abandono de su corporalidad pecaminosa sino también a través de su transformación en la humanidad sufriente y alimentante del cuerpo crucificado, por medio de la comida del altar (Bynum, 1987: 5)[328].

De este modo, el ayuno diario implica la celebración de la eucaristía, como en un sagrado intercambio: el Cuerpo de Cristo como sustituto de la comida ordinaria. Y sabemos que las místicas salen ganando por las dulzuras que relatan a través de la comunión. Podemos recordar ahora un aserto de Ángela de Foligno (1991: 98) a su confesor, Fray Arnaldo: "que desde algún tiempo, al comulgar, la hostia se le dilata en la boca y que no tiene el consabido sabor de pan o de carne; tiene sí sabor de carne, pero un sabor especial, exquisitísimo". Ángela muestra aquí todos sus escrúpulos para el disfrute de una comida tan valiosa como sabrosa:

> Pero en ese momento recuerdo que me viene a la mente que debo deglutirla pronto. Y el mismo cuerpo de Cristo pasa pronto con ese misterioso sabor de carne, y pasa entero, sin que tenga necesidad de tomar algún sorbo de agua. Una vez no era así: sino que debía cuidar para que no quedara ningún fragmento de la hostia entre los dientes. Ahora pasa rápida, y cuando baja a mi cuerpo, me provoca una sensación de extremado placer, que hasta se nota exteriormente, porque me pongo a temblar con tales estremecimientos que a duras penas puedo sostener el cáliz. (98)

Pese a estos y otros muchos excesos, es posible que algunos confesores fomentaran una devoción eucarística femenina que contribuía a una semidivinización del sacerdote en la consagración, aunque también pudiera servir como sustituto de la experiencia clerical, como hemos visto. Y es que si Cristo se encarnaba en las manos del cura celebrante como lo hizo en el vientre de la Virgen, ¿no se podría encarnar también dentro de la visionaria que comulga?, y ¿no podría esta espiritualidad

---

328 Una *imitatio* que conlleva enfermedades y estigmas. Bynum (1991: 131) señala cómo "there is no sharp line between illness induced by the eucharist and illness cured by the eucharist, nor between illness and self-torture or mutilation".

maternal dar su fruto en hijos espirituales? Recordemos los fenómenos somáticos relativos al crecimiento del útero mencionados ya en esta monografía.

Pero además en la eucaristía estas mujeres tendían a experimentar éxtasis por esa asociación del sacramento con la humanidad de Cristo, descrita, como sabemos, con imaginería erótica. Así, si esta humanidad masculina era manejada y consumida, otorgando a las mujeres autoridad tanto como placer, proporcionaba a la vez una unión controlable, repetible, a través de ese contacto físico con la Forma que podían envidiar a los sacerdotes. No obstante, la intención de este tipo de devoción no era realizar un ataque contra el privilegio masculino, pues al tiempo reforzaba su poder religioso, y las vidas de muchas de estas santas o visionarias se leían en los monasterios[329]. Más bien esta alternativa femenina, esta devoción eucarística formaba parte, una vez más, del funcionamiento, complejo y paradójico, de la Iglesia.

Parte de esta paradoja, precisamente, serán las acusaciones que reciban las alumbradas de Llerena en nuestra conocida Relación: a los miembros de esta secta se les culpa, entre otras cosas, de considerar el Cuerpo de Cristo como algo *sabroso*, adjetivo con el que ya nos hemos topado aquí más de una vez. En la Relación se afirma que por el olor estas mujeres sienten si hay sacramento en la iglesia, y que algunas dicen que les huele este suavemente "y les da gusto en el paladar como cosa sabrosa" (reprod. en Santonja, 2000: 389). Además, parece que toman el cuerpo de Cristo con demasiada frecuencia ("procuran se les de mucho sacramento", "tienen ellas grande rabia y ansia por comulgar a menudo [...] an venido a comulgar dos o tres veçes en un dia"); por la gran fuerza que les hace el Dios "que diçen tienen dentro de sí" no se atreven a mirar y adorar el sacramento; y se están "días sin comer". En suma, se les acusa

---

[329] Si reducimos la espiritualidad femenina a un intento de subvertir el poder masculino habría que pensar que el clero desconocía bastante la situación al animar a estas prácticas, o que se sentía culpable de su dominio social, opciones bastante improbables (véase, sobre todo esto, Bynum, 1982: 256-261, esp. 258-259).

de formas de ayuno y de pasión eucarística (reprod. en Santonja, 2000: 390-391)[330].

Vistos todos los ejemplos aducidos en este capítulo, de nuevo constatamos que, aunque actúen supuestamente movidas por malos sacerdotes y realicen otros tantos actos heterodoxos y recriminables, las alumbradas de Llerena se convierten en la muestra palpable de la difuminación de fronteras entre categorías.

---

[330] Por supuesto, en este texto vemos que la relación con este sacramento en otros aspectos es absolutamente heterodoxa, pues los alumbrados al tomarlo se encienden con fuego carnal (se habla, como se ha dicho, de relaciones ilícitas entre discípulas y maestros), y al tiempo algunas mujeres, si bien contra la voluntad de los directores, escupen la Forma sagrada (véase Santonja, 2000: 389-390; cf. la proposición del decreto *Ad Nostrum* que acusa a beguinas y begardos de no pagar reverencia al Cuerpo de Cristo: McGinn, 2006: 492-494).

06. La palabra y el teatro del trance

> una *sustracción* (extática) operada por la seducción del Otro, y un *virtuosismo* (técnico) para hacer confesar a las palabras lo que estas no pueden decir. Arrebato y retórica.
> (Certeau, 2006: 39)[331]

Ahora que incluso el enfado (Rosenwein, 1998a) o la locura (Foucault, 1997) se estudian como construcciones culturales y no como expresiones espontáneas podemos pensar también en la mística como un artefacto creado, como un comportamiento culturalmente definido y no solo inspirado. La *posmoderna* historia de las emociones se ha ocupado de la mística porque ha considerado el cuerpo como efecto de innumerables prácticas, técnicas y discursos, lo que le ha llevado a interesarse, especialmente a partir de Victor Turner (1988), por sus ritos aprendidos. Así, la devoción femenina se enmarca en sus ejercicios rituales cuando los estudios performativos se sienten atraídos por el contexto físico y visual que rodea a sus manifestaciones. Desenmarcando entonces al autor como productor del texto y considerando este como *performance* antes que como obra literaria, se focalizarán la acción, el espacio, la emoción y las dimensiones sensoriales del discurso místico frente a su contenido teológico o intelectual.

El gran precedente fue Paul Zumthor, tras el cual varios estudiosos han indagado tanto en la oralidad en sí del Me-

---

[331] Cursivas del texto. A partir de ahora, cuando cite la obra de Certeau todas las cursivas pertenecerán al texto que transcribo. Me interesa especialmente el estudio de este autor en cuanto que considera la mística no en su argumentación teológica sino como literatura (véase Ossola, 2006: 358).

dievo como en su estatus textual; a partir de ahí, se ha prestado atención a la teatralidad de las estrategias de lectura/dictado, y a las llamadas marcas orales e indiciales del producto escrito. Pero lo que se analiza no es ya una oralidad al servicio de un discurso sobre lo popular, ni siquiera como un mero medio de transmisión, sino una oralidad que conforma el hecho literario como una práctica social en sus aspectos más concretos y materiales, desde su composición y comunicación a su recepción, conservación y memorización, situando al texto bajo una nueva óptica[332].

En el terreno de las místicas, el concepto de devoción performativa, en el que la oralidad juega un papel principal, relacionado incluso con otros campos como el arte o la música, nos ofrece una nueva manera de entender las prácticas piadosas en Europa, como han demostrado algunos de los trabajos que se han publicado en los últimos años sobre este tema (véase Mecham, 2004: 394-395; Renevey & Whitehead, 2000b: 6-10)[333]. Certeau (2006: 13) destaca por ello las reveladoras relaciones de la mística (aunque él se refiera a la *moderna*) "con una nueva erótica, con una teoría del psicoanálisis, con la propia historiografía y, finalmente, con la «fábula» (que remite simul-

[332] Las funciones que lo oral y lo escrito tienen en la literatura medieval delatan un modo específico de usar (y jugar con) el lenguaje. El libro editado por Walde Moheno sobre nuevas propuestas de investigación medievalista ejemplifica la dirección metodológica a la que me refiero: dedica toda una sección de cuatro artículos al tema de la "Textualidad, oralidad y auralidad" (2003: 229-349).

[333] Como dice Mecham (2006: 448): "Recent scholarship on this subject [the study of women, spirituality, and the arts] reflects the adoption of broader definitions of the arts and of female religiosity in addition to a weakening of both conceptual and disciplinary boundaries. [...] Researchers are increasingly re-conceptualizing piety in terms of grouped or interrelated actions tied to the visual and material culture of medieval Christianity, thereby highlighting the importance of performance within female devotion. While issues of essentialism and agency continue to stimulate debate, researchers have uncovered considerable evidence of the influence medieval women exerted upon religious drama, music, art, literature, and theology". El nuevo enfoque performativo, demuestra Mecham, se puede adoptar en combinación con el estudio de la experiencia individual, el género y el estatus social del corpus de las monjas analizadas.

La palabra y el teatro del trance 243

táneamente a la oralidad y a la ficción)"[334]. Con respecto a este último apartado, el de la fábula, nosotros nos ocuparemos de la oralidad actuada y reemplazaremos esa "ficción" de la que habla Certeau por la "imitación", una actuación que ayudará a restaurar la *capacidad de acción* de las místicas, frente a unas visiones más pasivas que de estas mujeres ofrecen otro tipo de estudios[335].

Pero, ante todo, debemos reconocer que hay muchas maneras de observar la performatividad en los textos místicos. Como sugieren Mary Suydam y Joanna Ziegler (1999b), habría que reconsiderar la faceta artística del comportamiento visionario, contrarrestando así el interés de cierta crítica por lo que se entendió como *grotesco* desde un punto de vista psicológico[336]:

> By entering mystical behavior as theater, as artistry –with an audience hoping to make a leap of faith– we begin to understand the most incredible acts of public pain and self-affliction. As in theater, the audience is moved to believe, to feel the pain and suffering, and to witness the effects of love. The freakish, outlandish, bizarre acts of personal piety that accompany mysticism, if interpreted as performance, may then be seen as dramatic vessels from which pour forth the entire and glorious range of ecstatic revelation. (xx)

Los estudios incluidos en la fundamental (en cuanto a la apertura de perspectivas) monografía de Suydam y Ziegler (1999a) muestran los frutos de esta propuesta, que llevan a Nanda Hopenwasser (1999) a preguntarse si debemos admirar a Margery Kempe considerándola una artista consciente, o denunciarla como un fraude religioso; y a Catherine Müller (1999) y Mary Suydam (1999) a analizar los textos de las begui-

---

334 Sobre mística y psicoanálisis, véase precisamente Certeau (2006: 16-18).

335 Por ejemplo, Cirlot y Garí (2008: 13) nos presentan de este modo a sus místicas: "A la espera de Dios: toda la pasividad del mundo se concentra en la celda interior. Pues, a la espera de su nada, esperaron ser vencidas, aniquiladas en la Divinidad"; cf. 202, donde se insiste en esta caracterización.

336 Bynum (1991: 75), por ejemplo, comenta que el énfasis en el estudio del autocastigo físico ejercido por estas mujeres ha provocado ataques, tanto de feministas como de no feministas, contra una experiencia religiosa calificada de masoquista y patológica (seguramente por poco comprendida y contextualizada).

nas flamencas como *performativos*, en cuanto que la autoría se encuentra desplazada y su producción de significado es orientada a una audiencia presencial y colectiva, frente a los *literarios* que se centran en la escritura individual. Giles (1999b), por su parte, estudia en este libro a Sor María de Santo Domingo como sujeto que experimenta un estado liminal y que es percibido por su público como situado fuera de las fronteras de la normalidad. Pero mientras que esta investigadora resalta la naturaleza espontánea de las visiones de Sor Juana o Sor María, el trabajo de Susan Rodgers y Joanna Ziegler (1999) describe la danza en trance de Elisabeth de Spalbeek como un ejercicio consciente que implica un control, una repetición y una estilización[337].

En cuanto al análisis de las voces presentes en el texto místico, Laurie Finke (1999) ve un dialogismo en esa lucha de autoridad que se da entre traductor y autora (en concreto en la versión inglesa del libro de Porete, donde no hay una única voz controladora), y Claire Sahlin (1999) muestra cómo Brígida de Suecia gana poder espiritual delegando su voz en otros, ya que sus sermones y exorcismos fueron empleados por sacerdotes.

Desde otra perspectiva paralela, William Hodapp (1999) trata los éxtasis místicos como rituales, y así entiende que, como sucede en los segundos, aquellos constituyen un momento de revelación en el que el encuentro con lo sagrado trae el pasado al presente, con todas las inestabilidades y ambigüedades que este trayecto encierra, a través de un impulso ritual-devocional que no es solo simbólico sino también performativo. En este sentido, la monografía editada por Suydam y Ziegler propone sabiamente considerar los componentes del *performance* (el discurso hablado, el marco o el espacio en el

---

[337] Cuando habla de la espontaneidad del trance, Giles (1999b: 278) se refiere a la incapacidad de Sor María para recordar lo que ha dicho o hecho en los momentos del éxtasis, y, por extensión, piensa que sucedía lo mismo con Sor Juana. Lo cierto es que mientras tenemos testimonios de que la primera adujo ese argumento en su defensa cuando la procesaron, no podemos decir lo mismo de la segunda, y Sastre Varas (2004: 194) ha comentado muy convincentemente que la suerte de amnesia de Sor María pudo deberse a un intento de evitar responder a cuestiones espinosas del interrogatorio y de desviar las respuestas a su confesor.

que se mueve el cuerpo) como constitutivos del trance místico. Ziegler, Rodgers y Hodapp dan cuenta de cómo este tipo de trance ocupa y define espacios particulares o domésticos convirtiéndolos en sagrados a través de unos movimientos del cuerpo que, por ejemplo, reviven la Pasión o la crianza del Niño Jesús. Precisamente, Rosemary Hale (1999) analiza la dimensión performativa de esas actividades maternales con las que las místicas se relacionan con un Cristo-niño, como acunar, bañar, acariciar o sostener al bebé (algunas las vimos en el tercer capítulo), y cómo se emplean para esta relación objetos como esculturas y cunas. Hale arguye que estos *performances* táctiles y sensoriales tienen que ver con la naturaleza transformadora de la experiencia mística, que no solo pertenece al campo de las mujeres, como demuestra el trabajo de Hodapp en torno a Ricardo Rolle y su meditación sobre la Pasión, pero que en ellas cobra cuerpo de una manera más intensa.

Esta breve inmersión en una de las propuestas más sugerentes (hasta la actualidad) de estudios performativos sobre la mística femenina muestra su viabilidad y versatilidad, aunque, como se verá en este capítulo, otros serán también los elementos a los que prestaremos atención[338].

6.1. Sobre la escritura, la lectura y la palabra mística

> Si no estuviera la uida desta santa tantos años ha escrita y predicada por otros, y nuestro Señor en vida y en muerte no huuiere calificado, y como si dixessemos, sellado su santidad con tantas marauillas, no me atreviera a poner la mano en ella, y passara en silencio casos tan maravillosos [...]. (Sigüenza, 1909: 357)

Si la *invasión mística* que ocupa los últimos siglos de la Edad Media renueva el contenido de la vida espiritual, es este

---

[338] Hay, por supuesto, muchos otros trabajos que emplean sabiamente la teoría de la performatividad, como es el de Caciola (2003), al que nos hemos referido especialmente en el capítulo primero.

un hecho del que el mismo vocabulario es testigo. El éxtasis será descrito como un estado de dulzura y suavidad donde el alma prueba consolaciones espirituales que están más allá de toda palabra, y las ideas que parten de esa experiencia las desarrollará el Maestro Eckhart en su llamada "mística de la esencia", que combina mística y teología (Sánchez Herrero, 2004: 333). Pero, aunque hombres y mujeres emplean las mismas metáforas en su escritura de esta vivencia, al escuchar sermones parecidos y compartir un gran número de fuentes (Escrituras y tratados espirituales, si bien en el caso de las mujeres el abanico es más reducido por el impulso censor de la Iglesia), la mística femenina estará marcada por una tendencia genérica. En la espiritualidad femenina se produce una escritura centrada en lo sobrenatural, la autoridad carismática, las visiones, los símbolos corporales, el ascetismo espiritual y el sufrimiento autoinfligido. Algo que se vio favorecido porque la *religión de las mujeres* era considerada más afectiva –o al menos se previó que así fuera, lo cual no quiere decir que la doctrina masculina no hiciera hincapié en las lágrimas o la sensibilidad–, y también más erótica en su carga de temas nupciales que, si bien fueron primero articulados por hombres, se desarrollaron ampliamente en las místicas. Como la devoción eucarística, las visiones, las levitaciones o los estigmas, hay así rasgos de escritura que pertenecieron en conjunto más al mundo de la devoción femenina que al de la masculina (Bynum, 1987: 25-26).

    Sin embargo, mi interés por la escritura mística no se basará en cuestiones de género sino en cómo era el momento de su *enunciación*. Porque, desde luego, otras muchas consideraciones se podrían tener en cuenta para este tipo de producción: si la mujer pertenece al norte de Europa (donde son más contemplativas) o al sur (más activas con sus labores de caridad); si la mística es terciaria o si es beguina; si se ha convertido de adulta, está casada, o vive en un convento. Por ejemplo, Bynum esgrime en numerosas ocasiones la idea de que las mujeres que han vivido antes de su experiencia mística en el mundo tienen una visión más negativa de la condición femenina y más influida por la tradición misógina clerical que las que se crían en conventos (caso de Matilde de Magdeburgo frente a Gertrudis de Helfta, como se ha señalado ya: Bynum, 1987: 27).

Pero estas consideraciones las dejaré de lado para centrarme en el hecho de que esa escritura se conforme de tan diversos modos. Por ejemplo, de que haya un *tú* que se pone en correlación con un *ellos*; o un *vosotros*; o un *yo* y un *tú* en diálogo; o una tercera persona a quien le suceden cosas; o un *yo* que abre paso a una escritura íntima y privada a la que ayudan la práctica de la confesión, el autoanálisis y la meditación (cf. Cirlot & Garí, 2008: 31)[339]. No obstante, en general en nuestros textos místicos hay un predominio de la forma del diálogo o del relato[340], y a través de esta forma se ponen en juego una serie de tácticas para instaurar orden en los movimientos "de deriva" místicos: la narración de una vida; la construcción de itinerarios ficticios y/o normativos: esquemas de "ascensiones" espirituales o modelos biográficos del "progreso"; el establecimiento de listas de reglas para discernir los espíritus... (Certeau, 2006: 123).

En medio de esta composición, los biógrafos y los confesores influirán en la creación de una sintaxis nueva de la que también será responsable la mística, con una palabra a veces desenfrenada (que participa de esos gritos, lágrimas y raptos que invaden a la visionaria) y otras veces estructurada como

---

[339] En cuanto a esa primera persona predominante en ciertos textos místicos, Cirlot y Garí (2008: 29) avisan de que no se debe olvidar la distancia entre esta y la del siglo XX. El *yo* de la mística no tiene por qué responder a una situación concreta y literal de su vida, pero al tiempo "tampoco nos parece lícito pensar vacía a esa primera persona, considerarla como una simple retórica que en absoluto tiene que ver ni con la realidad de la persona, ni con su experiencia como individuo". Cf. Lawes (2000: 217), quien interpreta en términos de desorden psicológico la primera persona de los relatos de Juliana de Norwich o Margery Kempe. Véase también Petroff (1986b: 21-28, 46-47) sobre la autobiografía, el descubrimiento de sí mismas en la escritura y la contraposición de los mundos internos y externos en las místicas. No estoy de acuerdo, vistos los textos que aquí se estudian, con Mª Ángela Holguera Fanega (1993: 259) en que es poco frecuente durante el Medievo el fenómeno de la mujer que escribe y que expone "una gran parte de su propio yo": Christine de Pizan, el objeto de su análisis, no fue ninguna excepción en esto.

[340] Para Petroff (1986b: 26), "dialogue serves to hasten self-definition, and it provides a justification for women to write".

un sermón (¿cuánto de retórica aprendida hay en el escrito místico?)[341]. Una palabra en la que pesa la presencia de la mirada comunitaria (que certifica su validez y acuerda su autenticidad), ya sea la de las compañeras, generalmente más crédulas, o la de clérigos vigilantes, más precavidos: es esta última mirada la que está más presente en los escritos que conservamos de y sobre Sor María.

Pero recordemos también que hablamos de una palabra imitada y actuada, que no pertenece del todo a la mística porque responde a un patrón previo; recordemos cómo Butler (1990: 241-242) se referirá a ese "not owning of one's words" del acto performativo, que aquí también es un "yielding of ownership over what one writes", ya que la santa delega en un escriba –generalmente hombre– el reflejo de lo que vive en el papel, y que este delegar implica "an important set of political corollaries". Es en esta desapropiación del lenguaje donde la palabra de la mística se abre al difícil terreno de esa comunidad que reconoce la marca hagiográfica. Al tiempo, aquella que enuncia la palabra adquiere otras posibilidades: ya no se trata de que la impongan silencio como miembro de una población marginada, como hacía el tratado citado de Hernando de Talavera, sino que se la conmina a hablar, a expresarse con vocablos y gestos que puedan perder esa contención y medida constante que pedía el confesor de la reina española[342].

Para dar cauce a esa expresión serán fundamentales las relaciones de colaboración entre la mujer visionaria y el hom-

341 Para un entendimiento de la palabra mística como compulsiva, desarticulada en vociferaciones y escandida por el sollozo, véase Régnier-Bohler (2003: 531-535). En cuanto a la labor de los confesores y otros apoyos masculinos, Jordán Arroyo (2007: 187) habla de su necesaria existencia para sacar "del anonimato" a las mujeres que se dicen con dones proféticos; no obstante, hay que tener en cuenta que en una sociedad donde la cultura oral se muestra tan extendida habría también otros medios para hacer correr la fama de visionarias o profetisas.

342 Los pecados de la lengua le son especialmente molestos a Hernando de Talavera, quien pide un absoluto desprendimiento de la identidad del mundo a la mujer religiosa: una forma de enajenación para igualarse a la muchedumbre que ora al Salvador, pero desde un particular silencio que no será el de la mística.

bre que escribe sobre ella, generalmente un confesor que a veces actúa como secretario, editor o amanuense (Mazzoni, 2005: 52)[343]. Una unión que alguna historiadora como Voaden (1999: 3-5) ha calificado de equipo constructor del edificio místico que demostrará la presencia divina. Claro que si la composición de las obras de ciertas mujeres visionarias fue un *affaire* colaborativo entre estas, sus escribas, sus editores o sus traductores, también se podría hablar de una competición de voces por la autoridad, o de un dialogismo sin ganador único (tal como hemos dicho plantea Finke [1999] en la traducción del *Espejo* de Porete), constituyéndose a veces una desunión entre el que dicta y el que transcribe, especialmente llamativa en el caso del Libro de Margery Kempe.

Pero, exceptuando los casos en que las biografías espirituales están basadas en apuntes biográficos de la santa, como el de Beatriz de Nazaret, o se deben a la pluma de sus compañeras: los de Juliana de Cornillon, Juana de la Cruz o Beatriz de Ornacieux, cuya vida es atribuida a Margarita de Oignt (Cirlot & Garí, 2008: 22, 169)[344], generalmente debe existir un acuerdo activo entre santa y confesor o director espiritual para que se produzca un texto místico. Así, Cristina de Markyate contó seguramente con Geoffrey como relator de sus desventuras (Petroff, 1994: 140-146); Hildegarda de Bingen tuvo en Volmar un secretario para toda su vida; el hermano de Isabel de Schönau se ocupó de editar y coleccionar la producción epistolar y visionaria de su hermana; Margarita Ebner mantuvo una larga correspondencia con Enrique de Nördinglen, quien la animó a escribir sus *Revelaciones* (véase Schmidt, 1993); Ángela de Foligno confió las transcripciones y traducciones al latín de sus visiones a su pariente franciscano Fray Arnaldo; Raimundo de

---

343 Petroff (1986b: 39) señala que el estado marginal en el que se sitúan beguinas, terciarias o casadas visionarias hizo que les fuera difícil encontrar a un escriba para sus palabras.

344 Un caso paralelo al de Margarita de Oignt y Beatriz de Ornacieux es el de la vida de Douceline de Digne, que fue escrita por Philippine de Porcelet (Cirlot & Garí, 2008: 169). En ambos casos, las hagiografías fueron compuestas en romance por compañeras que conocieron a las protagonistas de sus relatos.

Capua relató la vida de Catalina de Siena por haberla conocido bien al ser su director espiritual, al igual que hará Juan de Corrales con María de Ajofrín; y los escritos de Catalina de Génova provienen casi todos de su confesor Cattaneo Marabotta.

A esta consignación de datos por parte del confesor ayudará el hecho de que en el siglo xv, con la *devotio moderna*, se insista todavía más "en la necesidad de la formación de la conciencia por un director, en el examen de conciencia, en el análisis de sí mismo" (Sánchez Herrero, 2004: 335), aunque las prácticas de hermenéutica personal ante el Otro que supervisa y ante quien se verbaliza lo interior sacándolo fuera provinieran ya de los primeros siglos del Cristianismo (véase Foucault, 1999a, 1999b). Lo interesante aquí es que esta colaboración se pueda extender a la imitación que planteamos en el segundo capítulo: ¿podría ser el confesor entonces otra suerte de imitador, aunque de modo indirecto, consignando a la mujer la mímica y la enunciación final?, ¿o el que recoge y mejora la imitación ante él representada? Todo depende de si él dirige el *performance*, de si en vez de ser el discípulo es el maestro oculto, algo que en casos como el de Elizabeth Barton o el de Lucrecia de León, de los que volveremos a hablar en el capítulo final, parece más o menos claro.

Los señalados son solo algunos ejemplos de la estrecha relación mantenida, una relación que a veces nos puede hacer dudar de la autoría de ciertos textos (¿hasta qué punto pertenecen a la santa o a quien los escribe?), aunque en ocasiones las mujeres se ocuparan personalmente de supervisar los escritos[345]. Por ejemplo, parece que Margery Kempe tuvo una parti-

---

[345] No vamos a entrar aquí a dilucidar cuánto de voz propia o de voz mediadora hay en los discursos escritos de estas místicas. Para un estudio general del tema, y especialmente de las diferencias entre los textos escritos directamente por mujeres y los que los hombres escriben sobre ellas, véase el conjunto de ensayos editados por Mooney (1999) sobre figuras como Hildegarda de Bingen, Isabel de Schönau, Dorotea de Montau, Clara de Asís, Beatriz de Nazaret o Catalina de Siena. En lo que respecta a la reproducción de palabras o frases realmente pronunciadas por las mujeres, para Bynum (1987: 349 n3), "There is reason to think that hagiographers, in revising earlier material or writing up their personal knowledge of a subject, were

cipación activa en la confección de su Libro, dictando y releyendo el texto: ella es, de hecho, quien decide el momento en que debe ser escrito (*The Book...*: 4, 26; cf. Garí, 2001: 60-61). Un papel parecido juega Ángela de Foligno, ya que en su obra hay muchas referencias al proceso de escritura. No obstante, no entraremos en la problemática sobre la autoría de los textos porque no partimos de un estudio de estilo o de género. Partimos de que el modelo de representación de la santidad femenina, el género de la hagiografía, influirá en la escenificación textual de la mística, de que habrá una posible mediación masculina en un proceso que no se puede medir cuantitativamente. Los hombres, como público censor y como redactores, ejercerán un control directo en la textualización de los discursos femeninos, y serán copartícipes de esas producciones textuales otorgándoles legitimación, especialmente importante para la valoración social de las mujeres laicas o analfabetas que se hacen pasar por mensajeras divinas (Jordán Arroyo, 2007: 149-150). Pero no serán los constructores últimos de la imitación: en esto habrá que conceder a las mujeres una parte activa.

Además, habrá algunas que escriban sus textos en sus idiomas particulares, como Hadewijch, Beatriz de Nazaret, Margarita de Oignt, Margarita Porete y Juliana de Norwich. Sabemos que cuando se dio la intervención de un hombre en estos casos fue para trasladar esa escritura al latín con el fin de otorgarle un rango canónico: ahí está el ejemplo de Enrique de Halle, dominico que recopiló las seis partes del libro en alemán de Matilde de Magdeburgo (de la séptima se ocuparon sus hermanas de Helfta), de quien era confesor y a quien animó a escribir su texto, que se tradujo al latín probablemente gracias a su insistencia (Cirlot & Garí, 2008: 27). En este sentido, hay que decir que en el estilo más abierto y experiencial de las mujeres pudo influir, según Bynum (1991: 196), que los escritos acce-

especially careful to preserve the sayings, or *logia*, of holy people exactly as they heard or read them. Therefore the words attributed to women may be especially trustworthy evidence. [...] The author of the Life of Ida of Léau, for example, preserves some of her phrases in the vernacular; the *Vita prior* of Lidwina de Schiedam also preserves a few vernacular words".

sibles en vernácula emplearan un vocabulario de sentimientos que no se encontraba en los textos de un más impersonal y frío latín[346]; además de que el dictado de mujeres como Ángela de Foligno, a quien traduce su confesor, daba lugar a un tipo de discurso más conversacional, empático y autoconsciente.

De todos modos, el papel del director espiritual resultaba fundamental porque era quien conocía mejor los criterios para el discernimiento de espíritus, unos criterios que cualquier discurso público de carácter religioso se aseguraría de reproducir para ser aceptado. Discrepo, por ello, de Jordán Arroyo (2007: 155) cuando afirma que las visionarias solían estar familiarizadas con los criterios calificatorios que usaban los teólogos, "pudiéndose apropiar de los mismos y utilizarlos para pintar un cuadro que correspondiera con el modelo de santidad diseñado por la ortodoxia". Aunque es cierto, como dije al comienzo de esta monografía, que muchos de estos criterios se deslizarían en los sermones públicos, es difícil creer que en los asuntos teológicos que se dirimen en su vida y visiones las mujeres iletradas hilaran siempre tan fino. En este sentido, el fracaso implícito en la condena de una visionaria o en su no canonización tendría también un corresponsable, el director. Este sería consciente de los peligros encerrados en el habla de la mujer, una conciencia del texto femenino como amenazado que demuestra también Matilde de Magdeburgo en *La luz resplandeciente de la divinidad*, donde afirma que su libro puede ser pasto de las llamas; o Sor Juana de la Cruz, quien alega que cuando su ángel de la guarda le pidió que escribiera las pláticas gloriosas de las que es testigo, ella se resistió por si le venían males –ya había sido destituida de su cargo de abadesa (véase Petroff, 1986b: 23; García de Andrés, 1999: 23)[347].

346 "A comparison of two women from much the same milieu, Mechtild of Hackeborn and Mechtild of Magdeburg, shows clearly that the one who wrote in Latin wrote more impersonally and to a much greater extent under the influence of the liturgy, whereas the vernacular poet wrote more experientially, with a greater sense both of personal vulnerability and of an immediate and special relationship to God".

347 Asimismo, un ángel enseñó a una mística coetánea de Sor Juana, Veronica de Binasco, el Oficio romano e incluso le dictó un libro (véase Zarri, 1996 n86).

La palabra y el teatro del trance   253

Pero el discernimiento no solo limitará a las mujeres y a sus confesores, sino también, junto con las convenciones hagiográficas que emplearán los biógrafos en sus relatos, les proporcionará poder al ofrecerles un modelo de comportamiento y comunicación que facilita la aceptación de su mensaje (Voaden, 1999: 43). Voaden señala entonces la fundamental importancia de

> the influence of *discretion spirituum* on the visionary experiences of medieval women, and on the written representations of those experiences. [...] the doctrine was, in effect, a discourse, developed and elaborated by ecclesiastical authorities, a discourse which provided both a vocabulary to articulate visionary experience and a set of criteria to evaluate the vision and the visionary. In addition, *discretion spirituum* supplied a pattern for self-fashioning which extended to behaviour, demeanour and modes of expression. Familiarity with, and skill in, the discourse was a vital factor in the textual –and physical– survival of the visionary. (4)

Y todo esto sucede en unos textos que muchas veces se presentan indisociables de su producción (véase Ossola, 2006: 360), cuando expresan, en el momento en que se produce, la experiencia vivida, y donde los discursos transforman al sujeto en un presente intensivo. Una performatividad que en muchos de estos textos dictados o transcritos puede ser también considerada como una forma de lectura coetánea, donde el autor/confesor examina, varía y desarrolla las palabras habladas partiendo, principalmente, de la tradición textual de la hagiografía, que permitía su sanción positiva. Si, como señala Janette Dillon (1996: 139), la relación entre la mujer y el confesor es fundamental en la tradición de la piedad femenina medieval y en la transcripción de sus revelaciones, solo el confesor podía transformar señales de excentricidad en marcas de santidad. Sin el confesor o el escritor adecuado, la mujer visionaria solía ser identificada como una *hereje*, una *endemoniada* o una *loca*[348]. De todos modos, en esta forma de asegurarse el beneplácito hacia una mujer el favor era a veces mutuo: el obispo Alfonso

---

[348] De hereje y loca se acusará, por ejemplo, a Margery Kempe (véase *The Book...*: 46, 95-95; Garí, 2001: 54-55, 75), y a María de Toledo también le achacarán locura sus familiares (véase Muñoz Fernández, 1994a: 114). Recordemos que Vicente Ferrer denunciaba los arrobamientos como una forma de locura.

se ganó fama por el encargo que le hizo Brígida de Suecia de preparar una edición autorizada de su *Liber Caelestis* en latín, el cual le constituyó en amanuense último y confesor de la santa (véase Friedman, 1996)[349]; y la Orden de Predicadores o Dominicana (a la que Sor María, por cierto, pertenecía) se hizo una reputación por su apoyo a mujeres santas (Dillon, 1996: 119, 137). Es importante recordar esto porque la mística adquiere una identidad a través de la actuación imitadora y es el confesor quien primero sancionará (o dirigirá) la calidad de esta, y detrás de él vendrá la Iglesia.

En este sentido, para conseguir su sanción, las visiones de las mujeres solían venir acompañadas de órdenes explícitas de Dios o aprobaciones suyas del acto de escribir: la voz escrita de la mujer debía asimilarse a la masculina de Dios para ser escuchada (véase Petroff, 1986b: 27)[350]. Su defensa personal residirá entonces en ceder la autoridad a la divinidad (sobre quien debe recaer la alabanza y admiración por el texto escrito), pues al revalorizarse la autoría subirá el valor de la obra (Baranda Leturio, 2006: 12). Sor Juana, en varios momentos del *Libro del conorte*, intenta persuadir al lector de que su condición de mujer no quita validez a sus palabras, que provienen de Dios: la vidente se previene contra la incredulidad y se preocupa por cómo controlar la recepción futura del texto, justificando que el Señor no necesite hacer milagros para demostrar la procedencia divina de su escritura y que su voluntad sea hablar las cosas tan concertadas como aparecen "en este santo libro" (véase *El Conhorte...*: 429, 1404, 1469, 1477; Surtz, 1990: 131-167)[351]. Si hay algún error, provendrá entonces del amanuense

349 Además, Alfonso Pecha de Vadaterra confesará también a Catalina de Siena, a Catalina de Suecia y a la bienaventurada Clara Gambacorti. Para la participación del español Alfonso en la edición de las *Revelaciones* de Brígida, véase Searby (2006: 14-15).

350 Cuando hablo de visiones incluyo los sueños, como demuestra mi empleo del ejemplo de Lucrecia de León. Por otro lado, para un estudio de las representaciones y el significado de la llamada divina a escribir las visiones, así como de las respuestas variadas a esta llamada en una serie de místicas, véase Voaden (1995).

351 "Y que si dudan y dicen que cómo es posible venir Dios verdadero y descender el cielo a una mujer pobre y pequeña, respondió el mismo Señor,

La palabra y el teatro del trance 255

y no del Espíritu Santo que inspira el texto y sabe y conoce las cosas que dice "mejor que nadie lo puede decir ni declarar ni manifestar": es el Señor quien tañe "por esta flauta y órgano de voz, para sanar y remediar las ánimas", quien habla por boca de esta nueva *evangelista*, su "Juanica", es Él quien quiso "y tuvo por bien venir a hablar, en esta voz" (*El Conhorte...*: 1469, 1404, 227, 1423; véase también 543-544, 995). Para Sor Juana todas las precauciones eran pocas porque, aunque contaba con la aceptación previa de una larga cadena de visionarias, debido al renovado recelo surgido al fin del Medievo y la presencia de las llamadas falsas místicas en la España del XVI había que declararse en guardia[352].

No obstante, ese autonombrarse de Sor Juana como flauta de Dios (*El Conhorte...*: 1404; cf. García de Andrés, 1999: 173) tiene una larga tradición en todas las *vitae* femeninas que presentan a las visionarias como la boca por donde habla la divinidad[353]. Por lo demás, Sor Juana es un ejemplo de cómo, sin saber leer o escribir, las palabras y la vida de una mística pueden recogerse por el hacer del Otro, en este caso de Sor María Evangelista, compañera del convento que, según declaró en el proceso de canonización de su maestra, aun no sabiendo tampoco escribir logró hacerlo por ciencia infusa (del mismo

hablando en esta voz, y dijo: Que por ser Él tan bueno y piadoso, no quitaba su bondad a ninguno, más [sic] que antes le debían dar mayores gracias por quererse tanto Él humillar y hacer tan grandes misericordias. [...] Y dijo, era su voluntad que se escribiesen algunos de los secretos y maravillosas cosas que él decía. Y que no se daba más que fuesen hombres que mujeres los que escribiesen sus sagradas palabras" (*El Conhorte...*: 429). Cf. Teresa de Cartagena (1967: 128), donde Sor Teresa sostiene que el Señor enseña por igual a través de hombres o mujeres, aunque sin atribuir esas palabras a Dios (por el contrario, inicia este aserto con un autoritativo: "A lo qual respondo").

352 Quizás también en ese ponerse en guardia contra excesivos escrutinios de sus palabras o de sus merecimientos radiquen afirmaciones de sus sermones como esta: "Y aún [sic] el que tuviere arraigadas sus raíces muy hondas en la fe de la Trinidad, no se curará de andar buscando examinación para conocer ni para escudriñar ni saber lo que no les convenga ni les sea provechoso; porque, cosa de mayor seguridad y perfección es creer firme y fielmente la Santa Fe Católica y todas las cosas que a ella pertenecen, que no buscar las cosas escondidas que a solo Dios pertenece saber" (*El Conhorte...*: 510).

353 Para un estudio profundo de este motivo, véase More (2000: 20-58).

modo que escribió sus cartas María de Ajofrín o Catalina de Siena aprendió a leer y escribir) con el objeto de difundir las palabras de Juana de la Cruz (García de Andrés, 1999: 24; véase Sigüenza, 1909: 362). Es este un ejemplo poco usual, junto con el de las religiosas de Helfta, de autoría femenina del texto dictado o transcrito, para el que, en el caso de María Evangelista, cobra gran importancia la memoria, pues le ayudaba a *guardar* los sermones antes de escribirlos (Giles, 1999b: 279)[354].

Las mujeres encuentran así modos de legitimar sus palabras, pues la prohibición de la Iglesia contra toda predicación que proviniera de ellas hacía sospechosa cualquiera de sus supuestas revelaciones divinas. El *salvoconducto* consistiría en que el mandato de escritura proviniera bien del Cielo, bien del director espiritual o de algún cargo eclesiástico: en cuanto a lo primero, parece que fue el caso de María de Toledo, según la crónica de Pedro de Salazar, y que por ello su confesor recogió sus palabras (si bien hoy en día no se conserva ninguna). En cuanto a lo segundo, por poner otro ejemplo de la Península, es probable que el hecho de que Sor María dictara sus *Revelaciones* y se transcribieran sus trances en el *Libro de la oración* se debiera a un deseo de Cisneros.

Lo que sí sabemos es que la mística europea (y nos apropiamos de las hermosas palabras de Certeau sobre el quehacer de Santa Teresa): "Recurre pues a los letrados; busca a los más seguros [...] cuenta con ellos para devolver su cuerpo heri-

[354] No obstante, también pudo influir en la escritura de la vida de Sor Juana la voluntad de su confesor, pues Sor María Magdalena, testigo de su proceso de canonización, declara que este libro fue recopilado por él y las compañeras de la beata (García de Andrés, 1999: 25). María Evangelista, como amanuense oficial del *Libro del conorte* y de la *Vida y fin de la bienaventurada Virgen Santa Juana de la Cruz* (que a partir de ahora llamaremos libro de la *Vida*), alcanzará bastante fama, y Tirso de Molina la convertirá en un personaje de su obra *La santa Juana*, basada en nuestra mística y cuya canonización intenta impulsar. Por otro lado, Baranda Leturio (2005: 72-73) considera tanto a Sor Juana como a María de Santo Domingo mujeres autoras que hablan sin escribir, cuyas obras nos quedan por una suerte de casualidad. Finalmente, María de Ajofrín escribe epístolas al igual que tantas santas, y lo hace, como se ha dicho, por ciencia infusa, pero también se ayuda de una *escribana*, la secretaria Inés de San Nicolás (véase Sigüenza, 1909: 367-368).

La palabra y el teatro del trance 257

do por el amor al campo circunscrito por las Escrituras. Cada vez, su aprobación supone para ella un «alivio»". Se produce, de este modo, una suerte de tensión entre el cuerpo hablante de la visionaria y el orden escritural del prelado que colabora con ella, y: "Dado que la escritura se escapará, extática, hay que prever cómo recuperarla. Los guardianes de la conformidad con el lugar podrán cortar lo que se pierde en divagaciones". La labor de selección correrá a cargo del confesor, ese alguien autorizado que certifica que su pupila no abandona los espacios seguros sin saberlo, un marco de trabajo masculino porque son hombres quienes examinan el producto, aunque en el interior de ese marco "tiene lugar el discurso femenino", donde las mujeres se imitan unas a otras. En este círculo de mujeres, entre "el mandato de la *escritura* y su apreciación, ambos masculinos, se despliega el acto femenino de *hablar*" y surge la "combinación sutil" entre la autoridad (eclesial) masculina y la palabra femenina (Certau, 2006: 191-192).

En el *ars dictandi* que invade los textos místicos era fundamental la escritura epistolar, en la cual se daba una participación más directa (y dictada) por parte de la mujer que en su biografía espiritual. Catalina de Siena será un modelo de este expresar la mística a través de las cartas, que "proporciona un marco técnico de «maneras de hablar» a la literatura, que, a partir de las cartas de «dirección», de «consolación» o de confesión del siglo XV, se «dirige» a Dios o a los adeptos espirituales" (Certeau, 2006: 124). Además, la impronta pastoral epistolográfica era fundamental en algunas órdenes monásticas contemplativas en las que, siguiendo la tradición de San Bernardo o San Jerónimo, la carta dirigida a laicos era incluso más importante que la actividad oral del sermón (Cátedra, 2005: 123). Imitando a su modelo, Sor María también se dedicará a estos menesteres, al igual que lo había hecho María de Ajofrín, quien dictó a Inés de San Nicolás una carta al Cardenal Mendoza (Surtz, 1995: 173 n26). Como afirma Surtz (1995: 5), no saber escribir no era un problema en el Medievo para componer un texto porque la escritura estaba asociada a la práctica del dictado.

Esta labor del dictado se asemejaría al que realiza una religiosa no visionaria como Sor Constanza de Castilla, cuyo manuscrito de oraciones –que servía para la lectura privada conventual, no reglamentaria (Cátedra, 2005: 94), y donde ella se autonombra en seis ocasiones– no parece haber sido autógrafo, aunque su autora sabía leer y escribir. Resulta probable que Constanza siguiera la costumbre usual de dictar los oficios: la regularidad y naturaleza caligráfica de las letras parecen característicos de la escritura de escribas profesionales (Wilkins, 1998a: xv). En su caso, el paso del latín al romance castellano en algunas oraciones nos muestra ese fenómeno lingüístico de la fluidez o la *mouvance*, del que tenemos ejemplos en otros textos devotos femeninos de Europa (Renevey & Whitehead, 2000b: 2). Pero lo importante es que Sor Constanza no depende en ningún momento de la reescritura de sus palabras por parte de otros: para ella, la escritura consiste en un puro y literal dictar, y no se dan los problemas de expresión que sí encontrará la mística cuando, más allá de la correspondencia epistolar, alguien recoja sus expresiones de amor inefable de y hacia Dios.

Así, hay que tener en cuenta la dificultad para poner en palabras el encuentro con la divinidad. McGinn (2006: xv) acierta cuando afirma que "speaking of God's presence is at bottom another strategy for saying the unsayable". Como asegura Certeau: "Ahora es la condición misma del conocimiento la que se convierte en el problema con el que tropieza y se polariza el pensamiento místico. [...] ¿Cómo hablar, cómo entender?" (2006: 161). Ángela de Foligno insiste continuamente en lo complicado que es volcar sus experiencias en palabras, y también lo hace Catalina de Siena (véase Salvador y Conde, 2007: 34), pese a que a esta santa dominica, al estructurar su obra como una serie extensa de conversaciones entre ella y Dios, le resulte más fácil la transmisión de la sabiduría mística[355].

---

[355] *El Diálogo* tiene una estructura de división en diez secciones, que siguen el esquema de una petición a Dios, su respuesta y la acción de gracias de la italiana. De todos modos, casi todas las místicas coinciden en que las palabras escritas (a las que intentan dar la mayor precisión posible) son una suerte de traducción de lo que han visto y oído, pero de una naturaleza distinta (cf. Petroff, 1986b: 27, 29).

La palabra y el teatro del trance

Para la beata Ángela, esta dificultad de expresión la comparten la Virgen y los santos: Fray Arnaldo asegura que la italiana vio más elementos de la Pasión del Señor "que cualquier otro santo" (siempre se dará en Ángela esa conciencia de excepcionalidad), penetrando hasta los detalles en la agonía salvífica, y añade que "la sierva de Cristo entendía que ni la Virgen María podría describirlas [sic], ni ningún santo. Y si algún santo hubiese intentado describirla, ella le hubiera objetado: «¿Eres tú quizás el que la padeció?»" (Ángela de Foligno, 1991: 90). No está sola, pues, la visionaria en esa imposibilidad de la lengua: imposibilidad para explicar las cosas espirituales y revelaciones celestiales que también recordará Sor Juana en el libro de su *Vida* (véase García de Andrés, 1999: 173). Pero se trata de una incapacidad que para Dios no es obstáculo: si en muchas ocasiones Ángela quiere guardar su secreto, es Él quien la impulsa a hablar (véase Ángela de Foligno, 1991: 98, por ejemplo), aunque esta impresión de ser impelida (relacionada a veces con una sensación de malestar físico: Petroff, 1986b: 42-44) pueda leerse también como justificación de su labor *predicadora*. Y claro que otras veces es Dios quien impone silencio a la mística, y no ella a sí misma en un arrebato de humildad (como hará tantas veces María de Ajofrín): a Sor Juana Dios primero la enmudece un tiempo para prepararla de modo que pueda hablar a través de ella, como sustituyéndola, según nos cuenta el libro de la *Vida* (Muñoz Fernández, 1994b: 312).

Porque, una vez más, hay que recordar la sensación de peligro que en los afanes de control sobre lo que se escribe muestran estas místicas: así, si Ángela dicta su mensaje en dialecto umbro, Fray Arnaldo le lee la traducción que hace al latín para recabar su conformidad: aunque, por cierto, no contenta del todo a la beata (véase Ángela de Foligno, 1991: 43; Miglioranza, 1991: 11-12)[356]. La descripción por parte de Fray Arnal-

---

[356] Fray Arnaldo comienza a escribir en una pequeña hoja de papel, de manera incompleta y descuidada, "como si fueran unos apuntes personales, porque creía que era poco lo que iba a escribir". Pero Dios le revela a Ángela que Fray Arnaldo debe procurarse un cuaderno grueso en vez de una hoja minúscula (Ángela de Foligno, 1991: 41). Hay que destacar, como hacen

do de este proceso es muy interesante, y también el resultado: el escrito de Ángela turna dos voces, la del comentador, Fray Arnaldo, que explica y contextualiza las circunstancias de las visiones, y la de Ángela, que las vive *en directo* y que también responde a las preguntas formuladas por su escribiente, como en un diálogo paralelo al mantenido por Dios y la mística. Es decir, hay dos o tres actos performativos enlazados: la relación de Dios con la mística, la de la mística con el fraile amanuense, y la de Fray Arnaldo con el lector. Aunque de este tercero, al supervisar el producto final, también se ocupará la beata italiana.

Finalmente, Dios es el sancionador último de la larga cadena de editores del texto, pues manifiesta a Ángela, como nos dice Arnaldo, "que habíamos escrito todas las cosas según la verdad, sin ningún engaño, si bien fuesen mucho más ricas que lo que referí y si bien mi transcripción las haya disminuido y empobrecido" (Ángela de Foligno, 1991: 38). En este sentido, hay que decir que este fraile "copista" se muestra mucho más inseguro de su obra (véase 38, 41-44) de lo que, por ejemplo, demuestra estar el compilador de las palabras de Sor María, quien en ningún momento, como veremos, parecerá disculparse por si la transcripción de sus palabras no es la adecuada; de todos modos, es cierto que no se trata de una traducción y que en su cuarto proceso sí se declararon dificultades por parte de los testigos a la hora de verter su discurso místico al papel.

Sea como sea, es la gracia divina la que supuestamente hace que las palabras de Ángela fluyan ordenadas cuando Fray Arnaldo le haga preguntas bajo la inspiración de Dios, aunque el confesor transcriba también las repeticiones y exaltados conceptos de la beata (44) y otras veces simplemente omita "muchas cosas que no podía escribir" (27), seguramente por las prisas debidas a la presión a la que le someten sus compañeros

---

Cirlot y Garí (2008: 183), que la historia mística de Ángela es la primera italiana que llega por el canal directo de la revelación personal, y no a través de la leyenda piadosa (de la *vita*), como es el caso de Humiliana de Cerchi, Margarita de Cortona o Clara de Montefalco. Por otro lado, Fray Arnaldo muestra en su escrito la misma cautela que el supuesto traductor de la vida de Beatriz, la cual se vierte al latín partiendo de los escritos autobiográficos que ella había dejado en neerlandés (véase Cirlot & Garí, 2008: 99).

La palabra y el teatro del trance 261

frailes (en este sentido, Fray Arnaldo resulta tan incomprendido como la beata: 44, 135), y porque la lengua además no da para más, ni la de él ni la de ella: la dificultad de la mística para encontrar la expresión que defina la felicidad vivida la habría tenido cualquier hombre o santo de los que están allá "arriba" (60)[357]. En su dictado, que a la vez pasa a ser dictado de Ángela, Dios le recuerda cuánto se le debe: "Haz anotar al fin del libro que estáis escribiendo que, de cuanto escribís, sean dadas gracias a Dios" (123).

Igual de exigente que Ángela con el proceso de escritura se había mostrado ya Hildegarda de Bingen un siglo y medio antes porque, aunque le satisfacían las mejoras sintácticas y gramaticales que Volmar hacía a su relato de las visiones, "she allowed no changes in vocabulary or content: however strange her wording and imagery could be, they had to remain intact, because given to her prophetically" (Dronke, 1996: 148)[358]. Asimismo, Lucrecia de León, quien vivió algunos años después de Sor María, llevará a cabo un proceso de negociación constante con sus secretarios en el relato de sus sueños, si bien en su caso se aprecia cierta desconfianza hacia esos escribanos que descodifican sus símbolos: cuando se le leían los sueños, registrados por los teólogos que la apoyaban, Lucrecia pedía algunas veces adiciones. En la obra de esta visionaria, el lenguaje, de hecho, no es suyo, pues se pulió y sistematizó su dictado vulgar y prosaico, y se intentó que pareciera de un mismo autor (Jordán Arroyo, 2007: 14).

Del mismo modo, Margery Kempe revisará y ayudará al religioso que escribe su historia, "helping where any difficult was" (*The Book...*: 5): un religioso a quien la mística debe convencer para que transcriba su vida pues sus dudas con respecto

---

[357] Una vez más, Ángela establece su propia comparación con los santos, que parece desvelarnos y confirmarnos un ejercicio de imitación: no duda en hacernos ver que su experiencia se iguala o supera a la de sus antecesores.

[358] No obstante, aunque, según McNamara (1993: 13), Hildegarda recriminaba a su último secretario su tendencia a revisar lo que ella le había dictado, no dejaba de someterse a una autocensura en sus palabras para protegerse de posibles peligros.

a ella le llevan a diferir el proceso; además, la tarea de este no es fácil, debe retomar la historia que había empezado a ser compuesta, con un lenguaje y una escritura sumamente deficientes, por un inglés casado con una alemana. Se trataba de una vida conflictiva, que poco tendrá que ver con la selección de extractos del Libro que se publica sesenta años después, donde la mística inglesa aparece como una ermitaña que mantiene conversaciones calmadas con Jesús y la Virgen (Staley, 2001: ix), normalizándose así su figura, que, en muchos aspectos, no seguía los cánones de la visionaria, como veremos en el capítulo final[359].

Las mujeres realizan entonces un doble escrutinio: sobre lo que les pasa interiormente y sobre lo que se escribe de ellas y a través de ellas. En cuanto a lo primero, si sus tareas diarias implican el mundo exterior (incluso algunas se meten en asuntos políticos, como sabemos), el principal motivo de sus escritos será el análisis de su universo íntimo: como señala Dronke (1996: 202), el rasgo común más marcado de los textos de estas mujeres es su *creciente subjetividad*, si es que podemos emplear esta expresión para un texto medieval. Y en ese escrutinio del estado anímico, que se hace público y se saca al exterior mediante manifestaciones también psicosomáticas, a veces habla Dios directamente (Catalina de Siena) o es la visionaria la que nos relata sus palabras (Ángela). Asimismo, en este relato de lo que ve la mística nos topamos con una manera diversa de esgrimir la autoridad: en el caso de Santa Catalina, se recurre especialmente a Santo Tomás de Aquino, San Agustín o San Jerónimo para refrendar argumentos (por ejemplo, Catalina de Siena, 2007: 202), mientras que Ángela de Foligno, junto con una mayoría de místicas, emplea directamente su experiencia espiritual. Sin duda, en el grado de apoyo patrístico o teológico influía la formación de la mujer, o los retoques que pudiera hacer el confesor o copista a las palabras de la visionaria.

Este nivel de sabiduría teológica se plasmará en imágenes donde se nos pueda representar a la mística leyendo, y, so-

---

[359] Su *normalización* se produce a la manera inglesa, pues en las islas la espiritualidad anacoreta era muy importante, como se habrá podido apreciar.

La palabra y el teatro del trance

bre todo, escuchando, pues reproduce la voz de Dios[360]. Como asegura Joan Ferrante (1998: 92) cuando habla de Hildegarda de Bingen, las visionarias se presentan como el instrumento por el cual Dios se dirige a la humanidad y a la Iglesia, las mediadoras entre lo divino y lo humano, aunque, en el caso de Sor María y de otras místicas, su parcialidad hacia determinados reformistas, regentes o Papas les trajera problemas. Lo interesante es que la visionaria adopta una postura de tabula rasa en la que Dios escribe, y esta posición le permite hablar por Él quitándole responsabilidad al respecto. Otra cosa es que luego esa enseñanza, como en el caso de Santa Catalina, venga refrendada por argumentos teológicos. Pero, cuando la mujer insiste en su falta de aprendizaje ayudada o auspiciada por su biógrafo, subraya su dependencia total de la revelación divina antes que de cualquier otro conocimiento de la doctrina: y esto era fundamental para fiarse de las respuestas que a las preguntas de los prelados daban Brígida o Sor María.

Porque esta escritura iba a ser vigilada: no podemos olvidarnos de esto. Toda visión debía someterse a un intenso y posterior examen de lectura. Seguramente por ello confesores o hagiógrafos hagan más hincapié en el comportamiento de la santa que en novedades doctrinales. Comparando el caso exitoso de Ángela de Foligno con el de Margarita Porete, Dronke (1996: 217) reflexiona agudamente sobre la importancia de no introducir grandes sorpresas en el contenido visionario, de someterse lo más posible a las exigencias de la imitación:

> However extravagant her emotional utterances, Angela did not lay claim to any new belief, any idea that challenged the prevailing world-picture of theologians in her time. Her innovations were startling; yet they were confined, we might say, to the form in which she experienced and retold accepted spiritual realities; she did not impinge upon their content. Thus one can begin to understand why her memorial, her book, was unfailingly treasured, whilst the far greater book of her contemporary, Marguerite Porete, led to Marguerite's being atrociously put to death.

360 Así, en una nota del códice que contiene la traducción latina de sus *Oraciones*, Catalina de Siena se nos presenta sentada escuchando a Dios y respondiéndole (véase Catalina de Siena, 2007: 441).

Por tanto, aunque la marca hagiográfica aceptada apareciera en el aspecto físico (estigmas) y en el comportamiento externo (ayuno, arrobamientos) del cuerpo (cf. Caciola, 2003: 312), o en las palabras y el modo en que se transmite el mensaje (lo que en este capítulo nos interesa) antes que en el mensaje en sí, este debía ser cuanto menos novedoso mejor. Si no, podía traer problemas a la larga, como veremos le sucede a Sor Juana.

Con respecto al cuerpo, si las extravagancias de Ángela se consideraron dentro del modelo imitable, las de Sor María, por ejemplo, le causaron problemas por no ajustarse al comportamiento esperado[361]. Incluso en el género de preguntas y respuestas convenía seguir unos cauces de comportamiento de algún modo preestablecidos, como una mímica que implicara receptividad y humildad: hecho esto, los prelados y la comunidad espectadora se pueden permitir ser instruidos, pues supuestamente ellas contestarán a las cuestiones más difíciles sobre la divinidad con las respuestas más sabias, adquiriendo capacidad para humillar a sus detractores[362].

En cuanto al modo de escritura de este mensaje, hay que decir que así como la vida de la mística debía proveerse de esos elementos que se consideraban elementales en la trayectoria de las santas (ayuno, obras de caridad, visiones), el texto tenía que valerse de determinada retórica para exponer una de-

---

361 Para Giles (1999b: 291), que se refiere aquí a Sor Juana y Sor María, "in the final analysis the fate of the visionary woman was decided not so much on the content of her performance as on the role of her body in the act of performing, as well as in the actions that shape the context for her theater". Volveremos más adelante a este análisis de la estudiosa.

362 Fray Bartolomé Dominici afirmará que en modo alguno las palabras de Santa Catalina parecían las de una mujer, sino doctrina y sentencia de un gran doctor (Catalina de Siena, 2007: 438), y de Sor María se nos dirá algo parecido. En la bula que lleva a los altares a la santa italiana, firmada el 28 de junio de 1461, se resalta también este aspecto: "Ella apareció como maestro, sin haber sido discípulo"; los doctores en ciencias sagradas, tras recibir de Catalina sabias respuestas, se marchaban "como corderos después de haber venido como orgullosos leones y lobos amenazadores" (cit. en Salvador y Conde, 2007: 23). Hay que recordar que a Santa Catalina se le atribuye la triple aureola o corona, y que es interlocutora de pontífices tanto como predicadora: finalmente, es nombrada Doctora de la Iglesia el 4 de octubre de 1970.

La palabra y el teatro del trance 265

voción femenina ya aceptada y canonizada (cf. Jordán Arroyo, 2007: 156). Se esperaba entonces un discurso en clave afectiva con gran presencia del cuerpo, dentro de la exaltación señalada de la maternidad o del dolor. Común también era la expresión profética de la crítica eclesiástica o el discurso político, con ayuda de recursos de repetición y metáforas como los empleados en los salmos (tan leídos y esgrimidos por las religiosas), aunque desde finales del Medievo los entrometimientos en terrenos civiles y eclesiásticos serán entendidos de una manera un tanto negativa, como prueba Brígida de Suecia.

La forma del discurso se preveía más espontánea y menos trabajada si provenía directamente de la mujer, y no de la voz masculina (la de Dios o el biógrafo). La doctrina de estas mujeres era infusa, no adquirida, y ello se debía notar en el texto, así como su empleo de la experiencia, que suplía su supuesta falta de autoridad (Surtz, 1995: 6). Este horizonte abrirá paso a una nueva escritura: la escritura de la experiencia que, como la prosa homilética, se canaliza en un tipo de escritura performativa[363]: es la expresión del *aquí* y del *ahora* que vive la mística, en el que ella se intenta *darse a entender*.

Esta escritura de la experiencia sirve para disculpar la condición femenina de la autora, y, con ella, la supuesta torpeza congénita de la que se la acusa con frecuencia. Recordemos que Santa Teresa, al considerar que ser mujer limitaba su estilo y le impedía saber letras, declaraba su deseo de evitar escribir con símiles y justificaba así el supuesto poco acierto de su escritura, como en una constante *captatio benevolentiae*: "Servirá de dar recreación a vuestra merced de ver tanta torpeza", "Siempre

[363] No solo en las místicas: la *Arboleda de los enfermos* de Teresa de Cartagena tiene mucho de performativo en ese construir su identidad a través del discurso de su enfermedad. En su tratado, Sor Teresa relata un peregrinar espiritual paralelo al de la escritura, pues a medida que avanza el texto la monja va modificando su postura sobre lo que le sucede. Su pasión pasa a ser resurrección, la niebla alegórica se disipa, y deja de molestarle tanto la sordera, que se convierte en elemento positivo: Sor Teresa escribe así desde un permanente presente, muchas veces bastante explícito (Teresa de Cartagena, 1967: 51). Sobre la construcción del discurso subjetivo y la autoconsciencia de la autora en relación con el concepto espacial de su sordera, véase Rivera-Cordero (2009).

tuve esta falta de no me saber dar a entender –como he dicho– sino a costa de muchas palabras", "no alcanza mi saber a darme a entender", "Yo sé poco de estas pasiones del alma [...] porque soy muy torpe" (Teresa de Jesús, 2004: 109, 132, 705-706). Por ello, como a Ángela, será el Señor quien directamente (sin necesidad de intermediarios) le ayude a comprender el verso de un salmo, "según soy torpe en este caso" (688); una torpeza, en fin, que para ella se acompaña de "poca memoria", "poco ingenio y grosería" (870)[364]. Pero aunque Teresa atribuye a su sexo esta dificultad para explicarse, y no al tema místico que trata, acabará realizando una inteligente pirueta técnica: como la unión con Dios se declara ya en "la mística teología", prefiere contar simplemente lo que le sucede sacándolo de su experiencia y de su recuerdo, dos claves en la escritura de su obra (170).

En esta línea, otras mujeres, como Sor María, se beneficiarán de su imagen de iletradas, pues sus confesores las justifican por esa preferencia de Dios de hablar a través de los humildes; y es el no saber letras lo que precisamente concede crédito y categoría de milagros a las respuestas que dan a las interrogaciones que se les hacen sobre las Escrituras. No obstante, el ideal último de quien las presenta así es que, una vez muertas, puedan acceder a una última imagen de autoridad escrita, alejándolas, paradójicamente, de su reducción a un cuerpo sufriente tratado como "un enunciado donde se inscribe el libreto divino" (Jordán Arroyo, 2007: 171). Si las visionarias emplean estrategias como la visión (en forma de drama, diálogo, baile, pasión) para justificar su autoridad (cf. Petroff, 1986b: 48) y quizás trascender su género (barrera siempre negativa en su proceso de aceptación), el último escalón de su imitación, alcanzado generalmente *post-mortem*, será convertirse milagrosamente en letradas, y, como la Virgen en la primera visión de Sor María, bucear en los libros que no se les ha permitido conocer.

Ello no obsta para que confronten el saber libresco y escolástico con el conocimiento carismático, y dejen al primero en un lugar subordinado (cf. Jordán Arroyo, 2007: 162). Inven-

[364] Para otras autoacusaciones de torpeza o inadecuación, véase, por ejemplo, Teresa de Jesús (2004: 48, 52). Cf. Rivera Garretas, 2000: 98-99.

La palabra y el teatro del trance 267

tan así un nuevo libro de procedencia divina, ese libro de la vida al que se refiere seguramente Ángela de Foligno (1991: 164) en una de sus exhortaciones a sus hijos espirituales. Un libro que no será escolástico, pero tampoco el escatológico del fin del Medievo donde se apuntan los pecados de las almas, ese que aparecerá en dos grabados del *Ars moriendi* esgrimido por ángeles y demonios (véase Sanmartín Bastida, 2006b: 111-118). Será más bien el de la vida del Dios-Hombre, a través del cual llegarán las místicas a las cumbres de la iluminación, un texto para el que no hace falta ser letrada ni descifrar las Escrituras, pues con la ciencia infusa no se necesita de más. Un libro sabroso, porque, como avisa Sor Juana, a la persona buena "le parecerá en su paladar más dulce que el panal de la miel" ya que en él no hay tilde o palabra que no sea una perla o joya (*El Conhorte...*: 1473; véase Surtz, 1990: 154-156).

Se trata, pues, de una lectura que proviene directamente de Dios, al ser Él el maestro de doctrina, sepa o no la mujer manejar libros[365]. Es el caso de Teresa de Cartagena, quien en su *Admiraçión Operum Dey* afirma que Dios "solo me enseñó, e Él solo me leyó" (1967: 131; cf. Surtz, 1995: 34, 159 n48; Cortés Timoner, 2004a: 122). No hacen falta ya conocimientos clásicos o grandes entendimientos para acercarse a la Palabra verdadera, la mística ha encontrado otro medio de más fácil acceso[366]. Dios es el Maestro, el profesor que orienta a la mística o a la mujer de devoción interior como Sor Teresa[367]. Y es que ese "Él

---

[365] Un privilegio que podemos extenderlo a los hombres si consideramos que para todo místico no existe otra sabiduría que la que Dios revela sobre sí mismo (Leborans, 1978: 79). Lo que pasa es que para algunas mujeres se trata de la única manera de acceder al conocimiento.

[366] La importancia de los libros en Teresa de Cartagena (1967: 38) se muestra también cuando los considera sus consejeros (recordemos que está sorda): "los quales de arboledas saludables tienen en sý marauillosos enxertos".

[367] No estoy segura de si ese "me leyó" tiene tanta marca de género como afirma Rivera Garretas, quien sostiene que: "el libro vivo se convierte de esta manera en el «libro de la vida», en escritura próxima a la palabra oral, en escritura femenina y no neutra ni huérfana" (2003b: 40); véase también, sobre esto, la propuesta de lectura de Dayle Seidenspinner-Núñez (1993). Para mí lo interesante no es tanto la marca de género sino ese énfasis en que la

solo me leyó" nos sugiere la idea de Dios leyendo en voz alta a su discípula, una metáfora del libro vivo que concede un tipo de perpetuidad y autoridad, la cual aparece también en Margarita Porete y, más tarde, en Santa Teresa (cf. Rivera Garretas, 2003b: 40). Así, Teresa de Jesús (2004: 259-260) nos mostrará ese acceso directo a la *lectura* que disfrutan las místicas: es mejor poder leerle a Él que saber latín.

> Cuando se quitaron muchos libros de romance, que no se leyesen, yo sentí mucho, porque algunos me daba recreación leerlos y yo no podía ya, por dejarlos en latín; me dijo el Señor: *No tengas pena, que Yo te daré libro vivo*. Yo no podía entender por qué se me había dicho esto, porque aún no tenía visiones. Después, desde a [sic] bien pocos días, lo entendí muy bien, porque he tenido tanto en qué pensar y recogerme en lo que veía presente, y ha tenido tanto amor el Señor conmigo para enseñarme de muchas maneras, que muy poca o casi ninguna necesidad he tenido de libros; Su Majestad ha sido el libro verdadero adonde he visto las verdades. ¡Bendito sea tal libro, que deja imprimido lo que se ha de leer y hacer, de manera que no se puede olvidar!

Habría que decir entonces que esa imagen de Cristo como libro de vida fue empleada también como argumento contra el exceso bibliófilo en ambientes femeninos, donde se pueden plantear como contradictorios la experiencia mística del amor divino y el deseo del libro (Cátedra, 2005: 124)[368]. Claro que depende de qué libro. La mística lectora (u oidora, si era iletrada) es aceptada cuando lee la vida de otras santas, acción que, recordemos, precede a la imitación. En el espacio del convento o de las casas de terciarias, donde se compilan las *vitae*, está bien visto que religiosas o beatas conozcan los escritos de sus hermanas: al fin del Medievo la hagiografía es un género de amplia proyección social, no restringido a los clérigos en su recepción ni en su composición (Baños Vallejo, 1989: 106). Esta lectura

---

sabiduría se adquiere en forma de libro, otorgado porque en la escritura la palabra tiene más *verdad, autoridad y perpetuidad* que en la oralidad; por otro lado, ¿por qué únicamente relacionar lo femenino con lo oral? En Sor Teresa esta asociación no parece tan clara.

368 Cátedra ofrece aquí un ejemplo de esta postura a través de una de las dos cartas que se conservan en el *Cancionero de Egerton* dirigidas a una religiosa, quizá franciscana: carta donde subyace la tensión entre *lectio* y *meditatio*.

contribuye a esa conciencia de ser elegida por la gracia de Dios de la que hablamos en el segundo capítulo, y así, como afirma Danielle Régnier-Bohler (2003: 493), la mujer, como sujeto de enunciación y ayudada por esos textos, se podrá sentir "privilegiada y, en consecuencia, con derecho a hablar, a escribir". Es decir, y completamos el círculo: la mujer es compelida a leer (el libro de Dios, las *vitae*..., pero no a saber latín ni a disfrutar de un conocimiento libresco), para, después, si es seleccionada, sentirse llamada a escribir y ser dirigida en el intento.

En la Baja Edad Media las mujeres accederán así a la lectura y se retratarán ejerciéndola como una actividad más de su labor visionaria, como nos muestran las repetidas veces que Fray Juan de Corrales nos presenta a María de Ajofrín con un libro en las manos (Sigüenza, 1909: 361, 376)[369]. La *devotio moderna* y la nueva espiritualidad afectiva ayudarán a hacer hincapié en el encuentro individual con la Palabra de Dios, en un aislamiento de los ruidos aconsejado por Juan de Ávila o Francisco de Osuna (véase Cortés Timoner, 2004a: 98-102). De todos modos, esta imagen de mujer lectora, en soledad o acompañada, puede ser una contraimagen ofrecida para acallar a las mujeres demasiado viajeras, con demasiada autoridad, demasiado poderosas y entrometidas: de acallarlas y de hacerlas sentar, de instaurar un gesto que las tranquilice en una posición pasiva[370]. ¿Hasta qué punto esta imagen es, pues, siempre un

[369] Un ejemplo particularmente *avanzado* nos lo muestra una tabla del siglo XIV de Pietro Lorenzetti (de la Galería Uffizi, en Florencia), donde encontramos a la beata Humildad en su vida conventual ejercitándose en la lectura, la enseñanza docta y la escritura. La beata se muestra en el tríptico primero leyendo en su celda; luego, en el púlpito del refectorio, con un libro edificante; y por último, dictando enseñanzas a otras religiosas que escriben en cuclillas. En esta última imagen, una de las monjas sostiene un libro en sus manos mientras escucha a la beata, libro que en siglos anteriores hubiera sido un atributo más bien masculino (Frugoni, 2003: 466). Por otro lado, María de Ajofrín es un ejemplo de cómo los arrebatos pueden sobrevenir observando códices ilustrados, como cuando recibe los estigmas contemplando la imagen de la Virgen "que tenia alli pintada en vn papel" (Sigüenza, 1909: 365).

[370] Véase, para una interpretación paralela de acallamiento de la mujer mediante la lectura, aunque aplicada a imágenes de varios siglos más tarde, Sanmartín & Bastida (2002).

adelanto, aunque la iguale con otros autores masculinos? En el siglo XV, desde luego, se convierte en toda una institución. La pintura flamenca se dedica a mostrarnos a mujeres leyendo, como esa Virgen de los retablos y trípticos de la Anunciación de Roger Van der Weyden (en el Museo Metropolitano de Nueva York); de Melchor Broederlan (en Dijon); o las tres Anunciaciones del Maestro de Flemalle: en todas ellas un ángel comunica a la Virgen el embarazo de Cristo mientras esta lee un libro[371], actividad a la que asimismo se dedica María en el cuadro del Maestro de la Alta Renania, esta vez leyendo un gran volumen en el Jardín del Paraíso.

También sostiene un libro la Virgen con el Niño del díptico de Philippe le Croy de Van der Weyden; la María Magdalena del mismo autor que se encuentra en la National Gallery; la Virgen de dos Libros de Horas franceses de los siglos XV y XVII[372]; o la Santa Bárbara de una obra del Maestro de Flemalle que contemplamos en el Museo del Prado. Pero asimismo, y ya en otras escuelas, Catalina de Siena es mostrada leyendo en Libros de Horas ingleses de la misma época. ¿Leería su obra *El Diálogo*? El caso es que aunque esta imagen celebra la naturaleza visionaria de su espiritualidad, proyecta a la vez una impresión de soledad y restricción.

> Authors/dreamers are frequently shown sitting, head in hand, before a book while they gaze upon the image that is projected by the imagination. Appropriately, then, Catherine is not shown writing, she is depicted like the page upon which the divine works, like the stigmata themselves, are imprinted. (Despres, 1996: 151)

Ya no se trata de esa revelación que tuvo Brígida del libro abierto sobre el púlpito, que sentía análoga a su misión, la de la mística predicadora, sino que de nuevo volvemos a esa tabula rasa, a la supuesta pasividad femenina que no es siempre tal, por esa participación de la mujer en el proceso de construc-

---

[371] El Maestro de Flemalle compuso también un cuadro de una Virgen ofreciendo el pecho al Niño al tiempo que mira al espectador con un libro abierto al lado.

[372] Surtz (1995: 179 n33) se refiere a estas últimas imágenes para contextualizar la visión que tiene Sor María de la Virgen leyendo, que veremos en el siguiente capítulo.

ción del libro escrito, un proceso por el que las mujeres religiosas alcanzan un grado de sabiduría y respetabilidad. Todo se encierra en esa imagen de Santa Catalina leyendo, aunque leía mal y lento, en los grabados y pinturas un poco posteriores a su muerte (Salvador y Conde, 2007: 5, 23): si observamos con atención, nos podemos topar con la figura del Padre inspirándole la doctrina, ayudándole a escenificar el signo de su magisterio, constituyéndose en el libro vivo mencionado, aquel que no precisaba de latines. También aquel que, como veremos enseguida, le va a permitir predicar, como a Brígida, mientras realiza su *performance*.

6.2. El teatro del trance

Michel de Certeau (2006: 162-163), en su certero estudio sobre la *fábula mística*, destacará que en ella encontramos una relación elocutiva, "relativa al acto de habla y a lo que este transforma en las relaciones entre interlocutores", que hace desempeñar papeles al *yo* y al *tú* a los que implica: el contenido del discurso se convierte entonces en la historia de esa relación, donde se establecen unas convenciones entre el locutor y el destinatario. Pero este acto de habla se pone en marcha en un presente intensivo, en el cual todo gira en torno al momento del arrebato, que debe ser descrito por el *yo* que lo vive.

> La actividad elocutiva se manifiesta en el discurso a través del privilegio concedido a los elementos "indiciales", es decir, pragmáticos o subjetivos, de la lengua, de manera que el lenguaje enunciado se convierte en el relato de las condiciones y modalidades de su propia enunciación –*una dramatización de la alocución*. [...] La "experiencia" que define las escrituras místicas tiene como principales características, por una parte el ego, que es precisamente el "centro de la enunciación", y por otra, el presente, "fuente del tiempo", "presencia en el mundo que solo el acto de enunciación hace posible". (163)

El discurso de la mística se elabora desde el *aquí* y el *ahora*, desde donde también se compone la escritura que lo reproduce. El protagonista absoluto de ese acto de hablar es una ausencia que se hace presencia, la de Dios, a quien escucha la mística y de quien nos transmite lo que predica, lo que responde y lo que le deja sentir: de modo que hay dos reproductores del discurso original (el de Dios), la mística y el amanuense. Entre ambos producen sobre el papel una escritura en diálogo, con marcas de oralidad que nos remiten a un estado liminal en un espacio hecho sagrado, cada uno con su peculiaridad[373]. Pero no me voy a ocupar aquí de un *estilo* (si es que se puede emplear este término para el Medievo) *identitario* en cada una las visionarias, sino de los elementos teatrales y performativos que aparecen en estas revelaciones divinas.

Pues en el teatro de la mística el espacio donde se actúa es un lugar *especial* porque adquiere una diferencia durante el trance: pierde la utilidad funcional para asumir la categoría de lo sagrado. Este espacio necesitará entonces de una mirada externa que reconozca esos signos que se encuentran en él, que lo hacen trascenderse, donde la mujer construye su identidad de mística y se aísla del exterior, donde pierde control sobre su cuerpo y habla en medio de su arrebato (cf. Giles, 1999b: 280). Igualmente, el trance surgirá en un tiempo específico que deja de corresponderse con el cotidiano, aunque se inicie en él: como en el caso de Sor María, que vive raptos incluso cuando desarrolla sus actividades diarias. Durante el fenómeno del trance, el espectador cree encontrarse en una temporalidad distinta en la que los gestos, al repetir un modelo primero (ése del que hablamos reiteradamente en nuestro libro), remiten a algo trascendental que se reconstruye más allá del tiempo económicamente productivo (cf. Fischer-Lichte, 1999: 19, 29).

En ese marco espaciotemporal, el *yo* performativo de la mística realiza lo que dice durante el arrobo, es un *yo* que es a la vez acción y locución en la visionaria que representa su trance. Pero ese *yo* no funcionará "si no se inscribe en un marco par-

---

[373] Sobre las marcas de oralidad y subjetividad del discurso místico, entre las que destacan la repetición, la redundancia, el estilo proverbial y no analítico, la empatía, la falta del sentido del tiempo y lo situacional frente a la abstracción, véase Petroff (1986b: 28-30), quien considera que los métodos orales de composición están más presentes en la escritura religiosa femenina que en la masculina.

La palabra y el teatro del trance 273

ticular de procedimientos, convenciones y personas, en suma, de circunstancias previstas y controlables" (Certeau, 2006: 173). Es decir, en ese horizonte de expectativas del cumplimiento del modelo a imitar, horizonte del que dispondrá su público.

Este *yo* locutor puede sustituir transitoriamente el *Yo* divino cuando habla en nombre de Dios, como en *El Diálogo* de Catalina de Siena. Según dice Certeau, este *yo* locutor se convierte así en "la representación de lo que falta [...] el *yo* hablante (o escritor) toma el relevo de la función enunciativa, pero en nombre del Otro" (188). Precisamente ahí reside la fascinación del discurso místico, en que se organiza en función del Otro necesario y ausente del que habla (véase Ossola, 2006: 360).

Y este *yo* que se pronuncia en el lugar de Dios necesita un espacio imaginario para expresarse, un espacio donde se instala el umbral del discurso místico. Un espacio que se hace *teatro del interior*, un lugar donde el alma conversa o se relaciona con Dios, que puede ser un jardín donde hay un hortelano (en Sor María, entre otras), un castillo interior (en Santa Teresa), o un puente por donde pasan las almas (en Santa Catalina): un espacio, en fin, que permita ordenar ideas y modos (cf. Certeau, 2006: 189).

Pero el *yo* también deja muchas veces paso al *ella*, una tercera persona que campa por los lugares místicos con gran capacidad dramática. Margery Kempe se refiere a sí misma como "esta criatura", mas, como señala Sponsler (1997: 125), este *ella* no representa un intento objetivo o desinteresado de examinar *desde fuera* su experiencia, sino que permite a la mística aparecer como actriz de su propia escritura, en este caso mediatizada por el transcriptor. Es decir, Margery, o la tercera persona del texto místico, se transforma en sujeto y objeto de la mirada, se encuentra envuelta en la escena al tiempo que la observa. También Margarita de Oignt empleará la tercera persona mezclada con la palabra "criatura" para designar "aquella que es objeto y sujeto de la visión", pero, en este caso, mediante el turno del *ella* y de un *yo* que glosa la revelación al lector, se produce una distancia entre quien tiene la visión y se ve en ella (la tercera persona) y quien, desde fuera de la visión, la comunica (la primera): entonces la voz femenina se desdobla y se hace polifónica (véase Cirlot & Garí, 2008: 165; Garí, 2001: 62; cf. Petroff, 1986b: 23-24)[374].

Estos movimientos de acercamiento y alejamiento del *yo* se aprecian también en otras místicas, como Catalina de Siena, Catalina de Génova (quien huirá de ese *yo* para sustituirlo por un *nosotros*), o Juliana de Norwich, que se alejará de sí misma para contemplarse cuando, como "his creature", Cristo la conduzca hacia el interior de su costado (2006: 201). También Santa Teresa, aunque emplea la primera persona en casi toda su obra, delega la tercera para cuando hable de experiencias por las que siente especial pudor o dolor (véase, por ejemplo, Teresa de Jesús, 2004: 157, 202-203, 670).

Asimismo, en los escritos de Hadewijch están presentes este tipo de cualidades teatrales, en una suerte de drama visionario en el que la mística está siempre en el centro, objeto de una acción que sufre más bien pasivamente. Como veremos también en Sor María, Hadewijch establece una relación familiar con los habitantes celestes pero, en su caso, no se trata de una relación terrenal basada en las palabras del Evangelio. En Hadewijch se viven una serie de transformaciones alegóricas ante un público de compañeras femeninas a las que se dirige, un baile de *máscaras* que no se dará en la beata española y que implica un desdoblamiento como el señalado en Margarita de Oignt. Así, en las visiones de la beguina

> un ángel es la mayor parte de las veces el mediador y el guía. [...] Hadewijch no es una observadora objetiva de acontecimientos visionarios; sus visiones la muestran a ella en el centro de un proceso de perfeccionamiento en el que es iniciada y conducida por Dios mismo, a tal punto que en algún momento [...] el personaje de Hadewijch se desdobla en dos y es a un tiempo y de forma diferenciada la visión (Hadewijch esposa del amado en el cielo) y la visionaria (Hadewijch terrenal en su camino de perfección). En un fragmento de resonancias oníricas el ángel se identifica con el Esposo, Cristo, y habla con la esposa (Hadewijch, a la que se

[374] Régnier-Bohler (2003: 543) sostiene que aunque la tercera persona sirve aparentemente para empequeñecer a la protagonista, puede suscitar una densidad del ser, la del actor (como en el caso de Margarita Porete), en la cual el alma "se duplica en la gama de escenificaciones del yo, por el juego del tiempo y sus fracturas".

refiere como "tú") acerca de la visionaria (Hadewijch, a la que se refiere como "ella") (Cirlot & Garí, 2008: 84)

Aunque ya en el temprano Medievo las visiones podían adquirir cierta categoría dramática, como las que componen el *Scivias* de Hildegarda de Bingen estudiadas por Cirlot (2005: 159-179), llenas de cromatismo en su presentación de la aventura del alma[375], al movimiento señalado del personaje protagonista (Dios o la mística, a veces escindidos en un *yo*, un *tú* o un *Él/ella*) contribuiría el impulso que en la Baja Edad Media se dio al ejercicio de la contemplación. En textos como las *Meditationes*, señalados en el capítulo cuarto, los cristianos eran animados a imaginarse presentes en las escenas del Evangelio, visualizar los eventos con vívido detalle y colorido, sufrir y alegrarse con quienes han participado en ellos, y crear así una suerte de drama mental al que pueden añadir sus propias y personales apostillas. El propósito era que la identificación con la vida de Cristo se convirtiera en un paso hacia la *imitatio Christi*. En estas obras, el que meditaba era invitado a proporcionar *carne* a los huesos de la Escritura, dentro de una piedad afectiva que estimulaba al fiel a formular su propia experiencia espiritual con elementos de su vida diaria, y a usar sus sentidos, emociones e identificaciones (véase Voaden, 1999: 12-13).

Con estos elementos las visiones se prestan a una suerte de "teatro nocturno", como llama Jordán Arroyo (2007: xi) a los sueños proféticos de Lucrecia de León, que, por cierto, confirman algo que comentamos sucedía a algunas místicas: la influencia de las representaciones teatrales religiosas en su modo de vivir los éxtasis. Si Ángela de Foligno (1991: 85-86) sufre una intensa experiencia a raíz de la representación de la Pasión de Cristo, vimos en el capítulo cuarto que también le sucedía algo parecido a Brígida de Suecia. En la Península, aunque las cofradías de Semana Santa no aparecen en Castilla, León o Andalucía antes de 1520 o 1525, ya existían elementos constitutivos de esas dramatizaciones de la Pasión en algunas hermandades, y,

---

[375] Precisamente, Hildegarda se encuentra entre el grupo de mujeres que componen piezas litúrgicas latinas para ser representadas en conventos, junto con Hroswitha o Lady Catalina de Sutton.

por otro lado, la celebración de la Semana Santa y la Pascua en calles, iglesias o conventos no dejaba de tener una veta teatral, como demuestran las *pasiones* en romance que se desarrollan durante varios días en el siglo xv (véase Torres Jiménez, 2006: 450, 470)[376]. En el caso de Lucrecia, por las repetidas y vívidas menciones que hace de diferentes procesiones religiosas (que en la segunda mitad del xvi constituyen un gran teatro con finalidad catequística) se puede inferir que calaron hondo en su memoria y le proveyeron de material para detalles de sus escenarios oníricos: su participación en estas celebraciones dejó así una clara huella en la calidad y cualidad de sus visiones (Jordán Arroyo, 2007: 119)[377].

Quizás a esta influencia exterior tanto como a lecturas conjuntas se deba que representaciones teatrales y visiones místicas compartan un mismo vocabulario e imaginario. La tesis de Ayn Becze (2004) nos enseña cómo en el drama moral inglés *Wisdom* el alma, que se disputan Cristo (*Wisdom* o Sabiduría) y Lucifer, participa de unas bodas místicas con Dios descritas de manera similar y paralela a la de los amores divinos de Juliana de Norwich o Margery Kempe (véase 28-85).

En este sentido, otra visionaria que nos presenta escenas parateatrales o dramáticas es precisamente Juliana, quien describe cada una de sus visiones (compuso primero una versión corta sobre estas y luego otra larga, pues pasó el resto de su vida meditando en torno a lo que contempló estando enferma) como una especie de drama alegórico en el que cada detalle

[376] Las cofradías de Pasión o de Semana Santa, que fueron fundadas en la segunda mitad del siglo xv, no estarán en la calle celebrando la procesión hasta la segunda década del siglo xvi (Sánchez Herrero, 2004: 333).

[377] En una visión de 1588 a Lucrecia se le aparece una figura de Cristo hecha pedazos que se reconstruye sola y de cuyas manos salen azucenas y palmas, y que después se verá rodeada por la gente de Toledo: esta visión es un ejemplo de cómo su contenido puede verse afectado por la asistencia a una procesión de Semana Santa (véase Jordán Arroyo, 2007: 119-120; cf. con otra visión de un santo que parece provenir también de una procesión: 120-121). A diferencia de Jordán Arroyo (169), no creemos que se trate aquí solo de una influencia del Barroco que se explique porque el escenario religioso de esa época estuvo plagado de devociones cristocéntricas como la flagelación o la imitación del Calvario: los ejemplos de Brígida o de Ángela lo desmienten.

del imaginario y del diálogo es relevante: el color de la ropa, los movimientos y los gestos de los personajes, las emociones expresadas... Sus poderes de observación son agudos cuando ilustra sus percepciones, como se deduce de sus enseñanzas sobre la maternidad de Cristo (Petroff, 1994: 20), ya tratadas en el capítulo tercero. Pero, como señalan Watson y Jenkins (2006: 1), "Julian presents herself mainly as a participant, not an interpreter, who at first understands her experience simply as a sequence of events": será luego, con la meditación, cuando saque el jugo teológico a lo que al comienzo son solo escenas llenas de dinamismo (cf. Petroff, 1986b: 31-32).

En este tipo de visiones, como en algunas Pasiones: las de Sor María o Juana de la Cruz, por ejemplo, y en otras que no pertenecen a místicas (las de Sor Constanza de Castilla o Isabel de Villena), el intercambio de voces es fundamental. La mujer escucha, interviene o deja hablar a unos y a otros en textos que a veces se transforman en monólogos o en discursos que no esperan respuesta (Constanza de Castilla, 1988: 17; cf. Surtz, 1995: 55) y que, en general, encierran poca acción: se trata de un cruce de voces que, como en el texto de Ángela, se puede extender a los que componen su escritura. En este sentido, las visiones se alejan de esa cualidad narrativa que era elemento intrínseco de las hagiografías (y aquí hacemos una distinción entre las obras de y sobre las místicas), que priorizaban la acción sobre la complejidad argumental (Heffernan, 1988: 5). En nuestros textos no se darán ni un intrincado argumento ni esa acción llena de *episodios* de muchas vidas de santas.

Este dialogar consigo mismo o con el Otro se ejecuta dentro de una cadena de imitaciones que suele llegar hasta el mismo Cristo cuando la mujer quiere revivir lo experimentado por el Amado. Si se da este deseo, haciendo una pirueta imaginaria la mujer mística se podrá conectar a la vez con esa Virgen en quien se funden identidades. Así, por ejemplo, como en una sucesión de metamorfosis, María de Ajofrín busca revivir la Pasión de Cristo a través de la *compassio* de la Virgen, sintiéndose herida por una espada que le atraviesa el corazón como a María (véase Surt, 1995: 78-79); y en su meditación de la Pasión,

Ángela de Foligno imita a Cristo, quien a su vez imagina con detalle los tormentos que sufriría su madre.

> Conocía [Cristo] todos los golpes de los martillos, todas las heridas de los clavos, todos los dolores, todos los suspiros, todos los llantos y todos los lamentos desgarradores de su Madre. Estas cosas su alma santa siempre las tenía en su corazón y las tenía delante de los ojos y las meditaba. Por esto toda la vida de Cristo fue acompañada por un constante dolor. (Ángela de Foligno, 1991: 153)

Pero, además de la *imitatio Christi*, otra fuente de dramaticidad era el mundo de la predicación, con su tendencia hacia lo parateatral y su retórica enfática basada especialmente en la repetición (cf. Hutton, 1967: 31). Hay que recordar que, según Cátedra (2005: 93), María de Ajofrín o Juana de la Cruz se podrían llamar "monjas predicadoras" por su capacidad para explicar las Escrituras a sus hermanas, esta última en unos muy sugerentes sermones a los que volveremos enseguida. Dentro de esa actividad conventual semidramática, habría también que destacar ese "ensamblamiento entre lectura y rito o *representación*" que demuestra Cátedra (2005: 11) en su estudio del Cancionero de Astudillo, claro ejemplo de rezo que requiere unas circunstancias performativas.

Por otro lado, el arte proporcionará asimismo a la mística algunos gestos importantes: la observación de esculturas de Vírgenes o Magdalenas transidas pudo influir en los movimientos del cuerpo de las protagonistas de arrobos o de meditaciones sobre la Pasión. Hemos visto cómo la contemplación de una escultura de Cristo y San Francisco conmovió *telúricamente* a Ángela de Foligno. Se da así un préstamo de mímicas que tiene que ver con momentos liminales revelados en la exposición del éxtasis o en el arte de las iglesias, con un comportamiento de los miembros corporales distinto del de la población llana y de las normas vigentes: esta diferencia es importante tenerla en cuenta porque desarrollar la mímica del arrebato podía en determinados momentos evitar malentendidos entre el cuerpo y sus espectadores[378]. La exposición pública del dolor tiene así

---

[378] Hay que recordar la relevancia de esas restricciones en la vida social que han sido estudiadas por quienes se han ocupado de las leyes ur-

La palabra y el teatro del trance

en las místicas o en el arte su vocabulario específico, que no es el empleado en la vida diaria fuera de la santidad, ni el de esos cuerpos enfermos que no pueden ejercer un control sobre su agonía física, mirados ya con menos desconfianza en la Baja Edad Media (cf. Cohen, 2000: 67).

En Margery Kempe, desde luego, los gestos del dolor místico, por lo que se nos cuenta en su Libro, eran especialmente teatrales, con ese contorsionarse continuo y ese derramar lágrimas y suspiros llamando la atención del público que la observa. Los últimos estudios al respecto relacionan este particular comportamiento performativo con la meditación sobre la vida de Cristo que parte de textos como las *Meditationes*, así como con la espiritualidad eremítica de la penitencia, al tiempo que señalan su condición de representación que no alcanza el éxito esperado. Denis Renevey (2000) muestra cómo el "performing body" de la mística inglesa, que revive los incidentes del Nacimiento o de la Pasión del Señor, no consigue producir un significado coherente en su interpretación personal de la devoción de la época. Su *performance* es malinterpretado por su público, lo que obliga a Margery a descodificar ella misma sus propios gestos. Como Sor María, Margery interactuará con personajes de la historia sagrada, libre de límites espaciotemporales, pero, en su caso, la necesidad de justificar continuamente su comportamiento hace sospechar de la claridad con que se percibe su empresa[379].

Muy diferente resultado, por cuanto finalmente exitoso, le da a Elisabeth de Spalbeek su cuerpo danzante: como señalé en el capítulo cuarto, llevará a cabo los pasos de la Pasión en un

---

banas a través, sobre todo, de la perspectiva implantada por Norbert Elias (1987). En este tipo de aproximación auspiciada por Elias se han percibido, no obstante, puntos débiles: sabiamente, Barbara H. Rosenwein (1998b) señala que no solo la restricción del cuerpo es un artefacto cultural sino que también lo es su expresividad, y por tanto no se puede equiparar el control que uno ejerce sobre sí mismo con la civilización, y la expresividad física con la impulsividad.

[379] Como señala agudamente Renevey (2000: 206), el *problema* radica en que "Her performing body needs an accompanying gloss in the form of an oral commentary".

baile que tendrá mucho de teatral, con ese girar de su cuerpo que iría *in crescendo* a medida que avanzaba la agonía de Cristo. Esta mística implicará al auditorio en su danza a través del tamborileo de sus propios pies sobre el suelo, que la mantendrá en el trance y conseguirá acercar al público a su estado psicológico (Rodgers & Ziegler, 1999: 312, 330), en una puesta en escena del dolor que nos recuerda que el baile está relacionado con la muerte[380]. Su caso será muy distinto del de Sor María, quien también danzará en sus arrebatos (o estos le sorprenderán bailando), según se nos informa en el único proceso del que con seguridad tenemos memoria escrita: no obstante, en su contexto, este hecho se podrá argüir como crítica en su contra. Más aplauso por su representación mímica recibirá María Magdalena de Pazzi, mística de la segunda mitad del XVI que se caracterizará, asimismo, por unos trances de acentuada condición performativa, como muestra esa transcripción que harán sus compañeras (contra su voluntad, por cierto) de palabras, gestos, movimientos o suspiros indicadores de los golpes que recibe, a la manera de Jesucristo, en su *revival* de la Pasión (véase Matter, 2001: 8)[381].

De todos modos, y volviendo a la danza, Cátedra (2005: 301-302) ya advierte y proporciona ejemplos de cómo estas re-

[380] Rodgers y Ziegler interpretan la danza de Spalbeek como una suerte de estado liminal que indica una transformación de la persona: el trance la sitúa en un espacio y una personalidad diferentes. "Elisabeth was a woman dancing a male life, a human dancing divinity, a thirteenth-century follower of Christ becoming a Christ at the time of his crucifixion. We speculate that Elisabeth left behind her normal apprehension of a percussive medium. Then, in the midst of her dance, her selfhood was probably in transition toward its climatic union with her vision of Christ" (1999: 312); también observan que su danza se constituye en una suerte de matrimonio espiritual con Cristo (318). En cuanto a la relación entre el baile y la muerte, recordaremos la danza macabra del fin del Medievo, y remitimos, para un estudio amplio sobre el tema, con respecto también a su pervivencia hoy en día, a Massip y Kovács (2004).

[381] Si bien en su artículo sobre esta mística Matter atribuye su espiritualidad orientada al drama y la mímesis a una influencia jesuita (2001: 9), estamos viendo cómo el teatro del trance, aunque de diversas formas, estaba ya presente en místicas anteriores. Además, los textos que reproduce Matter se pueden poner en paralelo con algunas visiones de Santa Teresa.

La palabra y el teatro del trance 281

creaciones no eran raras en ambientes monásticos femeninos. Y el ejemplo más evidente de esto lo tenemos en España con Sor Juana de la Cruz, quien también nos ofrece una clara muestra de visión teatral en sus sermones. En cuanto al baile, en el caso de Sor Juana podemos ver un eco de la creencia testimoniada de que en el Paraíso habría juegos, bailes y risas, y de esas visiones del Paraíso de la *Divina comedia* o del *Roman de la Rose* donde beatos y ángeles festejaban a Dios en interminables danzas, una costumbre justificable también por las referencias bíblicas a la danza religiosa (véase Surtz, 1990: 153, 278 n216; 1995: 193). En las visiones de Sor Juana la danza es parte de unas ceremonias festivas, y en su obra se invita a bailar tanto a Cristo ("No tañen bien esos tañedores, ni bailan bien esos bailadores. Salid vos, Hijo mío, que vos solo me contentáis", le dirá Dios) como a la Virgen ("Hija mía muy amada, salid Vos a bailar y danzar"), en los sugerentes sermones de la Santísima Trinidad o de la Natividad de María (*El Conhorte...*: 837, 1151)[382].

No obstante, Sor Juana lleva la celebración un paso más allá en su detallado repertorio y atrezzo: como señala Cátedra (2005: 302), esta religiosa transfiere la fiesta profana, tal como se practicaba en su tiempo, a la fiesta sagrada. Pero su coreografía de ángeles y seres celestiales celebrantes la comparte (y esto no hay que olvidarlo cuando se subraya la originalidad de esta toledana) con otras místicas de su época como Sor Lucía de Narni, ese importante modelo de Sor María: la italiana nos muestra en sus visiones un Paraíso con palacios, jardines, ángeles, doncellas llevando copas, altares cubiertos con manteles, sillas celestiales..., es decir, una parafernalia incluso más desarrollada que la de Sor Juana (Matter, 2001: 7).

En cuanto a las predicaciones de la beata toledana, podían durar tres o cuatro horas durante las cuales esta "hablaba

[382] En otra ocasión, el Señor incluso guiará la danza del infante Jesús con el infante Juan Bautista y otros en derredor, todo ello celebrado en una hermosa plaza, y con la llamada a contemplarlos de las trompetas de los ángeles. Como en una danza popular y en un reverso de la danza macabra, el Señor va llamando a bailar y San Juan Bautista responde, y después jugará con los infantes nada menos que al escondite, para mostrarles su poder de ver en lo oculto (véase *El Conhorte...*: 947-949).

en voz alta y describía e interpretaba las visiones imaginarias que se le representaban en rapto" (Cortés Timoner, 2004c: 26). En el libro de la *Vida*, se nos cuenta que primero se elevaba al oír la llamada de Dios, y luego, tumbada como la ponían las monjas sobre una cama, con el gesto hermoso y los brazos cruzados, se sucedían a través de ella distintas voces, entre las cuales se encontraba la del mismo Dios: "cuando su Divina Majestad le dava el resuello de su spíritu se oýa la voz por la persona della como se oye por una zerbatana quando una persona habla a otra" (cit. en Muñoz Fernández, 1994b: 309).

En sus visiones aparecen así diálogos de figuras celestiales mezclados con una buena dosis de imaginación y una cierta fidelidad a la versión castellana de las *Meditationes*. Leyendo sus narraciones dramatizadas del relato evangélico, no extraña que Sor Juana misma se convierta en personaje teatral en la obra de Tirso de Molina, donde conversa con los seres celestiales como si se tratara de un hecho ordinario[383]. Pero de esta familiaridad de Sor Juana con los habitantes del Cielo también encontramos antecedentes importantes, como *La luz resplandeciente de la divinidad* de Matilde de Magdeburgo, un escrito donde no solo aparecen encuentros eróticos con Cristo (que no se dan en Sor Juana) sino una originalidad teológica que puede recordarnos a la española en su tratamiento de la Trinidad y en el diálogo y papel que esta desempeña con respecto a la Encarnación (véase McGinn, 2006: 202-207; *El Conhorte...*: 237-241, 831-844)[384].

Por otro lado, los sermones de la Encarnación y de la Natividad emparentan con las canciones de Astudillo, a las que nos hemos referido en el capítulo tercero, en cuanto a que la Virgen tomará también la palabra en el texto de Sor Juana para

---

[383] Para un buen estudio de los personajes y la acción de este drama, que aquí no cabe comentar, véase Fernández (1988), especialmente para la segunda parte de la obra. Para creaciones teatrales y poemas en torno a Sor Juana, véase Cortés Timoner (2004c: 42-43).

[384] Por otro lado, Matilde de Magdeburgo muestra otras propuestas semejantes a las de Sor Juana, como la incorporación al texto de la cuestión de la autoridad femenina, la importancia otorgada al baile o el tratamiento del deseo de unión con Dios en términos musicales (véase Surtz, 1990: 261 n147; Muñoz Fernández, 1994a: 137).

explicar su propia experiencia (*El Conhorte...*: 244, 259; véase Cátedra, 2005: 325-327). Asimismo, la obra de esta terciaria se relaciona con esas contemplaciones de la vida de Cristo donde en medio de la narración de acontecimientos los personajes (sean autoridades o voces del pueblo llano) se expresan en estilo directo con exclamaciones que quieren suscitar el sentimiento de los lectores (véase, por ejemplo, Cátedra, 2005: 578-581). De hecho, las representaciones del Nacimiento de Cristo de Sor Juana dependen directamente de las versiones de la *Infançia Salvatoris*, la *Vida de Nuestro Señor Jesucristo* (traducción de Eiximenis) y las *Meditationes vitae Christi*, aunque también desarrollan la teología de la Redención y del Nacimiento a partir de la *Legenda aurea* de Jacobo de Vorágine. Estos textos servirían para "diseñar espacios mentales no solo para la meditación, sino también para la imaginación literaria" y para enriquecer el argumento de la visión dramática (Cátedra, 2005: 85-86).

Como hará Sor María con las figuras evangélicas y luego, por ejemplo, Lucrecia de León en sus visiones, Sor Juana asume un papel de autoridad a través del empleo de la voz de Dios o de la Santísima Trinidad: estos personajes serán los encargados de explicar el significado, muchas veces alegórico, del sermón. De hecho, incluso en algún momento se trasladará al propio Dios el oficio de decir sermones (*El Conhorte...*: 834), con lo cual en su discurso Sor Juana solo reproduciría e imitaría el comportamiento divino. Pero a diferencia de Lucrecia de León, que se entrometió repetidas veces en asuntos civiles y políticos (véase Jordán Arroyo, 2007: 157), la beata toledana no necesitó este recurso performativo para salir impune en su condición de mediadora entre el mundo sobrenatural y el terrenal: se trataba más bien, como se ha dicho, de justificar la atención prestada a su voz de mujer[385].

En este sentido, Sor Juana se distancia de otras místicas españolas en que no es un personaje testigo ni activo en

---

[385] En el caso de Lucrecia, serán sus sueños teatrales los que le permitan dar consejos sobre la política estratégico-militar del Reino, influir sobre la vida sacramental y dictar comportamientos dirigidos a la actividad litúrgica y religiosa de sus confesores (Jordán Arroyo, 2007: 158-159).

sus visiones, sino que cumple un rol secundario que la ayudará también a salvaguardarse de acusaciones de agenciamiento de autoridad. De la beata se hablará en sus revelaciones (muy de vez en cuando), como hemos visto cuando nos referimos a la defensa de su voz, pero ella no participará ni será un personaje reconocido como en sus sueños lo fue Lucrecia de León, ni siquiera se constituirá en su trance dramático en una figura que dialogue con los discípulos de Cristo, como sí lo hará Sor María: simplemente, dejará hablar (o impelirá a hablar) a los otros. A pesar de esto, la autoridad que se ganaba con estos sermones se extenderá a su persona, pues cuando acababan sus visiones toda la gente que asistía a la función, hincada de hinojos y con la cabeza baja, recibía de ella la santa bendición, según nos cuenta el libro de la *Vida*. Quizás por ello se le prohíbe tener audiencia, y entonces, al no haber ya público, los sermones de una enclaustrada Sor Juana cesan (véase Muñoz Fernández, 1994a: 136-137, 141; 1994b: 310).

La cualidad teatral de los sermones de esta beata también se aprecia en las descripciones de los escenarios en los que se desarrolla la acción, llenos de luz, comensales, mesas, manteles, platos y tazas de oro, sillas, música y colorido (véase, por ejemplo, *El Conhorte...*: 337-338): lo que se hace tangible es el lugar de la fiesta y del Paraíso, y no tanto los espacios terrenos en los que sufrió o nació el niño Dios, esos sitios de la vida imitada que sí se encuentran en otros textos místicos. No obstante, esos espacios ocupados por seres celestiales que se mantienen en permanente diálogo pueden volcarse en las calles y las plazas castellanas, y en algunos casos se invita y se ordena directamente hacer la representación en esos lugares extraconventuales: así sucede en el final del sermón de la fiesta de San Lorenzo o del Auto de la Asunción, donde se nos dan instrucciones de cómo se debe llevar a cabo la puesta en escena (véase 1067-1068, 1101-1103; véase Surtz, 1982)[386]. De hecho,

---

[386] Surtz (1982) señala con lucidez la importancia de estos autos para la historia del teatro castellano, y cómo debemos encuadrarlos en la actividad dramática de finales del xv y principios del xvi (18). Véase también, sobre estos autos, García de Andrés (1999: 186-193); Cortés Timoner (2004c: 43-48).

La palabra y el teatro del trance 285

en el *Libro del conorte* se asegura que "Porque este auto y otros algunos que en este santo libro están escritos y mandados, querría el soberano Dios –dijo él mismo– que se hagan en todas las ciudades y villas y lugares de cristianos" (1068). Es decir, hay un mandato divino de que las visiones/sermones de Sor Juana sean representadas: Dios se hace artífice consciente de su cualidad teatral.

La labor de difusión que supondría esta representación de su imaginario visionario amplía el primer público de sus sermones, y es que en la labor de la *inventio* literaria de Sor Juana (al igual que en la devoción de Sor Constanza) se da una circunstancia que no encontramos en Sor María y en otras místicas como Catalina, Ángela o Brígida: se trata de un texto en principio dirigido a otras mujeres, con una audiencia reducida que se ensanchará bajo el mencionado mandato de Dios (también es verdad que a Sor Juana la visitará el emperador Carlos V o Cisneros, pero estos no serán público asiduo de la terciaria).

En ese ámbito conventual femenino al que irán destinados este tipo de sermones, el tiempo de la comida se transforma muchas veces en el del *performance* por la cualidad dramática de la lectura colectiva en la mesa, como si las prácticas laicas de convertir el yantar en espectáculo de carácter teatral se volvieran a lo divino: las lecturas entonadas del tiempo litúrgico que recomienda Hernando de Talavera para el refectorio así lo podrían indicar. De ahí quizás también la importancia que tienen las referencias culinarias en Sor Juana. En todo caso, en el discurso femenino, habida cuenta de la importancia de lo ritual en lo conventual, convendría no separar la lectura ritual de los arrebatos homiléticos, una separación que no tiene sentido en obras como el *Libro del conorte*, pues, al presentar la secuencia de las fiestas del año, a la liturgia del convento se une la celebración celeste revelada a Sor Juana en sus visiones. Podríamos incluso postular que los autos de la beata toledana constituyen el complemento de una ceremonia procesional, complemento que presta a la fiesta una profundidad teológica e interpretativa de los acontecimientos salvíficos, y que sería la muestra de una práctica teatral que en los conventos constituiría una actividad arraigada, aunque no siempre bien vista (para todo esto, véase Cátedra, 2005: 111, 121, 126, 189, 447-448).

Eso sí, en ambos textos, los dirigidos solo a mujeres y a un ámbito conventual, y los que amplían su repertorio contando con hombres y escenarios de la vida laica, hay circunstancias del *performance* que se comparten. Y me refiero aquí a que muchos de estos textos son performativos en tanto, siguiendo a Cátedra (2005: 304), no tienen marco formal, ni elementos que introduzcan la oportunidad o la voz de los protagonistas, que se presentan a sí mismos por su voz o su acción, como en el teatro[387]. En este ámbito, Sor Juana conversará con la Virgen, el Niño Jesús, Dios, los santos, y sobre todo con su ángel guardián (cf. Baranda Leturio, 2006: 21); Margery Kempe sostendrá en brazos al niño Jesús, y Brígida será testigo de un parto. Este *performance* tendrá su continuación en el cuerpo de la mística, unas veces con más patetismo, como en el caso de Sor María, y otras con un sentido más festivo. Pero, en general, se darán en estos cuerpos arrebatos y estigmas, que luego serán testimoniados por el público observador.

También se pondrá de manifiesto en el trance un grado de sexualidad que podrá resultar o no rechazado, sea protagonizado por la propia mística o por alguno de sus personajes, como sucede en la danza de la Virgen ante Dios del sermón de la Natividad de Nuestra Señora, de Sor Juana, donde el Padre juega con los pechos de María (*El Conhorte...*: 1151; véase Surtz, 1995: 104-126, y, siguiendo su estela, Cruz, 2005: 98-99[388]). No

[387] Cátedra se está refiriendo a otro género de textos, las danzas pastoriles, pero su concepción de lo performativo nos parece igualmente adecuada.

[388] El Señor le dice a una obediente María que desarrolla bailando su cuerpo ante Él: "Sube acá, Hija mía muy amada, y dame tus tetas, ¡qué hermosa eres y acabada sobre todas las hijas de Sión y de Jerusalén! [...] ¡Oh, qué lindos pies tiene mi Hija y mi amada! ¡Y qué cuerpo tiene, tan lindo y tan gracioso gentil! ¡Y qué tetas tan lindas y blancas tiene! ¡Y qué garganta tan alta y blanca y bien hecha tiene! ¡Y qué boca tan graciosa y olorosa y fresca tiene! ¡Y qué dientes tan menudos e iguales y blancos tiene! ¡Y qué ojos tan pintados y amorosos tiene!" (*El Conhorte...*: 1151-1152; cf. 237). Ante tamaño despliegue de amor al cuerpo femenino por parte del Padre a la Virgen, Surtz (1995: 125), quizá llevando el tema demasiado lejos, se pregunta si este episodio

La palabra y el teatro del trance 287

obstante, la sensualidad se hace más presente en escritos como los de Hadewijch, de los que ella misma es protagonista.

Finalmente, la propia mística no solo invita al oyente/espectador/lector a vivir con ella la Pasión de Cristo, sino que puede ser incorporada a un texto para cumplir precisamente la función testimonial del público. Rebecca Selman (2000) muestra cómo en el *Speculum devotorum*, una meditación sobre la vida de Cristo traducida y compilada de varias fuentes latinas al comienzo del siglo XV y destinada a una monja del convento de las brígidas de Syon, la figura de la santa sueca es empleada, junto con la de la Virgen, para engendrar prácticas identificativas en el lector. El escritor de este tratado, como los de tantos textos místicos sobre la Pasión, prioriza de dos maneras específicas a la mujer lectora: la Virgen se sitúa como modelo cuyo comportamiento el receptor debe imitar, y Santa Brígida es autoridad textual y espectadora ideal de las escenas que describe, que el lector es invitado a compartir[389]. Pero, además, en el

no tendría su raíz en un temprano abuso sexual que sufriría Sor Juana por parte de su padre o de su tío. Por su parte, Anne Cruz (2005) entiende que la sexualidad femenina de las visionarias es vista en este tipo de discursos como algo amenazador para el poder eclesiástico masculino, que por ello trata de controlarlo y lo relaciona con la heterodoxia, aunque Sor Juana consiga aquí escaparse discursivamente de este control (cf. Graña Cid, 2008: 62-63). Pero hay que decir que este pasaje no fue censurado en sucesivas revisiones; que Dios también pide en otro sermón tocar los pechos de San Francisco; que en las místicas alemanas se da asimismo una predilección divina por el seno mariano, como muestra el Libro de Matilde de Magdeburgo, donde el Padre toca el seno de un alma (agradezco a María Luengo el habérmelo recordado este dato); y, sobre todo, que el episodio reproducido se puede enmarcar perfectamente en el tratamiento que hace siempre del Cantar de los Cantares Sor Juana, identificando a la Virgen con la Amada de Dios (véase, por ejemplo, *El Conhorte...*: 1423, 1429; Surtz, 1995: 117). Desde otra perspectiva, Giles (1999b: 290) no cree que la sexualidad de esta visionaria fuese una amenaza, pero sí que podía ser problemática su visión sacerdotal de la figura de la Virgen. Para la especial predilección de Sor Juana por María, que también se aprecia en otra obra suya que contiene dos autos, el *Libro de la Casa*, véase Cortés Timoner (2004c: 22-24); Graña Cid (2008: 60-64). En este sentido, la obra de Sor Juana se igualaría a la de Sor Constanza en la importancia que concede al papel de la Virgen: cf. Surtz, 1995: 53.

389 En otro texto anterior, el *Horologium sapientiae*, de Enrique Suso, la Virgen le cuenta al Discípulo de Jesús cómo se sintió en la Pasión, y ella

Speculum devotorum la Virgen comunica a Brígida información sobre cómo era Cristo en su infancia para que esta la transmita, y así convierte a ambas, a ella misma y a Brígida, finalmente en autoras, con un estatus equivalente al de los evangelistas (Selman, 2000: 71).

Una propuesta distinta, pero convergente con esa Brígida de cuya voz otros se adueñan, nos la mostraba Sahlin al comienzo de este capítulo. Aquí, el recorrido de la voz es inverso: parte de Brígida para llegar a otros: será su confesor quien nos pronuncie, por ejemplo, sus exorcismos (Sahlin, 1999: 80); mientras que en el *Speculum* se parte de otros (de la Virgen) para llegar a la santa sueca, que nos transmite más tarde lo que oye y ve. También en el *Libro de las preguntas*, según nos cuenta el prologuista de esta obra, el obispo Alfonso, una Brígida-testigo observa los pensamientos y sentimientos del monje que interroga, y "veía y oía cómo Jesucristo, juez, respondía dulcemente y honestamente a estas preguntas, con brevedad y sabiduría, y cómo de vez en cuando Nuestra Señora dirigía alguna palabra a Brígida" (reprod. en Giovetti, 1999: 159).

Finalmente, Camille (2005: 128) nos muestra que en las artes plásticas esta santa puede jugar un papel mediador parecido, como se aprecia en una tabla de la Natividad de Constanza (Rosgarten). En un ala del retablo

> la santa, que es solo ligeramente más pequeña que la Virgen arrodillada, proporcionaba una mirada mediadora dentro de la escena. [...] La imagen mística se hace aquí pública. Es más, el espectador podía, con la ayuda de los escritos de santa Brígida, imaginarse a sí mismo transportado a la gruta de Belén, mirando a través de los ojos de santa Brígida al Niño Jesús.

misma es presentada, como en varios textos que hemos tratado en nuestro capítulo cuarto (por ejemplo, en el de Sor Constanza), como un modelo de la *imitatio Christi* (Selman, 2000: 66); pero la intención es que el lector (monjes a los que destina Suso su escrito) sienta compasión y gratitud por la cualidad salvadora de las penas de María, identificándose con el Discípulo. En cambio, en el *Speculum* se busca que las monjas lectoras se fusionen con la Virgen en el ejercicio de la *imitatio*. Por otra parte, Brígida cumple un papel semejante al de sus visiones espirituales, donde, como en un drama, nos traza una lista de los actores participantes y nos describe detalladamente la acción de la que es testigo (véase Voaden, 1999: 86): lo que sucede es que en el *Speculum* se convierte en relatora del texto del Otro.

La palabra y el teatro del trance

Si me he detenido, para poner punto final a este capítulo, en estas idas y venidas y vaivenes de voces y de cuerpos durante el trance, y en concreto en los de Santa Brígida, es porque en esto se transformará la escena mística: en gestos, movimientos, palabras o danzas que remiten a algo que está más allá, implicando a un círculo de lectores y espectadores que, para que el drama tenga éxito, deben meterse en el papel.

07. La representación de Sor María en su contexto europeo

7.1. Contextualizando su vida

> ¿qué diremos que oy día, / y de mucho tiempo atrás, / el spíritu de prophecía / de los varones desvía / y a las hembras quiere más?
> (Cátedra, Valero Moreno & Bautista Pérez, 2009: 82)

Los principales datos que poseemos sobre la vida de Sor María de Santo Domingo son las acusaciones y defensas que se pusieron en marcha durante los procesos que sufrió. Estas acusaciones tuvieron que ver especialmente con su forma de comportamiento, aunque durante gran parte del siglo XX, a diferencia de en su época, ha sido su posible pensamiento heterodoxo lo que más ha interesado a quienes se han ocupado de esta mística (o pseudomística, según las lecturas), a la que Sainz Rodríguez (1984: 65) ha tildado de "un tanto enigmática y hasta polémica"[390].

Sor María surge al final del movimiento femenino con la que este libro la quiere relacionar, pero también vive cuando

---

[390] En la época de Sor María, se prestará más atención a los comportamientos externos de las mujeres que a desentrañar sus supuestas creencias heréticas. Rábade Obradó (1989) muestra en un estudio muy interesante de los procesos inquisitoriales de Ciudad Real y Toledo cómo se exige de la mujer antes que nada "una religiosidad centrada en las manifestaciones más externas de adhesión a la fe cristiana" (447-448). "Paradójicamente, no se juzga a las encausadas por sus manifestaciones o creencias heréticas, cuando estas creencias son las que, en última instancia, implican la existencia del hecho herético, sino por el cumplimiento de toda una serie de prescripciones" (448, n52).

colea la *devotio moderna*, la corriente espiritual más destacada del reformismo del fin del Medievo, que focalizó la humanidad de Cristo y recomendó la lectura de los sermones de San Bernardo, la obra de Tomás de Kempis, la *Vita Christi* de Ludolfo de Sajonia y otros textos espirituales procedentes del norte de Europa, al tiempo que fomentaba la práctica sistemática de la oración mental (véase Cortés Timoner, 2004a: 44-45, 51).

Asimismo, la historia de Sor María se desarrolla en la España vigilante de las herejías, bajo el ojo de la Inquisición, cuando cruzan las fronteras las predicaciones sospechosas de Savonarola y se prohíbe la lectura de la Biblia en lengua vulgar, esa lectura fomentada por la línea espiritual que representa Hernando de Talavera (a cuya *Suma* nos hemos referido en reiteradas ocasiones) y el reinado conjunto de los Reyes Católicos, desde el que se anima a una incorporación activa de los laicos a la vida religiosa, conectando con el futuro erasmismo y corrientes espirituales afines (Cátedra, 2005: 114-115)[391].

La Beata de Piedrahíta pertenecerá a la Orden de Predicadores, una orden que contaba con numerosos y especializados combatientes de la herejía y con místicas que validaban en sus revelaciones las enseñanzas de esos teólogos (véase McNamara, 1993: 18)[392]. Una orden que en su vertiente española incluyó a un grupo que emigró a Italia a finales del siglo XV para seguir el régimen austero de las casas de la Congregación de Lombardía, y cuyos reformadores se vieron influidos por la comunidad savonaroliana de San Marcos de Florencia (véase Giles, 1990: 54-55). Una orden, en fin, que en el Medievo y el Renacimiento no deja de publicitar los viejos y nuevos santos de su congregación y de promover el culto de las *santas vivas* (Zarri, 1996: 224), pero cuyos miembros, cuando siglos des-

---

[391] Isabel la Católica buscó crear una dimensión contemplativa en su entorno fundiendo el mundo religioso con el laico; de hecho, siguió en su vida la regularidad de la existencia de una terciaria.

[392] Aunque tradicionalmente esta orden había hecho más hincapié en la razón que en la revelación, y en el estudio antes que en la oración (Giles, 1990: 55), los dominicos se mostraron siempre dispuestos a proteger el derecho de las mujeres laicas a vivir una forma de religión propia.

pués estudien el papel de Sor María, no mostrarán especial aprecio hacia su persona[393].

Enmarcada como se encuentra Sor María en este maremágnum de contextualizaciones (a las que se podrían añadir su humilde condición social, su limpieza de sangre, o su naturaleza femenina, ya atendida por la crítica, como demuestran los trabajos de Cortés Timoner o Baranda Leturio), en esta monografía he decidido enfatizar su raigambre medieval, privilegiando la mística femenina del Bajo Medievo antes que las nuevas circunstancias políticas y espirituales del Renacimiento. Me interesa especialmente enfocar sus raíces continentales, esa espiritualidad visionaria y somática que los hombres medievales reconocen como típica de las mujeres (Bynum, 1991: 191). Por tanto, aunque expondré algunas cuestiones históricas sobre su vida, bien explicadas ya por los historiadores que han hecho una labor de archivo sobre la figura de Sor María, me centraré más en aquellos aspectos que subrayan la naturaleza mística de su experiencia.

Situada al fin del Medievo, Sor María vive unos años después de que cobre fuerza el discernimiento de espíritus aplicado a la mujer mística, que ayuda a levantar suspicacias en la Península aun cuando en el Concilio de Basilea Brígida de Suecia, cuestionada su santidad junto con la de Catalina de Siena, tuviera como uno de sus defensores al español Juan de Torquemada. Es verdad que, puestos a enmarcarla en Europa, Sor María no recibe acusaciones de posesión demoníaca pues, según nos indican las fuentes, no se plantea la posibilidad de exorcizarla, seguramente porque en la Península importaban menos las brujas que la heterodoxia y la herejía. A los inquisidores españoles de la transición Medievo-Renacimiento se

---

393 Véase, por ejemplo, Beltrán de Heredia (1939: 137). Sastre Varas, gran conocedor de los juicios hechos a Sor María, a la que define como "crédula, y no exenta de simplicidad e ingenuidad, y quizás un poco vanidosa" (2004: 193), señala: "Los dominicos de la provincia de España, como si de una pestilencia se tratara, parece como si hubieran hecho un pacto secreto para no recordar ni la figura de sor María ni los acontecimientos en que se vio envuelta la provincia por su causa" (173). Cf. Llorca, 1980: 52; Giles, 1990: 112 y 1999b: 289.

les podría calificar de más escépticos y pragmáticos que a sus coetáneos europeos, ya que, dadas las características de la población peninsular, primarán la limpieza de sangre, la eliminación de restos de las religiones judía y musulmana y la rectitud de la doctrina, frente a otros signos a los que atienden los teólogos de allende[394]. Esta preocupación por la heterodoxia y la sangre conversa se contagia a las propias mujeres visionarias, como demuestra el caso de la profética María de Ajofrín, quien pide en sus discursos no solo la reforma eclesiástica sino también la lucha contra las sectas judaizantes (véanse Sigüenza, 1909: 367, 375-376; Surtz, 1995: 75-84). Los sermones de Sor Juana de la Cruz contendrán también fuertes diatribas contra moros y judíos (véase García de Andrés, 1999: 104-105), y Sor María, como veremos, atacará duramente a los conversos, quienes acabarán manifestando su descontento, tanto dentro como fuera de su orden[395].

Pese a estos matices diferenciadores, la particular filiación continental de Sor María es fundamental porque permite distanciarla de otros fenómenos coetáneos, como el de esas visionarias del mundo rural español de entre los siglos XV y XVI, estudiadas por William A. Christian (1981). Unas mujeres que afirman tener apariciones de la Virgen y que, como en el caso de la casada Francisca la Brava en Quintanar de la Orden, llevan una vida similar a la de muchos laicos: ayunos en fiestas concretas, confesión y comunión una vez al año, asistencia a misa excepto cuando hace mal tiempo o hay que

---

394 De hecho, pese a la inmersión de nuestra visionaria en los contextos señalados, como el de la *devotio moderna*, el prólogo del *Libro de la oración* no justifica su modo de contemplación, sino que la defiende de las desconfianzas surgidas hacia sus posibles engaños y resalta la limpieza de sangre de la Beata (LO, fol. a 4v).

395 Sobre la vigilancia establecida en torno a los conversos es muy útil el trabajo de Rábade Obradó (1997), donde se nos muestran sus dudas y los comportamientos heterodoxos disfrazados. Por otro lado, lo afirmado no quiere decir que las visionarias europeas no resulten también útiles en el combate contra la herejía, como vimos en el capítulo primero, ni que en el caso de Sor María no se dilucide el posible papel del demonio, como constataremos.

cuidar de los hijos, y recitación de las únicas oraciones que saben: el Ave María, el Padre Nuestro y la plegaria de antes de ir a la cama (1981: 12-13).

Tampoco María de Santo Domingo parece pertenecer al grupo de Lucrecia de León, el de la pseudosantidad de las llamadas *embaucadoras*, algunas de ellas visionarias apoyadas por la monarquía y el clero, y a las que volveremos en nuestro último capítulo (véase Imirizaldu, 1978; cf. Jordán Arroyo, 2007: xiv). La denuncia de estos personajes estimularía, por contraposición, la estricta imitación del modelo, porque en las primeras décadas del XVI los casos de visionarias consideradas falsarias se habían multiplicado en España, especialmente entre los *alumbrados* y *espirituales*, grupos en los que las mujeres habían cobrado gran importancia y que habían motivado intervenciones expeditivas de la Inquisición prolongadas durante toda la centuria, por su supuesta predicación de la completa pasividad y la poca observancia de los sacramentos –razones, entre otras, por las que se había quemado a Porete[396]. Aunque la actividad de Sor María sea declarada ortodoxa y el verdadero problema de los alumbrados sobrevenga a su muerte (Giles, 1999b: 276), coincidirá con ellos en comportamientos que en el caso de estos serán calificados de simulaciones de los signos de los santos, como éxtasis, levitaciones o estigmas[397]. Y lo mismo le sucede a Santa Teresa, quien, comprensiblemente,

---

[396] Sobre el movimiento de los alumbrados en España, el apoyo de Cisneros a la nueva espiritualidad, y el papel de las mujeres heréticas, además de los clásicos estudios de Bataillon o de Eugenio Asensio (1952), es imprescindible la monografía de Alistair Hamilton (1992). Hay que decir que de Isabel Ortiz, Isabel de la Cruz, María de Cazalla o Magdalena de la Cruz no nos quedan (si es que los hubo) escritos suyos.

[397] Estos comportamientos, cuando llevados a cabo por alumbrados, son todavía hoy tachados de *falsos*. Así lo hace Santonja, quien, en su documentado artículo, señala que ciertos personajes "se atrevían a anunciar acontecimientos venideros y a interpretar la Biblia, simulando éxtasis, levitaciones, estigmas postizos y toda suerte de fenómenos sobrenaturales. Algunos de estos extravagantes personajes, sumaron a su heterodoxia doctrinal actitudes morales aberrantes. Todo esto propició un clima de desconfianza" (2000: 353). Por otro lado, a estos herejes también se les acusaba de ser poco amigos de imágenes o procesiones, o de tener visitas *secretas* del Señor.

muestra temores de que la tengan por mujer engañada, cuando aún estaba tan reciente el caso de Sor Magdalena de la Cruz, abadesa de las clarisas de Córdoba cuyas visiones *embaucaron* a la corte imperial y cuyo proceso inquisitorial (1544-1546) fue bastante difundido[398].

Distanciada de estos grupos, a Sor María sí se la puede situar con otras mujeres peninsulares que adquieren fama de santas en la segunda mitad del xv y la primera del xvi, cuando se producen las primeras manifestaciones conocidas de devoción visionaria en Castilla (véase Muñoz Fernández, 1994a; Surtz, 1995: 128). Hablamos de María de Toledo, su compañera Juana Rodríguez, María de Ajofrín o Juana de la Cruz, todas ellas con rasgos semejantes a los de las místicas europeas. Pudo haber también otros antecedentes desconocidos (como ya señalé, no sabemos si la santidad femenina española fue tardía o si no contamos con textos que la acrediten), según deducimos de las noticias que poseemos de María García de Toledo[399]. Parece que esta joven noble se dedicó a finales del siglo xiv a una existencia mendicante que podría asemejarse a la de las beguinas, recorriendo las calles de Toledo con una viuda llamada Mayor Gómez mientras pedía limosna para los encarcelados, tras rechazar el matrimonio como forma de vida y el abadiato del convento de Santa Clara de Tordesillas[400].

[398] Santa Teresa dice temer que sus raptos vengan del Maligno porque "en estos tiempos habían acaecido grandes ilusiones en mujeres y engaños que las había hecho el demonio" (Teresa de Jesús, 2004: 227).

[399] Sobre esta joven, de cuya vida sabemos por un manuscrito del siglo xv, educada en San Pedro de las Dueñas y que pudo tener cierta fama en su época, véase Rivera Garretas (2003b: 23-24), y, sobre todo, en relación con otras beatas posteriores, Muñoz Fernández (1994a: 97-108). Cuando Pedro el Cruel accede al poder, María García se retira a una ermita. Años más tarde, María de Ajofrín se irá a vivir al beaterio que aquella había fundado a finales del siglo xiv bajo las pautas de la recién creada Orden Jerónima (véase Muñoz Fernández, 1994b: 297). Aunque no tenemos constancia de que María García fuera una visionaria, determinados comportamientos que muestra en su biografía la sitúan en paralelo con las místicas aquí reseñadas.

[400] María García de Toledo supone un caso excepcional en medio de la problemática de las santas con sus familias, pues ella (a diferencia de lo que sucede con María de Toledo) será apoyada por su padre, un caballero

Conocemos más datos de María de Toledo (algunos de los cuales se han ido viendo en esta monografía), quien tras la muerte de su marido se dedica a trabajar en hospitales y prisiones, dar comida a los pobres, rescatar a los cautivos y conseguir donaciones para los huérfanos. Después se retirará a vivir como una emparedada o reclusa, dedicada a prácticas penitenciales austeras, y será entonces cuando le sobrevengan visiones y profecías. María es llamada a la corte de los Reyes Católicos en Segovia, y se hará, como María de Ajofrín, famosa por sus visiones, que incluían la toma de Granada: además, de acuerdo con su hagiógrafo y al igual que Ajofrín, cumplió un papel esencial en la implantación de la Inquisición española: de hecho, según Pedro de Salazar, su cronista, sus opiniones en la corte contribuyeron a la creación de esta institución. Finalmente, se hará terciaria franciscana y luego monja de la Orden de Santa Clara.

En ambos casos (el citado de María García y el de María de Toledo), estas mujeres irán acompañadas por amigas en sus obras de caridad, a la manera de Ángela de Foligno. Pero en María de Toledo su existencia devota se mezcla con actividades de corte y políticas pues, como Sor María de Santo Domingo, esta visionaria denunciará la heterodoxia religiosa (la corrupción de los cristianos castellanos en contacto con otras religiones) y defenderá la necesidad de reformar los conventos de frailes menores y monjas.

Como de Juana de la Cruz y María de Ajofrín hemos hablado bastante en esta monografía, podemos afirmar que Sor María lleva a cabo una actividad comparable con la de estas místicas españolas, oficialmente aceptadas. En el plano europeo, la Beata pertenece a un movimiento que se había consolidado en la segunda mitad del siglo XIII, en el que cada vez más mujeres laicas adquieren el oficio de visionarias y ganan visibilidad y fama con un extremado ascetismo y una vida de caridad entregada a los necesitados. Creemos que la existencia de Sor María corre paralela a la de estas místicas, por lo que se

noble, aunque hay que decir que finalmente no logró la total aquiescencia de los suyos (véase Muñoz Fernández, 1994a: 104).

deduce de los datos que nos proporcionan uno de los procesos a los que la sometieron y algunos escritos cuya autoría a ella se atribuyen –aunque parece que sus confesores escribían su vida (véase Sastre Varas, 2004: 173), nada nos queda de esta presunta hagiografía[401].

María de Santo Domingo nace en Aldeanueva (Ávila), alrededor de la fecha en que María de Ajofrín es investigada como visionaria (1484), es decir, en un periodo que podríamos englobar entre 1480 y 1486[402]. Como en muchas de las hagiografías de entonces (véase Gómez Moreno, 2008: 155-158), el prologuista del *Libro de la oración* (del que hablaremos enseguida) nos contará que comenzó su vida de caridad y penitencias austeras desde niña, criada por su familia de aldeanos devotos ("avnque es hija de pobres personas, es hijadalgo y de limpia sangre": LO, fol. a 4v)[403]. Así, al igual que visionarias como María de Ajofrín (véase Sigüenza, 1909: 358), Catalina de Siena o Brígida de Suecia, Sor María exhibía signos de piedad inusual desde temprana edad, dando limosna siendo pobre y confesándose y recibiendo la comunión con más frecuencia que la prescrita por la Iglesia: de hecho, su primera visión la recibe a los diez años (Sastre Varas, 2004: 174)[404]. Esta precocidad de

[401] Los escritos sobre ella conservados en el convento de Aldeanueva (compuestos en el Setecientos), donde acabó Sor María sus días, ofrecen de su vida una interpretación tan fantástica que es raro encontrar un dato histórico (Sastre Varas, 2004: 173).

[402] Para un muy útil cuadro cronológico de la vida de Sor María enmarcada en acontecimientos culturales y sociopolíticos relacionados especialmente con mujeres visionarias o reformistas, véase Cortés Timoner (2004b: 8-10). Esta investigadora recoge también como fecha posible de su nacimiento la de 1470, pero me inclino como Sastre Varas a situarlo en la década de los 80 (véanse sus argumentos en 2004: 174).

[403] Al pertenecer a una familia de campesinos comparte Sor María el origen modesto de muchas visionarias italianas coetáneas suyas, origen que explica cierta imposibilidad de entrar en conventos que prefieren las dotes de las nobles; ser terciarias, además, les permitirá llevar una vida mixta, con la que desarrollar su vocación de misión social y eclesiástica (Zarri, 1996: 235). Cf. Bilinkoff (1992: 22 n3), quien señala que la vida de terciaria solía ser más apropiada para viudas de edad madura y de reputación intachable.

[404] Pero si Sor María empieza a despuntar como santa en su niñez, según nos indica el P. Antonio de la Peña, realizando ayunos intensos, abs-

su vida devota confirma ese rasgo de las santas que ha señalado Bynum en repetidas ocasiones y que adelanté en el capítulo segundo (1987: 25, 293; 1991: 27-51): se caracterizan por tempranas vocaciones y por la continuidad más que por el cambio, sin puntos de inflexión, conversiones abruptas de adolescentes o símbolos de inversión (cf. Muñoz Fernández, 1994a: 99)[405]. Además, esta existencia sin las modificaciones bruscas que muestran los hombres se refleja en un deseo de virginidad expresado desde la infancia. Precisamente, uno de los probables modelos de Sor María, Lucía de Narni, desde los doce años se entregará al Señor haciendo voto de virginidad, aunque acepte finalmente casarse para no hacer sufrir a su familia[406].

El humilde origen de Sor María es otro punto común a su favor: compartido con místicas como María de Ajofrín o Sor Juana (al parecer hija también de campesinos), permitirá ensalzarla en su sabiduría, y solo un autor como Pedro Mártir de Anglería, no atento a esas sutilezas hagiográficas, podrá, como veremos, entenderlo como algo negativo (seguramente por convertirla en más propensa a las supersticiones)[407]. Asi-

tinencias y penitencias, y disciplinándose hasta hacerse sangre (véase Sastre Varas, 1991: 359), no lo hace tan tempranamente como Clara de Montefalco, que despunta a los cuatro años, o Catalina de Siena y Brígida de Suecia, que tuvieron su primeras visiones a los seis y siete años respectivamente.

405 Habría que matizar a Bynum si consideramos puntos de inflexión las decisivas reacciones de Ángela de Foligno o María de Ajofrín ante ciertas imágenes sagradas (para esta segunda, véase Sigüenza, 1909: 359), o el viraje de Margery Kempe hacia una vida menos colmada de vanidad.

406 Es curioso que este modelo de María de Santo Domingo ceda a las pretensiones de su familia, al contrario que Cristina de Markyate o que la misma Catalina de Siena. Eso sí, conseguirá que su marido respete su voto de castidad durante el matrimonio.

407 No obstante, la pertenencia al estamento *bajo* sí será algo que pesará en contra de las visionarias a partir de la segunda mitad del xvi, pues, según Stephen Haliczer (2002), entre las condiciones que las místicas de la Contrarreforma necesitarán para ser canonizadas (aparte de probar el favor divino con milagros y crear un sistema de apoyo de autoridades eclesiásticas, como sucedía en siglos anteriores) estaba el tener una elevada consideración social o provenir de una familia noble. Como afirma Jordán Arroyo (2007: 152), muchos teólogos españoles, parafraseando a Gerson, "usaban el diminutivo peyorativo de «mugercicas» o «mujercillas» para referirse a mujeres

mismo, Sor María, al igual que otras visionarias señaladas en el capítulo tercero, vivirá con paciencia los malos tratos de su madre (Sastre Varas, 2004: 174).

Ya de adolescente, Sor María empezó su relación con los dominicos a través del monasterio de Santo Domingo, situado en el cercano pueblo de Piedrahíta, un monasterio donde pronto soplarán los vientos de la reforma. Muy tempranamente, como Catalina de Siena, entre 1502 y 1504 se hará con el hábito de terciaria, es decir, se afiliará a la Tercera Orden de los Dominicos, sin tomar votos de religiosa. Sor María recibe así el ropaje blanco y negro de los monjes del citado monasterio y permanece un breve tiempo en Piedrahíta para trasladarse después al beaterio de Santa Catalina de Ávila, donde vivirá hasta 1507, cuando lo abandona por discrepancia con las monjas o, según alegaron después ella y sus defensores, por la persecución de que era objeto[408]. Entonces se trasladará al monasterio de Santo Tomás de Ávila, siendo ya en aquel momento bastante famosa por sus experiencias místicas (Beltrán de Heredia, 1939: 78-79; 1972: 78; cf. Sastre Varas, 2004: 175-176).

Sor María opta así por pertenecer a un grupo de mujeres que sirve a Dios permaneciendo en el mundo, ya sea como beguinas, en el norte de Europa y los Países Bajos, o como ter-

---

de clase baja que andaban proclamando públicamente sus visiones". Según Haliczer, el setenta por ciento de las mujeres místicas *aprobadas* en la Contrarreforma procedían de familias aristocráticas. Sin duda, la supuesta superstición femenina dejaba de ser un argumento en su contra en el caso de las mujeres nobles, con mejor educación y con una posible maquinaria de apoyos poderosos que contenía su vigilancia o su detención (Haliczer, 2002: 105; cf. Christian, 1981: 4).

408 Sastre Varas (2004: 176) apunta un dato muy curioso: la acusación de sus defensores de que la quisieron "dar hierbas" en Santa Catalina de Ávila. Otra es la razón que este estudioso apunta para su marcha de este beaterio: "Parece evidente, pues, que la vida de rigor y austeridad, que ella llevaba, quería imponerla en todo el convento. Esto indudablemente sembró tensiones [...]. Si a esta tensión le añadimos, como hemos dicho, las visiones, éxtasis, revelaciones y profecías, ciertas extravagancias, las persecuciones nocturnas diabólicas por todo el convento, los gritos y rezos en alta voz que, según los testigos, le acaecían a sor María de Santo Domingo, parece normal que hubiera malestar y fastidio".

ciarias y/o beatas, en el sur del continente: mujeres que, como señalé en el primer capítulo, se apoyan unas a otras y dedican su vida a servir a los necesitados y a crecer espiritualmente[409]. Recordemos que a estos grupos pertenecerán Ángela de Foligno, terciaria franciscana, o Catalina de Siena, terciaria dominica, así como mujeres casadas (que adquirirán votos de castidad) como María de Oignies. Es decir, Sor María se asocia a un estado que, según Petroff (1986b: 39), vive en la periferia de la sociedad religiosa, pero es el que produce el mayor número de visionarias.

En cuanto a la orden elegida por Sor María, los dominicos habían tenido un estrecho contacto con las beguinas de los Países Bajos, donde a menudo se ocuparon de ellas como también hicieron los cistercienses en Bélgica (Petroff, 1996b: 207), y, como ya se ha señalado, era una orden especialmente afecta a las mujeres visionarias.

Al hacerse terciaria, Sor María asumió el apelativo de beata, que no siempre tenía tintes positivos, como vimos en el primer capítulo: recordemos la mala fama que albergaban esos "*excesos* de santidad" con los que se identifica a las beatas (Jordán Arroyo, 2007: 175; cursivas suyas). A diferencia de lo que señalan Bonnie S. Anderson y Judith P. Zinsser (2009: 251), y como se ha resaltado durante este trabajo, no creo que las beatas en España fueran una "excepción" en la coerción ejercida sobre la religiosidad laica femenina en Europa, aunque esta llegara más tardíamente. En la Relación contra los alumbrados de Llerena de 1575 se aprecia un creciente auge de la desconfianza hacia los beaterios, que sin duda se venía arrastrando de tiempo atrás. Los clérigos alumbrados de Llerena son acusados de convencer a las mujeres para que no sean monjas ni casadas, "sino que se hagan beatas diciendo ser mejor estado, y que corten los cabellos y se quiten las galas y chapines y vistan una

---

[409] Para un estudio de la tipología de estas mujeres en Castilla, el mejor trabajo es el de Muñoz Fernández (1994a). Sastre Varas (1990: 394) muestra que, aunque terciaria, María de Santo Domingo era percibida como *beata* por los estatutos religiosos de su época. Cf. Lunas Almeida, 1930: 136; Giles, 1990: 2.

saya parda" (reprod. en Santonja, 2000: 387). Así, con la proliferación y persecución de estos grupos, este apelativo cobró peores connotaciones, como muestra el *Aviso de gente recogida* de Diego Pérez de Valdivia, publicado en 1585, donde se conmina a mujeres de la guisa de Sor María a vivir su devoción de una manera más discreta y recatada, agudizando esos prejuicios hacia las beatas que cincuenta años antes encontrábamos en las *Excelencias de la Fe* de Fernando de Valdés (véase Giles, 1990: 114-115)[410]. Claro que Pérez de Valdivia alude principalmente a la proliferación de un cuerpo social femenino que estaba compuesto por "mozas las más" con tanta "libertad cuanta quieren", sin superior ni encerramiento ni regla cierta, un grupo no asimilable a otros estados, compuesto por mujeres que o bien no podían ser monjas o bien no deseaban casarse: por ello, "sobre todo esto el diablo, el mundo y su carne les hacen cruda guerra a fuego y sangre y les arman mil lazos" (cit. en Cátedra, 1999: 23; cf. Muñoz Fernández, 1994a: 150). Ciertamente Sor María, como terciaria, no disponía de la misma libertad que las beatas en sentido estricto. El problema de estas residía en que llevaban una vida religiosa poco definida, a medio camino entre las monjas y las laicas: no profesaban votos, pero podían llevar hábito y tendían a agruparse de forma comunal (si bien algunas vivían solas o con una compañera), y estaban bajo la jurisdicción de los obispos (véase Muñoz Fernández, 1994a: 6-7). Su salvaguardia (como, temporalmente,

---

410 Según señala Cátedra (2003: 21-22), en su dedicatoria Pérez de Valdivia "invoca su experiencia en la cura de almas, en especial en el terreno de «la gente recogida y religiosa», como suficiente para escribir un *Aviso*, «según el cual esta gente recogida, y mayormente las doncellas y continentes, que vulgarmente llaman en España *beatas*, se gobernasen en sus casas y se conservasen cristiana y recogidamente». Las razones que tiene para escribir se reducen, en suma, a que «una de las cosas que en España es más menester es poner orden y concierto en este género de personas recogidas»". El objeto de su libro es afrontar los problemas relacionados con la acción espiritual de este numeroso grupo de mujeres (entre los que incluye al alumbradismo) y constituirse en sustituto de la guía patriarcal del confesor o del cura de almas, para que no se diga, "con razón o sin ella, que cada una vive y hace lo que quiere, y para esto se hacen *beatas*: para vivir a su voluntad y no tener sujeción a nadie" (cit. en Cátedra, 2003: 22).

la de tantas beguinas) fue ganarse la aceptación de los vecinos y parroquianos.

Sor María, que se dedicó a la asistencia social como tantas beatas (aunque algunas se ocupaban de la contemplación siguiendo el modelo de San Agustín), vivió en condiciones semejantes a las de estas comunidades, los primeros testimonios de cuya existencia datan del último tercio del siglo xiv, aunque fue en la segunda mitad de la centuria siguiente cuando el fenómeno alcanza su máxima difusión en la Península y se institucionaliza, proliferando en los núcleos urbanos de Madrid, Toledo, Guadalajara, Ciudad Real o Albacete, y también en los del sur de España, por ejemplo, en Sevilla (véase Tenenbaum, 2004-2005)[411]. Estos establecimientos, a los que presta gran atención Cisneros y que son fundados tanto por mujeres de procedencia hidalga como por otras de estrato humilde, continuarán apareciendo hasta la tercera década del siglo xvi[412].

Tras varios años de actividad mística y reformista por parte de la Beata de Piedrahíta, de los que enseguida trataré, entre 1518 y 1520 se publica una antología de sus revelaciones en la que se recogen dos visiones, una pregunta y una respuesta, y una carta, aunando así los oficios de su autora como profetisa, visionaria y mística. Se trata del *Libro de la oración*, impreso en

[411] Muchos de los nuevos grupos eran de inspiración franciscana o dominica, y el beaterio de Toledo, por ejemplo, fundado en el siglo xv, llevaba el nombre de Santa Catalina de Siena.

[412] En España, como se indicó en el primer capítulo, se tenderá a regularizar la existencia de los beaterios, al igual que pasará en Europa con el fenómeno de las beguinas. El beaterio se irá restringiendo hasta reducirse a una vida conventual, con mucha más capacidad para ser regulada por el clero. Dejará de llamarse *fraternidad*, el término *hermana mayor* será sustituido por el de *madre*, cambiará el espacio físico de la casa, y aparecerá el voto de clausura. En el caso de María de Toledo, es posible que fuera Cisneros quien estuviera detrás de su conversión de beata a clarisa, de su paso de una vida activa a una contemplativa. ¿Sentía Cisneros simpatía hacia los beaterios a los que dedica gran parte de su labor mendicante, o era otro modo de asegurarse el control de la vida religiosa, vista la importancia de estas mujeres? Seguramente, el segundo era un motivo más poderoso, ya que este control era parte de una estrategia real. Finalmente en el siglo xvii, tras un largo proceso de ambigüedad hacia estos grupos, la mayoría de los beaterios se dispersan o son absorbidos por órdenes monásticas.

las prensas zaragozanas de Jorge Coci. Esta obra de 28 hojas venía precedida por unos preliminares escritos por un religioso anónimo: una carta con dedicatoria y prólogo al Cardenal Adriano (LO, fols. a 1v-2v); una explicación de las partes que contenía la obra (fols. a 3r-3v); un extenso "Sumario de su vida virtuosa y perfecta, con respuesta a los detractores maldicientes y murmuradores sin respuesta" (fols. a 3v-b 3r), donde se realizaba un esbozo de la biografía de la autora y se situaba a Sor María en la línea de otras santas; y una nota a los lectores (fol. b 3v)[413]. El prologuista, editor o compilador de las palabras de Sor María empleaba aquí como armas estratégicas los argumentos que aparecían en la tradición de los hagiógrafos de las visionarias europeas, de modo que, aunque nunca confesaba ser el director espiritual de la Beata, demostraba saber cosas que solo alguien muy cercano a ella podría conocer.

Este prólogo, junto con la transcripción de las palabras de Sor María, pudo ser, así, escrito por uno de sus dos principales apoyos, los religiosos Diego de Vitoria o Antonio de la Peña[414]. En cuanto al primero, parece que a este dominico antierasmista Cisneros le había ordenado recoger por escrito las visiones de Sor María antes de 1509, para informarse mejor de su doctrina, y que en 1512 aún estaba transcribiéndolas (véase Beltrán de Heredia, 1939: 258-259). Sor María, a diferencia de otras visionarias, no precisó justificar que se escribieran sus visiones alegando un mandato divino, pues la orden vendría del Cardenal, lo cual sin duda facilitó el camino a la impresión de esas páginas. Diego de Vitoria, como veremos, tendrá una participación relevante en las andanzas de Sor María, al ser su confesor y valedor más inmediato: de hecho, según Sastre Varas (2004: 194-195), llevaba por los conventos un libro escrito

---

[413] A este conjunto de preliminares lo llamaremos "prólogo" a lo largo de este capítulo. Como señala Baranda Leturio (2005: 99-100), el prólogo ha de justificar la edición de una obra femenina por la santidad de su autora, demostrada aquí por su vida y las persecuciones a las que se vio sometida.

[414] Sobre el asunto de la autoría, consúltense las diferentes razones que da Giles (1990: 78-79) para que el compilador fuera uno de los dos religiosos señalados.

con los fenómenos de la Beata, parte del cual pudo ser el *Libro de la oración*[415].

En cuanto al otro posible editor y compilador, Antonio de la Peña, sabemos que cumplió un papel político y eclesiástico fundamental en la historia de la Orden de Predicadores, por ser partidario de la reforma rigorista en el monasterio de San Esteban de Salamanca, adonde fue a parar con el favor de los Reyes, que le mostraron siempre su apoyo (fue predicador del Rey). Gonzalo Nieva Ocampo (2006) nos muestra que Antonio de la Peña dio señales de intolerancia y de extremado rigor y violencia coercitiva a la hora de contextualizar la reforma de la regla durante su priorato en San Esteban[416]. Por otro lado, fue inquisidor en Sicilia ya hacia 1487, y miembro del Consejo de la Inquisición en torno a 1504 y 1505, y por tanto conocería bien los entresijos de la defensa de la que será su tutelada[417].

La polémica actuación reformista de uno de sus principales defensores ayuda a entender el papel que la Beata cumple en la reforma, su situación en una batalla entre dos bandos

---

[415] El hecho de que Diego sea su valedor resalta su pobre papel en el Capítulo de 1508, cuando supuestamente teme que le vean junto a la Beata por miedo a ofender a Magdaleno (Giles, 1990: 10-11; cf. Sastre Varas, 2004: 181).

[416] Antonio de la Peña fue prior de San Esteban entre 1496 y 1501. Su vinculación al entorno regio fue muy estrecha: acudirá a la corte llamado por la reina Isabel, y allí permanecerá incluso después de la muerte de esta. El artículo de Nieva Ocampo ilustra muy bien la violencia impositiva que Fray Antonio de la Peña ejerció en la reforma dominica, arrestando incluso a algunos claustrales, así como las críticas que recibió por sus asiduas visitas a la corte (los reformadores no dejaron de manifestar su adhesión corporativa a la política real); y cómo, al final, se impuso entre los dominicos un entendimiento más suave de la regla con la intervención de Diego Magdaleno (prior de San Esteban antes que Antonio de la Peña). Nieva Ocampo demuestra que frailes como el P. Peña pagaron con lealtad a unos monarcas que les habían dado la promoción social (2006: 100, n40). De todos modos, no hay que olvidar el papel que en la reforma de los conventos y órdenes religiosas jugó también Fray Tomás de Torquemada, y el celoso Cisneros desde 1494.

[417] En cuanto a las defensas que escribe Antonio de la Peña durante los procesos de Sor María, aludiremos durante este capítulo a la más famosa de las cinco que realizó: la segunda, que citaremos por la reproducción completa de Sastre Varas (1991: 358-373) porque supera la transcripción llevada a cabo por Llorca años antes (1980: 260-270) en un apéndice de su libro.

en tensa convivencia, algo que no se puede olvidar al leer el prólogo al *Libro de la oración*, donde se defiende un modelo de penitencia austera. Además, creo que es en este contexto (el de las luchas entre claustrales y reformistas), y no tanto en el de las sospechas hacia los alumbrados (véase Giles, 1990: 63-75), donde se debe encuadrar a Sor María, por mucho que los segundos fueran a visitarla, en su afán proselitista, a Aldeanueva en 1510 (Beltrán de Heredia, 1972: 458)[418]. Si "Antonio de la Peña, cuando se hizo cargo de la dirección del convento de San Esteban, desarrolló entre sus miembros una verdadera actividad de depuración, limpieza y uniformación de la comunidad" (Nieva Ocampo, 2006: 111)[419], sin duda debemos entender que el mensaje de Sor María se vería acompañado por esta beligerancia, y si a ella no se la presenta directamente como batalladora de la reforma en el prólogo al libro citado (pese a haber comandado el grupo reformista en Piedrahíta), sino como una santa al uso, sería porque, seguramente, cuando se editó la antología de las visiones estaría ya solucionada la controversia (se solventó en torno a 1512) entre conventuales y observantes[420].

[418] El principal defensor de un entendimiento de Sor María como figura alumbrada o iluminada (tras los primeros apuntes menéndezpelayianos y de Bataillon) fue Llorca (1980: 37-64). Para contrarrestar sus argumentos, Giles aduce acertadamente, como muestra de que Sor María no era alumbrada, que en las *Revelaciones* Dios habla de la necesidad de trabajar el alma para salvarse (1990: 73-74).

[419] Nieva Ocampo continúa afirmando: "La dispersión de religiosos del convento durante esos años, huyendo de los rigores del prior y de los suyos, es una manifestación clara de todo ello. [...] A lo largo del gobierno de fray Antonio la tolerancia ante cualquier tipo de desacuerdo se hizo muy baja, y los disidentes fueron conminados a cambiar de opinión, castigados, perseguidos o expelidos" (2006: 111).

[420] Por supuesto, también cuestiones de género, y la desconfianza de la que hemos hablado hacia la mujer visionaria en general (que pesaba más que las enseñanzas reformistas y ascéticas de Sor María), forzaban a adoptar esta estrategia discursiva de comparación con santas. Por otro lado, basándose en que parece acabado el fin de la controversia entre claustrales y reformistas, y en su profecía sobre las Indias, Baranda Leturio sitúa la impresión de la obra entre 1518 y 1520, pues en esos momentos se estaba dirimiendo en la corte un asunto de vital importancia para Fray Bartolomé de las Casas, en el que se implicaba la orden dominica y sobre el cual el Cardenal Adriano

De todos modos, el grupo de Sor María, además de por Fray Antonio de la Peña, estuvo apoyado durante el priorato de Álvaro de Osorio (1506-1508) por el rey Fernando, el Cardenal Cisneros y el Duque de Alba, y es entonces cuando la Beata se convierte en un verdadero líder simbólico del movimiento. No obstante, pese a los apoyos mencionados, el Maestro General de la Orden, Bandelli, logrará poner coto a las pretensiones del grupo de Sor María en su visita a España en 1504, ayudándose del más ecuánime y menos extremista (en comparación con Antonio de la Peña) Diego Magdaleno. Así, en el Capítulo de 1504 se recomendará un gobierno más tolerante de la provincia y se mitigará el rigorismo promovido por la Beata y sus seguidores, y finalmente, fruto del Capítulo de 1508, "los excesos del grupo de Piedrahíta fueron considerados rasgos de soberbia y de seguridad, de hipocresía y de jactancia" (Nieva Ocampo, 2006: 114), dictándose excomunión contra los que buscasen apoyo fuera de la orden, en alusión a Antonio de la Peña, a quien se atribuía haber ganado para su causa a Cisneros (Muñoz Fernández, 1994b: 305). Así, aunque Padres muy significados se manifestaron por entonces a favor de Sor María (Llorca, 1980: 44), sus recomendaciones rigoristas no encontraron favor entre los capitulares y se ordenó que ningún religioso viera o escribiera a la Beata sin permiso del Provincial: mandato que, por supuesto, fue desafiado.

Sor María, como los reformistas dominicos encabezados por Antonio de la Peña, predicará con disciplina corporal la dimensión mortificante de la vida religiosa[421]. La Beata y su

podría influir (2006: 19). Baranda Leturio explica así la impresión del libro de la Beata (justificar una postura sobre las Indias bajo el prestigio de la mística), descartando que esta edición fuera una estrategia de defensa, pues las dudas sobre Sor María se habían solventado en los procesos. No obstante, en el prólogo se nos muestra que todavía por entonces existían sospechas en torno a Sor María. Por su parte, Giles (1990: 185 n18) sitúa la impresión de la obra entre 1517 y 1522.

421 Nieva Ocampo (2006: 112) sostiene que los seguidores de Antonio de la Peña, que se identificaron con la Beata de Piedrahíta, "se prestaron a exageraciones. Pretendían que todos los frailes durmieran sobre tabla, rechazando los colchones de lana, autorizados por las Constituciones, que vistieran

La representación de Sor María en su contexto europeo 307

grupo de frailes reformadores de Santo Domingo de Piedrahíta contarán con el apoyo del grupo rigorista del convento de San Esteban, y, próximos a Savonarola en su promulgación de una vida ascética extrema y la estricta observancia de la regla, abogarán de manera radical no solo por las innovaciones franciscanas defendidas por Cisneros, sino también por no hacer obligatorios los estudios o la predicación, pues no se caracterizaban por un especial aprecio hacia la actividad intelectual (véase Beltrán de Heredia, 1972: 448-451; Llorca, 1980: 61-62; Surtz, 1995: 8; cf. Fuente, 2006: 369-370)[422].

La Beata pedirá así más tiempo para la contemplación y la quietud frente a la oración litúrgica y el estudio: algo que, por otro lado, resulta coherente al no ser la segunda actividad de las más accesibles a su condición de mujer[423]. Asimismo, exigirá

hábitos cortos y estrechos y que adoptaran la descalcez". Cf. Muñoz Fernández (2000b: 122), quien considera que la propuesta de Sor María "no circula por la vía de imposición de los criterios rigoristas"; no obstante, los papeles del cuarto proceso parecen desdecir este aserto: habría que matizar entonces la afirmación de esta investigadora de que el rigor disciplinario de la Beata va encaminado a "gozosas afirmaciones de la vida y el cuerpo" (126).

422 "Desconfiados y suspicaces de la conventualidad [los reformistas] [...] Eran también intelectuales, pero de modo secundario ya que fueron hechos maestros en sagrada teología con fines utilitarios. En general, descargaron más bien en otros el peso de la formación intelectual de las comunidades" (Nieva Ocampo, 2006: 125). En su priorización de la vida ascética sobre el estudio, tuvieron un triunfo momentáneo, pero después este último elemento volvería a hacerse imprescindible. Sobre la supuesta relación de Sor María con "the Savonarolan tendencies in religious ecstatics", que da por hecho William Christian (1981: 151), quizás habría que indagar un poco más. Para los rasgos savonarolianos en la Beata, véanse Beltrán de Heredia (1972: 447-461) y Sastre Varas (2004: 191), aunque no creemos que se deban únicamente a influencia del Frate su meditación de la Pasión, su austeridad, su incitación a la reforma o su tendencia al profetismo, pues se pueden explicar también por la imitación del modelo de mística, como aquí se ha mostrado. Sastre Varas (2004: 188-192) considera que Sor María, junto con el grupo de Piedrahíta, fue *manejada* por un grupo reformista y rigorista savonaroliano, el de Vitoria y Peña, pues las acusaciones de su proceso nos muestran que ella tenía un conocimiento impreciso de Jerónimo de Ferrara.

423 En las *Revelaciones* (fol. 246v) de Sor María, obra de la que hablaremos más adelante, podemos leer: "Todas las vezes que no tuvieren negoçios quiero que ocupen el tiempo en leer o en orar, aunque más agradable es a Mí que oren". En este sentido, poca atención se ha prestado al hecho de que el

un mayor ascetismo en cuanto a la comida y la ropa, pero su escasa moderación en el vestir la llevará a una contradicción, que podemos considerar grave si tenemos en cuenta que en su segunda defensa Antonio de la Peña alude a este asunto en cinco puntos y emplea el latín en dos de ellos (Giles, 1990: 29); contradicción que se extiende al apartamiento y la muerte al mundo que postulaban los reformistas, pues Sor María llevaba una vida más bien viajera y poco *discreta*.

Magdaleno, quien fue vicario de la reforma y había intentado mediar en varios procesos promoviendo la unidad de la provincia de Castilla y la Congregación de la Observancia de 1505 (una especie de solución intermedia entre conventuales y rigoristas), había creído en la Beata y la había autorizado, para escándalo de muchos dominicos, a vivir en un monasterio de frailes y a inspeccionar las casas toledanas de la orden promocionando la reforma (propuesta en la que, por cierto, Sor María fracasó: véase Sastre Varas, 2004: 179; Bilinkoff, 1992: 23; Nieva Ocampo, 2006: 114 n91); pero se había desencantado poco después, especialmente tras no observar en ella la debida humildad (Giles, 1990: 9)[424]. Una postura parecida a la del Provincial de la orden fue la de Tomás de Vio Cayetano, nuevo Maestro General desde 1508, quien, tras apoyar a Cisneros y con él a la Beata, acabará viendo con malos ojos que una mujer (y por lo demás, terciaria) encabece la radicalización reformadora, asociándose a los frailes de Piedrahíta y de San Esteban. Cayetano temía que los trances de Sor María y su danzar espontáneo trajeran *vergüenza* a la Orden de Predicadores. La carta que escribió y leyó en el Capítulo Provincial de 1509 es muy reveladora de su falta de aprecio a la Beata, pues prohíbe que se la permita entrar en los conventos de hombres (es decir,

libro en el que se recogen las visiones místicas de la Beata se llame precisamente *Libro de la oración*.

424 Nieva Ocampo (2006: 118) señala que ya en 1509 los capitulares, entre los que se encontraba Magdaleno, eran un grupo de celosos reformadores unidos por su rechazo a la espiritualidad fomentada por el grupo de Sor María. Por otro lado, parece que la Beata no solo viajó a Toledo sino también a casas de dominicas de Segovia y Madrid, aunque en Segovia quizás le impidieran la entrada.

esa inspección de las casas que le permitió hacer Magdaleno) y dictar reformas, cosas "propias de los prelados" y no de las mujeres, "cuya cabeza es el hombre", ya que el mismo Cristo puso al frente de la Iglesia no a su Madre, sino a San Pedro (reprod. en Miura Andrades, 1991: 161; Beltrán de Heredia, 1939: 238). Añade además que no le gustaría que Satanás se metiera en la orden mediante el engaño para conseguir beneficios: es decir, alude a la clásica unión entre el demonio y la mujer que, como hemos visto en el capítulo primero, resultó bastante devastadora para la segunda. A Cayetano no podía gustarle de Sor María que procediera casi por cuenta propia en el convento de Aldeanueva, o la excesiva familiaridad que mostraba con ciertos religiosos de la orden (Llorca, 1980: 45), pero su disconformidad puso en peligro la unidad de los reformados dominicos de la Provincia de España.

Autoridades como Cayetano desconfiarán así de la verdad de los raptos de Sor María, de su comunión milagrosa, ayuno y sangrado del costado, y, sobre todo, de su comportamiento moral con los hombres religiosos y laicos que la acompañan. La Beata se verá obligada a sufrir, por ello, cuatro juicios entre 1508 y 1510: el primero, en diciembre de 1508; el segundo, preparado para diciembre de ese año pero cancelado; el tercero, autorizado por el Papa Julio II en 1509, pero interrumpido por disputas y movimientos contrarios entre sus apoyos y sus oponentes; y el cuarto y último, comenzado al final de ese año en Valladolid y controlado por sus amigos poderosos, que concluyó con una consideración del tribunal de su vida y santidad como valiosos y merecedores de alabanza. De este modo, un panel de dominicos libró a la Beata de los cargos de santidad fingida y comportamiento lascivo, y declaró que su vida y doctrina eran ejemplares y altamente recomendables (en sentencia del 26 de marzo de 1510)[425].

425 Estos procesos a la Beata han sido bien analizados por Beltrán de Heredia (1939) y Sastre Varas (1990, 1991). Como puntualiza Llorca (1980: 36), fueron llevados a cabo por tribunales eclesiásticos dependientes de la Santa Sede o del Maestro General de la Orden de Predicadores, y no por la Inquisición, aunque esta diera finalmente el visto bueno a la Beata. Según

Durante los juicios, sus admiradores permanecieron fieles, especialmente Antonio de la Peña, quien la defendió en el último proceso, al que nos referiremos a partir de ahora[426]. El éxito permitió a Sor María continuar de priora de un impresionante convento fundado para ella por el Duque de Alba en Aldeanueva, donde permaneció hasta su muerte, que probablemente sucedió en torno a 1524, habiéndosele prohibido un cierto contacto con el exterior (se la conminó a no salir de su convento y a que solo pudiera tener relación con religiosos que hubiesen pedido permiso escrito al Provincial, aunque sabemos que esas órdenes no se cumplieron por parte de varios frailes). Es decir, si bien fue propuesta públicamente como modelo, y sus partidarios continuaron buscando una reforma de la orden, Cayetano la aisló lo más posible y evitó que se propagara su espíritu de independencia[427]. Además, debió de seguir teniendo detractores, pues así se explica que el editor del *Libro de la oración* dedique más espacio en su prólogo a defenderla de estos que a los detalles de su hagiografía (Surtz, 1995: 89).

No obstante, pese al rechazo de la reforma del grupo de Piedrahíta que resultó del Capítulo de 1508, a Sor María le pudo convenir su asociación con la polémica rigorista de la orden, pues a su predicación se la relacionará más con esta que con

Fuente (2006: 356), el hecho de que no la juzgue la Inquisición y que se escuche a los altos personajes de la corte pudo deberse a que, a diferencia de muchos nuevos místicos, Sor María no era conversa. Las actas de los procesos desaparecieron todas, excepto las del cuarto, que se conservan (con su interrogatorio, respuestas de la defensa y alegaciones de los detractores de la Beata) en una copia que incluye algún documento del tercer juicio, todo lo cual se encuentra en copia fotográfica en Salamanca. Reproduciremos fragmentos del cuarto proceso por la transcripción que hace Sastre Varas, quien edita también la parte que corresponde al tercero de la copia conservada, división que hasta su trabajo no había sido reconocida.

426 Seguramente fueron muy importantes para su absolución los apoyos del Duque de Alba, del Cardenal Cisneros y, menos insistente, el del Rey (Beltrán de Heredia, 1939: 95). Estos personajes, según un tanto *prejuicioso* Sainz Rodríguez (1984: 66), creían "de buena fe" que era "un alma privilegiada y perseguida injustamente"; cf. Giles, 1990: 18.

427 Para un buen resumen de los vericuetos que siguió el intento de reforma tras el cuarto proceso, y de las andanzas del grupo de Piedrahíta, véase Giles (1990: 46-54).

La representación de Sor María en su contexto europeo   311

sospechas de engaños diabólicos. El espíritu reformista, unido a sus supuestos dones sobrenaturales, contribuirá al prestigio de una mística que profetizaba en la corte a la manera de otras visionarias italianas y españolas (las *santas vivas*, de las que volveré a hablar enseguida), y que predecirá el advenimiento de un nuevo emperador, un nuevo Papa y un nuevo Maestro General de la Orden de Predicadores[428]. Ciertamente, en cuanto al emperador, don Fernando tenía sus fundadas ambiciones, como demuestra la implicación de Aragón en Italia, el Mediterráneo y el norte de África, y su boda con Germaine de Foix (Bilinkoff, 1992: 29). En este sentido, se podría decir que la Beata favoreció con sus predicciones la pretensión de la Corona, y recibió a cambio el apoyo del Rey. De hecho, la influencia de la Beata en la corte del rey Fernando se dejó sentir hasta 1516, como se aprecia en los *Anales breves del reinado de los Reyes Católicos* de Galíndez de Carvajal, pues todavía en la fecha mencionada un miembro del Consejo de Castilla que venía de ver a Sor María le transmite al monarca el mensaje de Dios de que no se morirá hasta que gane Jerusalén: es decir, nuestra terciaria aún actúa como profetisa real en tan tardía fecha[429]. Y eso que para entonces su gran defensor Fray Antonio había muerto (en 1512), y con él la influencia de rigoristas en el importante monasterio de San Esteban de Salamanca.

De todos modos, sabemos que el monarca católico también había visitado a otras religiosas, como la benedictina Mar-

---

428 En cuanto a lo segundo (la profecía sobre el Papa), Bilinkoff (1992: 33-34) apunta que el nuevo Papa muy santo al que se refiere Sor María podría ser Cisneros, quien en 1507 era ya cardenal, y, además, la Beata predice que el puesto lo ocuparía un hombre vivo de avanzada edad, y Cisneros tenía entonces 71 años. No obstante, Sastre Varas (2004: 183) nos recuerda que la Beata también afirma que el Papa que reformaría la Iglesia se llamaría Juan y Pablo. Cisneros morirá sin ser Papa, y Carlos V *dispondrá* la nueva elección del erasmista Adriano de Utrecht.

429 Véase Nieva Ocampo (2006: 113, n90) y, para más información sobre propaganda mesiánica y visionarios en la corte del rey Fernando, Milhou (1983). Si nos fiamos de los cronistas reales, Sor María era una profetisa de peso pues parece que el monarca se negó a recibir los últimos ritos sagrados en su lecho de muerte por una profecía esperanzadora suya (Milhou, 1983: 394).

ta de la Cruz en San Clemente de Toledo (Beltrán de Heredia, 1939: 97; Fuente, 2006: 373; Giles, 1990: 113), sin duda predispuesto a creer en los dones sobrenaturales de las nuevas místicas castellanas. Esta relación de las visionarias con la Corona no debe extrañarnos si tenemos en cuenta que aún en la época de la Contrarreforma –cuando se rechazan las espiritualidades afectivas que había apoyado Cisneros– monarcas y gobierno, como demuestra Haliczer (2002), mantienen una comunicación constante con las mujeres con supuestas capacidades para vislumbrar el futuro.

La reforma religiosa buscada por Cisneros y por grupos como el de Sor María se hizo así en el marco de una estrecha relación con la Corona, y ahí debe encuadrarse el apoyo que a la Beata dio también el Duque de Alba, Fadrique Álvarez de Toledo, quien además deseaba fortalecer su posición y controlar mejor la ciudad universitaria de Salamanca, donde se encontraba el monasterio de San Esteban, en el cual, por cierto, el hijo del Duque, Juan Álvarez de Toledo, realizará su noviciado (véase Nieva Ocampo (2006: 120, n122)[430]. Fue seguramente el Duque, cuyo contacto con los reformadores de Piedrahíta le llevó a conocer a Sor María y a construirle un convento que fomentara su imagen piadosa, el que, como uno de los aliados políticos más importantes de la Corona, llamara la atención del Rey, junto con Antonio de la Peña, sobre la existencia de Sor María (Bilinkoff, 1992: 27 n21).

En este sentido, es indicativo del concepto de santidad de la época y, en general, de la sociedad en la que se inserta, el hecho de que una mujer iletrada, hija de un aldeano, alcanzara una autoridad espiritual que interesara al Duque, al Rey y a Cisneros. Bilinkoff (1992: 34) destaca cómo la espiritualidad carismática subvierte los límites de género y clase (aunque no

[430] Bilinkoff (1992), quien demuestra que tanto el Cardenal Cisneros como el Duque tenían intereses en juego cuando protegen a Sor María (las palabras y las acciones de esta ayudan a consolidar el poder y prestigio de ambos), parece haber olvidado este dato del noviciado. Para Bilinkoff, "the case of María de Santo Domingo offers insight into the interplay between the sacred and the powerful which pervaded late medieval and early modern Spanish society" (22).

siempre, como demuestra el epistolario de Mártir de Anglería), probablemente porque *convenían* ciertas alianzas entre los poderosos y las mujeres visionarias. Pero además Sor María, independientemente de los intereses de estos grupos de poder, despertó un "entusiasmo indescriptible" con sus raptos, según el testimonio de varios testigos (Llorca, 1980: 43).

En cuanto a Cisneros, sus relaciones con las mujeres se teñían de paradojas: incluso sus contemporáneos notaron las contradicciones de su carácter. El Cardenal prestó atención y protegió a beatas y mujeres carismáticas como Sor María o Sor Juana asegurando creer en ellas, aunque también es plausible que para lograr sus fines aprovechara la proyección social de los beaterios, pues, como señala Watt (1996: 176), las beatas visionarias de España e Italia, pese a ser a veces perseguidas por la Inquisición, "often held a great deal of control over religious and political leaders", por una autoridad supuestamente venida de Dios que les permitía tener un gran auditorio y aconsejar en asuntos públicos. Bilinkoff (1992: 30-31) señala el interés existente detrás del apoyo de Cisneros pues estas mujeres "served as mouthpieces of the divine, their very weakness and passivity inclining God to use them as instruments of his will. This theme emerges in several of the books relating to the lives and writings of saintly women commissioned by the cardinal".

De ahí seguramente la correspondencia que mantuvo con varias beatas –como Juana de la Cruz, Sor María o María de Toledo– hasta los últimos años de su vida (véase Muñoz Fernández, 1994a: 118; Bataillon, 1998: 44-54, 61-71; Giles, 1999b: 292), en los que siguió apoyando a nuestra visionaria aun después del aislamiento al que la sometió el Maestro de la Orden (véase Giles, 1990: 50-53); y también su interés por que se llevaran a cabo las traducciones de Catalina de Siena (de *La vida de la bienaventurada Sancta Caterina de Sena* y de las *Epístolas y oraciones*, impresas en Alcalá de Henares en 1511 y 1512 respectivamente) y del Libro de Ángela de Foligno, las cuales, junto con una obra de Jerónimo de Savonarola, fueron realizadas o promovidas por Antonio de la Peña (véase Beltrán de Heredia, 1939: 54)[431].

Estas traducciones tendrán gran importancia para la suerte de Sor María, que pudo conocer detalles sobre estas santas a través de su traductor o por medio de su confesor, el P. Vitoria. La versión al castellano del *Libro de la bienaventurada Sancta Angela de Fulgino* apareció en 1510 en Toledo tras una primera edición en latín auspiciada también por Cisneros (en la misma ciudad) en 1505. Esta obra se imprimirá en una miscelánea junto con una Regla de Santa Clara y una *Instrucción espiritual* de San Vicente, por lo que, según Gómez Redondo, se podría pensar que Cisneros quería construir un devocional con el que alentar las vocaciones de las mujeres. Precisamente, si en la vida de Ángela se recogerán las claves esenciales de la doctrina de San Buenaventura en sus distintos pasos, la docta ignorancia que alumbraba el santo mencionado interesará a los defensores de Sor María, que encontrarán en el escrito de Fray Arnaldo un modelo de defensa de la sabiduría femenina frente a la de los sabios varones[432]. Como veremos, este será un argumento que se esgrimirá en el prólogo del *Libro de la oración*.

Cisneros auspició asimismo la traducción castellana de la *Vita Christi* del Cartujano (1502-1503), que como sabemos se leyó mucho en los refectorios conventuales; así como del texto latino del *Libro de la escala espiritual* de San Juan Clímaco y

---

431 La vida de la santa italiana se imprimió el mismo año en que aparecía la traducción de la *Exposición del salmo "Miserere Mei Deus"* de Savonarola. Esta versión al castellano de la vida de Catalina de Siena se verá acompañada de las biografías de Juana de Orvieto y Margarita de Castelo (Beltrán de Heredia, 1939: 132; Muñoz Fernández, 1994b: 315). Según Muñoz Fernández (1994a: 119), aun cuando "desconocemos la difusión real de estos textos", que "aportaban a las mujeres genealogía femenina en un campo de expresión religiosa", "se afirma que fue extraordinaria". Con respecto a las *Epístolas* de Santa Catalina, pudieron ser traducidas por el P. Martín de Sanctis, recién venido del extranjero, o por el P. Pardo, compañero de estudios en París de Diego de Vitoria, en cualquier caso del círculo también de la Beata (Beltrán de Heredia, 1972: 528).

432 Agradezco a Gómez Redondo los datos que doy, adelantados a la publicación de su libro, sobre esta traducción del Libro de Ángela, enmarcada en la actividad editorial de Cisneros (véase Gómez Redondo, 2012: 1118-1131).

del *Liber spiritualis gratiae* de Matilde de Hackeborn (1505). De modo que favoreció un clima de lecturas místicas, meditación y aprecio de la espiritualidad femenina (véase Surtz, 1995: 11), y todo desde la sede primacial de España, Toledo, ciudad que conoció la mayor proliferación de beaterios y que se constituirá en un centro de difusión del misticismo bajo el mandato del franciscano (véase también Giles, 1990: 63-64; Muñoz Fernández, 1994a: 25, 31)[433].

Con este aprecio por místicas y beatas no extraña que, cuando Sor María sea llamada a la corte real de Burgos al convertirse en una celebridad (donde se arrebatará públicamente), Cisneros la invite a presentarse ante él y quede tan impresionado que asegure encontrarse frente a una doctrina viva (Giles, 1990: 9; 1999b: 275). Sor María compartirá luego con el Cardenal el oficio de *inspectora* de conventos: no olvidemos que ya en 1495 a Cisneros se le encargan las reformas de monasterios de mujeres, una tarea en la que, según Jocelyn N. Hillgarth (1984: 74), el alcalaíno se mostró bastante intolerante hacia las corporaciones independientes (cabildos, conventos, órdenes religiosas, cortes, etc.), apoyando a grupos secesionistas como el de Sor María[434]. Sin duda, la Beata de Piedrahíta interesaba en este plan reformista porque era la prueba directa de que, si sus trances eran auténticos, Dios aprobaba la reforma. Cisneros así lo creía, y por ello, en un gesto probablemente de reverencia y respeto, le pedirá que lleve bajo su hábito el cordón de San Francisco para que se acuerde de rezar por él (Beltrán de Heredia, 1939: 99).

---

433 Como señala Gómez Redondo (2012: 1118), esta importancia de Toledo viene dada no solo por estas traducciones: las tres vías de contemplación espiritual (que aparecen en el Libro de Ángela) serán definidas después por el cartujo Hugo de Balma en el *Sol de contemplativos* impreso en esta ciudad en 1514, tras ser apuntadas en el *Carro de dos vidas* de 1500 del presbítero toledano Gómez García.

434 Como punto de partida para cualquier bibliografía sobre la reforma religiosa de Cisneros y los intereses de la Corona en esta, sigue siendo imprescindible Bataillon. Según este investigador, la reforma consistió esencialmente en quitar a los conventuales de sus monasterios e instalar en ellos a los observantes o rigoristas (1998: 5).

Además, al igual que Cisneros, Sor María abogaría por la unidad religiosa y étnica: hablará ante un auditorio contra los descendientes de conversos del judaísmo en octubre de 1507, menos de seis meses después de que el Cardenal se convirtiera en Inquisidor General. Este ataque a los conversos debe entenderse desde el apoyo (o manipulación, según otros críticos) que recibió de Antonio de la Peña, quien, como sabemos, se destacaba por un carácter combativo y violento, y cuyos sermones de 1485 contra los judíos habían causado disturbios en Segovia y la incoación de un proceso por parte del juez mayor de las aljamas (véase Nieva Ocampo, 2006: 95 n23)[435]. Como en el caso de los afanes inquisitoriales de María de Ajofrín, se podría entender que Sor María se había dejado llevar aquí por los afanes de su director. El caso es que con sus críticas y palabras favorables hacia la Inquisición se ganó la enemistad de los conversos toledanos, quienes al parecer se quejaron al Rey y a Cisneros de la falta de veracidad de sus éxtasis; y también de los dominicos descendientes de conversos, que se posicionarán frente a Sor María (Giles, 1990: 9, 36; Sastre Varas, 2004: 178).

Pero a Cisneros le interesaba también nuestra terciaria en su papel profético, en el que quizás creería a partir de una profecía cumplida que en 1494 recibió de una beata[436]. Además, parece que Sor María vaticina la conquista de Orán (1509) –una empresa en la que Cisneros se había implicado mucho y en la que había invertido grandes recursos financieros–, así como la conversión de noventa mil moros en un día (véase Beltrán de Heredia, 1939: 112)[437]: profecías referentes a la conversión del

---

435 El proceso no produjo sentencia, pero los Reyes enviaron un mandado para que el corregidor de Segovia, el doctor Ruy González de Puebla, recabara información sobre los sermones de Fray Antonio contra el judío y juez mayor de las aljamas Abraham Señero.

436 En 1494 Cisneros estaba dispuesto a viajar al norte de África con fines misioneros, pero cambia de idea después de que una beata le anuncie que Dios le tiene reservados otros planes: efectivamente, poco después la reina Isabel le nombraría Arzobispo de Toledo (véase Bilinkoff, 1992: 31).

437 Precisamente, en una de las visiones de Sor Juana, en la fiesta de la Santa Cruz, Dios enseña la salvación a las esclavas traídas de Orán adoptando su lenguaje "arábigo muy cerrado" (*El Conhorte...*: 995). Sor Ma-

Islam que Beltrán de Heredia (1972: 530) considera muestras de la posible influencia del lulismo sobre Sor María –un asunto en el que en este libro no nos vamos a detener, pero en el que pudo contar su conocimiento del iluminado Fray Melchor.

La Beata anuncia asimismo sus persecuciones y la construcción de su casa de terciarias de Aldeanueva, predicción que finalmente se lleva a cabo (véase Sastre Varas, 1991: 372); y se sabe, por uno de los testigos del proceso, que sus profecías apoyaban la reforma y el éxito de la Orden de Predicadores (Sastre Varas, 2004: 191)[438]. Con todo, faltan datos sobre la naturaleza de estos vaticinios, y quizás por ello aún no se la ha estudiado suficientemente dentro de la historia de las corrientes del profetismo medieval-renacentista que plantean libros como

ría anunciará esta profecía en un momento oportuno, justo antes del cuarto proceso, cuando se inicia la campaña contra los moros (Bilinkoff, 1992: 33; Fuente, 2006: 365). Cf. Sastre Varas (2004: 183), quien reconstruye una de las preguntas de este juicio, donde "por la respuesta se ve que trata sobre si le dijo al cardenal Cisneros que no fuera a la campaña de Orán, porque le iría mal". Por otro lado, como diría Richard L. Kagan (1991: 107): "Los profetas raramente actúan solos. Las profecías son actos sociales, empresas colectivas, empeños públicos, aunque su origen sea la quintaesencia de una experiencia privada". La visión anticipatoria de la gloria conquistadora de Cisneros impulsará a Martín de Herrera a alabar a Marta de la Cruz, y quizás a nuestra Beata (no queda claro si a ella también se alude), en su *Historias de la divinal victoria de Orán* (véase Cátedra, Valero Moreno & Bautista Pérez, 2009: 81, vv. 2152, 2162, n169).

438 Sin estar arrebatada, llega a afirmar que iría a Roma con esta misión reformista, pero arrebatada matiza que lo hará tras otra beata que se le adelanta, Francisca del Mandato, de la que nada sabemos (Muñoz Fernández, 1994b: 304). Este afán por ir a Roma nos recuerda a las místicas italianas de comienzos del XVI estudiadas por Zarri (que, como veremos, tienen tanto en común con Sor María), ya que no se contentarán con proféticas invectivas a favor de la reforma del clero sino que intentarán dirigirse al Papa directamente (véase Zarri, 1996: 242). Recordemos que Sor María escribe cartas al Papa, según se nos dice en el *Libro de la oración* (LO, fol. a 3r). Por otro lado, otras profecías (que no se cumplieron) fueron su doble viaje a Jerusalén; que un número de hermanos del monasterio de Santo Tomás de Ávila sufriría martirio, pero ninguno moriría durante una próxima peste; que el Rey fundaría el monasterio de Llastas y sería habitado por hombres muy santos; y que ella daría algunos pedazos del centro de su herida a Diego de Vitoria para que fueran llevados como reliquias a San Vicente en Ávila (véase Giles, 1990: 28, 188 n12 y 13).

los de Milhou (1983), aunque trabajos como el de Pérez García (2007: 205-206) destacan el papel que cumplieron Sor María, Sor Juana y Fray Melchor al celebrar todos y cada uno de los éxitos de lo que se entendía como nueva cruzada nacional del Rey Católico. No obstante, el hecho de que Sor María opinara sobre cuestiones políticas no debe extrañarnos si tenemos en cuenta que también María de Toledo, en los primeros años del reinado de los Reyes Católicos, profetizó la toma de Granada: una vez más, una oportunista profecía muy común en la época.

7.2. La actuación mística de Sor María

Oye una nueva clase de superstición que comienza ahora a germinar. La hija de cierto aldeano de la diócesis de Ávila, criada desde su más tierna infancia, por voluntad de su padre, en la población vulgarmente dicha Piedrahíta, de Salamanca, se cuenta que, dedicada a la contemplación, se ha habituado a mantener su cuerpo con tan escasos alimentos, que apenas sí su estómago le admite la comida. Llegada a mayor, tomó el hábito de los Dominicos. En la actualidad, son sus pretensiones de Sibila vaticinadora. Declara que tiene trato íntimo con Dios por medio de señales, gestos y coloquios; que a la luz de ellos ve corporalmente a Dios, que lo estrecha entre sus brazos y se derrite en su amor. Cuando afirma que está henchida de Dios, arrebatada en éxtasis, como una muerta yace en tierra con los brazos extendidos, al igual que los tiene Jesús Crucificado. Muchos que la vieron han confesado públicamente que, al entumecérseles las articulaciones, se le quedaban rígidas como un palo. Se cuenta que, una vez que se despierta, siendo mujer inculta, habla de cosas divinas como lo podría hacer cualquier sabio teólogo. En algunas ocasiones, emulando al sacerdote que celebra el Santo Sacrificio, lo mismo que Salomón acerca de la Sabiduría, profiere frases de amor hacia Cristo, que hacen pedazos los corazones del auditorio, diciendo que en aquel instante se ve acompañada de Cristo, o bien que entonces ella es Cristo mismo. Otras veces afirma públicamente que ella es esposa de Cristo[439]. A menudo, como atónita, simula que está viendo presente a la Virgen Madre de Dios. Públicamente la han sorprendido discutiendo

---

[439] Esta frase, que está en el original, falta en la reproducción de Cortés Timoner (2004b: 58-59). Por otro lado, de manera excepcional acentúo el texto en ocasiones que creo necesarias, ya que no se trata de una edición crítica. Si copio aquí la epístola 428 entera (o su traducción más afamada del latín) es porque se suele reproducir cercenada pese a lo interesante que resulta toda ella: además, a algunas de sus líneas volveremos porque nos ofrecen una visión de la santa de la que carecemos en sus escritos.

con ella sobre la preferencia y la derecha, como con la esposa de su Hijo. Principalmente cuando han de pasar por un lugar estrecho, lo mismo que si estuviera viendo presente corporalmente a su suegra, le habla repitiéndole que pase ella delante, como si su suegra le hubiera dicho: "Es de justicia que me preceda la esposa de tan grande Hijo." Sin que nadie haya visto ni oído nada, se la siente responder: "Si tú, Virgen, no hubieras parido a Cristo, yo no lo hubiera conseguido como esposo. Por tanto, es conveniente juzgar digna de todo honor a la madre de mi esposo." Como abrumada por un fanático espíritu, vive entregada a estos menesteres.

Se pone en duda si todo esto es una farsa o si obra bajo la inspiración del cielo. De entre los mismos frailes Predicadores de Santo Domingo hay quienes se burlan de ello; arguyen que se ha de cortar de raíz esta vana superstición que empieza a nacer, y ponen su ahínco y empeño en lograrlo. Otros defienden a la Beata –con este nombre designa el idioma español a las que vosotros llamáis monjas vagas[440]–, y se esfuerzan en mantener que cuanto ella manifiesta viene de Dios. Entre ellos, pues, se ha enzarzado una no despreciable controversia, que será muy difícil borrar. El asunto ha sido llevado ante el Sumo Pontífice, quien ha encargado a su Nuncio, el Obispo de Bertinoro, Juan Rufo, de Forli, y a los prelados de Burgos y de Vich –ambos eminentes teólogo [sic] de la misma Orden de Predicadores– para que en común los tres aborden el asunto y corten estas fantasías, con el fin de que no ocasionen escándalo, si llegan a descubrir que son ligerezas de mujer. El Rey, con la mejor intención, cree sinceramente que tiene lugar todo esto en la forma más correcta, y con sus visitas a la Beata da pábulo al asunto como si se tratara de algo santo. Nuestro fraile purpurado alaba a la Beata. Y de este modo la opinión va por diversos cauces. El tiempo –juez sagaz de todo– me descubrirá lo que tenga que creer. (Mártir de Anglería, 1955: 300-302)

En principio, Sor María podría cumplir con las características de la santa, según nos dejan entrever los papeles conservados del cuarto proceso y el prólogo del *Libro de la oración*, por ejemplo con el inicio de su vida devota en la infancia, y su apostolado visible a una edad temprana: aunque esto último, el apostolado temprano, por la variación de las posibles fechas de su nacimiento (hay críticos que lo han señalado hacia 1470), no podemos asegurarlo. Quizás era treinteañera (como Ángela de Foligno, que empieza su vida visionaria a los treinta y siete), pero me inclino a pensar que comienza su actividad pública con veintipocos años, ya que Mártir de Anglería (1956: 42) insistirá

---

440 Aquí "vagas" sería traducción del latín *vacanti*. Cf. Muñoz Fernández, 2000b: 112.

en su juventud[441]. De todos modos, muchos aspectos de su religiosidad somática y de sus ejercicios penitenciales la sitúan en el discurso de las místicas. A esto se sumará además un cierto atractivo físico, una hermosura que también encontramos en la hagiografía femenina (por ejemplo, en María de Ajofrín: Sigüenza, 1909: 358) y que para algunos tendría su importancia en la lucha que declara seguir contra el demonio. Sor María, que dejó su cabello largo, parece que era de buen ver a juzgar por los peligros que se le asocian (véase Bilinkoff, 1989: 100), los cuales, ciertamente, no serían tan probables en una mujer de más edad, de quien en todo caso se señalaría lo inadecuado de su lujuria.

Pero si en esto y en otras cosas sigue la línea de santas y místicas, será la canonizada Catalina de Siena quien constituya el modelo principal de una Sor María que se agenciará admiradores laicos y clericales, llevando, como la italiana, una vida no solo contemplativa, sino política importante[442]. De hecho, el prologuista del *Libro de la oración* citará expresamente a Catalina como ejemplo en paralelo al de la Beata en el ayuno y los estigmas (LO, fols. a 6v-7r), una santa "cuyo hábito, vida y penitencia, en quanto ella [Sor María] puede e Dios quiere, esta su sierua de quien hablamos trabaja en todo o en la mayor parte de imitar y seguir" (fol. a 6v).

---

[441] En este sentido, Sor María no cumple con el perfil señalado por Petroff (1994: 20) para las visionarias: según esta investigadora, cuando tienen cerca de cuarenta años es cuando salen a la luz pública, pues hasta entonces muchas están ocupadas con el matrimonio y el cuidado de los hijos, y otras llevan una vida silenciosa y dedicada a la oración en sus conventos que les permitirá más tarde, combinando dones innatos y técnicas de meditación, alcanzar sus visiones maduras. Cf. Cirlot & Garí (2008: 33), quienes sitúan el inicio de la vida mística femenina entre los treinta y siete y los cuarenta y tres años; no obstante, hay que recordar que Matilde de Magdeburgo, que se halla entre sus ejemplos, ya a los doce años fue saludada por el Espíritu Santo (véase 128). Y es que las santas suelen tener vocación temprana, como se ha señalado.

[442] La predicación de Catalina de Siena será el ejemplo que emplee el P. Ortiz Yáñez en el siglo XVI para defender a la beata Francisca Hernández (arrestada por la Inquisición en 1529) contra quienes critican que las mujeres hablen del Evangelio (véase García de Andrés, 1999: 88-92).

La representación de Sor María en su contexto europeo 321

Recordemos que, según Bilinkoff (1989), Sor María y sus seguidores formaban parte del movimiento *caterinista* en su orientación carismática hacia la oración y la penitencia y en su seguimiento de Savonarola (véase Zarri, 1996: 250). Un movimiento que se forma entre el Medievo y el Renacimiento, cuando las mujeres estaban más aisladas unas de otras y sus existencias más controladas por sus confesores, que con frecuencia se convertirán en sus biógrafos: entonces muchas vidas de visionarias italianas del Quinientos, como la de Columba de Rieti, se modelan conscientemente siguiendo la de Santa Catalina (véase Zarri, 1996; y en su estela, Bynum, 1987: 84; Watt, 1996: 176). Se trata de las llamadas *santas vivas*, como las apoda Zarri, mujeres que asumen un papel profético en la corte de los poderosos, así como los estigmas y la reactuación de la Pasión de Cristo[443]. Sor María, como veremos, aunque en otras latitudes, se podría considerar una de ellas.

Esto no nos debe extrañar desde el momento en que la vida de Catalina de Siena escrita por su confesor Raimundo de Capua se alza en el siglo XIV como paradigma último de las místicas, especialmente de las mediterráneas. Desde la posición de autoridad que le daba ser el Maestro General de los dominicos, Capua trazó su hagiografía con los rasgos que iban a caracteri-

[443] En este estudio se nos presentan catorce místicas italianas *caterinistas* de la primera mitad del XVI, la mayoría de las cuales, como Sor María, no lograron la canonización. Todas ellas presentan rasgos semejantes: infancias con llamadas a la santidad, matrimonios místicos (e intercambio del corazón con Cristo), persecuciones, críticas a la corrupción clerical con intentos de reforma, luchas contra el demonio, ayunos intensos, estigmas, y revelaciones y profecías que las convierten en consejeras de la corte, apoyadas siempre por gente poderosa de manera interesada. Cf. Borsntein, 1996: 6-7. Muñoz Fernández (1994b: 302, 307) señala que Sor María asume el modo radical de entender la reforma que muestran las místicas de las zonas de Toscana o Lombardía (véase también 1994a: 93; 2000b: 112-113); cf. Zarri, 1996: 250; Beltrán de Heredia, 1939: 8-9. Graña Cid (2001) considera a algunas visionarias de procedencia andaluza (que viven entre 1490 y 1570) también como *santas vivas*: se trata de Leonor Venegas, Francisca de Jesús, Florentina de los Ángeles y Magdalena de la Cruz antes de caer en desgracia: todas ellas comparten rasgos parecidos a los de nuestras místicas, aunque hay que decir que la mayoría se diferencian de Sor María o de las italianas en que no son reformistas ni tienen el don de profecía.

zar el modelo más definitorio, intentando probar que el poder carismático de la terciaria no se oponía al de la Iglesia, sino que estaba a su servicio conduciendo a los fieles a la confesión. Según Cirlot y Garí (2008: 26):

> Las santas vivas de las generaciones posteriores deberán demostrarlo cotidianamente [estar al servicio de la Iglesia]. El modelo hagiográfico de las *Vidas* se resiente. Catalina es a partir de ahora el marco de referencia. El dominico Tomás Caffarini, autor de varias *Vidas*, reproduce la fórmula. [...] Las *Vidas* posteriores, a finales del siglo XIV y ya en el siglo XV, se apoyan explícitamente en esa imagen adaptada de Catalina: ellas fueron todas como la santa.

Lo cierto es que tuviera o no el modelo esa renovación fundacional (ya hemos visto que Catalina comparte muchos rasgos de su devoción con otras místicas, sin gran variación de aquel), el renovado guión se esgrime para justificar el comportamiento de Sor María no tanto en su servicio a la Iglesia, sino con respecto a su actividad visionaria, penitente y de caridad.

De todos modos, resulta interesante preguntarse a quién trataba de imitar más Sor María: si a Catalina de Siena o a su contemporánea Lucía de Narni, teniendo en cuenta, claro está, que su conocimiento de estas mujeres sería indirecto, proveniente de lo que le contaran los otros[444]. Si Sor Lucía de Narni fue protegida por el Duque de Ferrara (quien una vez que conoció su santidad la invitó a su palacio pidiéndole que fuera su consejera, le construyó el monasterio de terciarias dominicas de Santa Catalina dedicado a la educación de la juventud, y la defendió contra acusaciones de fraude), Sor María, como sabemos, también tendrá un duque protector: el de Alba. Y aquí convendría recordar algo que se ha tenido poco en cuenta a la hora de tratar el caso de la Beata: la carta-tratado del Duque de Ferrara a la que me referí en el capítulo segundo, que circuló por las cortes europeas y en la que se alzaba como defensor de la espiritualidad femenina. Ercole, que había mantenido una co-

---

[444] Sastre Varas (2004: 190) afirma que de las visiones relatadas por los testigos del proceso se puede concluir que Sor María tenía un conocimiento vago de la beata Lucía, pues de ella solo sostendrá que estaba viva y era gran sierva de Dios, hecho este que redundaría en su canonización. Cf. Muñoz Fernández, 1994b: 314-315.

La representación de Sor María en su contexto europeo   323

rrespondencia con el apocalíptico Savonarola (cuyas revelaciones tenían similitudes con las de Sor Lucía), lanzó en este breve tratado la teoría de que cada príncipe debía tener un profeta en la corte para indicarle el designio divino. Los profetas, explicaba Ercole, eran frecuentemente mujeres, y la que recientemente se había instalado en su corte, Lucía de Narni, se encontraba especialmente bendecida. Para Ercole los estigmas eran una prueba de su valor, como demostraban otras mujeres santas que realizaban la misma función de consejeras en algunas ciudades italianas, por ejemplo Osanna Andreasi en Mantua, Estefanía Quinzani en Crema, y Columba de Rieti en Perugia.

Esto es importante tenerlo en cuenta porque Sor María pudo adquirir conocimiento de Sor Lucía y su estigmatización por esa carta en la que Ercole la defiende, o quizás por otra del arzobispo de Milán, alguna de cuyas copias pudieron llegar a Castilla y a Aldeanueva al imprimirse en castellano tempranamente (Beltrán de Heredia, 1972: 526 n14; Fuente, 2006: 363). De hecho, Muñoz Fernández (1994b: 315) destaca que desde 1501 hay constancia documental de la recepción de noticias relativas a Sor Lucía en Castilla, y lo cierto es que a Sor María se la relaciona con Lucía de Narni en la coetánea *Crónica de Olmeda* (véase Beltrán de Heredia, 1939: 131).

Pero, pese a este apoyo disfrutado, tras la muerte de Ercole Sor Lucía, al igual que más tarde Sor María, será mantenida aislada y bajo vigilancia, desde 1505 hasta su muerte en 1544, ya que, al desaparecer sus estigmas, su fama de santidad se hizo sospechosa, además de acusársele de apoyar la reforma de Savonarola; se convirtió así en una suerte de prisionera en el beaterio que se le había construido como testimonio de sus dones espirituales. No obstante, Sor Lucía continuará teniendo visiones hasta el final de sus días, visiones en las que Jesús le guía por el Paraíso con la Virgen y algunos santos y en las que ella cumple un papel más pasivo que la española (véase Matter, 2001: 6-7). Eso sí, tras su muerte vivió un éxito que no podrá compartir la Beata, quien, aunque había profetizado que viajaría a Roma, tuvo una nula relación con el Papado antes y después de su muerte: Sor Lucía, tras ser admirada en vida por el Papa Alejandro VI (véase Beltrán de Heredia, 1939: 13), será beatificada por Clemente XI en el año 1710, si bien no alcanzará la canonización que, junto con la de Savonarola, había profetizado Sor María cuando alude a la beata italiana en sus visiones[445].

Sea como sea, Sor María compartió muchas características tanto con Sor Lucía como con otras *santas vivas* que imitaban a Catalina de Siena en las cortes italianas. Beltrán de Heredia (1972: 456) afirma que de todo el proceso a Sor María se infiere que el grupo de Piedrahíta y el mismo Antonio de la Peña "rivalizan en entusiasmo con el cardenal Cisneros por divulgar en España los modelos de espiritualidad extranjera, fijándose con preferencia aquellos, como es natural, en la dominicana de Italia (santa Catalina, Savonarola)".

Precisamente, el defensor de Sor María, Antonio de la Peña, fue al parecer quien tradujo al castellano la vida latina de Catalina de Siena, lo cual nos hace pensar, una vez más, que esta le sirvió de modelo para interpretar/manipular (depende del grado de *autoría* que le otorguemos) la espiritualidad de su discípula. Su prólogo a la vida de la santa italiana, que refleja las ideas del propio Cisneros, nos ofrece, además, claves para entender cómo se justificaba la elección divina de estas místicas, rebatiendo las reticencias que todavía existían para aceptarlas. Peña, por ejemplo, observa que la Jerusalén celestial está tan poblada de hombres como de féminas, pues, para compensarlas por su debilidad, Dios otorga a algunas el don de la profecía, y el mismo Cristo, con el objeto de honrar a este sexo, elige nacer de mujer y, tras resucitar, aparecerse primero a ellas.

Este argumento es semejante al que presenta el prólogo de la versión castellana del Libro de Ángela de Foligno, seguramente también del P. Peña, quien se inspira en el razonamiento que hacía el autor de la tercera parte de este Li-

---

[445] Sor María declaró que comulgando vio a Fray Jerónimo de Ferrara junto con el Señor, con una palma en la mano, y un testigo del proceso afirmó haberla oído decir que un Papa manifestaría la inocencia de Savonarola y la santidad de Lucía de Narni (véase Beltrán de Heredia, 1972: 526-527; Giles, 1990: 58).

bro y que recogí en el capítulo primero de esta monografía: un argumento que se repite en el prólogo del *Libro de la oración*, quizás también obra del religioso español mencionado[446]. En el prólogo del Libro de Ángela en castellano se emplea asimismo otro razonamiento similar al que aparece en la *Vida* de Santa Catalina: la existencia de una dicotomía entre dos tipos de conocimientos, el adquirido a través de estudios formales (el de los hombres), y el de la ciencia infusa, asociado a las mujeres. Lo que está oculto para los hombres cegados por su deseo carnal se manifiesta a las féminas; y así a veces, Dios, con el objeto de avergonzar a aquellos, otorga a estas poder para que les enseñen y desinflen su orgullo y presunción, especialmente de quienes se consideran sabios: de este modo, Ángela de Foligno, como las profetisas del Antiguo Testamento, recibirá el don de profecía porque el hombre ha roto con los mandamientos de Dios (véase también Surtz, 1990: 25)[447].

En el contexto de estos prólogos (véase Surtz, 1995: 11-12), y de versos como los de Martín de Herrera citados tras el primer epígrafe de este capítulo (véase su defensa de las mujeres profetisas en Cátedra, Valero Moreno & Bautista Pérez, 2009:

---

[446] Precisamente, el hecho de que se repitan algunos argumentos de prólogos de traducciones a él atribuidas y otros procedentes, como veremos, de la segunda defensa que realiza en el proceso de Sor María, me lleva a creer que el prólogo y la edición del *Libro de la oración* es más bien obra suya. Otra cuestión es que la labor de recolección (o de reescritura) de las palabras de Sor María allí reunidas sea del P. Vitoria, quien seguramente actuaba de manera coordinada con el P. Peña, como se demuestra por la similitud de los razonamientos esgrimidos a favor de su tutelada. Véase Beltrán de Heredia (1939: 240-246) para los argumentos de la defensa de Diego de Vitoria. Por otro lado, el prólogo de la versión castellana del Libro de Ángela muestra a su vez paralelismos con las justificaciones del biógrafo de Juliana de Cornillon

[447] Esta argumentación se hizo casi un tópico de los biógrafos de santas medievales, quienes, según Bynum (1991: 156), gustan de resaltar la debilidad (moral y física) de las mujeres para castigar a los lectores que por sus fallos permitían al sexo inferior alcanzar mayores alturas espirituales. No obstante, la insistencia de sus biógrafos en que la sabiduría de estas místicas era un don sobrenatural "did not manage to forestall the criticism and opposition of those who insisted that teaching was an exclusively masculine role. Some even expressed doubts concerning the prophecies of canonized saints like Catherine of Siena and Brigitta of Sweden" (Zarri, 1996: 234).

82-84), hay que situar la introducción al *Libro de la oración*. Allí se nos asegura que las palabras de Sor María muestran una doctrina alta y provechosa, doctrina que, por venir de una mujer aldeana y sin letras, produce confusión en los hombres, especialmente en los letrados; además, la Beata es indocta en cuanto a ciencia adquirida, pero no en cuanto a la infusa, que le regala en gran cantidad el Espíritu Santo (LO, fol. a 2r). Como tantas santas o visionarias, Sor María, en sus raptos, responde a cuestiones importantes sobre la fe católica, la teología y la Sagrada Escritura, departiendo en torno a la gloria del Paraíso y las penas del Infierno y el Purgatorio, algo que maravilla a los que la oyen por la ignorancia y el analfabetismo que la suponen, y que proporciona una buena razón para justificar su santidad desde el planteamiento de un Dios ensalzador de los humildes[448]. De hecho, en el punto 12 de la segunda defensa de Antonio de la Peña se nos indica cómo, cual nueva doncella Teodor, Sor María responde mejor que cualquier maestro en teología (véase Sastre Varas, 1991: 361-362). También Fernando de Toledo, el hermano del Duque de Alba, testimoniará que estando en rapto Sor María contesta como nunca había oído "a los más grandes hombres de letras" (Lunas Almeida, 1930: 194). Y el testigo Francisco de Porres dará fe del entusiasmo con que se escucha su sabiduría,

---

[448] Además, Sor María, según se nos dice en el punto 13, contestará las preguntas que un prelado formula en una cédula aun sin haberlas visto (Sastre Varas, 1991: 362). Seguramente a la Beata le afectaran los prejuicios existentes contra el acercamiento femenino a la teología, patentes en las aclaraciones que debe hacer Teresa de Jesús para justificar su aproximación a los textos bíblicos: "Y no yendo con curiosidad, como dije al principio, sino tomando lo que Su Majestad nos diere a entender, tengo por cierto no le pesa que nos consolemos y deleitemos en sus palabras y obras, como se holgaría y gustaría el rey si a un pastorcillo amase y le cayese en gracia y le viese embobado mirando el brocado y pensando qué es aquello y cómo se hizo. Que tampoco no hemos de quedar las mujeres tan fuera de gozar las riquezas del Señor. De disputarlas y enseñarlas, pareciéndoles aciertan, sin que lo muestren a letrados, esto sí. Así que ni yo pienso acertar en lo que escribo (bien lo sabe el Señor), sino, como este pastorcillo que he dicho, consuélame, como a hijas mías, deciros mis meditaciones y serán con hartas boberías; y así comienzo, con el favor de este divino Rey mío y con licencia del que me confiesa" (Teresa de Jesús, 2004: 1226). Sobre los prejuicios, pero también alabanzas, hacia la sabiduría teológica de las santas, véase Gómez Moreno (2008: 153-156).

expresado nada menos que por un profesor de teología de la Universidad de Valladolid (Beltrán de Heredia, 1939: 107).

Para ensalzar sus logros, la defensa de Sor María presumirá entonces de su condición de iletrada y de la naturaleza frágil del sexo femenino. Unas debilidades que en el discurso místico de la mujer suelen estar reconocidas, como nos muestran una gran variedad de santas o religiosas –aunque no todas: Margarita Porete nunca se refiere a la debilidad o inadecuación femeninas (Mazzoni, 2005: 13) y, como se ha señalado, las monjas de Helfta tampoco resaltan la diferencia de género. Sí lo hacen, por ejemplo, con grandes declaraciones de humildad y autohumillación, Hildegarda de Bingen ("yo, una pequeña pobre persona con forma femenina", véase McGinn, 2006: 332); Juliana de Norwich (2006: 155: "For I am a woman, lewed, febille, and freyle"); Margery Kempe (*The Book*...: 29: "I am both faint and feeble") o Constanza de Castilla (1998: 90, 108; "Señor, yo, Constança, tu esclava, conosco que mi sinpleza es grande. [...] gusano sin provecho")[449]. En la misma línea, Teresa de Cartagena (1967: 115) aceptará que los hombres se maravillen del saber femenino en cosas doctrinales y sagradas pues las hembras tienen un entendimiento imperfecto[450].

Este analfabetismo de Sor María, no obstante, no le impedirá conocer por Antonio de la Peña (quien estaría dedicándose a las traducciones mientras la dirigía) las costumbres de Catalina de Siena o de Ángela de Foligno, y quizás por él o Fray Diego de Vitoria pudo saber también de Santa Brígida a través de fuentes como la *Legenda aurea* impresa en Burgos en 1497-1499, donde ya se incorpora una breve *vita* suya (fols. 56v-57v),

---

[449] Para una lectura irónica de las declaraciones de humildad en el discurso femenino, véase Dronke (1984: 82). Cf. Surtz, 1995: 156 n19.

[450] No obstante, Sor Teresa justifica la ciencia infusa, como los prólogos mencionados. "Dios es asý onipotente, que syn curso de estudios ni aver aprendido letras puede hazer de vn simple onbre el mayor letrado que en mundo aya [...] que la çiençia e sabiduría que Dios enseña e enseñará a qualquier varón o enbra que con amor e reverençia e humilldad viniere a su escuela, es tal e de tal calidad, como su ynconprehensible e perfecto saber sabe que a la salud de cada vno [l]e conviene, ca Dios es perfeta Caridad" (Teresa de Cartagena, 1967: 128). Citamos aquí, claro, de *Admiraçion Operum Dey*.

si bien compuesta de anécdotas tópicas y sin referencias a su vertiente profética.

Con todo, como hemos señalado, pese a esta información sobre sus modelos Sor María fue acusada de fingir sus raptos y sufrió un examen de tribunales eclesiásticos; eso sí, logró salir airosa, pues la Inquisición la declaró de vida honesta[451]. Seguramente a ello ayudó que fuera defendida por numerosos testigos que sacaron a relucir los hechos de su vida más notorios, resumidos muy bien por Llorca (1980: 49) y que, como se verá, engloban los rasgos estudiados hasta ahora en las místicas:

> sus oraciones, austeridades y penitencias desde los primeros años; las enfermedades que contrajo por esta causa; los hechos "maravillosos", que muy pronto comenzaron a manifestarse en ella en las más diversas formas: éxtasis, arrobamientos, hasta quedar con el cuerpo rígido, recibir "milagrosamente" la Sagrada Hostia, que se escapaba de las manos del Sacerdote y se iba a su boca; en sus arrobos y éxtasis respondía a las cuestiones más difíciles de teología; penetraba los corazones; se le abría una herida en el costado y derramaba por ella sangre en abundancia. La Beata era, por otra parte, terriblemente atormentada por el demonio.

A estos comportamientos sancionados se añaden otros más sospechosos, como la supuesta afirmación de posesión de un libro escrito por mano de San Juan Evangelista (aunque esto lo negara durante el proceso), y otras posibles actuaciones herejes como la de oír confesiones, predicar al pueblo, sostener haber visto la esencia divina, creer que estaba santificada desde el vientre materno y que no podía caer en pecado de carne, o pensar que la contemplación en su celda valía tanto como ir a misa (algo que, por cierto, la podía acercar al quietismo: sobre estas acusaciones, véase Sastre Varas, 1991: 342-345; 2004: 180, 186; Beltrán de Heredia, 1939: 247)[452]. Quizás para contrarrestar estas dudosas actitudes, en la defensa procesal de Sor María y en

---

451 De la acusación de fingimiento la defenderá continuamente en su alegato Antonio de la Peña, haciendo hincapié en los testigos que veían sus trances como verdaderos. Sobre este tema volveremos más adelante.

452 Según Sastre Varas (2004: 195), en ocasiones podía no *convenirle* oír misa, rezar o comulgar en público por estar ausente el P. Vitoria, de quien dependería el contenido de sus revelaciones: este estudioso justifica así su falta de actividad pública en Zamora, donde pareció negarse a confesarse o asistir a sacramentos que no impartiera el dicho fraile.

el prólogo al *Libro de la oración* la justificación de que la Beata había llevado a cabo muchas conversiones será constantemente repetida (véase, por ejemplo, LO, fols. b 1r, 2v).

Esta justificación será especialmente importante porque, como vamos a comprobar, a Sor María se la critica también por otras razones que, en principio, la harían desemejarse de sus modelos: razones que vamos a resumir junto con algunos argumentos aducidos en su defensa, pues nos proporcionan una visión más completa de la actuación de la Beata. Pero antes de esto hay que decir que en su proceso la propia Sor María se eximió de responsabilidades arguyendo falta de memoria o incapacidad para recordar lo que decía cuando estaba arrebatada (Beltrán de Heredia, 1939: 248; Sastre Varas, 2004: 194), y, en una línea semejante, la defensa de su proceso razonará que si hay falta en el discurso de la Beata pudo ser "por no bien entender lo que ella ansí arrebatada dice, o porque difiriéndolo de escribir por ventura olvidándose se pone uno por otro, o por otra causa alguna desta manera" (reprod. en Beltrán de Heredia, 1939: 249).

De todos modos, las acusaciones estaban claras. En primer lugar (por poner un orden a las muchas razones para la desconfianza), se rechaza que ella elija el instante del rapto místico, la facilidad con que accede al requerimiento de que en tal o cual hora experimente el arrobamiento y el favor espiritual, como declara algún testigo de su proceso. El éxtasis debía sobrevenir por favor divino sin que en ningún momento entrara en juego la voluntad humana, y a Sor María se la acusa de que acepte, por ejemplo, arrebatarse a los maitines para que la contemple doña María de Ulloa (Beltrán de Heredia, 1939: 31; Llorca, 1980: 43-44; Giles, 1990: 9)[453].

En segundo lugar, se rechaza su ocasional vestimenta, que, según la segunda y más completa defensa del P. Peña (a la que aludiremos constantemente a partir de ahora), incluye "corales, grana, sombreretes, bolsa de seda, cordón de San Fran-

---

[453] No obstante, su confesor Diego de Vitoria ofrecerá una versión distinta: según él, Sor María no siempre entra en trance cuando se lo piden (Lunas Almeida, 1930: 176).

cisco y otras cosas de oro y plata", pues para sus detractores era llevada en esto por liviandad o "curiosidad de ornamento corporal" (reprod. en Sastre Varas, 1991: 368)[454]. Las excusas argumentadas frente a esta acusación fueron que algunos de esos objetos se los dio el P. Peña por alegrar su corazón al ver los tormentos que padecía (por ejemplo, una falda grana: 367); que el cordón de San Francisco había sido regalo de Cisneros para que se acordase de él; y que la bolsa carmesí era empleada para llevar reliquias. Por otro lado, la testigo Sor María del Cordero insiste en que la Beata no llevaba ninguna de las joyas o vestimentas ricas por vanidad o lascivia (aunque se los ponía durante sus paseos por el campo, según Fray Juan Hurtado), sino como lo haría una imagen o estatua[455]. Además, en otras muchas ocasiones no se pondrá más que un saco de tela como disciplina penitencial y "traerá vestidos viles y gruesos" (368), actuación desde luego más acorde con sus palabras en las *Revelaciones*, donde critica el hecho de cuidar el cuerpo "adornándolo demasiadamente" (fol. 257r). En cuanto a los "corales y cosas de oro y plata" (acusación a la que se alude en dos puntos de la defensa: véase Sastre Varas, 1991: 368), el P. Peña arguye que los lleva encima para alegrar su corazón y por el ruego de personas que se los dan para que los santifique.

También en el prólogo al *Libro de la oración* se alude a este asunto, reconociendo que se la acusa con verdad (LO, fol. a 8r), pero argumentando de manera un tanto ingenua que la

---

454 Este permitirse ciertos lujos y comodidades, mezclados con prácticas ascéticas extremadas (Sor María imponía la observancia de la vigilia perpetua), era, según un prejuicioso Llorca (1980: 62), "uno de los tópicos de los falsos reformadores: grandes pretensiones de rigor, austeridad y renovación de espíritu, unidos con libertades y licencias, que constituían el mentís más rotundo de aquella pretendida austeridad".

455 Además, esta mujer negaría de manera tajante que hubiera clareado el pelo de Sor María, aunque admitiría haber hecho labores de teñido con lejía para algunas hermanas en el monasterio de Santa Catalina. En cuanto a sus paseos por el campo, Fuente (2006: 359) nos recordará que de Sor María se decía que le emocionaban los campos coloridos en primavera, las hierbas aromáticas y medicinales, los corderillos... Por otro lado, Bilinkoff destaca el papel pasivo de la Beata cuando lleva esos trajes o adornos como si ella misma fuera un icono vivo (1989: 64).

ropa de seglar y de colores vivos que a veces lleva Sor María, los preciosos paños de color negro y blanco y sus joyas dan cuenta tanto de su caridad, porque la gente le pide que las lleve mientras reza por sus dueños, como de su humildad, pues sabe que hacen pensar menos de ella que si no mostrara "aquel achaque" (fol. a 8v). Es este un argumento paralelo al que se nos ofrece para justificar sus triviales pasatiempos (ajedrez, paseos en mula), a los que se nos dice que acude con el objeto de darse algún descanso (al fin y al cabo es persona "de la Tierra") y a través de los que enseña, al arrebatarse practicándolos, que el pensamiento debe estar en Dios y no en el placer que producen (fol. a 8v)[456]; y también semejante al razonamiento que justifica su ayuno extremo: Sor María solo come por sacrificio (le causa vómitos, es fuente de sufrimiento) y por humildad, pues le hace recibir críticas (fol. a 8r).

En cuanto a las sospechas sobre su vestimenta, habría que recordar que, según Carla Casagrande (2003: 133), el cuidado por la ropa y los adornos no solo *denunciaba* entonces un amor por el cuerpo rayano en la idolatría, sino también un deseo incontenible de lucir ese cuerpo ante los demás, acercando a la mujer a la condición de meretriz[457]. María Jesús Fuente (2006: 361), que se asombra de la gran permisividad mostra-

---

[456] Curiosamente, poco después dice que se perfecciona Sor María mejor con estos pasatiempos que "si no comiesse y estuuiesse muy rota e muy encerrada y con mucha ypocresía y tristeza" (LO, fol. a 8v) –parece aquí aludir veladamente a la acusación de falsedad que se hacía a beguinas y begardos–, contradiciendo de algún modo su anterior defensa del ayuno extremo de la Beata o de sus enfermedades santificadoras.

[457] La belleza es una cualidad peligrosa en una santa (sin duda, por este motivo dio Dios una enfermedad a Petronila, quitándole la hermosura: Gómez Moreno, 2008: 150): peligrosa para ella porque atrae la atención, y para el hombre porque puede seducirle. Por eso se mira este rasgo con desconfianza, ya que, junto a la capacidad de conocimiento, hace a la mujer más poderosa y engaña al hombre (Petroff, 1994: 164). No obstante, en el relato de Isabel de Villena la Virgen recibe del arcángel Miguel perlas, collares, guantes o chapines, si bien la monja valenciana interpreta estos objetos de lujo alegóricamente (véase, para un estudio detallado, Twomey, 2005; Cátedra, 2005: 481 n45). Para la relación entre la santidad y el vestido, véase Hugues (2003: 204-205), quien asegura que la renuncia a vestir bien era un tema más frecuente en la hagiografía femenina que en la masculina.

da hacia Sor María, señala, a este respecto, que el *Arbor Vitae*, lectura frecuente entre los religiosos tras su traducción al castellano por mandato de Isabel la Católica, apuntalaba como gran crimen de la Iglesia la negación de la pobreza[458]. Desde luego, una figura amada por las místicas como la Magdalena era presentada siempre con ropas humildes, y así Sor Juana le hace decir en uno de sus sermones: "más quiero estar aquí, con mi Señor, pobre, que no donde estaba, vestida de brocado y cubierta de oro" (*El Conhorte*...: 1005); y una de las vidas de santas preferidas y más leídas en esos *Flores sanctorum* que tanto gustarían a la Reina Católica o en los refectorios de conventos era la de la austerísima ermitaña María Egipcíaca.

Este vestir elegante de Sor María contrastará así con la actuación de otras santas, por ejemplo con Brígida de Suecia, a quien el Señor le dice en una de sus revelaciones: "Tu cuerpo debe estar vestido con simplicidad y cuidado solo lo suficiente para cumplir mi servicio y no caer en la voluptuosidad. No haya en tus vestiduras nada que demuestre soberbia. Todo tiene que ser útil, nada debe ser superfluo" (Giovetti, 2004: 45-46). También en *El Diálogo*, que Catalina dicta vestida con el hábito de Santo Domingo, Dios critica a quienes se preocupan "en vestidos para el cuerpo, en andar con trajes delicados" (Catalina de Siena, 2007: 287, 434). Y Ángela de Foligno, en el noveno paso de su conversión, recibe la gracia de Dios para hallar el camino de la cruz y renunciar a su fortuna y a sí misma, por lo que desde ese momento comienza "a apartar los vestidos más lindos y a simplificar las comidas y los peinados" (1991: 29), acciones que, confiesa, le cuestan muchísimo. Finalmente, Margery Kempe también se arrepentirá de su época de orgullo vano, cuando le gustaba estar más elegante que nadie de su vecindario (*The Book*...: 8). En esto, pues, Sor María se alejaba del modelo.

[458] Fuente también se extraña de que se le permitiera danzar graciosamente aun cuando fuera considerado este un comportamiento poco apropiado para mujeres recatadas, pero olvida situar estos bailes, de los que hablaremos seguidamente, en la línea de otras místicas europeas (véase 2006: 362).

En cuanto a la tercera gran acusación, tenía que ver con el momento en que la inundaban sus arrebatos, esos pasatiempos ya mencionados y un tanto sorprendentes, aunque la defensa alegaba que por ello mismo destacaban más sus buenos pensamientos.

> la dicha soror María quando algunas vezes bayla y juega al exedrez y haze otras cosas de recreaçión de su spíritu, piensa en cosas diuinas y santas, lo qual se demuestra, porque se suele arrebatar algunas vezes, y estando ansy arrebatada dize cosas muy santas y diuinales y prouocatiuas a grand deuoçión, dando a entender maravillosamente la limpieza de sus pensamientos, que pensaua en el tiempo que más pareçía estar ocupada en las tales recreaçiones y juegos, y que menos se pudiera pensar que ella pensaua cosas tan altas y santas. (reprod. en Sastre Varas, 1991: 369)

No gustaba entonces que a Sor María le vinieran los éxtasis bailando o jugando al ajedrez, es decir, fuera de esos tiempos y lugares sagrados en que Dios solía visitar a místicas como Santa Brígida, a quien concede visiones "no mientras dormía, sino mientras estaba despierta y rezaba" (Giovetti, 2004: 45)[459]; Sor María, en cambio, se acerca al paradigma más cotidiano de Ángela de Foligno (1991: 82, 95, 121), a quien le podían venir arrobos o apariciones mientras lavaba una lechuga, comía o se echaba la siesta. Por ello, Antonio de la Peña, buen conocedor de la beata italiana, arguye en su defensa que es por la infinita gracia de Dios que a Sor María le entran arrebatos desarrollando ejercicios temporales como comer, andar por el campo y el río o estar en la cama (véase Sastre Varas, 1991: 361), pero, claro, el ajedrez tenía menos antecedentes santificados.

En cuanto al baile, el testigo Juan Hurtado afirma que Sor María danzaba con Cristo y los ángeles durante sus raptos (seguramente esos ángeles que junto con otros seres celestia-

---

[459] Discrepo, en este sentido, de Bynum (1987: 418 n51) cuando, haciéndose eco de otro trabajo, afirma, de manera generalizadora, que las visiones de las mujeres "were expected and sought for", contraponiéndolas así a las de los hombres, que les sobrevenían repentinamente. Según Bynum, se podría decir entonces que las visiones de las primeras "confirm them in an already chosen way of life" (recuérdese que Bynum destaca la continuidad en la mística femenina) mientras que las de los segundos "marked the onset of a new life". En el caso de Sor María, no obstante, se critica precisamente que busque la ocasión de sus visiones.

les se le aparecen ya desde la infancia)[460]: y en su declaración, Juan de Azcona observa que "algunas veces cuando tocaban el órgano de la iglesia se arrebataba a bailar" (Beltrán de Heredia, 1939: 112), coincidiendo en este testimonio con Diego de Vitoria, quien también asegurará que Sor María entraba en éxtasis al escuchar instrumentos musicales. Azcona, que había dudado de la veracidad de sus raptos, admite que, aunque esos divertimentos le parecen frívolos, al verla bailar él y muchos testigos se emocionan hasta las lágrimas por las cosas que dice mientras se encuentra en el trance (Giles, 1990: 31).

Lo curioso es que, en muchas ocasiones, no se trataba de la asunción del cuerpo de Cristo que hemos visto en Spalbeek, sino más bien de un *performance* festivo del tipo de los que están presentes en Sor Juana, aunque, como en el caso de la primera, elija unos días claves para representar la Pasión. Parece que las liturgias, éxtasis y procesiones de la Beata acababan frecuentemente en danzas y abrazos entre un grupo formado por seglares (incluidos nobles), religiosos y religiosas, durante los cuales Sor María se interrelacionaba graciosamente con todos los presentes (Sastre Varas, 2004: 180, 185). Sastre Varas señala que esta afición al baile nos remite a la vida de la congregación de San Marcos y de su vicario Savonarola (191), aunque sabemos que hay otros antecedentes de este comportamiento *bizarro*[461]. Hemos visto ya algunos ejemplos de baile místico, a los que podemos añadir el Libro de Matilde de Magdeburgo,

---

[460] Es interesante el hecho de que Hurtado también la viera bailar con un pariente suyo sin estar en trance (Giles, 1990: 31). Hay que decir que Juan Hurtado, fraile con exitosos planes ultrarreformistas y dominico de gran peso en la orden, "hijo también del convento de Piedrahíta, y admirador de sor María al principio", se convirtió en "terrible enemigo suyo luego, cuando vio los dislates del grupo que actuaba a su sombra" (Beltrán de Heredia, 1972: 531): Hurtado, en su testimonio, se siente particularmente asombrado por la mezcla de liviandad y fervor que envolvía a la Beata (véase Beltrán de Heredia, 1939: 109 y ss.).

[461] También Giles (1990: 54), siguiendo a Beltrán de Heredia, parece percibir influencia savonaroliana en el baile de nuestra mística: "The Spanish reformers emulated the practices of St. Mark in terms of rigorous austerities, the short, narrow habit, mystical dances, the style of singing, love of processions and enthusiasm for prophecies and revelations".

La representación de Sor María en su contexto europeo 335

que denota asimismo una preocupación por la ropa elegante y donde se nos dice que hay que danzar como lo hacen las elegidas (véase English, 2006: 201). Howard (1984) explicará que Matilde une la imagen de la danza mística del alma (cuyo origen reside en el Neoplatonismo, cuando el Pseudo Dionisio la adopta para transplantarla al misticismo medieval, con el alma moviéndose circularmente junto a los elementos celestiales en torno a su Creador) con la costumbre contemporánea de la danza de la primavera. A Matilde, Cristo se le aparece en la forma de un noble joven que le invita a participar en su danza bendita, que llevará a cabo la santa junto a las Virtudes. Por último, recordemos el baile que desarrolla la Virgen en alguno de los sermones de Sor Juana.

Pero volviendo a las acusaciones que recaen sobre la Beata, otra aguda crítica la despierta el hecho de que su confesor Diego de Vitoria pase la noche con ella, junto con otros hombres como el testigo Diego de San Pedro, quien reconocerá que iban a su cuarto de noche para escuchar las palabras que decía en su rapto místico, que al ser tan santas les hacían llorar[462]. En este sentido, Sastre Varas (2004: 184) destaca que las preguntas del proceso se centran en tres principales ocasiones de escándalo: qué había pasado en el viaje a Toledo; si de día o de noche se quedaba la Beata con frailes en grupo o solos; o si se abrazaban, besaban y bailaban[463]. De hecho, el testigo Juan de Septiembre

---

[462] Es cierto que, como nos recuerda Gómez Moreno (2008: 151), en la hagiografía femenina que se lee en el Medievo muchas santas fueron acusadas injustamente de falta de castidad, pero en este caso parece que había motivos: Sor María no dirá que es mentira que duerma con esos acompañantes, sino que la defienden del demonio. Y es que, pese a las comparaciones aducidas aquí con algunas *vitae*, visionarias como la Beata tienen poco que ver con el material hagiográfico femenino que manejan Álvaro de Luna, Diego de Valera, Diego de San Pedro o Martín de Córdoba en su defensa de las mujeres.

[463] Sastre Varas (2004: 184) recoge sucesos llamativos como este: "En el camino hacia Toledo, había sucedido que cayó enfermo de calenturas fray Jerónimo de Toledo, a quien el padre Vitoria mandó acostarse. La Beata lo desnudó, lo acostó, y después, vestidas y sobre la cama, se acostaron ella, las otras dos religiosas y algún religioso, porque no había en la posada más que una cama. Esto se repitió en Huecas y Paredes, cerca de Escalona. Fray Diego

advierte de que al parecer religiosos y religiosas se echan sobre la Beata (siempre vestidos) para ayudarla con sus desmayos y problemas cardíacos, si bien opina que hay también mucho de habladurías e imaginación en estas acusaciones (Beltrán de Heredia, 1939: 121); y Juan de Azcona, por su parte, señala que por vía de consolación religiosas y religiosos la abrazan y acercan su rostro al suyo, "y muchas vezes destas, ella no conoce ni vehe quien la tienta ni qué le hazen" (cit. en Sastre Varas, 2004: 185). Desde una actitud desconfiada, por lo que se deduce de la respuesta que el P. Peña da a sus argumentaciones, Lope de Gaibol señala que las monjas de Santa Catalina le dijeron una "cosa mala" sobre Sor María (véase Sastre Varas, 1991: 374), y Juan Hurtado sugiere que a lo mejor la Beata estaba enamorada de Diego de Vitoria, pues le parece que le fuerza a estar con ella en su celda (185; Beltrán de Heredia, 1939: 109).

Aquí podríamos recordar las palabras de San Vicente Ferrer contra la relación estrecha entre un religioso "buen predicador" y la mujer que con él se confiesa: "E de poco en poco o va ella a la çella dél o él a la casa della a departir e, finalmente, como comiençan en *Credo in Deum* acaban en *carnis rresurrectionem*" (Cátedra, 1994: 493; cf. Archer, 2005: 62)[464]. De hecho, debían de ser frecuentes las sospechas de las relaciones entre confesores y tuteladas: el propio Fray Arnaldo reconoce en su *Memorial* las suspicacias y murmuraciones que se levantan mientras él y Ángela se dedican a componer su libro, sentándose en un rincón de la iglesia (Ángela de Foligno, 1991: 44). Sin duda, por muchas razones los confesores temerían las sospechas tanto como sus discípulas, no fuera que les pasara algo semejante al confesor de Elizabeth Barton, a quien, en época ya de Enrique VIII, se ejecuta junto a la *pseudomística* por una santidad profética y fraudulenta.

En cuanto a Sor María, parece que Diego de Vitoria pernoctaba cerca de su cama o encima, y este hecho, claro,

de San Pedro contestando a la pregunta cuarta, dice que es castísima, aunque ha oído a sus enemigos que dicen que sor María tiene hijos".

464 Cátedra (1994: 493 n7) señala que este comentario chistoso lo hizo Vicente Ferrer en más de una ocasión.

unido a los abrazos de consuelo que él no puede sino confirmar, resulta sospechoso[465]. La excusa para estas cercanías era la confortación que necesitaba la Beata, excusa extendida al saludo afectuoso que a ella le brotaba cuando llevaba tiempo sin ver a una persona, o quería celebrar una victoria contra el demonio y esas santas visiones que la dejaban con "diuinal alegría" (reprod. en Sastre Varas, 1991: 371). No obstante, el hecho de que a estos asuntos les dedique gran espacio en su defensa Antonio de la Peña (y de que en ellos se exprese mayoritariamente en latín) revela la importancia de las sospechas sobre la sexualidad de Sor María (véase Sastre Varas, 1991: 370-371): principalmente, porque Peña reconoce que Sor María pasaba la noche a puerta cerrada, pero que esta se abría a quien llamara a ella: hombres y mujeres deseosos de escucharla[466]. Sin embargo, hay que decir que la propia Beata se declara protegida por Dios del pecado de la carne y de las tentaciones, o al menos no recuerda haberlas tenido (343; Beltrán de Heredia, 1939: 100).

[465] Diego de Vitoria, como nos recuerda Giles (1990: 33), era el más sospechoso del grupo en torno a Sor María, tras haber reconocido haber estado con ella a solas en su habitación, cerca o encima de su cama, con o sin luz. Además, había abrazado y besado a la Beata, aunque castamente, y algunas personas le habían aconsejado abstenerse de estar con ella de noche, por ejemplo Juan Hurtado, quien no había tenido éxito en persuadir a Francisco de Porres y Tomás de Matienzo (que se escudó en que no quería ofender al Duque de Alba) de que actuaran contra Vitoria. Como hemos visto, Hurtado parecía pensar que era la Beata quien había tentado a Vitoria y le había llevado a una familiaridad sospechosa (Giles, 1990: 35; cf. Beltrán de Heredia, 1939: 101). No obstante, por el testimonio de Juan de Septiembre, vemos que los gestos de consuelo y protección no se limitaban al P. Vitoria. Aun así, Diego de Vitoria mostrará su miedo ante la posible incomprensión de sus compañeros de la orden (Sastre Varas, 2004: 181).

[466] "[...] muchos ombres concurren a la cámara y çelda de la dicha soror María por su deuoçión y por ver sus arrebatamientos diuinales y sus obras, y también por oyr sus santos documentos y cathólicas y muy deuotas palabras, y no por algún mal fyn; antes, viendo y oyendo a la dicha soror María, se mueven sus coraçones a compunçión y contriçión y muchas lágrimas, en tal manera, que sy están en pecados, se conuierten a Dios, y si son buenos, se hazen mejores, y si son féruidos en el seruicio de Dios se ençienden en él con muy mayor feruor" (reprod. en Sastre Varas, 1991: 370). Separo, de la transcripción que hace Sastre Varas, "en pecados".

El ansia de consolación que suscitaba Sor María no se debía solo a sus constantes dolores de corazón y de cuerpo, sino también a "los tormentos que los demonios muchas vezes le han dado y dan" (LO, fol. a 4r), de cuyas garras los visitantes tratan de librarla las muchas noches que el Maligno viene a luchar contra ella (véase Sastre Varas, 1991: 371)[467]. Antonio de la Peña afirma que en ocasiones acaba sangrando por boca, nariz y oídos, y que su cabeza es golpeada contra la pared (364), y lo mismo se nos dice en el *Libro de la oración*, añadiendo los ojos a los órganos víctimas del ataque (LO, fol. b 1r): un fenómeno que Bynum (1987: 203; 1991: 186) nos demuestra le sucedía también a otras místicas y que ahora es achacado a lo que se llamaba antiguamente *histeria* o a un tipo de anorexia, aunque se podría hablar también de epilepsia[468]. De hecho, la sospecha de que pudiera ser epiléptica, confirmada en cierto modo por sus ataques cardíacos, es formulada incluso por testigos coetáneos como Diego de San Pedro o Juan Hurtado (cf. Beltrán de Heredia, 1939: 115)[469].

En Sor María no puede extrañar ese miedo hacia un demonio que se le aparece como mitad hombre y mitad caballo, o como manada de cerdos; y que la arroja en un pozo donde ella se las maneja para conservar la vida rezando en alto el credo hasta que las hermanas la oyen y la rescatan (véase Giles, 1990:

---

467 En el *Libro de la oración* el prologuista nos dice que el demonio sufre el engaño de Sor María cuando intenta engañarla a ella, y por esto, para vengarse, el diablo le golpea el cuerpo (LO, fol. b 1r).

468 Para Bynum, estas mujeres que experimentan "fits" o "nosebleeds" (supuestamente por un deseo místico, si bien en el caso de Sor María parece que otra era la razón) pueden parangonarse con las *histéricas* del siglo XIX, aunque el sentido otorgado por Freud se considere hoy desfasado. En su defensa, Antonio de la Peña insistirá más adelante en que los demonios la dejan llagada, herida y ensangrentada toda (véase Sastre Varas, 1991: 371).

469 Diego de San Pedro, que sabemos duerme en la habitación de Sor María para ayudarla junto a otros hombres contra el demonio, llega a testificar que una vez, a pesar de los esfuerzos de cuatro o cinco hombres para sostenerla, el demonio consiguió arrojarla contra una pared, y que en otra ocasión él la encontró casi muerta tras uno de esos ataques, sangrando por la nariz, orejas y boca, con una larga pieza de su carne entre los dientes (Giles, 1990: 32, 34).

La representación de Sor María en su contexto europeo   339

32). Estos combates con el demonio no sonaban extraños (hay que señalar aquí que en la tradición hagiográfica el Enemigo podía tener intenciones lujuriosas; véase *The Life*...: 54): ya Ángela de Foligno (1991: 111) confía a su director Fray Arnaldo que "no le queda parte alguna que no haya sido golpeada y castigada por los demonios", aunque no se nos dice que estas peleas sean nocturnas[470]. También Catalina de Siena asegurará ser atacada por diablos en ocasiones, y el biógrafo de Lucía de Narni, Fray Serafino Razzi, afirmará que el demonio se aparecía con frecuencia a esta beata golpeándola con fuerza (véase Matter, 2001: 8). A Margery Kempe le dirá Dios que la ha hecho dormir y despertarse con malos espíritus alrededor para purificarla (*The Book*...: 38). Y siglo y medio después, Santa Teresa también recibirá los golpes que "un negrillo muy abominable" le imparte con cuerpo, cabeza y brazos (Teresa de Jesús, 2004: 311). Los mismos combates viven las llamadas *santas vivas* italianas, coetáneas de Sor María, aunque, a diferencia de estas, la Beata no parece tener poder para vencer o expulsar diablos (Zarri, 1996: 295 n175).

    Hay muchos más ejemplos de ataques nocturnos reconocidos oficialmente, como el llamativo de Santa Bienvenida de Friuli, reflejado en el *Acta sanctorum*, quien además de encontrarse con el demonio en forma de serpiente (como las santas italianas Verdiana o Humiliana) tumbado en su cama, debe pelearse en otra ocasión con un diablo con apariencia de oso (cf. *The Life*...: 47)[471] que lanza piedras en el aire, algo de lo que son

---

    470 Esta etapa vivida por Ángela forma parte de una suerte de noche oscura, donde "la santa traspasa el ámbito del franciscanismo para aproximarse al nihilismo del maestro de la mística renana, Eckhart" (Cirlot & Garí, 2008: 198).

    471 Este tipo de escenas parecen remitirnos a un demonio con forma de hombre salvaje. Al fin del Medievo las apariciones de un demonio sexuado en situaciones comprometidas se acentuarán, constituyendo el reverso del fenómeno de la mujer lujuriosa endemoniada: como dice McNamara (1993: 26): "By the end of the century [xv], the marriage of the bride with Christ was giving way to the lurid image of frenzied women copulating with the Devil". Recordemos la diabolización de la mujer comentada en el capítulo primero de esta monografía. Por otro lado, los pecadores (entre los que Sor María se incluye) podrán adquirir también forma de serpiente en sus *Revelaciones* (fol. 255r).

testigos los amigos y las monjas del cercano convento dominico que la hacen compañía para proteger su descanso nocturno (Petroff, 1994: 105-106)[472]. También a Cristina de Markyate el demonio se le aparece con un aspecto terrible de noche, "with blackened teeth, which had tried to seize her but in vain" (*The Life...*: 13), incluso en forma de sapo (38)[473], como le sucederá a Teresa de Jesús (2004: 75)[474].

Pese a esta larga tradición hagiográfica, el caso de Sor María podría ser mirado con cierta desconfianza por precedentes como el de la beguina visionaria Sibila, quien también se debatía en la noche con un diablo que resultó finalmente ser un fraude: los habitantes del pueblo pudieron oír los gritos nocturnos de este hasta que se descubrió que todo era cuestión de fingimiento (Caciola, 2003: 87-90). Pero además, la vigilancia sobre la herejía alumbrada, que empezaba por entonces a despuntar, pudo influir también en esa mirada de sospecha sobre las noches de la Beata: recordemos que la persecución de este movimiento está vinculada al recelo sentido hacia el verbo femenino (Vigil Medina, 2009: 1151). En este sentido, los críticos que se han ocupado de la acusación de alumbrada o heterodoxa

---

[472] En el caso de Sor María no creo que debamos interpretar estos ataques del demonio como tentaciones sexuales, como sí lo hace Petroff (1994: 106) con los ejemplos mencionados en que adquiere forma serpentina (para los encuentros de varias santas con el demonio, véase Petroff, 1994: 102-106, 114-129; cf. 1986b: 6-7). De todos modos, podríamos recordar aquí la argumentación de Nider de que el demonio se siente atraído por mujeres de cabello largo. También hay que decir que en las vidas de las santas italianas desde muy pronto sus protagonistas sufren ataques de demonios mientras ayunan, hacen vigilias o se dedican a otras penitencias, o incluso, como en el caso de Ángela de Foligno, mientras preparan la comida (véase Mazzoni, 2005: 95-96; Ángela de Foligno, 1991: 82).

[473] De hecho, durante muchos años Cristina se siente aterrorizada de noche: por ello, cuando se echa a dormir no se atreve a darse la vuelta en la cama y a mirar alrededor, por el temor a un demonio que la acecha con tentaciones obscenas (*The Life...*: 54). Es interesante esta relación entre el demonio encamado y el pecado de la lujuria, que hace peligrar a una santa tan ferviente defensora de la castidad como es Cristina.

[474] "[...] vimos venir hacia nosotros [...] una cosa a manera de sapo grande., con mucha más ligereza que ellos suelen andar. De la parte que él vino no puedo yo entender pudiese haber semejante sabandija en mitad del día ni nunca la ha habido".

que recayó sobre Sor María a partir de Menéndez Pelayo (1947: 215) se olvidan generalmente de señalar que las alumbradas eran culpadas de dormir con sus confesores (y confesar sus deshonestidades: recordemos a las alumbradas de Llerena), lo cual, aunque no invalida que Sor María nunca fuera considerada como tal, da cuenta de la debilidad en que se encontraba su defensa si sobre la mujer recaía la acusación de herejía, desacreditando tanto a ella como al sacerdote que la protege[475]. Por otro lado, en los documentos que sobre este grupo heterodoxo elaboró la Inquisición vemos que los "efectos portentosos" que se producen en sus raptos se atribuyen a la presencia del demonio (Santonja, 2000: 386).

En el caso de Sor María, son portentos nocturnos los que le hacen sentir miedo del Maligno y necesitar protección: algo que contrasta con lo que en *El Diálogo* prometía Dios le sucedería al alma piadosa y atenta al sacrificio de Cristo:

> Los demonios [...] se llegan [al alma] para ver si pudieran conseguir algo. Lo hacen con formas horrendas para producir miedo con su feísimo aspecto, con muchas y diversas fantasías, pero como en el alma no existe el veneno del pecado, su aspecto no le da temor ni miedo, como ocurrirá al que ha vivido malamente en este mundo.
>
> Viendo el demonio que el alma se ha sumergido en la sangre con ardentísima caridad, no le [sic] puede soportar y le arroja saetas desde lejos. No dañan al alma sus ataques y gritos, ya que comienza a gustar la vida eterna [...]. (Catalina de Siena, 2007: 320; cf. 323)

Es verdad que este pasaje se refiere a los instantes previos a la muerte de una persona piadosa, pero también se puede aplicar a otros momentos. Además, esta visión no deja de ser curiosa porque en un texto como el *Ars moriendi*, que trata también sobre los postreros momentos de la vida, el demonio introduce debilidades en el moribundo no tanto a golpe de saeta, sino de discurso seductor: en este sentido, parece que el diablo al que teme la mujer tiene mucho más de violento que de retórico o dialéctico (véase, por ejemplo, Constanza de Castilla,

---

[475] Para la acusación contra las alumbradas extremeñas de dormir con sus confesores, véase Santonja (2000: 388, 391). En la Relación mencionada se acusa a los clérigos herejes de conducir a las mujeres a estos engaños y maldades.

1998: 11), siendo, en cambio, este último el rasgo más peligroso para el hombre (cf. Sanmartín Bastida, 2006b: 129-137).

Además de todas las críticas mencionadas, finalmente Sor María plantea otros problemas de agenciamiento de autoridad, similares a los de otras místicas, que la llevan al centro de la mirada vigilante. No podía agradar que ejerciera labores de confesión y predicara sermones (si bien no "sacramentaliter"), acusación que nos transmite el testimonio de Juan Hurtado (Beltrán de Heredia, 1939: 113-114; Giles, 1990: 37) y, por vía indirecta, Lope de Gaibol (véase Sastre Varas, 1991: 374). Además, se mete en asuntos políticos y religiosos, encabezando, como sabemos, un intento de reforma de los dominicos, tal vez manipulada por otros, del mismo modo que María de Ajofrín fue utilizada por Juan de Corrales para ayudar a establecer la Inquisición en Toledo[476]. Por las palabras del Maestro General Cayetano sabemos que esta intrusión femenina no agradó, como tampoco entusiasmará su ataque al mal actuar de muchos religiosos (situándose también en esto en la tradición visionaria): en la tercera visión recogida en el *Libro de la oración* (fols. d 2r-2v) acusa a los misioneros de no sentir un verdadero fuego de amor que sirva para extender la Palabra de Dios en las Indias; y duras también resultan algunas palabras suyas de sus *Revelaciones*, en un alegato que recuerda la acusación de Cristo contra los fariseos[477]:

> Malauenturados son aquellos rreligiosos a quien sobra el tiempo. [...] Son mal auenturados todos aquellos, mayormente los rreligiosos, e dignos de mucha culpa delante del Señor, que por su negligençia permiten e dexan criar orín de pecados en sus ánimas e consçiencias, sino que deuen continuamente trabajar sin çesar por las tener así luzias e linpias, e claras como hazen aquellos que procuran por tener sus espadas muy polidas e linpias e açicaladas, porque desta manera merezcan ser tenplos e morada del Señor. (*Revelaciones*, fols. 254v, 258r)[478]

[476] Al igual que a los reformadores les interesaba Sor María (o a Cisneros, al Duque de Alba y al Rey), los partidarios de la Inquisición se habían aprovechado de algunas visiones (o bien las habían fomentado) de la beata de Ajofrín (véase Surtz, 1995: 68-84).

[477] Esta crítica a los malos clérigos se verá acompañada, no obstante, de oraciones por la Iglesia y sus ministros y príncipes cristianos, que destaca Antonio de la Peña en su segunda defensa (véase Sastre Varas, 1991: 363).

[478] Corrijo en mi edición la transcripción que de este fragmento hizo Beltrán de Heredia (1972: 461). En varios pasajes, Sor María se permite dar

Por todas estas razones Sor María inquieta. En la misiva de Mártir de Anglería al Conde de Tendilla (del 6 de octubre de 1509), reproducida al comienzo de este epígrafe, apreciamos toda la desconfianza genérica y de clase hacia la mujer visionaria, de quien se destaca su calidad de profetisa al llamarla Sibila vaticinadora. Al leer esta epístola, considerando que ya gozaba del apoyo de Cisneros, del Duque de Alba y del Rey (nos enteramos de que no solo visita la corte sino que el Rey la visita a ella), y que había pasado con éxito algunos procesos, se puede decir que la desconfianza hacia la Beata no cesó en ningún momento: el escritor humanista habla en su misiva de simulaciones, fanatismo, pretensiones, superstición, fantasía, escándalo, y de un discernimiento de signos que él ya prejuzga.

Como dijimos en el capítulo primero, las visionarias se convierten en un enigma complejo que se hace necesario explorar, en este caso tanto por su posible carnalidad (las noches sospechosas de Sor María) como por su expuesta hermosura (las joyas y trajes que la adornan). La Beata sufre así la desconfianza creciente que las visionarias reciben de la Iglesia europea, y que a mediados del siglo XV se plasma en investigaciones que tienen por objeto dilucidar si sus arrebatos tienen alguna conexión demoníaca (cf. Kagan, 1991: 21-22). Como dice el prologuista del *Libro de la oración*, se teme que todo sea engaño del diablo (LO, fols. b 1r-1v; cf. Sastre Varas, 1991: 377), y por eso él mismo se ve obligado a separarla explícitamente del grupo cada vez más numeroso de las herejes o embaucadoras: "no porque vno sea hereje se sigue que lo es o será su compadre o vezino" (LO, fol. b 1v).

Lo que se intentará dilucidar en sus procesos es si el caso de Sor María se trata, como diría Mártir de Anglería, de "ligerezas de mujer": una mujer a la que considerará "de inteligencia rudimentaria" (el humanista se fija para este juicio, sin más datos, en los orígenes de la Beata). Así, el 24 de octubre de 1509, en una carta poco citada del mismo autor, la número 431, este escritor demuestra que considera infantilidades los actos

"doctrinas spirituales" a "los uarones spirituales que uan a la perfección" (*Revelaciones*, fol. 249v).

de Sor María, y que, aunque ella salga indemne del tercer proceso, su experiencia divina no acaba de convencer a algunos.

> Tengo también algo que contarte acerca de la Beata de Ávila. El Nuncio Apostólico y el Obispo de Bertinoro, con los otros dos prelados, el de Burgos y el de Vich, acordaron dejarla en libertad y sin castigo alguno, bien porque se convencieran de que se trataba de una mujer de inteligencia rudimentaria, bien porque aprobaran su conducta o creyeran que no había por qué preocuparse de sus infantilidades. Sea lo que fuere, decretaron su libertad. (Mártir de Anglería, 1955: 305)

Años más tarde, después de que la Beata saliera no solo absuelta, sino alabada, del último proceso, repitiendo los mismos argumentos de la epístola reproducida al comienzo de este capítulo, en la carta que manda al Marqués de los Vélez el 27 de junio de 1512 (la epístola 489), Mártir de Anglería parece culpar al Rey y a Cisneros de la fama pública de la que goza la Beata. Ahora llama directamente "patrañas" a los coloquios que mantiene Sor María con Cristo, con quien anda "como su esposa" aunque los que la acompañan no vean a nadie con ella. Además, señala que el Cardenal Inquisidor Mayor aprueba su conducta, incluso tras someterla a un interrogatorio con otros inquisidores (Mártir de Anglería, 1956: 42).

> De entre los frailes dominicos –a cuya Orden pertenece y cuyo hábito viste–, muchos se muestran disconformes con este asunto; otros son partidarios de la Beata y ensalzan su santidad hasta las estrellas. Existe enconada diversidad de pareceres. Proclaman unos la necesidad de quitar de en medio esta superstición. Que se debe fomentar su santidad vociferan otros. Los de acá dicen que es una alucinada del demonio. Y los de allá argumentan que la visitan Cristo y los ángeles.[479]

Lo interesante de esto es que muestra que Sor María, de algún modo, no fue absuelta del todo, pese al dictamen final de su proceso. El discernimiento de espíritus que se ejerció sobre ella pervivió tras los juicios a los que la sometieron, un discernimiento que no encontramos en la propia Sor María, pues no tenemos constancia de que tuviera esas dudas sobre la proce-

---

[479] Mártir de Anglería, que, como hemos dicho, parece haber llevado a cabo su propio *discernimiento* sobre Sor María a juzgar por sus palabras, señalará seguidamente que con estas discordias los religiosos consiguen la irrisión del pueblo.

dencia divina de su experiencia que predominan en las visionarias mediterráneas y que mencionamos en el capítulo primero ("Quería saber si esta alegría puede ser engañosa a causa de la pasión espiritual propia": Catalina de Siena, 2007: 233).

Precisamente, como ya se ha dicho, la alegría perenne era una señal positiva de la visita del Señor. Por ello, al igual que Sigüenza (1909: 359) destacaba la alegría que le embargaba a María de Ajofrín después de comulgar, en la defensa de su patrocinada Antonio de la Peña destacará que el arrebato deja a Sor María muy alegre, llena de gozo y hasta con risa, además de que le arranca los dolores (véase Sastre Varas, 1991: 363). Este hecho, junto con el de que se extasíe inmediatamente antes o después de la comunión, así como la ortodoxia de las palabras de la Beata (resaltadas también por el dicho fraile: véase Sastre Varas, 1991: 363; cf. 374), serán para sus defensores indicios de que lo que vive no es una ilusión demoníaca (véase Zarri, 1996: 238). Síntoma de autenticidad del rapto de la Beata es, además, que Dios no permitiría tamaña ofensa a sí mismo como la de que el demonio se acerque a la sagrada eucaristía; y que este haría que las doctrinas y la vida de la Beata no fueran tan rectas como son declaradas por los jueces, además de que sus lágrimas y "alumbramiento" estarían acompañados de imperfecciones y defectos que no encontramos en nuestra visionaria, según probaban muchos testigos en sus procesos (LO, fols. a 3v-4v; b 1r, 2v[480]). Finalmente, el Enemigo no podía querer la conversión de los pecadores, y Sor María aquí demostraba su éxito haciendo que muchas personas se comportaran mejor y más piadosamente.

Estas argumentaciones debatían el principal motivo de discernimiento sobre si sus arrebatos eran fingidos, de lo que

[480] En cuanto a la rectitud de la vida de la Beata, Surtz (1995: 90) ve una nota de ambigüedad en el argumento final del prologuista de que hay que aprovechar las cosas buenas que Sor María dice, independientemente de que pueda errar en sus comportamientos (véase LO, fol. b 3r): para Surtz, este aserto podría mostrar que compartía con sus detractores alguna reserva con respecto a las actuaciones de su tutelada. No obstante, no me parece a mí que este argumento delate dudas en el editor, especialmente cuando se dedica a presentar a la Beata como auténtica guía espiritual durante el prólogo (véase, por ejemplo, LO, fol. b 2v).

la acusaban sus detractores tanto como por su controvertido modo de vida, según se puede deducir de la defensa que hace de ella el prólogo del *Libro de la oración*, que, sin embargo, no se detendrá en justificar la credibilidad u ortodoxia de sus palabras. De hecho, Antonio de la Peña en su segunda defensa debe aducir varias veces que su rapto "non puede ser cosa fingida en ninguna manera" (reprod. en Sastre Varas, 1991: 363). Tal vez de esas dudas provenga la pregunta que se le formula a Sor María en el cuarto proceso sobre si había comido incienso. Al incienso, que quizás se tomara entonces en píldoras, se le atribuían propiedades dispares como la capacidad de hacer enloquecer, y por ello Sastre Varas (1991: 346) se pregunta: "¿Pensaban que el incienso tenía propiedades alucinógenas y que, en consecuencia, los raptos, visiones, revelaciones, etc.[,] podían ser producto de tan extraña comida?". Fuera como fuese, testigos como Agustín de Funes y Juan de Azcona sospechan que Sor María finge sus raptos (y no que la engañe el demonio o pierda la razón), y el primero se basa para pensar esto en que se corrige cuando habla en nombre de Dios –y Dios no puede corregirse a sí mismo–, y en que, como se ha señalado, entra en trance según la voluntad de los que se lo piden (Beltrán de Heredia, 1939: 116). Tampoco Lope de Gaibol confía en la beata y cree que se trata de un fraude, pues cuando la pone a prueba (recordemos que esto era frecuente hacerlo con las místicas, incluso por parte de quienes las apoyan), sosteniendo una hostia no consagrada, Sor María se apresura a tomarla sin darse cuenta de ese importante detalle (véase Sastre Varas, 1991: 374; Lunas Almeida, 1930: 203-204)[481]. Juan Hurtado será otro fraile que no considere sus éxtasis genuinos, tan sujetos como estaban a la voluntad de la Beata: y además, para Hurtado Sor María delata una sospechosa voluntad de contentar a los otros

---

[481] Parte de esas pruebas o comprobaciones será, como veremos, asegurarse de su insensibilidad corporal durante los arrebatos, del mismo modo que se hizo con María de Ajofrín. Hay que decir que Lope de Gaibol, antiguo confesor de la Beata, se transformará en uno de sus mayores enemigos, por lo que podemos deducir de los ataques y contraargumentos que le dirige Antonio de la Peña (véase Sastre Varas, 1991: 373-375, 377, 382-385).

con sus profecías, que solían favorecer a los dominicos, especialmente a los reformistas (Beltrán de Heredia, 1939: 115; Giles, 1990: 28; Sastre Varas, 1991: 191).

Hurtado tampoco estará seguro de su herida en el costado, que asimismo se cuestiona. Aparecida el Jueves Santo de 1509, casi debajo de las costillas, este milagro somático lo había sufrido María de Ajofrín, y en su caso su veracidad se había probado con un documento notarial que situaba justo la herida en el mismo lugar en el que Cristo la había recibido, y aseguraba que carecía de hinchazón o putrefacción, fenómeno que ya se daba en otras santas (Sigüenza, 1909: 364-365; Surtz, 1995: 172 n19)[482]. En cuanto a la autenticidad de la llaga de la Beata, primero confirma haberla visto su confesor Diego de Vitoria, junto con el Duque de Alba y el prior del monasterio de Piedrahíta, y luego los jueces de su proceso pudieron comprobar la cicatriz y su forma alargada, de la cual tomaron acta cual nuevos Santos Tomases que debieran tocar para creer, como le pasó a María de Ajofrín (véanse Sastre Varas, 1991: 364; Muñoz Fernández, 1994b: 303; Beltrán de Heredia, 1939: 102)[483]. La relevancia del reconocimiento de este efecto físico de las visiones en Sor María la muestra el prólogo del *Libro de la oración*, que comienza precisamente refiriéndose a esa llaga (LO, fol. a 1v), a la que luego vuelve más adelante para plantearla

---

[482] A María de Ajofrín la llaga le sangra durante veinte días, y los viernes más abundantemente. Este tipo de milagros, y la notarialización de su testimonio, es frecuente entre las visionarias italianas de comienzos del XVI, como muestra el ejemplo de Chiara Bugni (Zarri, 1996: 239, 276 n81, 285 n110). En cuanto a Sor María, parece que un clérigo testigo del proceso que dudó de la veracidad de este estigma pudo comprobar con sus ojos, llamado a la habitación de la Beata cuando esta se retorcía de dolor, que salían dos paños mojados de sangre de su costado, sacados por Sor Inés, compañera de Sor María por esos días (Beltrán de Heredia, 1939: 104-105).

[483] "[...] entre otras vezes, en este presente año de mill e quinientos e nueve, el Jueves de la Çena, en la noche precedente al Viernes Santo, tovo la dicha soror María abierto el costado derecho debajo de todas las costillas, y de ally salió sangre; y avn agora en el mismo costado tiene la çicatriz de la llaga, commo avn por los reuerendísimos señores juezes fue mandado ver y reconoçer la dicha çicatriz, y desto se fizo acto, commo consta por el proceso" (reprod. en Sastre Varas, 1991: 364).

como segundo motivo de duda sobre Sor María (tras el ayuno): el prologuista compara esta herida con las sufridas en la carnes de San Francisco y Santa Catalina, pero mientras que en la segunda apareció en el costado izquierdo, en la Beata está en el derecho, como la de Cristo, y si de aquella lo sabemos porque lo oímos y leemos (lo que implica una interesante difusión de la vida de Catalina en el ámbito de lo oral y lo escrito, de importancia para Sor María), en la Beata "tocamos y vemos" ese costado sangrante (fol. a 7r)[484]. A raíz de lo estudiado en esta monografía no nos puede extrañar que este archivo del cuerpo demuestre la presencia divina: la inscripción de la herida de lanza sobre la carne de la mística resultará más crucial que todo lo que pudiera haber dicho sobre la Pasión (véase Surtz, 1995: 88): su costado abierto es lo que la identifica como marcada por la divinidad, porque, de ser real, no puede ser huella del demonio.

Por todo ello, el prologuista del *Libro de la oración* terminará afirmando que quizás los que critican a nuestra Beata (a los que compara con perros ladradores, blasfemos y fariseos) son culpables de callar la verdad y expresar la mentira, o, lo que es peor, son ellos mismos engañados por el diablo (LO, fols. a 5v; b 1r, 1v, 2r, 3r; cf. Giles, 1990: 82-83). Sin duda, todo un *revolucionario* aserto por parte del editor de la obra de Sor María, quien nos ofrece aquí el reverso del discernimiento de espíritu ejercido sobre la mujer, tras asegurar astutamente que "más quería dezir" contra estos que persiguen a nuestra mística, pero que calla por no escandalizar (LO, fol. a 2r)[485].

---

[484] Quizás por ser peligrosa esta comparación entre Santa Catalina y la Beata, y claramente favorable a la segunda (que imita tanto a Cristo que hasta tiene herido el mismo costado), el prologuista se cura luego en salud y dice que no ha querido hacer la comparación "odiosa" ni anteponer a Sor María a "tan grandes sanctos en el Cielo" (LO, fols. a 7r-7v).

[485] El prologuista del *Libro de la oración* asegura callar en varios momentos, lo cual nos da cuenta, entre otras cosas, de la constancia de la mirada vigilante (véase también LO, fols. a 4r, 4v; b 2r, 2v). Por otro lado, no parece muy partidario del discernimiento pues asegura que no se debe escudriñar la causa y razón de por qué Dios se comporta como lo hace eligiendo a personas como Sor María (fol. a 7v; cf. *El Conhorte...*: 510).

7.3. Las palabras de la representación

Pero, ¿qué decían las palabras de Sor María? ¿Qué encontramos en el *Libro de la oración* o en sus *Revelaciones*? El editor de la primera obra reconoce que dudó en imprimirla aun considerando a Sor María la "mayor sierua de Dios que hoy biue entre las mugeres", y que leyó su obra "vna vez y otra" para asegurarse de su doctrina (LO, fol. a 2r); no obstante, venció la usual cautela de quienes guían a las místicas (ya hemos visto que también la mostró Fray Arnaldo con Ángela de Foligno) al releer las palabras de la Beata y verlas tan conformes a la doctrina.

Lo cierto es que debemos agradecer que dominara su temor (o "cobardía", como lo califica él mismo: LO, fol. a 2v) y se dejara convencer por otros[486], porque el *Libro de la oración* es un texto que recoge dos bellas visiones místicas de la Beata: una vivencia de la Pasión, y la recreación del motivo de Dios como músico de las almas (LO, fols. b 3v-d 1v). No está, así, en este libro toda la experiencia mística de Sor María, como él mismo reconoce (LO, fol. a 3v), pero al menos representa una significativa parte, pues contiene también una muestra de las preguntas y respuestas que se intercambiaban Dios y María de Santo Domingo (LO, fols. d 2r-2v) –en la línea de *El Diálogo* de Santa Catalina, del *Libro de las preguntas* de Brígida de Suecia, o incluso de algún pasaje de las *Revelaciones* de la Beata (fol. 256r)[487]–, además de una epístola final consolatoria de Sor María a un ca-

---

[486] El editor asegura que fue importunado para publicar las palabras de Sor María, pero no menciona por quién, aunque seguramente pensara, entre otros, en Cisneros (véase LO, fol. a 2v).

[487] Como sabemos, este género de preguntas y respuestas era habitual en los discursos de las místicas, fueran las preguntas formuladas por doctos o monjes (por ejemplo en el *Libro de las preguntas* de Brígida de Suecia, o en el Libro de Sor María) o directamente por la religiosa (en la obra de Catalina de Siena). Se trata de un ejemplo más de recurrencia a Dios sin mediación sacerdotal, esgrimiendo la gracia divina (Rivera Garretas, 2003b: 37). En el caso de Brígida, esta se convierte únicamente en testigo del interrogatorio, y por lo tanto no se hace responsable de las contestaciones porque vienen de Dios y se dirigen a otros. Sin duda, había cierta peligrosidad en unas respuestas cuya heterodoxia se iba a examinar detenidamente.

ballero de Segovia, que cuenta con la debida aprobación eclesial (LO, fols. d 2v-4r). Una actividad epistolar que quizás busque reflejar la importancia ya señalada de este género en su principal modelo: Santa Catalina.

Como vemos, los discursos de la terciaria española adquirían formas variadas, no se trataba solo de visiones místicas; y su edición sin duda les otorgaba más autoridad y posicionaba a su autora al lado de sus directas maestras: Catalina de Siena y Ángela de Foligno (véase Baranda Leturio, 2005: 73). Por otro lado, para ilustrar la parte *homilética* de su actividad contamos con el texto de sus *Revelaciones*, donde, además de una pregunta y una respuesta, se recogen varios consejos pronunciados con autoridad por Sor María y otros donde esta adopta la voz de Jesús[488]: estrategia que sin duda los hará más aceptables y que empleó ya en el *Libro de la oración* para las difíciles cuestiones de si a las Indias había llegado el Evangelio antes de la Conquista o de si los indios poseían alma ("si eran bestias o criaturas racionales"), además de para profetizar la reforma (LO, fols. d 2r-2v)[489].

En cuanto a esta pregunta, que motiva la respuesta de Dios sobre el estado espiritual de los nativos del Nuevo Mundo, es cuestión debatida a lo largo del siglo XVI, y sitúa a Sor María

---

[488] Los dos tipos de consejos se realizan de manera semejante, tanto en retórica como en contenido, igualándose en el tono homilético Sor María y Cristo. El primero podrá decir: "si pensaren cómmo en la cruz fui cruelmente atormentado en todos mis mienbros, que luego se conviertan a sí mismos e digan: "«Ay de mí, que en todos mis miembros toda mi vida gravemente offendí»". Y Sor María, párrafos más tarde, podrá aducir lo siguiente: "si la criatura pensare cómmo el Señor por ella consintió ser atado a una colunpna, piense en sí luego y diga: «Ay de mí, que siempre me dexé estar atado de las maldades y peccados»". Véase *Revelaciones*, fols. 246v-247r, 251r.

[489] Aunque la pregunta se la hacen a ella, según nos deja ver el epígrafe, Sor María, para salvaguardarse de críticas, responde "en persona del Señor" (LO, fol. d 2r), muy a la manera, por otro lado, de *El Diálogo* de Santa Catalina. En cuanto a las *Revelaciones*, muestran la autoridad que pudo haber adquirido en un determinado momento la Beata, quien, quizás para distanciarse de un tono excesivamente predicador, suele incluirse en una primera persona del plural cuando da sus consejos. Curiosamente, a la pregunta inserta en esta obra sobre un cierto comportamiento del Señor, parece responder la Beata misma (*Revelaciones*, fol. 256r).

en un terreno común con las *santas vivas* italianas mencionadas: el de las profecías relativas a la conversión religiosa[490]. No obstante, serán las dos visiones referidas del *Libro de la oración* las que nos permitan principalmente establecer las comparaciones entre nuestra mística y sus correligionarias europeas, así como dilucidar el modelo de imitación llevado a cabo por Sor María. En la Beata, como veremos seguidamente, se reflejan los rasgos de maternidad, erotismo, vivencia del dolor o performatividad que hemos estudiado en otras visionarias del continente a lo largo de esta monografía.

Así, aunque la maternidad no es la experiencia más marcada en el *Libro de la oración*, Sor María no podía descuidar la pasión maternal en su trance visionario. Ya en sus labores de caridad con niños pobres, según nos indica el P. Peña (véase Sastre Varas, 1991: 365), y en su relación con frailes dominicos como Diego de Vitoria y Diego de San Pedro (véase Giles, 1990: 51), Sor María muestra su faceta de *madre*[491]. Pero es en la primera visión de su Libro donde la Beata envidia y alaba la experiencia maternal de la Virgen, expresándola con esas metáforas florales que encontraremos en abundancia en su texto:

> O açucena hermosa y olorosa, y pues dándote en la mañana fresca el sol claro de piedad, quiso abrir tus preciosas entrañas y encerrarse en ellas lançando en ti de Sí olor muy suaue. Quiso el suaue Jesús encerrarse en ti para allegarnos a Sí con el suave olor que de ti sale. (LO, fol. b 5v).

A la Virgen se dirigirá repetidamente Sor María en esta visión, a veces en forma de letanías (LO, fols. b 5r, 8r), fundiéndose con Cristo en el apelativo "dulce madre" que ambos comparten para dirigirse a ella (fol. b 8r). Pero también, como otras

---

[490] Un asunto que, sin duda, tenía muchas vertientes políticas: por ello los biógrafos de la italiana Estefanía Quinzani intentarán demostrar cuán interesada estaba en la conversión del Nuevo Mundo (véase Zarri, 1996: 243).

[491] Aunque creemos que no tiene por qué relacionarse únicamente con su posible savonarolismo, Sastre Varas (2004: 192) destaca que el Frate también organizó a los niños de Florencia para su formación, en una actividad paralela a la que llevará a cabo Sor María atendiendo a niños y niñas en su convento de Aldeanueva, con el objeto de educarlos para ser futuros frailes y monjas (véase LO, fol. b 2r). Por otro lado, hemos visto ya que los confesores de las visionarias a veces se transforman en discípulos e hijos, como es el caso de Fray Raimundo de Capua.

místicas, posicionándose en su lugar y conmoviéndose junto a ella mientras mira al Hijo crucificado, a quien Sor María explicará y recordará los sufrimientos psicológicos de su madre, que parece conocer a fondo y de los que hará asimismo partícipes a su público (véase fol. b 7v). Su principal función maternal será así la de servir de consoladora:

> Y dezía llorando: "Desseado mío, ¡y de quién tanto como de mí! Uéate la que te parió, vea ya la Madre biuo al Hijo que vido morir". Ved con qué amor y lágrimas rueda y barre la celda esperando a su Desseado. "Señora, ¿ves aqueste que nunca supo sino traerte nueuas alegres? Avnque en la nueua primera traxote dolor con plazer, porque mostrote lo que hauía de suffrir por todos, en lo que tomaría de ti el que venía a ser en ti encerrado. Y pues es ya suffrido junto con nuestra redenpción, alégrate con lo que te dize. Y ¿por qué te quiso enbiar mensajero de su venida sino porque, tomándote de presto el demasiado plazer de su vista, no te espantase en tu sobrado dolor?". (LO, fol. b 6r)[492]

En otras ocasiones, se identifica con el dolor de Cristo al observar a su madre en un estado tan deplorable: "O piadoso Dios, y cómo limpia con sus manos las lágrimas de la madre" (LO, fol. b 6r); pero, sobre todo, adopta la voz de María, como vimos hacían las monjas de Astudillo o Sor Juana: "Desseado mío, ¿quién puso estas rosas tan graciosas en estas manos sagradas?, ¿quién açucenas tan olorosas puso en tan olorosos lugares? Tomástelas Vos porque érades delectable, hermoso" (fol. b 6r).

Esto nos retrotrae a la reflexión sobre el dolor de María que se dará en otras religiosas como Constanza de Castilla (1998: 73-74), quien se dirige en estilo directo a una Virgen que, como la de la Beata, está encerrada en su casa antes de salir en busca de su Hijo sepultado (73) y que aparece también como figura leída que interpreta pasajes de las Escrituras (cita

---

[492] Aquí Sor María parece invitar a la Virgen a mirar complacida a un ángel anunciador (quizás San Gabriel, el mismo que participó en la Anunciación), en quien podría convertirse la Beata. No obstante, en su edición traducida al inglés, Giles (1990: 151-152) interpreta a ese "mensajero" como el propio Cristo, que le trae buenas noticias cuando antes le trajo malas mezcladas con buenas. Pero no me parece que esto tenga mucho sentido si, como se dice al final de este parlamento, quiere preparar a su madre para que no se asuste al verle. Cf. *El Conhorte...*: 688, donde la Virgen es testigo de cómo los ángeles desatan las ligaduras del cuerpo a punto de resucitar de su Hijo.

un salmo en latín) para entender el comportamiento de Cristo (17). En este sentido, la presentación que Sor María hace de la Madre de Dios no parece tan única y feminista como defiende Surtz (1995: 92) al ponderar la originalidad de la escena de la Virgen leyendo las Escrituras en latín ("O dulce Madre de Dios!, ¿y qué miras en essos libros? [...] ¿Y qué miras tanto en esse versito?": LO, fol. b 5v)[493]: visión, además, que se puede englobar en la de la pintura flamenca que mencioné en el capítulo anterior; o en la tradición de las *Meditationes*, donde se veía a la Virgen expresando su fe en la Resurrección mientras citaba una profecía de Cristo antes de morir (Surtz, 1995: 178 n32). Como dijimos en el capítulo cuarto, la Pasión sirvió como vía aceptada de acercamiento femenino al Evangelio, sorteando la prohibición de exégesis de las Escrituras.

Por otro lado, en cuanto a la imagen confortadora y maternal de un Cristo feminizado que hemos encontrado en otras místicas, no falta esta, por ejemplo, en sus *Revelaciones*, donde Jesús, a través de Sor María, anima a la oración porque en ella "gusta el ánima la dulçedunbre e suauidad de Mí" (*Revelaciones*, fol. 246v). En este sentido, Cristo adquiere la "ternedumbre de amor de madre" que la Beata achaca a la Virgen en la primera visión (LO, fol. b 5v), aunque en esta misma también se nos presenta a Jesús hablando con sus discípulos "como amoroso padre" (fol. c 4v; cf. b 7r). La relación materno-filial entre Cristo y su Madre, por otra parte, encuentra una expresión curiosa al final de esta visión, donde Sor María se dirige a la segunda diciéndole que su Hijo "se enamoró de ti, y enamorose de ti por lo que hauía puesto en ti de Sí, y por esso enamorose de Sí en ti" (fols. c 5v-6r)[494].

493 Según Surtz, para una iletrada Sor María resultaría positiva y utópica esta imagen de la Virgen leyendo, mirando libros en los que desea interpretar la Pasión y el destino de su hijo: Surtz pone en paralelo esta visión con otras de la Madre de Cristo ejerciendo funciones sacerdotales, aunque reconoce sus antecedentes artísticos y visuales (véase 1995: 179 n33).

494 También aquí la Virgen llama a su Hijo "Amor mío" y Este la denomina "Mi señora" (LO, fol. b 6r); de todos modos, este lenguaje afectivo no estaba excluido de las relaciones filiales, y no sonaría desde luego incestuoso al espectador/lector.

Precisamente, al enamoramiento dedica bastante espacio Sor María en sus visiones: de hecho, el prologuista avisa a los lectores de que no se alteren sus corazones por hallar palabras de pasión amorosa dichas por la Beata durante el éxtasis, pues son pronunciadas en "sentido mýstico" y

> es propio del verdadero y excellente contemplativo que con toda su virtud ama a Dios padecer en su spíritu y cuerpo las alterationes que vemos que padecen los que aman apassionados según la carne. E avn los excellentes contemplatiuos vsaron deste nombre de amor y acostumbraron hablar en su spíritu a Dios con palabras tiernas y delicadas. (LO, fol. b 3v)[495]

Este aviso denota una cierta falta de costumbre en la lectura mística que puede explicar esas risas que provoca entre las compañeras de Santa Teresa un sermón sobre el amor divino (mencionadas en el capítulo tercero). Seguramente, a palabras como las siguientes se refería nuestro prologuista: las del inicio del soliloquio de Sor María en la primera visión, donde parece rememorar a esas vírgenes de la parábola evangélica que se quedan dormidas esperando al Esposo (Mateo 25, 1-13) y donde nuestra visionaria se declara compañera de la Magdalena, dirigiéndose de manera individual (y no en un plural colectivo, como cuando da consejos en sus *Revelaciones*) a Dios.

> ¿Quándo seré yo recebida entre tus braços porque mi ánima sea quieta con Él y alegrada d'Él? Dios mío y Saluador mío, ¿quándo reposaré yo triste entre tus dulces braços? ¿Quándo mi ánima será embriagada en el amor tuyo y no sabrá quitarse de ti? [...] Dame, pues, de aquel amor y calor que diste a tu piadosa Magdalena. Dame de aquellos arroyos de lágrimas que no cansauan en ella y han en mí secado. ¿Y quándo en medio de las tinieblas saldré con ella a buscar la luz y no querré boluer al secreto mío hasta traher de Ti en mí con que venga alegre y dulce para Ti? [...] ¡Ay de mí!, dormido me he yo en la noche no teniendo vigilancia para salir la suave y hermosa mañana leda y alegremente a mirarte. [...] ¡Ay de mí!, en la niñez desseaua leuantarme contigo, y agora estoy enuejecida en pecados. [...] Yo, mi Dios, espero en Ti, que en la hermosa floresta me despertarás. (LO, fols. b 4r-5r)

495 El prologuista añade aquí una cita del *Libro de los nombres divinales* del Pseudo Dionisio, que, como se ha comentado en el capítulo primero, era autor de influencia entre las místicas (no siempre con resultados ortodoxos). Por otro lado, también pide al lector que no se ofenda cuando vea que una mujer dice en éxtasis las palabras que él recoge, dejando así entrever ciertos prejuicios de género.

Sor María aspira, pues, a ese dormir acompañada y abrazada por Cristo que hemos encontrado en Gertrudis de Helfta, sin duda un acceso al sueño que no experimenta, pues precisa del consuelo de otros frente a los ataques que sufre del demonio. Seguramente porque la Beata, a diferencia de las monjas de Helfta, que disminuyen la importancia del diablo (Bynum, 1982: 248), se parece en cambio a las santas mediterráneas a quien Dios les hace ver al Maligno, como Catalina de Siena (2007: 119)[496].

No obstante, sabemos por Pedro Mártir de Anglería que la Beata no solo anhela encuentros íntimos con Dios, como hemos visto en la cita anterior, sino que los disfruta en sus coloquios dialogando familiarmente con Él como su esposa. Aunque desconocemos si, al igual que Sor Lucía de Narni, Sor María se dirigiría a Él llamándole "mi dulce Jesús" o "mi consolación" (véase Matter, 2001: 7), nos enteramos de que Cristo la considera también su mujer y de que, como a Santa Catalina, le dará un anillo de desposada durante la celebración de un matrimonio místico en la fiesta del Corpus Christi, anillo que Sor María guardará en un cofre en su convento (Beltrán de Heredia, 1939: 247; Sastre Varas, 2004: 180). En este sentido podemos explicar las palabras de Mártir de Anglería (1955: 300-301) cuando asegura que la Beata *disputa* con su *suegra*, la Virgen, por el lugar adecuado junto a Él, pronunciando, como Salomón (es decir, en la línea del Cantar de los Cantares), frases de amor.

Pero, además, y volviendo a la primera visión, Sor María utilizará hermosas imágenes amorosas en las que Jesús se convierte en hortelano, oficio por el que famosamente le confundió María Magdalena en el Evangelio (Juan 20, 14-17). La alegoría, que le permite emplear algunas de las frases más bellas de la obra, se sitúa en la tradición del Cantar de los Cantares (1, 6; 4, 12-16; 5, 1), las parábolas de los viñadores de San Mateo (20: 1-16; 21, 33-42), y los *Sermones Litúrgicos* de Guerrico de

---

[496] Esta santa nos avisa continuamente contra los malos quehaceres del demonio, tales como el hecho de ponerse sobre la lengua de las personas para hacerles decir cosas que impidan su oración (Catalina de Siena, 2007: 166).

Igny, quien también había retratado a Cristo como jardinero (véase Surtz, 1995: 94, 179 n39).

> Y el caño, por donde ha de entrar el agua en este vergel a parar hermosas y verdes la yeruas y flores de las virtudes, es la voluntad nuestra conforme a la d'Él asida y apegada en todo con Él. Es también, quando está bien labrada la tierra y las passiones vencidas, la puridad de la açada preciosa que vela y alimpia el vergel del alma quieta para que de contino esté fresca y regada con el amor y calor de su Desseado. ¿Quién, pues, no se holgará de tener en sí vn jardín fresco y hermoso a do su Amado le recrehe y descanse con Él? (LO, fols. c 1r-1v; cf. c 5v)

Aunque las imágenes vegetales eran ya un tópico en la literatura devocional, y especialmente en la femenina, Sor María muestra gran maestría al utilizarlas[497]. Si, según Raimundo de Capua, Catalina era muy aficionada a la poesía de la naturaleza, y recogía azucenas, rosas, violetas y otras flores con las que hacer cruces y ramilletes (Salvador y Conde, 2007: 36), también Sor María gustará de dar paseos por el campo y empleará imágenes de rosas, azucenas o florestas en su primera visión (LO, fols. b 5r-6r). El jardinero de la Beata ciertamente recuerda al hortelano de Catalina de Siena (2007: 349), quien debía arrancar los cardos con energía y cultivar el jardín del alma para que no se volviera salvaje[498]. De todos modos, este tipo de alegorías aparecerá también en otras místicas como Ángela de Foligno o Brígida de Suecia, aunque esta última atribuye el oficio de jardinero a la Virgen (véase Giovetti, 1999: 149). Margarita de Oignt, por su parte, tendrá una visión en la que florece como

[497] Pese a su recurrencia exitosa en las tradiciones religiosas cristiana y hebrea, Surtz (1995: 101) propone que el uso de estas imágenes basadas en la vida campesina podía tener que ver con que este era un oficio de cristianos viejos, y a la Beata, aparte de conocerlo por su familia, le interesaba ganarse ciertas simpatías: pero quizás no haga falta llegar tan lejos vistos los numerosos empleos señalados. Lo que sí es cierto es que, como nos recuerda más adelante Surtz (181 n46), siguiendo un trabajo inédito de Jodi Bilinkoff, estas imágenes podrían tener un eco tanto en los campesinos que se identificarían con la descripción de la Beata de las labores del campo, como en los humanistas educados en la tradición de Virgilio.

[498] Véanse los numerosos pasajes de *El Diálogo* (Catalina de Siena, 2007: 72-74 [el árbol de la virtud], 95-98, 110-114, 131-132, 141, 172, 187, 220-223, 277, 289, 305, 311, 325, 330, 408, 416) donde abundan árboles, viñas, jardines y flores.

un árbol al ser regada por Cristo (Bynum, 1991: 91)[499]. Y medio siglo después, seguramente influida por el empleo de esta alegoría en el *Tercer abecedario espiritual* de Francisco de Osuna (de 1527), todavía Santa Teresa seguirá comparando al Señor con el "buen hortelano" que arranca las malas hierbas y riega el huerto, dando agua sin medida a la tierra para que el fruto madure y el alma lo saboree (Teresa de Jesús, 2004: 109-113, 141, 142, 162; cf. 109 n15); y Juan de la Cruz hará otro tanto en su comentario del *Cántico espiritual*, donde María Magdalena representa al alma ansiosa de encontrar a su Amado buscándole por el huerto (véase Walsh & Bussell Thompson, 1986: 12-13).

Por tanto, no nos debe extrañar que Sor María imagine el alma como un jardín regado por la sangre de Cristo, ni que retome la alegorización del Salvador como jardinero en las *Revelaciones*.

> [L]os que quieren creçer e aprouechar en las cosas spirituales an de ser como los buenos hortelanos, los quales no solamente en su huerta cortan e siegan someramente todas las yeruas malas e inútiles que se crían entre las buenas, mas trabajan de las arrancar de rraýz porque no puedan más pulular y rrenasçer. [...]
> [N]uestro Señor fue como el buen labrador que en la mañana sale de su casa vestido de saco grueso con su arado a cuestas a labrar, el qual, quando a acabado de trabajar e quiere holgar, se viste de color hermosa. [...]
> [D]eue mucho temer la criatura de ser del todo dexada de Dios, porque quando por su oculto e justo prezio Él delibera de la dexar, no se le da nada cortarla de entre sus electos, como hazen los ortolanos que crían rrosas en sus huertos, que, quando hallan alguna rrosa marchita e seca a par de otra hermosa e fresca, con el plazer de aquella buena no tiene[n] en nada cortar y echar fuera la otra. (*Revelaciones*, fols. 253r, 256v; cf. 249r)

En la primera visión el amor apasionado aparece también en el diálogo entre San Juan ("su querido", LO, fol. c 3v) y Cristo, a quien Este disculpa por dormirse sin cuidar a su ma-

---

499 Otros ejemplos de uso de metáforas vegetales en visionarias del Medievo son la imagen del "árbol de la caridad" en Santa Gertrudis de Helfta (1999: 114-115), o las viñas y los frutos plantadas por el rey-Dios de los que habla Brígida de Suecia en la introducción del documento fundador de su Regla (Giovetti, 2004: 51). También en los sermones de Humildad de Faenza encontramos la metáfora del jardín donde un alma es plantada en caridad y, arrancada del suelo, se seca y marchita (véase Petroff, 1986b: 248-249).

dre: "El amor mío dissimulará contigo, y pues el amado mío te llama, ser lo has tú de Mí y Yo de ti", y San Juan le responde que no puede sufrir verle llorar, "siendo tan tierno mi coraçón en amarte" (fols. c 3v-4r). Así, como Ángela de Foligno (1991: 32) y tantas religiosas, Sor María no solo medita sobre el dolor de la Madre de Dios sino también en el de San Juan. En este sentido, al igual que en todas las representaciones femeninas de la Pasión, este discípulo será de nuevo ese "hombre débil" capaz de compartir las mismas emociones lacrimosas que la mujer, o incluso físicas, pues, en palabras de Cátedra (2005: 325), podrá clamar "llorando como una plañidera" (cf. 349). La feminización de Cristo se extiende, de este modo, como vimos con San Francisco o San Lorenzo, a otros santos a los que las místicas se encuentran cercanas, y que también entablan una relación amorosa con el Salvador.

Más acusados serán los rasgos eróticos que, en la segunda visión del *Libro de la oración*, presente el discurso de Sor María, motivados por una melodía: la Beata, sensible a la música, se arrebata al oír sonar el clavicémbalo ("Ay de mí, triste e miserable: ¿e quién puede oyr música que no se entristezca o no se alegre?": LO, fol. c 6r) y quiere ser un instrumento en manos de Dios:

> ¡O buen Jesú!, que oyendo tañer aquello endureciose mi coraçón y entristeciose mi alma mirando que no estaua yo templada para que Tú dulcemente en mí tañesess. No estaua concertado el instrumento de mi alma para que pusiesses Tú la mano suaue en el del amor tuyo, de la voluntad tuya con que la tañes [...]. Y quando la mano suave de tu amor y calor toca y enciende mi alma, ¡qué concierto o conocimiento de Ti y de mí pones en mi entendimiento! (LO, fols. c 6r-6v)

Esta imagen nos puede recordar a otra del *Libro del conorte* en la que, tras aparecer en las faldas de Santa Clara "una concha grande" hermosa y olorosa, y ella lamentarse de no poder ofrecérsela a su amado, Dios le pide que le muestre su "vaso", y ella se lo entrega. Entonces el Señor la toma en brazos y a Santa Clara le sale de los pechos

> un caño de oro muy resplandeciente, y le tañía él. Con su preciosa boca y con sus manos tañía en el vaso, que estaba de la otra parte, y hacía muy

La representación de Sor María en su contexto europeo 359

>dulces y suaves y deleitosos sones y melodías. Y que, con los preciosos y castos tañimientos que él hacía a la bienaventurada santa Clara, recibía ella tan grandes dulcedumbres y consolaciones y gozos accidentales que se caía a una parte y a otra, muy embriagada y encendida en amor divino. Algunas veces, no sintiéndose digna de estar ayuntada con él, y, otras veces, dándole gracias por tan grandes beneficios y consolaciones a ella dados y otorgados. (*El Conhorte...*: 1078)[500]

Así, mediante un uso igual de poético y erótico de la imagen recurrente de Dios como músico y el alma como instrumento musical, influida por la tradición pitagórica que había empañado al Cristianismo medieval (véase Surtz, 1992: 564-565), se aprecia la diferencia entre el *performance* de Sor Juana —que delega en terceros el protagonismo y las escenas de cumplimiento amoroso, aunque ella también hable con el Señor sin que se vea en el texto (*El Conhorte...*: 1478)[501]— y el de Sor María, quien expresa el deseo producido por una ausencia (que ya señalamos como *leit motiv* místico en el tercer y sexto capítulo) antes que un presente realizado, llevando a cabo un *performance* de la plegaria. En el caso de la cita de Sor Juana, por ello, parece necesario su empleo del adjetivo "castos" para subrayar que se habla metafóricamente, aunque Sor María también se cuide siempre de especificar que se refiere a la *limpieza* del alma.

Esta sensibilidad y amor hacia la música, que también demuestra la Beata en sus bailes, es compartida, además de por Sor Juana, por otras mujeres visionarias como Hildegarda de Bingen, compositora ella misma que se definió como "arpa de Dios" (véase Maddocks, 2001: 185-209) y que siempre había mostrado una predilección especial por este arte. La concepción del amor místico como un hacerse instrumento divino aparece también en una de las revelaciones de Santa Brígida, a quien Cristo le pide que sea como "un violín del que el artista extrae

---

500 Para un análisis del fragmento, enmarcado en el sermón dedicado a esta santa y relacionado con el tratamiento de la música por parte de la terciaria franciscana, véase Surtz (1990: 107-130).

501 Esta delegación solo se da en su *performance* sermonario: en el libro de su *Vida* observamos que también Sor Juana se convertirá en un instrumento doliente y amoroso en manos del Señor, como nos muestra Surtz (1990: 81-105).

suaves sones" (Giovetti, 2004: 46). De igual modo, Sor María expresa su deseo de que Dios temple las cuerdas de su alma: "¡Y cómo, mi Dios, me hauía yo de gozar en que Tú me alimpiasses e quitasses el poluo de las cuerdas! Hauía yo de gozarme y responderte con un consonante muy dulce y suave. [...] Yo pongo en tus manos el triste instrumento para que tú lo temples" (LO, fols. c 6v, 8v). Este concepto de la música se relaciona con una determinada comprensión de la armonía cósmica del mundo expresada ya en *De musica* de Boecio (Dronke, 1996: 197) –autor por el que el Renacimiento mostró renovado interés–, y que en el siglo XVI será defendida por Fray Luis de León o Reginio de Prün (Cortés Timoner, 2004b: 43)[502]. Pero, sin duda, una influencia más directa sería la del muy leído por entonces San Buenaventura, quien compara a la cruz con una caja armónica (véase Surtz, 1992: 566). Por otro lado, hay que recordar el parecido fonético entre "tañer" y "tangere" (*tocar*: recordemos el famoso *Noli me tangere* de Jesús a la Magdalena [Juan 20, 17]): así, en el sermón de la Resurrección de Sor Juana, el Señor castiga a María Magdalena por no creer a sus ángeles diciéndole: "No llegarás a mí ni me tañerás" (*El Conhorte...*: 690)[503].

Según Sor María, cuyo empleo de la alegoría para expresar el deseo amoroso no deja de evocarnos "un modo de actualizar la experiencia de Dios como un contacto físico" (Surtz, 1992: 567), toda persona debe pensar que es una armonía "hecha para estar siempre templada, agradable y suaue para el que la crió" (LO, fol. c 6r). Y a través de esta imagen la terciaria expresa un anhelo de atarse a Cristo de tinte apasionado:

> Átame por ende a ti para que de de ti no me aparte. Átame a ti, amor mío, y sea la atadura con vna suave cadena de la caridad y amor tuyo [...].

[502] Además, este tipo de analogías entre las cosas materiales y las espirituales (patente en la defensa que en el proceso de Sor María presentó Diego de Vitoria) se pudo deber también a una influencia del lulismo, según propone Beltrán de Heredia (1972: 530). Por otro lado, Boecio tuvo una gran difusión en las bibliotecas conventuales a través de la traducción que de su obra, *De la consolación de la filosofía*, hizo Jacobo de Benavente en el siglo XV en el *Vergel de consolación* (véase Cátedra, 2005: 99).

[503] Cf. con otros pasajes de la misma obra en los que *tañer* se refiere a tocar un instrumento, por ejemplo: *El Conhorte...*: 836-837, 1054.

Átame, Dios mío, a ti como loca para que lo sea en el amor tuyo. Átame a ti para que esté atada y suelta, suelta para ganar para ti y atada para no te enojar. (LO, fol. c 7v).

En este mismo pasaje declara asimismo la sensación de "estar siempre en tu regaço reclinada mi cabeça", y se lamenta de no saber degustar "manjar tan suave" (fol. c 7v) a la manera de ese descansar de Gertrudis de Helfta o de Ángela de Foligno que vimos en el capítulo tercero. Para esta unión íntima, para gozar de ese contacto estrecho es fundamental que el alma esté lavada, aunque también participe el cuerpo en la tarea, el cual, como señalamos, en la mujer pasa de ser algo humillante a convertirse en posibilidad de fundirse con la carne que representa la Salvación. Al tiempo, este deseo de poder gustar el manjar divino nos recuerda un rasgo que destacaba Bynum en la metáfora de la comida de la mística femenina: las mujeres son alimentadas por Cristo, que asume el papel femenino de proveedor del alimento (véase Surtz, 1992: 568-569).

Esta última cita tiene su correlato, además, en otras palabras pronunciadas por Cristo en las *Revelaciones*, donde pide al alma: "Déxate todo a Mí y tomaré speçial cuidado de ti. Pídeme mucho e darte he mucho; dáteme todo e darte me he a Mí todo. [...] Soy apassionado y lleno de gozo" (*Revelaciones*, fol. 249v)[504], de modo que el movimiento de la entrega y de la posesión se hace extensible tanto a Jesús como a la mística.

Si pasamos ahora a abordar el tratamiento del dolor en Sor María, hay que decir que este otro rasgo de la mística femenina constituye una presencia constante tanto en su *Libro de la oración* y sus *Revelaciones* como en su vida. La devoción de las lágrimas y de la sangre de Cristo es una invitación constante en la Beata a limpiar al pecador, y ya en el "Sumario de su vida virtuosa" el prologuista señala que en Sor María vemos "muchas y continuas lágrimas" (LO, fol. a 3v) y Cisneros destaca como señal de su santidad en una carta dirigida al Nuncio estas "infinitas lágrimas" y otros indicios de mucha devoción que observa

---

[504] En el manuscrito se lee este sintagma: "darte me he todo a Mí todo", con el primer "todo" tachado, seguramente debido a una confusión del copista o autor de la transcripción de las palabras de Sor María.

en ella (Beltrán de Heredia, 1939: 97). Precisamente, cuando no expresan el dolor de su cuerpo, estos indicios denuncian el padecimiento del alma de la visionaria, que reza llorando por quienes la persiguen (véase Sastre Varas, 1991: 363; cf. 374)[505]. No obstante, la Beata avisará en su primera visión contra las lágrimas engañosas, como vimos en el capítulo cuarto que hizo tiempo después Santa Teresa ("O, poquedad de corazones, que muchos dessean la contemplación y búscanla con lágrimas y gemidos, y aquello por su propia consolación y propio amor": LO, fol. b 8v).

Por otro lado, sabemos que los arrebatos sentidos de la Beata también despertaban el llanto en su público, por ejemplo entre las monjas de Santo Domingo el Real cuando contemplan su vivencia de la Pasión, según declara el testigo Diego de San Pedro (Beltrán de Heredia, 1939: 80 n4). En esta afluencia de llanto influiría el hecho de comprobar que, como muchas visionarias, Sor María sufría fuertes dolores corporales (por ejemplo, de cabeza y corazón) y enfermedades, quizás en parte motivadas por su ayuno y penitencias: un padecimiento agudo que le podía sobrevenir hasta durante su proceso, conduciéndola al éxtasis ante unos jueces que al verla tan atormentada deciden posponer su interrogatorio y santiguarla, por si intervenía en ello el demonio (Muñoz Fernández, 1994b: 303).

Estas dolencias, que supuestamente son enviadas por Dios y que parecen llevarla a la muerte, son vividas con paciencia por la Beata, quien incluso pide multiplicarlas por salvar a las almas de las penas del Más Allá (véase Sastre Varas, 1991: 360): se trata, una vez más, de un dolor redentor, que pretende aliviar el de los pecadores o el de la Virgen ("Dame, o piadosa reyna, vnos pequeñitos de tus dolores y amores con que llore":

[505] Que Sor María rece por quienes la persiguen está de acuerdo con la doctrina cristiana, y por ello a esta actividad nos conmina en sus *Revelaciones* (fol. 250r), donde asegura que no hay que juzgar ni culpar a los enemigos, sino que "deuemos por ellos rrogar", pues nos ayudan a mejorar acercándonos a Cristo crucificado (véase la similitud de este argumento con el punto 18 de la segunda defensa del P. Peña). Como siempre se nos dice durante los distintos puntos de la defensa en su proceso, estas actitudes y comportamientos de la Beata maravillaban a la gente.

LO, fol. b 5v), aunque esto no le impida buscar descanso en bailes y juegos (fol. a 8v). En todas estas experiencias, el cuerpo de Sor María vive su propia transformación, paralela a la que padecen otras místicas; las pasiones y enfermedades la acercan más a la figura sufriente de Jesucristo, y serán resaltadas por el prologuista del *Libro de la oración* porque al final ella resultará siempre "por virtud diuina curada" (fol. a 4v), como asegura también la segunda defensa del P. Peña (Sastre Varas, 1991: 363). Esta vivencia personal de una suerte de Pasión a través de sus enfermedades se encuadra, pues, en esa repetición especular de la vida de Cristo que la mujer mística lleva a cabo: recordemos que en el prólogo al *Libro de la oración* se nos dice que Sor María es perseguida como Jesucristo (y sus críticos se igualan a los fariseos), imitándole hasta en los ayunos intensos, y que en sus *Revelaciones* (fol. 252v) leemos: "no es menester sino seguir a Christo cruçificado de verdad y tenelle sienpre ante nuestros ojos como espejo e dechado y componernos y adorarnos continuamente a su ymagen e semejança". Y en esta imitación podríamos situar también los padecimientos motivados no por causas naturales sino sobrenaturales, por ejemplo por llagas y estigmas que, venidos de Dios, le hacen gemir y golpearse a sí misma, y que Diego de Vitoria ayuda a suavizar haciéndole la señal de la cruz. El cuerpo de Sor María refleja, de hecho, su propia Pasión a través de su cicatriz en el costado.

Asimismo, habrá unas penas autoinfligidas: por ejemplo, sabemos que en el cuarto proceso la interrogan sobre las cadenas que lleva sobre sus carnes (Sastre Varas, 2004: 341). Y es que Sor María considera al cuerpo como una "bestia cruel" a la que hay que domar y tener debajo del pie porque es un "doméstico enemigo e ladrón de casa" (*Revelaciones*, fol. 253r), algo que debemos situar en su defensa del rigorismo de la regla, es decir, de una imitación casi literal de la *Passio Christi* y de las mortificaciones adyacentes en la vida diaria. Por ello se humilla como tantas místicas, quienes también vimos salpicaban constantemente sus escritos con declaraciones de poca valía, no ya solo por ser mujeres, sino por ser hijas del pecado original. En su primera visión, Sor María muestra, como Constanza de Castilla (1998: 24-25), su voz personal entre las de los otros pidiendo perdón y rebajándose, en un destacarse a sí misma paralelo al de esas iluminaciones de los Libros de Horas donde el poseedor en cuestión aparecía retratado al pie de la cruz. La Beata se disculpa por cerrar con el pecado el camino que el Señor abre en su Pasión con sus "delicadas carnes" y sus "delicados miembros lastimados y rotos" (LO, fol. b 4r), y por ello, Sor María le pide a Dios que la azote y la castigue (al estilo de Ángela de Foligno) si no se allega a Él como debería, y que le dé "arroyos de lágrimas" al igual que a la Magdalena (fols. b 4r-4v, c 5v)[506]. Y en la segunda visión, proclamará de nuevo su desmerecimiento por no estar debidamente templada por el músico Dios (fol. c 6r).

Como tantas visionarias y siguiendo la tendencia de la oración contemplativa, Sor María otorga así una importancia fundamental a la Pasión en su vivencia mística: conmina a pensar constantemente en la agonía de Cristo en sus *Revelaciones*, uniendo este recuerdo al pensamiento de los pecados, pues "avemos de traer continuamente la mortificação de la cruz en nuestro cuerpo hechos vnos treslados verdaderos de nuestro Redemptor e Maestro", ya que para vadear el mundo se debe tomar el camino que Él pasó por todos: el de la pena y la tribulación (*Revelaciones*, fols. 257v-258r; véase 250r)[507]. También en sus epístolas insiste en la relevancia de la cruz, como apreciamos en su carta de consolación a un caballero de Segovia, donde le anima a abrazarse al madero, resaltando sus poderes re-

---

506 Quizás la diferencia radique en que Ángela pide que las torturas que se le inflijan vengan de parte de los otros, transformados también en público suyo.

507 Beltrán de Heredia (1972: 459-461) alude al pasaje citado, y a otros de esta obra donde parece animar a la oración vocal, para defender que Sor María no era alumbrada, aunque reconoce que los herejes de Llerena excepcionalmente recomendaron meditar en la Pasión. También esta devoción por la cruz se constituye en elemento que hace deducir a Giles (1990: 71-72) que Sor María no tuvo nada que ver con el grupo de los alumbrados. Por otro lado, encontramos muchas otras conminaciones a recordar los sufrimientos de la cruz en las *Revelaciones* (fols. 246v, 248r-249r, 250r, 251r, 255r-255v), donde Sor María desea que cojos, enfermos, mancos o ciegos rememoren los padecimientos del Salvador, y que objetos y elementos naturales nos hagan pensar en el sagrado madero.

dentores en un estilo que se adapta, por cierto, al de las posibles lecturas caballerescas de su destinatario ("abrácese con cruz tan rica, firme y poderosa de Jesuchristo crucificado; téngase rezio a ella porque ella sola es la guarda, el amparo y abrigo de los fieros dragones y basaliscos que nos andan por tragar": LO, fol. d 3v[508]). Un énfasis en el reverenciado madero que encontramos asimismo en la carta conservada de Sor María a Cisneros, donde la Beata señala la necesidad de "dejar crucificada la voluntat con los clavos enamorados" (reprod. en Beltrán de Heredia, 1939: 255), y establece comparaciones tan hermosas como esta:

> Cruz hermosa e pobre y rica, ¡en cuán pequeño estabas sanando los enfermos y en cuán breve diste la vida a los muertos! ¡Cuán pobre e tosca estabas, y en un momento fuiste hecha una hermosa floresta adonde las pequeñas aves hacen nidos, donde lievan el cebo de su vida, y tal floresta, que se puede entre ella sconder el que viene huyendo de sí mesmo! ¡O hermosa Cruz!, ¿quién te vee que no aborrece la muerte y abraza la vida haciendo presente de sí? (255)[509]

Pero es en su primera visión donde Sor María plantea su más personal contemplación, identificándose con el dolor de la Virgen para acceder al de Jesús, como en una cadena de fusiones y lecturas paralela a la que aconsejan los libros de devoción de las religiosas de la época: "Through reading Mary's reactions to Christ's sufferings, which are themselves a perfect reading of them, the nun reader learns to read Christ's body herself" (Selman, 2000: 69). No obstante, también hallamos fragmentos bellísimos de esa cercanía a la cruz en la segunda visión:

> ¡O buen Jesú, y quán dulce música es al pecador tus piadosas llagas! Que si vno piensa tanto en ellas que alcance a gustar y sentir alguna cosita de su suauidad y dulçura, con qué amor despierta a llorarlas y no quitarlas de su pensamiento. Porque, pues el pecador que ha alcançado de Ti subir contigo en tu cruz, y trahe de Ti en sí la música y concierto, ¿no terná de contino concertadas y polidas las cuerdas para que, tañendo Tú en él, te trayga en sí y repose en sí?[510] (LO, fol. d 1r)

508 Cf. LO, fols. c 3r, d 1r, donde se refiere a "los donzeles" de Cristo.
509 Asimismo, en otra epístola que conservamos de Sor María, reproducida también por Beltrán de Heredia (1939: 264), la Beata insiste en abrazar y asumir la cruz.
510 En su transcripción, Cortés Timoner (2004b: 82) inicia la interrogación en el "Porque", pero creemos que esto no tiene sentido.

Esta visión, que combina continuamente música y cruz, termina mostrando las mismas imágenes que se manifestaron al comienzo: el alma desafinada debería subir a la cruz de Cristo para que la dulce música de sus heridas concierte y limpie sus cuerdas: la música acaba así proporcionando la armazón simbólica de la revelación (véase Surtz, 1992: 564-565). En esto Sor María no era original: hemos visto el ejemplo de San Buenaventura y sabemos que los Padres de la Iglesia describían con frecuencia la Pasión en términos musicales; lo que pasa es que actualiza la imagen: según Surtz, el hecho de que hable de cuatro ángeles consoladores puede ser un intento de equiparar el canto de las llagas con el polifónico, a cuatro voces, de su época (566).

Por otro lado, al igual que en místicas como Catalina de Siena o Ángela de Foligno, habrá en Sor María una fijación amorosa en la sangre de Cristo y en sus propiedades, sangre llamada en la epístola al caballero de Segovia "licor tan precioso" (LO, fol. d 3r) y que limpia y pule las cuerdas de las virtudes del alma (fol. c 6r). Con la dulce melodía y fuerza de la "sacratíssima sangre" del Salvador Sor María nos convida, pues, a concertar nuestras almas a través de la confesión, que templa la música desconcertada (LO, fol. c 7r), recalcando así la relación entre la Pasión y el sacramento de la penitencia (Surtz, 1992: 564).

En la tradición de la devoción femenina europea, Sor María se identificará con la figura de María Magdalena, y que este personaje debió revestirse de gran importancia para ella lo prueba que, como nos recuerda Surtz (1995: 99), no solo el convento que fundó esta visionaria se llamó Santa Cruz de la Magdalena[511], sino que todas las beatas que vivían allí tomaron el nombre de María en honor de aquella; además, para este investigador el comportamiento desinhibido de la santa pecadora (por ejemplo, durante el lavatorio de pies) era un modelo con el que se podía identificar especialmente nuestra visionaria. A esto hay que sumar que la Beata pertenecía a una orden que

---

511 Pero este nombre podría explicarse porque la iglesia parroquial de Aldeanueva estaba dedicada a la Magdalena: el convento de Sor María adoptó en 1512 el mismo título añadiendo la alusión a la Santa Cruz.

La representación de Sor María en su contexto europeo 367

tenía a la santa como protectora y que guardaba su supuesta tumba en San Maximino –adonde, por cierto, le preguntarán en el cuarto proceso a Sor María si pensaba ir en peregrinación, o si, como se decía, aseguraba que moriría allí, tras de lo cual su corazón sería llevado a Ávila (Surtz, 1995: 182 n51; Beltrán de Heredia, 1939: 126; Sastre Varas, 2004: 341). De cualquier modo, la primera visión del *Libro de la oración* nos muestra cómo la Beata establece desde el comienzo una complicidad estimulante con la santa, a quien llama en alguna ocasión "mi preciosa Magdalena" (LO, fol. c 2v). Esta se nos presenta como una enamorada de Cristo ("vuestra querida", le dirá a Cristo su Madre) que se esfuerza por ungir el cuerpo de Jesús (fol. b 6v) o que, "rauiosa" por buscar al Amado, no sabe reconocerle en el hortelano (fol. b 8v)[512].

Pero aquí la Magdalena se nos aparece de manera distinta a como la dibuja Isabel de Villena, de quien ya hablamos en el capítulo cuarto: aunque ambas religiosas ensalzan y defienden a este personaje que en sus imaginarios tiene una relación muy cercana y cariñosa con Cristo, María de Magdala resalta en Villena por su arrojo, mientras que Sor María destaca su relación amorosa con el Salvador[513]. De todas formas, las dos Magdalenas

[512] También como "leona rauiosa" se nos presenta a la Virgen en su primer encuentro con Cristo tras la muerte de su Hijo (LO, fol. b 5v).

[513] En varios capítulos de la vida dramatizada de Villena, la Magdalena aparece reivindicada, especialmente en oposición a los fariseos (Isabel de Villena, 1986: 182-187; cf. Surtz, 1995: 183-184 n72). En cuanto a los apelativos afectuosos que, como en Sor María, abundan en las relaciones de los personajes de Villena, véase, por ejemplo (1986: 187, 260-261). La valentía de la santa se muestra en su ofrecimiento para ir al martirio en lugar de Cristo: "No tem res, Senyor: io entraré, per vós, en la batalla! Espleten los jueus en mi la sua gran malícia e fúria desordenada, e no toquen la reverend persona vostra, ne cometen tan cruel crim de matar a vós, qui sout vengut per donar-los vida! Passe io, Senyor, les penes, qui he fet los pecats: no veja io la vostra persona passar turment!" (261). De todos modos, aunque Sor María solo recoge un pasaje del Evangelio en el que aparece la Magdalena, y Villena en cambio se detiene más en su papel completo en las Escrituras, merecería la pena comparar más detenidamente la presentación que hacen ambas de esta santa o de la Virgen, pues las dos establecen visiones dramatizadas donde el diálogo es fundamental. Esta concepción de la Magdalena como figura dramática adelanta la importancia que como tal tiene en la escena de la segunda mitad del

ilustran con llantos y suspiros los momentos dramáticos que viven: en Sor María mientras busca al Amado; en Villena, sobre todo durante el papel que juega en la Pasión de Cristo.

A partir de este probable paralelismo entre Sor María y la santa, Surtz (1995: 97-99) y Cortés Timoner (2004b: 38) han apuntado que la consolación de Sor María a la Magdalena al no ser del todo creída por los apóstoles (que no difunden la nueva de la Resurrección por venir de boca de mujeres) tal vez se dirija a sí misma, a quien tampoco acaban de creer muchos de sus compañeros de orden.

> ¡O hermana!, ¿y tú por qué te entristeces entre ellos, pues están todos alegres? Entristéceste porque no te creyeron. [...] y avnque en los spíritus sean yguales la mujer y el varón, en lo natural es más fuerte el varón a la vista de los naturales. Y, por esso, para lo certificar a los otros y para osar morir ellos sobre ello, mayor testimonio era menester que verle leuantado solamente mujeres. (LO, fol. c 4v)

Ciertamente, estas palabras se podrían situar en la tradición del empleo de la figura de la Magdalena en defensa del valor de la mujer, en la misma línea que otro parlamento de Sor Juana de la Cruz: "Porque también quiso él ser atestiguado de mujeres, como de hombres, en la su gloriosa Resurrección; pues fue atestiguado de María Magdalena y mostrado a ella antes que a otra alguna persona –salvo a su graciosa Madre–" (*El Conhorte...*: 429; véase Surtz, 1990: 149-150; Baranda Leturio, 2006: 22)[514]. Aunque Sor María justifica la actitud masculina por la que se lamenta la Magdalena, para algunos críticos se podría leer en sus palabras una queja o una cierta insinuación

siglo XVI, cuando aparece en obras como el *Aucto de la conversión de la Magdalena*, que se centran especialmente en su conversión y en su condición de enamorada (véase Walsh y Bussell Thompson, 1986: 14-15).

[514] Asimismo, en el *Libro de la ciudad de las damas* de Christine de Pizan, Lady Razón emplea la figura testigo de la Magdalena para defender el derecho de las mujeres a hablar, como nos recuerda Surtz (1995: 183 n71). De todos modos, hay que decir que no sólo *ellas* aducen como argumento que Cristo se presentara primero a la Magdalena tras su Resurección, también lo hacen *ellos*, como muestra Martín de Herrera en su poema sobre la conquista de Orán, cuando defiende la excelencia del sexo femenino en el cumplimiento de los designios de Dios (véase Cátedra, Valero Moreno & Bautista Pérez, 2009: 82, esp. vv. 2201-2210).

de que ante Dios las diferencias genéricas no están tan claras. En mi opinión, lo que parece evidente es que es una muestra más de su identificación con la santa pecadora, y de cómo las dudas de los otros con respecto a la mujer quedan superadas en la escena mística. Este recurso lo repetirá más adelante una visionaria que acaba peor parada que Sor María: Lucrecia de León (véase Jordán Arroyo, 2007: 160)[515], quien también destacará que la noticia de la Resurrección es transmitida a los apóstoles por una mujer.

Para terminar con el estudio de la vivencia de la Pasión en Sor María, habría que apuntar su imitación/celebración de la agonía de Cristo durante sus arrebatos, cual nueva Elisabeth de Spalbeek, así como la inmovilidad y la pérdida de sensibilidad que adquiere después su cuerpo, que una vez más la sitúa en la tradición de las místicas analizadas. Recordemos que la Beata, según las referencias de Mártir de Anglería (1955: 300), cuando está "henchida de Dios" y "arrebatada en éxtasis", "como una muerta yace en tierra con los brazos extendidos, al igual que los tiene Jesús Crucificado"[516]. Y en la segunda defensa, Antonio de la Peña nos informa de que:

> la dicha soror María, con ser intentamente puesta en considerar las cosas de Dios, solía muchas vezes arrebatarse, y ansy arrebatada, çelebraua en sy misma todos o muchos de los misterios de la passión de Ihesuchristo, nuestro Señor. Y esto solía algunos días hazer, pero mayormente los jueves en la noche y viernes hasta medio día vel quasi, y avn agora muchas vezes faze lo mismo, arrebatada, estando en la cama. Lo qual es avido por cosa muy maravillosa.[517] [...]
> estando la dicha soror María in raptu contemplando y çelebrando en sy misma los misterios de la passión de Christo, y con los braços estendidos y puestos en cruz, commo Christo fue cruçificado, y en el pie derecho

---

[515] Las dudas del público con respecto a Lucrecia se incorporan a sus sueños, en los que las voces celestiales las contrastan y validan su papel como profeta.

[516] Algo semejante relata su carta al Márqués de los Vélez: "Se le quedan rígidos los miembros, de manera que creerías son troncos de árboles sus brazos, piernas y dedos; muéstrase extendida a lo largo, sin nervios, sin juego en las articulaciones, sin color de persona viva, como se cuenta de las Sibilas" (Mártir de Anglería, 1956: 41).

[517] Esta coletilla final acompaña algunos de los recuentos de los hechos de la Beata durante toda la defensa.

> puesto sobre el sinistro, algunas vezes han probado algunos de le doblar los braços y de le quitar y apartar vn pye de otro, y no han podido, commo quier que hayan puesto alguna fuerça. Y quando ansy ella está cruçificada, todo el cuerpo juntamente ansy mueven lo que pruevan lo susodicho, como sy estouiese enclauada en vna cruz. (reprod. en Sastre Varas, 1991: 361-363)

Más adelante, Antonio de la Peña vuelve al tema de la insensibilidad adquirida con el arrobo:

> estando in raptu, todo su cuerpo es insensible, salvo en los lugares donde Christo fue clavado y donde le fue puesta la corona despinas; en los quales lugares, por livianamente que la toquen, avnque sea con un soplo, haze muestras y señales de muy grand sentimiento de dolor, y en las otras partes de su cuerpo nada siente, aunque la toquen rezio, lo qual parece cosa maravillosa y que confirma ser sus arrebatamientos verdaderos. (reprod. en Sastre Varas, 1991: 364)

Podemos asegurar entonces que el público de Sor María comprobó la rigidez de sus miembros y su falta de reacción, hasta el punto de que el hermano Bartolomeo de Torres llegó a retorcer los dedos de Sor María durante un trance "et nichil senssit", según nos comunica el P. Peña en sus objeciones al testimonio de Lope de Gaibol (véase Sastre Varas, 1991: 374).

En cuanto a la relación de la Beata con la comida, el siguiente punto de comparación con visionarias, devotas y místicas europeas, hemos apuntado que Sor María vive el ayuno de modo extremo. Ya desde su infancia pasa hambre por estar "muchos meses sin comer nada, y de otros con solas rayzes y yeruas" (LO, fol. a 4v), y, una vez iniciada su actividad de apostolado, intensifica estas prácticas. De entre lo que se cuenta de Sor María, a Pedro Mártir de Anglería le llama especialmente la atención que se haya habituado a mantener su cuerpo con tan escasos alimentos que apenas su estómago le admite la comida; y tres años más tarde vuelve a insistir en que nuestra Beata se sustenta con "una ínfima cantidad de alimento" (Mártir de Anglería, 1956: 41). También Antonio de la Peña destacará este aspecto en su segunda defensa: con tanta abstinencia, Sor María no retiene lo que come, que acaba siendo vomitado, dejándola muy fatigada y a veces incluso caída en tierra; además, durante parte de su vida no se ha alimentado más que de pan y agua (nada de carne o vino desde que se hizo terciaria) y algunas veces solo de hierbas; por otro lado, en días de Cuaresma y Adviento no ha probado manjar corporal alguno (véase Sastre Varas, 1991: 360).

No obstante, tanta abstinencia será mirada con recelo por la autosuficiencia que implica y la dificultad de sobrevivir en circunstancias tan extremas si se trata de un ayuno verdadero. Si el ayuno y el duro ascetismo se relacionaban con la santidad (ciertamente, de alguna forma producían ese cierre ideal del cuerpo femenino del que hemos hablado en el capítulo primero), tampoco convenía el exceso: cuando Catalina de Siena redujo su comida a la eucaristía, algunos de sus detractores vieron en ello un comportamiento pecaminoso, y habría que recordar que Alberto Magno se preguntaba si dejar de comer o menstruar era peligroso para la salud de las mujeres (véase Bynum, 1987: 86-87; 1991: 226)[518]. En este contexto quizás se puedan entender las reservas de Mártir de Anglería, o que el prologuista del *Libro de la oración* reconozca que se duda con razón del ayuno de Sor María y que afirme más tarde que "ser mayor o menor sancto no consiste ni se juzga según el ayuno, mas según mayor o menor caridad" (LO, fols. a 5r, 7r): además, si se quería contemplar la ausencia total de alimentación como algo aceptable tenía que verse este hecho como milagroso, y no bajo el control de la visionaria (Petroff, 1994: 165).

Bynum (1987: 92, 196) señala la desconfianza que existe por que algunos de estos ayunos consistan en un fraude orquestado, como había ocurrido en algunos casos: un cargo contra el que estas mujeres se defienden. Además, esta investigadora advierte de que en la Edad Media se trazaba una clara distinción entre el ayuno y la incapacidad para comer: algunas místicas declaran llevar a cabo lo primero (caso de Columba de Rieti) mientras que otras aseguran que, llegado un punto, no

---

[518] En esta consideración de *peligroso* no hay que olvidar tampoco que este ayuno extremo no es un comportamiento que se anime a imitar, sino más bien a admirar (Bynum, 1987: 85). Quizás a ello se deba el hecho de que, como afirma Bynum (1987: 87), "women were more apt to doubt their ascetic practices as pride or delusion".

pueden hacer otra cosa, que no se trata de una práctica religiosa voluntaria (como Catalina de Siena, Alpaïs de Cudot o Liduvina de Schiedam). Sor María parece hallarse entre las segundas, de acuerdo con su imitación de la terciaria italiana, pero eso no la hace librarse de las desconfianzas: así nos lo muestran las largas justificaciones que el *Libro de la oración* (LO, fols. a 5r-7r) ofrece, donde se aduce el ejemplo de Cristo, de los Padres de la Iglesia, de santos y santas como María Egipcíaca y, cómo no, de la Magdalena y Catalina de Siena (fols. a 5r-6v)[519]. También, como sabemos, en la vida que escribe Raimundo de Capua de esta última santa se comparaba su ayuno con el de María Magdalena y el de los Padres del Desierto (Bynum, 1987: 94, 340 n134), y de ahí seguramente tomó esta argumentación el probable editor del Libro de la Beata, el P. Peña, quien se había encargado de la traducción de la vida de la italiana[520]. Como la santa terciaria, la Beata había ayunado desde niña, y, también como Santa Catalina (o Santa Teresa, según dijimos en el capítulo quinto), Sor María tendrá el vómito espontáneo (LO, fol. a 8r; cf. Bynum, 1987: 166-167, 338 n98).

No obstante, con respecto a lo que nos asegura el *Libro de la oración*, habría que situar la discusión del editor sobre si Sor María podía vivir sin comer en el contexto que nos traza Bynum (1987: 83): no alimentarse en las historias hagiográficas a menudo significaba no comer *normalmente*. Por otro lado, como dice Giles (1990: 80-81), con toda probabilidad la larga defensa de los hábitos alimentarios de Sor María implicaba que su ayuno se había vuelto aún más riguroso después del proceso, y como resultado había incurrido en mayores críticas.

[519] Las vidas de santos que menciona el prologuista nos hacen pensar que, de ser este uno de los confesores de Sor María, conduciría a la Beata por el camino de la imitación en su dirección espiritual.

[520] Como se dijo en el capítulo quinto, Raimundo de Capua hacía hincapié en el ayuno de la santa italiana destacando el ejemplo de María Magdalena por haber ayunado durante treinta y tres años, además de por haber estado al pie de la cruz y haber sido inundada por la sangre de Cristo. El prologuista del *Libro de la oración* encuadrará el ayuno de Sor María también en su imitación de la Magdalena, pero le achacará una duración de treinta años (LO, fol. a 6v).

Todo esto confirma, una vez más, la ambivalencia general hacia el ayuno que llevaban a cabo las místicas medievales. Al igual que ocurre con muchas de sus antecesoras, la relación de Sor María con la comida planteaba el problema de si era un signo de santidad; pero también daba lugar a unas importantes consecuencias físicas que podían dejar su huella en el ámbito somático y psicológico. El ayuno extremo, tema recurrente en todas las *vitae* femeninas de los Países Bajos, muchas veces se combinaba con el insomnio (sabemos que Sor María padecía un tipo de insomnio por sus encuentros con el demonio) y con la hiperactividad (cf. Bynum, 1987: 202). Como en las vidas de María de Oignies (que vimos se mutilaba un trozo de carne al sentirse culpable por comer), de Juliana de Cornillon, de Ida de Lovaina, de Ida de Léau, de Elisabeth de Spalbeek y de Margarita de Ypres (véase Bynum, 1987: 119), parece que Sor María llegó a un punto en el que le era imposible comer normalmente, y el olor y la vista de la comida le causaban náuseas y dolor; asimismo, al igual que Dorotea de Montau o Alpaïs de Cudot, dejará de hacer sus necesidades, lo cual será considerado milagroso en la segunda defensa de Antonio de la Peña, donde se nos dice que no excreta: "desde el dicho tiempo acá [desde hace dos años] nunca fue vista hazer natural expulsión eo modo quo alii homines, etc. Lo qual es avido por miraglo y cosa sobrenatural" (reprod. en Sastre Varas, 1991: 360).

    Otro rasgo de Sor María común con las místicas europeas, que complementa al anterior, lo constituye su gran devoción por la eucaristía, si bien es cierto que a esta importancia que otorga al sacramento pudo contribuir su orden, pues los dominicos apoyaban la comunión frecuente, aunque no diaria (Zarri, 1996: 284 n108). En sus *Revelaciones* Sor María enfatiza la relevancia de la eucaristía, "aquello que exçede tanto todo lo que es", al tiempo que nos hace recordar, uniéndola al ayuno, que Cristo "sufrió mucha hambre" y que en la mesa debemos rememorar "con quánta magnificençia e liberalidad se da en el altar" (fol. 247v).

    De este modo, la comunión se convierte en el momento en el que suceden (justo antes o después de haberla recibido) muchos de sus raptos, tal como nos muestra el *Libro de la oración* (LO, fols. b 5r, d 2r) y nos asegura su prólogo (fol. a 4r), y tal como, además, se nos cuenta en la segunda defensa del P. Peña. Por ejemplo, en los puntos 7-9 se nos dirá que:

> continuando reçebir el Santo Sacramento de la Eucharistía, ha venido en tanta perfectión en el comulgar, que non solamente al tiempo de sus comuniones derrama muchas lágrimas y muestra grandísima deuoción al Santo Sacramento, mas es venida a arrebatarse maravillosamente al tiempo de la consecraçión del Santísimo Sacramento [...].
> dexando el sacerdote la dicha hostia ansi consagrada en los corporales, mientras acabava la missa para comulgar a la dicha soror María en fin de la missa, quando el sacerdote, acabada la missa, vino para la comulgar, non halló la dicha hostia, y ella in raptu significó ser ya comulgada, haziendo todas las cosas que suele comunmente hazer quando la comulga el sacerdote. Lo qual es avido de los que los vieron por gran miraglo, creyendo que o la oviese comulgado Nuestro Señor o algund ángel por su madado. [...]
> estando en su cámara y diziendo algún sacerdote missa fuera de la dicha cámara, ella se ha arrebatado al tiempo de la consecraçión del Santíssimo Sacramento, byen ansy commo quando la missa se dize en presencia de la dicha soror María. (reprod. en Sastre Varas, 1991: 360-361)

Esta muestra de devoción pública llamaba la atención de las personas que la observaban y andaban con ella: testigos del proceso de Sor María harán hincapié en el demudarse de su rostro o *embobarse* durante la toma del sacramento (véase, por ejemplo, Beltrán de Heredia, 1939: 105). Fenómeno que sucedía quizás porque cada vez que comulgaba veía al Señor: afirmativamente, al menos, responde Sor María a la pregunta de si esto es cierto (Muñoz Fernández, 1994b: 303). El hecho de que, además, la Beata no necesitara intermediarios para recibir la comunión o de que fuera capaz de entrar en trance incluso cuando la consagración no se realizaba en su presencia confirmaba que no podía haber fingimiento en sus raptos, ¿cómo podría averiguar si no Sor María en qué momento debía entrar en éxtasis?

La primera visión que recoge el *Libro de la oración* le sobreviene precisamente tras haber recibido el Santísimo Sacramento, cuando, según el editor o prologuista, se produce "la más deuota y spiritual cosa de ver y llorar que mis ojos nunca

La representación de Sor María en su contexto europeo 375

vieron" (LO, fol. a 3r). En la segunda visión la eucaristía también está presente cuando Sor María compara a Cristo con un racimo de uvas puesto en el lagar de la cruz, expresando la Beata su deseo de lavarse en este: a la manera de la propuesta de San Buenaventura de observar a Cristo como la vid viva pendiente de la cruz (véase Surtz, 1992: 566) o de esos cuadros del Cuatrocientos que presentan a la Virgen y al Niño rodeados de los signos eucarísticos, estas uvas simbolizan el vino[521].

> ¡O buen Jesú! Y cómo por esto te nos dexaste en aquel Sanctíssimo Sacramento como vn vaso gracioso para que recibiéssemos el suaue mantenimiento de vida que eres Tú [...]. Mas, pues el lagar que nos dexaste siempre está templado, avnque yo esté destemplada, tráheme a él para que me laues y no me deseches. (LO, fol. c 8r).

Estas y otras palabras de Sor María en el *Libro de la oración* se transforman, según el editor de esta obra, en comida para el alma hambrienta, en un "manjar nueuo spiritual en quatro maneras guisado, de cada vna dellas a lo menos vn bocado" (LO, fol. a 3v). De modo que, a la manera de otras místicas, la Beata se convierte en *alimentadora* de los otros, tras recibir su sustento eucarístico.

Y precisamente a partir de estos manjares espirituales que nos ofrece, para finalizar este capítulo voy a estudiar la estrategia de escritura y puesta en escena del *Libro de la oración*. En primer lugar, habría que decir que existe un testimonio del P. Vitoria en el proceso de 1509 en el que describe el modo en que él y otros hombres discutían sobre las palabras de la Beata, confesando que les llevaba un día o más coincidir en lo que ella decía o quería significar (véase Beltrán de Heredia, 1939: 240-246). Esto ofrece ciertas dudas al lector, como bien observa Giles (1990: 92), ¿eran fieles transcriptores Vitoria y sus compañeros?, ¿la Beata corregía o confirmaba después las transcripciones? Lo cierto es que el hecho de que se corrigiera

---

[521] Surtz (1992: 567) encuadra la imagen del lagar y de la sangre de Cristo en dos motivos iconográficos: el de la fuente de la vida y el del lagar místico. Para una selección de pinturas de la Baja Edad Media donde se relaciona a Cristo con racimos de uvas, véanse los cuadros que reproduce Bynum (1987) en su monografía.

a sí misma durante sus raptos (algo que había sido criticado porque implicaba que quería contentar a su público) nos habla de que había una cierta conciencia del proceso creativo. Quizás Sor María dictaba de algún modo sus palabras, a la manera de Catalina de Siena, su gran modelo; o más probablemente se trataba de reescrituras de revelaciones cogidas al vuelo.

A esto último parece inclinarnos la indicación del proceso de escritura de la primera visión, cuando el editor asegura reunir algo "de lo que se pudo cojer de lo que estando arrebatada dixo" la Beata (LO, fol. b 3v), tras sufrir un rapto habiendo recibido la comunión de Pascua en el convento de Aldeanueva[522]. Tal vez esto nos indique que el editor mismo, formando parte del público, la escuchara con papel y pluma en la mano. Recordemos que los discursos de las visionarias se escriben en el momento o en el recuerdo inmediatamente posterior, según nos comentan transcriptores como Fray Arnaldo, y que les toca a los confesores ser los garantes de su veracidad, como sucede con Diego de Vitoria, en quien Sor María confía por estar siempre con ella y escuchar y recordar sus palabras pronunciadas en el trance, de las que él solo puede responder.

Nada más normal, además, que los textos de Sor María nos lleguen a través de un intermediario si tenemos en cuenta que, como muchas místicas, la Beata no sabía ni escribir ni leer: lo difícil sería dilucidar dónde están las fronteras entre lo que es obra de ella y lo que pudo añadirse de más. ¿Hubo colaboración entre el confesor, el recopilador de las palabras de Sor María y la propia mística en la escritura del *Libro de la oración*; o en sus *Revelaciones*, cuyo transcriptor desconocemos? De todos modos, por este manifestarse solo oralmente su discurso y no ser suyas las palabras sino, supuestamente, de Dios, ni tomar tampoco ella la iniciativa para hacer el traslado escrito, para Baranda Leturio (2005: 146) "no se produce una trasgresión abierta del obligado silencio femenino". Frente a esta opinión y olvidando que a místicas como Sor María ya se las llevaba atendiendo un largo tiempo en Europa y en la Península, Fuente

---

[522] Este dato nos sitúa la visión tras el año 1512, una vez que la comunidad de Sor María se estableció allí (Surtz, 1995: 91).

La representación de Sor María en su contexto europeo 377

(2006) nos presenta, en cambio, a una visionaria rompedora del silencio que durante siglos había rodeado a otras congéneres suyas judías, musulmanas o cristianas[523]. Creo que lo más importante, no obstante, es destacar que un mediador masculino entre mística y público era lo más esperable, como vimos en el capítulo sexto: lo contrario sería lo excepcional.

Un mediador que, en esta ocasión, no es traductor: el *Libro de la oración* y las *Revelaciones* están en castellano, seguramente porque nos encontramos ya en el siglo XVI y no en el XIII, cuando Fray Arnaldo trasladaba al latín el dialecto umbro de Ángela de Foligno: ahora el castellano es lengua sancionada. Quizás también por ello Sor María no revisa estos textos, o al menos no se nos da noticia de ello: poco que ver, por ejemplo, con esa relación de Margarita Porete con su *Espejo*, cuya escritura "constituyó el modo mismo que la conduce a la unión mística que caracteriza al Alma anonadada", escritura "entendida como una absoluta necesidad de cumplimiento interior que al mismo tiempo quiere ser, tiene que ser, comunicado a los demás" (Cirlot & Garí, 2008: 219). Aun así, no me parece claro que Sor María no participara en la composición del *Libro de la oración* –o de las *Revelaciones*–, que no tuviera nada que ver con la selección de sus textos y paratextos, ni que sus objetivos fueran ajenos ella (cf. Baranda Leturio, 2005: 20)[524]. La imitación de sus modelos pudo ser consciente también en esta parte del proceso, y me temo que asegurar lo contrario puede volver a dar a la historia femenina una pasividad sospechosa.

[523] Parece olvidar Fuente la existencia de algunas visionarias europeas o castellanas como María de Toledo cuando, al hablar de las beatas del Renacimiento, asegure: "la gran innovación respecto al mundo medieval es que estas mujeres rompían el silencio [...]. Tenían gran interés en predicar, pero lo hacían como oráculos de Dios".

[524] Si sostenemos que, "de no ser por razones ajenas a los propios textos, estos hubieran permanecido escondidos para la mayoría y quizá hoy totalmente perdidos" (Baranda Leturio, 2006: 20), podemos olvidar el hecho de que también se escribieron unas *Revelaciones*: este hecho demuestra el prestigio de nuestra mística, un prestigio que, independientemente del mandato de escritura de sus trances por parte de Cisneros, puede justificar la perpetuidad de sus palabras. Para Baranda Leturio, como ya hemos comentado, motivos políticos influyeron en la escritura de las visiones de la Beata.

Además, sabemos que Sor María controla todo lo que dice porque, como se ha señalado, se corregía mientras hablaba: quizás temía incurrir en la heterodoxia, especialmente por conocer que sus sentencias tenían transcriptores. ¿Antonio de la Peña o el prologuista mejorarían o colorearían las palabras de Sor María, o las dejarían intactas "en su desnuda y fresca belleza", como nos indica Meglioranza (1991: 20) que se hizo con las de Ángela? ¿Hay que entender sus repeticiones, pleonasmos o anacolutos como parte de un discurso hablado? Como en el caso de Sor Juana, cuyos parlamentos, salpicados de coloquialismos, tienen clara ascendencia oral y siguen las técnicas de la predicación popular, la sintaxis de Sor María tenderá a ser un tanto dislocada, y proliferarán las afecciones retóricas, anáforas y repeticiones (que crearán en ocasiones una musicalidad especial: "Ya, pues, tengo pecados fechos para que siempre biua en humildad. Ya tengo cometidos pecados porque no deua escandalizarme sino de mí y del Cielo": LO, fol. c 4r[525]). Su prosa, que vive en el constante tiempo presente de la plegaria y de la visión afectiva (véase, por ejemplo, LO, fol. c 6r), mostrará entonces apariencia de espontaneidad, que podría proceder también de esa relación familiar que con los seres celestiales mantiene la autora desde su niñez, cuando ya hablaba con el Señor, los ángeles y los santos. Pero también habría que recordar que desde fines del Medievo, además de la devoción mental, se fomentaba el alargamiento del tiempo dedicado a la oración vocal, tal como demuestran en España tratados como el *Tercer abecedario espiritual*, y esto podría haber traído unas consecuencias a la extensión y retórica del discurso en místicas como Sor María, que rezan en voz alta durante su contemplación[526].

525 Cf. por ejemplo, con LO, fol. c 4v: "O, hermana, ¿y tú por qué te entristeces entre ellos [...]? Entristecete porque no te creyeron [...]. No te entristezcas"; LO, fol. c 5r: "¿no bastaron [...]? ¿No bastó [...]?". Este tipo de repeticiones, de oraciones paralelas y anafóricas con una longitud semejante, otorgan bastante ritmo a la prosa de Sor María.

526 Precisamente, la negación de la oración vocal y la defensa única de la mental serán acusaciones que se hagan a la secta alumbrada (véase Santonja, 2000: 387).

La representación de Sor María en su contexto europeo

No obstante, pese a la apariencia de espontaneidad mencionada, también encontramos subordinación, según hemos podido ver en la cita de su tratamiento de Cristo como jardinero (LO, fols. c 1r-1v), un tipo de dicción que podría remitirnos a una prosa aprendida, corregida o preparada, desde luego con una retórica que en esos momentos no indica improvisación. En su suerte de letanías a la Virgen, hallamos figuras de pensamiento como el retruécano:

> Madre para dolor y madre para descanso; madre de descanso para los que estauan en dolor, y madre de dolor para el que era todo descanso, fueste madre de dolor para Él. [...] Y pues fueste madre de dolor para ti y para Él, por ser madre de descanso para los pecadores, mira tú agora por nosotros. (LO, fol. b 5r-5v)[527]

Y en otros momentos nos topamos con una sobresaturación de metáforas que no puede sino hacernos recordar el estilo meditado de Catalina de Siena, con quien comparte el imaginario floral[528].

Estas mutaciones en el discurso pueden relacionarse con los cambios que supuestamente se producen en el *estilo* de Sor María, con su escritura performativa sobre el escenario metafórico de su visión publicitada. En el punto 19 de su segunda defensa, Antonio de la Peña señala que cuando Sor María habla arrebatada "pareçe tener, commo es verdad que tiene, otro stillo de hablar muy más alto, elegante y excellente, que cuando habla extra raptum y mucho más prouocatiuo a deuoçión y lágrimas", y esto se ve acompañado por un rostro que adquiere más hermosura durante el éxtasis, cuando habla "en persona de Christo y de otros santos" (reprod. en Sastre Varas, 1991: 363)[529]: un es-

---

527 Cf. LO, fol. c 7v: "el amor tuyo [de Dios] pone en ella [el alma] el concierto y la melodía, la qual está en Ti concertada pues sale de tu immenso concierto el temple y concierto para el desconcertamiento del alma".

528 Una exuberancia de imágenes que no siempre convence a sus editores: para el introductor de las obras completas que manejo, José Salvador y Conde (2007: 34), "acaso abuse Catalina de las bellas expresiones".

529 La misma expresión, "en persona de Christo", aparece iniciando uno de los consejos que "dixo asimismo" Sor María en sus *Revelaciones* (fol. 251v; véase también fol. 255v). Es la segunda vez que encontramos similitudes entre la defensa del P. Peña y este texto de la Beata.

tilo que a veces (aunque no siempre) parece oponerse al que es pronunciado "en persona propia" (LO, fols. b 5r, 7r). El testimonio del P. Peña de su dicción elegante durante el éxtasis viene acompañado por la aseveración de que la Beata no sabe latín ni tampoco leer, pues no aprendió letras ni ciencia al ser hija de padre y madre ignorantes (Sastre Varas, 1991: 364)[530]: Peña indica así que el origen de este lenguaje distinto del habitual, lleno de sabiduría y elevación, proviene de la inspiración divina y la presencia de Dios. En este sentido, se sitúa al lado del prologuista del *Libro de la oración* (quizás él mismo), quien asegura que Sor María, sin letras y aldeana, es la mujer "más alumbrada y la que mejor habla", y que cuando está arrebata "dize palabras muy altas y dignas de memoria" (LO, fols. a 2r, 3r).

El cambio de estilo en la forma de hablar sobrevenido con el éxtasis podríamos quizás relacionarlo con lo que le sucede a Lutgarda de Aywières, cuya voz se convierte en solemne y sabia una vez que Cristo (en forma de cordero) sorbe de sus labios (Bynum, 1987: 123). Y así, en sus *Revelaciones*, donde tan frecuentemente Sor María toma la palabra del Salvador, no encontramos ya un hablar aparentemente espontáneo, sino un registro culto que incluye frases latinas, aunque en boca del Señor (véase fol. 255v)[531]. Un cuidado registro que encuentra su correlato en una modificación en su apariencia física, esa hermosura que señalaba el P. Peña, que no puede sino hacernos recordar el testimonio de Juan Hurtado de que Sor María se pone "joyas de oro" para la representación de algunas cosas santas (Beltrán de Heredia, 1939: 109): una hermosura, por tanto, que podría tener su parte artificial.

También retóricamente resulta muy conseguido el estilo de sus epístolas, aunque en estas ocasiones tal vez se viera la

---

530 A pesar de destacar su condición de iletrada, más adelante Antonio de la Peña señala que Sor María enseña a los niños "quanto ella puede" para "que aprendan a leer y escreuir y gramática" (reprod. en Sastre Varas, 1991: 365).

531 También en el *Libro de la oración* (LO, fol. b 5r) Sor María pronuncia el verso latino "tibi soli peccaui" y hace leer a la Virgen otro (b 5v), pero se trata de versos de los Salmos (50: 6; 56: 9), quizás el libro bíblico que mejor conocían las religiosas del Medievo y el Renacimiento.

La representación de Sor María en su contexto europeo 381

Beata más ayudada en su dictado por sus confesores: citamos ya la reflexión caballeresca de la carta al caballero de Segovia, cuyo inicio (LO, fol. d 2v) resulta tan distinto de la oralidad apasionada y literaria que predomina en su primera visión, como si en algunas inflexiones de su discurso se opusiera una improvisada vocalidad a la escritura culta de cartas o *Revelaciones*.

Sea como sea, la importancia de esta escritura performativa, de este parlamento pronunciado ante un público, nos la muestra el editor del *Libro de la oración*, quien destaca las cuatro partes en que está dividida la obra no mediante la indicación del contenido temático de cada una, sino señalando su inicio a través de las exclamaciones o expresiones que las dan lugar, mientras resalta la pensada disposición de las palabras (fijémonos en que Sor María a veces decide callar, convirtiéndose en discernidora de las intenciones de los otros[532]).

> Y a esta primera manera de su hablar y enseñar doctrina corresponde la primera parte de la obra, donde dize: "¡Ay mi Dios! ¡Ay mi Dios!". La segunda es quando [...] dize palabras muy altas e dignas de memoria, y a esta segunda manera corresponde sotilmente la segunda, donde dize: "¡O dulce y buen Jesú!". La tercera es quando puesta en estos raptos [...] ella escucha, oye y agudamente responde y satiffaze [...] ella responde quando la respuesta es prouechosa y necessaria para nuestra salud, porque a la pregunta curiosa suele callar si no le manda responder el superior por obediencia. Y a esta tercera corresponde breuemente la tercera, donde dize: "Pues yo era Criador de todas las cosas". La quarta es quando retrayda en su celda escriue cartas al Papa, al Rey Nuestro Señor, al Cardenal de Spaña, a los padres vicario general y prouincial de su orden, y a otros muchos muchas vezes, y a las que rescibe de muchos responde por estillo dulce, elegante y prouechoso. Y a esta quarta corresponde la quarta, donde dize: "Jesuchristo crucificado". (LO, fol. a 3r)

A estos discursos y la representación que los acompaña asistiría un auditorio formado generalmente por sus compañeras de beaterio, sus confesores, algunos frailes dominicos, y seglares de clase acomodada, como el Duque de Alba: en su

---

[532] Ante estos silencios, si diéramos crédito a quienes proponen que Sor María fue manipulada por sus confesores, habría que preguntarse si recibía alguna indicación no verbal por parte del P. Vitoria de que no contestara a preguntas que pudieran comprometerla o que previsiblemente no le trajeran nada bueno.

audiencia no predominará el mundo de labradores del que provenía, sino gente con estudios o autoridades civiles o religiosas que confieren validez a su texto (Baranda Leturio, 2005: 100)[533]. Al menos eso se deduce de la primera visión de Sor María en el *Libro de la oración*, que la sitúa en la casa-convento de Santa Cruz de la Magdalena (LO, fol. b 3v). Y de este público será tan consciente Sor María durante su representación pasionaria que se dirigirá a uno de los asistentes para preguntarle por sus dudas, leyendo su pensamiento antes incluso de que este lo exprese, un don que también demostrará en otras ocasiones (véase Sastre Varas, 1991: 362).

Ante este auditorio expondrá todo lo que pasa en su visión escénica, y también al espectador, a quien se da consejos en tono homilético, a veces en un plural al que se suma la visionaria, adoptando en ocasiones la voz de Jesús, en la línea de las *Revelaciones* (véase LO, fols. c 1r-2v, 5r)[534]. Pero también Sor María se dirigirá a los seres que aparecen en sus visiones, indicándoles lo que sienten los otros en una demostración de agudeza psicológica que solo podrá venir de una suerte de director de escena que conoce bien a sus personajes: explica a Jesús, por ejemplo, el estado interior de la Virgen ante los sucesos pasados (LO, fol. b 7v); una función explicativa que puede delegar en sus caracteres, como cuando la Madre de Cristo advierte a Este del dolor de los demás ante su muerte para convencerle de que les visite en su Resurrección (fol. b 6v).

Asimismo, la Beata intercala plegarias tanto a Cristo como a la Virgen a favor de un público en el que se incluye ella misma (LO, fols. b 5r-5v, c 5v). Estas oraciones hay que encuadrarlas en la conformación de un discurso oral en el que

---

[533] Baranda Leturio (2005: 100) señala que el caballero de Talavera, el letrado oidor de cancillería de Valladolid y los canónigos de Zaragoza y Segovia que escuchan su primera visión pertenecen a clases que parecen coincidir con las "que más calurosamente acogen el iluminismo". Cf. Muñoz Fernández, 1994b: 303-304; Giles, 1999b: 276.

[534] No faltan aquí las preguntas retóricas que buscan despertar la conciencia del espectador: "¿Y para qué, pues, deuemos oýr las tales músicas nosotros [habla Sor María], sino para allegar nuestros corazones a Ti, que pones nuestra alma en concierto [...]?" (LO, fol. c 7v).

influirían las funciones litúrgicas, las predicaciones y el trato con otras personas religiosas, además de las orientaciones de sus directores espirituales. En cuanto a las funciones litúrgicas, habría que destacar los datos puntuales que se nos dan de la fecha de la visión, el día de la semana o el lugar en el que esta sucede (fols. b 3v, c 6r). Esta indicación, en las obras de las mujeres visionarias (por ejemplo, en Gertrudis de Helfta) se explica porque sus visiones tienden a darse en las fiestas importantes del año litúrgico, como también le ocurría a Sor Juana[535]. En este sentido, es esta concepción dramática de lo litúrgico la que llevaba a Wilkins (1998b: 342) a observar cierto grado de representación en el devocionario de Constanza de Castilla.

> Las monjas de su convento eran el auditorio principal, oyentes o participantes, de estas oraciones, en especial las partes dedicadas al santo oficio en las cuales todas ellas habrían participado activamente. Por ejemplo, en las Horas de los Clavos, el texto indica las primeras palabras de salmos para recitar en coro, respuestas, y los comienzos de himnos para cantar juntas.

Lo que sucede es que en el caso de Sor María y de tantas místicas (como Dorotea de Montau o Elisabeth de Spalbeek) la visionaria actúa sola. Es un tipo de imitación-representación llevado a cabo por un único *actor*, donde los diálogos se suceden *en directo* y ante numerosos presentes, no en la suerte de aislamiento que vive Ángela de Foligno en esos parlamentos con Dios que luego transmite a Fray Arnaldo. Además, esta soledad de la actuación (que no de público) se extiende a la *función* en sí: comparando su uso de la primera persona con la tercera de Sor Juana, Giles (1999b) ve en sus éxtasis un espectáculo más individual que el colectivo de la terciaria toledana, lo que pudo influir en su aceptación menos exitosa. Sor María, que podía entrar en rapto en la corte o en iglesias de Toledo, siempre con testigos delante, y que tomaba sus arrebatos "as a personal event of her choosing", sintiéndose libre para llevarlos a cabo

---

[535] En general, las visionarias suelen intentar situar temporalmente las experiencias: "Y esto sucedió en ese momento o poco después", recuerda Ángela de Foligno (1991: 85), siempre deseosa de reflejar tal cual la realidad vivida, lo que le hace regañar a Fray Arnaldo cuando no es suficientemente preciso en la narración de su experiencia.

creativamente, según Giles (1999b: 285) es a un tiempo protagonista y escritora de la función que representa:

> Embodiedness is the feature that surely separates the performances of the two visionary women. Madre Juana's voice is disembodied, coming from off the stage, as it were, narrating, describing, and explaining, while she herself does not participate in the scenes and action she presents. Sor María's voice, on the other hand, is embodied, her physical presence creating rather than merely reporting action. Although Madre Juana must necessarily be present in order to serve as the channel through whom the heavenly liturgy is celebrated, she is not physically engaged in the action as is Sor María, whose body the reader can imagine turning now this way, now that, as and over she calls her audience to behold the characters in action [...]. (287)

Por esto creo que debemos prestar atención a la mímica y puesta en espectáculo de las visiones de Sor María. Primero Giles (1990, 1995, 1996, 1999b), y luego Cortés Timoner (2004b) siguiendo sus propuestas, han subrayado la importancia del cuerpo (con su gesticulación o danza) en esta representación del éxtasis en la que aquel se convierte en texto[536]. Esta puesta en escena se lleva a cabo, según Cortés Timoner, en un estado de "semi-consciencia" (2004b: 55), o, para Giles (1999b: 178, 287), en un trance "in which time as marking a sequence of events ceases to exist": al contrario que Sor Juana, aquí no se cuentan historias ni se las interpreta, ni tampoco se comenta su significado, sino que las palabras se conforman en un "stream-of-consciousness". Por eso era importante que estas se recogieran mientras durara el éxtasis, ya que Sor María luego olvidaba todo, pese a la facilidad (y seguramente rapidez) con la que entraba y salía de sus éxtasis, lo que llevará a sus críticos a acusarla de fraude. Pero, ¿debemos creer en una suerte de representación inconsciente, tal como hacen estas investigadoras? ¿Cómo se casa esto con la visión de la Beata representando su *función* de manera creativa que también nos proporciona Giles? Como nunca tendremos respuesta sobre cómo se percibía a sí misma la Beata en su estado arrebatado, quizás debiéramos

---

[536] Para Giles, desde una perspectiva feminista, Sor María cumple con el *papel de la mujer* en la escritura de su texto: la Beata es, una vez más, "the woman, who in the fullness of her body, is the text" (1990: 109).

interesarnos más por cómo funciona su representación, y no tanto por dilucidar si esta era sincera o voluntaria.

Por ejemplo, antes de pasar a estudiar sus dramas, ejemplificados en su primera visión (seguramente representativa de otras muchas cuyo testimonio hemos perdido), habría que decir que estos no eran siempre todo lo exitosos (o creíbles) que Sor María hubiera deseado, como demuestran las dudas sobre el posible fingimiento de su representación de los misterios de la Pasión por parte de uno de los asistentes: hecho reconocido por Antonio de la Peña para luego señalar que la Beata adivina esa duda y le acaba convenciendo de su autenticidad (véase Sastre Varas, 1991: 362). También habría que advertir que la adopción de la voz de Cristo permitía a la Beata justificar circunstancias como su propia condición de elegida, su particular llamada a la santidad: así, en sus *Revelaciones* (fol. 251v), Cristo denunciará que los envidiosos le denominen "açeptador de personas, diziendo entre si: «El Señor haze santos a los que quiere y le plaze [...]»".

La celebración de la Pasión, a la que ya hemos aludido anteriormente, debía de mantener a su público especialmente en trance, según se puede deducir del punto 16 de la defensa de Antonio de la Peña, pues Sor María, como única actriz en la escena, se mete plenamente en el papel de Jesús –algo que vimos había destacado Mártir de Anglería ("diciendo que en aquel instante [...] ella es Cristo mismo": 1955: 300):

> estando la dicha soror María in raptu çelebrando la passión de Christo, commo dicho es, en sí misma, y veniendo al tiempo de representar cómmo expiró Ihesucristo, nuestro Señor, ella queda en tal manera, que a vista de los que son presentes ally, pareçe expirar, y despues de pasado vn buen spaçio de tiempo, pareçe buelue en sy; pero siempre in raptu, y entonçes se le halla pulso. (reprod. en Sastre Varas, 1991: 363)

Para realizar este tipo de imitaciones, la representación de Sor María requería un empleo especial de la vocalidad y del cuerpo, cuyas inflexiones, según Giles (1999b: 288), crearían un *performance* individual y físico, espontáneo y personal. La corporalidad de Sor María será la que conforme el ritual incluso cuando su contemplación recuerde episodios de la liturgia:

veremos cómo nos llama a mirar a los personajes a los que representa, con quienes a su vez se interrelaciona durante su *función*.

Como bien señala Giles, los lectores de hoy, que solo poseemos el texto escrito, necesitamos de la fuerza de la imaginación para recrear las modulaciones de la voz y el movimiento del cuerpo de Sor María, que asumiría sobre el *estrado* la vida de sus personajes. El público se sumergiría entonces en esas voces cambiantes y en la materialidad inmediata que sugiere el texto. "Even in a contemplation that is not theatre in terms of scenic structure and dramatic personages, the reader is aware of Sor María's body as icon, instrument and text" (1990: 104). En su representación de la Pasión, por ejemplo, se podría postular que se producía, como señala Régnier-Bohler (2003: 543) para la experiencia mística, una "fulminante reactualización del pasado, el discurso atropellado, jadeante, del presente del afecto, el tiempo de la Pasión revivida". No obstante, a diferencia de lo que sostiene esta investigadora, no creo que en el caso de Sor María ese tiempo "primero" de la fusión se vea desprovista de "sucesividad": en las visiones de la Beata, como en las de Sor Juana, es fundamental la evolución de las escenas, los actos dramáticos que se suceden.

Como Sor Juana o Margery Kempe (y cito ahora de un estudio sobre esta última), Sor María aprovecha una floreciente tradición afectiva "where the imitation of biblical characters appears to have been a recurring performative activity" (Renevey, 2000: 205), incorporando su cuerpo como elemento actuante dentro de la historia sagrada. Sus conversaciones con los personajes evangélicos, como las de Margery, crean una intimidad que la hacen separarse del resto de personas (su público), cual en una experiencia liminal. Sor María entra en el marco del Evangelio mostrándose como una más de los discípulos, como un personaje capaz de consolar e interaccionar con ellos, aunque no ocupe el lugar de la Virgen a la manera en que lo hace, por ejemplo, la mencionada visionaria inglesa (Renevey, 2000: 207-209). Su teatral y personalísima contemplación de la Resurrección de Cristo se podría poner en relación con las visiones de otras místicas desde el Medievo en adelante, como en un *crescendum* con respecto a lo performativo si entendemos, como Matter (2001: 10), que en el inicio de la Europa moderna las descripciones gráficas de las experiencias espirituales dan un paso más allá con respecto a las medievales, mostrando un vívido desfile de intercambio de caracteres, con un papel cada vez mayor de los rasgos psicológicos[537].

En la representación de Sor María, los personajes van mostrando su carácter a medida que hablan (y aparecen directamente hablando, sin narración que los introduzca[538]), y así,

> the reader of Sor María's transcribed text must grasp responsibility for identifying characters, discerning motivations, sorting out and rearranging events to make of them chronological sense, and bringing the performance alive in the imagination to detect the word or phrase that move us from scene to scene, character to character, event to event. Sor María is no godlike observer to an action from which she stands apart; physically present within the discourse, she is at once protagonist and playwright. (Giles, 1999b: 287)

Esto, ciertamente, tiene unas consecuencias, como señala Giles (1990: 103-104):

> There were extraordinary demands on Sor María as she employed the dramatic instrument of her body to develop the action, direct the audience's attention now here, now there and form presence out of absence, as when she engages the Blessed Mother in a conversation in which she, the Beata, does all the talking. [...]
> Had Sor María been acting out a play that she had written and memorized beforehand, the effort of her one-woman performance would have been remarkable enough. That she created the performance from one moment to the next without the benefit of staging to strengthen the artistic illusion is even more remarkable and gives us some understanding of why her viewers described the event as "miraculous" and "inspired".

---

537 Debo decir, no obstante, que no me convence la ejemplificación que ofrece Matter en su trabajo del supuesto paso de un drama cósmico a un psicodrama en los éxtasis de las místicas desde el Medievo al Renacimiento.

538 De ahí también que se pueda hablar de *teatralidad* en estas reescrituras místicas de la vida de Cristo: no insertaría, como hace Surtz (1995: 177 n23), las visiones de Sor María en una *novelización* de las Escrituras, aunque se tratara de una práctica estándar a partir de las franciscanas *Meditationes* (por ello Beltrán de Heredia [1939: 127] considera a la Beata más franciscana que dominica en su espiritualidad).

Los personajes que entran en escena en los parlamentos de Sor María se alejarán, en su parafernalia teatral, de un comportamiento medido. Quizás por ello a Pedro Mártir de Anglería la gestualidad de la representación le haga dudar de si se trata de una "farsa": Sor María es sorprendida públicamente hablando con la Virgen (es decir, la representación ha comenzado cuando la ven) sobre el lugar que tiene que ocupar junto a Cristo, y la familiaridad que demuestra y sus educadas palabras llaman la atención de la audiencia: si Mártir de Anglería (1955: 301), que reproduce el diálogo en cuestión, habla de simulación no cabe duda de que alguna parte de su público lo percibiría como teatro, apariencia o engaño[539].

Hay que tener en cuenta que todas las técnicas del cuerpo que conformarían este tipo de visiones se verían influidas por los manuales de conducta, las imágenes de los Libros de Horas, el arte y esas representaciones religiosas que he mencionado a menudo[540]. Quizás, como Elisabeth de Spalbeek o también Dorotea de Montau, representaba la Beata la crucifixión con una serie de movimientos rígidamente controlados y conscientes: recordemos que cuando Elisabeth representa el papel de la Virgen usa los códigos gestuales convencionales del dolor, inclinando su mejilla izquierda sobre su mano (Cohen, 2000: 64). De modo que sería fundamental para el desarrollo del *performance* de Sor María ese arte visual que llegaría hasta ella a través de esculturas que podrían sugerirle imágenes a sus visiones, dentro de una espiritualidad en la que, como señala Camille (1994: 74), "the image, not the Word, mediated most powerfully between God and the believer".

Al igual que Cortés Timoner (2004b: 55), pensamos que la Beata debió de "acompañar sus composiciones orales con gestos, distintas entonaciones y, tal vez, cambios de voces": podemos imaginarnos que cuando deja pasar a la Virgen delan-

---

539 Y de nuevo esta mirada desconfiada se podría poner en la línea de tantos *exempla* misóginos expuestos por el Arcipreste de Talavera (véase Sanmartín Bastida, 2003: 48-52).

540 Para un estudio de las técnicas corporales relacionadas con los libros de conducta véase Sponsler (1997: 50-74).

te (Mártir de Anglería, 1955: 301), por ejemplo, haría algún tipo de genuflexión; y otra gestualidad acompañaría a las escenas de la primera visión que estudiaremos seguidamente (una gestualidad que Sor María cuidaría, pues hemos visto en el capítulo cuarto que determinados movimientos incontrolados podían resultar sospechosos). Tal vez Sor María se fundiría físicamente con sus personajes: cuando, por ejemplo, Cristo hace levantar a San Pedro del suelo (LO, c 4r): ¿no se alzaría y se caería también la Beata representando a este discípulo mientras adopta su voz? No obstante, otras veces Sor María se limitaría a sumarse a un coro o a acompañar a sus caracteres en su periplo, uniéndose en la búsqueda del Amado: "¿Y a do va nuestro Desseado?" (LO, fol. c 4v).

Y es que en esta primera visión del *Libro de la oración* seguramente los componentes del *performance* señalados por Cortés Timoner se pondrían todos en juego. Esta visión ilustra la *Visitatio sepulchri*, que sabemos se representaba en los conventos europeos a finales del Medievo, como nos demuestra Mecham (2004: 102-156) con respecto al convento de Wienhausen; y, ya en el siglo XVI, Sor Juana de la Cruz (*El Conhorte...*: 686-693). La *Visitatio* era una función teatral en la que se implicaban ampliamente las monjas, y donde actuaciones como la de María Magdalena iban acompañadas de bastante mímica (Mecham, 2004: 134). Esto es importante señalarlo porque en las palabras de esta visión se aprecia una cierta influencia del drama litúrgico (véase Giles, 1990: 99-101)[541].

Esta visión nos muestra, además, esa estrecha relación entre María Magdalena y la Virgen que encontramos ya en las *Meditationes*, una relación a la que se suma Sor María completando un triángulo único de mujeres[542]. Es curioso imaginar, por otro lado, la escena primera en que aparece la Virgen barriendo la "celda" (LO, fol. b 6r): Sor María la familiariza así con

---

541 Merecería la pena, en este sentido, comparar esta visión con la *Visitatio sepulchri* del manuscrito 36 del convento de Wienhausen, que edita Mecham (2004: 405-408).

542 Esto es interesante, ya que, cuando aparecen los discípulos, Sor María *desaparece* de la escena, no interacciona con ellos como con estas mujeres.

su mundo, o, mejor, la Virgen entra en el mundo de Sor María y barre la celda en la que ella está. La representación se hace entonces *presencial*, dentro de esa teatralidad medieval que distinguía acertadamente Egginton (2003): no hay conciencia en el espectador de ese desdoblamiento que se empieza a reivindicar en el teatro renacentista: seguramente su audiencia creía oír a través de la Beata la verdadera voz de la Virgen, y contemplar sus gestos de dolor o sorpresa.

Sor María trae así a su celda a la corte celestial, seguramente moviéndose de un lado a otro mientras adopta el tono de voz o las posturas de los diferentes caracteres. No sabemos si habría específicos lugares de su habitáculo destinados a diferentes escenas, como pasaba en las representaciones de la Pasión que se hacían en algunos conventos, con capillas enfocadas a los distintos *pasos* (véase Mecham, 2004: 330-331). No obstante, a diferencia de cómo se vivían estas en el convento de Wienhausen, o la Natividad en Astudillo, da la impresión de que en ningún momento Sor María se identifica del todo con la Virgen (excepto, claro, al asumir su voz) sino que se dirige a ella como otro personaje más del drama[543]. Y es que la Beata no solo desarrolla los papeles convencionales de la madrugada de Resurrección sino que también ella se introduce en la escena[544]. Como observó bien Giles, Sor María se convierte en autora y actriz de su espectáculo, un espectáculo que conmovía hasta la catarsis a su público, que hemos dicho terminaba muchas veces derramando lágrimas en una suerte de imitación de lo que pasaba en escena, donde los personajes femeninos aparecen o se rememoran llorando.

543 Cf. Mecham, 2004: 332: "Following the same path within the confines of her monastic enclosure, a nun could cast herself in the role of the Virgin Mary. Indeed, identification with the figure of Mary was a powerful way for religious women in particular to identify and unite with both the humanity and suffering of Christ".

544 Por ello, Giles (1990: 102) destaca que su representación resulta más compleja que la de los dramas de Gómez Manrique, con los que la compara. Tal vez en este meterse en escena habría que ponerla más en paralelo con el teatro de Juan de Mena, salvando las distancias entre la escena renacentista, el drama religioso medieval y lo que supuestamente es una visión mística.

Además, el papel de la Beata varía, no solo explica a los otros lo que sienten, les acompaña o desliza plegarias: en esta primera visión se transforma en una especie de intercesora entre la humanidad y Dios, como se presentaba también Sor Juana (véase Cortés Timoner, 2004b: 55; 2004c: 38); o en una suerte de ángel anunciador y consolador cuando se relaciona con la Virgen y María Magdalena. Asimismo, antes que de protagonista cumple el rol de espectadora que se encuentra con la diferente acción de sus personajes, una función que vimos comparte con místicas como Brígida de Suecia. Sor María parece sorprender a la Virgen, San Pedro, San Juan o la Magdalena en medio de escenas que se desarrollan desde antes de que ella aparezca, y al verles se dirige a ellos.

Y aquí debemos detenernos para analizar un poco más este juego de miradas y voces que aparecen sobre el estrado metafórico de la mística. Primero Sor María nos presenta en un conmovedor monólogo a algunos de sus personajes y los sentimientos que los mueven, y sobre ellos departe, a ellos se dirige con espíritu de plegaria y, sobre todo, a ellos intenta imitar ("Dame, pues, de aquel amor y calor que diste a tu piadosa Magdalena" [LO, fol. b 4v], pedirá a Dios Sor María, como adquiriendo fuerzas para la representación subsiguiente). Esta introducción se ve interrumpida (pero es una pausa sobre el papel) por la voz del editor que nos explica que, tras acabar su oración al Señor, Sor María repite las palabras de un salmo tres veces, y, habiendo recibido la comunión, comienza su monólogo "en persona propia" (fol. b 5r), donde esta vez pasa a dirigirse a la Virgen[545].

Al poco rato Sor María hace contemplar a su público las escenas que se representan en esta primera visión a través de

---

[545] Más tarde se introduce una pregunta de Sor María y una respuesta de Cristo mediante la frase "Pregunta en persona propia [...]. Responde"; verbos que marcan el discurso escrito, pues, durante el trance, probablemente Sor María no interrumpiría su representación para hacer estas acotaciones, sino que adoptaría los tonos de voz necesarios para que le quedara claro al público quién hablaba con quién. Es interesante, así, que el género de pregunta y respuesta se introduzca también aquí de alguna manera en medio de la primera visión (véase LO, fols. b 7r-7v).

unos constantes "Ved", que dirige a los espectadores apelando a su capacidad de imaginación. Podemos visualizar, por ejemplo, esa ventanita en la celda a la que tempranamente se refiere en una tierna y doméstica referencia la Beata: "Ued cómo va a la ventanica [la Virgen] mirando si viene la hermosa y fresca mañana" (LO, fol. b 5v)[546].

Inmediatamente surge una sucesión de voces, donde se turnan para hablar la Virgen, Cristo y Sor María –los primeros, entre ellos o en monólogos, y la segunda, haciendo de mediadora y consoladora–, mientras una tercera voz, la que dirige la puesta en escena (una Sor María más externa), va indicando a los presentes qué pasa en la representación ("Y con qué amor y suauidad está llorando tan mansamente como si no llorasse. [...] comiença a dezir con alegría y dolor [...] Ued a nuestro gran Rey y Señor: mirad cómo ella dize": LO, fols. b 5v-6r)[547].

Poco después, habiendo abandonado el escenario Madre e Hijo, aparecerá la Magdalena, en un espacio que se carga del tinte místico amoroso que ya hemos estudiado en la Beata. Sor María abandona entonces su soliloquio sobre la falta de amor general, que desliza al verse sola en su celda-estrado, para pasar a dirigirse sin transición a la santa pecadora, que experimentará un encuentro con Cristo del que la Beata es testigo: los espectadores, conminados por esta, la verán entonces transformarse de un personaje en otro, y experimentarán cierta tensión dramática con un diálogo que hace muy demorado el *desenmascaramiento* por parte de la Magdalena del misterioso hortelano.

> ¡Hay de mí!, triste, que avn esto [el amor] yo no sé tener. "Hermana, ¿y a quién buscas con tantas bozes y gemidos? ¿Y qué preguntar es ésse que trahes por Él? Como si le viesses no le conoscerías con ojos de fe, no

---

546 Una ventana que, como el espejo, la puerta o el marco puede implicar, según Sponsler (1997: 129), un énfasis no en lo estático, sino en el continuo movimiento de un lugar a otro y de un estado a otro.

547 En este encuentro después de la muerte entre Cristo y la Virgen, aunque no existe de él justificación en las Escrituras, Sor María seguiría una tradición popular en el Medievo (como también lo harán Juana de la Cruz e Isabel de Villena, al destacar que había sido la Virgen la primera en ver a Cristo tras la Resurrección: véase Cortés Timoner, 2004b: 35).

le conoscerías en siete meses que con Él anduuiste". Ued cómo sin alçar los ojos a mirarle le pregunta por Él [...] Y Él dize: "¿Qué darías a quién te le diesse pues tanto le amas? ¿Y qué tanto es lo que le amas?". Y ella responde: "Quando pienso en Él e miro al cielo, parece muy pequeña cosa, y por esso todo el cielo y la tierra es poco para dar por Él. Nada es, pues, todo lo que yo tengo para darlo por Él, y todo lo tengo a Él offrecido y a mí con ello". Y Él dize: "¿Quál es más, darlo todo o darte a mí mesma por Él?". Y ella responde llorando: "Pues si a mí mesma me doy, ¿quién le yrá a buscar por mí? ¿O cómo podré darme a mí por Él si me tengo a Él offrecida y soy toda suya?". Y Él dize: "O hija mía, tú querrás a Mí e Yo querré a ti. Tú me traherás en ti e Yo a ti conmigo". (LO, fols. b 8v-c 1r))

La directora de escena no dirige solo la mirada de sus espectadores sino también la de los personajes de su drama místico, que deben seguir sus instrucciones tanto como el imperativo de sus ojos. Así, tras intercalar oraciones de petición o alabanza e invitar al espectador a mirar más, Sor María se dirige a la Magdalena instándola a que obedezca el deseo del Señor de no acercarse, recordándole las palabras pronunciadas:

Ued el grito que [Magdalena] da arrojándose toda a sus pies, e diziéndole Él que no allegue. Más espanto y dolor le da aquello que lo passado. "Hermana, no te fatigues. Mira que no te desecha nuestro Desseado. Mas allégate con esso assí más, porque despiertes más en mirarle. Y, pues te quieres toda para Él, alégrate con Él en lo que quiere Él por quererlo assí a Él. Mira que quando dixiste que te tenías a ti para Él y lo que tenías para Él y por suyo d'Él, luego Él se te mostró. Ay hermana, mira qual viene nuestro Desseado con el açada en la mano para que labremos la tierra. Mira el officio que nos da. [...]". (LO, fol. c 1r)

El Deseado pasa entonces seguidamente a ser "nuestro Desseado" en una complicidad nueva con la Magdalena, a quien ha llamado varias veces "hermana" (fol. b 8v). A esta la conmina más tarde a observar la llegada de Jesucristo junto a ellas, acción que el espectador de su éxtasis debe intuir, cuando no ver. Un Jesucristo que deja su azada al acercarse a Magdalena: "Mas quando miró a ti para que le mirasses, ya no tenía açada, porque el amor suyo te abastaua para que con él alimpiasses en ti su vergel de las heruezitas que de contino nascen en esta nuestra tierra corrupta" (LO, fol. c 1r). De modo que Sor María explica al espectador y a su compañera Magdalena los gestos, movimientos o elementos que se ponen en juego sobre la escena.

Pero la complejidad de su representación no se queda ahí, sino que la Beata establece en su contemplación, además, una cadena de miradas, como apreciamos en la escena de la llegada de Pedro y Juan al sepulcro de Cristo. Los espectadores podrán ver que las mujeres se acercan para avisar a los apóstoles de la Resurrección y cómo, tras ellas irse, estos se quedan tan alegres como tristes porque no serán creídos al venir la noticia de labios femeninos. Entonces el espectador descubre de pronto a Cristo junto a ellos, y que Este conmina a los discípulos a mirarle. De modo que Sor María insta al público a contemplar a un trío de personajes en el cual el Señor dirige, a su vez, las miradas.

> Ued cómo vienen ellas corriendo a ellos, y qué bozes y qué alegría traen, diziendo que es ya leuantado. [...]. Ued, ydas ellas –y quedando con esto los dos alegres e tristes–, al Señor con ellos diziendo: "Ueys aquí, hijos, vuestro Maestro. Ueys aquí al vuestro Desseado". Uedlos ambos postrados, e ninguno dellos se osa leuantar. (LO, fol. c 3r-3v)

En esta escena casi podemos oír el ruido de las mujeres corriendo y vociferando, que nos hace muy bien la Beata imaginar, un énfasis en el presente bíblico que no encontramos en la predicación homilética, al menos de manera tan visual. Y en su continuación, Sor María engarza las diferentes formas gramaticales de los verbos *mirar* y *ver* con matices e implicaciones diversas (*advertir*, *observar*), hasta que, al final de la escena, el éxtasis se transforma en una fiesta de la mirada.

> E diziendo el Señor a su querido [Juan]: "Levántate, hijo", él lloraua diziendo: "¿Cómo se leuantará el triste que diste por fijo a la que te parió, e yo quedeme adormido en el sueño de la muerte? [...] *Mira* que me amaste avnque no te he sabido *mirar*". *Mirad* con qué amor el Señor le echa la mano y lo leuanta [...]. Y como en los hombres sea lástima de hombre a hombre y no de hombre a Dios, el discípulo querido del Señor, lastimado de la pena de su hermano, lloraua también con él y por él, diziendo al Señor: "Aue piedad del que por serte suaue se lastima tanto. *Mira* que es tu hijo y recíbele, pues me has recebido. *Mira* mi vergüença y confusión, que es mayor que la dél, porque hauiéndome Tú dexado a la que te parió, offendite más rezio en negarte". *Ued* cómo lloran los dos y nuestro Desseado dize con mucho amor a Sant Pedro: "Leuántate, amigo mío, levántate ya, no más ya, no más. Y no sea puesto tu pecado en mi penitencia". E diziendo él: "No osaré leuantar mi ojos a *mirarte* pues te

negué", dize el Señor: "Leuántate, leuántate por el amor mío, e *mírame*". *Uedlo* leuantado y, hauiendo *mirado* al Señor, cahe como muerto diziendo: "*Miré* a mi Gloria e *mirome*". (LO, fols. c 3v-4r; cursivas mías)

A veces incluso dentro de una misma escena otras escenas se suceden, estableciéndose así ante los espectadores del arrebato diferentes niveles de representación, como parte, por supuesto, de una estrategia muy común en el ejercicio de la predicación, en el que se emplea con frecuencia el estilo directo, bajo la influencia de la parábola evangélica[548]. De este modo Sor María interrumpe la escena mencionada que comparte con Cristo y la Magdalena para ejemplificar un instante de predicación:

> El que dessea esto y no cura de trabajarse para alcançarlo es assí como el auariento, e sin dexarlo de ser quiere hazer grandes limosnas, diziendo consigo: "¡O si viniesse alguno a pedirme!". Y quando viene el pobre a su puerta, leuántase perezosamente a darle, y anda por casa embaraçándose y buscando vn regojo de pan, diziendo entre sí al pobre: "O tú yrás de cansado o yo te lleuaré tan poca cosa que tú no la querrás recebir de corrido". E assí lo despide. Uiene por ende tu Dios a la puerta de tu coraçón, llámate con la contrición y deuoción, desseando que le des para que recibas d'Él, que le llames, sigas y ames, para que se encierre en ti y te recrehe consigo, y tú ocúpaste en al, diziendo: "Después haré oración y terné más deuoción". (LO, fol. c 2r; cf. d 1r)

Cuando Sor María aplica esta técnica tan propia del sermón a la escena de la Resurrección, se nos presenta como una suerte de autora que reproduce el pensamiento de sus personajes. Haciendo una especie de aparte, el monólogo interior de estos aparece dirigido al espectador, y no al otro actor implicado en el acto. Esto se puede ver en la escena siguiente, que se inicia de manera abrupta (Sor María acaba de finalizar una pequeña arenga espiritual):

> ¡Y con qué fuerça corrían los dos! Y corriendo más el querido del Señor, no creyendo ni descreyendo del todo, mas vacillando con la flaqueza y con el vestigio de fe y con el amor que le quedaua, esperaua al otro. Y no quiso entrar avnque llegó primero, diziendo entre sí: "Razón es que entre primero él, pues yo soy más mancebo. Y porque si yo allego y entro primero será mayor su desconsolación y fatiga, diziendo que porque le

---

[548] Este tipo de estrategias performativas las estudié en los *exempla* del *Corbacho* del Arcipreste de Talavera en Sanmartín Bastida (2003: 18-27).

negó él no tuuo tanta fuerça para correr y llegar comigo". Y avn después de él hauer llegado, no quiso el querido del Señor dizirle por qué le esperaua y no hauía entrado, porque no quiso correr a sus canas. Y por esto, diziéndole el otro después de hauer llegado: "Hermano, ¿por qué no allegas?", no quiso dezirle sino: "Llega tú, hermano, primero, que avn yo soy más mancebo". (LO, fol. c 3r)[549]

En ocasiones delega en los otros su función ilustrativa, como vimos anteriormente en un diálogo entre la Virgen y Cristo (LO, fol. b 6v). De modo que si Sor María no llega a fundirse con la Virgen (a la manera de otras visionarias), esta, en cambio, suplanta a la mística para explicar los sentimientos de los otros y reproducir la voz de los personajes: por ejemplo, cuando le hace ver a Cristo la imagen de la Magdalena deseando ungirle ("Pues si viérades a vuestra querida buscando preciosas cosas para vngiros"), o reproduce las palabras de esta santa preguntando por "el mi precioso y delicado cuerpo"[550]. La Virgen aquí es, como Sor María, creadora de una escena dentro de otra escena, en la que Cristo se convierte en un espectador más, al igual que el hombre o la mujer que contempla la visión dramatizada de la Beata. La Virgen describe hasta los gestos en juego, y también pone sobre el tapete las miradas:

> Como desesperados boluieron a la mesa donde comieron con vos, y llorando y gemiendo dauan en sus rostros palmadas, y el vuestro amado que os negó, allí se tendió en medio de todos [...] ¡O mi bien, si los viérades! [...], cómo mirando a mí lloraban ellos todos por vos comigo y por lo que yo por vos suffría! (LO, fol. b 6v)

[549] Independientemente de su originalidad (esta escena, que parte del Evangelio de San Juan, pudo tener un largo desarrollo en el drama litúrgico), e incluso concediendo que fuera este un trance pleno de palabras aprendidas, o muy rehecho sobre el papel (algo difícil, pues al tratarse de un impreso coetáneo a Sor María habría testigos que podrían desdecir la veracidad de las palabras reproducidas), ante esta dramatización llena de bien llevadas sutilezas psicológicas entre San Pedro y San Juan es difícil estar de acuerdo con la simplicidad que achacan al carácter de Sor María quienes piensan que fue una mujer puramente manipulada.

[550] Hay que decir que poco más tarde será Cristo quien asuma otra voz, la de los testigos de su muerte (véase LO, fol. b 7r). También en las *Revelaciones* (fol. 251v), vimos que Cristo adoptaba la voz de los envidiosos.

La representación de Sor María en su contexto europeo

Giles (1990: 99), en este sentido, capta muy bien la disposición simétrica de la contemplación del descubrimiento de la Resurrección:

> The drama is a coherent whole in which the individual acts, in their inner structure, mirror the dynamics of the larger unit, for they are unified within themselves and with each other by the repetition of themes, figures and images as well as by the transitional passages that explicitly carry an image or figure from one act to the next.

Aun sabiendo que solo tenemos dos ejemplos de sus visiones en el *Libro de la oración* (por ejemplo, ¿no habría alguna donde Sor María jugara con el Niño Jesús, como hemos visto que hacían tantas místicas de la época?), quizás podamos establecer una comparación final de los arrobos de la Beata con los de otras visionarias europeas, para terminar este estudio de sus cualidades performativas. Apreciamos, entonces, que las visiones de la terciaria española son especialmente dinámicas y complejas, con predominio de diálogos o monólogos de los que ella misma se constituye en testigo o en los que está directamente implicada. Sor María hace el oficio de orquestadora de escena, pero también de actriz que representa a otros o a ella misma haciendo el papel de mensajera, consoladora o el más sacerdotal de directora de plegarias. Con sus manifestaciones dramáticas, esta terciaria dominica nos ofrece una prueba más de que la espiritualidad femenina de los siglos XII-XVI se caracterizaba por un énfasis en lo somático y en lo afectivo, por una combinación del mundo y el claustro, y por una escritura performativa en la que rasgos como la maternidad, el erotismo o una particular vivencia del sufrimiento y de la alimentación desfilan sobre la escena mística.

Final:
Las desviaciones de la imitación

> Traíame desatinada, y casi todos la tenían por santa. Puesto que vi que de las persecuciones que ella contaba debía tener alguna culpa, y no tuve envidia su modo y santidad; sino que ella u otras dos almas que he visto en esta vida que ahora me acuerde, santas en su parecer, me han hecho más temor que cuantas pecadoras he visto, después que las trataba, y suplicar al Señor nos dé luz. (Teresa de Jesús, 2004: 1240)

La categoría cuestionada

Si Judith Butler considera la literatura como un lugar para la construcción del género, en esta monografía la hemos entendido como el espacio de la edificación de otra categoría: la de la santidad. El texto, enmarcado en una cultura y en unas circunstancias históricas, produce este modelo destinado a la imitación.

Pero, como apunté en el capítulo segundo, la interpelación de una mujer como santa no resulta siempre exitosa: si la autoridad no reconoce la marca hagiográfica, la actuación adecuada, no se puede conferir la identidad de santa a la mística en cuestión. En este sentido, y muy en la línea de la filosofía de Michel Foucault (principalmente, 1998b) en la que se apoya Butler, se podría decir que el poder ostentador del reconocimiento, el eclesiástico, no es prohibitivo sino productivo, pues invita a

Las desviaciones de la imitación 399

la proliferación de discursos y representaciones a través de sus propios censores (cf. Salih, 2002: 60) ya que el discernimiento de espíritus, principio seleccionador, ayuda a configurar el paradigma de la visionaria.

Siguiendo estas ideas de Foucault o de Butler, por qué no pensar que la ley vigilante eclesiástica que expusimos en el primer capítulo da lugar a las identidades consideradas inadmisibles (por ejemplo, las brujas) o a los deseos que cerca con el fin de establecer y mantener la estabilidad de la categoría de santa: sin un opuesto que la limite, esta etiqueta no podría subsistir. Endemoniadas y brujas, como bien demostró Caciola (2003), fueron un marbete creado a partir del peligro representado por beguinas o visionarias, y, añadiría yo, por su repetida imitación. La misma ley que inventa la santidad produce así su negación, por lo que Sor María y sus compañeras han de llevar a cabo un *performance* cuidadoso para caer a un lado y no a otro de la frontera definidora. Si *eligen* ser entendidas como santas deben interpretar las normas recibidas para que se las reconozca como tales, poner unos discursos en marcha, dictar o hablar de una determinada manera los textos...

También es cierto que, independientemente de si hay una intención imitadora, la actuación mística, como la de la femineidad, "never fully aproximates the norm" (Butler, 1993: 232), pues no existe una referencia *pura* que no esté en relación con sus circunstancias, ni se queda quieto el ojo vigilante y creador que la asedia. Evidentemente, la categoría performativa de la santidad, tanto como la del género, históricamente "works through repetition and challenges through the very impossibility of perfect repetition («getting gender right»)" (Biddick, 1993: 400). Precisamente, la prueba de que la repetición puede ser bastante imperfecta está en sus transformaciones (el paradigma de santidad fue evolucionando con el tiempo) o en sus *desviaciones* (cuando la modificación del modelo no se acepta), que son las que ocuparán este capítulo final.

Si la corporalización imitadora es un proceso repetido, la actuación *diferente* de una categoría es "an occupation or reterritorialization of a term" (Butler, 1993: 231), y el término resultante puede ser empleado como lugar de la resistencia, de la resignificación política, social, o, cómo no, religiosa[551]. Cabría preguntarse en este sentido si Sor María no consigue la clasificación de santa por reocupar la categoría con comportamientos que se alejan excesivamente del canon, pues de la consecución de una categoría más o menos aproximada al paradigma depende la suerte final de la mística. Sabemos que el discurso de Sor María no funcionó del todo porque su figura no resultó beatificada y, durante unos años, se vio sometida a pesados procesos que engendraron un peligro para su persona: tal como nos muestra Butler (1990: 139-140), quien no *actúa* correctamente su *categoría* suele ser castigado por la sociedad. Pero, a diferencia de Butler y, en su estela, de Biddick, no nos planteamos si esas desviadas recitaciones de la norma, esas citaciones e interpelaciones no reconocidas (del todo o parcialmente) por el público, pretendían desestabilizar una hegemonía dada o plantear una estrategia política subversiva; esto es, si la Beata reconstruye la identidad mística en maneras que desafían las estructuras de poder existentes. Se podría, por supuesto, estudiar si Sor María pone en cuestión con su mera existencia esas *verdades* que a menudo son vehículo de opresión ideológica de grupos sociales minoritarios. Pero creemos que hay otros posibles modos de descripción de su comportamiento que no sean el de la heterodoxia o el de la subversión del género para escapar de unas estructuras discursivas del poder: incluso que quizás no se trate de escapar de ellas.

Tampoco nos interesa, desde la óptica de la imitación performativa, preguntarnos si Sor María *parodia* (es decir, pone de relieve su artificialidad, su naturaleza construida) o reinterpreta la categoría de santa como el travesti parodia la categoría de mujer o como el homosexual se sitúa fuera de la norma (cf. Salih, 2002: 55, 65-68). No creo que haya que buscar en Sor

---

[551] Así, como el género, la categoría de santa a la que supuestamente aspiran todas las místicas, "cannot rightfully be said to originate or to end. As an ongoing discursive practice, it is open to intervention and resignification" (Butler, 1990: 33).

Las desviaciones de la imitación 401

María un intento particular de enfatizar la naturaleza teatral de su actuación, y nuestra Beata se apunta a las normas pese a que no convenza al poder, pese a que, saliendo bien parada de la Inquisición, no llegase a ser santa. Por ello, la subversión, la política o la intención transgresora son cuestiones que no he afrontado. Si Sor María nos descubre la imitación, lo hace del mismo modo que las otras santas o visionarias que la preceden, con una demostración de la *artificialidad* o la naturaleza repetidora de los discursos místicos que en nada se diferencia de las otras, una demostración *malgré lui*, sin un declarado propósito teatral. Pero, ¿por qué entonces fracasó? Ya hemos visto qué comparte con sus compañeras de viaje; y, en cuanto a las diferencias, trataremos este asunto en estas páginas finales.

Lo que está claro es que no podremos saber nunca si alguna santa de las aquí tratadas se pintó sangre en su costado, como hizo (y fue descubierta) Sor María de la Visitación, la Monja de Lisboa (véase Imirizaldu, 1978: 188-190). Para nosotros lo interesante es que todas las místicas quieran presentar esa llaga en el costado o esos estigmas, provengan de donde provengan: ya hagan como Lukardis de Oberweimar, que horadó con los dedos anulares sus palmas hasta que aparecieron los estigmas, o como Beatriz de Ornacieux, quien se atravesó las manos con un tornillo de verdad (y de cuyas heridas brotó agua: véase Bynum, 1991: 131-132). Quizás la principal diferencia entre unas y otras radique en que el caso de Sor María de la Visitación fue declarado un intento de fraude, mientras que el de las místicas señaladas se entiende como manifestación de una voluntad unida con la divina.

He preferido no hablar entonces de intenciones totalizadoras: como dije en el capítulo segundo, la Sor María histórica siempre se nos escapará: mi única opción ha sido comparar el texto que se nos lega de/sobre ella con otros de/sobre sus contemporáneas. Quería además preguntarme por el *cómo* antes que por el *por qué* de sus actuaciones: es decir, de qué modo se imbrican sus palabras en conjuntos más amplios del tejido de la mística femenina medieval, y qué es lo que hizo que en su caso el hilo se saliera del ojal. Ya he ido apuntado razones y a ello volveré: quizás su representación fue demasiado *extravagante* porque, aunque la categoría de santa no se demuestra inamovible sino versátil (Sor María consigue ser aceptada con sus nuevas formas), las cualidades fijas que componen también el modelo (la humildad, la castidad pública, la moderada exhibición del cuerpo) harán que su caso no llegue a buen puerto. Si bien la imitación implica un control sobre sí misma por parte de la mística, no puede negarse (desde otro punto de vista) que hablamos de unas experiencias que las podían sobrepasar, ¿fue Sor María sobrepasada por ellas?

Por otro lado, podríamos hacer corresponsables del fracaso de algunas visionarias, como ya señalé en el capítulo sexto, a los hombres, por la importancia de que conocieran aún mejor que las mujeres los criterios de discernimiento. En varios casos en que ejercen como algo más que como directores espirituales y en los que parece probado que orientaron o manipularon a la mística en cuestión, la imitación fracasa: Elizabeth Barton, Lucrecia de León..., ejemplos en los que públicamente acaban siendo condenados. ¿Manipularon Diego de Vitoria o Antonio de la Peña a Sor María? ¿Fallaron en el conocimiento de los criterios de discernimiento de espíritu o en la exposición pública que hicieron de su tutelada? ¿No tuvieron el cuidado suficiente con la crítica anticlerical de Sor María, la cual, según Bynum (1987: 230), solían compartir los confesores que apoyaban a mujeres como ella? ¿O quizás es que no se podía negar lo evidente, el comportamiento un tanto arriesgado de nuestra protagonista? Sea como sea, ¿hasta qué punto alguien como Diego de Vitoria no es también artífice de la imitación? Recordemos que llevaba un libro escrito de los fenómenos y dichos de la Beata, que mostraba cuando iba por los conventos...[552]

---

[552] También el antiguo confesor de Sor María, Lope de Gaibol, aseguraba haber escrito una *Vida* de Sor María, con la relación de sus milagros (véase Sastre Varas, 1991: 373).

Las otras desviaciones: España y Europa

> Por tanto, se da en la repetición el doble juego místico de la perdición y la salvación [...]. (Deleuze, 1995: 59)

Dense Despres nos recuerda cómo las mujeres que, entre el siglo xv y el xvi, intentan imitar en Inglaterra el modelo de las visionarias medievales fracasan: este es el caso de Elizabeth Barton, de Kent. Y, curiosamente, su erróneo proceder fue achacado en un sermón público contra la *Holy Maid of Kent* a que su confesor, el Dr. Bocking, la expuso diariamente a las *Revelaciones* de Santa Brígida o a los escritos de Catalina de Siena, libros supuestamente peligrosos para las ignorantes que intentan imitar estos *fenómenos* (Despres, 1996: 159; cf. Watt, 1996: 169)[553]. Estudiando el caso de cerca, se aprecia un pequeño detalle que hace fracasar su actuación: mientras Brígida y Catalina eran famosas por sus grandes sacrificios, Elizabeth Barton será acusada de no llevarlos a cabo, porque en el sermón mencionado se arguye como prueba negativa un cierto sobrepeso, algo que contradice su predicación del ayuno. Así, aunque su confesor, según se aprecia por el extracto de su libro sobre ella que se libró de la destrucción, pretenda presentarla como un ejemplo del mismo tipo que las santas de autoridad religiosa (y para ello Barton tendrá como Brígida de Suecia visiones de almas salvadas por ella o en tormento, así como del Cielo, Infierno y Purgatorio), un signo como el exceso de peso deshace la imitación completa[554].

La desconfianza, pues, hacia la figura de la visionaria-profetisa se extendió, y muy efectivamente, en las islas bri-

---

[553] El sermón contra Barton fue predicado públicamente en St Paul's Cross el 3 de noviembre de 1533.

[554] Este extracto está en latín y parece parte del prólogo. "As it is clear from *The Book of Margery Kempe*, it was not uncommon for medieval women to internalise the models of sanctity they encountered in saints' lives, and it was in the interest of both Kempe's priest (who was also her amanuensis) and Barton's confessor Bocking that they should present their spiritual protégées as being in the same class as figures of religious authority" (Watt, 1996: 168).

tánicas. Ahora bien, la desgracia de Barton no se puede atribuir solo a la mala imitación de las místicas por parte de las mujeres inglesas: a sus escasas dotes interpretativas podrían unirse sus ambiciones políticas, es decir, sus acerbas críticas a Enrique VIII. ¿No podríamos ponerla en paralelo con Lucrecia de León, quien también fue condenada por la Inquisición y *desgraciada* públicamente tras difundir unos sueños en los que sale mal parado Felipe II? La joven española será declarada culpable de los cargos de sedición, blasfemia, sacrilegio y falsedad, y de hacer un pacto con el diablo[555]. Su arresto se deberá en el fondo a unos sueños proféticos que anunciaban la caída de la monarquía de los Habsburgo y proclamaban la llegada de un reino de corte más espiritual cuyo centro de operaciones sería Toledo.

Del mismo modo, también en las islas, quien fracasó por no *obedecer* a la autoridad (aunque no resultara condenada) fue Margery Kempe, otro ejemplo de mística inglesa no reconocida canónicamente, pues su Libro permaneció olvidado hasta que, hace unas pocas décadas (al igual que pasó con el de Sor María), fue descubierto: Margery no consiguió ser reverenciada, como, según ella, Dios le había prometido (*The Book...*: 39). Desde el comienzo, esta mística nos muestra una relación de desapego con respecto a la figura del confesor, despreciando una alianza que, como sabemos, había *producido* muchas místicas, quizás porque Margery creía excesivamente en su fuerza. Leyendo su Libro, se aprecia ya desde el primer capítulo su desconfianza del clero: allí critica abiertamente cómo se comportó un confesor a quien intentó explicarle el vicio que se apoderaba de ella (*The Book...*: 7); y más tarde rechazará la obediencia a un clérigo porque atenta contra la salud de su alma (62; Garí, 2001: 68)[556]. Seguramente, esta abierta reticencia hacia una fi-

---

[555] No se libró de esta última acusación Lucrecia, pese a que en sus sueños el demonio aparece descalificando sus discursos proféticos, que cataloga de "ilusiones" (véase Jordán Arroyo, 2007: 166-167). Al final, la Inquisición *dio la razón* al demonio.

[556] Otras santas reconocieron echar de menos también un director espiritual cercano o adecuado, caso de Brígida o Santa Teresa, pero Margery se despega con una rebeldía inusual de las dos místicas mencionadas.

Las desviaciones de la imitación

gura que había probado ser fundamental en la interpretación de las revelaciones de las místicas (cf. Zarri, 1996: 279 n85) le hace carecer de la completa sanción de su transcriptor: podríamos incluso preguntarnos si una cierta ambigüedad en la narración de la vida de Margery Kempe no delata la inseguridad de su relator. Quizás porque al final del texto ella es quien instruye a los confesores y ellos quienes supuestamente deben obedecerla (la aprobación divina es la que, en teoría, justifica esa vuelta de tuerca), se percibe cierta incomodidad en los escribas del texto de Kempe (Dillon, 1996: 135).

Así, Margery apura hasta el límite la condición independiente de la mística, que le ayuda a acceder a la voluntad de Dios sin ninguna mediación eclesiástica. Pero su *performance* no resultará satisfactorio. *The Book of Margery Kempe* ofrece al lector la impresión de que su santidad está siempre examinándose, poniéndose a prueba por los testigos de sus andanzas. En este sentido, confirma una formulación teórica de Salih: "there are ways of «doing» one's identity which will cause even further trouble for those who have a vested interest in preserving existing oppositions" (Salih, 2002: 45; cf. Butler, 1990), y la institución interesada solo podía manejar una dicotomía que acabará dejándola fuera: la de "santa"/"impostora".

Margery discrepa, pues, de los confesores desde el comienzo (cf. Petroff, 1994: 153), y pone su punto de vista por encima del de los hombres que la rodean. Su lector siente que causa enervación alrededor porque quiere hacer las cosas a su manera[557]: por eso seguramente se debilita su empresa, y porque los hombres que escriben sobre ella no están convencidos ni de su valía ni de su verdad, produciéndose un conflicto de

---

[557] Hacia el final del Libro encontramos el ejemplo siguiente: "When she was come home to Lynn, she obeyed herself to her confessor. He gave her full sharp words, for she was his obediencer and had taken upon herself such a journey without his knowing. Therefore he was moved the more against her" (*The Book...*: 180). Aunque luego las cosas se arreglan y estos asertos puedan leerse como una muestra más de una injusta incomprensión sufrida por la mística, lo cierto es que este tipo de desencuentros, con Margery constantemente disgustando al estamento clerical, pudo tener como consecuencia que no saliera adelante su consideración de mística ejemplar.

voces: la suya, y la del escriba o confesor, que nos deja entrever su irritación. Si, como asegura Petroff (1994: 166), en este tipo de textos tenía que estar claro desde el comienzo que se seguía la voluntad de Dios y no la de la santa, esto no pasa en su obra: o hicieron muy mal oficio los dos transcriptores de la vida de Margery (se cree que la dictó, y es seguro que la revisó), o, como se ha dicho, no creían demasiado en ella.

Por otro lado, Margery despierta la desconfianza de los testigos de sus arrebatos, especialmente por lo intenso y aparatoso de estos, que lleva a muchos a sospechar que un espíritu malo se ha apoderado de ella; a otros, a creer que tiene una enfermedad; a otros, a culparla de beber demasiado vino; a otros, a evitarla; y a otros, a desear su muerte (*The Book*...: 51). Lo interesante es que el Libro reconoce todo esto como un modo de martirio de la protagonista, pero a la vez nos permite confirmar que el discernimiento del público no estaba funcionando en pro de la visionaria inglesa.

Precisamente, Voaden (1999), tras señalar los criterios del discernimiento de espíritus apuntados en el capítulo primero, contrapone el caso de Brígida de Suecia con el de Margery Kempe. Esta, según Voaden, muestra un apego excesivo a llamar la atención, sea llorando estrepitosamente o con su anhelo, semejante al de Ángela de Foligno, de ser humillada públicamente, lo que demuestra que Margery está en pleno proceso de imitación −no sabemos si Margery conoció la obra de Ángela, aunque hay que decir que por entonces tres manuscritos de su Libro, datados en 1409, 1413 y 1424, circulaban en Bélgica, seguramente entre las beguinas. Sea como sea, las demostraciones un tanto *exacerbadas* de la beata italiana no entraban en conflicto con los criterios de autenticidad de la *discretio spirituum*, con que la visionaria *desapareciera* para dejar paso a la palabra divina; mientras que Margery, según Voaden, ofrece siempre la impresión de querer estar *ahí*, de alcanzar plena visibilidad. Margery no es sumisa a sus directores espirituales, sino que tiende a disentir de ellos y es extremadamente asertiva con su propia voluntad. Es cierto que temerá sufrir engaños demoníacos, como, según la *discretio*, deberían hacer todas las mujeres (ya vimos a Santa Teresa), y que nunca está segura del origen de sus revelaciones, pero incluso esta dubitación llega a su vez a tal extremo que transmite inseguridad al público lector. Además, Margery tiende a interpretar ella misma sus visiones en vez de guiarse por la Iglesia de Dios. Finalmente, si para la buena aceptación de la visionaria, aunque esta criticara al clero, "it was always of the greatest importance that such criticism be represented as divine, issuing from the mouth not the mind of the visionary" (Voaden, 1999: 149), esto no sucede en el caso de Margery, provocando que la autoridad se sitúe frente a ella. Como afirma Voaden, quizás por todo ello fracasa, aunque los extractos de su Libro publicados posteriormente, y que ya mencioné, pretendan pintarla como una mujer sumisa, de manera muy diferente al modo en que se nos presenta en la totalidad de su obra y muy en la línea de lo que vimos en el primer capítulo hizo el obispo Alfonso con Brígida.

Sin duda, los modelos previos servían a las místicas para ser sancionadas por el público observador y sortear la prohibición paulina de la predicación pública, refrendada por la *Summa theologiae* de Tomás de Aquino y, de manera más sutil, por el mismo Evangelio que subraya el silencio meditativo de la Virgen (Lucas 2, 19)[558]. Pero a Margery no le interesará tanto la sanción del público masculino como la del femenino, según nos muestra esa visita a Juliana de Norwich que tiene como objeto conseguir de ella un discernimiento en positivo: hasta en eso se separa de la norma. Con este acto pretende, además, elevarse al nivel de Juliana: "Much was the holy dalliance that the anchoress and this creature had by commoning in the love of our Lord Jesus Christ the many days that they were together" (*The Book...*: 33), porque Margery es una de las místicas que más claramente reconoce sus modelos. Estos son Santa Brígida ("right as I spoke to Saint Bridget, right so I speak to you, daughter" [36]: de hecho, por pura admiración se entrevistará con una doncella de Brígida en Roma y visitará el cuarto donde

[558] Ciertamente, tanto Ángela de Foligno como Catalina de Siena (modelos para las místicas del fin del Medievo y comienzos del siglo XVI, como Sor María) tuvieron carreras de predicación pública.

murió [69-70]); María de Oignies, cuyas lágrimas y matrimonio casto tratará de imitar; y, tal vez, Isabel de Hungría (al menos un clérigo la compara con ella en su Libro)[559]. Además, aunque no conociera a Ángela de Foligno, consigue vivir como ella un arrebato de lágrimas y gemidos al entrar en una iglesia de Asís, demostrando una misma filiación en el comportamiento público (58; compárese con la revelación de Brígida en un escenario paralelo: Giovetti, 2004: 88-89). No obstante, según dijimos, en otros comportamientos se aleja del paradigma, como cuando confiesa temer sufrir una dura muerte (The Book...: 23).

Y es que, como señalan Cirlot y Garí (2008: 243), de esa primera autobiografía en lengua inglesa emerge una imagen conflictiva y ambivalente –tachada también de *histérica* o *histriónica* (Lawes, 2000: 229)– de mujer santa, un tanto audaz en su amoldamiento a los parámetros de santidad de la época[560]. Bien es verdad que la reclusa de Norwich, en su aprobación de Margery, no apreció la aguda oposición de modelos que los modernos lectores y Cirlot y Garí señalan, pero también es cierto que solo tenemos el testimonio que nos da la segunda de su visita a Juliana, no relatado por esta última[561].

[559] En la edición que manejo de la vida de Margery, se adjuntan textos contextualizando la obra: es muy interesante la comparación que se puede establecer entre el Libro de Santa Brígida y el de Margery, especialmente en lo que respecta a su relación con Dios: Margery, como otras mujeres casadas y con varios hijos, se sentirá identificada con la santa sueca y defenderá, erigiéndose en defensora de su virtud, que esta merece más veneración (The Book...: 70, 207-218). En esta edición también se recogen fragmentos de la vida de María de Oignies relatada por Jacobo de Vitry (218-222; véase también McGinn, 2006: 61-65): hay que destacar que, como Margery (The Book...: 17-20), María de Oignies convenció a su marido para que fueran castos, y que a ella se le censuró asimismo su llanto abundante (véase McGinn, 2006: 60-61). En cuanto a Isabel de Hungría, en su devoción abundaban, del mismo modo, las lágrimas, y su vida era ya famosa en esa Inglaterra del siglo xv en la que vivió la visionaria inglesa.

[560] Richard Lawes (2000: 231) sugiere como explicación del comportamiento un tanto errático de Margery la posibilidad de que esta sufriera un tipo de epilepsia, aunque hay que decir que en Juliana de Norwich también aprecia los perturbadores efectos psicológicos de la enfermedad física.

[561] En cuanto a la oposición de modelos mencionada, Cirlot y Garí (2008: 243) señalan con respecto a Margery: "Su llanto, chillidos y espectacu-

Las desviaciones de la imitación

De modo que en Inglaterra, como muestra Despres (1996), la actividad visionaria funciona mejor convertida en una experiencia privada, como la de las ermitañas (es el caso de Juliana de Norwich y, anteriormente, de Cristina de Markyate), y así fracasan "all of the «theatrical» aspects of religion, such as public witnessing, wearing distinctive clothing, preaching and begging, and penitential weeping": elementos que hemos visto construyen la figura de la iluminada y que se convertirán en "agonizing issues for the mystics and visionaries who self-consciously traversed the borders of English religious respectability" (157). A Margery Kempe la aceptarán en Italia, pero en Inglaterra, como le pasó años después a Elizabeth Barton, no saldrá triunfante en su intento de imitar a las visionarias medievales.

También en Europa, otro fracaso menos conocido y bastante anterior es el de la beguina Sibila, del siglo XIII, quien al parecer había desplegado asimismo los comportamientos propios de una mística. Parece que no comía ni bebía, y aseguraba ser alimentada con delicadezas celestiales durante sus trances, además de sufrir ataques del demonio, ya comentados en el capítulo anterior. Sibila llegó a tener fama de santidad en vida, aunque el hecho de sobrevivir en un ayuno total causaba ciertas desconfianzas al obispo. Cuando se la puso a prueba llevándola a otro hogar y negándole la comida, Sibila se las arregló para seguir adelante, aunque pidió que la devolvieran a su casa porque en el nuevo lugar el demonio la atacaba más fuertemente. Algunas personas, por cierto, afirmaron ver al susodicho deslizarse asiduamente dentro de la casa de Sibila o bien maldiciéndola por las calles. Como Sor María, Sibila llevará vestiduras preciosas, que dirá son regalo, esta vez, de los ángeles. Pero Sibila será descubierta cuando un predicador dominico la espíe a través de la pared y vea que lo que parecía una disputa entre un ángel y un demonio por el alma de Sibila (al menos los gritos y diferentes tonos de voz a eso se asemejaban) era en realidad un fraude: Sibila fingía las

lares gestos de devoción sentimental, la ingenuidad de su narración y de la interpretación de sus revelaciones chocan con la serena profundidad de otros escritos místicos ingleses, como por ejemplo los de la propia Juliana, con la que inevitablemente se compara".

voces mientras hacía la cama, todo un espectáculo performativo desenmascarado. Además, se descubrió que escondía un disfraz de demonio con una horrible careta y que contaba con la ayuda de un joven sacerdote que le pasaba la comida cuando parecía que ayunaba (en la versión francesa de esta historia se nos dice que era su amante: véase Caciola, 2003: 87-98).

En el caso de Margarita Porete, no se percibirá ningún fraude pero será su obra, no su vida, lo que la llevará al fracaso: seguramente en su caso, como señala Dronke (1996: 217), el problema consistiera en que se apropiaba de las críticas a los clérigos, en vez de pretender que hablaba por boca de Dios, como hicieron Hildegarda de Bingen, Brígida de Suecia o Catalina de Siena (acabamos de ver que un problema parecido tuvo Margery Kempe). Asimismo, el lenguaje para evocar el amor de Dios guardaba cierta provocación y era chocante, y su falta de atención a los sacramentos no podía gustar a una Iglesia que, para contrarrestar las herejías, cada vez hacía más hincapié en ellos. A esto habría que añadir, en mi opinión, que Margarita Porete rechazaba la piedad afectiva de sus coetáneas, el énfasis en la humanidad de Cristo o en la eucaristía, las obras de caridad y el ayuno, manifestaciones somáticas de la experiencia de Dios que eran esperables, y deseadas, en una mujer (cf. Bynum, 1987: 186, 384 n209; 1991: 235). Es decir, Margarita no intentó en realidad imitar el comportamiento de las místicas, y ante tamaña desviación será llevada a la hoguera.

También morirá quemada Juana de Arco, aunque ella sí será canonizada: fracasa en cierta manera en su época, pero luego es elevada a los altares. En su caso, se pondrá en marcha la imitación de Santa Margarita de Antioquía, una santa virgen y mártir a quien, como hemos apuntado, nuestras místicas tendrán en cuenta (véase Petroff, 1994: 106); pero, precisamente, *extravagancias* tales como vestir con ropa de hombre, y la ausencia de algunos rasgos comunes a otras místicas (ausencia que sí agradó a Gerson), no la congraciarán con el público censor.

Ya en España, nos encontramos con casos de mujeres que mantuvieron un halo de santidad en su época, pero, hasta Santa Teresa, no habrá canonizaciones. No sabemos, al faltarnos una documentación suficiente, las razones por las que María García, que alcanzó cierta fama por sus obras de caridad, no llegó a los altares. Si nos situamos un siglo más tarde, ignoramos por qué la beata y profetisa María de Toledo triunfó como para que la trasladaran a la corte y la ayudaran a fundar el convento de Santa Isabel y, sin embargo, su canonización no llegó a cuajar[562]: tal vez el motivo tenga que ver con que no haya constancia explícita del papel que cumplió en palacio. El caso es que Francisco de Pisa la incluye en su catálogo de santas de la ciudad de Toledo, en 1605, pues seguramente esta beata, como Sor Juana, se consideró santa durante varios años por la creencia popular, aunque no fuera refrendada por la Iglesia —también es verdad que muchas de las labores de cuasi-hagiógrafos como el de su cronista Pedro de Salazar se podrían atribuir a intenciones de popularizar o difundir la fama de los conventos fundados por estas mujeres. Mitificadora fue también la presentación que Juan de Corrales hizo de María de Ajofrín, quien, como sabemos, le sirvió en sus propósitos de asentar la Inquisición toledana: pero esta beata, de nuevo, no será canonizada.

Como tampoco Juana de la Cruz, de la cual, al igual que de Sor María, se desconfiará, pese a vivir en un convento: un enclaustramiento que siempre se considerará positivo aunque no libre de vigilancias y censuras, según demuestran los casos de la Monja de Lisboa o de Magdalena de la Cruz. En el caso de Sor Juana, inquisidores y prelados pondrán a prueba su carisma de maneras tanto públicas como secretas —aunque sin llegar a los niveles de asedio que emplearán con Sor María—, y mandarán que por un tiempo sea encerrada en su celda (García de Andrés, 1999: 81). Después de 1509 Sor Juana dejará la predicación para dedicarse a una vida de encerramiento, aceptando la consolación de su ángel guardián (véase Muñoz Fernández, 1994a: 137).

Pero su buena estrella dura bastante tiempo: de hecho, de entre las beatas o terciarias españolas de las que hemos hablado, es la única cuya canonización fue promovida oficialmen-

---

562 En 1477 la Reina entregará a María de Toledo una casa que se convertirá en un convento de terciarias de San Francisco, al que se pondrá el nombre de Santa Isabel en su honor.

te. También hay que tener en cuenta que el cuerpo de Juana de la Cruz estaba incorrupto durante las comprobaciones que se hicieron en el mismo siglo en que vivió[563], y que al parecer, antes de su muerte, esta beata había visto cómo Cisneros, el Gran Capitán o Carlos I acudían a escuchar sus sermones visionarios. Sor Juana en vida disfrutó de un poder y una fama inusual: según nos cuenta María Evangelista en la biografía que hace de su compañera, el Cardenal Cisneros no se limitó a apoyar económicamente su convento sino que le concedió un privilegio sobre la parroquia de Cubas –un curato que era algo excepcional en las mujeres y que traerá problemas a la terciaria franciscana (véase García de Andrés, 1999: 22).

Aun más, desde su muerte en 1534 su fama de santa creció entre milagros y signos, y hay constantes peregrinaciones al monasterio donde se hacen ofrendas al cuerpo incorrupto del que mana un suave perfume[564]. En 1610 encontramos su hagiografía impresa, a la que luego se suman otras, y en 1613 se inicia el proceso de información sobre su vida. Pese a estos impulsos en la dirección apropiada, sus textos no se publican y Sor Juana nunca es santificada, y en esto sin duda tuvieron mucho que ver las frases censuradas por el Santo Oficio en el manuscrito de su obra, en la revisión que de ella se hizo en el siglo XVII[565]. Así, aunque los franciscanos estuvieran interesados en su beatificación, sus recreaciones de las vidas de Jesús y María y el carácter apocalíptico de su conminación a la conversión no hicieron bien a su causa, ni tampoco sus sermones de San Francisco y la Inmaculada Concepción, ni su visión del Juicio

---

[563] Bynum (1987: 392 n86) señala que la incorruptibilidad del cuerpo como señal de santidad cobró más importancia a raíz de la peste de los siglos XIV y XV, pues hombres y mujeres necesitaron dar algún tipo de significación religiosa al hecho de la putrefacción. Pero hay que decir que tampoco la incorruptibilidad de los cadáveres de María de Toledo o de María de Ajofrín sirvió para refrendar su santidad (véase Muñoz Fernández, 1994a: 116-117, 131-132).

[564] Cumple así el primer requisito para la canonización: la existencia de un culto popular. Para un ejemplo de los procedimientos para la canonización de una mística del Medievo, véase Menestò (1996).

[565] Aunque finalmente no se vio mayor problema en ellos, los reparos y oposiciones a sus escritos pudieron influir en su no canonización. Véase García de Andrés, 1999: 131-169; cf. Baranda Leturio, 2006: 23.

Las desviaciones de la imitación 413

Final (*El Conhorte...*: 1241-1254, 1357-1372, 1417-1431)[566]. Parece entonces claro que Sor Juana no llegó a ser santa porque se encontraron propuestas heterodoxas en sus sermones. También esgrimió una visión muy particular de la misión sacerdotal de la Virgen, aunque en esto no fue original ni única[567]. El camino a la beatificación quedó así bloqueado por varias objeciones y los procedimientos oficiales fueron abandonados hasta 1986, año en que se volvieron a abrir.

De modo que Sor Juana se quedó a medio camino en la materialización de su reconocimiento, aunque se situó más adelante que Sor María. En esta suerte de fracaso también pudo influir que, tras la muerte de Cisneros, se iniciara en 1520 la cruzada contra los alumbrados, y mujeres visionarias como Sor

---

566 Véase también, para la presentación de la Inmaculada Concepción en el Auto de la Ascensión, *El Conhorte...*: 1083-1084; García de Andrés (1999: 190). El dogma de la Inmaculada se discutía mucho por entonces y enfrentará a franciscanos y dominicos, estos últimos opuestos a la afirmación de este misterio (Muñoz Fernández, 2000b: 117). Ángela de Foligno (1991: 167) lo defenderá, y esto no dificultó su beatificación, pero en su época aún no era una cuestión teológica tan controvertida. Duns Scoto, contemporáneo de Ángela, fue el primero que, en la Universidad de París, argumentó el estatus de la Inmaculada, pero habrá que esperar hasta 1854 para que Pío IX proclame el dogma. Según García de Andrés (1999: 130), la causa de la canonización de Sor Juana quedó unida a este misterio, pues de algunos capítulos de su libro se sirvieron los inmaculistas en su campaña para su definición, concitando en el bando contrario una oposición cerrada a su impresión (recordemos que el *Libro del conorte* quedó inédito). Sobre el tema de la Inmaculada Concepción en relación con las pretensiones feministas de la religiosidad femenina y con la figura de la visionaria portuguesa Beatriz de Silva, fundadora de la Orden de la Inmaculada, véase Graña Cid (2000b; 2000c; 2005; 2008: 55-59).

567 Ya hemos visto otros ejemplos, a los que añadiríamos a una Isabel de Villena que presenta en la *Vita Christi* a María como Doctora de la Iglesia con atributos de sabiduría y capacidad de predicación, una capacidad que no le había querido reconocer Tomás de Aquino (Rivera Garretas, 2003a: 611; 2003b: 41). Para una visión general de los problemas de la beatificación de Sor Juana, véase también Giles (1999b: 288-289). Hay otro pasaje que no gustó a sus censores: ese en el que el Señor les dice a unas niñas "Y también soy niña como vosotras, pues soy hijo de mujer" (*El Conhorte...*: 401; véase García de Andrés, 1999: 92). Lo que parece claro es que Sor Juana intentó que no se la relacionara con posiciones heterodoxas, como muestra su denuncia de un religioso alumbrado que acudió a ella (véase Llorca, 1980: 34; Surtz, 1990: 27).

Juana fueran miradas todavía con más recelo (así lo apuntan García de Andrés, 1999: 16; Baranda Leturio, 2006: 28)[568]. Y es que ejemplos como el de las alumbradas de Llerena ilustran no solo lo que ya señaló en su momento Asensio (1952), que podían darse coincidencias y confusiones espirituales entre algunas corrientes espirituales como erasmistas, conversos y defensores del iluminismo, o, como afirma Pedro Santonja (2000: 360), que la base doctrinal de los alumbrados del XVI tenía puntos en común con beguinas, franciscanos espirituales, begardos *fraticelos* y seguidores del Libre Espíritu, sino también que algunos comportamientos de las visionarias podían incluirse entre los peligrosos[569].

También en la primera mitad del siglo XVI peninsular el caso de Magdalena de la Cruz, considerada una *santa viva* en su época y apoyada por la corte, es especialmente interesante, pues cumple con casi todas las premisas de la imitación que hemos ido viendo en esta monografía: santidad precoz; origen humilde; don de profecía; regalos sobrenaturales como estigmas (en las manos, y una llaga en el costado) y arrobos (especialmente tras comulgar: éxtasis en los que era pinchada con alfileres y no daba muestras de sentir dolor, con lo cual proba-

---

[568] Hay que decir que, si Sor Juana empezó a predicar hacia 1508, dejó de hacerlo algún tiempo después de la muerte de Cisneros, cuando se compuso el *Libro del conorte*. Esto nos indica que la defunción del Cardenal, bienhechor material y espiritual del convento de Sor Juana, sí pudo influir en una consideración más dudosa de la franciscana, especialmente cuando se acerquen las guerras de religión (véase García de Andrés, 1999: 80).

[569] De hecho, según Llorca (1980: 63), algunos relacionaban el espíritu de Sor María con el de los falsos místicos antiguos, entre los que se encontraban los grupos que cita Santonja. Sánchez Herrero (2004: 334) nos habla también de la existencia de los "Amigos de Dios", que en el siglo XIV se entregaban a la práctica de la perfección poniendo el acento más sobre la vida interior que sobre la participación en los sacramentos, y que ejercieron influencia en el origen de la *devotio moderna*. No obstante, Beltrán de Heredia (1972: 452) nos recuerda que "aunque haya un fondo común entre todas las sectas de falsa mística cuando tratamos de clasificarlas, la atención debe recaer más bien sobre lo específico de cada una". Este dominico critica, en este sentido, la imprecisión de la monografía de Llorca. Por otro lado, Isabel de la Cruz elaboró una clara doctrina de la gracia en oposición a los actos humanos, y María de Cazalla y Francisca Hernández defenderían seguramente ideas parecidas.

Las desviaciones de la imitación

ba su veracidad); ayunos extremos en los que se la pone a prueba (fue encerrada y tapiada en un convento por orden de cierto prelado para comprobar que no comía); devoción eucarística y comunión sin necesidad del clero (parece que la Forma volaba a su boca); adivinación de qué sacerdote era inmerecedor de sostener el Sacramento; visión de la Hostia en forma de cruz o de niño rodeado por ángeles; discernimiento de qué almas iban al Cielo y cuáles no, y capacidad salvífica de las almas del Purgatorio; denuncia del clero corrupto; y milagros en relación con la alimentación. Sin embargo, esta monja fue desenmascarada y obligada a confesar ante el Santo Oficio como autora de un fraude achacado a un pacto diabólico (véase Graña Cid, 2001: 744, 750-751, 753-754). Parece que su ambición jugó en su contra, porque antes de su caída perdió algunas simpatías de entre los apoyos que la rodeaban, pero, pese a la sentencia contraria, su halo de santidad tardó de algún modo en diluirse (cf. 766-768).

Años después, Lucrecia de León intentará imitar también a santas como Catalina de Siena o Brígida de Suecia, y, al igual que Sor María (de quien se destacaba su cuidado por la apariencia), hará gala de su belleza, una cualidad que según algunos historiadores le ayudó en su carrera (véase Kagan, 1991: 37), para la cual cuenta, asimismo, con dos religiosos que la apadrinan: el canónigo don Alonso de Mendoza y Fray Lucas de Allende. La diferencia residirá en que estos últimos tendrán desavenencias con la Casa Real (como muestran los sueños de su tutelada, siempre augurando a Felipe II la caída de su gobierno y la pérdida de su corona), algo que no sucede con los defensores de nuestra Beata. Imitando a sus modelos, Lucrecia criticará a la jerarquía eclesiástica, demostrando estar claramente influenciada por los dos teólogos que la apoyan y que se sienten desilusionados con la dirección que lleva la Iglesia, especialmente con el comportamiento de la Inquisición –y en esto la harán diferir de místicas como María de Ajofrín o nuestra Beata. No obstante, al igual que la segunda, mantendrá una relación que algunos consideran sospechosa con su director espiritual, don Alonso de Mendoza, y mostrará asimismo independencia en sus ideas sobre el vestir: se negará, por ejemplo, a llevar una cruz bajo su vestimenta como le indican sus protectores, en un gesto de desobediencia que, al igual que le sucede a Margery Kempe, la distanciará de las místicas (véase Jordán Arroyo, 2007: xi, 6-22). Finalmente, Lucrecia presentará un mensaje de defensa de las mujeres que no encontraremos, al menos tan declaradamente, en Sor María, independientemente de su identificación con la Magdalena (cf. Surtz, 1995: 83-103). En sus sueños Lucrecia demuestra unas nociones muy particulares del matrimonio, la virginidad o la maternidad, y en su desinterés por este último aspecto no puede ponerse en parangón con nuestras místicas (véase Jordán Arroyo, 2007: 27, 176).

Algunos procesos de la época de Felipe II nos hablan de otras visionarias *fallidas*, como la beata Francisca de los Apóstoles, a quien acaban dando cien latigazos y expulsando de Toledo[570]; o Sor María de la Visitación, priora del convento de la Anunciada de Lisboa de quien llegó a escribir una hagiografía su confesor Fray Luis de Granada (antes de que fuera descubierto el *engaño*)[571]. Nos encontramos ya para entonces con una religión bajo la férula de la Contrarreforma, en la que todavía se ensalzan las santas profetisas como medio de difusión e influencia sobre el pueblo, con resultado semejante al del Medievo[572]: sin

[570] Sobre Francisca de los Apóstoles, que había fundado un beaterio en Toledo y, como Sor María, había llamado a una reforma eclesiástica, hay dos excelentes estudios: el de Haliczer (2002), que la dedica bastante atención, y el de Gillian T. W. Ahlgren (2005), quien recoge el juicio de la Inquisición, con la defensa que de sí misma expuso Francisca.

[571] En este último caso, no hubo un apoyo mutuo entre visionarias: Lucrecia desaprobó a Sor María de la Visitación cuando aún se la aclamaba como profetisa (Jordán Arroyo, 2007: 21). En cuanto al libro de Fray Luis de Granada sobre la vida y milagros de la Monja de Lisboa, nos referimos a la *Historia de la admirable vida de Sor María de la Visitación*, terminada en 1588.

[572] Sabemos que las visiones y profecías se habían hecho medios de propaganda política, religiosa y moral, en los que también participaban *falsos profetas* como Miguel de Piedrola, acusado de conspirar junto a Antonio Pérez contra el Rey. En el caso de la priora de la Anunciada (dominica que sería comparada con Santa Catalina), esta era claramente contraria a que Felipe II se hiciera con el trono portugués, por lo que se la acusará de utilizar sus estigmas y profecías para crear un aura de santidad y poder con el que legitimar

Las desviaciones de la imitación

embargo, el riesgo de sus métodos espirituales se acentúa, especialmente por la persecución que se hace de la impronta que los círculos iluministas pudieron haber dejado en ellas.

Pero si en algunas visionarias peninsulares el fracaso provendría de una visión crítica hacia la Corona, como sucedió con Lucrecia, hay que decir que a ello contribuiría también su atribución de la decadencia de España al comportamiento impropio de los clérigos de su entorno (Haliczer, 2002: 17)[573]. Al final, tanto estas visionarias fallidas, a quienes algunos historiadores llaman *embaucadoras* (véase Imirizaldu, 1978), como las *falsas* místicas del XVII (Juana la Embustera, Sor Luisa de Carrión o las monjas de San Plácido), que vivieron en un halo de santidad durante algunos años antes de ser *descubiertas*, serán alzadas como contraejemplos frente a los casos reconocidos de santidad femenina, como Teresa de Jesús o Catalina de Siena (Jordán Arroyo, 2007: 154)[574]. Esta última, según Zarri

---

sus posiciones políticas. El rey español no tardó en denunciar a la monja ante el Santo Oficio, con resultado contrario para ella (véase Manero Sorolla, 1994). Agradezco a mi doctoranda Laura Muñoz el dato de la existencia de dos copias de la sentencia contra María de la Visitación, así como de la "Suma relación" de su caso, en el archivo de la Biblioteca del Conde Duque de Olivares.

573 Sin duda, la monografía de Haliczer (2002) es la más completa sobre este tema. Aunque hable del misticismo en el Siglo de Oro, se refiere fundamentalmente a las místicas de la Contrarreforma y destaca el papel de una fomentada *lectura* de hagiografías femeninas que, como hemos visto, tiene antecedentes en el fin del Medievo. También merece la pena resaltar la interesantísima compilación de Giles (1999a), donde, aunque no se trate de Sor María de Santo Domingo, sí aparecen otros casos paralelos de mujeres consideradas sospechosas y, en este caso, condenadas por la Inquisición.

574 El libro de Jesús Imirizaldu reúne textos del siglo XVI que dan cuenta de los *falsos* ejemplos de Magdalena de la Cruz, Lucrecia de León, Manuela María de Jesús, Juana la Embustera, María de la Visitación y Teresa de la Concepción. Especialmente interesante es el fragmento que recoge de la hagiografía de Sor María de la Visitación escrita por Fray Luis de Granada, seguido de la sentencia condenatoria de la monja: prueba, una vez más, de la dificultad del discernimiento de espíritus, y de la debilidad de las fronteras entre lo que se interpreta como divino y como demoníaco (véase Imirizaldu, 1978: 121-197). María de la Visitación tenía estigmas y una herida en el costado supuestamente hecha por Dios, como María de Santo Domingo, estigmas y herida que, como se ha apuntado, demuestran ser manchas de tinta roja. A esta pseudomística se la condenará a cárcel perpetua (véase 128-133, 187, 196).

(1996: 251), deja de considerarse en Italia el modelo ideal de santa en la segunda mitad del xvi, porque se comienza a rechazar la figura de la visionaria profética, se prefiere a la monja contemplativa y se fuerza una vuelta a los tradicionales y más pasivos papeles femeninos[575]: fenómeno que también podríamos percibir, al menos parcialmente, en España si tenemos en cuenta cómo presentan a Sor María los escritos de Aldeanueva (seguramente de comienzos del xviii), sin hacer referencia a los fenómenos sobrenaturales, como un modelo de virtudes por su humildad, paciencia, amor a la oración, cumplimiento de observaciones religiosas y constantes penitencias (Sastre Varas, 2004: 186)[576]. No obstante, todavía en 1604 la obra en verso de Isabel de Liaño *La historia de la vida, muerte y milagros de Santa Catalina de Siena* (véase Baranda Leturio, 2005: 102), o la anterior de 1569 anónima impresa en Medina del Campo, demuestran que al menos en la Península la terciaria no ha dejado de ser presentada como modelo de santidad a imitar[577].

Para un estudio de las monjas de San Plácido relacionado con la demonización de la mujer, véase Moncó Rebollo (2004: 197-210).

575 "The new type of holy woman that Serafino of Fermo proposed in 1535 as a model for imitation differed from her predecessors: less weight was given to her powers of prophecy and mysticism, and greater importance attached to her virtues" (Zarri, 1996: 251). Es decir, a partir de la segunda mitad del xvi interesa menos lo sobrenatural de la santidad que las virtudes cotidianas: claro que, como reconoce también Zarri, la desconfianza hacia las profecías de las mujeres es bastante patente medio siglo antes de Fermo, según muestran textos como el del filósofo dominico Bartolomeo Sibilla (279-280 n89). No obstante, en España hemos citado casos de pseudosantas profetisas posteriores que gozaron, aunque solo fuera por un breve tiempo, del favor de algunos poderosos.

576 En este sentido, Beltrán de Heredia (1939: 139, 141) muestra cómo Sor María disfrutará de cierta fama en relatos de crónicas de la orden escritas tras su muerte, aunque no siempre será de grata memoria.

577 Cf. Graña Cid (2001: 769), quien, frente a la fecha de 1520 que da Zarri para el declive de las *santas vivas* italianas, sitúa en 1541 el fracaso de este modelo en España, tras la derrota de Argel, cuando el vaticinio político se vuelve peligroso. Esta investigadora señala que Florentina de los Ángeles o Francisca de Jesús decidieron no *hacerse* visionarias profetisas al ver la suerte que corre Magdalena de la Cruz. Cf. Muñoz Fernández (1996b), quien, basándose en el ejemplo de Isabel de la Cruz, defiende cómo tras 1529 las místicas y visionarias adquieren más reconocimiento público.

Las desviaciones de la imitación 419

Por otro lado, pese al compartido fracaso, no creemos que se pueda extender a, por ejemplo, Lucrecia de León o Sor María la opinión de Concha Torres Sánchez (1991: 117) sobre las monjas pseudomísticas del Seiscientos, cuando afirma que la "extravagancia femenina en materia religiosa" que encontramos en visionarias o estigmatizadas se debe a una reafirmación ante "la presión de la sociedad", o a un modo de evadirse ante una vida que no eligen y que les resulta agobiante. Las razones de la imitación, pensamos, son mucho más diversas y sutiles, y de ellas participan también los hombres que las dirigen.

Acabamos este apartado con el testimonio de una mujer sobre la cual no ha quedado más huella que las referencias indirectas y con el que hemos iniciado este capítulo. En sus *Conceptos del amor de Dios*, meditaciones sobre el Cantar de los Cantares, la mística abulense habla de una mujer tenida por santa por su castidad reconocida (no se había casado), comunión casi diaria, ternura en la oración, blandura en el trato, etc., pero de quien Teresa desconfía porque cree percibir orgullo y contradicciones en su comportamiento (Teresa de Jesús, 2004: 1239-1240). Nuestra santa reconoce su incapacidad para entenderla, quizás porque se desviaría de la imitación que nos importa. Su nombre no ha quedado para la posteridad: ni Teresa ni sus comentaristas nos dejan constancia de quién fue. Lo interesante es que esta declaración nos enseña de nuevo que la santa española participa de la actividad discernidora, y, lo que es más importante, que constituye una muestra de la existencia de otras mujeres pseudosantas que nunca triunfaron. Llevarían a cabo todas ellas los principales rasgos de un *performance* prestigioso, como Sor María, pero en algún detalle fallaron. Aunque la Beata de Piedrahíta, Sor Juana o María de Ajofrín consiguieran el beneplácito y el apoyo de los altos mandatarios de la Iglesia (del Cardenal Cisneros y del Cardenal Mendoza respectivamente), y sus visiones fueron validadas, las estudiamos aquí y juzgamos su representación porque no lograron pasar a la historia de la Iglesia como ocupantes de los altares.

El ejemplo de Sor María

> [...] a ninguno loemos antes de la muerte, queriendo dezir: que le loemos y magnifiquemos después de la vida. Pero a quien dio tan buenos principios y medios tan maravillosos con perseuerancia, piadosamente se presume y cree que dará glorioso fin.
> (LO, fol. a 7v)

Muy otro del que había pensado su editor y defensor parece que fue el fin de Sor María, tanto en vida como tras su muerte. El término de la historia pública de la Beata está bien resumido por Giles (1999b: 276):

> Despite the editor's strong defense and the commendation from the tribunal pursuant to the fourth examination, Sor María did not emerge a winner from her brush with the Inquisition. The Master General of the Dominican order cut short her peripatetic career, remanding her to the safety of the convent, where she was allowed communication by letter or in person only with her confessor, unless otherwise permitted in writing by the provincial, and ordered not to discuss her prophecies and raptures with anyone except the provincial general or procurator of the order.[578]

Fue, pues, *encerrada* o aislada en un convento, como tantas otras beatas, como su modelo Sor Lucía de Narni, aunque su fama no decayera inmediatamente e incluso se recogieran sus palabras en el *Libro de la oración* y en sus *Revelaciones*. Y además, como señala Zarri (1996: 233) con respecto al fracaso paralelo de canonizaciones de místicas italianas, no recibió apoyo para su posterior subida a los altares:

> the fostering of the process remained in the hands of a small pressure group, usually consisting of political authorities and a particular religious order. The failure of some of these beatification processes thus suggests a lack of support not only on the part of civic political insti-

---

[578] Más positivamente parece ser contemplado el final de Sor María en el libro de esta investigadora sobre nuestra heroína: "From the chronicles of the time as well as later ones, the Beata appears to have lived quietly as foundress-abbess of a generously endowed monastery in Aldeanueva until her death around 1524, her reputation as a devout, virtuous woman intact" (1990: 3). Para una reflexión sobre el final de Sor María, véase también Sastre Varas (2004: 186-187).

tutions, but also within the religious orders that had "constructed" and publicized these "living saints". [...] The cults of Chiara Bugni and Paola Antonia Negri were brusquely truncated by their own religious congregations, which reduced them to silence through enforced claustration. [...] It was not just the increased rigor of Rome or the lack of political backing that impeded immediate public recognition of the cults of Colomba of Rieti, Lucia of Narni, Stefana Quinzani, Caterina of Racconigi, and Elena Duglioli. Lukewarm support or even outright opposition on the part of the orders that had promoted their causes also played its part, as did a change in the model of sanctity that the ecclesiastical authorities wished to propose as a mirror and example to the Christian people.

Sin el apoyo unánime de su orden, y sobre todo del Maestro General (que siguió desconfiando de ella pese a la sentencia absolutoria), aun cuando el modelo de santidad que imitaba seguía vigente, Sor María no logró hacerse santa tras su muerte (hacia 1524) ni conseguirá la beatificación siglos después, como sí lo hizo en el XVIII uno de sus más importantes modelos, Lucía de Narni. Y, aunque se imprimió una obra basada en sus palabras, nada menos que el primer texto impreso en castellano que nos ha llegado de mística femenina (lo cual, no hay que olvidarlo, es mucho para la época), parece que sus *Revelaciones* permanecieron manuscritas.

No obstante, hay que recordar que María de Santo Domingo, como Juana de la Cruz o María de Ajofrín, pasó la primera prueba, a diferencia de Isabel Ortiz, Isabel de la Cruz, Francisca de los Apóstoles, María de Cazalla o Magdalena de la Cruz, a quienes prohíben difundir sus doctrinas, destruyen sus obras, encarcelan o torturan[579]. Tal vez en parte porque Sor María, como María de Ajofrín o Juana de la Cruz, se vinculó estrechamente a una Tercera Orden y tuvo en cuenta el voto de obediencia a los eclesiásticos[580], aunque sabemos que los casos

---

579 Ejemplos como el de la alumbrada Isabel de la Cruz muestran el fracaso que implica no acomodarse al modelo de visionaria humilde que tenía más éxito entonces: en su lugar se presentó como una autoridad pedagógica y fue perseguida por la Inquisición.

580 Al menos como "obedientíssima" a sus prelados nos la intentan presentar el P. Peña en el punto 32 de su defensa (reprod. en Sastre Varas, 1991: 367; véase Cortés Timoner, 2004b: 17) y el *Libro de la oración* (LO, fol. a 4r), aunque no parezca estar de acuerdo con esto Diego Magdaleno (véase Sastre Varas, 1991: 366, 376).

de la profetisa Monja de Lisboa o el de Magdalena de la Cruz impiden que esta explicación pueda generalizarse.

Creo que sobre todo la ayudaría a librarse de condenas una imitación realizada de modo más o menos canónico. Al éxito de esta primera representación contribuiría su estrecha conexión con la espiritualidad femenina de místicas medievales como Catalina de Siena, Brígida de Suecia o Ángela de Foligno. Y no me refiero tanto a su defensa común de la experiencia directa y somática de Dios por encima del conocimiento intelectual (tan aceptable para una cúpula eclesiástica que creía en las prohibiciones paulinas a la predicación femenina), sino a los modos de expresarla a través de las metáforas concretas del deseo, la aparición de los estigmas o la representación de la Pasión. Además, hay que recordar que la mística medieval "is a distinct socioreligious type that needs to be explored as background to the Reformation" (Bynum, 1991: 77), es decir, no se puede dejar de tener en cuenta lo que la reforma asumió y criticó de la devoción femenina. Aunque los reformadores del siglo XVI rechazaron el sentimentalismo y erotismo de estas místicas, de algún modo, según Bynum, la piedad continental en el inicio de la reforma se aproximó al estilo de vida de nuestro grupo femenino para convertirlo en la orientación dominante del Cristianismo, con su estimulante consideración de cada cristiano como una suerte de sacerdote que debe servir a sus semejantes (78; Bornstein, 1996: 9)[581]. Y Sor María desempeñó un papel importante en un periodo en que los reformistas no eran todavía en España mirados con malos ojos: fue una de esas terciarias que actuaron *virilmente* (como se dice de la espiritualidad de Catalina de Siena), es decir, que se implicaron activamente en la vida política y en la renovación religiosa.

Pero lo que me ha interesado fundamentalmente de su historia, sin pretender dilucidar la razón última de su fracaso, es constatar la imperfección de su actuación, las diferencias

---

[581] Frente a este aserto de Bynum, no podemos olvidar que los procesos de reforma llevan aparejados un incremento notable del número de beatificaciones masculinas y un descenso vertiginoso de las femeninas (Miura Andrés, 1991: 161).

Las desviaciones de la imitación 423

con otras mujeres que sí lograron la palma del santoral, desde el punto de vista de una imitación continuada. Y cuando hablo de fracaso me refiero a la no adquisición de una categoría perpetua, la de santa, porque Sor María logró verse en vida, de algún modo, reverenciada: consiguió que el público que la conoció la re-conociera mayoritariamente como mística y que hombres poderosos la validaran y la relacionaran con otras santas continentales. Sin embargo, no alcanzó garantía eterna.

Por lo demás, desconocemos si se comprobó en su caso la incorruptibilidad de su cuerpo, o si conservó fama de santa como Sor Juana años después de su muerte. Seguramente, de ser así, fue una fama breve, pues, aun no habiendo sufrido cárcel, ni exilio, ni castigo físico, y siendo sus palabras (a diferencia de las de Sor Juana) consideradas acordes con la doctrina oficial[582], la mirada desconfiada hacia ella ha persistido hasta el siglo XX, como demuestra el trato de algunos estudiosos de su figura, que la han seguido calificando de alumbrada, fanática o pseudomística. Y no se puede decir que la celebración de los juicios, motivada por los recelos que despierta, fuera el impedimento de su canonización, pues también a Catalina de Siena la llamaron a Florencia para ser examinada en sus creencias y actividades, como ya señalé en el capítulo primero.

Si Sor María no llegó más adelante con estas circunstancias a su favor, podemos plantearnos si no estuvo suficientemente atenta a las nuevas leyes impuestas por la vigilancia, a lo que se esperaba de ella acorde con la modificación del modelo. Pese a su cumplimiento del ayuno, la reactualización de la Pasión o su exaltación eucarística, seguramente las sospechas despertadas por sus vestidos elegantes, las ocasiones cotidianas o frívolas de su trance, su entrometimiento en el poder político

---

582 Como dice el prologuista del *Libro de la oración*, su predicación resultaba muy católica y conforme a la doctrina (véase LO, fol. a 2r). Giles (1999b: 288-291) también subraya que en términos de doctrina nunca se dudó de Sor María en su tiempo (no obstante, recordemos las posibles actuaciones herejes que se plantearon durante el proceso, señaladas en el capítulo anterior). El hecho de que Sor Juana viviera recluida la libró de la persecución estrecha a la que se sometió a la Beata, de vida más *peligrosa*.

y eclesiástico, o su agenciamiento sin ambages de funciones sacerdotales no ayudaron a que lograra la sanción definitiva. Detalles como su amenaza al Provincial Magdaleno, porque no promovía el debido rigor de la observancia, no pudieron favorecerla, ni tampoco las acusaciones de exhibicionismo y de frivolidad, su aire de independencia de la autoridad competente, la espectacularidad de sus arrebatos, sus noches acompañada, su afectuoso modo de saludar y de ser consolada, y el tipo de reforma que representaba (cf. Llorca, 1980: 43-44; cf. 266).

Pero, asimismo, puede ser que la consecución de este final se deba más bien, como arguye Giles (1999b: 277), al tipo de teatralidad de sus discursos extáticos. Según esta investigadora, el motivo de que Sor Juana fuera reverenciada como santa en vida y tras su muerte, y a Sor María en cambio la sometieran a cuatro procesos, radicó en algo que ya se ha apuntado: la segunda se convertía en la protagonista y autora única de sus representaciones, y, como tal, en una autora y una actriz demasiado *sexualizada* y expuesta, con una vida excesivamente ajetreada, muy distinta de la encerrada o discreta Sor Juana, quien, llevando un papel secundario en sus sermones, propone una participación más colectiva del público. Recordemos que, pese al ejemplo de las *santas vivas* italianas señaladas en el capítulo anterior, muchos hagiógrafos prefieren que sus personajes renuncien a una vida de caridad y profecía política para incorporarse a una existencia monástica regular; y que Antonio de la Peña, en la defensa que presentó de su patrocinada a los jueces apostólicos, deberá responder a la acusación que a esta se le hace de abandonar la vida contemplativa para dedicarse al provecho de los prójimos (Beltrán de Heredia, 1972: 454-455)[583]. Para Giles, la sexualidad de Sor María estaba demasiado en juego, viajaba y se relacionaba con hombres de una manera que no podía gustar a

---

[583] El *ajetreo* de la vida de Sor María contrasta con la espiritualidad de carácter *más interior* que achacan muchos confesores a sus pupilas: según Bynum (1991: 37), "The women is thus, to the man, a retreat from the world into inner, often mystical repose". Claro que Catalina de Siena o Lucía de Narni, sus modelos inmediatos, tampoco llevaron una vida espiritual doméstica y recatada. Por cierto, también a Teresa de Jesús el nuncio Felipe Sega le reprochará ser una mujer inquieta y andariega (véase Chicharro, 1999: 19-20).

Las desviaciones de la imitación 425

la autoridad, que podía implicar el peligro de la seducción. Desafiaba el único comportamiento aceptable en una mujer, la no ostentación, y por ello se la acabó confinando a un convento, y, con el tiempo, recayó sobre ella la acusación de herejía.

Desde luego, es cierto que Sor María desarrolló una suerte de aventura independiente, como Margery Kempe –frente al apoyo comunitario que sí tuvo Sor Juana–, aunque estuviera acompañada por importantes cargos y se convirtiera en la portavoz de un grupo de monjes reformistas[584]. Si bien no estamos ya en los siglos XIII y XIV, cuando era raro encontrar a una visionaria aislada (Bynum, 1987: 83) y las mujeres aprendían prácticas místicas juntas y compartían visiones, Sor María no cuenta con una escribana como María Evangelista, y se encuentra siempre rodeada de hombres, entre viajes y estancias (algunas en monasterios) que la alejan de su casa de terciarias dominicas[585]. Para Giles (1990: 38), ese arrojo en lanzarse a actividades que podían resultar sospechosas implica que Sor María tuvo una gran fe en Dios y en su misión: mas, desde nuestro punto de vista, independientemente de si ella creía en su causa, habría que tener en cuenta la seguridad que le proporcionaría contar con importantes valedores que la sustentaban y con modelos como los de las santas europeas, que le darían soporte.

Coincido con Giles, no obstante, en que, además de las razones dadas referidas a sus vestidos y costumbres, fue fundamental para la suerte de Sor María que se exhibiera *demasia-*

[584] La comparación entre Sor María y Margery Kempe se hace salvando las obvias distancias temporales y espaciales (como con Catalina de Siena): la segunda parte del Libro de Margery empieza el 28 de abril de 1438, y Sor María nació medio siglo después. Por otro lado, Sor María tuvo apoyos dentro de su beaterio, como prueban las hermanas que testificaron a su favor.

[585] Son mejor aceptadas las revelaciones divinas dadas a místicas conventuales como Sor Juana, especialmente cuando se extiende el escepticismo hacia las mujeres catalogadas de embaucadoras, aunque, con el paso del tiempo, ni aquellas se librarán de sospechas. Quizás la Beata no se percató de ciertos cambios en el paradigma de santidad que hacían que el aislamiento y la independencia fueran considerados de manera negativa: en cambio, contando con el contraejemplo de Magdalena de la Cruz, Florentina de los Ángeles y Francisca de Jesús deciden no tener un protagonismo excesivo y vivir sus experiencias sobrenaturales en un ambiente comunitario (Graña Cid, 2001: 771).

do mostrándose como espectáculo; que estuviera siempre *ahí* (como decía Voaden de Margery Kempe); que intentara, en fin, entrometerse en asuntos terrenales a través de la manifestación pública de sus arrebatos, en un momento en que el discernimiento de espíritus amenazaba toda pretensión visionaria y en que la Iglesia pretendía atajar las demostraciones *excesivas* otorgando, por ejemplo, más énfasis a la consagración que a la comunión. Recordemos que, medio siglo después de Sor María, Santa Teresa cuenta en su autobiografía cómo intentaba que sus compañeras callaran las levitaciones que la invadían cuando iba a comulgar porque "me parecía cosa muy extraordinaria y que había de haber luego mucha nota" (Teresa de Jesús, 2004: 190)[586]. Sor María, en cambio, se muestra, no se esconde: realiza danzas y paseos por el campo bien vestida y enjoyada, y juega al ajedrez. Giles (1999b: 283) destaca lo mucho que debió de extrañar el hecho de que esta mística se permitiera dedicarse a estos pasatiempos, o supuestamente tomar (en ocasiones) buena comida, y llevar pequeños sombreros franceses, brazaletes, faldas escarlatas o un bolso de satén rojo. El editor del *Libro de la oración* mostrará su ingenio cuando justifique algunos de estos comportamientos, como comentamos en el capítulo anterior. No obstante, visto el modelo vigente, era normal que esto causara controversia.

Además, Sor María ostenta en su cuerpo visiblemente la marca hagiográfica de los estigmas, no la oculta por miedo a la incomprensión como sí hará una *humilde* María de Ajofrín (Sigüenza, 1909: 365), ni la lleva invisible como Santa Catalina[587]. La Beata no hizo así suya la moderación en la práctica

---

[586] También, vista la suerte de Magdalena de la Cruz, Florentina de los Ángeles pide a Dios no arrobarse en público (Graña Cid, 2001: 763-764). Y la propia Magdalena, tras su condena, pasará de ser una santa pública a una penitente silenciosa (766-768), como parte de la estrategia de encerramiento que hemos visto se pone en marcha al final de la Edad Media con respecto a las visionarias.

[587] A tanta modestia llegó María de Ajofrín en su afán por ocultar los favores celestiales que en uno de sus arrobos un ángel la azota por ser desobediente y no difundir el mensaje celestial recibido, dejándole el cuerpo magullado (Sigüenza, 1909: 366).

Las desviaciones de la imitación 427

religiosa que muchos teólogos de la Baja Edad Media ya recomendaban, especialmente a laicos y mujeres (véase Bynum, 1991: 62): hasta una condición que sabemos era tan esencial para la santidad como la castidad se ve en ella cuestionada al ser acusada de tener a su confesor echado sobre su cama y de pasar las noches con él y otros hombres.

Desde una óptica diferente a la de Giles, Muñoz Fernández (1994b: 306) atribuye las tribulaciones de Sor María a su magisterio femenino y militante que no eludía el enfrentamiento con las jerarquías de la orden, como se demostró cuando se le autorizó a viajar promoviendo la reforma entre los religiosos; a la influencia que ejercía sobre los frailes que por seguirla se sustrajeron a la obediencia de sus superiores (y que se negaron, por ejemplo, a alejarse de ella y aislarla completamente al final de su vida mediante esa dispersión intencionada ordenada por Cayetano); a la usurpación de las funciones propias de varones consagrados como predicar, adoctrinar u opinar sobre asuntos teológicos y eclesiásticos; y a intervenir directamente en materia de reforma.

Sin embargo, algunas de las razones que nos proporciona esta investigadora para entender el peligro que representaba Sor María se podrían hacer extensibles a otras místicas europeas, entre ellas a Santa Catalina. No creemos, por ello, que solamente en esto radique su fracaso (relativo, de nuevo, si tenemos en cuenta que el resultado de los procesos le fue favorable): aunque, indudablemente, no pudo gustar que ejerciera labores próximas a la concesión o la impartición de sermones, más relevancia podían tener esos otros detalles de su actuación que resultaban demasiado disonantes con respecto a sus modelos, como los ya mencionados del vestido o el hecho de dormir acompañada.

Quizás, pues, por no saber disimular su falta de acomodo a la autoridad (esa repetida humildad que debían poseer o aparentar todas las místicas), pero sobre todo por unos comportamientos erráticos que la distancian de sus modelos (los procesos que se organizan contra ella o las palabras de Mártir de Anglería demuestran que fue considerada *extravagante*), Sor María, como Margery Kempe, no acaba de ser aceptada ni entendida: es decir, no se reconoce, por parte del auditorio, su imitación de la santa. Su *performance* no resultó exitoso porque no fue percibido de la manera adecuada, y así, aunque se aproxime más que otras al altar, no lo alcanza. De hecho, los escritos mencionados de Aldeanueva acallan el comportamiento considerado escandaloso de su fundadora, la extravagancia se silencia.

> Nos la presentan, pues, como una vida de religiosa perfecta, entregada a Dios en la humildad del claustro, con todas las virtudes de una simple y normal religiosa. La llamarán Venerable Madre Fundadora, o nuestra Santa Madre. Entonces sí parece que su vida fue un modelo para todas las religiosas. (Sastre Varas, 2004: 187; cf. Muñoz Fernández, 1994a: 96)

Lo que sucede es que el Cristianismo, como defiende Bynum (1982: 263), al igual que la mayoría de las religiones resulta fundamentalmente paradójico[588]. Y, como tal, puede dar lugar a los juegos del teatro, a las máscaras descolocadas, a los guiones mal aprendidos. Está claro que, aunque en esta monografía hemos prestado atención a la tradición en la que se inserta la representación de Sor María, se constituye en tarea imposible des-velar completamente a ese sujeto último que detrás de la actriz realiza su función –y tampoco es nuestra intención: no pretendemos, como los hombres medievales, desenmascarar a la mujer (cf. Petroff, 1994: 25-50).

Para nosotros lo relevante es que Sor María se encuadra en una larga cadena femenina, y que en años posteriores, y especialmente a partir de la Contrarreforma, se sigue conminando a la lectura de vidas de santos con vistas a su emulación (véase Haliczer, 2002: 29-31), una vez revisado el paradigma de la santidad. Es decir, el movimiento de místicas seguirá en marcha, aunque con características distintas, metamorfoseándose: ahí está el cambio que señala Zarri (1996: 229) entre la primera mitad del XVI, que tenía como modelo de santidad a Catalina de Siena, y la época tridentina.

[588] Bynum señala esta paradoja en el contexto de su visión de la espiritualidad medieval, que entiende como un imaginario complejo que expresa tanto la afirmación como el rechazo del mundo, la carne y las instituciones.

Las desviaciones de la imitación 429

Y en este proceso continuado, Sor María dejará a otras muchas mujeres imitándola a su vez, no ya a partir de la reescritura de su vida en siglos posteriores, sino mucho antes, cuando ella era todavía una *santa viva*. A esta conclusión llegamos leyendo el punto 26 de la segunda defensa de Antonio de la Peña, donde se nos asegura que muchos religiosos, que habían sido tibios o débiles, gracias a Sor María observan con más fuerza el rigor de la orden a través de disciplinas, abstinencias y ayunos. De modo que nuestra Beata produjo conversiones relacionadas con las prácticas externas, y, por tanto, con el funcionamiento de la representación (véase también LO, fol. a 4v). Y sus enseñanzas aprovecharon a hombres y a mujeres, religiosos y seglares; sobre todo, y finalmente, dejarían comenzada una nueva cadena de *Sor Marías*, tal como al menos deducimos de las palabras siguientes de la defensa del P. Peña[589]:

> por la vida exemplar y santas palabras de la dicha soror María, muchas mugeres de diuersas edades y condiciones han dexado el syglo y son religiosas con ella, que son más de çiento, las quales hazen vida muy rigorosa y de grand penitencia y perfeçtión, non comen carne ni beuen vino syn graue enfermedad, non visten lienço a sus carnes, andan descalças, disciplínanse muy fuertemente las mas noches fasta sacar sangre de sus carnes, y hazen muy grandes ayunos y abstinençias, frequentan la santa confessión y comunión avn más vezes de las que segund su regla son obligadas [...]. (reprod. en Sastre Varas, 1991: 365)

Y con esta repetición especular cerraremos nuestro estudio, dejando al lector que adivine nuevas y semejantes actuaciones, de las que nosotros, de momento, no podemos ocuparnos.

---

[589] Seguramente se hace referencia aquí a las "dozientas beatas" que, según el *Libro de la oración* (posterior en años a estas afirmaciones de Peña), tiene en su convento de Aldeanueva, a las que "trahe descalças y muy alegres, contentas y gordas" (LO, fol. b 2r). Debido a las penitencias preconizadas por Sor María, es curiosa la aparición de este último adjetivo.

Bibliografía citada

AHLGREN, Gillian T. W., ed. y trad., 2005. *Francisca de los Apóstoles: The Inquisition of Francisca: A Sixteenth-Century Visionary on Trial*, Chicago: University of Chicago Press.

AICHINGER, Wolfram, 2003. "Isabel de Villena – la imaginación disciplinada", en *The Querelle des femmes in the Romania: Studies in Honour of Friederike Hassauer*, Wien: Turia/ Kant, 57-69.

ALONSO BURGOS, Jesús, 1983. *El luteranismo en Castilla durante el siglo XVI: Autos de fe de Valladolid de 21 de mayo y de 8 de octubre de 1559*, San Lorenzo de El Escorial: Swan.

ANDERSON, Bonnie S., y Judith P. ZINSSER, 2009. *Historia de las mujeres: Una historia propia*, Serie Mayor rústica, Barcelona: Crítica.

ÁNGELA DE FOLIGNO, Santa, 1991. *Experiencia de Dios Amor*, trad., introd. y notas de Fray Contardo Miglioranza, Grandes Maestros 1, Sevilla: Apostolado Mariano.

ARCHER, Robert, 2005. *The Problem of Woman in Late-Medieval Hispanic Literature*, London: Tamesis.

ARDITI, Jorge, 1998. *A Genealogy of Manners: Transformation of Social Relations in France and England from the Fourteenth to the Eighteenth Century*, Chicago: The University of Chicago Press.

ASENSIO, Eugenio, 1952. "El erasmismo y las corrientes afines", *Revista de Filología Española*, XXXVI: 31-99.

AUSTIN, J. L., 1990. *Cómo hacer cosas con palabras: Palabras y acciones*, comp. J. O. Urmson, 3ª reimpr., Barcelona: Paidós.

BAÑOS, Fernando, 1989. *La hagiografía como género literario en la Edad Media: Tipología de doce "vidas" individuales castellanas*, Oviedo: Universidad de Oviedo, Departamento de Filología Española.

—, 2002. "*Vida de Santa María Magdalena; Vida de Santa Marta* (Y otras del códice hagiográfico-caballeresco h-I-13 de El Escorial)", en *Diccionario filológico de literatura medieval española: Textos y transmisión*, ed. Carlos Alvar y José Manuel Lucía Megías, Nueva Biblioteca de Erudición y Crítica, Madrid: Castalia, 1013-1016.

—, 2003. *Las vidas de santos en la literatura medieval española*, Madrid: Laberinto.

BALDRIDGE, Mary Elizabeth, 2001. "Constanza de Castilla and the Discourse of Female Identity", *Medieval Perspectives*, 16: 30-38.

—, 2004. "Christian Woman, WomanChrist: The Feminization of Christianity in Constanza de Castilla, Catherine of Siena and Teresa de Cartagena" (tesis doctoral, University of Tennessee), Ann Arbor, Michigan: UMI.

BARANDA LETURIO, Nieves, 2005. *Cortejo a lo prohibido: Lectoras y escritoras en la España moderna*, Madrid: Arco/Libros.

—, 2006. "El ser o no ser de las escritoras en la Historia. Entre la Edad Media y la Moderna", *Voz y Letra*, XVII.2: 7-32.

BARTHES, Roland, 1970. *S/Z: Essai*, Collection "Tel Quel", Paris: Éditions du Seuil.

BATAILLE, Georges, 2005. *El erotismo*, 4ª ed., Ensayo 34, Barcelona: Tusquets.

BATAILLON, Marcel, 1998. *Erasmo y España: Estudios sobre la historia espiritual del siglo XVI*, 2ª ed. corr. y aum., 6ª reimpr., México: Fondo de Cultura Económica.

BECKWITH, Sarah, 1996. *Christ's Body: Identity, Culture and Society in Late Medieval Writings*, New York: Routledge.

BECZE, Ayn, 2004. "«my spowse most specyally»: Late Medieval Mystical Unions and the Morality Play «Wisdom»" (tesis doctoral, University of Calgary), Ottawa: Library and Archives Canada.

BELL, Rudolph M., 1985. *Holy Anorexia*, Chicago: The University of Chicago Press.

BELTRÁN DE HEREDIA, Vicente, 1939. *Historia de la reforma de la provincia de España [1450-1550]*, Roma: Istituto Storico Domenicano.

—, 1972. *Miscelánea Beltrán de Heredia: Colección de artículos sobre historia de la teología española*, Biblioteca de Teólogos Españoles 27.B7, Salamanca: Apartado 17.

BENVENUTI PAPI, Anna, 1996. "Mendicant Friars and Female Pinzochere in Tuscany: From Social Marginality to Models of Sanctity", en Bornstein & Rusconi, 1996: 84-103.

BERTINI, G. Maria, 1982. "Hernando de Talavera, escritor espiritual (siglo XV)", en *Actas del IV Congreso de la Asociación Internacional de Hispanistas*, coord. Eugenio Bustos Tovar, Salamanca: Universidad de Salamanca, vol. I, 173-189.

BIDDICK, Kathleen, 1993. "Genders, Bodies, Borders: Technologies of the Visible", *Speculum*, 68.2: 398-418.

BILINKOFF, Jodi, 1989. "Charisma and Controversy: The Case of María de Santo Domingo", *Archivo Dominicano*, 10: 55-66.

—, 1992. "A Spanish Profetess and Her Patrons: The Case of María de Santo Domingo", *The Sixteenth Century Journal*, 23.1: 21-34.

BINSKI, Paul, 1996. *Medieval Death: Ritual and Representation*, London: British Museum Press.

BOKLUND-LAGOPOULOU, Karin, 2000. "*Yate of Heven*: Conceptions of the Female Body in the Religious Lyrics", en Renevey & Whitehead, 2000a: 133-154.

The Book of Margery Kempe: A New Translation; Contexts; Criticism, trad. y ed. Lynn Staley, New York: W. W. Norton & Company, 2001.

BOTINAS MONTERO, Elena, Julia CABALEIRO MANZANEDO y Mª Angels DURAN VINYETA, 1994. "Las beguinas: sabiduría y autoridad femenina", en Graña Cid, 1994: 283-293.

BORNSTEIN, Daniel, 1996. "Women and Religion in Late Medieval Italy: History and Historiography", en Bornstein & Rusconi, 1996: 1-27.

BORNSTEIN, Daniel, y Roberto RUSCONI, eds., 1996. *Women and Religion in Medieval and Renaissance Italy*, trad. Margery J. Schneider, Chicago: The University of Chicago Press.

BRAUNSTEIN, Philippe, 2001. "Aproximaciones a la intimidad: siglos XIV y XV", en *Historia de la vida privada. 2: De la Europa feudal al Renacimiento*, dir. Philippe Ariès y Georges Duby, trad. Francisco Pérez Gutiérrez, Madrid: Taurus, 551-644.

BUSTOS TÁULER, Álvaro, 2009. *La poesía de Juan del Encina: El Cancionero de 1496*, Madrid: Fundación Universitaria Española.

BUTLER, Judith, 1990. *Gender Trouble: Feminism and the Subversion of Identity*, New York: Routledge.

—, 1993. *Bodies that Matter: On the Discursive Limits of "Sex"*, New York: Routledge.

—, 2004. *Undoing Gender*, New York: Routledge.

BYNUM, Caroline Walker, 1982. *Jesus as Mother: Studies in the Spirituality of the High Middle Ages*, Berkeley: University of California Press.

—, 1987. *Holy Feast and Holy Fast: The Religious Significance of Food to Medieval Women*, Berkeley: University of California Press.

—, 1991. *Fragmentation and Redemption: Essays on Gender and the Human Body in Medieval Religion*, New York: Zone Books.

—, 1999. "Why All the Fuss about the Body? A Medievalist's Perspective", en *Beyond the Cultural Turn: New Directions in the Study of Society and Culture*, ed. Victoria E. Bonnell y Lynn Hunt, epílogo de

Hayden White, *Studies on the History of Society and Culture* 34, Berkeley: University of California Press, 241-280.

CACIOLA, Nancy, 2003. *Discerning Spirits: Divine and Demonic Possession in the Middle Ages*, Ithaca, NY: Cornell University Press.

CAMILLE, Michael, 1994. "The Image and the Self: Unwriting Late Medieval Bodies", en *Framing Medieval Bodies*, ed. Sarah Kay y Miri Rubin, Manchester: Manchester University Press, 62-99.

—, 2005. *Arte gótico: Visiones gloriosas*, trad. Mª Luz Rodríguez Olivares, Madrid: Akal.

CARLSON, Marvin, 1996. *Performance: A Critical Introduction*, London: Routledge.

CARPENTER, Jennifer Helen, 1997. "A New Heaven and a New Earth: The *vitae* of the *muliere religiosae* of Liège" (tesis doctoral, University of Toronto), Ottawa: National Library of Canada.

CASAGRANDE, Carla, 2003. "La mujer custodiada", en Duby & Perrot, 2003: 105-146.

Castigos y dotrinas que un sabio dava a sus hijas: edición y comentario, ed. Hernán Sánchez Martínez de Pinillos, Madrid: Fundación Universitaria Española, 2000.

CASTRO PONCE, Clara Esther, 2001. "Teresa de Cartagena: Arboleda de los enfermos; Admiraçión operum Dei; edición crítica singular" (tesis doctoral, Brown University), Ann Arbor, Michigan: UMI.

CATALINA DE SIENA, 2007. *Obras: El Diálogo; Oraciones y Soliloquios*, introd. y trad. José Salvador y Conde, 5ª reimpr. de la 1ª ed., Madrid: Biblioteca de Autores Cristianos.

CÁTEDRA, Pedro M., 2003. "«Bibliotecas» y «libros de mujeres» en el siglo XVI", *Península: Revista de Estudios Ibéricos*, 0: 13-27.

—, 2005. *Liturgia, poesía y teatro en la Edad Media*, Biblioteca Románica Hispánica II.444, Madrid: Gredos.

—, Juan Miguel VALERO MORENO y Francisco BAUTISTA PÉREZ, 2009. *«Historias de la divinal victoria de Orán» por Martín de Herrera. Edición en facsímile de la impresa en su taller de Logroño por Arnao Guillén de Brocar en 1510, publicada en conmemoración del quinto centenario de la conquista de Orán (1509)*, San Millán de la Cogolla: Instituto Biblioteca Hispánica, CiLengua, vol. II.

CERTEAU, Michel de, 2006. *La fábula mística (siglos XVI-XVII)*, trad. Laia Colell Aparicio, epílogo de Carlo Ossola, Madrid: Siruela.

CHARTIER, Roger, 2000. *Entre poder y placer: Cultura escrita y literatura en la Edad Moderna,* Madrid: Cátedra.

CHIAIA, María, coord., 2004. *Il dolce canto del cuore. Donne mistiche da Hildegard a Simone Weil,* Milán: Ancora.

CHICHARRO, Dámaso, 1999. "Introducción", en Santa Teresa de Jesús, *Las Moradas del Castillo Interior,* Madrid: Biblioteca Nueva, 7-147.

—, 2006. "Introducción", en Santa Teresa de Jesús, *El Libro de la Vida,* 14ª ed., Letras Hispánicas 98, Madrid: Cátedra, 19-103.

CHRISTIAN, William A., Jr., 1981. *Apparitions in Late Medieval and Renaissance Spain,* Princeton: Princeton University Press.

CIRLOT, Victoria, ed., 1997. *Vida y visiones de Hildegard von Bingen,* Madrid: Siruela.

—, 2005. *Hildegard von Bingen y la tradición visionaria de Occidente,* Barcelona: Herder.

—, y Blanca GARÍ, 2008. *La mirada interior: Escritoras místicas y visionarias en la Edad Media,* Madrid: Siruela.

COHEN, Esther, 2000. "The Animated Pain of the Body", *The American Historical Review,* 105.1 (febrero): 36-68.

COMPAGNON, Antoine, 2008. *¿Para qué sirve la literatura?: Lección inaugural de la cátedra de Literatura Francesa Moderna y Contemporánea del Collège de France, leída el jueves 30 de noviembre de 2006,* trad. del francés de Manuel Arranz, Cuadernos del Acantilado 31, Barcelona: Acantilado.

El Conhorte: Sermones de una mujer. La Santa Juana (1481-1534), ed. Inocencio García de Andrés, Salamanca: Fundación Universitaria Española/ Universidad Pontificia de Salamanca, 1999, 2 vols.

CONSTANZA DE CASTILLA, 1998. *Books of Devotions: Libro de devociones y oficios,* ed. Constance L. Wilkins, Exeter Hispanic Texts LII, Exeter: University of Exeter Press.

CORTÉS TIMONER, María del Mar, 2002. "Madres y maestras espirituales: de Leonor López de Córdoba a Teresa de Jesús" (tesis doctoral), Barcelona: Universidad de Barcelona, Facultad de Filología.

—, 2004a. *Teresa de Cartagena: Primera escritora mística en lengua castellana,* Málaga: Servicio de Publicaciones de la Universidad de Málaga.

—, 2004b. *Sor María de Santo Domingo (1470/86-1525),* Biblioteca de Mujeres 57, Madrid: Ediciones del Orto.

—, 2004c. *Sor Juana de la Cruz (1481-1534)*, Biblioteca de Mujeres 59, Madrid: Ediciones del Orto.

Cruz, Anne J., 2005. "La sororidad de Sor Juana: espiritualidad y tratamiento de la sexualidad femeninas en España y el Nuevo Mundo", en *Literatura y feminismo en España (s. XV-XXI)*, ed. Lisa Vollendorf, Barcelona: Icaria Editorial, 95-106.

Dalarun, Jacques, 2003. "La mujer a ojos de los clérigos", en Duby & Perrot, 2003: 41-71.

Deleuze, Gilles, 1995. "Repetición y diferencia", en Michel Foucault y Gilles Deleuze, *"Theatrum Philosophicum" seguido de "Repetición y diferencia"*, trad. Francisco Monge, Barcelona: Editorial Anagrama, 49-105.

Derrida, Jacques, 1989. "Firma, acontecimiento, contexto", en su *Márgenes de la Filosofía*, Madrid: Cátedra, 347-372.

Despres, Dense L., 1996. "Ecstatic Reading and Missionary Mysticism: *The Orchard of Syon*", en Voaden, 1996a: 141-160.

Dillard, Health, 1976. "Women in Reconquest Castile: The Fueros of Sepúlveda and Cuenca", en *Women in Medieval Society*, ed. Susan Mosher Stuard, Philadelphia: University of Pennsylvania Press, 71-94.

Dillon, Janette, 1996. "Holy Women and their Confessors or Confessors and their Holy Women? Margery Kempe and Continental Tradition", en Voaden, 1996a: 115-140.

Dilthey, Wilhelm, 1976. *Selected Writings*, ed. e introd. H. P. Rickman, London: Cambridge University Press.

Dronke, Peter, 1996. *Women Writers of the Middle Ages: A Critical Study of Texts from Perpetua († 203) to Marguerite Porete († 1310)*, 6ª reimpr., Cambridge: Cambridge University Press.

Duby, Georges, y Michelle Perrot, dirs., 2003. *Historia de las mujeres en Occidente*, trad. Marco Aurelio Galmarini y Cristina García Ohlrich, 3ª ed., t. 2: *La Edad Media*, dir. Christiane Klapisch-Zuber, Madrid: Taurus.

Echevarría Arsuaga, Ana, 1989. "Margarita de Antioquía, una santa para la mujer medieval", en Muñoz Fernández, 1989a: 31-46.

Egginton, William, 2003. *How the World Became a Stage: Presence, Theatricality, and the Question of Modernity*, Albany: State University of New York Press.

ELIAS, Norbert, 1987. *El proceso de la civilización: Investigaciones sociogenéticas y psicogenéticas*, trad. Ramón García Cotarelo, México: Fondo de Cultura Económica.

ELLIOT, Anthony, 2002. *Psycoanalytic Theory: An Introduction*, 2ª ed., Durham: Duke University Press.

ELLIOT, Dyan, 1997. "The Physiology of Rapture and Female Spirituality", en *Medieval Theology and the Natural Body*, ed. Peter Biller y Alastair Minnis, Woodbridge, Suffolk: York Medieval Press, 141-173.

—, 2002. "Seeing Double: Jean Gerson, the Discernment of Spirits, and Joan of Arc", *American Historical Review*, 107: 26-54.

—, 2004. *Proving Woman: Female Spirituality and Inquisitional Culture in the Later Middle Ages*, Princeton: Princeton University Press.

ELLIS, Roger, 1996. "The Visionary and the Canon Lawyers: Papal and other Revisions to the *Regula Salvatoris* of Bridget of Sweden", en Voaden, 1996a: 71-90.

ENGLISH, Leona M., 2006. "An Analysis of Power in the Writing of Mechtild of Magdeburg", *Feminist Theology*, 14.2: 189-204.

FANOUS, Samuel, 2000. "Measuring the Pilgrim's Progress: Internal Emphases in *The Book of Margery Kempe*", en Renevey & Whitehead, 2000a: 157-176.

FELDMANN, Christian, 2009. *Hildegarda de Bingen: Una vida entre la genialidad y la fe*, trad. José Antonio Molina Gómez, Barcelona: Herder.

FERNÁNDEZ, Xavier A., 1988. "Estudio preliminar", en Tirso de Molina, *La santa Juana: Segunda parte*, ed. del manuscrito, introd. y notas de Xavier A. Fernández, Kassel: Reichenberger, 3-63.

FERNÁNDEZ DURO, Cesáreo, 1889. "Informes: Catálogo sucinto de censuras de obras manuscritas pedidas por el Consejo a la Real Academia de la Historia antes de acordar las licencias de impresión: Legajo número 4: años 1777 y 1778", *Boletín de la Real Academia de la Historia*, XXV.5: 369-434.

FERNÁNDEZ LEBORANS, María Jesús, 1978. *Luz y oscuridad en la mística española*, Madrid: Cupsa.

FERRANTE, Joan, 1998. "Correspondent: «Blessed Is the Speech of Your Mouth»", en Newman, 1998a: 91-109.

FINKE, Laurie A., 1993. "Mystical Bodies and the Dialogics of Vision", en Wiethaus, 1993: 28-44.

—, 1999. "«More Than I Fynde Written»: Dialogue and Power in the English Translation of *The Mirror of the Simple Souls*", en Suydam & Ziegler, 1999a: 47-67.

FISCHER-LICHTE, Erika, 1999. *Semiótica del teatro*, trad. Elisa Briega Villarrubia, Madrid: Arco/Libros.

FOUCAULT, Michel, 1996. "Prefacio a la transgresión", en su *De lenguaje y literatura*, introd. Ángel Gabilondo, Barcelona: Paidós/ I.C.E. de la Universidad Autónoma de Barcelona, 123-142.

—, 1997. *Historia de la locura en la época clásica*, trad. Juan José Utrilla, México: Fondo de Cultura Económica.

—, 1998a. *Historia de la sexualidad. 1. La voluntad de saber*, 9ª ed., Madrid: Siglo XXI Editores.

—, 1998b. *Vigilar y castigar: nacimiento de la prisión*, 11ª ed., Madrid: Siglo XXI Editores.

—, 1999a. "About the Beginning of the Hermeneutics of the Self (1980)", en *Religion and Culture by Michel Foucault*, ed. Jeremy R. Carrette, Manchester: Manchester University Press, 158-181.

—, 1999b. "Las técnicas de sí", en *Estética, ética y hermenéutica. Obras esenciales, III*, introd., trad. y ed. Ángel Gabilondo, Paidós Básica 102, Barcelona: Paidós, 443-474.

FRIEDMAN, Joan Isobel, 1996. "MS Cotton Claudius B.I.: A Middle English Edition of St Bridget of Sweden's *Liber Celestis*", en Voaden, 1996a: 91-113.

FRIESEN, Ilse E., 1999. "Saints as Helpers in Dying: The Hairy Holy Women Mary Magdalene, Mary of Egypt, and Wilgefortis in the Iconography of the Late Middle Ages", en *Death and Dying. Death and Dying in the Middle Ages*, ed. Edelgard DuBruck y Barbara I. Gusick, New York: Peter Lang, 239-256.

FRUGONI, Chiara, 1996. "Female Mystics, Visions, and Iconography", en Bornstein & Rusconi, 1996: 130-164.

—, 2003. "La mujer en las imágenes, la mujer imaginada", en Duby & Perrot, 2003: 431-469.

FUENTE, María Jesús, 2006. "María de Santo Domingo: La ruptura del silencio", en su *Velos y desvelos: Cristianas y musulmanas en la España Medieval*, Madrid: La Esfera de los Libros, 351-380.

FURLONG, Monica, 1996. *Visions and Longings: Medieval Women Mystics*, London: Mowbray.

GARCÍA DE ANDRÉS, Inocencio, 1999. "Introducción", en *El Conhorte...*: 13-223.
GARCÍA-BERMEJO GINER, Miguel, 2004. "Las destinatarias de la poesía cancioneril castellana pasional del siglo XV", *Literaturwissenschaftliches Jahrbuch*, 45: 57-70.
GARÍ, Blanca, 2001. "Las amargas lágrimas de Margery Kempe", *Duoda: Revista d'Estudis Feministes*, 20: 51-79.
GERTRUDIS DE HELFTA, Santa, 1999. *Mensaje de la misericordia divina: (El heraldo del amor divino)*, ed. Manuel Garrido Bonaño, Clásicos de Espiritualidad, Madrid: Biblioteca de Autores Cristianos.
GILBERT, Sandra, y Susan GUBAR, 1979. *The Madwoman in the Attic: The Woman Writer and the 19th Century Literary Imagination*, New Have: Yale University Press.
GILES, Mary E., 1990. *The Book of Prayer of Sor María of Santo Domingo: A Study and Translation*, Albany: State University of New York Press.
—, 1995. "Holy Theatre/Ecstatic Theatre", en *Vox Mystica: Essays on Medieval Mysticism in Honor of Professor Valerie M. Lagorio*, ed. Anne Clark Barlett *et al.*, Cambridge: D. S. Brewer, 117-128.
—, 1996. "The Discourse of Ecstasy: Late Medieval Spanish Women and Their Texts", en *Gender and Text in the Later Middle Ages*, ed. Jane Chance, Gainesville: University Press of Florida, 306-330.
—, ed., 1999a. *Women in the Inquisition: Spain and the New World*, Baltimore: John Hopkins University Press.
—, 1999b. "Spanish Visionary Women and the Paradox of Performance", en Suydam & Ziegler, 1999a: 273-297.
GIOVETTI, Paola, 2004. *Brígida de Suecia: Patrona de Europa*, Madrid: Ediciones Palabra.
GOFFMAN, Erving, 1956. *The Presentation of Self in Everyday Life*, Edinburgh: University of Edinburgh.
GÓMEZ MORENO, Ángel, 2008. *Claves hagiográficas de la literatura española (del "Cantar de mio Cid" a Cervantes)*, Medievalia Hispanica 11, Madrid: Iberoamericana/ Vervuert.
GÓMEZ REDONDO, Fernando, 1998. *Historia de la prosa medieval castellana, I: La creación del discurso prosístico: El entramado castellano*, Madrid: Cátedra.
—, 2002. *Historia de la prosa medieval castellana, III: Los orígenes del humanismo. El marco cultural de Enrique III y Juan II*, Madrid: Cátedra.

—, 2012. *Historia de la prosa de los Reyes Católicos: el umbral del Renacimiento*, Madrid: Cátedra.

Graña Cid, María del Mar, ed., 1994. *Las sabias mujeres: educación, saber y autoría*, Madrid: Asociación Cultural Al-Mudayna.

—, 2000a. "Eucaristía y feminismo. Doña Teresa Enríquez, «la loca del sacramento»", *XX Siglos*, 11.43: 58-65.

—, 2000b. "¿Mujeres divinas? Autoría femenina e identidad monástica en los orígenes de la Orden de la Inmaculada Concepción", *Miscelánea Comillas: Revista de Teología y Ciencias Humanas*, 58.112: 117-153.

—, 2000c. "Vías de divinización femenina. El proyecto inmaculista de Beatriz de Silva", *XX Siglos*, 11.45: 54-59.

—, 2001. "En torno a la fenomenología de las santas vivas: Algunos ejemplos andaluces, siglos XV-XVI", *Miscelénea Comillas: Revista de Teología y Ciencias Humanas*, 59.115: 739-777.

—, 2004. "El cuerpo femenino y la dignidad sacerdotal de las mujeres: Claves de autoconciencia feminista en la experiencia mística de Juana de la Cruz (1481-1534)", en *Umbra, imago, veritas: homenaje a los profesores Manuel Gesteira, Eusebio Gil y Antonio Vargas-Machuca*, ed. Pedro Rodríguez Panizo, Secundino Castro Sánchez y Fernando Millán Romeral, Homenajes 9, Madrid: Universidad Pontificia Comillas, 305-338.

—, 2005. "La Inmaculada Concepción de María y la Teología Feminista Hispana en el Renacimiento", *Verdad y vida: Revista de las ciencias del espíritu*, 63.243-244: 113-126.

—, 2008. "Sacralización femenina y experiencia mística en la prerreforma castellana", *Duoda: Estudis de la Diferència Sexual*, 34: 55-65.

—, 2009. "La feminidad de Jesucristo y sus implicaciones eclesiales en la predicación mística de Juana de la Cruz (Sobre la Prerreforma y la Querella de las Mujeres en Castilla)", *Estudios eclesiásticos*, 84.330: 477-513.

Greenblat, Stephen, 1980. *Renaissance Self-Fashioning: From More to Shakespeare*, Chicago: The University of Chicago Press.

—, ed., 1988. *Representing the English Renaissance*, Berkeley: University of California Press.

Guerreau, Alain, 1979. Reseña a Schmitt (1978) en *Bibliothèque de l'école des chartes*, 137.2: 331-334.

HALE, Rosemary Drage, 1999. "Rocking the Cradle: Margaretha Ebner (Be)Holds the Divine", en Suydam & Ziegler, 1999a: 211-239.

HALICZER, Stephen, 2002. *Between Exaltation and Infamy: Female Mystics in the Golden Age of Spain*, Oxford: Oxford University Press.

HAMBURGER, Jeffrey F., 1998. *The Visual and the Visionary: Art and Female Spirituality in Late Medieval Germany*, New York: Zone Books.

HAMILTON, Alistair, 1992. *Heresy and Mysticism in Sixteenth-Century Spain: The Alumbrados*, Toronto: University of Toronto Press.

HATZFELD, Helmut, 1955. *Estudios literarios sobre mística española*, Madrid: Gredos.

HEFFERNAN, Thomas J., 1988. *Sacred Biography: Saints and their Biographers in the Middle Ages*, New York/ Oxford: Oxford University Press.

HILLGARTH, Jocelyn N., 1984. *Los Reyes Católicos: 1474-1516*, pról. Miguel Batllori, Barcelona: Grijalbo.

HODDAP, William F., 1999. "Ritual and Performance in Richard Rolle's Passion", en Suydam & Ziegler, 1999a: 241-272.

HOLGUERA FANEGA, Mª Ángela, 1993. "Christine de Pisan: la autobiografía femenina en la Edad Media", en *Escritura autobiográfica*, ed. José Romera, Alicia Yllera, Mario García-Page y Rosa Calvet, Madrid: Visor Libros, 259-265.

HOPENWASSER, Nanda, 1999. "A Performance Artist and Her Performance Text: Margery Kempe on Tour", en Suydam & Ziegler, 1999a: 97-131.

HOWARD, John, 1984. "Mechtild of Magdeburg", en Wilson, 1984: 153-185.

HUÉLAMO SAN JOSÉ, Ana María, 1992. "El devocionario de la dominica Sor Constanza", *Boletín de la ANABAD*, XLII.2: 133-147.

—, 1993. "La dominica Sor Constanza, autora religiosa del siglo XV", *Revista de Literatura Medieval*, 5: 127-158.

HUERGA, Álvaro, 1980. "La edición cisneriana del *Tratado de la vida espiritual* y otras ediciones del siglo XVI", *Escritos del Vedat*, X: 297-313.

HUGUES, Diane Owen, 2003. "Las modas femeninas y su control", en Duby & Perrot, 2003: 184-211.

HUTTON, Lewis Joseph, 1967. "Introducción", en Teresa de Cartagena, 1967: 7-36.

IMIRIZALDU, Jesús, 1978. *Monjas y beatas embaucadoras*, Biblioteca de visionarios, heterodoxos y marginados: segunda serie, Madrid: Editora Nacional.

ISABEL DE VILLENA, 1986. *Vita Christi*, introd. y selec. Lluïsa Parra, València: Institució "Alfons el Magnanim"/ Institució Valenciana d'Estudis i Investigació.

JOHNSON, Ian, 1996. "*Auctricitas*? Holy Women and their Middle English Texts", en Voaden, 1996a: 177-197.

JORDÁN ARROYO, María V., 2007. *Soñar la Historia: Riesgo, creatividad y religión en las profecías de Lucrecia de León*, Madrid: Siglo XXI de España Editores.

JULIANA DE NORWICH, 2006. *The Writings of Julian of Norwich: "A Vision Showed to a Devout Woman" and "A Revelation of Love"*, ed. Nicholas Watson y Jacqueline Jenkins, University Park, PA: The Pennsylvania State University Press.

KAGAN, Richard L., 1991. *Los sueños de Lucrecia: Política y profecía en la España del siglo XVI*, trad. Francisco Carpio, Madrid: Nerea.

KIM, Yonsoo, 2008. *El saber femenino y el sufrimiento corporal de la temprana Edad Moderna: «Arboleda de los enfermos» y «Admiraçión Operum Dey» de Teresa de Cartagena*, Córdoba: Servicio de Publicaciones de la Universidad de Córdoba.

KRAMER, Heinrich, y Jacobus SPRENGER, 1975. *Malleus maleficarum (El martillo de los brujos)*, trad. Floreal Mazía, Buenos Aires: Orión.

KUKITA YOSHIKAWA, Naoë, 2000. "Veneration of Virgin Martyrs in Margery Kempe's Meditation: Influence of the Sarum Liturgy and Hagiography", en Renevey & Whitehead, 2000a: 177-195.

LACARRA LANZ, Eukene, 2007. "La muerte irredenta de Melibea", en *Proceedings of the International Symposium 1502-2002: Five Hundred Years of Fernando de Rojas' "Tragicomedia de Calisto y Melibea" (18-19 October 2002, Department of Spanish and Portuguese, Indiana University, Bloomington)*, ed. e introd. Juan Carlos Conde, New York: Hispanic Seminary of Medieval Studies, 173-208.

LANZETTA, Beverly J., 2005. *Radical Wisdom: A Feminist Mystical Theology*, Minneapolis: Augsburg Fortress.

LAWES, Richard, 2000. "Psychological Disorder and the Autobiographical Impulse in Julian of Norwich, Margery Kempe and Thomas Hoccleve", en Renevey & Whitehead, 200a: 217-243.

LEHFELDT, Elizabeth A., 1996. "Sacred and Secular Spaces: The Role of Religious Women in Golden Age Valladolid" (tesis doctoral, Indiana University), Ann Arbor, Michigan: UMI.
LE GOFF, Jacques, 1999. *Lo maravilloso y lo cotidiano en el Occidente medieval*, Barcelona: Altaya.
—, y Nicolas TRUONG, 2003. *Une histoire du corps au Moyen Âge*, Paris: Éditions Liana Levi.
The Life of Christina of Markyate, trad. C. H. Talbot [1959], revisado con una introducción por Samuel Fanous y Henrietta Leyser, Oxford World's Classics, Oxford: University Press, 2008.
LLORCA, Bernardino, 1980. *La Inquisición española y los alumbrados (1509-1667): Según las actas originales de Madrid y de otros archivos*, refundición y puesta al día de la edición de 1936, Salamanca: Universidad Pontificia.
[LO]: *Libro de la oración de Sor María de Santo Domingo*, edición facsímil con un estudio de José Manuel Blecua, Madrid: Hauser y Menet, 1948.
LÓPEZ-RÍOS, Santiago, 1999. *Salvajes y razas monstruosas en la literatura castellana medieval*, Madrid: Fundación Universitaria Española.
LUNAS ALMEIDA, Jesús G., 1930. *La historia del señorío de Valdecorneja, en la parte referente a Piedrahíta*, Ávila: Senén Martín.
MACKAY, Angus, y Richard WOOD, 1991. "Mujeres diabólicas", en Muñoz Fernández & Graña, 1991: 187-196.
MADDOCKS, Fiona, 2001. *Hildegard of Bingen: The Woman of Her Age*, NEW YORK: IMAGE BOOKS/ DOUBLEDAY.
MAJUELO APIÑÁNIZ, Miriam, 2004. "La autoridad en María de Ajofrín y Teresa de Cartagena, ¿un desafío?", *Arenal: Revista de historia de las mujeres*, 11.2: 131-144.
MANERO SOROLLA, María Pilar, 1994. "Visionarias reales en la España áurea", en *Images de la femme en Espagne aux XVI et XVII siècles*, ed. Augustin Redondo, Paris: Publications de la Sorbonne, 305-318.
MARIN, Louis, 1989. *Opacité de la peinture. Essais sur la représentation au Quattrocento*, Paris: Éditions Usher.
MARTÍNEZ DE TOLEDO, Alfonso de, 1998. *Arcipreste de Talavera o Corbacho*, ed. Michael Gerli, 3ª ed., Letras Hispánicas 92, Madrid: Cátedra.
MÁRTIR DE ANGLERÍA, Pedro, 1955. *Epistolario: II. Libros XV-XXIV, Epístolas 232-472*, ed. y trad. José López de Toro, en Documentos inéditos para la historia de España X, Madrid: Imprenta Góngora.

—, 1956. *Epistolario III. Libros XXV-XXXII, Epístolas 473-665*, ed. y trad. José López de Toro, Documentos inéditos para la historia de España XI, Madrid: Imprenta Góngora.

Massip, Francesc, y Lenke Kovács, 2004. *El baile: conjuro ante la muerte. Presencia de lo macabro en la danza y la fiesta popular*, Ciudad Real: CIOFF-INAEM.

Matter, E. Ann, 1993. "Interior Maps of an Eternal External: The Spiritual Rethoric of Maria Domitilla Galluzzi d'Acqui", en Wiethaus, 1993: 60-73.

—, 2001. "Theories of the Passions and the Ecstasies of Late Medieval Religious Women", *Essays in Medieval Studies*, 18: 1-16.

Mazzoni, Cristina, 2005. *The Women in God's Kitchen: Cooking, Eating and Spiritual Writing*, New York/ London: Continuum.

McGuinn, Bernard, ed., 2006. *The Essential Writings of Christian Mysticism*, introd. B. McGuinn, New York: The Modern Library.

McNamara, Jo Ann, 1993. "The Rhetoric of Orthodoxy: Clerical Authority and Female Innovation in the Struggle with Heresy", en Wiethaus, 1993: 9-27.

Mecham, June L., 2004. "Sacred Vision, Sacred Voice: Performative Devotion and Female Piety at the Convent of Wienhausen, circa 1350-1500 (Germany)" (tesis doctoral, University of Kansas), Ann Arbor, Michigan: UMI.

—, 2006. "Breaking Old Habits: Recent Researches on Women, Spirituality and the Arts in the Middle Ages", *History Compass*, 4.3: 448-480.

Menéndez Pelayo, Marcelino, 1947. *Historia de los heterodoxos españoles, IV: Protestantismo y sectas místicas*, ed. Enrique Sánchez Reyes, Santander: Consejo Superior de Investigaciones Científicas.

Menestò, Enrico, 1996. "The Apostolic Canonization Proceedings of Clare of Montefalco, 1318-1319", en Bornstein & Rusconi, 1996: 104-129.

Mérida Jiménez, Rafael M., 2000. "Mujeres y literaturas de los Medioevos ibéricos", *Estudis Romànics*, 22: 155-176.

Merino Castrillo, Juan, 2009. *El viaje al Más Allá en las literaturas hispánicas hasta Berceo*, Logroño: Instituto de Estudios Riojanos.

Miglioranza, Fray Contardo, 1991. "Introducción", en Ángela de Foligno, 1991: 7-23.

MILHOU, Alain, 1983. *Colón y su mentalidad mesiánica en el ambiente franciscanista español*, Valladolid: Casa-Museo Colón/ Seminario Americanista de la Universidad de Valladolid.

MIURA ANDRADES, José María, 1991. "Formas de vida religiosa femenina en la Andalucía medieval: emparedadas y beatas", en Muñoz Fernández & Graña, 1991: 139-164.

MONCÓ REBOLLO, Beatriz, 2004. "Demonios y mujeres: historia de una transgresión", en *El Diablo en la Edad Moderna*, ed. María Tausiet y James S. Amelang, Madrid: Marcial Pons, Ediciones de Historia, 187-210.

MOONEY, Catherine M., ed., 1999. *Gendered Voices: Medieval Saints and their Interpreters*, pról. Caroline Walker Bynum, Philadelphia: University of Pennsylvania Press.

MORE, Alison, 2000. "«In Hortis Liliorum Domini»: A Study of Feminine Piety in Medieval Flanders with Particular Reference to the *Vitae* of the *Mulieres Sanctae*" (tesis doctoral, Queen's University, Ontario), Ottawa: National Library of Canada.

MÜLLER, Catherine M., 1996. "De l'autre côté du miroir: Pour une lecture feminine du «Mirouer» de Marguerite Porete et du «Speculum» de Marguerite d'Oingt" (tesis doctoral, Purdue University), Ann Arbor, Michigan: UMI.

—, 1999. "How to Do Things with Mystical Language: Marguerite d'Oignt's Performative Writing", en Suydam & Ziegler, 1999a: 27-45.

MUÑOZ FERNÁNDEZ, Ángela, 1988. *Mujer y experiencia religiosa en el marco de la santidad medieval*, pról. Cristina Segura, Laya 2, Madrid: Asociación Cultural Al-Mudayna.

—, coord., 1989a. *Las mujeres en el cristianismo medieval: Imágenes teóricas y cauces de actuación religiosa*, Madrid: Asociación Cultural Al-Mudayna,

—, 1989b. "Notas para la definición de un modelo sociorreligioso femenino: Isabel I de Castilla", en Muñoz Fernández, 1989a: 415-434.

—, 1994a. *Beatas y santas neocastellanas: ambivalencias de la religión y políticas correctoras del poder (s. XIV-XVII)*, Madrid: Dirección General de la Mujer/ Instituto de Investigaciones Feministas de la Universidad Complutense.

—, 1994b. "La palabra, el cuerpo y la virtud. Urdimbre de la «auctoritas» en las primeras místicas y visionarias castellanas", en Graña Cid, 1994: 295-318.

—, 1996a. "Subjetividad femenina y la resignificación en el campo del parentesco espiritual", *Duoda: Revista d'Estudis Feministes*, 11: 39-60.

—, 1996b. "Madre y maestra, autora de doctrina. Isabel de la Cruz y el alumbradismo toledano del primer tercio del siglo", en *De leer a escribir I: La educación de las mujeres: ¿libertad o subordinación?*, ed. Cristina Segura Graíño, Laya 16, Madrid: Asociación Cultural Al-Mudayna, 99-122.

—, ed., 2000a. *La escritura femenina. De leer a escribir II*, Laya 19, Madrid: Asociación Cultural Al-Mudayna.

—, 2000b. "María de Santo Domingo, beata de Piedrahíta. Acercar el Cielo y la Tierra", en Muñoz Fernández, 2000a: 111-129.

Muñoz Fernández, Ángela, y Mª del Mar Graña, eds., 1991. *Religiosidad femenina: Expectativas y realidades (ss. VIII-XVIII)*, Laya 7, Madrid: Asociación Cultural Al-Mudayna.

Muraro, Luisa, 2000. "Margarita Porete, teóloga en lengua materna", en Muñoz Fernández, 2000a: 83-94.

—, 2006. *El Dios de las mujeres*, trad. Mª Milagros Rivera Garretas, Madrid: horas y Horas la editorial.

Newman, Barbara, 1995. *From Virile Woman to WomanChrist: Studies in Medieval Religion and Literature*, Philadelphia: University of Pennsylvania Press.

—, ed., 1998a. *Voice of the Living Light: Hildegard of Bingen and Her World*, Berkeley: University of California Press.

—, 1998b. "«Sybil of the Rhine»: Hildegard's Life and Times", en Newman, 1998a: 1-29.

—, 1998c. "Possessed by the Spirit: Devout Women, Demoniacs, and the Apostolic Life in the Thirteenth Century", *Speculum*, 73: 763-768.

Nieva Ocampo, Gonzalo, 2006. "La creación de la observancia regular en el convento de San Esteban de Salamanca durante el reinado de los Reyes Católicos", *Cuadernos de Historia de España*, 80: 91-126.

Obrist, Barbara, 1984. "The Swedish Visionary: Saint Bridget", en Wilson, 1984: 227-251.

Opitz, Claudia, 2003. "Vida cotidiana de las mujeres en la Baja Edad Media (1250-1500)", en Duby & Perrot, 2003: 340-410.

Ossola, Carlo, 2006. "Epílogo: *Historien d'un silence*: Michel de Certeau (1925-1986)", en Certeau, 2006: 349-378.

PAPA, Cristina, 1994. "*Car vos senyora sou la gran papesa*: Mariologia e genalogie femminili nella *Vita Christi* di Isabel de Villena", en Graña Cid, 1994: 213-225.

PARRA, Lluïsa, 1986. "Introducció", en Isabel de Villena, 1986: 7-26.

PÉREZ GARCÍA, Pablo, 2007. "Dos usos y dos sentidos en la propaganda política en la España tardomedieval: El profetismo hispánico *encubertista* trastámara y el profetismo épico imperial carolino", *Res publica*, 18: 179-223.

PETROFF, Elizabeth Alvilda, ed., 1986a. *Women's Visionary Literature*, New York/ Oxford, Oxford University Press.

—, 1986b. "Introduction: The Visionary Tradition in Women's Writings: Dialogue and Autobiography", en Petroff, 1986a: 3-59.

—, 1994. *Body and Soul: Essays on Medieval Women and Mysticism*, New York: Oxford University Press.

POUTRIN, Isabelle, 1995. *Le voile et la plume: Autobiographie et sainteté féminine dans l'Espagne moderne*, Madrid: Casa de Velázquez.

RÁBADE OBRADÓ, Mª del Pilar, 1989. "La religiosidad femenina, según los procesos inquisitoriales de Ciudad Real-Toledo, 1483-1507", en Muñoz Fernández, 1989a: 435-450.

—, 1997. "Religiosidad y práctica religiosa entre los conversos castellanos (1483-1507), *Boletín de la Real Academia de la Historia*, 94.1: 83-141.

—, 2003. "Religiosidad y memoria política: las constituciones de la capilla de Pedro I en Santo Domingo el Real de Madrid (1464)", *En la España Medieval*, 26: 227-261.

RAMÓN Y CAJAL, Santiago, 1991. *Reglas y consejos sobre investigación científica*, pról. Severo Ochoa, Madrid: Espasa-Calpe.

REDA, Mario Antonio, 1997. "Anorexia y santidad en Santa Catalina de Siena", *Revista de Psicoterapia*, 8.30-31: 153-160.

RÉGNIER-BOHLER, Danielle, 2003. "Voces literarias, voces místicas", en Duby & Perrot, 2003: 473- 546.

RENEVEY, Denis, 2000. "Margery's Performing Body: The Translation of Late Medieval Discursive Religious Practices", en Renevey & Whitehead, 2000a: 197-216.

—, 2000b. "Introduction", en Renevey & Whitehead, 2000a: 1-17.

RENEVEY, Denis, y Cristina WHITEHEAD, eds., 2000a. *Writing Religious Women: Female Spiritual and Textual Practices in Late Medieval England*, Cardiff: University of Wales Press.

Revelaciones, Ms. 57-3-21 de la Biblioteca Colombina de Sevilla (antiguamente 83-3-16), fols. 246r-258v.

RIVERA-CORDERO, Victoria, 2009. "Spatializing Illness: Embodied Deafness in Teresa de Cartagena's *Arboleda de los enfermos*", *La Corónica*, 37.2: 61-77.

RIVERA GARRETAS, María Milagros, 1990. *Textos y espacios de mujeres (Europa, siglos IV-XV)*, Barcelona: Icaria.

—, 1991. "Parentesco y espiritualidad femenina en Europa: Una aportación a la historia de la subjetividad", *Santes, monges i fetilleres: Espiritualitat femenina medieval*, número monográfico de la *Revista d'Història Medieval*, 2: 29-49.

—, 1993. "Vías de búsqueda de existencia femenina libre: Perpetua, Christine de Pizan y Teresa de Cartagena", *Duoda: Revista d'Estudis Feministes*, 5: 51-71.

—, 2000. "Teresa de Cartagena: escritura en relación", en Muñoz Fernández, 2000a: 95-110.

—, 2003a. "El cuerpo femenino y la «querella de las mujeres» (Corona de Aragón, siglo XV)", en Duby & Perrot, 2003: 604-616.

—, 2003b. *Nombrar el mundo en femenino: Pensamiento de las mujeres y teoría feminista*, Barcelona: Icaria editorial.

RODGERS, Susan, y Joanna E. ZIEGLER, 1999. "Elisabeth of Spalbeek's Trance Dance of Faith: A Performance Theory Interpretation from Anthropological and Art Historical Perspectives", en Suydam & Ziegler, 1999a: 299-355.

ROOT, Jerry, 1997. *"Space to speke": The Confessional Subject in Medieval Literature*, New York: Peter Lang.

ROSENWEIN, Barbara H., ed., 1998a. *Anger's Past: The Social Uses of an Emotion in the Middle Ages*, Ithaca, NY: Cornell University Press.

—, 1998b. "Controlling Paradigms", en Rosenwein, 1998a: 233-247.

ROSS, Ellen, "«She Wept and Cried Right Loud for Sorrow and for Pain»: Suffering, Spiritual Journey, and Women's Experience in Late Medieval Mysticism", en Wiethaus, 1993: 45-59.

RUBIN, Miri, 1991. *Corpus Christi: The Eucharist in Late Medieval Culture*, Cambridge: Cambridge University Press.

RUBLACK, Ulinka, 1994. "Female Spirituality and the Infant Jesus in Late Medieval Dominican Convents", *Gender and History*, 6: 37-57.

SAENGER, Paul, 2001. "La lectura en los últimos siglos de la Edad Media", en *Historia de la lectura en el mundo occidental*, dir. Guglielmo Cavallo y Roger Chartier, [trad. Fernando Borrajo], Taurus Minor, Madrid: Taurus.

SAHLIN, Claire L., "Preaching and Prophesying: The Public Proclamation of Brigitta of Sweden's Revelations", en Suydam & Ziegler, 1999a: 69-96.

SAINZ RODRÍGUEZ, Pedro, 1927. *Introducción a la historia de la literatura mística en España*, Madrid: Voluntad.

—, 1984. *Antología de la literatura espiritual española: Siglo XVI*, Madrid: Fundación Universitaria Española, vol. 2.

SALIH, Sara, 2002. *Judith Butler*, Routledge Critical Thinkers, London and New York: Routledge.

SALVADOR Y CONDE, José, 2007. "Introducción general", en Catalina de Siena, 2007: 3-38.

SALVADOR MIGUEL, Nicasio, 2004. "El mecenazgo literario de Isabel la Católica", en *Isabel la Católica: La magnificencia de un reinado (Catálogo de la Exposición celebrada en Valladolid [26 de febrero a 31 de mayo 2004], Medina del Campo y Madrigal de las Altas Torres [1 de abril a 30 de junio de 2004])*, Valladolid: Junta de Castilla y León, 75-86.

SÁNCHEZ HERRERO, José, 2004. "Desde el cristianismo sabio a la religiosidad popular en la Edad Media", *Clio & Crimen*, 1: 301-335.

SANMARTÍN BASTIDA, Rebeca, 2003. *Teatralidad y textualidad en el "Arcipreste de Talavera"*, Papers of the Medieval Hispanic Research Seminar 44, Londres: Queen Mary, 2003.

—, 2004a. "Desarmando el rostro de la muerte: El ritual alegórico del Ars moriendi", *Iberorromania*, 60: 42-58.

—, 2004b. "*Arcipreste de Talavera: Mise-en-Scène* and Late Gothic Art", *Journal of the School of Languages, Literature and Culture Studies*, 1: 7-25.

—, 2005. "Sobre el teatro de la muerte en *La Celestina*: el cuerpo «hecho pedazos» y la ambigüedad macabra", *eHumanista*, 5: 113-125.

—, 2006a. "Miradas, representaciones y literatura en el ocaso de la Edad Media", *Verba Hispánica*, XIV: 129-142.

—, 2006b. *El arte de morir: La puesta en escena de la muerte en un tratado del siglo XV*, Medievalia Hispanica 10, Madrid: Iberoamericana/ Vervuert.

—, 2008. "Strategien des Widerstands: Weibliche Stimmen im *Arcipreste de Talavera* (1438)", en *Heißer Streit und kalte Ordnung. Epochen der* Querelle des femmes *zwischen Mittelalter und Gegenwart*, ed. Friederike Hassauer, con la colaboración de Kyra Waldner *et al*, Göttingen: Wallstein, 105-119.

SANMARTÍN, Rebeca, y Mª Dolores BASTIDA, 2002. "La imagen de la mujer lectora en la segunda mitad del siglo XIX: *La Ilustración Española y Americana* y el *Harper's Weekly*", *Salina*, 16: 129-142.

SANTONJA, Pedro, 2000. "Las doctrinas de los alumbrados españoles y sus posibles fuentes medievales", *Dicenda*, 18: 353-392.

SANTOYO, J.-C., "Introducción", en Christopher Marlowe, *La trágica historia de la vida y muerte del doctor Fausto*, 7ª ed., Letras Universales 12, Madrid: Cátedra, 9-47.

SASTRE VARAS, Lázaro, 1990. "Proceso de la Beata de Piedrahíta", *Archivo Dominicano*, XI: 359-401.

—, 1991. "Proceso de la Beata de Piedrahíta (II)", *Archivo Dominicano*, XII: 337-386.

—, 2004. "Fray Jerónimo de Ferrara y el círculo de la Beata de Piedrahíta", en *La figura de Jerónimo Savonarola O. P. y su influencia en España y Europa*, ed. Júlia Benavent, Inés Rodríguez y Daniel Weinstein, Firenze: Edizioni del Galluzzo per la Fondazione Ezio Franceschini, 169-195.

SAXER, Victor, 1959. *Le culte de Marie Madeleine en Occident: des Origines à la fin du Moyen Âge*, Cahiers d'archéologie et d'histoire 3, Auxerre: Publications de la Societé des Fouilles Archéologiques et des Monuments Historiques de l'Yvonne.

SCHMIDT, Margot, 1992. "An Example of Spiritual Friendship: The Correspondence Between Heinrich of Nördinglen and Margaret Ebner", trad. Susan Johnson, en Wiethaus, 1993: 74-92.

SCHMITT, Jean-Claude, 1978. *Mort d'une hérésie: l'Église et les clercs face aux béguines et aux béghards du Rhin supérieur du XIVe au XVe siècle*, pról. Jacques Le Goff, Civilisations et sociétés 56, Paris: Mouton et École des hautes études en sciences sociales.

SCHUBERTH, Jennifer M., 2008. "Allegories of Annihilation: Porete's Mirror and the Medieval Self" (tesis doctoral, University of Chicago), Ann Arbor, Michigan: UMI.

SCOTT, Joan W., 1986. "Gender: A Useful Category of Historical Analysis", *American Historical Association*, 91.5: 1053-1075.

Bibliografía 451

SEARBY, Denis, 2006. "General Introduction", en Brígida de Suecia, *The Revelations of St. Birgitta of Sweden*, Oxford: Oxford University Press, vol. I, 3-27.

SEIDENSPINNER-NÚÑEZ, Dayle, 1993. "«Él solo me leyó»: Gendered Hermeneutics and Subversive Poetics in *Admiraçion Operum Dey* of Teresa de Cartagena", *Medievalia*, 15: 14-23.

SELMAN, Rebecca, 2000. "Spirituality and Sex Change: *Horologium sapientiae* and *Speculum devotorum*", en Renevey & Whitehead, 2000: 63-79.

SIGÜENZA, José de, 1909. *Historia de la Orden de San Jerónimo*, ed. Juan Catalina García, 2ª ed., Nueva Biblioteca de Autores Españoles 12, Madrid: Bailly-Bailliére e Hijos, t. II, 357-380.

SORELLI, Fernanda, 1996. "Imitable Sanctity: The Legend of Maria of Venice", en Bornstein & Rusconi, 1996: 165-181.

SPONSLER, Claire, 1997. *Drama and Resistance: Bodies, Goods and Theatricality in Late Medieval England*, Minnesota: University of Minnesota Press.

STALEY, Lynn, 2001. "Introduction", en *The Book...*: vii-xix.

STEINBERG, Leo, 1983. *The Sexuality of Christ in Renaissance Art and in Modern Oblivion*, New York: Pantheon Books.

SURTZ, Ronald E., 1982. *"El Libro del conorte" (1509) and the Early Castilian Theater*, Barcelona: Puvill.

—, 1990. *La guitarra de Dios: Género, poder y autoridad en el mundo visionario de la madre Juana de la Cruz (1481-1534)*, trad. Belén Atienza, Madrid: Anaya & Mario Muchnik.

—, 1992. "Imágenes musicales en el *Libro de la oración* (¿1518?) de Sor María de Santo Domingo", en *Actas del X Congreso de la Asociación Internacional de Hispanistas, Barcelona 21-26 de agosto de 1989*, coord. Antonio Vilanova, Barcelona: PPU, vol. I, 563-570.

—, 1995. *Writing Women in Late Medieval and Early Modern Spain: The Mothers of Saint Theresa of Avila*, Philadephia: University of Philadelphia Press.

SUYDAM, Mary, 1999. "Beguine Textuality: Sacred Performances", en Suydam & Ziegler, 1999a: 169-210.

SUYDAM, Mary A., y Joanna E. ZIEGLER, eds., 1999a. *Performance and Transformation: New Approaches to Late Medieval Spirituality*, New York: St. Martin's Press.

—, 1999b. "Introduction", en Suydam y Ziegler, 1999a: vii-xxi.

TADDEO, Sara, 1997. Reseña a Surtz (1995) en *Renaissance Quaterley*, 50: 342-343.

TENENBAUM, Felipe, 2004-2005. "La mujer en el convento: *Fructus Sanctorum*", *Memorabilia: Boletín de Literatura Sapiencial*, 8.

TERESA DE CARTAGENA, 1967. *Arboleda de los enfermos; Admiraçión Operum Dey*, estudio preliminar y edición de Lewis Joseph Hutton, Anejos del Boletín de la Real Academia de Española 16, Madrid: Real Academia de la Española.

TERESA DE JESÚS, 2004. *Obras completas*, 13ª ed. preparada por Tomás Álvarez, Maestros Espirituales Carmelitas 1, Burgos: Editorial Monte Carmelo.

THOMAS, Jérôme, 2003. *Corps violents, corps soumis: Le policement des moeurs à la fin du Moyen-Age*, Paris: L'Harmattan.

TORRES JIMÉNEZ, Raquel, 2006. "Notas para una reflexión sobre el cristocentrismo y la devoción medieval a la Pasión y para su estudio en el medio rural castellano", *Hispania sacra*, LVIII.118: 449-487.

TORRES SÁNCHEZ, Concha, 1991. *La clausura femenina en la Salamanca del siglo XVII: Dominicas y carmelitas descalzas*, Acta Salmanticensia: Estudios Históricos y Geográficos 73, Salamanca: Universidad.

TURNER, Victor, 1988. *From Ritual to Theater: The Human Seriousness of Play*, New York: Performing Arts Journal Publications.

—, 1988. *El proceso ritual: estructura y antiestructura*, Madrid: Taurus.

TWOMEY, Lesley K., 2005. "Relectura del color rojo: La alegoría en la *Vita Christi* de Isabel de Villena", en *Las metamorfosis de la alegoría: discurso y sociedad en la Península de la Edad Media hasta la Edad Contemporánea*, ed. Rebeca Sanmartín Bastida y Rosa Vidal Doval, introd. Jeremy Lawrance, Madrid: Iberoamericana, 189-202.

UNDSET, Sigrid, 1951. *Santa Catalina de Siena*, trad. Manuel Bosch y Jaime Armada, nueva edición corregida, Madrid: Ediciones Encuentro.

VAN GENNEP, Arnold, 1986. *Los ritos de paso*, versión castellana de Juan Arazandi, Madrid: Taurus.

VAUCHEZ, André, 1981. *La sainteté en Occident aux derniers siècles du Moyen Âge d'après les procès de canonisation et les documents hagiographiques*, Roma: École française de Rome.

—, 1987. *Les Laïcs au Moyen Âge: pratiques et expériences religieuses*, Paris: Editions du Cerf.

—, 1999. *Saints, prophétes et visionnaires: Le pouvoir surnaturel au Moyen Âge*, Paris: Albin Michel.

—, 2005. "Les laïcs au Moyen-Age, entre ecclésiologie et histoire". *Études*, 402: 55-67.

VEGA, María José, 2006. "La angustia corpórea: Formas de la agonía en la Europa altomoderna", en *Corporizar el pensamiento: escrituras y lecturas del cuerpo en la Europa occidental*, ed. Meri Torras, Pontevedra: Mirabel Editorial, 29-52.

VIGIL MEDINA, Mariló, 2009. "Apéndice: Historia de las mujeres en España: La España renancentista y barroca", en Anderson y Zinsser, 2009: 1143-1153.

VOADEN, Rosalynn, 1995. "God's Almighty Hand, Women Co-Writing the Book", en *Women, the Book and the Godly: Selected Proceedings of the St Hilda's Conference*, ed. Lesley Smith y Jane H. M. Taylor, Cambridge: D. S. Brewer, vol. I, 55-65.

—, ed., 1996a. *Prophets Abroad: The Reception of Continental Holy Women in Late-Medieval England*, Cambridge: D. S. Brewer.

—, 1996b. "Introduction", en Voaden, 1996a: ix-xiii.

—, 1996c. "The Company She Keeps: Mechtild of Hackeborn in Late-Medieval Devotional Compilations", en Voaden, 1996a: 51-69.

—, 1999. *God's Words, Women's Voices: The Discernment of Spirits in the Writing of Late-Medieval Women Visionaries*, York: York Medieval Press.

VON HÜGEL, Baron Friedrich, 1908. *The Mystical Element of Religion as Studied in Saint Catherine of Genoa and Her Friends*, London/ New York: J. M. Dent & Co./ E. P. Dutton & Co., vol. II.

WALDE MOHENO, Lillian von der, ed., 2003. *Propuestas teórico-metodológicas para el estudio de la literatura hispánica medieval*, Publicaciones de Medievalia 27, México: Universidad Nacional Autónoma de México.

WALSH, J. K., y B. Bussell THOMPSON, 1986. *The Myth of the Magdalene in Early Spanish Literature (with an edition of the "Vida de Santa María Madalena" in Ms. h-I-13 of the Escorial Library)*, New York: Lorenzo Clemente.

WARREN, Nancy Bradley, 1997. "Productivity and Power: The Material and Symbolic Economics of Female Spirituality in Late Medieval English Culture (Fourteenth Century, Fifteenth Century, Women

Religious)" (tesis doctoral, Indiana University), Ann Arbor, Michigan: UMI.

WATSON, Nicholas, y Jacqueline JENKINS, 2006. "Introduction", en Juliana de Norwich, 2006: 1-59.

WATT, Diane, 1996. "The Prophet at Home: Elizabeth Barton and the Influence of Bridget of Sweden and Catherine of Siena", en Voaden, 1996a: 161-176.

—, 1997. *Secretaries of God: Women Prophets in Late Medieval and Early Modern England*, Rochester, NY: Boydell.

WEBER, Alison, 1993. "Between Ecstasy and Exorcism: Religious Negotiation in Sixteenth-Century Spain", *Journal of Medieval and Renaissance Studies*, 23: 221-34.

WIETHAUS, Ulrike, 1991. "Sexuality, Gender, and the Body in Late Medieval Women's Spirituality: Cases from Germany and the Netherlands", *Journal of Feminist Studies in Religion*, 7.1: 35-52.

—, ed., 1993. *Maps of Flesh and Light: The Religious Experience of Medieval Women Mystics*, Syracuse, NY: Syracuse University Press.

WILKINS, Constance, 1998a. "Introduction", en Constanza de Castilla, 1998: vii-xxii.

—, 1998b. "El devocionario de Sor Constanza: otra voz femenina medieval", en *Actas del XII Congreso de la Asociación Internacional de Hispanistas: 21-26 de agosto de 1995, Birmingham*, ed. Jules Whicker, Birmingham: Department of Hispanic Studies, University of Birmingham, vol. I, 342-349.

WILLARD, Charity Cannon, "The Franco-Italian Professional Writer: Christine de Pizan", en Wilson, 1984: 333-363.

WILSON, Catarina M., 1984, ed., *Medieval Women Writers*, Manchester: Manchester University Press.

ZARRI, Gabriella, 1996. "Living Saints: A Typology of Female Sanctity in the Early Sixteenth Century", en Bornstein & Rusconi, 1996: 219-303.

ZIEGLER, Joanna E., 1993. "Reality as Imitation: The Role of Religious Imagery among the Beguines of the Low Countries", en Wiethaus, 1993: 112-126.

Índice de nombres

A

Abba Philimon, 174
Abelardo, 146
Abraham, 145
Adán, 81, 125, 219
Ahlgren, Gillian T. W., 416, 431
Aichinger, Wolfram, 182, 431
Alacoque, Margarita María, 224
Alcántara, Pedro de, 212
Alejandría, Catalina de, 106, 162, 188
Alejandro VI, 107, 324
Allende, Lucas de, 415
Alonso Burgos, Jesús, 431
Alta Renania, Maestro de la, 270
Álvarez de Toledo, Fadrique, 107, 306, 310, 312, 326, 337, 342, 343, 347, 381
Álvarez de Toledo, Juan, 312
Amberes, Hadewijch de, 39, 42, 46, 152, 193, 220, 236
Anderson, Bonnie S., 300, 431
Ángeles, Florentina de los, 321, 418, 425, 426
Antioquía, Margarita de, 410, 436
Apóstoles, Francisca de los, 24, 416, 421, 431
Aquino, Tomás de, 165, 262, 407, 413
Archer, Robert, 146, 336, 431
Arco, Juana de, 44, 67, 70, 91, 100, 410, 437
Arditi, Jorge, 431
Arnaldo, Fray, 57, 74, 75, 104, 188, 202, 238, 249, 259, 260, 261, 314, 336, 339, 349, 376, 377, 383
Asensio, Eugenio, 294, 414, 431
Asís, Clara de, 109, 227, 250, 296, 314, 358, 359
Asís, Francisco de, 44, 66, 99, 112, 113, 119, 169, 170, 199, 223, 227, 228, 278, 287, 315, 329, 330, 348, 358, 411, 412
Augsburgo, David de, 131
Austin, J. L., 84, 431
Auvernia, Guillermo de, 69
Ávila, Juan de, 99, 269
Aywières, Lutgarda de, 66, 143, 223, 235, 380
Azcona, Juan de, 334, 336, 346

B

Baldridge, Mary Elizabeth, 28, 49, 127, 186, 431
Balma, Hugo de, 315
Bandelli, Vicente, 306
Baños, Fernando, 26, 187, 268, 431
Baranda Leturio, Nieves, 254, 256, 286, 292, 303, 305, 306, 350, 368, 376, 377, 382, 412, 414, 418, 432
Barthes, Roland, 84, 432
Barton, Elizabeth, 22, 250, 336, 402, 403, 404, 409, 454
Bastida, Mª Dolores, 269, 450
Bataille, Georges, 148, 149, 432
Bataillon, Marcel, 23, 294, 305, 313, 315, 432
Bautista Pérez, Francisco, 108, 290, 317, 325, 368, 434
Beauvoir, Simone de, 27
Beckwith, Sarah, 166, 432
Becze, Ayn, 276, 432
Bell, Rudolph M., 209, 210, 215, 432
Beltrán de Heredia, Vicente, 22, 23, 63, 107, 204, 292, 299, 303, 305, 307, 309, 310, 312, 314, 315, 316, 317, 321, 323, 324, 325, 327, 328, 329, 334, 336, 337, 338, 342, 346, 347, 355, 360, 362, 364, 365, 367, 374, 375, 380, 387, 414, 418, 424, 432
Benavente, Jacobo de, 360
Benvenuti Papi, Anna, 146, 432
Berceo, 187, 444
Bertini, G. Maria, 32, 432
Biddick, Kathleen, 89, 91, 133, 213, 218, 219, 237, 399, 400, 432
Bijns, Anna, 66
Bilinkoff, Jodi, 22, 23, 52, 107, 297, 308, 311, 312, 313, 316, 317, 320, 321, 330, 356, 432
Binasco, Verónica de, 252
Bingen, Hildegarda de, 22, 29, 38, 39, 54, 57, 63, 67, 69, 76, 79, 81, 87, 89, 96, 147, 153, 155, 203, 215, 219, 220, 249, 250, 261, 263, 275, 327, 359, 410, 435, 437, 443, 446
Binski, Paul, 172, 433
Blecua, José Manuel, 33, 443
Boecio, 360
Boklund-Lagopoulou, Karin, 126, 138, 143, 433
Boneta, Na Prous, 120

Bornstein, Daniel, 89, 96, 422, 432, 433, 438, 444, 451, 454
Botinas Montero, Elena, 44, 45, 433
Braunstein, Philippe, 132, 154, 155, 204, 433
Brava, Francisca la, 293
Brisach, Adèle de, 153
Broederlan, Melchor, 270
Bugni, Chiara, 347, 421
Bussell Thompson, B., 187, 357, 453
Bustos Táuler, Álvaro, 182, 433
Butler, Judith, 31, 84, 90, 91, 92, 93, 94, 96, 100, 101, 102, 103, 105, 192, 248, 398, 399, 400, 405, 433, 449
Bynum, Caroline Walker, 27, 29, 30, 32, 38, 39, 41, 43, 44, 46, 47, 49, 50, 51, 53, 54, 57, 58, 62, 66, 69, 71, 78, 79, 80, 87, 91, 93, 94, 105, 106, 109, 110, 112, 114, 118, 120, 121, 124, 125, 126, 127, 128, 129, 130, 131, 132, 133, 136, 138, 139, 140, 142, 143, 144, 145, 147, 148, 150, 151, 152, 156, 158, 159, 161, 163, 164, 166, 172, 173, 174, 176, 182, 186, 191, 192, 193, 194, 195, 196, 198, 199, 200, 201, 205, 209, 210, 211, 212, 213, 214, 215, 217, 218, 219, 220, 221, 222, 223, 224, 225, 226, 227, 228, 229, 230, 231, 232, 233, 234, 235, 236, 237, 238, 239, 243, 246, 247, 250, 251, 292, 298, 321, 325, 333, 338, 355, 357, 361, 371, 372, 373, 375, 380, 401, 402, 410, 412, 422, 424, 425, 427, 428, 433, 445

C

Cabaleiro Manzanedo, Julia, 44, 45, 433
Caciola, Nancy, 18, 37, 38, 39, 44, 45, 48, 61, 62, 63, 64, 65, 66, 67, 68, 69, 70, 71, 76, 77, 78, 79, 80, 94, 102, 103, 105, 117, 126, 138, 139, 153, 170, 176, 180, 207, 213, 245, 264, 340, 399, 410, 434
Caffarini, Tomás, 121, 322
Camille, Michael, 165, 167, 171, 196, 288, 388, 434
Canterbury, Anselmo, 100, 128
Cantimpré, Tomás de, 43, 211
Capua, Germano de, 54
Capua, Raimundo de, 71, 74, 75, 96, 124, 205, 213, 215, 250, 321, 351, 356, 372
Cardona, Catalina de, 197
Carlos I, 412
Carlson, Marvin, 84, 434
Carpenter, Jennifer Helen, 147, 193, 434
Carrión, Luisa de, 417
Cartagena, Teresa de, 20, 25, 51, 63, 77, 107, 108, 127, 155, 198, 199, 214, 255, 265, 267, 268, 327, 432, 434, 435, 441, 442, 443, 448, 451, 452
Casagrande, Carla, 331, 434
Casas, Bartolomé de las, 305
Castelo, Margarita de, 121, 137, 314
Castilla, Constanza de, 20, 25, 28, 41, 42, 49, 107, 108, 126, 127, 132, 134, 140, 148, 155, 168, 175, 182, 184, 185, 186, 189, 258, 277, 285, 287, 288, 327, 341, 352, 363, 383, 431, 432, 435, 441, 454
Castro Ponce, Clara Esther, 199, 434
Catalina García, Juan, 40, 451
Cátedra, Pedro M., 59, 77, 89, 90, 97, 98, 99, 108, 137, 140, 141, 167, 172, 176, 182, 185, 195, 211, 214, 234, 257, 258, 268, 278, 280, 281, 283, 286, 290, 291, 301, 317, 325, 331, 336, 358, 360, 368, 434
Católica, Isabel la, 23, 98, 120, 182, 291, 304, 316, 332, 449
Católico, Fernando el, 306, 311, 318
Cavalca, Domenico, 99, 167
Cayetano, Tomás de Vio, 308, 309, 310, 342, 427
Cazalla, María de, 23, 294, 414, 421
Celano, Tomás de, 109, 228
Cerchi, Humiliana de, 132, 260
Certeau, Michel de, 149, 241, 242, 243, 247, 256, 257, 258, 271, 273, 434, 446
Chartier, Roger, 84, 85, 86, 100, 435, 449
Chiaia, María, 28, 435
Chicharro, Dámaso, 20, 116, 424, 435
Christian, William A.., 293, 299, 307, 435
Cirlot, 160
Cirlot, Victoria, 21, 28, 38, 40, 42, 45, 46, 87, 96, 113, 120, 131, 138, 143, 150, 153, 158, 167, 171, 177, 179, 188, 201, 205, 210, 223, 227, 234, 235,

236, 243, 247, 249, 251, 260, 274, 275, 320, 322, 339, 377, 408, 435
Cisneros, Cardenal, 23, 24, 25, 76, 256, 285, 294, 302, 303, 304, 306, 307, 308, 310, 311, 312, 313, 314, 315, 316, 317, 324, 330, 342, 343, 344, 349, 361, 365, 377, 412, 413, 414, 419
Cixous, Hélène, 30
Claraval, Bernardo de, 31, 40, 46, 128, 144, 150, 161, 197, 257, 291
Clemente XI, 324
Clímaco, Juan, 314
Coci, Jorge, 303
Cohen, Esther, 104, 164, 165, 175, 176, 198, 200, 279, 388, 435
Colonna, Vittoria, 188
Compagnon, Antoine, 17, 435
Concepción, Teresa de la, 417
Conde Lucanor, El, 223
Conde Rodrigo el Franco, 223
Corbie, Colette de, 229, 230
Cordero, María del, 265, 330
Córdoba, Martín de, 335
Cornago Bernal, Óscar, 84
Cornillon, Juliana de, 249, 325, 373
Coronel, María, 200
Corrales, Juan de, 47, 250, 269, 342, 411
Cortés Timoner, María del Mar, 22, 23, 34, 145, 146, 155, 198, 199, 204, 221, 267, 269, 282, 284, 287, 291, 292, 297, 318, 360, 365, 368, 384, 388, 389, 391, 392, 421, 435
Cortona, Margarita de, 52, 146, 180, 188, 209, 211, 222, 232, 235, 260
Cruz, Anne J., 286, 287, 436
Cruz, Isabel de la, 23, 116, 294, 414, 418, 421, 446
Cruz, Juana de la, 19, 20, 21, 23, 33, 47, 49, 52, 54, 75, 79, 80, 81, 89, 108, 118, 120, 127, 134, 137, 142, 143, 144, 145, 150, 167, 175, 186, 187, 193, 200, 201, 203, 207, 215, 220, 221, 223, 228, 229, 232, 233, 234, 237, 244, 249, 252, 254, 255, 256, 259, 264, 267, 277, 278, 281, 282, 283, 284, 285, 286, 287, 293, 295, 296, 298, 313, 316, 318, 332, 334, 335, 352, 359, 360, 368, 378, 383, 384, 386, 389, 391, 392, 411, 412, 413, 414, 419, 421, 423, 424, 425, 436, 440, 451
Cruz, Juan de la, 155, 209, 237, 357
Cruz, Magdalena de la, 73, 81, 225, 231, 294, 295, 321, 411, 414, 417, 418, 421, 422, 425, 426
Cruz, Marta de la, 108, 311, 317
Cudot, Alpaïs de, 145, 228, 372, 373

D

Dacia, Pedro de, 207
D'Ailly, Pierre, 69, 72
Dalarun, Jacques, 119, 187, 188, 436
Damián, Pedro, 188
Daza, Padre, 81, 207
Deleuze, Gilles, 403, 436
Delft, Gertrudis de, 133
Derrida, Jacques, 92, 100, 101, 436
Despres, Dense L., 114, 270, 403, 409, 436
Deutz, Ruperto de, 139
Deyermond, Alan, 36
Diez Vírgenes, las, 143
Digne, Douceline de, 249
Dillard, Health, 42, 436
Dillon, Janette, 53, 157, 253, 254, 405, 436
Dilthey, Wilhelm, 90, 436
Dominici, Bartolomé, 264
Dr. Bocking, 403
Dronke, Peter, 38, 42, 54, 67, 76, 91, 153, 159, 261, 262, 263, 327, 360, 410, 436
Duby, Georges, 433, 434, 436, 438, 441, 446, 447, 448
Duglioli, Elena, 181, 421
Duque de Alba, *véase* Álvarez de Toledo, Fadrique
Duque de Ferrara, 106, 107, 230, 322, 323
Duran Vinyeta, Mª Angels, 433

E

Ebner, Cristina, 153
Ebner, Margarita, 132, 154, 158, 220, 249, 441, 450
Echevarría Arsuaga, Ana, 100, 436
Eckhart, Maestro, 41, 42, 43, 46, 139, 246, 339
Egginton, William, 100, 390, 436
Egipcíaca, María, 187, 332, 372, 438
Eiximenis, Francesc, 98, 137, 167, 182, 283

El Cartujano, 99, 195, 314
Elias, Norbert, 85, 279, 437
Elliot, Anthony, 30, 437
Elliot, Dyan, 43, 48, 62, 67, 70, 199, 437
Ellis, Roger, 28, 437
Eloísa, 146, 155
El Perugino, pintor, 154
Embustera, Juana la, 417
Encina, Juan del, 182, 433
English, Leona M., 49, 335, 437
Enrique VIII, 336, 404
Enríquez, Teresa, 237, 440
Esconangia, Isabel de, 81
Espina, Alfonso de, 63, 81
Este, Ercole d', *véase* Duque de Ferrara
Eva, 63, 64, 68, 125
Evangelista, Sor María, 47, 233, 255, 256, 412, 425

F

Faenza, Humildad de, 146, 269, 357
Faenza, Margarita de, 235
Fanous, Samuel, 189, 437, 443
Feldmann, Christian, 54, 437
Felipe II, 26, 404, 415, 416
Fermo, Serafino de, 418
Fernández Duro, Cesáreo, 47, 437
Fernández Leborans, María Jesús, 437
Fernández, Xavier A., 282, 437
Ferrante, Joan, 263, 437
Ferrara, Jerónimo de, 307, 324, 450
Ferrer, Vicente, 70, 76, 253, 314, 336
Finke, Laurie A., 126, 244, 249, 437
Fischer-Lichte, Erika, 85, 272, 438
Flemalle, Maestro de, 270
Foix, Germaine de, 311
Foligno, Ángela de, 22, 33, 39, 43, 45, 49, 52, 56, 57, 66, 68, 74, 75, 76, 99, 104, 106, 108, 112, 118, 119, 129, 135, 139, 142, 143, 145, 146, 147, 158, 159, 160, 161, 169, 170, 171, 173, 174, 177, 180, 188, 189, 195, 197, 202, 203, 205, 209, 215, 219, 220, 223, 225, 232, 233, 234, 238, 249, 251, 252, 258, 259, 260, 262, 263, 267, 275, 278, 296, 298, 300, 313, 319, 324, 325, 327, 332, 333, 336, 339, 340, 349, 350, 356, 358, 361, 364, 366, 377, 383, 406, 407, 408, 413, 422, 431, 445

Foucault, Michel, 70, 84, 86, 92, 149, 163, 168, 241, 250, 398, 399, 436, 438
Fray Melchor, 317, 318
Freud, Sigmund, 192, 338
Friedman, Joan Isobel, 137, 254, 438
Friesen, Ilse E., 62, 438
Friuli, Bienvenida, 339
Frugoni, Chiara, 136, 137, 147, 168, 269, 438
Fuente, María Jesús, 307, 310, 312, 317, 323, 330, 331, 332, 376, 377, 438
Funes, Agustín de, 346
Furlong, Monica, 161, 170, 438

G

Gaibol, Lope de, 336, 342, 346, 370, 402
Galíndez de Carvajal, Lorenzo, 311
Gambacorti, Clara, 254
García-Bermejo Giner, Miguel, 182, 439
García de Andrés, Inocencio, 21, 75, 81, 207, 221, 233, 252, 255, 256, 259, 284, 293, 320, 411, 412, 413, 414, 435, 439
García de Toledo, Padre, 147, 295
Garí, Blanca, 21, 28, 40, 42, 45, 46, 87, 96, 113, 120, 131, 134, 138, 143, 150, 153, 158, 160, 167, 171, 174, 177, 179, 181, 188, 189, 201, 205, 210, 223, 227, 234, 235, 236, 243, 247, 249, 251, 253, 260, 274, 275, 320, 322, 339, 377, 404, 408, 435, 439
Génova, Catalina de, 118, 193, 215, 220, 223, 228, 233, 250, 274
Geoffrey, Padre, 74, 249
Gerson, Juan, 41, 43, 48, 53, 67, 68, 69, 70, 71, 72, 78, 91, 97, 157, 298, 410, 437
Gilbert, Sandra, 30, 439
Giles, Mary E., 22, 23, 30, 76, 80, 88, 90, 244, 256, 264, 272, 287, 291, 292, 294, 300, 301, 303, 304, 305, 306, 308, 310, 312, 313, 315, 316, 317, 324, 329, 334, 337, 338, 339, 342, 347, 348, 351, 352, 364, 372, 375, 382, 383, 384, 385, 386, 387, 389, 390, 397, 413, 417, 420, 423, 424, 425, 426, 427, 439
Giovetti, Paola, 51, 53, 54, 55, 56, 73, 111, 137, 146, 169, 170, 171, 194, 214,

226, 288, 332, 333, 356, 357, 360, 408, 439
Goffman, Erving, 84, 439
Gómez García, Pedro, 315
Gómez Moreno, Ángel, 63, 120, 146, 172, 200, 223, 297, 326, 331, 335, 439
Gómez Redondo, Fernando, 25, 32, 36, 87, 314, 315, 439
González de Puebla, Ruy, 316
Granada, Fray Luis de, 99, 233, 416, 417
Gran Capitán, 412
Graña Cid, María del Mar, 21, 28, 49, 65, 82, 119, 127, 182, 225, 237, 287, 321, 413, 415, 418, 425, 426, 433, 440, 443, 445, 446, 447
Greenblat, Stephen, 84, 440
Gregorio el Grande, 54, 55, 98
Gregorio IX, 60, 136
Grotowski, Jerzy, 90
Gubar, Susan, 30, 439
Guerreau, Alain, 44, 45, 59, 66, 69, 440

H

Hackeborn, Matilde de, 22, 49, 58, 66, 106, 114, 196, 215, 220, 252, 315, 453
Hale, Rosemary Drage, 245, 441
Haliczer, Stephen, 298, 299, 312, 416, 417, 428, 441
Halle, Enrique de, 251
Hamburger, Jeffrey F., 18, 131, 441
Hamilton, Alistair, 294, 441
Hampole, Richard, 95
Hatzfeld, Helmut, 20, 441
Heffernan, Thomas J., 277, 441
Helfta, Gertrudis de, 49, 58, 66, 71, 97, 134, 135, 136, 138, 142, 148, 153, 157, 160, 178, 179, 196, 209, 212, 215, 218, 234, 247, 357, 361, 383, 439
Helfta, monjas de, 33, 49, 66, 150, 196, 214, 251, 256, 327, 355
Hernández, Francisca, 31, 320, 414
Herrera, Martín de, 108, 317, 325, 368, 434
Hillgarth, Jocelyn N., 315, 441
Hoddap, William F., 441
Holguera Fanega, Mª Ángela, 247, 441
Hopenwasser, Nanda, 243, 441
Howard, John, 193, 335, 441
Hroswitha, 275

Huélamo San José, Ana María, 441
Huerga, Álvaro, 76, 441
Hugues, Diane Owen, 63, 331, 441
Hungría, Isabel de, 408
Hungría, Margarita de, 121
Hurtado, Juan, 330, 333, 334, 336, 337, 338, 342, 346, 347, 380
Hutton, Lewis Joseph, 25, 199, 278, 441, 452
Huy, Juette de, 147
Huy, Yvetta de, 66

I

Igny, Guerrico de, 139, 356
Imirizaldu, Jesús, 225, 231, 233, 294, 401, 417, 442
Inés, fundadora del convento de Cubas, 146
Inés, Sor, 347
Inocencio III, 61
Inocencio VIII, 79
Irigaray, Luce, 28, 30
Isaac, 145

J

Jenkins, Jacqueline, 130, 178, 277, 442, 454
Jesús, Francisca de, 321, 418, 425
Jesús, Teresa de, 18, 19, 20, 23, 28, 42, 51, 54, 57, 66, 76, 81, 97, 116, 124, 125, 142, 147, 149, 153, 155, 160, 161, 162, 163, 165, 166, 173, 176, 179, 189, 197, 203, 206, 207, 209, 212, 220, 226, 227, 232, 237, 256, 265, 266, 268, 273, 274, 280, 294, 295, 326, 339, 340, 354, 357, 362, 372, 398, 404, 407, 410, 417, 419, 424, 426, 435, 451, 452
Johnson, Ian, 188, 442, 450
Jordán Arroyo, María V., 80, 91, 95, 248, 251, 252, 261, 265, 266, 275, 276, 283, 294, 298, 300, 369, 404, 416, 417, 442
Juan XXII, 45
Judith, 20, 107, 108
Julio II, 309

K

Kagan, Richard L., 317, 343, 415, 442
Karl, hijo de Brígida de Suecia, 146

Kempe, Margery, 22, 33, 55, 60, 74, 95, 96, 97, 105, 113, 118, 129, 134, 146, 159, 162, 174, 179, 181, 189, 198, 204, 215, 220, 229, 234, 243, 247, 249, 250, 253, 261, 273, 276, 279, 286, 298, 327, 332, 339, 386, 403, 404, 405, 406, 409, 410, 416, 425, 426, 428, 433, 436, 437, 439, 441, 442
Kempis, Tomás de, 195, 291
Kim, Yonsoo, 199, 442
Kovács, Lenke, 280, 444
Kramer, Heinrich, 65, 208, 442
Kukita Yoshikawa, Naoë, 97, 162, 189, 442

L

Lacarra Lanz, Eukene, 442
Lady Razón, 368
Lancelot, 235
Langenstein, Enrique de, 69, 78
Langmann, Adèle, 153, 161, 234
Lanzetta, Beverly J., 28, 442
Laredo, Bernardino de, 19
Lawes, Richard, 179, 247, 408, 442
Lázaro de Betania, 187
Léau, Ida de, 251, 373
Le Goff, Jacques, 72, 172, 443, 450
Lehfeldt, Elizabeth A., 42, 443
León, Fray Luis de, 360
León, Lucrecia de, 23, 250, 254, 261, 275, 283, 284, 294, 369, 402, 404, 415, 417, 419, 442
Liaño, Isabel de, 418
Llorca, Bernardino, 23, 33, 292, 304, 305, 306, 307, 309, 313, 328, 329, 330, 413, 414, 424, 443
Llull, Ramón, 199
Lope de Vega, 187
López de Córdoba, Leonor, 22, 155, 435
López García, Dámaso, 3, xiii, 36
López-Ríos, Santiago, 63, 443
Lorenzetti, Pietro, 269
Lovaina, Ida de, 46, 50, 52, 138, 145, 170, 231, 235, 373
Luengo Balbás, María, 34, 36, 99, 287
Luna, Álvaro de, 335
Lunas Almeida, Jesús G., 300, 326, 329, 346, 443
Luxemburgo, Pedro de, 98

M

Mackay, Angus, 63, 73, 443
Macrina, Santa, 34, 96
Maddocks, Fiona, 80, 219, 359, 443
Madrid, Alonso de, 19
Magdaleno, Diego, 304, 306, 308, 309, 421, 424
Magdeburgo, Matilde de, 39, 42, 49, 52, 81, 113, 150, 152, 153, 193, 194, 196, 215, 220, 247, 251, 252, 282, 287, 320, 334, 437, 441
Magno, Alberto, 41, 131, 371
Maguire, Kevin, 4, 36
Majuelo Apiñániz, Miriam, 51, 443
Manero Sorolla, María Pilar, 417, 443
Manrique, Gómez, 390
Mantua, Osanna Andreasi de, 66, 142, 181, 323
Marabotta, Cattaneo, 250
Maravillosa, Cristina la, 65, 66, 72, 133, 176, 211
María de Betania, 187
María García, 25, 295, 296, 411
María Magdalena, 20, 62, 63, 80, 106, 109, 161, 162, 175, 181, 182, 183, 186, 187, 188, 189, 190, 191, 213, 256, 270, 332, 354, 355, 357, 360, 364, 366, 367, 368, 372, 382, 389, 391, 392, 393, 395, 396, 416, 431, 438, 453
Marin, Louis, 84, 85, 443
Markyate, Cristina de, 33, 55, 74, 100, 119, 136, 145, 150, 158, 190, 198, 201, 202, 249, 298, 340, 409, 443
Marlowe, Christopher, 156, 450
Marta de Betania, 187, 431
Martín de Sanctis, Padre, 314
Martínez de Toledo, Alfonso de, 21, 31, 37, 68, 69, 125, 225, 248, 388, 395, 443, 449, 450
Mártir de Anglería, Pedro, 298, 313, 319, 343, 344, 355, 369, 370, 371, 385, 388, 389, 427, 443
Massip, Francesc, 280, 444
Matienzo, Tomás de, 337
Matter, E. Ann, 62, 82, 113, 180, 195, 280, 281, 323, 339, 355, 387, 444
Mazzoni, Cristina, 26, 29, 46, 60, 126, 139, 210, 219, 220, 222, 223, 229, 236, 249, 327, 340, 444
McGuinn, Bernard, 128, 444

McNamara, Jo Ann, 50, 57, 66, 126, 193, 231, 233, 235, 261, 291, 339, 444
Mecham, June L., 18, 29, 89, 90, 148, 168, 184, 242, 389, 390, 444
Mena, Juan de, 390
Mendoza, Alonso de, 415
Mendoza, Cardenal, 257, 419
Menéndez Pelayo, Marcelino, xi, 43, 341, 444
Menestò, Enrico, xi, 43, 341, 444
Mérida Jiménez, Rafael M., 22, 444
Merino Castrillo, Juan, 193, 444
Miglioranza, Fray Contardo, 57, 259, 431, 444
Miguel Ángel, pintor, 188
Milhou, Alain, 311, 318, 445
Miura Andrades, José María, 47, 309, 445
Moncó Rebollo, Beatriz, 63, 418, 445
Montau, Dorotea de, 138, 145, 230, 250, 373, 383, 388
Montefalco, Clara de, 170, 260, 298, 444
Montepulciano, Inés de, 96, 97, 109, 121, 132, 217, 235
Montesino, Ambrosio, 99, 195
Mooney, Catherine M., 250, 445
More, Alison, 193, 255, 445
Mülberg, Juan, 69
Müller, Catherine M., 28, 243, 445
Muñoz Fernández, Ángela, 19, 22, 23, 28, 40, 47, 51, 52, 95, 99, 116, 119, 120, 223, 224, 253, 259, 282, 284, 295, 296, 298, 300, 301, 306, 307, 313, 314, 315, 317, 319, 321, 322, 323, 347, 362, 374, 382, 411, 412, 413, 418, 427, 428, 436, 443, 445, 446, 447, 448
Muñoz, Laura, 417
Muraro, Luisa, 28, 42, 446

N

Nápoles, Juana de, 55
Narni, Lucía de, 22, 45, 66, 107, 113, 118, 145, 200, 281, 298, 322, 323, 324, 339, 355, 420, 421, 424
Nazaret, Beatriz de, 46, 109, 113, 131, 152, 177, 179, 194, 201, 205, 211, 215, 235, 236, 249, 250, 251
Negri, Paola Antonia, 53, 421

Newman, Barbara, 35, 38, 45, 54, 57, 67, 72, 82, 116, 118, 146, 147, 193, 199, 446
Nider, Juan, 62, 69, 78, 340
Nieva Ocampo, Gonzalo, 304, 305, 306, 307, 308, 311, 312, 316, 446
Nijmeghen, Mary of, 66
Nördinglen, Enrique de, 249, 450
Norwich, Juliana de, 28, 33, 74, 96, 125, 129, 130, 134, 138, 143, 150, 173, 174, 178, 179, 191, 200, 215, 247, 251, 274, 276, 327, 407, 408, 409, 442, 454

O

Oberweimar, Lukardis de, 49, 50, 195, 199, 211, 235, 401
Obrist, Barbara, 97, 169, 446
Oignies, María de, 52, 62, 66, 95, 118, 132, 133, 145, 156, 170, 177, 204, 213, 235, 236, 300, 373, 408
Oignt, Margarita de, 130, 131, 158, 215, 234, 249, 251, 273, 274, 356, 445
Olmos, Sara, 36
Opitz, Claudia, 45, 55, 147, 446
Origen, 128, 139, 150
Ornacieux, Beatriz de, 158, 249, 401
Ortiz, Isabel, 23, 294, 421
Ortiz Yáñez, Padre, 320
Orvieto, Juana de, 121, 314
Osorio, Álvaro de, 306
Ossola, Carlo, 60, 103, 149, 241, 253, 273, 434, 446
Osuna, Francisco de, 19, 99, 269, 357

P

Palencia, Alfonso de, 167
Panigarola, Arcangela, 181
Papa, Cristina, 182, 447
Pardo, Padre, 314
Parra, Lluïsa, 182, 183, 184, 442, 447
Pazzi, María Magdalena, 280
Pecha de Vadaterra, 71, 72, 73, 74, 117, 253, 254, 288, 407
Pedro el Cruel, 41, 295
Peña, Antonio de la, 297, 303, 304, 305, 306, 307, 308, 310, 312, 314, 316, 324, 325, 326, 327, 328, 329, 330, 333, 336, 337, 338, 342, 345, 346, 351, 362, 363, 369, 370, 372, 373,

374, 378, 379, 380, 385, 402, 421, 424, 429
Pérez, Antonio, 416
Pérez de Valdivia, Diego, 99, 301
Pérez García, Pablo, 318, 447
Pérez, Pedro, 99
Perpetua, Santa, 34, 96, 128, 146, 220, 436, 448
Perrot, Michelle, 436
Perusinus, Sebastiano, 121
Petroff, Elizabeth Alvilda, 22, 27, 28, 30, 34, 45, 46, 49, 57, 64, 66, 74, 76, 105, 110, 111, 115, 118, 130, 133, 136, 142, 146, 173, 176, 177, 179, 192, 196, 200, 203, 204, 205, 214, 220, 222, 223, 232, 235, 247, 249, 252, 254, 258, 259, 266, 272, 274, 277, 300, 320, 331, 340, 357, 371, 405, 406, 410, 428, 447
Piedrola, Miguel de, 416
Pío IX, 413
Pizan, Christine de, 172, 247, 368, 448, 454
Porcelet, Philippine de, 249
Porete, Margarita, 22, 28, 38, 39, 40, 41, 42, 58, 120, 152, 153, 155, 244, 249, 251, 263, 268, 274, 294, 327, 377, 410, 436, 445, 446, 450
Porres, Francisco de, 326, 337
Poutrin, Isabelle, 22, 447
Prün, Reginio de, 360
Pseudo Alberto Magno, 53
Pseudo-Bede, 180
Pseudo Buenaventura, 166, 167
Pseudo Dionisio, 42, 44, 152, 166, 335, 354

Q

Quinzani, Estefanía, 181, 323, 351, 421

R

Rábade Obradó, Mª del Pilar, 42, 290, 293, 447
Racconigi, Catalina de, 181, 421
Rafael, pintor, 154
Ramón y Cajal, Santiago, 31, 83, 447
Ratisbona, Lamprecht de, 55
Razzi, Serafino, 339
Reda, Mario Antonio, 210, 447
Régnier-Bohler, Danielle, 220, 236, 248, 269, 274, 386, 447
Renevey, Denis, 28, 60, 178, 242, 258, 279, 386, 433, 437, 442, 447, 451
Reyes Católicos, 32, 291, 296, 311, 318, 440, 441, 446
Reyes Magos, 144
Ribadeneira, Pedro de, 223
Ricci, Catalina de, 181
Rieti, Columba de, 66, 121, 147, 217, 228, 230, 321, 323, 371, 421
Rivera-Cordero, Victoria, 265, 448
Rivera Garretas, María Milagros, 21, 22, 28, 182, 199, 224, 266, 267, 268, 295, 349, 413, 446, 448
Rodgers, Susan, 180, 181, 244, 245, 280, 448
Rodríguez, Juana, 202, 295
Rolle, Ricardo, 227, 245, 441
Root, Jerry, 155, 448
Rosenwein, Barbara H., 241, 279, 448
Ross, Ellen, 174, 448
Rotterdam, Erasmo de, 23, 432
Rubin, Miri, 89, 231, 234, 434, 448
Rublack, Ulinka, 131, 448
Rufo, Juan, 319
Rusconi, Roberto, 432, 433, 438, 444, 451, 454
Ruysbroeck, Juan, 227

S

Saenger, Paul, 59, 98, 154, 165, 449
Sahlin, Claire L., 244, 288, 449
Saint-Thierry, Guillermo de, 128, 129
Sainz Rodríguez, Pedro, 19, 290, 310, 449
Sajonia, Ludolfo, 291
Salazar, Pedro de, 99, 202, 224, 256, 296, 411
Sales, Francisco de, 119
Salih, Sara, 31, 90, 93, 94, 103, 192, 399, 400, 405, 449
Salomón, 155, 160, 318, 355
Salvador Miguel, Nicasio, 23, 449
Salvador y Conde, José, 48, 75, 97, 110, 123, 205, 258, 264, 271, 356, 379, 434, 449
San Agustín, 98, 262, 302
San Buenaventura, 95, 167, 314, 360, 366, 375
Sánchez Herrero, José, 59, 165, 170, 186, 234, 246, 250, 276, 414, 449

San Gabriel, arcángel, 352
San Jorge, 186
San Juan Evangelista, 19, 73, 100, 154, 155, 156, 171, 172, 209, 281, 314, 328, 357, 358, 391, 396
San Lorenzo, 65, 150, 284, 358, 431
Sanmartín Bastida, Rebeca, 3, 4, x, xi, xii, xiii, 31, 37, 65, 77, 85, 87, 90, 91, 267, 269, 342, 388, 395, 449, 450, 452
Sanmartín, Diana, 36
San Miguel, arcángel, 331
San Nicolás, Inés de, 256, 257
San Pablo, 40, 100, 107, 116
San Pedro, 100, 309, 389, 391, 396
San Pedro, Diego de, 226, 335, 336, 338, 351, 362
San Plácido, monjas de, 417, 418
Santa Ana, 134
Santa Bárbara, 162, 230, 270
Santa Julita, 146
Santa Margarita, 100, 162, 410
Santa Petronila, 200
Santo Domingo, María de, x, xi, xii, 17, 18, 19, 20, 21, 22, 23, 24, 25, 26, 29, 30, 31, 33, 34, 35, 36, 37, 47, 48, 51, 52, 54, 55, 56, 59, 62, 63, 68, 76, 78, 79, 80, 82, 87, 88, 90, 91, 93, 99, 102, 103, 106, 107, 108, 115, 116, 118, 122, 148, 150, 153, 158, 161, 163, 168, 172, 179, 180, 182, 186, 191, 195, 196, 199, 200, 203, 204, 206, 208, 209, 214, 215, 217, 218, 231, 233, 234, 244, 248, 254, 255, 256, 257, 260, 261, 263, 264, 266, 270, 272, 273, 274, 277, 279, 280, 281, 283, 284, 285, 286, 290, 291, 292, 293, 294, 295, 296, 297, 298, 299, 300, 301, 302, 303, 304, 305, 306, 307, 308, 309, 310, 311, 312, 313, 314, 315, 316, 317, 318, 319, 320, 321, 322, 323, 324, 325, 326, 327, 328, 329, 330, 331, 332, 333, 334, 335, 336, 337, 338, 339, 340, 341, 342, 343, 344, 345, 346, 347, 348, 349, 350, 351, 352, 353, 354, 355, 356, 357, 358, 359, 360, 361, 362, 363, 364, 365, 366, 367, 368, 369, 370, 371, 372, 373, 374, 375, 376, 377, 378, 379, 380, 381, 382, 383, 384, 385, 386, 387, 388, 389, 390, 391, 392, 393, 394, 395, 396, 397, 399, 400, 401, 402, 404, 407, 409, 411, 413, 414, 415, 416, 417, 418, 419, 420, 421, 422, 423, 424, 425, 426, 427, 428, 429, 432, 433, 435, 436, 438, 439, 443, 446, 450, 451
Santonja, Pedro, 33, 59, 120, 156, 157, 174, 176, 204, 207, 239, 240, 294, 301, 341, 378, 414, 450
Santo Tomás, apóstol, 347
Santoyo, J.-C., 156, 450
San Víctor, Ricardo de, 150
Sastre Varas, Lázaro, 22, 23, 36, 51, 244, 292, 297, 298, 299, 300, 303, 304, 307, 308, 309, 310, 311, 316, 317, 322, 326, 328, 329, 330, 333, 334, 335, 336, 337, 338, 342, 343, 345, 346, 347, 351, 355, 362, 363, 367, 370, 371, 373, 374, 379, 380, 382, 385, 402, 418, 420, 421, 428, 429, 450
Savonarola, Jerónimo, 20, 291, 307, 313, 314, 321, 323, 324, 334, 450
Saxer, Victor, 187, 450
Schiedam, Liduvina de, 49, 79, 133, 145, 193, 200, 251, 372
Schmidt, Margot, 249, 450
Schmitt, Jean-Claude, 44, 45, 69, 440, 450
Schönau, Ekbert de, 126
Schönau, Isabel de, 49, 57, 126, 136, 203, 215, 220, 222, 235, 249, 250
Schuberth, Jennifer M., 41, 450
Scoto, Duns, 413
Scott, Joan W., 29, 450
Searby, Denis, 254, 451
Sega, Felipe, 116, 424
Segura Graíño, Cristina, 28, 445, 446
Seidenspinner-Núñez, Dayle, 267, 451
Selman, Rebecca, 137, 169, 287, 288, 365, 451
Señero, Abraham, 316
Septiembre, Juan de, 335, 337
Sibila, 318, 340, 343, 409
Sibilla, Bartolomeo, 418
Siena, Aldobrandesca de, 136, 168
Siena, Catalina de, 22, 33, 44, 48, 49, 51, 53, 54, 60, 66, 69, 70, 71, 74, 75, 80, 91, 96, 97, 99, 100, 106, 107, 109, 114, 115, 119, 121, 123, 124, 125, 127, 128, 142, 144, 145, 147, 154, 161, 162, 167, 173, 175, 177, 182, 196, 197, 199, 201, 205, 209,

210, 211, 213, 215, 216, 217, 218, 219, 223, 225, 226, 230, 232, 233, 250, 254, 256, 257, 258, 262, 263, 264, 270, 271, 273, 274, 292, 297, 298, 299, 300, 302, 313, 314, 320, 321, 322, 324, 325, 327, 330, 332, 336, 339, 341, 345, 348, 349, 350, 355, 356, 366, 371, 372, 376, 379, 403, 407, 410, 415, 416, 417, 418, 422, 423, 424, 425, 426, 427, 428, 432, 434, 447, 449, 452, 454
Sigüenza, José de, 39, 40, 47, 51, 52, 53, 54, 58, 74, 133, 137, 145, 192, 193, 204, 206, 226, 230, 231, 236, 245, 256, 269, 293, 297, 298, 320, 345, 347, 426, 451
Silva, Beatriz de, 21, 119, 413, 440
Sorelli, Fernanda, 121, 451
Sosa, Francisco de, 81
Spalbeek, Elisabeth de, 168, 180, 181, 244, 279, 280, 334, 369, 373, 383, 388, 448
Sponsler, Claire, 86, 168, 191, 273, 388, 392, 451
Sprenger, Jacobus, 208, 442
Staley, Lynn, 262, 433, 451
Steinberg, Leo, 126, 451
Stumblensis, Cristina, 207
Suecia, Brígida de, 22, 29, 33, 44, 48, 50, 53, 54, 55, 56, 60, 67, 70, 71, 72, 81, 96, 97, 108, 111, 114, 117, 118, 119, 136, 138, 142, 146, 169, 171, 193, 194, 226, 244, 254, 265, 275, 287, 289, 292, 297, 298, 325, 327, 332, 333, 349, 356, 357, 359, 391, 403, 406, 407, 408, 410, 415, 422, 437, 438, 439, 446, 449, 451, 454
Surtz, Ronald E., 18, 19, 20, 21, 22, 23, 25, 47, 51, 53, 57, 66, 69, 71, 76, 98, 100, 106, 108, 124, 125, 126, 127, 132, 133, 134, 136, 138, 140, 143, 145, 167, 185, 193, 195, 201, 207, 228, 235, 254, 257, 265, 267, 270, 277, 281, 282, 284, 285, 286, 287, 293, 295, 307, 310, 315, 325, 327, 342, 345, 347, 348, 353, 356, 359, 360, 361, 366, 367, 368, 375, 376, 387, 413, 416, 451, 452
Suso, Enrique, 150, 165, 227, 287, 288
Sutton, Lady Catalina de, 275
Suydam, Mary A., 275

T

Taddeo, Sara, 21, 452
Talavera, Arcipreste de,, *véase* Martínez de Toledo
Talavera, Hernando de, 19, 31, 32, 77, 98, 214, 248, 285, 291, 432
Tauler, Juan, 43, 131, 227, 229
Tendilla, Conde de, 343
Tenenbaum, Felipe, 302, 452
Thomas, Jérôme, 72, 452
Tirso de Molina, 256, 282, 437
Toledo, Fernando (Álvarez) de, 326
Toledo, Jerónimo de, 335
Toledo, María de, 19, 47, 54, 99, 119, 202, 224, 253, 256, 295, 296, 302, 313, 318, 377, 411, 412
Torquemada, Juan de, 292
Torquemada, Tomás de, 304
Torres, Bartolomeo de, 370
Torres Jiménez, Raquel, 165, 170, 172, 276, 452
Torres Sánchez, Concha, 419, 452
Truong, Nicolas, 172, 443
Turner, Victor, 89, 90, 241, 452
Twomey, Lesley K., 331, 452

U

Ulf, marido de Santa Brígida, 118
Ulloa, María de, 329
Undset, Sigrid, 223, 452
Urra, Óscar, 36
Utrecht, Adriano de, 303, 305, 311

V

Valdés, Fernando de, 301
Valera, Diego de, 335
Valero Moreno, Juan Miguel, 108, 290, 317, 325, 368, 434
Van Der Weyden, Roger, 270
Van Duzer, Chet, 36
Van Gennep, Arnold, 89, 90
Van Oosten, Gertrudis, *véase* Delft, Gertrudis
Varazze, Jacobo de, 98
Vauchez, André, 26, 44, 48, 61, 67, 452
Vega, María José, 171, 187, 453
Vélez, Marqués de los, 344, 369
Venecia, María de, 121, 451
Venegas, Leonor, 321

Verdiana, Santa, 339
Verónica, la, 226
Vidal, Rosa, 36, 452
Vigil Medina, Mariló, 340, 453
Villena, Isabel de, 20, 25, 137, 167, 168, 172, 175, 176, 182, 183, 184, 190, 191, 277, 331, 367, 368, 392, 413, 431, 442, 447, 452
Visitación, María de la, 179, 401, 411, 416, 417, 422
Vitoria, Diego de, 303, 307, 314, 317, 325, 327, 328, 329, 334, 335, 336, 337, 347, 351, 360, 363, 375, 376, 381, 402
Vitry, Jacobo de, 43, 46, 133, 156, 177, 204, 235, 408
Voaden, Rosalynn, 18, 26, 29, 42, 64, 69, 71, 72, 74, 76, 88, 106, 166, 249, 253, 254, 275, 288, 406, 407, 426, 436, 437, 438, 442, 453, 454
Volmar, monje, 75, 249, 261
Von Hügel, 193, 453
Vorágine, Jacobo de, 187, 283

W

Walde Moheno, Lillian von der, 242, 453
Walsh, J. K., 187, 357, 368, 453
Warren, Nancy Bradley, 228, 453
Watson, Nicholas, 130, 178, 277, 442, 454
Watt, Diane, 54, 114, 313, 321, 403, 454
Weber, Alison, 82, 454
Whitehead, Cristina, 28, 60, 178, 242, 258, 433, 437, 442, 447, 451
Wiethaus, Ulrike, 133, 152, 194, 229, 437, 444, 448, 450, 454
Wilkins, Constance L., 42, 184, 258, 383, 435, 454
Willard, Charity Cannon, 172, 454
Wilson, Catarina M., 34, 441, 446, 454
Wood, Richard, 63, 73, 443

Y

York, Cecilia de, 55, 114, 270, 432, 433, 436, 437, 438, 439, 441, 442, 443, 444, 447, 448, 449, 451, 452, 453
Ypres, Margarita de, 235, 373

Z

Zarri, Gabriella, 24, 47, 53, 63, 66, 73, 79, 82, 96, 115, 121, 142, 181, 230, 252, 291, 297, 317, 321, 325, 339, 345, 347, 351, 373, 405, 418, 420, 428, 454
Ziegler, Joanna E., 46, 138, 163, 180, 181, 243, 244, 245, 280, 438, 439, 441, 445, 448, 449, 451, 452, 454
Zinsser, Judith P., 300, 431, 453
Zumthor, Paul, 241

Spanish, Portuguese and Latin American Studies in the Humanities

Teatralidad y textualidad en el Arcipreste de Talavera

La comida visionaria: Formas de alimentación en el discurso carismático femenino del siglo XVI

Rebeca Sanmartín Bastida

Teatralidad y textualidad en el *Arcipreste de Talavera*
REBECA SANMARTÍN BASTIDA

113 pp.
ISBN 9781912399178

LA COMIDA VISIONARIA
FORMAS DE ALIMENTACIÓN EN EL DISCURSO
CARISMÁTICO FEMENINO DEL SIGLO XVI
REBECA SANMARTÍN BASTIDA

178 pp.
ISBN 9781602719873

La analogía de la escritura con la puesta en escena de un texto es especialmente fructífera en el *Arcipreste de Talavera*. El enfoque de la obra desde el punto de vista de su teatralidad brinda una diferente comprensión de su escritura y de la relación entre los dos elementos que lo componen: el cuerpo del sermón y los *exempla*. Una perspectiva posestructuralista desarrollada en torno a la idea de 'teatralidad', entendida no solo escénicamente sino como metáfora de la construcción textual y el proceso de recepción, pone de manifiesto el placer estético de su escritura, y las cualidades de dramatización, ritualización y performatividad que posee el texto. La clave de esta lectura consistirá en descubrir cómo se recrea el momento de la acción en detrimento de la línea argumental o de un sentido narrativo único, constatando la sensorialidad material y el juego de los elementos consigo mismos. La teatralidad descubre una dialéctica de apariencias y presencias, de ficciones y realidades, para lo cual autor y texto se vuelven cómplices. A partir de estos parámetros, este libro pretende cuestionar la funcionalidad moral de los elementos que integran el *Arcipreste de Talavera* y alcanzar una nueva reflexión sobre la vocación de oralidad y escritura que se descubre en este tratado.

«La gastronomía, ¿qué tendrá que ver con el éxtasis divino, la revelación mística, o la profecía carismática? Muchísimo, como demuestra Rebeca Sanmartín en esta fascinante investigación del mundo extraño, a menudo maravilloso y a veces estremecedor, de la religiosidad femenina en la España tardomedieval y renacentista. Su estudio de santa Teresa y de otras visionarias comprende temas culinarios como el Banquete celestial, la lactancia divina, y la 'santa anorexia'. A través de fuentes que abarcan tanto las obras manuscritas de las propias monjas como hagiografías impresas y documentos inquisitoriales, traza las raíces de esa obsesión con la comida en motivos cristianos ('comer' el cuerpo y sangre de Cristo, el ayuno penitencial) y metáforas seculares (el seno materno, el 'compañerismo' de compartir el pan); por otra parte, revela con destreza cómo—consciente o inconscientemente—las mujeres echaban mano de estas imágenes para su propia emancipación, o al revés, cómo se dejaron subyugar aún más por ellas. *La comida visionaria* (publicado primero en 2015 en CCCP) nos conduce gustosamente por estas selvas inexploradas de la espiritualidad femenina pero también ofrece una percepción iluminadora de la historia de las mujeres.»
JEREMY LAWRANCE, UNIVERSITY OF NOTTINGHAM

www.ingramcontent.com/pod-product-compliance
Lightning Source LLC
Chambersburg PA
CBHW031425160426
43195CB00010BB/614